외재적
비평문학의
이론과 실제

외재적
비평문학의 이론과 실제

2005년 4월 18일 1판 1쇄 발행
2010년 9월 5일 2판 2쇄 발행

엮은이 김 혜 니
펴낸이 한 봉 숙
펴낸곳 푸른사상사
등 록 제2-2876호
서울시 중구 을지로3가 296-10 장양B/D 701호
대표전화 02) 2268-8706~7 **팩시밀리** 02) 2268-8708
메일 prun21c@yahoo.co.kr / prun21c@hanmail.net
홈페이지 //www.prun21c.com
ⓒ 2010, 김혜니

값 32,000원
ISBN 89-5640-296-5-03800

☞ 푸른사상에서는 항상 양서보급을 위해 노력하겠습니다.
  저자와의 합의하에 인지 생략함.

Theory and Practice of external Literary Criticism

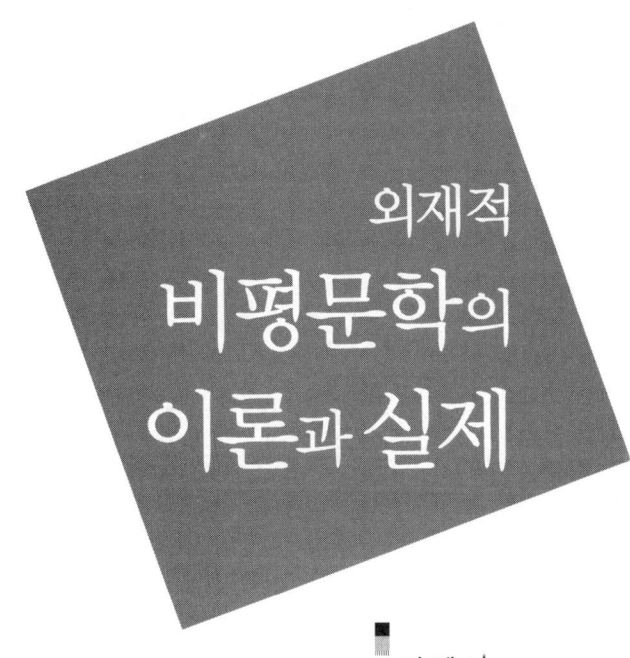

외재적
비평문학의 이론과 실제

김혜니

푸른사상
PRUNSASANG

이 도서의 국립중앙도서관 출판시도서목록(CIP)은
e-CIP 홈페이지(http://www.nl.go.kr/cip.php)에서 이용하실 수 있습니다.
(CIP제어번호 : CIP2005000737)

■ 머리말

　신비평 이후 서구 문학 비평의 이론은 한꺼번에 쏟아져 나왔고 계속 관심의 한가운데를 차지하여 왔다. 그리고 70년대를 중심으로 새로운 비평 이론을 실은 전문 학술잡지들이 대량 쏟아져 나왔다. 동시에 비평을 전문으로 다루는 대학 강좌들이 개설되고, 국제적인 학술회의 또한 개최되기 시작하였다. 소위 '비평의 시대'가 펼쳐진 것이다. 그런데 이러한 새로운 비평에 대한 관심과 범람은 20세기 후반에 직면한 문화적 위기 상황과 밀접하게 관련되면서, 마침내 다른 사회적 담론에 밀려 위기감에 직면하고 있는 현실이다. 그리하여 오늘날 흔히 문학의 위기, 비평의 위기에 대해 이야기하고들 있다. 그러나 이러한 위기는 한편 새로운 문학, 새로운 비평의 탄생을 예고하는 것이기도 하다. 비평의 위기는 오히려 새로운 가능성을 함축한다고 믿는다. 그래서 본 저자는 겸허한 마음으로 오랫동안 연구하고 강의해 왔던 비평 문학에 대해 차분히 정리해 보기로 한다. 그러면서 앞으로 펼쳐질 비평 문학의 새로운 지평을 가늠해 보기로 한 것이다.
　한국 근대 비평 문학은 20세기에 들어와 서구 비평의 수용과 함께 출발하였다. 그리고 1960년대부터 대학의 문학 연구에 학구적인 비평 혹은 강단 비평이 등장하면서 비평 문학 이론은 진지하게 수용되었고, 한국적 적용을 실천하려는 노력이 활발하게 뒤따랐다. 그러나 이들 비평의 실천들도 충분하게 서구 문학 이론들을 반영하여 정착되어진 것이라고 단정할 수는 없다. 그렇지만 이들 학구적인 비평이야말로 한국 비평사의 풍토를 새롭게 마련하고 정착시킬 수 있는 계기가 된 것은 사실이다. 본서는 비평 문학이 당면한 세계적인 위기에 관련하여, 한국 비평 문학의 상황을 직시하면서 새로운 전환의 계기를 만들어야 한다는 작은 소망에서 펴내게 된 것이다.

이 책을 쓰면서 저자는 다시 한 번 현대 비평의 다양성과 복잡성, 그리고 그것을 탐색하고 연구하며 정리한다는 일이 무척 두려운 작업임을 실감하게 되었다. 우리 시대의 비평은 단순히 문학 텍스트의 감상과 이해, 그리고 평가에 보조적인 도움을 주는 이론에 그치는 것이 아니다. 비평 그 자체가 급증하는 지식의 본체이고, 문학적 상상력의 가치와 사상을 전하는 주된 전달 도구인 것이다. 따라서 현대 비평 문학이 다양한 방법 및 접근법을 보여준다고 하더라도, 한국 문학의 주체적인 이론과 연구를 위한 바탕을 마련하기 위해서 현대 비평 이론을 천착하는 작업은 꼭 필요하다고 생각한다.

그동안 연구해 왔던 비평 문학 이론을 한 책으로 묶기에는 너무 쪽수가 많아서, 외재적 비평과 내재적 비평 두 권으로 나누어 출간하기로 했다. 창의적인 방법이라고는 할 수 없지만, 본 저서는 현대 서구 문학 이론의 정수를 최대한으로 포괄하면서 나름대로 꼼꼼히 정리하려고 노력했다는 데 의미를 두고 싶다. 그리고 대학에서 강의를 위한 교재로 사용될 수 있도록 꾸미는 것에 그 일차적인 의미를 두었다. 그리하여 본 저서의 내용은 각 비평 이론의 개념 정의와 출발 혹은 역사적 흐름, 주요 이론과 쟁점, 대표적인 이론가와 이론, 문학 작품의 실제 적용 가능성, 총체적 검토 등을 통해 논의를 전개하였다.

본 저술을 마무리하면서도 만족감보다는 아쉬움이 더 많다. 왜냐하면, 미처 다루지 못한 비평 이론들이 자꾸만 뇌리를 맴돌기 때문이다. 끝으로, 본 저술이 비평을 공부하는 후학도들에게 비평 문학의 안내자로서 조금이라도 도움이 되기를 소망해 본다.

2005년 4월 1일
문예창작과 연구실에서 金嘩抳

차례   외재적 비평문학의 이론과 실제

머리말 • 5

I. 역사주의 비평 • 15
  1. 역사주의 비평의 개념과 이론 전개 • 15
  2. 역사·전기 비평의 대표적 이론가와 이론 • 18
    (1) 생트-뵈브 — 실증주의 • 18
    (2) 테느 — 민족·환경·시대론 • 21
    (3) 아우얼바하 — 원전의 언어 분석 • 24
    (4) 그렙스타인 — 역사저 비평 • 27
  3. 역사주의 비평의 이론과 실제 • 29
    (1) 원전 확정 연구 • 29   (2) 당대 언어 연구 • 34
    (3) 작가 전기 연구 • 38   (4) 작가의 평판과 영향 문제 • 45
    (5) 당대의 문화 연구 • 52   (6) 문학사 연구 • 59
    (7) 문학적 전통과 관습 연구 • 67
  4. 역사주의 비평 검토 • 75

II. 사회·문화 비평 • 79
  1. 사회·문화 비평의 개념과 이론 전개 • 79
  2. 사회·문화 비평의 이론가와 이론 • 84
    (1) 마르크스와 엥겔스 — 유물론 • 84   (2) 루카치 — 리얼리즘 • 87
    (3) 골드만 — 발생구조론 • 93
  3. 마르크스주의 비평 • 98
    (1) 마르크스의 문학예술론 • 98   (2) 사회주의 리얼리즘 • 103
  4. 사회·문화 비평의 실제 • 106

(1) 루카치 이론의 실제 • 106   (2) 골드만 이론의 실제 • 111
  (3) 사회·문화 비평의 일반적 실제 • 118
 5. 사회·문화 비평 검토 .... • 122

Ⅲ. 심리주의 비평 .... • 128
 1. 심리주의 비평의 출발과 개념 .... • 128
 2. 심리주의 비평의 영역 .... • 131
  (1) 작가 심리 연구 • 131   (2) 작품 심리 연구 • 133
  (3) 독자 심리 연구 • 135
 3. 프로이트의 정신분석학 .... • 137
  (1) 인간의 정신 구조 • 137   (2) 인간의 성격 구조 • 138
  (3) 인격 형성 과정 • 139
  (4) 오이디푸스 콤플렉스와 엘렉트라 콤플렉스 • 143
  (5) 심리적 방어기제 • 144   (6) 꿈 이론 • 147
  (7) 그 밖의 정신분석 용어들 • 148
 4. 융의 분석심리학 .... • 150
  (1) 인간 정신의 본질과 구조 • 151   (2) 원형의 개념과 종류 • 152
  (3) 콤플렉스 이론 • 153   (4) 꿈 이론 • 154   (5) 문학 이론 • 155
 5. 아들러의 개인심리학 .... • 156
  (1) 유년기와 인생 양식 • 156   (2) 열등감과 우월감 • 157
 6. 구조주의 정신분석학 .... • 159
  (1) 라캉의 구조주의 정신분석학 • 159
  (2) 데리다의 후기 구조주의 정신분석학 • 161
 7. 그 밖의 이론가와 이론 .... • 163

(1) 작가 창작 심리학 • 163　　(2) 작품 심리 연구 • 168
　　　(3) 독자 심리 연구 • 172
　　7. 심리주의 비평의 실제　　　　　　　　　　　　　　• 176
　　　　·관음증과 나르시시즘의 복합
　　8. 심리주의 비평 검토　　　　　　　　　　　　　　　• 180

Ⅳ. 현상학적 비평　　　　　　　　　　　　　　　　　• 186

　　1. 현상학적 비평의 출발과 개념　　　　　　　　　　• 186
　　2. 훗설 현상학의 두 가지 개념　　　　　　　　　　　• 188
　　　(1) 에드먼드 후설 ― 현상학적 인식 • 190
　　　(2) 마틴 하이데거 ― 세계와 인간 • 192
　　　(3) 메를로 퐁티 ― 지각의 선행성 • 194
　　3. 문학과 현상학　　　　　　　　　　　　　　　　　• 197
　　　(1) 작품 서술과 현상학 • 197　　(2) 작품 해석과 현상학 • 199
　　　(3) 가스통 바슐라르 ― 이미지와 상상력 이론 • 201
　　　(4) 조르즈 풀레 ― 인식의 세 단계 • 204
　　　(5) 제프리 하트만 ― 의식의 드라마와 성숙 • 206
　　4. 현상학적 비평의 실제　　　　　　　　　　　　　　• 208
　　　　·김광균의 「눈오는 밤의 시」
　　5. 현상학적 비평 검토　　　　　　　　　　　　　　　• 213

Ⅴ. 신화·원형 비평　　　　　　　　　　　　　　　　• 219

　　1. 신화·원형 비평의 출발과 전개　　　　　　　　　• 219
　　　(1) 캐임브리지 대학의 인류학파 • 220　　(2) 융의 집단무의식 • 221

(3) 카시러의 신화와 상징 • 222
    2. 신화·원형 비평의 개념 ... • 224
        (1) 신화 비평의 의미 • 224   (2) 신화와 문학 그리고 작가 • 226
        (3) 신화와 비평가 • 228   (4) 신화와 제의 • 230
    3. 원형과 원형 비평 ... • 231
        (1) 신화와 원형, 신화 비평과 원형 비평 • 231
        (2) 프레이저 ─ 『황금가지』• 233   (3) 프라이 ─ 원형 상징 • 237
        (4) 휠라이트 ─ 원형 상징 • 246   (5) 게린 ─ 원형 상징 • 252
        (6) 융 ─ 심리적 원형 • 257
    4. 그 밖의 이론가와 이론 ... • 260
        (1) 캠벨 ─ 신화·원형 해석 • 260
        (2) 보드킨 ─ 재생의 원형적 패턴 • 262
    5. 신화·원형 비평의 실제 ... • 264
        ·감음과 풂, 모여듬과 물러남 그리고 순환 원형
    6. 신화·원형 비평 검토 ... • 269

Ⅵ. 문학 해석학 비평 ... • 274

    1. 해석학 비평의 출발과 개념 ... • 274
    2. 현대 문학 해석학 비평의 흐름 ... • 278
    3. 문학 해석학 비평의 이론가와 이론 ... • 282
        (1) 슐라이어마허 ─ 언어·관념론적 해석학 • 282
        (2) 딜타이 ─ 생철학적·정신과학적 해석학 • 285
        (3) 하이데거 ─ 현상학적·존재론적 해석학 • 289
        (4) 가다머 ─ 철학적 해석학 • 293

(5) 허쉬 — 문학적·텍스트적 해석학 • 297
　　(6) 리쾨르 — 문학적·텍스트적 해석학 • 300
　　(7) 하버마스 — 의사 소통적·비판적 해석학 • 302
　4. 해석학과 순환 구조　　　　　　　　　　　　　　• 304
　　(1) 이해의 순환 구조 • 304　(2) 문학사와 해석적 순환 • 308
　　(3) 슐라이어마허의 해석학적 순환 • 311
　5. 문학 해석학 비평의 실제　　　　　　　　　　　　• 314
　　· 해석학적 문학 방법론의 주요 논제들
　6. 문학 해석학 비평의 검토　　　　　　　　　　　　• 320

Ⅶ. 페미니즘 비평　　　　　　　　　　　　　　　　• 327

　1. 페미니즘 비평의 출발과 개념　　　　　　　　　　• 327
　2. 페미니즘 이론의 다양성　　　　　　　　　　　　• 331
　　(1) 자유주의적 페미니즘 • 332　(2) 사회주의 페미니즘 • 334
　　(3) 포스트모던 페미니즘 • 335　(4) 에코 페미니즘 • 338
　　(5) 흑인 페미니즘·레스비언 페미니즘 • 341
　　(6) 탈식민주의 페미니즘 • 343
　3. 페미니즘 비평 용어　　　　　　　　　　　　　　• 348
　　(1) 가부장제 • 348　(2) 가사·가사 노동 • 349
　　(3) 남근중심적 • 351　(4) 성과 성역할 • 352
　　(5) 생물학적 여성성·습득된 여성성 • 353
　　(6) 주변성과 타자성 • 354　(7) 여성 해방 • 356
　4. 여성의 이미지와 여성으로서 글읽기　　　　　　　• 357
　5. 미국의 페미니즘 비평 전개　　　　　　　　　　　• 361

(1) 여성 문학론과 여성운동 • 361
　　　(2) 급진주의와 여성 작가 작품 연구 • 363
　　　(3) 밀레트 — 『성의 정치학』• 367
　　　(4) 쇼왈터 — 『여성 자신의 문학』• 369
　　　(5) 페터리 — 『저항하는 독자』• 371
　　6. 프랑스의 페미니즘 비평 이론 전개　　　　　　　　• 374
　　　(1) 데리다 — 해체론과 페미니즘 • 375
　　　(2) 라캉 — 정신분석학과 페미니즘 • 377
　　　(3) 크리스테바 — 기호론과 페미니즘 • 378
　　　(4) 엘렌 식수스 — 여성적 글쓰기 • 381
　　　(5) 루스 이리가레이 — 여성의 반사경 • 383
　　7. 사회주의·마르크스주의 페미니즘 비평　　　　　　• 385
　　　(1) 사회주의 페미니즘 • 385　 (2) 마르크스주의 페미니즘 • 389
　　8. 그 밖의 이론가와 이론　　　　　　　　　　　　　• 392
　　　(1) 버지니아 울프 — 『나 혼자만의 방』• 392
　　　(2) 시몬느 드 보봐르 — 『제2의 성』• 396
　　9. 페미니즘 비평의 실제　　　　　　　　　　　　　• 401
　　　 · 모성적 젠더 공간
　　10. 페미니즘 비평의 검토　　　　　　　　　　　　　• 407

VIII. 수용미학·독자반응 비평　　　　　　　　　　　• 412

　　1. 수용미학·독자반응 비평의 출발과 개념　　　　　• 412
　　2. 수용미학·독자반응 비평과 타 비평 이론과의 관계　• 415
　　　(1) 형식주의 비평 이론과의 관계 • 415

외재적 비평문학의 이론과 실제

  (2) 현상학적 비평 이론과의 관계 • 417
  (3) 프라그 구조주의 비평 이론과의 관계 • 419
 3. 수용미학·독자반응 비평의 이론가와 이론   • 421
  (1) 야우스 ― 기대 지평 • 421 (2) 이저 ― 독서 이론 • 425
  (3) 피쉬 ― 학식 있는 독자 • 429
  (4) 리파테르 ― 독서의 두 단계와 초(超)독자 • 431
  (5) 홀랜드와 블레이치 ― 독자 심리 • 434
 4. 수용미학·독자반응 비평의 실제   • 436
  · 허구적 독자론
 5. 수용미학·독자반응 비평 검토   • 441

Ⅸ. 신역사주의·문화유물론 비평   • 446

 1. 신역사주의·문화유물론 비평의 출발과 개념   • 446
 2. 미국의 신역사주의 비평   • 450
  (1) 전통적 역사주의와 신역사주의 • 450
  (2) 신역사주의 비평의 형성 과정 • 452
  (3) 신역사주의 비평 이론과 방법 • 454
 3. 영국의 문화유물론 비평   • 459
  (1) 문화유물론 비평 정의 • 459
  (2) 문화유물론 비평의 형성 과정 • 461
  (3) 문화유물론의 비평 이론과 방법 • 465
 4. 신역사주의와 문화유물론의 차이점   • 466
 5. 신역사주의와 문화유물론의 이론가와 이론   • 469
  (1) 미셀 푸코 ― 주체와 권력 • 469

| 차례 | 외재적 비평문학의 이론과 실제

　(2) 레이먼드 윌리엄스 — 문화의 개념과 문화주의 • 473
　(3) 루이스 알튀세 — 구조주의 문화 연구 • 476
　(4) 안토니오 그람시 — 포스트모더니즘 문화 연구 • 478
　(5) 조나단 돌리모어 — 역사와 문화적 과정의 양상 • 481
　(6) 스티븐 그린블라트 — 전복과 봉쇄, 권력 탐구 • 484
6. 신역사주의・문화유물론 비평의 실제　　　　　　　　　• 488
　・『햄릿』의 두 인물 복수로 인한 주변화
7. 신역사주의・문화유물론 비평의 검토　　　　　　　　　• 495

□ 찾아보기 • 501

Ⅰ. 역사주의 비평

1. 역사주의 비평의 개념과 이론 전개

역사주의 비평이란, 어떤 작품이든지 그것을 낳게 한 역사적 배경을 떠나서는 이해할 수 없다는 명제에서 출발한다. 말하자면 작품을 이해할 때 작가와 작품의 역사적 배경, 사회적 환경, 작가의 전기 등 문학을 결정하는 여러 가지 체계와 관련시켜 문학을 연구하는 방법이다. 이렇듯 역사주의 비평은 작가가 문학 작품의 '거울'이라는 전제에서 출발하여 작가를 원인으로 보고 문학 작품을 결과로 보는 입장을 취한다. 따라서 그 연구 방법은, 문학 작품이란 역사적 현상임을 직시한 채 역사 과정에서 문학 작품이 차지하는 위치와 의미를 해명한다. 이러한 입장에서, 문학 작품을 올바르게 감상·이해·분석하기 위해서는 작가에 대한 정확하고 충분한 연구가 선행되어야 한다는 논리가 성립된다.

문학 작품은 어떤 특정한 시기에 실제로 살았던 작가의 생각에 의하여 언어로 씌어진 것이며, 그 구체적인 형태와 내용을 가지고 있다. 그리고 그 작품은 독자라고 하는 구체적인 사람들에게 읽히는 것을 전제로 한다. 이와 같은 특질 때문에 어떤 독자나 비평가는 역사적 의미나 조건을 주요한 요건으로 다루어 왔다. 또 역사를 기술하는 학문적 분야에서도 문학에 있어서 역사적 의미라는 것을 중요한 것으로 이해하여 왔다. 그 이유는, 우리의 문화는 대체로 아득한 옛날부터 그 뿌리를 내리고 시대에 따라 발전해 왔으므로 그것을 통시적으로 이해하려는 지적인 욕구가 있기 때문이다. 그러한 지적인 욕구는 한 계통의 분야가 이루어 온 여러 가지 문학적 발자취들을 시대 순으로 혹은 체계적으로 살피게 하고, 또한 역사적 맥락에서 가치를 이해하려고 하였다. 이와 같이 역사주의 비평 방법은 문학 작품의 형성, 근원, 원리, 변모 등이 어떻게 이루어지고 이어져 내려왔는가의 그 내력을 추적하는 것을 목적으로 하고 있는 것이다. 그래서 역사·전기 비평의 정확한 문학관은, 문학 연구가 역사적 지식을 필요로 한다는 것을 인식하는 데 그치지 않는다. 그것은 문학 작품이 창작된 시대가 지니는 사상(ideas), 인습(convention), 태도(attitudes)라는 테두리 안에서 문학을 감상·이해·평가하는 문학상의 한 접근 방법을 의미하는 것이다.

  이러한 역사주의 비평 방법은 고대에까지 거슬러 올라가 더듬어 볼 수도 있다. 그러나 이론이 체계를 가지고 출발한 것은, 근대 17, 8세기에 드라이든(John Dryden, 1631~1700)이나 존슨(Samuel Johnson, 1709~1784)에 의해서이다. 드라이든은 그의 『극시론』(*An Essay of Dramatic Poesy*, 1668)에서, 모든 시인은 누구나 '한 시대'(on age)에 속한다고 언급함으로써 부분적으로나마 역사적·비교 문학적 논리에 입각하여 역사적 이론을 전개하였다. 또한 존슨은 만년에 카울리(Abraham Cowley, 1618~1667)를 위시하여 1세기 동안의 52인의 시를 뽑아 각 시인의 전기와 작품을 감상하고 상세하게 분석·비평한 『영국 시인전』(*Lives of the English Poets*, 1779~1781)을 내놓았다. 이 저술에서 그의 논리는, 문학이란 보편적이고 변하지 않는 진리의 표현이라는 관점을 근본으로 하고 있으면서, 그는 동시에 '현재를 바르게 판단하기 위해서는 현재와 과거를 대비시켜야 한다'고 주장하였다.

그러나 역사주의 비평의 이론이 정확하게 확립된 것은 19세기 이후, 프랑스의 두 비평가 생트-뵈브(Charles Augustin Sainte-Beuve, 1804~1869)와 테느(Hippolyte Adolphe Taine, 1828~1893)의 저술에 의해 가장 두드러지게 나타난다. 당 시대는 과학적인 사고에 일반의 관심이 집중되던 시기였다. 따라서 생트-뵈브는 "문학의 박물학을 설정하려는 것이 나의 의도"[1]라고 말하면서 특히 그 시대의 특징인 과학적 인식과 관련하여 "그 나무에 그 열매(tel arbre, tel fruit)"라는 표현을 하였다. 그리고 생트-뵈브는, 문학은 작가의 개성의 표현이라고 보고 작가의 개성을 연구하였는데, 그 가운데서도 개인의 역사, 즉 전기를 이용하여 문학적 현상을 비평하였다. 또한 테느는 문학 비평의 주요 기준으로 인종(race)·환경(milieu)·시대(moment)를 들었는데, 이것은 다시 말해서 민족적 성격, 사회적 환경, 역사적 시기를 의미하는 것으로 작품 이해에 필요한 자료의 범위를 확장시켜 놓은 것이다.

생트-뵈브와 테느의 방법론은 현재 우리가 가지고 있는 역사적 방법론의 모태가 되며, 이렇게 개발된 역사·전기 비평 방법은 원문의 전래 및 출처의 신빙성에 대한 문제, 고어(古語) 혹은 폐어(廢語)의 문제, 자료의 출처와 문학상 차용·표절의 문제, 작가의 생애와 작품의 관계에 관한 문제들을 다룬다. 이 모든 문제들은 엄밀한 의미에서 '역사적'(historical)인 문제들이다.

생트-뵈브와 테느의 이론들은 유럽 대륙에 지대한 영향을 주었다. 그 두 사람의 이론은 프랑스에서 실천되었음은 물론, 유럽 대륙의 문학 연구와 비평 대부분을 작가의 정신과 전기, 역사적 환경, 그리고 문학적 원천에 주로 관심을 기울게 하였다. 나아가 그들의 이론은 19세기 전반에 걸쳐 극도의 유럽 모방에 기울어진 미국의 문학 연구에도 영향을 끼쳤다. 그리하여 1920

---

1) Walter Jackoson Bate(ed.), *Criticism: the Major Taxte*, New York: Harcourt, 1952, p.400.

년대에 미국에서 본격적인 문헌 연구를 주도했다. 그러나 역사·전기 비평은 1920년대 형식주의자들의 공격을 받게 되었으며, 1930년대에는 형식주의자들의 공격이 극도에 달하면서, 마르크스주의 비평가들에 의해 전혀 새로운 방면으로부터 공격을 받기에 이른다. 따라서 역사·전기 비평은 1940, 50년대 초에 크게 수세에 몰리면서 위축 현상을 초래하기도 하였다. 그러나 역사·전기 비평은 1950년대 말에 다시 소생하기 시작하여 반대주의자로부터의 몇 가지 지적을 검토 수용하고, 이론을 보완함으로써 많은 비평가들의 문학 연구의 지침서가 되어 왔다. 또한 오늘날에는 새로운 신역사주의 방법론이 부상하고 있기도 하다.

한국의 근대 비평사에서는 1920년대부터 역사주의 비평이 사용되어 왔다. 그런데 대체로 테느의 이론을 답습하는 것에 머물렀다. 특히 국문학 연구 방법에 있어서 이들의 전기적 방법이나 문헌학적, 실증주의적 방법 등은 1950년대까지 계속되어 왔음을 볼 수 있다.

이러한 역사주의 비평가는 다음과 같은 몇 가지 사항을 중시한다. 첫째는 원본의 확인과 확정, 둘째는 당대 작품의 언어에 대한 지식의 습득, 셋째는 작가의 전기, 넷째는 작가와 작품의 평판과 영향 관계, 다섯째는 당대의 문화 연구, 여섯째는 문학사의 문제, 일곱째는 문학적 전통과 관습 문제 등이 그것이다.

2. 역사·전기 비평의 대표적 이론가와 이론

(1) 생트-뵈브 — 실증주의

실증주의라는 어원은 조직적—실증주의적 철학의 창시자인 프랑스의 오거스트 콩트(Auguste Conte, 1798~1857)가 그의 저서 『실증 철학 체계』, 『실증 철학 강의』 등을 통해서 처음 사용하였다. 그에 따르면 실증적이란 것은 확고한 것, 여하한 철학적 회의론도 무의미하게 되는 의심할 여지없는 어떤 것이다. 그것은 더욱 나아가 정확하게 규정될 수 있는 것이며, 평가의 면에 있어서도 실증적이다. 또한 실용적이며 발전적이다. 이러한 모든 개념 규정으로 볼 때, 실증주의라는 철학 사조는 철저히 반(反) 형이상학적이며, 그 유형의 사고는 반(反) 사변적이라 할 수 있다.

생트-뵈브 비평의 출발은, 작품의 창조성을 설명하는 것이 아니라, 시공을 초월한, 즉 개개의 작품과는 유리된 추상적인 법칙과 이상을 기준으로 작품을 평가하는 독단론에 입각해 있다. 이는 브왈로(Nicolas Boileau Despreaux, 1636~1711)와 볼테르(Voltaire, 1694~1778)의 낭만주의 비평관과 닮아 있다. 이러한 그의 독단론의 방법은 17세기 말, 소위 '신구 논쟁(新舊論爭)' 이후 서서히 무너지기 시작하여, 이전의 비평 자세를 정리하고 인상주의와 과학적 비평의 조화를 꾀하는 새로운 비평관을 구축하였다. 당 시대에는 일반적으로 과학 분야에 관심을 쏟고 있었는데, 생트-뵈브 역시 그 영향을 받지 않을 수 없었던 것이다. 그리하여 19세기 초 생드-뵈브는, 작품이란 그 시대 환경과 연관시켜서 감상해야 한다는 논리를 전개하기에 이른다. 이런 상황에서 생트-뵈브는 작가를 완전히 알아야 작품을 설명할 수 있다고 하여, 마치 자연과학자들이 동식물을 부류로 나누어 분류하듯이 작가들의 정신세계를 유별(類別)로 분리하고자 했다.

그는 1849년부터 『콩스티튀쇼넬』지에 「월요한담」(1849~1861)의 연재를 시작하여 15권의 책을 출간하였고, 이어 「신월요한담」(1863~1870)을 14권의 책으로 출간했다. 이 글은 매주 월요일 신문지상에 각종 역사상의 인물, 학자, 정치가, 군인, 문학가 등의 사상이나 작품을 소개하는 형식을 취한 것이다. 이 글에서 그는 작가적 기질이나 성격은 물론, 그 생활 환경이나 교육, 교우에 이르기까지 철저하게 조사하여 그것을 바탕으로 작가의 내면적 초상을 그려냈다. 또한 작가의 정신을 분류하여 궁극적으로는 '작가의 박물학'

의 세계를 만들려고 노력하였다. 이런 그의 연구 자세와 더불어 "문학의 박물학을 설정하려는 것이 나의 의도"라는 그의 말에서 과학주의적 비평관을 엿볼 수 있다.

그는 역사 중에서도 특히 개인의 역사, 즉 전기를 이용하여 문학적 현상을 관찰하고 해석하려고 노력했다. 비평 방법에 관하여 그는 "나에게 있어서 문학, 즉 문학적 산물은 한 사람의 전체 성격과 구별될 수 있는 것이 아니다. 나는 개개의 작품을 즐길 수 있지만, 그 사람 자신을 알지 못하고 작품만 단독적으로 판단하기는 곤란하다. '그 나무에 그 열매'(tel arbre, tel fruit)인 것이다. 그러므로 문학 연구가는 자연스럽게 인간 자체, 즉 윤리 연구로 옮겨진다."[2]고 말하였다. 나아가 그는, 한 위대한 작품은 그보다 더 위대한 창조자에 의해서 이루어진다고 본다. 그러므로 고대 작품처럼 작가가 분명하지 않은 경우, 작품을 손에 쥐고 있다고 할지라도 고작 비평가들의 작업은 작품에 주석을 붙이거나, 작품을 통해서 작자를 상상하고 존경하는 데 국한될 수밖에 없다고 한다. 이는 마치 한쪽 팔만 남고 동체가 없어진 조각품을 대하는 것 같아 아쉽다고 덧붙인다.

그런데 그는 한 작품은 작가를 알게 해주는 교량일 뿐이고, 비평은 작가와 직접 대면하는 것을 목적으로 하기 때문에 자연히 윤리적 방향으로 나아가게 된다고 말한다. 이는 작가가 외부 사물 그리고 외부 집단에 관계하고 유대를 맺는 가운데 자연스럽게 자아를 완성시키고 변형시켜 성숙한 가치관을 지니게 된다는 말이다. 여기에서 그의 과학적 비평관과 더불어 모랄리스트로서의 인간 해부 정신을 발견할 수 있다. 그는 한 위대한 작가의 출신 성분과 친척 관계를 되도록 자세히 확인하고, 그의 학업과 교육, 소속 집단 등에 관해서도 자세히 살핀 다음, 다시 그가 살았던 시대의 환경을 확정한다. 즉 그는, 환경이란 한 작가를 형성하고 성숙하게 만든 기본 요건이 되는

---

2) Walter Jackoson Bate, 앞의 책, p.497.

것이라고 파악했던 것이다.

이러한 생트-뵈브의 전기적 연구 방법은 개인 위주가 아니라 사회적이다. 다시 말하여, 개인의 위대성은 그의 사회 관계에서 밝혀지게 된다는 것이다. 특히 이 점에 있어서 그는 위대한 인물, 즉 천재나 영웅 등 대인의 숭배를 주장하는 일부 낭만주의자들과 구별된다고 할 수 있다. 따라서 그의 이러한 방법은 개인을 지배하고 결정하는 것은 사회적 환경에 달려 있다는 실증주의 이론으로 발전할 수 있는 소지를 내포하고 있는 것으로 판단할 수 있다.

(2) 테느 — 민족(民族)·환경(環境)·시대(時代)론

테느는 생트-뵈브의 제자이다. 그는 그의 스승을 능가하여 자연 과학을 바탕으로 한 방법론들을 문학 연구에 끌어들였고, 문학 속에서 원인과 결과의 결정론적 과정을 찾고자 하였다. 이렇게 그는 생트-뵈브의 실증주의적 이론을 발전시키고 체계화하였다. 그리하여 그는, 19세기 후반의 시대 정신인 실증주의와 유물주의의 대표적 비평가로서 자리를 잡았으며 자연과학적 방법론을 철학·역사·문학 등 모든 정신 과학에 적용시켰다. 그의 결정론의 기준은 그의 저서 『영문학사』(History of English Literature, 1883)의 서문에서 명명한, 문학을 결정하는 세 가지 요인, 곧 민족·환경·시대이다. 그 기준을 바꾸어 말하면, 민족적 성격·사회적 환경·역사적 시대가 된다. 이와 같은 테느의 문학 연구 방법론은 사회·문화 비평의 원천 중 하나로 자리매김된다.

그에 의하면, 모든 현상은 인과(因果)의 필연적인 법칙을 따르게 마련이며, 인간 정신도 출생지와 시대와 환경에 의해서 결정되는 것이지, 자유 의지니 우연성이니 하는 것은 존재하지 않는다. 이와 같은 이론을 문학에 적용하여 테느는 모든 작가의 특징적인 주요 기능을 발견하고, 그것과 종족·환경·

시대의 세 가지 관계를 결부시켜 살핌으로써 작품 발생의 필연성을 설명하였다.

생트-뵈브는 문학 연구를 정신의 박물학이라고 하였지만, 테느는 생물학과 문학 연구의 관계를 한층 더 가깝게 유추한다. 그리하여 다음과 같은 이론을 전개시킨다. 그는, 화석이 된 조개껍질 뒤에는 생물이 있었고, 문서의 뒤에는 사람이 있었다고 설정한다. 그리고 그는 조개껍질을 연구하는 이유는 그 생명을 추정해보려는 것뿐이 아니라고 말한다. 마찬가지로, 우리는 사람을 알기 위해 문서를 연구하는 것이라고 한다. 물론 조개껍질과 문서는 생명이 없는 잔해들로서 완전히 생명체에 대한 열쇠로서의 가치밖에 없다. 따라서 비평가는 이 생명체를 붙잡아 재창조해야 한다는 것이다. 그러므로 문서를 고립된 것인 양 연구하는 것은 잘못된 것이라고 말한다.[3]

생트-뵈브는 작품보다는 작가, 작가의 개인성보다는 그의 사회적 여건, 즉 환경에 각별한 관심을 보였다. 그런데 테느는 이를 한층 발전시켜 문학을 결정하는 세 가지 요인으로 종족(race)·환경(milieu)·시대(moment)를 강조한다. 그의 이론에 따르면, 종족이란 개인이 세상에 태어날 때 가지고 나오는 선천적 및 유전적 기질을 뜻하며, 그것은 일반적으로 인체의 특질과 구조에 있어 차이점을 수반한다고 한다. 때문에 인종이 다르면 그에 따라 현격한 차이점이 생긴다는 것이다. 그런데 민족성·종족성은 시간과 공간의 격차가 있음에도 불구하고 동일성을 유지한다는 것이 테느의 견해이기도 하다. 이것은 종족 결정론 내지 종족 숙명론과 맥락을 같이 한다. 또한 테느는, 사람이란 세상에 혼자 존재하지 않고 자연과 그의 동류 인간에 둘러싸여 있다고 말한다. 그래서 우연 및 후천적 성향이 그의 선천적 성향에 영향을 준다는 것이다. 가령, 한 작가의 성격은 구체적 또는 사회적 환경의 영향을 받아 변화하며, 그 성격에 의해서 한 작가의 인생이 결정되고, 그 작가가

---

3) Walter Jackson Bate, 앞의 책, p.501, 참조.

살아온 인생의 경험은 작품을 형성하는 데 결정적인 영향을 끼친다는 논리이다.

이러한 그의 논리는, 어떤 작가의 작품도 그 작품을 쓴 인물에 대한 지식이 없이는, 또한 그 인물이 등장하게 된 배경과 삶의 환경에 대한 지식이 없이는 이해할 수 없다는 것이다. 이러한 견해는 소위 전기주의(傳記主義 ; Biographismus), 즉 작가의 생에 대한 면밀한 검토를 요구하게 된다. 그리하여 테느는 1858년 발자크(Balzac)에 대한 방대한 수상록을 집필함에 있어서 이러한 삶과 작품의 결합에서부터 출발한다. 그의 서문을 살펴보면 다음과 같다.

> 정신만이 유일하게 정신적 작품의 근원은 아니다. 전인적 인간이 그 작품의 생성에 참여한다. 즉 그의 천성, 그의 교육과 과거 및 현재에 걸친 그의 삶, 그의 고뇌와 능력, 그의 덕과 부덕, 말하자면 그의 정신과 활동이 드러나 보이는 일체의 것이 그가 사고하는 것 그리고 그가 저술하는 것 가운데 흔적을 남기는 것이다. 발자크를 이해하고 평가하기 위해서는 그의 성격과 생애를 알지 않으면 안 된다.[4]

여기서 테느의 견해는, 발자크를 이해하는 것은 바로 발자크의 작품을 이해하는 것과 같다고 말한다. 테느는 '그의 천성이 인식되어야 한다'고 말하고 있는데, 이 말에 대해서는 '그의 상속된 것'(sein Ererbtes)이라는 말이 대치된다. 또한 '그의 교육'은 그의 '학습된 것'(Erlerntes), '그의 삶'은 '그의 체험된 것'(sein Erlebtes)이라는 말로 대치될 수 있다. 이를 다시 파악해 보면, 테느의 서문은 '3E'가 방법론적 특징으로 제시되고 있음을 알 수 있다. 즉 상속된 것(Ererbtes), 학습된 것(Erlerntes), 체험된 것(Erlebtes)이 그것이다. 이후 문학 연구에 있어서 이 '3E'는 실증주의적 문학 연구 방법론의 교시적 양식이 된다. 이 세 가지의 근원을 탐구하는 것은, 처음에는 비록 작품 외적인 것이

---

4) Hippolyte Taine, *Studien zur Kritik unt Geschichte*, Ⅷ a, S. 279.

파악될 뿐이지만 그것을 통해 동시에 작품의 이해가 가능하다는 것이다.

(3) 아우얼바하 — 원전의 언어 분석

아우얼바하(Erich Auerbach, 1892~1957)의 대표적 저서인 『미메시스』(*Mimesis*, 1946)는 언어에 대한 역사 비평가의 입장을 잘 나타내고 있다. '서구 문학에 있어서의 현실 묘사'라는 부제가 붙어 있는 이 책은, 호메로스에서 단테와 괴테를 거쳐 버어지니아 울프(Virginia Woolf)에 이르는 서구 문학의 주요 작가들이 20장 속에 집중적으로 다루어져 있다. 이 책은 문체의 분석과 그것을 낳은 사회적 맥락의 분석을 함께 시도하는, 다시 말해서 역사적 방법과 원전 분석을 종합하는 시도라고 할 수 있다.

일반적으로 역사·전기 비평가는, 문학 작품을 그 자체로서는 완전하게 탐구될 수 없다는 데 확신을 가진다. 그리하여 작품에 대한 온갖 정보물을 소중히 여긴다. 그래서 역사·전기 비평가는 문학 작품의 언어를 그 작품이 발표된 당시의 이해나 인식의 상태에서 살피는 한편, 그 언어를 현재에도 적응할 수 있는 표현 매체로 다루어야 하는 이중의 책임을 지고 있는 것이다. 아우얼바하는 그 중에서도 특히 작품에 사용된 언어를 그 작품이 제작된 특정의 시간과 공간 내에서 지녔던 기능을 고려하여 살피고 있음을 볼 수 있다.

아우얼바하의 저서 『미메시스』를 살펴보면, 예술가란 그가 개인적으로 어떤 것에 관심을 가지는가 하는 개인적인 선택 이외에, 그가 살고 있는 문화 집단의 무의식적인 영향에 의해 지배를 받을 수밖에 없다. 이러한 예술적 관습을 잘 살펴볼 수 있는 분야가 언어인 셈이다. 언어는 한 작가가 살았던 시대와 문화의 산물인 동시에 그가 속한 계층의 규범이기도 한 것이다. 따라서 작가는 이러한 언어 자체의 구조와 방향성에 따라 소재를 선택하게 되며 작품을 창작하게 되는 것이다. 모든 문학 작품의 언어는 의식적으로든지 무의식적으로든지 한 시대의 문체와 사회 상황을 반영하고 있기 때문이다.

아우얼바하는 또한 각 문명의 산물인 여러 걸작품들의 양식과 구조 속에서 희랍 사람과 히브리 사람들의 기질이 어떻게 나타나는가를 진단함으로써, 그 작가가 생존했던 그 시대의 문명 속에서 어떤 의미를 지니는가 살피고 있다. 가령, 『오디세이』(Odyssey)에서 오디세우스는 페넬로페의 늙은 가정부가 발을 씻어주는 대접을 받게 된다. 옛 이야기에서 발을 씻어주는 것은 피로한 나그네에게 베풀어주는 첫 번째 손님 대접이다. 늙은 가정부 유레클레이아는 손님의 발을 씻어주다가 오디세우스의 넓적다리에 난 상처를 발견하게 된다. 그리하여 오디세이의 신분이 발각되면서 동시에, 그 상처가 생기게 된 과거의 이야기가 제시된다. 작품의 이 대목부터 소위 탈선적 객담(digression)이 시작된다. 즉, 그 흉터는 과거 오디세우스가 어린 시절 외할아버지인 아우토뤼코스(Autolycus)를 방문하여 멧돼지 사냥을 나갔을 때 생긴 것이다. 이 탈선적 객담은 독자들에게 오디세우스의 가계 내력, 아우토뤼코스와 그의 집, 오디세우스의 사람됨, 이른 아침 사냥에서 벌어진 짐승의 추적과 격투, 멧돼지의 송곳니 때문에 생긴 오디세우스의 상처, 상처의 회복과 이다카(Ithaca)에로의 귀향 등이 이야기된다. 이와 같이 한 개인의 흉터에 대한 기원 등 그의 모든 것을 서술하는 탈선적 객담은, 아우얼바하가 개인의 시대적 배경과 역사를 중요시하는 관점에서 글을 전개하고 있다는 증거가 된다.

그러나 이 저술에서 아우얼바하가 무엇보다도 주목하고 있는 점은 유럽의 변형적 문학사, 즉 문체론적 층위의 문학사이다. 『오디세이』에서 그는 호메로스식 문체와 구약 성서의 문체를 대조시키면서 연대기를 따르는 역사가의 방법에 관심을 표명하고 있다. 그는 『오디세이』에서는 탈선적 객담을 통해서 과거의 이야기까지 완전히 설명되는 데 반해, 구약 성서에 나오는 아브라함과 이삭의 희생에 대한 묘사는 이와 완전히 다르다고 말한다. 가령, 하나님과 아브라함은 어디에서 나타난 것인지, 그리고 어느 시대에 위치한 것인지 독자는 알 수가 없다는 것이다. 갑자기 그리고 신비스럽게 출현한 하나님은 그리스의 신인 제우스나 포세이돈의 묘사와도 다르다고 말한다. 그래서 호메로스의 서사시는 비록 지적·언어학적·구문론적 문화가 고도로 발달했던 것처럼 보일지라도 인간 존재의 묘사는 매우 단순하며, 그들이 보편적으로 서술하고 있는 실제 인생도 마찬가지라고 한다. 그러나 성서의 화자는 아브라함의 희생 제물 이야기가 객관적인 진실임을 굳게 믿고 있으며, 그는 또한 사실주의가 아니라 진실을 추구하고 있음을 알 수 있다는 것이다. 그래서 호메로스의 제재는 전설로 남아 있는데 반해, 구약 성서의 제재는 이야기가 진행됨에 따라 점점 더 역사에 가까워진다고 말한다.

 그리고 이 두 작품 가운데 호메로스의 이야기는 충분히 밖으로 드러나는 묘사, 단일한 예증, 자연스러운 연결, 자유로운 표현 등으로 역사의 발전과 심리적 조망이 거의 배제된 유형이라고 말한다. 반면 구약성서는 다른 몇 가지 부분은 부각시키고 또 어떤 부분은 표현하지는 않고 다만 암시하기만 한다고 말한다.

 『미메시스』의 부제가 말하고 있듯이 그는 서양 문학에 있어서의 현실 묘사의 발전을 추적하고 있는 것이다. 그것은 리얼리즘의 역사이며, 따라서 인간의 현실적 삶은 '고상한' 문체와 '저속한' 문체로 이루어지고 있다고 아우얼바하는 말한다. 그리고 이 역사 기술의 주축을 이루는 것이 바로 문체의 개념이라는 것이다. 이 개념은 그로 하여금 2500년의 역사를 하나의 맥락 속에 파악할 수 있게 하는 실마리가 되는 것이다. 단순하게 생각하면, 문체는 형식에 관계되는 개념이다. 반면 역사는 주로 사실적 내용의 변화에 관계된다. 그러나 형식이 그 나름의 역사를 가지고 있다는 것은 이미 오랫동안 인정되어 온 바 있다. 따라서 형식의 역사는 눈에 보이는 외적인 모양의 누적적 변화 또는 혁명적 변화에만 관계되는 것이 아니다. 밖으로 정착되는 형식은 형성하는 힘에 대응하여 나타나는 결과이다. 이 형성하는 힘은 인간의 주체적인 삶의 표현이며, 그것이 일정한 일관성 속에 양식화될 수 있는 한에 있어서 그것은 진정으로 주체적인 소유가 된다. 이렇게 볼 때, 문체의 역사는 개인적이면서 동시에 집단적이고 또 자연적인 인간 삶의 통로의 역사인 것이다. 그러므로『미메시스』는 외면적으로 파악된 현실 모사의 문제가 아니라, 인간의 또는 서양적 인간의 주체적 삶, 인간적 삶의 문제를 이야기하고 있는 것이다. 나아가 그것은 서양인이 사회적 형성과 기술의 변화 속에서 어떻게 더욱 보편적인 의식과 삶의 지평으로 나아가게 되었는가를 이야기한다고 말할 수도 있다.

아우얼바하에 따르면, 서양 문학 가운데 문체의 역사는 문체의 분리(Stiltrennung)에서 문체의 혼합(Stilmischung)로 나아간 것으로 해석된다. 그것은 서양 사회가 계급의 분리를 요구히는 계습 사회로부터 보다 평등한 사회로 옮겨 간 역사적 변화이다. 이러한 현상은 즉, 우리 인류가 민주적 사회의 구현을 바람직한 것이라고 생각하는 한 발전적 변화라고 할 수 있다. 그렇다고 해서 문체 분리의 이념을 단순히 계급적 문제에 결부시켜서는 안 될 것이다. 그 계급적 차이를 해소시킬 수 있었던 인간의 이성적 사고의 진전 문제도 고려해야 할 것이다. 다시 말하여, 다양하고 포괄적이고 유연한 일관성 있는 문체는 한 사회와 인간 이성의 조화로운 발전에 기인한 것이다. 때문에 그것은 역사의 소산이기도 하고 역사의 창조자이기도 한 것이다.

(4) 그렙스타인 ― 역사적 비평[5]

그랩스타인(Sheldon Norman Grebstein)은 역사적 비평의 원천을 탐구하고

---

[5] 박철희·김시태,「역사주의 비평」,『문예비평론』, 문학과비평사, 1993, pp.115~119 참조.

나서, 역사적 비평의 중심 원리, 즉 문학 작품은 그 자체로서는 완전한 것처럼 탐구될 수 없다는 사실을 발견한다. 오히려 각 작품은 그 작품에 대한 일체의 기록들, 말하자면 그 작품에 대한 온갖 정보체와의 관련을 통해서 탐구되어야 한다는 것이다. 그리하여 그는 역사적 비평가는 다음과 같은 여러 가지 가능한 논의 가운데서 하나 또는 둘, 셋의 문제를 다룸으로써 비평 방법을 수립할 수 있다고 제시한다.

첫째, 역사적 비평가는 믿을 만한 원전(原典)을 사용하고 있다는 점을 확인해야 한다. 둘째, 역사적 비평가는, 작품에 사용된 언어가 그 작품이 제작된 특정의 시간과 공간에서 기능을 발했던 것과 같은 언어의 지식을 가지고 임해야 한다. 셋째, 역사적 비평가는 작가의 생애와 외적 환경들, 특히 작가의 창작 과정에 영향을 미친 것에 비추어서 작품을 정밀하게 탐구해야 한다. 그리고 또한 작가의 전 생애의 문맥 속에서 작품을 검토해야 한다. 넷째, 역사적 비평가는 작가와 작품을 전시대 또는 동시대의 작가와 작품들과 비교하며, 그 작품에 변화를 주었을 영향 관계들을 연구해야 한다. 그리고 작품 자체의 평판과 그 밖의 다른 작품과 작가들에 미친 영향을 검토해야 한다. 다섯째, 역사적 비평가는 작품을 한 시대의 소산으로 보아야 한다. 다시 말해서, 작품이 제작된 그 시대의 문화에 대한 표현으로서 그리고 당대 시대와 사회의 반영으로 이해하여야 한다. 여섯째, 역사적 비평가는 문학적 전통, 관습, 양식 또는 장르의 범위 내에서 작품의 위치를 알아내야 한다. 그리고 그 밖의 다른 유사한 작품들과의 관련을 결정해야 한다.

그렙스타인은 이상과 같은 방법론 가운데 몇 가지 사항들을 선택하여 연구할 때 역사적 비평이 이루어질 수 있다고 말한다. 이는 역사적 비평가가 어떤 방법을 선택하든지 간에, 정보체를 비평의 필수적인 요소로 보고 있다는 뜻이다. 또한 역사적 비평가에 있어서는, 문학 연구의 기능은 비평의 기능과 분리될 수 없다고 말한다. 그리고 이러한 기능들이 분리된다고 하더라도, 그것은 동일한 과정의 보충적 또는 필수적 부분들로 존재하게 된다고 한다.

이어 그렙스타인은 역사적 연구가와 역사적 비평가를 어떻게 구분할 수 있는가에 대해 말한다. 그는 문학 연구 과정에 있어서 서로 상이한 강조점과 그 나름의 입장에 따라 역사적 연구와 비평은 구분될 수 있다고 말한다. 즉, 역사적 연구가는 있는 그대로의 사실과 삭막한 자료를 제공하는 데 반해, 역사적 비평가는 그러한 자료들을 작품의 이해와 평가에 응용한다는 것이다. 따라서 그는 다음과 같이 역사적 연구가와 역사적 비평가를 구분하고 있다.

첫째, 역사적 연구가는 문학의 지속성에 있어서의 의미 심장한 변화와 성쇠에 대해 관심을 기울이지만, 비평가는 문학 작품의 유사성과 영속성에 대하여 많은 관심을 기울인다. 둘째, 역사적 연구가는 작품에 대한 정확한 자리매김과 정밀한 이해에 몰두하지만, 비평가는 작품에 대한 설명과 가치 평가에 관심을 기울인다. 셋째, 역사적 연구가는 작품의 기원과 발생에 집중하지만, 비평가는 주어진 작품의 미적 성격에 대하여 집중한다.

그렙스타인은 이상과 같이 역사적 연구가와 역사적 비평가의 문학에 대한 관심과 작업을 구별하면서 계속해서 역사적 비평 방법론에 대해 설명한다. 그것은 바로 원전 확정, 당대 언어, 작가 전기, 작가의 평판과 영향, 당대 문화, 문학사, 문학적 전통과 관습 등의 방법론이다.

3. 역사주의 비평의 이론과 실제

(1) 원전 확정 연구

① 원전 확정의 이론

원전의 확정이라는 작업은 대상 작품이 믿을 만한 확실한 원본인지 아닌

지를 밝혀 내는 것이다. "원본 연구의 목적은 필사자나 인쇄자의 오류를 벗어나서 원래 저자가 지녔던 가장 믿을 만한 원본을 확정하는 일이다."[6] 그릇된 원본에 대하여 믿을 만한 비평이 행하여질 수 없음은 더 말할 것도 없기 때문이다. 따라서 원본 확정은 문학 작품을 감상·이해·분석하는 데 앞서 선행되어야 할 작업이다.

이는 원작자의 원고의 표기상 또는 기교상의 잘못된 곳, 그리고 편집자와 교정자와 인쇄자의 오류 및 착오, 기타 원본으로부터 와전된 무수한 사항들을 발견하여 제거함으로써, 가능한 한 원본의 순수성을 회복하여 보존하려는 데 그 목표를 두고 있다. 따라서 현존하는 판본들을 판독·대조·해석·수정하여 올바른 판본을 확인하기 위해서는 인접 과학 곧 서지학·문헌학·제지술·인쇄술·제본술·필체 감식술 등의 도움을 필요로 한다. 혹은 비평가들은 문학사나 문학 비평 또는 언어학 그리고 인접 과학까지도 친숙 또는 숙달해 있지 않으면 안 된다. 아울러 작가·작품·시대성·장르적 특질에 대한 민감한 판단력과 비평적 안목도 가지고 있어야 한다. 그래서 원본 확정 작업을 특별히 원본 비평(textual criticism)이라고 분류하기도 한다.

원본 비평 이론의 권위자인 미국 프레드슨 바우어스(Fredson Bowers)는 원본 비평의 목표를 "한 작가의 텍스트 본래의 순수성(purity)을 회복하는 한편, 판을 거듭함에 따라 항용 생기는 와전(corruption)으로부터 그 순수성을 보존하는 것"이라 하면서, 다음과 같이 원본 확정의 과정을 말하고 있다.[7]

원본의 확정을 위한 작업

첫째, **문서적 증거** ― 현존하는 문서들(원고·초간본·수정본·이본 등)을 근거로 하여 가장 순수하고 정확한 형태를 확정한다. 문서들을 총망라하

---

6) 윌프레드 L. 궤린 외(정재완 외 역), 『문학의 이해와 비평』, 청록출판사, 1978, p.18.
7) Fredson Bowers, 'The Aims and Methods of Scholarship', *Textul Criticism*, ed., James Thorpe, N.Y:MLA, 1970.(이상섭, op. cit., pp.20~22.)

고, 원고가 부재하는 경우에는 가능한한 원고 상태에 접근하도록 추정본을 작성하기 위해 교정, 수정, 보완, 종합의 작업을 함으로써 텍스트에서 오류를 제거한다.

둘째, **기본 텍스트의 결정** — 많은 이본 또는 사본들 중에서 결정본의 근거가 될 기본 텍스트를 선정한다.

셋째, **상이점들의 대조 조사**(collation) — 일정한 기간 동안에 출간된 한 작품의 여러 판본들을 모두 대조 조사하여 서로 틀리는 부분들을 확실히 기록해 둔다.

넷째, **판본의 족보** — 판이 거듭됨에 따라 차차 와전율이 증가하는 것이 보통이다. 와전율은 판의 연대적 선후 관계, 즉 '족보'를 추정하는 데 매우 도움이 된다. 간혹 해적판이나 번안판이라는 서자가 끼일 때도 있다.

한 작품의 여러 판의 상이점을 체계적으로 다루기 위하여서는 서지학의 노움이 필요하나. 종이의 질, 인쇄술, 잉크, 활자체에 대한 징밀한 지식이 필요한 것이다. 결정본을 작성키 위한 기본 텍스트를 하나로 한정할 수 없을 경우도 있다. 한 작품의 원고를 작가가 두 가지로 작성한 경우가 그렇다. 가장 흔히 일단 출판된 작품(신문소설처럼)을 작가 자신이 수정을 가하여 다시 출간할 경우 기본 텍스트는 둘이 되는 것이다.

결정판(definitive edition)

취급할 가치가 있는 모든 문서들을 다 검토하고 나서는 소위 결정판을 준비할 단계에 이른다. 이 단계에서는, 첫째 이본(異本)들을 납득이 가도록 적절히 처리해야 한다. 하나 또는 그 이상의 권위본을 선정한 다음 이본들과의 면밀한 대조 조사를 마치고, 둘째로 그 권위본에 혹시 잘못이 있는가를 검토하여 수정을 한다. 수정 부분 역시 타당한 설명이 있어야 한다. 수정의 대상으로는 프린트의 잘못, 틀린 철자 등의 확실한 오류와 의미상 애매

한 부분, 또는 탈락된 부분이다.8)

　이러한 작업을 통해서 객관적으로 확고한 자료나 문헌에 의하여 확정된 원전을 가지지 못하는 이상, 평가를 아무리 훌륭하게 했다고 하더라도 일단은 불확실한 작업에 그칠 수도 있다.

　② 원전 확정의 실제

　원전 확정은 필사(筆寫)가 잘못 되었거나 인쇄자의 특성에 따라 혼동을 가져오기 쉬운 옛 작품의 경우뿐만 아니라 숨은 뜻이나 의성어의 효과, 인유적인 언어를 구사하는 당대의 작품의 경우에도 문제가 된다.
　가령 한국의 많은 비평가들이 언급하고 있는 김소월의 경우, 1925년 매문사(賣文社)에서 간행된 『진달내쏫』에 수록될 때까지는 소수의 작품을 제외한 거개(擧皆)의 작품들에서 '손을 본 흔적'을 찾아볼 수 있다.9) 그리고 김억이 1939년 12월에 펴낸 『소월시초』도 『진달내쏫』과 같지 않은 것이 있음을 같은 연구자는 말하고 있다. 그리하여 최초에 신문이나 잡지에 발표된 형태와 시집으로 발간된 것을 일일이 대조하고 교열할 필요성이 생기고, 전문적인 지식을 가진 서지학적 접근이 불가피하게 된다.
　이 방면에 깊은 관심을 기울인 책으로, 백순재(白淳在)·하동호(河東鎬)에 의해 1966년 양서각(良書閣)에서 간행된 시집 결정판 소월 전집 『못잊을 그 사람』과 홍성사에서 간행된 김종욱(金鍾旭)의 『원본 소월 전집』이 있다. 특히 『원본 소월 전집』은 소월의 전 작품을 원형 그대로 수록하고 있는데, 문제시 되는 것은 편자(編者)대로의 주석을 붙이고 있는 점이다. 그렇게 해서 어느 것이 확실한 것이고 또한 원본에 근접한 것인지를 밝혀 주고 있다.
　일례를 들어 소월의 시 <가을 아침에>를 1925년 판 『진달내쏫』에 실린

---

8) 같은 책, pp.20~22.
9) 정한모, 「소월시의 정착 과정 연구」, 『성심어문 논집』 제4집, 성심여대 국문학과, 1977, 8, p.101.

32　외재적 비평문학의 이론과 실제

것과 숭문사 판 『진달래꽃』을 비교하면 다음과 같다.

    어득한퍼스렷한 하늘아래서
    灰色(재색)의 지붕들은 번쩍어리며,
    성긋한섭나무의 드믄수풀을
    바람은 오다가다 울며맛날쌔
    보일낙말낙하는 멧골에서는
    안개가 어스러히 흘너싸혀라.

    아득한 파르스레한 하늘 아래서
    회색의 지붕들은 번쩍거리며,
    성깃한 섭나무의 드믄 수풀을
    바람은 오다가다 울며 만날 때,
    보일락 말락 하는 멧골에서는
    안개가 어지러이 흘러 쌓여라.[10]

위의 시에서 나타나듯이 시의 의미가 흐려지는 경우는 흔히 보여진다. 만약 누가 와전된 후자를 텍스트로 삼고 해설을 한다면 소월의 시 맛은 사라질 것이다. 소월 본인 스스로도 「진달래꽃」을 『개벽』지 25호에 발표했던 것을 다시 손질하여 시집에 싣고 있는 것에서, 작가의 시작 과정에서 변모되고 있는 심화의 과정을 비교 연구도 할 수 있다.

고대 시가의 경우 원본 비평은 더없이 중대한 과제가 된다. 양주동의 『고가연구(古家硏究)』의 향가에 관한 연구와 『여요전주(麗謠箋註)』의 고려 가요에 관한 연구는 기실 한국 문학 연구상 최대 최고의 원본 비평이다. "양교수의 업적은 방대한 고증 자료를 수집하였다는 데보다도, 그 자료를 바탕으로 가설적일 수도 있으나 예리한 심미적 내지 시적 감식력에 의한 원본의

---

[10] 김종욱, 『원본 소월 전집』, 홍성사, 1982, pp.236~237. (방점 저자)

재구성을 해냈다는 데 있다."[11]

(2) 당대 언어 연구

① 당대 언어 연구의 이론

문학 작품은 어떤 특정한 시대에 실제로 살았던 작가의 사상에 의하여 언어로 쓰여진 구체적 형태와 내용을 가지고 있다. 말하자면 작가는 언제나 당대의 언어를 매개로 하여 작품을 창작한다. 그런데 일정한 시간이 지나면 그 시대의 언어는 소멸되거나 의미가 달라지는 경우가 있다. 때문에 역사주의 비평가는 당대의 언어가 당대의 문화적 배경 속에서 지니는 특수한 의미를 설명하고 정의해야만 한다.

따라서 한 문학 작품을 비평하려 할 때 기초적이며 필수적인 것은, 그 작품이 언제 쓰여진 것인지를 확인하고, 그리고 작품이 쓰여진 당시의 언어를 판독할 줄 알아야 한다. 말하자면 작품이 쓰여진 당시의 과거 언어와 비평가가 비평하는 시점의 현재 언어에 대한 지식이 있어야 하는 것이다. 이렇듯 역사주의 비평가가 문학 작품의 언어를 다루는 데 있어서는 이중의 책임을 가지는 것이다. 언어의 이런 이중성은 작품의 시간적 지속성의 근본적인 것이 되고, 작품이 갖는 독창적·계속적 매력의 비결 가운데 한 부분이 되기도 한다. 그뿐만 아니라 언어는 가치를 전달한다. 우리가 필연적으로 우리 자신의 것과 비교하게 되는 그 언어 자체의 문화와 시대의 가치를 전달하는 것이다.

비록 훌륭한 문학 작품이 한 시대를 초월하여 모든 시대를 위한 것이라 할지라도, 개개 작가가 처해 있었던, 그리하여 어느 정도 그의 작품 안에 반영하게 된 사회적·지적 풍토는 시대가 흐름에 따라 변하게 마련이다. 따라

---

11) 이상섭, 『문학 연구의 방법』, 탐구당, 1972, pp.17~18.

서 어떠한 작품이 지니는 이러한 정보를 제공받지 못한 독자는, 과거의 문학 작품을 감상함에 있어서 자기 나름의 가정과 연상을 대입시키지 아니할 수 없다. 이때 독자의 가정과 연상은, 그 문학 작품의 형식과 의미를 낳게 했던, 그 시대상의 좌표계(座標系)와는 완전히 무관한 것이 될 수도 있다. 때문에 한 작품을 올바르게 감상하려면, 당대 언어를 재구성시켜야 하는 것이다.

작품에 채용된 말, 말투 및 문장들은 시인이나 작가의 생애와 밀착되어 있으며, 또 역사적 의미도 지니고 있다. 그러므로 말에 관한 세심한 연구와 조사는 문학의 평가나 연구에 있어서 요긴한 것임은 두말할 것도 없다. 문학 작품에 쓰인 말을 이해하는 일은 그 시대의 역사와 문화와 사상과 미의식을 이해하는 일이 되고, 반대로 역사와 문화에 대한 이해는 시와 말을 통해서 도달될 수도 있다.

역사적 비평가가 당대 언어 연구에 대한 비평적 노력을 가할 때 유의해야 할 점들을 구체적으로 살펴보면 다음과 같다.12)

첫째, 음운론적 측면의 연구이다. 될 수 있는 한, 작품이 씌어진 때와 장소에서 사용되던 음운 체계를 재구성해야 한다. 특히 운문의 경우, 이 작업은 대단히 중요하다. 왜냐하면 시(詩)는 이해되기 전에 전달되기 때문이다. 따라서 당대 시의 음운 체계 - 운율, 압운, 고저, 장단 등을 이해하지 못하고는 그 시대의 시작품의 의미를 완전히 파악할 수 없는 것이다.

둘째, 어휘적 측면의 연구이다. 시대를 따라 어휘의 변동이 생기게 마련이다. 위대한 작가는 많은 어휘를 사용할 뿐만 아니라, 개성 있는 독특한 어휘를 사용한다. 그러므로 당대의 어휘를 알아내기 위해서는 당대에 사용되던 어휘를 모든 문헌에서 수집하고 특수 시대의 어휘에 특별히 관심을 가져야 할 것이다. 가령, 셰익스피어의 작품 연구자들을 위해서 셰익스피어 특유

---

12) 이선영(편), 『문학비평의 방법과 실제』, 삼지원, 2002, pp.42~44 참조.

의 어휘 연구의 사전은 여러 개가 나와 있음을 본다.13) 우리 나라에서도 근래 임무출의 어휘 연구가 돋보인다. 그는 『채만식의 어휘 사전』(1997)에 이어 『김유정의 어휘 사전』(2001)을 출간하여 후학들의 문학 연구에 한 몫을 거들고 있음을 본다.

셋째, 구문적 측면의 연구이다. 이것은 역사적 비평가가 고전 문법의 지식을 가지고, 한 당대 한 작가의 작품이 문학적 효과를 위하여 어떻게 구문이 짜여져 있는가를 살펴보는 것이다. 어휘의 선정 못지 않게 문장 구성의 습관도 작가에 따라 상당히 달라질 수 있는 것이다. 따라서 이 연구의 중요성은, 그러한 구문적 특성이 어떤 비평적 의의를 가지는가를 발견해 내는 일이다.

엄격히 말해서 모든 문학 작품의 제 일차적 참고서는 사전과 문법서이다. 물론 대개의 사전과 문법서는 한 시대의 언어 현상의 설명에 국한되어 있으므로, 문학 작품을 감상·이해·해석하기 위한 사전, 문법서는 그 작품이 씌어진 당시의 것이면 가장 좋다.

② 당대 언어 연구의 실제

언어에 관한 역사적 접근 방법은 두 가지, 즉 설명(explanation)과 해설(elucidation)을 실천하는 것이다. 설명하는 일은 학자가 하는 일이고, 해설하는 일은 비평가의 일이다. 해설은 현재의 독자들을 위한 일종의 번역이다. 작가가 언어를 채용했을 때의 그 문학적 배경에서 그 언어의 특수한 의미를 설명하거나 밝혀 내기 위해 학자는 적절한 문서와 출처 및 전기에 관한 정보를 요구한다.14) 가령, 조선 창업 당시의 악장인 「용비어천가」 가운데 한

---

13) Alexander Schmidt, *Shakespeare-Lexicon*(Berlin, 1874~75), *Ashakespeare Glossary*(Oxford, 1911) 등.
14) S.N. Grebstein, (de.), *Perspectives in Contemporary Criticism*, New York : Harper & Row, 1968. 이선영(편), 『문학비평의 방법과 실제』, p.27.

구절을 '꽃 좋고 여름 하나니'라고 현대 철자법으로 고쳐 써 놓는다고 해서 현대의 일반 독자들에게 완전하게 의미가 통하는 것은 아니다. '여름'과 '하나니'를 '열매'와 '많으니'라고 번역하는 것이 필요하다.

예를 들어, 향가 시대의 언어와 문화를 반영하고 있는 향가 문학은 비평가나 연구가가 직접 향가 시대의 말과 문맥 속에서 연구할 수밖에 없다고 본다. 다음은 도솔가(兜率歌)다.

오늘 이에 散花 블어
뿔숣온 곶아 너는
고돈 무수믜 命ㅅ브리옵디
彌勒座主 뫼셔라.15)

이 작품은 『삼국유사(三國遺事)』 가운데 월명사(月明師), 도솔가(兜率歌) 조에 나오는 것으로, '今日此矣散花唱良 巴寶白乎隱花良汝隱 直等隱心音矣命叱 使以惡只 彌勒座主陪立羅良'와 같이 기록되어 있다. 연구자의 많은 고증과 논증이 거듭되어 오다가

오늘 이에 散花歌를 불러
뿌리사온 꽃이여 나는
곧은 마음의 命을 奉行하옵기
미륵보살을 뫼셔라.16)

로 해독되었다. 신라시대에 우리말의 모습과 뜻을 짐작해 볼 수 있는 하나의 예다.

그리고 주석, 해설, 번역이 순전한 비문학적인 작업이라고 단정해서는 안

---

15) 전규태, 『향가』, 정음사, 1976, p.72.
16) 전규태, 같은 책, p.75.

Ⅰ. 역사주의 비평 37

될 것이다. 가치가 있다고 인정되는 작품에 대한 주석, 해설, 번역은 확실히 비평적 노작인 것이다. '번역은 제2의 창작'이라는 말이 수긍된다면 현대와 언어적 거리가 있는 옛 작품의 해설인 번역 역시 문학적, 즉 비평적 노작인 것이다.

(3) 작가 전기 연구

① 작가 전기 연구의 이론

이 연구는 작가의 생애와 외적 환경들, 특히 작가의 창작 과정에 영향을 미친 것에 비추어 작품을 세밀하게 탐구하자는 데 목적이 있다. 이러한 작가의 전기 연구는 역사·전기 비평의 핵심적 연구 영역이기도 하다. 문학 작품은 한 작가의 생애 속에서의 경험의 총화와 관계된 창조물이다. 작가는 경험을 바로 작품에 쓰는 경우도 있을 것이고, 상상적 경험을 암시적으로 작품에 투영시킬 수도 있다. 그러므로 작품의 내용과 사상을 이해하는 또 하나의 방법으로 역사·전기 비평가는 작자의 전기적 사실을 연구한다. 흔히 작가의 의도와 작품에 나타난 내용상의 그것과는 구별하여 언급하는 것이 관례로 되어 있다. 왜냐하면 작자가 의도한 것이 내용에 충분히 나타날 경우도 있지만 의도한 대로 나타나지 못할 경우도 있기 때문이다. 그렇기 때문에 한편에서는, 작자의 의도와 작품은 엄밀히 구분하는 것이 바람직한 연구 태도라고들 말하기도 한다.

그러나 위와 같은 사실을 인정한다 하더라도 작가의 성장, 교육, 가정 환경, 시대적 환경, 사상 등은 불가피하게 작품의 사상이나 내용에 직접으로 또는 간접으로 반영된다고 생각할 수 있다. 이런 의미에서 본다면 작품의 평가에 있어서 작자의 생애를 참고한다는 것은 매우 중요하다고 할 수 있다. 심지어는 기질이나 성격 또는 육체상의 조건도 관계된다고 생각할 수 있다. 그만큼 작품과 작가의 생애는 분리될 수 없는 것이다. 가령, 헤밍웨이(Hemingway)의 간결하고 객관적인 문체는 그가 신문 기자로서의 체험과 무관하지 않고, 포크너(Faulkner)의 고급한 수사학은 그가 남부 지방의 웅변술과 과장된 표현의 산문 전통에 뿌리내리고 있었음 말해주고 있는 것이다.

그러나 웰렉과 워렌이 지적하는 바와 같이, 작가 연구는 생산된 작품의 해석에 빛을 던져 주는가 여부에 따라 그 가치가 결정된다.17) 단순한 개인의 개성 발달 과정이나 창작 심리학은 문예 비평의 범주를 상당히 벗어난 작업이라 할 수 있다. 다시 말하자면 작가·작품·독자 세 가지 주체의 원활한 조화를 마련하는 작업이야말로 올바른 작가 연구가 될 것이다.

이러한 작가 전기 연구를 위하여 비평가는 작품 창작에 관련된 작가의 모든 면모를 전부 파악하고자 한다. 작가의 정신적 자세, 교육, 교우 관계, 신체적 조건, 친척 관계, 직업, 재산 정도, 애정 관계, 읽은 책, 정치 사상, 습관, 취미, 입맛까지도 작품 생산에 관련이 있다고 판단되면 가치 있는 정보로 간주하여 수집 정리하는 것이다. 우리 나라의 이어령 편 『한국작가전기연구』(동아출판공사, 1975)는 계용묵을 비롯하여 김동명, 김동인, 김동환, 김소월, 김수영 등 17인의 작가에 대한 전기 자료와 작품 연보, 참고 문헌들을 조사 정리하고 있다. 정확한 출생은 물론이고, 선대의 가계 도표, 초등학교 이전의 성장 환경, 학력, 경력, 교우 관계, 취미, 성격, 종교, 기호, 습관, 결혼과 이성 관계, 사망 연월일, 사망 원인, 장례지까지 자세하게 정리하고 있다.

그러나 전기 연구에 있어서 특히 문제가 되는 것은 그 가치 유무를 판단하는 비평적 능력이다. 어디서나 비평 의식은 살아 있어야 하는 것이기 때문이다. 따라서 작가의 전기 연구에 있어서 유의할 점은, 그 연구가 한 작가의 일화집 또는 연대기적 사실의 나열, 또는 단순한 회고록에 기울지 않도록 하는 것이다. 문학적 전기가 일반 역사서와 방법론적 차이가 없다면 그

---

17) Rene Wellek & Austin Warren, *Theory of Literature*, N·Y ; Hatcout, Brace & Company, 1949, p.63.

것은 단순한 역사서에 불과한 것이다. 근년에 이르러 전기 자체의 방법론이 사실 나열주의에서 비판적 해석주의로 변천함에 따라 문학적 전기 역시 많이 변모하여 확립되고 있다. 또한, 이러한 연구의 위험성을 고려하여 근년에 소위 비평적 전기(critical biography)가 실천되고 있기도 하다. 비평적 전기에서는 다음과 같은 방법을 실천함으로써 문제점들을 극복하고 있다.

첫째, 자료의 수집과 처리 문제이다. 자료 수집은 일차적 작업이므로, 비평적 전기를 쓰고자 하는 사람도 우선은 수집된 자료를 모두 살펴봐야 한다. 그러나 자료만 나열하는 것은 의미가 없고, 비평가는 그 수집된 자료를 총체적으로 이해하여 자기 특유의 새로운 문학적 전기를 완성시켜야 한다.

둘째, 문학적 전기와 관련된 문제이다. 전기 작가는 자신의 작업이 문학의 한 장르임을 인식하는 가운데 비평을 실천해야 하는 것이다. 때문에 작가의 성격 파악, 심리적 통찰 등을 세밀하게 조사 파악하여 그것들을 문학성과 조화를 이루는 가운데 전기를 완성시켜야 한다. 물론, 임의로 판단한다거나 지나친 과장, 비논리적 왜곡은 금물이다.

셋째, 비평적 전기와 심리학의 관계이다. 전기 작가는 그 방계 과학으로 심리학을 차용하는 것이 효과적이다. 작가는 저마다 탈을 쓰고 작품의 언어 조직, 어조, 이미지, 상징 속에 교묘하게 자신을 감추고 있다. 따라서 전기 작가는 심리학의 도움을 받아 자료를 취사 선택하고 분석해 나가면서 이러한 작가의 탈을 벗기고 내면을 세밀하게 파헤쳐야만 한다.

넷째, 전기 작가와 문예 비평가의 공동체적 자긍심의 문제이다. 결국 그들 작업은 모두 문학을 이해하고 즐기기 위한 노력이며, 따라서 연구 자료로서는 콘텍스트가 주어져 있는 작품 자체보다 더 가치 있고 권위가 있다는 자부심을 가져야 할 것이다.

② 작가 전기 연구의 실제

한국 현대시사에 있어서 소월의 시만큼 독자들에게 많이 읽힌 시는 없을 것이다. 소월의 시가 많이 읽힐 수 있었던 이유는 여러 가지로 탐색되어지고 있는데, 그 가운데 한 가지는 우리의 전통적인 한(恨)의 정서를 표상했다는 점일 것이다. 우리는 보편적으로 소월의 시에서 우리 민족의 심층에 전승되고 있는 한(恨)을 발견한다. 이와 관련하여 오세영은, 그의 성격 내지 그러한 성격을 형성하게 했던 그의 가정 환경과 시대 상황 등이 중요한 모티브의 하나가 된다고 말하고 있다.

· 김소월의 작품 세계[18]

첫째는 그의 부친이 정신 이상자라는 데서 오는 문제점이다. 한 인간의 성격 형성에 있어 유년 시절에 그 부모가 끼치는 영향만큼 큰 것은 없다. 그리고 그는 그의 부모가 정신적으로 건전하고 육체적으로 건강할 때 비로소 정상적인 성격의 소유자가 될 수 있는 것이다. 소월의 부친 김성도(金性燾)는 소월이 두 살 되던 해 철도를 가설하던 일본인 목도꾼들에게 폭행을 당한 바 되어 정신 이상을 일으키고 종래는 폐인이 되고 만다. 이 때는 소월의 성장에 있어서 구순기(口脣期)가 끝나고 항문기(肛門期)로 진입될 시기인데, 다 아는 바와 같이 오이디푸스 콤플렉스(Oedipus Complex), 그리고 9, 10세에는 이어서 동일시(同一視, identification)의 과정이 예비되어 있는 것이다. 따라서 소월은 그의 자아 발전 및 성격 형성에 있어서 절대적으로 중요한 시기에 그의 부친이 정신 이상을 일으킨 것이라고 생각된다.

오이디푸스 콤플렉스란 무의식적 충동 속에서 어린이가 이성애의 대상을 이성 부모에게서 찾고자 하는 자아 성숙 단계의 한 과정이다. 동일시란 오이디푸스 콤플렉스에 빠진 어린이가 윤리 의식을 각성하는 단계에서 부모가 이성애의 대상이 아님을 자각하고, 이제는 오히려 동성 부모를 닮아 그 장점을 모방코자 하는 과정이다. 예컨대, 여자아이 같으면 어머니처럼 아름

---

18) 오세영(편), 「소월의 작품 세계」, 『김소월』, 문학세계사, 1994, pp.300~304.

답고 정숙한 여자가 되어야지 하는 생각과 남자아이 같으면 아버지처럼 용감하고 훌륭한 남자가 되어야지 하는 생각을 갖고서, 그 동성 부모를 이상적인 인간상의 모델로 삼고 그에게 자신을 일원화시켜 자아 성숙을 도모하려는 심리 현상이다. 소월은 이 두 과정에서 정상적인 체험을 겪지 못하였다. 오이디푸스 콤플렉스의 경우엔 어머니에 대한 사랑의 필연적인 연적으로서 아버지의 역할이 대단히 중요한 것이고, 또 그 아버지의 존재로 인해 어린이는 오이디푸스 콤플렉스로부터 벗어날 수 있는 것인데 소월에게 있어서 아버지는 연적도 될 수 없었고 자아 각성의 깨우침도 줄 수 없었다. 더더욱 동일화 과정에서 소월이 받은 충격은 컸으리라고 추측된다. 왜냐하면 소월의 경우 아버지는 이상적인 인간상의 모델이 되기는커녕 한낱 폐인에서 벗어날 수 없었기 때문이다. 따라서 필연적으로 겪어야 될 이 두 과정에서 소월은 한을 지닐 수밖에 없었을 것이다. 그것은 무의식적으로 마음껏 사랑하고 또 동시에 마음껏 미워해야 될 리비도의 충족과 억압의 체험을 소월이 갖지 못한 데서 연유한다. 이야말로 소월이 잠재 의식 속에 지니고 있었던 한이다.

정신병자인 아버지는, 또한 소월을 비사회적 내성적인 인간으로 위축시켰다는 점에서 이차적인 문제점을 지닌다. 아직 그의 전기 연구에서 밝혀진 바는 없지만 아마도 그가 심한 열등감에 빠졌을 공산은 크다. 그가 친구를 전혀 가지지 못했으며 항상 홀로 지냈고 깊은 생각에 몰두하는 일로 세월을 보냈다는 것은 앞에서 살핀 바다. 소월은 그 자신이 신동으로 불리워졌음에도 불구하고—아니 오히려 그가 총명한 아이였기 때문에 더욱더 주위 사람들이나 친지, 동료들에게 자신이 정신 이상자를 부친으로 둔 것에 대하여 열등 의식을 가졌을 것이고 때로는 친구들의 놀림을 당했을 것이다. 그럴수록 소월은 보다 심한 자폐적 생활에 빠져들었을 것이다. 원래 내향성(introversion)이란 자기 억압적이지 공격적, 개방적 성격은 아니다. 소월의 어떠한 내향적 성격—비사교적, 내성적, 자폐적, 사색적, 자기 비하적(自己卑下的) 성격은 자신의 가슴에 맺힌 응어리나 욕구 불만을 속시원히 풀어버리려고 노력하기보다는 한으로 안고 살려 했음이 틀림없다. 말하자면 소월의 한은 자신을 흔쾌히 해방시킬 수 없는 자기 억압적 성격에서 비롯되는 것이다.

둘째, 가정적으로 소월의 주위에는 그를 이해해 줄 수 있는 인물이 없었다. 즉 그는 항상 소외된 삶을 살았다. 정신 이상자인 부친과 대화가 단절되었을 것임은 쉽게 추측되는 일이지만 그 외의 가족들과의 관계에 있어도 경우는 마찬가지였다. 소월의 모친은 일방적이고도 맹목적인 사랑으로 소월을 감쌌다. 그러나 계희영(桂熙永)의 지적과도 같이 원래 무식했던 탓으로 그녀의 맹목적 사랑은 소월을 정상적인 성격의 소유자로 키우기보다는 반동 형성(反動形成, Redction Formation)된 성격의 소유자로 키우는 데 이바지했을 따름이다. 소월이 그의 모친과 불화했다는 증거는 아직 없으나 결코 그가 성상인처럼 어머니를 따르지 않았다는 것은 확실하다. 그것은 소월이 모친보다 숙모를 더 좋아했다는 사실에서도 증명된다.

그 앞에서 도그마로 군림했던 조부 역시 마찬가지이다. 그는 가부장적 유교 질서만을 고수한 권위주의자였으며, 따라서 그는 소월을 그러한 관점에서 사랑했던 것은 사실이지만 소월이 지닌 내적 고통이나 그의 인생관, 문학관을 이해해 줄 수 있는 인물은 못 되었다. 소월이 철들면서 번뇌했던 외적 고민들—민족, 역사, 사회 현실, 그리고 문학 따위의 문제에 대해서도 조부는 전혀 관심이 없었을 뿐 아니라 오히려 소월이 이러한 문제들을 끌어들여 자신의 가문에 어떤 재난이 오지 않을까, 감시를 소홀히 하지 않았다. 말하자면 그는 소월이 꿈꾸던 문학적 세계와는 정반대로 소아적(小我的) 자기 보호에만 급급했던 보수적 인물이라 할 수 있다. 요컨대 인생관, 이념, 도덕적 규범, 성격 등의 대립으로 인해서 소월과 조부는 항상 대화가 단절된 상태였고 더욱이 조부의 성격이 독단적이었기 때문에 나약한 소월은 한층 더 자기 억압적인 생활을 영위할 수밖에 없었던 것으로 보여진다. 따라서 그가 마침내 그의 조부의 슬하로부터 떠나 구성(龜城) 처가집으로 분가해 갔던 것은 이러한 억압으로부터 해방되려는 첫 번째 시도였으리라고 생각된다. 소월이 철 들고 난 후 특히 배재 고보를 졸업한 이후 그 조부와 불화했다는 것은 숙모 계희영이 지적한 바 대로이다.

그의 두 삼촌은 항상 외지에서 생활하였으므로(큰숙부가 한 3년 집에서 머문 것을 제외하고 이 두 숙부는 학업, 직장 생활 등의 관계로 남산리 소월의 향리에서는 거의 살지 않았다) 애당초 소월의 대화 상대자가 되지 못했고 그의 성장 시절에 같이 생활했던 막내고모 역시 성격적으로 괴팍했고 세속적인 여자였기 때문에 소월은 그녀를 항상 경멸했다고 한다. 유일한 말 상대자였던 숙모 계희영 역시 평탄한 여자는 못 되었을 뿐만 아니라(남편과는 거의 생이별하다시피 살았다) 소월의 자아 형성과 인생관이나 문학관 확립에 도움을 줄만큼 교육받은 여자는 못 되었다. 요컨대 소월은 가정적인 면에서 자신의 정신적 또는 심리적 억압을 풀어버릴 수 있는 상대를 가지지 못하였다. 그는 항상 고독과 소외감 속에서 자신의 문제를 스스로 안고 살아야 했다. 이러한 자기 억압이 한을 형성할 수 있으리라는 것은 쉽게 짐작된다.

셋째, 장손(長孫)으로 태어났다는 점이다. 비록 작은 씨족이긴 하나 그가 공주 김씨 일문을 대표하는 장손으로 태어났다는 사실은 그의 어린 시절의 생활에 자존심을 키워주는 충분한 자극제가 되었을 것임이 틀림없다. 그러나 한편 돌이켜 볼 때 이러한 자존심은 그의 부친이 정신 이상자라는 데서 오는 열등감과 필연적으로 충돌되지 않을 수 없다. 우월감과 열등감, 자만과 자기 비하, 영광과 모멸이라는 이 풀 길 없는 모순이 또한 한을 형성시키는 요인이 되었음을 두말할 필요가 없다.

소월의 생애와 그를 둘러싼 이러한 주요한 체험들은 왜 그의 시에서 한의 감정이 분출되는가를 해명하는 데 적지 않는 도움을 주고 있다. 따라서 오세영은 방계 학문인 심리학을 차용하면서 문학의 한 장르에 종사한다는 의식을 가지고 김소월의 시를 진단하고 있음을 파악할 수 있다.

(4) 작가의 평판과 영향 문제

① 작가의 평판과 영향 이론

작가의 평판과 영향의 문제는, 한 작가와 작품을 그 이전의 작가와 작품 또는 동시대의 작가와 작품을 비교하며, 그 작품에 변화를 끼쳤을 영향 관계를 연구하는 것이다. 또한 이 연구는 작품 자체의 명성과 인기 그리고 그 밖의 다른 작품과 작가들에 미친 영향 관계를 검토하는 작업이다. 따라서 이 연구는 당대 작가 또는 독자층의 미적 가치를 논증하기 위해서도, 그리고 현 시대 독자층의 기능을 밝혀 내기 위해서도 필요한 연구이다. 그런데 과거 작가의 명성과 영향은 현재 우리가 그 작품을 놓고 추정할 수 있는 이유들만 가지고서는 다 설명할 수 없는 경우가 많다. 한 시대를 휩쓴 인기 작가가 다음 시대에 까맣게 잊혀지는 이유를 단지 작품에서만 발견해 낼 수는 없다. 여기서 역사적 연구가 뒤따르는 것이다.

특히 영향 관계의 연구는 비교 문학적 견지에서 많은 글들이 나와 있다.[19] 우선 영향이란 어느 한 작가가 앞선 작가의 작품을 읽지 않았다면 존재할 수 없었을 그의 작품에 존재하는 어떤 것이다. 영향은 그 연구 방법에 따라 원천, 모방, 차용, 수익, 성공, 운명 등과 복잡하게 연관된다. 그리고 영향은 수용과 구분되어야 한다. 여기서 수용이라는 말은 평판과 같이 쓰인다고 볼 수 있다. 영향은 완성된 문학 작품 사이에 존재하는 관계를 지시하는

---

19) 이혜순, 「영향 연구」, 『비교 문학』, 중앙출판사, 1981, pp.105~120 참조.

데 사용되고, 반면에 수용은 광범위한 주제, 즉 이들 작품과 작자, 독자, 평자, 출판인과 주위 환경을 포함한 문학 작품의 포위물(ambiance)간의 관계를 지칭하는 데 사용된다. 다시 말하여, 수용은 대상적 평가나 전파와 밀접한 관련이 있다. 어떤 종류의 수용은 인기도의 표준으로 사용될 수 있고, 베스트 셀러 명단과 작업 성취 통계를 갖고 측정될 수 있다.[20]

영향이란 영향 받은 작품에 아무런 시각적인 흔적을 남겨 놓지 않는 하나의 심리적 현상이기 때문에 이에 대한 연구는 불가능하다고 본다.[21] 즉 A라는 작가가 B라는 작가에게 영향을 주었다는 증거는, 증거가 없을 때에는 작품 내부에서 추정되는 유사성 또는 관련성을 모두 찾아내야 한다. 그런데 그 외적 증거는 전적으로 신뢰하기 곤란한 경우가 많다. 다른 것을 섭취하는 일만큼 독창적이고 또한 자기적인 것은 또 없다. A가 B에게서 많은 영향을 받았다고 공언할지라도 그 영향의 정도, 질, 형태 등이 작품 속에서 신뢰할 만하게 표출되지 않고서는 그 공언은 오로지 일반적인 A의 독서 체험을 이야기하는 전기적 자료에 지나지 않는 것이다.

이러한 영향 관계 연구에서 주의할 문제점은, 첫째 영향은 그 자체를 단일하거나 구체적인 양식으로 노출시킬 수 있는 어떤 것이 아니라는 점이다. 그것은 많은 표출 속에서 추구되어야 한다. 영향이란 비록 개인적인 섬세성, 이미지, 차용(借用), 원천이 있더라도 거기에 초점이 있는 것은 아니다. 문학적 영향이라는 것은 보다 본질적인 영감이나 그것 없이는 형식이나 발전이 일어날 수 없는 예술적 표현 같은 심원적·구조적인 것을 의미한다.[22] 과거 한국에서의 영향 연구는 단선적이고 부분적이며 표면적이어서 지나치게 영

---

20) Urich Weisstein, *Comparative Literature and Literary Theory*, Indiana Univ. Press, 1973, p.48.
21) Haskell Block, *The concept of Influence in Compartive Literature*, 『비교문학 Ⅱ 논문선』, 중앙출판사, p.216 재인용.
22) J. T. Shaw, 'Literary Indebtedness and Comparative Literary Studies,' in : *Comparative Literature - Method and Perspective*(Revised edition by), ed. Newton P. Stallknecht and Horst Frenz, Southern Illinois University Press, 1971, P.91.

향이란 술어가 남용된 듯한 인상을 주기도 한다.

　한국 현대시에 있어서 김소월의 영향을 살펴보는 작업은 할 만한 일이 될 것이다.23) 그리고 소월의 스승이며 선배인 김억의 영향을 파악해 보는 것도 그에 있어서는 상당히 의미 있는 작업이 될 것이다. 이러한 연구에 의해 소월 시의 모든 특성을 자세하고도 올바르게 이해할 수 있다. 이 작업에는 소월 작품의 모든 면—언어, 리듬, 이미지, 상징, 구상, 색채, 정서, 사상 등에 대한 완전한 파악이 없이는 어떤 면에 어떤 영향을 얼마만큼 끼쳤는지 알기 힘들 것이다.

　다음으로 할 일은 영향을 받은 것으로 추정되는 후배 작가의 작품을 역시 세밀하게 분석하는 것이다. 한 시인의 독특한 리듬은 다른 시인의 작품에서 언제나 그대로 재현되지는 않는다. 문학적 친족 관계와는 전혀 판별할 수 없는 다른 형태로 나타날 수가 있는 것이다. 친족 관계가 너무 확실할 경우는 오히려 작품의 가치에 있어서 위험 상태, 또는 완전 실패라고 할 수 있기도 하다. 왜냐하면 가장 무가치할 뿐 아니라 부정적인 친족 관계는 표절인 까닭이다. 리듬의 경우는 물론이려니와 이미지나 주제의 경우에 있어서도 마찬가지다. 한 작가의 가장 중요한 특징이 반드시 후배 작가의 가장 중요한 특징이 되는 것은 아니다.

　한층 더 경계해야 할 경우는, 후배 작가가 선배 작가의 작품을 잘못 이해하고 해석하여 자기 예술의 사숙(私淑)으로 삼는 경우이다. 그릇된 해석, 잘못된 이해, 허황된 이유로 셰익스피어나 괴테나 사르트르를 경모하는 작가가 있을 수 있다는 말이다. 또 선배 작가의 리듬의 특징이 후배 작가의 이미지의 특징으로 바꾸어져 나타날 수도 있다. 이 모든 문제들이 문학적 영향 관계의 규명 작업을 복잡하게 만든다.

　그러나 그처럼 세밀한 분석으로만 끝난다면 그것은 문학 연구의 목적을

---

23) 이상섭, 앞의 책, pp.38~39.

달성한 것이 못된다. 영향 관계의 규명은 두 작가(또는 그 이상)의 상대적 위치와 가치를 확인하기 위한 작업이어야 한다. 그것은 즉 두 개의 전체, 두 개의 완전한 가치의 구현을 마주 세워 놓은 일인 것이다. 결국은 두 작품을 동시에 파악하고자 하는 노력이다. T. S. 엘리엇의 말처럼 한 작가의 독서가 그의 사고와 감정의 기틀을 직접적으로 또한 새롭게 변모시킨 상태를 의미있는 영향이라고 할 수 있다.24)

② 작가의 평판과 영향 이론의 실제

김용직은 한용운과 타고르의 영향 관계를 밝히고 있다. 만해는 타고르 시를 직접 읽고 감동을 받았으며, 또한 김억이 타고르 시를 소개한 것에도 간접적으로 많은 영향을 받은 것으로 나타난다는 견해를 제시하고 있는데 상당히 설득력이 있다.

・한용운의 시에 끼친 R. 타고르의 영향25)

Ⅰ

다만 지금까지 알려진 것 가운데 만해(萬海) 한용운이 최초로 발표한 작품에 해당되는 것은 「심(心)」이다. 이 작품은 1918년 그가 주재한 『유심』의 허두에 실린 것이다. 그런데 여기서 우리가 간과할 수 없는 사실이 있다. 이때 발표된 「심」은 문자 그대로 만해의 처녀작에 속한다. 이 말은 이 작품이 그 구조・형태에서 적지 않게 미숙하기 때문에 쓰는 것이다. 또한 이 작품을 실은 『유심』 창간호는 또 하나 간과할 수 없는 글을 게재하고 있다. 그것은 타고르의 산문 「생의 실현」을 우리말로 옮겨 놓고 있는 점이다. 잘 알려진

---

24) T.S. Eliot, *Selected Essays,* London: Faber, 1951, p.386. 이상섭, 앞의 책, p.40 재인용.
25) 김열규・신동욱(편), 「한용운의 시에 끼친 R.타고르의 영향」, 『한용운 연구』, 새문사, 1987, iv, pp.2~5.

바와 같이 「생의 실현」은 그 원명이 Sadhana로 된 글이다. 그리고 거기에는 타고르의 중심 사상으로 일컬어지는 자아(自我)의 초극과 대아(大我)에의 귀의, 절대적 세계를 향한 지향의 필요가 역설되어 있다. 그것을 만해는 그가 주재한 잡지에 그것도 자신의 처녀작과 같은 호에 수록시켜 놓았다. 이러한 사실을 통해서 우리는 얼마간의 추측을 가져볼 수 있다. 아마도 타고르에 대한 만해의 관심은 그 뿌리가 상당히 일찍부터 박혀 있었으리란 점이 예상되는 게 그것이다.

한편 만해가 타고르의 시를 직접적으로 읽은 자취가 그의 작품을 통해서 검출된다. 만해가 생전에 펴낸 유일한 시집 『님의 침묵』은 1926년 회동서관(匯東書館)에서 발행되었다. 그런데 거기에는 그 제목을 「타골의 시(Gardenisto)를 읽고」라고 붙인 한 작품이 수록되어 있다. 잠깐 참고로 여기서 그 허두를 적어보면 다음과 같다.

> 벗이어 나의 벗이어 애인의 무덤 위의
> 피여 있는 꽃처럼 나를 울리는 벗이어
>
> 적은 새의 자취도 없는 사막의 밤에
> 문득 만난 님처럼 나를 기쁘게 하는 벗이어
> 그대는 옛 무덤을 깨치고 하늘까지 사모치는 백골의 향기입니다.

여기 나타나는 바와 같이 타고르는 만해의 기쁨과 슬픔을 지배하는 존재였다. 그리고 더욱 중요한 것은 시공을 초월해서 절대적 의의를 지니기까지 했다. 미루어 우리는 만해가 타고르에 보인 정신적 경도를 짐작할 수 있는 셈이다.

Ⅱ

타고르를 접하고 난 다음 만해가 느낀 정신적 충격은 작품을 통해서도 반영되었다. 우리는 그런 사실을 작품의 형태라든가 의미 내용, 주제 의식 등을 통해 극명하게 파악할 수 있다. 우선 만해의 시집 『님의 침묵』에 수록되어 있는 대부분의 작품은 거의 그 모두가 줄글에 가까운 자유시로 이루어져 있다.

> 당신이 계실 때에 알뜰한 사랑을 못하였습니다
> 사랑보다 믿음이 많고 즐거움보다 조심이 더 하였습니다
> 게다가 나의 성격이 냉담하고 더구나 가난에 쫓겨서 병들어 누운 당신에게로 도리혀 疏闊 하였습니다.
> 그러므로 당신이 가신 뒤에 떠난 근심보다 뉘우치는 눈물이 많습니다.
>
> ―「후회」 전문

이런 보기를 통해 나타나는 바와 같이 『님의 침묵』의 시편들에는 행과 연 구분을 하지 않은 것이 상당수에 달한다. 특히 행 구분을 하지 않은 점은 간과될 수 없다. 이 자체가 만해의 타고르 수용을 증명해 주는 단면을 이루기 때문이다. 잠깐 참고로 밝히면 만해의 타고르 수용은 김억의 번역판을 통해 이루어진 듯 보인다. 그런 낌새는 앞에 보인 등의 시 제목에 쓰인 타고르의 시집 이름을 통해 나타난다. 본래 김억은 1923년부터 타고르의 시집을 번역 상재했다. 바로 이 해에 그는 『기탄쟐리』를 평양 소재 이문관(以文館)을 통해 보여주었던 것이다. 그리고 이어 다음 해에는 『원정(園丁)』과 『신월(新月)』을 상재시켰다. 그런데 여기서 문제되는 『원정』에 김억은 Gardenisto라는 에스페란토 명칭을 함께 적어 놓았다. 구체적으로 밝히면 그는 그의 역시집 권두에 "Rabindranath Tagore, La Gardenisto, el la anglo de verda E. Kim"라고 밝혔던 것이다. 본래 김억은 한때 에스페란토 강좌를 열

고 또한 그 지상 강의를 벌릴 정도로 에스페란토에 조예가 깊었다. 결과 그의 역시집 허두에 에스페란토 명칭을 부기한 것 같다. 그리고 만해가 본 것이 바로 김억의 손에 의해 옮겨진 타고르의 『원정』이었던 것이다. 그런데 김억의 『원정』은 『님의 침묵』에 실린 일부 작품과 그 형태가 너무도 흡사하다. 다음 『원정』 31번째에 해당되는 작품으로 김억의 번역을 그대로 옮겨본 것이다.

> 거치른 소조(小鳥)인 내 맘은 그대의 눈속에 자기의 하늘을 찾았습니다.
> 그 눈들은 아침의 잠자리이며, 성신(星辰)의 왕국입니다.
> 내 노래는 그 자신의 심저(深底)에 잃어졌습니다.
> 나를 그 하늘과 그 고적하고 끝없는 하늘로 나래치며 날개하여 주시오.
> 나로 하여금 그 하늘이 구름을 헤치고 그 일광 속에서 나래를 펴게만 하여 주시오.

여기에 나타나는 바와 같이 김억의 『원정』에도 줄글의 형태를 취한 자유시가 대부분이다. 그리고 이것은 그가 에스페란토의 부기를 통해 밝힌 대로 그의 번역을 영역판에서 했음을 뜻한다. 본래 타고르의 시가 한결같이 줄글로 된 것은 아니었다. 벵골어판 『기탄잘리』는 정연하게 행과 연의 구분이 되어 있는 정형시다.

그러나 김억은 물론 벵골어판을 참고하지 못했다. 그리하여 그는 『원정』을 『기탄잘리』나 『신월』과 함께 줄글 형식으로 옮겨 놓았다. 그리고 만해는 그걸 읽고 깊은 인상을 받은 것 같다. 결과 그의 시가 행과 연 구분을 제대로 하지 않은 줄글이 된 셈이다.

이상과 같이 김용직은 한용운이 타고르의 시를 직접 간접적으로 감상하고 많은 영향을 받았다고 말한다. 즉 타고르의 작품 형태라든가 의미 내용, 주제 의식이 한용운 시에 그대로 반영되고 있다는 것이다. 또한 이러한 두 사람의 영향 관계에 김억도 한몫 거들고 있음을 밝히고 있기도 하다.

(5) 당대의 문화 연구

① 당대 문화 연구의 이론

역사적 비평가는 작품을 한 시대의 소산으로 본다. 다시 말하면 작품이 만들어진 그 시대의 문화에 대한 표현으로서, 그리고 당대 시대와 사회의 반영으로 이해하는 것이다. 당대 문화를 연구하는 목적은, 한 작품을 총체적으로 조감하면서 작품이 그 작가가 생존했던 그 시대의 문명 속에서 어떤 의미를 지니게 되는가를 탐색하여 작품에 대한 올바른 감상과 가치 평가를 하는 데 있다. 역사주의적 입장에서 보면 모든 예술 작품은 그 당시의 문화로부터 직접적인 영향을 받아 탄생되는 산물들이다. 따라서 그러한 예술 작품의 이해를 위해서는 그 시대 문화에 관한 이해가 함께 이루어져야 한다.

역사주의의 전체 원리에서 중심이 되는 점은 과거 의식과 예술 작품의 시간상의 현존에 대한 관심이다. 트릴링(Lionel Trilling)은 예술 작품이 다음과 같은 세 가지 점에서 역사적인 데가 있다고 말한다. 첫째, 작품은 그 자체가 역사적 사실을 기록한다는 것이다. 둘째, 작품 자체의 존재는 역사적 사실이라는 점이다. 셋째, 작품의 미적 특성, 즉 신비감은 작품의 과거성과 불가분의 관계가 있다는 점이다.

역사가들은 역사적 비평가들과는 달리, 예술 작품 그 자체를 중요시하는 것이 아니라 하나의 기록된 증서로서 중요시한다. 말하자면 역사가들은 한 시대나 문화에 침투하여 재구성하기 위해서 예술 작품을 사용하는 것이다. 역사가들은 작품을 주로 문화의 시대 정신을 표현한 것으로 간주하는 것이다. 그러나 역사적 비평가들에게 있어서, 역사는 그 문학적 표현을 통해서 정점에 이르며, 예술 작품의 창조는 역사적인 계기가 되는 것이다.

비평가가 문학 작품의 언어에 대해, 과거의 언어와 현재의 언어라는 이중적 관심을 보이고 있듯이, 비평가 또한 작품 속에 전달되는 가치와 관념들에 대해서 이중의 관심을 쏟는다. 가령, 역사적 비평가는 어떻게 그리고 왜 아이스킬로스(Aeschylos)와 초서(Chaucer)가 우리에게 여전히 말을 건네는가를 논증한다. 역사주의 비평가에게 문학은 휴머니티(humanitas)의 목소리이며, 그리고 그 목소리를 통해서 그는 단순히 교양뿐만 아니라 사람다운 교양을 열망한다.

그런데 만일 비평가가 작품을 설명하기 위해 과거로 되돌아가야 할 때, 이른바 '발생적 오류'(the genetic fallacy)에 말려들지 않도록 유의해야 한다. 즉, 문학 작품의 원전에 관한 연구를 문학 작품의 현재적 가치의 설명으로 착각하는 오류를 범하지 말아야 할 것이다. 이러한 원전과 가치 평가의 혼돈은 오늘날 비평의 가장 일반적인 오류이기도 하다. 바로 이러한 관점에서, 롤리(John Henry Raleigh)는 빅토리아 시대의 태도와 19세기 소설의 시간 처리법을 연결시키고, 더 나아가서는 이를 20세기의 태도 및 현대 작가의 시간 의식과 대조하고 있다. 또한 아우얼바하(Auebach)는 그리스인과 히브리인의 기질이 저마다 자기의 문명이 낳은 명작의 양식과 구조 속에서 어떻게 나타나고 있는지를 밝혀내고 있기도 하다.

우리나라 개화기 시대, 일제 식민지 시대, 프롤레타리아 시대, 한국전쟁 시대, 4·19 등에 쓰여진 작품들은 각각 그 시대의 문화를 반영하고 있는 것이다. 그러므로 각각 그 작품의 문화적 배경이 되는 상황을 떠나서 작품을 평가할 수 없다. 따라서 각각 해당하는 시대라는 역사성의 인식은 작품의 이해와 평가를 위한 기준 작업이 되는 것이다. 이를테면, 우리나라 신소설의 깊이 있는 이해를 위해서는 1900~1910년대 사이의 문화인 개화기로 불리는 그 시기의 문화에 관한 이해가 함께 이루어져야 하는 것이다.

② 당대 문화 연구의 실제

한국의 현대 문화에 끼친 기독교의 영향은 실로 지대하다고 할 수 있다. 한국의 근대화가 자생적인 것 이외에 외래적 자극에 힘입은 바가 크다면, 바로 그 외래적인 것의 대부분을 기독교, 특히 개신교가 선교 활동의 일환으로 가져온 것이다. 개신교가 한국의 현대 문명과 문화에 지대한 중점적 영향을 미친 것이 사실이라면, 한국 문화의 핵심이라고 할 수 있는 신문학의 형세에 어떤 기여를 했는가. 한국 신문학 형성과 기독교 역할에 관해, 이상섭은 「신문학 초창기와 기독교」에서 이광수와 김동인의 초기 작품을 기독교와 관련하여 고찰하고 있다.

· 신문학 초창기와 기독교[26]
　　— 이광수와 김동인의 초기 작품을 중심으로

신문학 초창기의 거인 이광수는 한국 개신교 선교의 요람의 하나였던 평안북도 정주에서 나서 일본에서의 중학 과정까지 기독교 계통 학교에서 신교육을 받았고 잠시 기독교 계통의 오산학교에서 교편을 잡았었으니, 골수 기독교인은 아니었다 해도 기독교적인 개화 인사였다는 것은 확실하다. 그러나 그의 가장 중요한 초기 작품인 『무정』에서 한국 기독교에 대한 긍정적 반응이 아니라 부정적 반응을 보게 된다.

　　　예수 믿는지는 오래나 워낙 교회에 뜻이 없으며 교회 내의 신용조
　　차 그리 크지 못하다. 아무 지식도 없고 아무 덕행도 없는 아이들이

---

[26] 이상섭, 「신문학 초창기와 기독교」, 『이광수연구』(하), 태학사, 1984, pp.495~502 부분.

목사나 장로의 집에 자주 다니며 알른알른하는 덕에 집사도 되고, 사찰도 되어 교회 내에서 젠 체하는 꼴을 볼 때마다 형식은 구역이 나게 생각하였다.

    20대의 이광수가 조선의 모범 청년으로 내세운 이형식이 '예수 믿는 사람'이라는 사실은 놀랍지 않다. '예수 믿는다'는 것은 신앙이 열렬하다는 뜻이 아니라 서양식으로 개화된 지성이 된다는 뜻과 별 차이가 없었으니 말이다.
    그런데 초창기의 기독교인이라면 다분히 자발적 의사에 의하여 개종하였을 것인데, 이형식은 벌써 한국 개신교 특유의 병폐의 하나에 염증을 내고 있다. 교회의 직분이 일종의 벼슬처럼 오해되어 그것을 얻기 위해서는 개인적 자질보다 사회적 친분 관계에 의존하는 버릇은 교회 내에서 생긴 꼴이 아니라, 한국 사회에 깊이 뿌리박은 전통이 교회 내에 도입된 결과이다. 이형식은 개화 지식인답게 기독교인이면서 또한 개화 지식인답게 한국 민족의 관존(官尊) 사상의 전통을 타개하는 것이다. 이광수 자신도 바로 그런 태도에서 막연하게나마 기독교인이면서 교인 노릇은 안 했던 모양이다.
    그러나 교회 내의 '벼슬 운동'에 대하여서는 비판적이면서도 그가 기독교를 단지 개화의 겉치레로 걸치고 있다는 사실에 대해서는 조금도 반성을 보이지 않는 것은 무슨 까닭인가? 교회 정치가 우습다면 신앙과 관계없는 교양적 겉치레로서의 기독교도 그에 못지않게 우스꽝스러운 일이다. 사실 더욱 교묘하게 위장된 위선이다.
    그러나 이형식은 물론 이광수 자신도 그것의 우스꽝스러움을 느끼지 못했다. 그러므로 교양적 겉치레의 기독교인 이형식에게 그는 아무런 아이러니도 의도하지 않았다. 그 아이러니는 독자인 우리들이 느끼는 것이다.
    (…)
    김동인은 문자 그대로 대부호 김장로의 아들이었고, 한국의 예루살렘이라는 평양 출신이었다. 초등 교육도 기독교 학교에서 받았으니 그는 외형상 기독교인이 될 소지를 다 가진 사람이었으나 그는 처음부터 기독교와는 담을 쌓은 사람이었다.

그의 기독교에 대한 반응이 가장 명백히 드러나는 초기 작품은 단편 「명문(明文)」이다. 그는 초창기 기독교 개종자의 전형을 비꼬려는 뚜렷한 의도에서 소재는 물론이고, 수사법까지 세밀하게 선택하였다.

> 전주사(田主事)는 대단한 예수교인이었읍니다. 양반이요, 부자요, 완고한 자기 아버지의 집안에서 열 여덟까지 공자와 맹자의 도를 배우다가, 우연히 어느날 예배당이라는 데 가서 강도(講道)하는 것을 듣고, 문득 여태껏 자기에의 삶의 이상이라는 것을 모르고 장래라는 것을 무시한 데 놀라, 그날부터 대단한 예수교인이 되었읍니다.
> 　그는 예수를 믿으면서 맨 처음 일로 제 아내를 예수교인이 되게 하였읍니다. 동시에 단지 '여편네'이던 그의 아내는 '당신'이요, '마누라'요, '그대'인 아내로 등급이 올랐읍니다.
> 　그는 머리를 깎아 버렸읍니다.

비꼬는 어조가 역력하다. 전주사라는 구식 호칭과 개화의 상징인 예수 교인과 우선 잘 어울리지 않는다. '대단한'이라는 형용사는 정상적으로는 부정적 의미를 나타낼 때 쓰이는 것인데('대단한' 것은 아니다. '대단치 않은 인물' 등) 표면상 긍정적으로 쓰일 때에는 비꼬는 뜻이 포함된다. 이 '대단한 예수교인'이라는 말이 두 번 반복되니 비꼼의 힘이 세어질 수밖에 없다. '꼴값하지 말라구! 웃기지 말라구!'의 의미가 아니 들어갈 수 없다.

'예배당이라는 데' '삶의 인생이라는 것' '장래라는 것'에서도 역시 강한 아이로니를 느낄 수 있다. '…이라는 것'이란 다른 말로 하면 '이른바' '소위'의 뜻이고 이 말들은 지칭되는 대상을 비꼬거나 얕잡아 볼 때 쓴다.

전주사가 기독교인이 된 과정 역시 비꼬아진다. 그는 인생의 이상이나 장래니 하는 기독교 전도사의 상투적인 낱말 몇 마디에 당장에 대단한 예수 교인으로 돌변한다. 그렇게 쉽사리 급작스럽게 얻은 신앙에 대하여 자부심이 강한 김종인이 경의를 표할 리가 없다. 어쩌면 그의 부친 자신이 하루 아침에 갑자기 기독교인이 된 사람이었는지도 모른다. 당시 대중 선교 방법은 지성적 설득보다는 즉각적인 감정적 호소에 의존하고 있었던 것이 사실이다.

그렇게 하여 기독교인이 된 전주사의 신앙은 내면적으로 심화되는 것이 아니라 남을 기독교인으로 개종시키는 일에 몰두하게 된다. 그는 먼저 아내에게 전도하고 다음에는 양친에게 전도하려고 한다. 그러나 양친, 특히 김종인 자신의 희안한 목소리를 가진 듯한 아버지는 교인 되기를 거부할 뿐 아니라 도리어 그를 조롱하고 집안에서 추방한다. 쫓겨나서도 전주사는 오직 부친의 회개를 위해 기도한다.

김동인은 신앙의 개인적 심화에 대해서는 비꼬지 않았을지 모르나 자기도 잘 알지도 못하면서 남에게 추근추근히 종교를 설득시키려는 예수교인을 불량 상품 외판원쯤으로 보고 있었던 것 같다. 그런 전도자는 남의 정신을 간섭하고 정복하려는 침입자 같이 보였던 모양이다.

    (…)

우선 이광수, 김동인 두 사람 모두 어릴 적부터 기독교 가정 또는 교육 환경에 던져진 바 된 2세들이란 사실에 주목해야 한다. 즉 그들은 내적 자각 없이, 성인으로서의 결단이 없이 기독교를 강요받다시피 했던 것이다. 그러니 반발이 생기기 쉬웠다. 더군다나 그 기독교적 환경이라는 것도 대부분 전통의 뿌리가 강한 것이 못되는 어설픈 상태의 개화적 겉치레에 불과했다. 『무정』의 김장로 집 환경 정도를 넘어서지 못했을 것이다.

또한 그들이 그런 가정이나마 일찌감치 떠나 외국 유학을 하였으니 가장 감수성 강한 시절에 그들은 종교보다도 휘황찬란한 외국 문물에 현혹될 수밖에 없었다. 이것은 다른 많은 초창기 문인에게도 마찬가지였다. 또한 그들이 작품 활동을 시작한 때는 혈기 왕성한 20대로서 종교적 사색보다는 발랄한 지성과 감성을 뿜어내는 데에 관심이 쏠렸었다. 그들이 일본서 얻은 문학적 취미도 장중한 중세적 또는 르네상스적·종교적 고전주의가 아니라 다분히 반기독교적인 19세기 말의 유럽 문학, 곧 퇴폐주의나 자연주의였다. 이광수는 톨스토이에 심취했다지만, 10대 소년인 그는 당시 일본인들의 오해를 그대로 답습하여 톨스토이를 인도주의자로 잘못 해석하였다. 주지하다시피 톨스토이는 급진적인 기독교 사회주의자로서 원시 기독교의 복원을 꾀했고 급기야는 기독교의 진저를 전파하지 않는 일체의 문학과 예술을 부정했다. 그 부정의 이유를 교양적 기독교 상식에 머무른 이광수가 이해할 수는 없었을 것이다. 톨스토이를 단지 감동적이고 맘씨 고운 인도주의자로만 보았던 것은 전혀 오해였던 것이다.

한국의 초창기 기독교가 복음주의적이어서, 지성적이기보다는 감정적이었음은 이미 언급하였다. 반지성적·비신학적·무비판적 종교에 대하여 개화를 꿈꾸는, 즉 똑똑하게 되고자 하는 청소년들이 경의를 품을 리 없었다. 그들의 지적 우월감과 천재 의식에 그것은 좀처럼 어울릴 수 없었다(한국의 기독교와 일부 지성인, 특히 문인 사이의 이러한 '반독적' 관계는 아직도 지속되고 있다). 다시 말하면 기독교의 한국적 전개 양상이 많은 문인들을 반발시킨 것이라 할 수 있다.

그러나 한편 생각해 보면 새 종교가 대번에 문학으로 둔갑할 수 있는 것도 아니다. 어떻게 보면 기독교적인 문학의 형성을 위해서는 이광수, 김동인이 너무 일찍 세상에 나왔다. 종교적 각성과 내적 심화의 과정이 다수의 지식인, 적어도 교육받은 사람들 사이에 일반화되기 이전에는 종교적 문인이 나기 힘들다. 문학은 한 사회의 지성의 질과 내용에 직접 관계되기 때문이다. 기독교의 근본 테마인 죄·구원·사랑·희생·화합의 공동 사회 등의 문제에 대한 일반적 인식이 당장의 현실에서 깊은 의미를 띄울 수 있어야

기독교 문학은 가능하다. 그뿐 아니라, 기독교 사상을 구현하는 전통적인 심볼과 드라마가(예컨대 선악과, 아담과 이브, 그리스도와의 최후 만찬 등) 한국적 현실의 의미를 구현하도록 적절히 다듬어져야 하는데, 이것은 상당히 긴 역사가 필요하다. 종교와 산문 설화 문학은 설교적 내용의 우화 속에서나 만나기 쉽다. 우리나라의 불교 설화도 마찬가지이다. 그런 종교적 설화나 우화가 아닌 본격적인 종교 사상적 소설 문학이 나온 것은 유럽의 경우 근대 소설이 생기고도 2백여 년이 지난 19세기 말엽쯤이다. 소설은 이야기를 하는 곳이지 사상을 논하고 비판하는 곳이 아니라는 통념을 넘어서기가 그리도 힘들었던 것이다.

한국 신문학의 경우, 그 일은 초기의 이광수, 김동인이 할 수 있는 일은 아니었다(아직도 못하지 않았는가 생각된다. 불교적 현대시를 한용운은 대번 읊을 수 있었지만, 장편 소설에서는 그 일을 못했다). 종교 자체가 이른바 서양식의 예술이라는 것과 잘 화합할 수가 없다는 사실도 우리는 잠작해야겠다. 보다 궁극적으로 신앙이 깊은 기독교인이 문학을 한다고 해서 그의 문학이 반드시 기독교적이 된다는, 종교적이 된다는, 심각한 문학이 된다는 보장은 없다. 만일 그렇다면 심각한 문학, 즉 좋은 문학을 하기 위해서는 누구든지 교회의 문을 두드리면 될 것이다.

(6) 문학사 연구

① 문학사 연구 이론

문학사란 문학 현상의 흐름을 기술해 놓은 문학의 역사를 의미한다. 역사주의 비평가들은 과거의 문학을 바로 알기 위해서는 과거의 문학적 환경을 바로 이해하는 것이 전제가 되어야 한다고 믿는다. 문학은 문화의 특수한 표현이므로 문화 자체를 알아보지 않을 수 없다. 즉 문학사는, 특수 문화사 또는 문화사의 현장인 것이다. 따라서 역사·전기 비평의 문학사 연구는 현재의 위치에서 과거 문학의 역사성을 다룬다. 왜냐하면 과거 사실에 대한 과거 의식 혹은 역사 의식은 현재에 대한 강한 의식에서 과거 사실을 조망할 때 생길 수 있기 때문이다.

단순히 생각하면 문학사 연구란 문학적 사실들, 즉 작가와 작품, 주제, 소재, 비평 등을 시대순으로 나열하고 이를 연구자가 해설을 가하면 된다고 할 수 있다. 그러나 과거로부터 현재에 이르기까지 축적된 작품이나 비평의 수가 방대하기 때문에 현실적으로 연구자가 그 문학적 사실들을 단순하게 나열할 수만은 없다. 따라서 문학사 연구자는 그 가운데 필연적으로 의미가 있다고 판단되는 작품이나 비평을 선택할 수밖에 없는 것이다. 여기서 작품이나 비평을 선별하는 그 선택 원리가 문학사 연구의 핵심을 이루는 주요 사항이라고 할 수 있다. 그리고 그 선택 원리는 문학사 연구자의 관점에 따라, 또 연구자가 살고 있었던 시대를 지배하는 보편적인 가치관에 따라 달라질 수밖에 없다.

스필러(R. E. Spiller)는, 문학사 연구는 일정한 시대와 장소에서, 또 대개는 일정한 언어로 문학을 통하여 나타난 한 민족의 표현을 기술하고 설명하는 일을 연구한다고 말한다. 그는 "문학사는 문학의 일종의 독특한 표현이라는 점에서 다른 형태의 역사적 기술들과 구별된다"고 전제하고, 문학사는 언어사도 원본 분석도 아니며, 특히 평론이나 시평 따위의 좁은 의미의 비평도 아니라고 주장한다."27) 문학사 연구자는 역사가가 인간의 역사를 다루듯이, 문학에 나타난 인간을 다루는 것이다. 그러므로 문학사 연구자는 다른 역사가와 마찬가지로 우선 역사학 방법론(historiography)을 따르게 된다.

현대 사학에 의하면, 역사는 사실이나 객체를 그것 그대로 기록하는 것이 아니라, 그러한 사실과 객체에 대한 인간의 경험을 기록하는 것이다. 그러므

---

27) R. E. Spiller, 'The Aims and Methods of Scholarship', *Collge English*, XXIV, 1963, p.55.

로 사건(event), 즉 있을 수 있는 일(what was)이 아니라 일어났던 일(what happened)을 다루고, 행동이나 사고를 통한 사건의 표현을 다룬다. 여기서 역사가들이 완전히 객관성을 유지하기는 불가능하므로 그의 주관적 견해가 역사적 서술에서는 하나의 객관적 요소로 취급될 위험을 안고 있기도 하다. 반면, 문학사가는 역사학의 기술에 따라서, 가치 있다고 판단되는 한 시대 또는 한 부류의 문학 작품들을 시간적 연속체로 서로 관련시킨다. 이러한 작업은, 단지 작품들을 시대순으로 배열하기만 하는 것은 아니다. 한 작품과 작가, 작품 속에 구현된 체험적 요소를 제공한 문화, 작품과 독자의 반응, 작품의 역사적 의미, 또 다른 시대와 공간에서 다른 문화권에 속한 독자, 작품들 상호간의 관련, 또는 어떤 인과적 연관 등 이런 기본적 질문들은 역사주의 비평가가 문학사의 과제를 대할 때 반드시 부딪치기 마련인 문제들이다. 스필러는 이러한 문제에 대해 문학사 연구의 네 가지 형식을 소개하고 있다.[28]

　첫째, 사실을 시간적 순서에 따라 배열하는 방법 ― 이 방법은 문학사 연구자가 가치 있다고 판단되는 문학 작품들을 시간적 순서로 배열해 나가면서 기술하는 것이다. 그러나 원론적 차원에서는 이러한 기술 방법은 성립할 수 없다. 방대한 작품들 가운데 어떤 것을 취사선택할 것인가의 문제점이 따르기 때문이다. 또한 작품들 간이나 시대적으로 존재하는 인과 관계는 어떻게 처리할 것인가, 하는 문제점이 따르기도 한다. 다시 말하여 역사는 시간이라는 직선을 따를 뿐이라는 이 방법은 융통성이 없는 방법이지만, 모든 문학사는 제일 먼저 이 작업을 거쳐야 한다. 그러므로 이 방법은 문학사를 기술하기 이전에 모든 연구자가 필수적으로 거쳐야 하는 사전 단계라고 보는 것이 타당하다.

　둘째, 작품 상호간의 원천과 영향을 중심으로 기술하는 방법 ― 이 방법

---

28) 위의 책, p.59.

은 첫째와 같은 사실의 나열이라는 차원을 넘어서 작품 사이의 영향 관계를 중심으로 문학사의 흐름을 탐구하는 것이다. 이 방법은 문학 작품의 존재에만 초점을 맞추고 있기 때문에 '문학적'일 때만 의의가 있다는 것을 전제로 한다. 이 방법의 장점은, 영향을 주고받은 작품들이 갖고 있는 사상적 측면이나 기타 문제 사이에 명확한 시간적 인과 관계를 설정할 수 있다는 점, 그리고 현실 문제와 같은 섬세한 분야의 변화까지도 세밀한 단위까지 추적할 수 있다는 점 등이다. 그러나 한편 문학 작품이 그 안에 필연적으로 내포하고 있는 측면들, 즉 작품이 담고 있는 당대의 보편적인 사회적 가치들, 정치·경제적 상황들과 같은 주변적 문제를 배제하기 때문에 동시에 지나치게 범위가 한정적이고 선택적인 방법이기도 하다.

셋째, 작품과 사회·문화적 상황을 총체적으로 연구하는 기술 방법 — 이 방법은 문학 작품 자체의 영향 관계나 그것의 흐름에 주목하면서도 그것과 주변적 상황과의 관계도 역시 함께 연구하는 것이다. 말하자면 첫째, 둘째 방법을 위시하여, 창작자의 경험과 그가 속한 문화에서 그 작품의 원천을 찾고, 또 그 작품이 독자들과 그들이 속한 문화에 끼친 영향까지 포함해서 총체적으로 연구하는 방법이다. 따라서 이 방법은 정치·사회·경제·윤리·문화적 관습·독자에 대한 영향 등 역사학이나 그 밖의 인문 과학에서 중요시하는 문제들과 함께 문학 현상의 변화를 탐구한다.

넷째, 변형 순환된 시간관 연구의 기술 방법 — 이 방법은 시간이 직선적으로 진행한다든가, 역사가 직선적으로 발전해 나간다는 사고 방식을 거부한 것이다. 이러한 사고 방식은 동양의 시간관이나 고대 종교에서 흔히 발견할 수 있는 것이다. 그런 의미에서, 이 연구 방법의 시간을 대하는 관점은, 근대 이후에 형성되어 온 서구적인 시간관 자체와 정면으로 대립되는 것이라고 할 수 있다. 이 방법은 순차적 시간관을 무시하면서 순환적 시간관을 내세우고, 문학적 사건 대신 신화, 상징, 가치 등의 변형된 반복을 연구 대상으로 삼는다. 문학은 사실적 지식보다는 상상적 신념에 관련되어 있는 까닭에, 현실을 넘어 한 민족의 신화가 문학에 주는 영향은 중요한 것이다. 동양적 윤회설의 사고 방식과도 관련되어 있는 이러한 시간관은, 당연히 역사가 동일한 주제를 반복한다는 사고 방식을 수반한다. 따라서 이 방법을 채택하는 연구자들이 중시하는 것은 개별 문학 작품이나 특정 시대의 사회·문화적 상황이 아니다. 그들이 주목하는 것은 그러한 개별적 변화들의 이면에 존재하는 근원적인 요소들, 즉 원형(archetype)이다. 때문에 이 방법론을 채택하고 있는 문학 연구 방법론은 신화·원형 비평과 닮아 있다. 문학사 연구자는 문학에 표현된 신화적 요소를 가려내어 그것을 민족의 신념과 소망에 연관시켜야 할 것이다. 그런데 이러한 연구가 극단이 이르면 역사라는 개념이 부정되고 따라서 문학사의 범주를 벗어날 위험이 따르기도 한다.

스필러를 포함하여 대부분 역사주의 비평가들은 작품과 사회·문화적 상황을 총체적으로 연구하는 기술 방법 택하고 있다. 한 작품은 일정한 시간과 공간에서 한 예술가가 경험한 것을 재료로 하여 생산한 유기체, 생명체이다. 그러나 비록 한 작품이 작가가 처했던 상황의 영향으로 창작되었다고 하더라도, 나아가 작가와는 동떨어진 시간과 공간에서도 생명력을 갖는 동시에 독자와의 관계에 따라 더욱 풍부한 생명력을 획득할 수 있는 것이다.

② 문학사 연구의 실제

이현식은 소설 『난장이가 쏘아 올린 작은 공』(이하 『난장이』이로 약칭)을 통하여, 하나의 역사 감각을 갖고 문학사적 위치에서 '난장이'를 바라보고 있다. 이 작품이 제시한 문제는 우리에게 언제나 현재적 관심사로 다가왔기에 시대에 관계없이 평론가들의 관심 영역을 벗어난 적이 없었던 것이다.

• 근대 후기 시민 문학의 기념비, 『난장이』29)

　『난장이』는 한국 근대 소설사에서 매우 독특한 자리를 차지하고 있다. 적어도 『난장이』는 이기영, 한설야, 김남천으로 이어지는 소설사적 맥락과는 다른 위치에 놓여져 있으며, 그렇다고 박태원, 이상의 길을 걷고 있다고 보기도 어렵다. 한편 염상섭, 채만식, 이태준과 비슷하면서도 그렇다고 꼭 같아 보이지는 않는다. 『난장이』의 문제성은 바로 이런 지점에 있다. 『난장이』는 그 정신의 면에서 이기영과 한설야, 혹은 염상섭, 이태준의 그것과 비슷하지만 정작 그가 우리에게 드러내 보여준 세계는 박태원과 이상의 그것에 가깝다. 『난장이』는 근대 전기의 문학적 전통이, 근대 후기의 새로운 현실을 토양으로 해서 다시 태어난 새 세대의 산물이다. 요컨대 『난장이』는 한국의 근대 전기의 문학적 전통을 근대 후기라는 현실에서 창조적으로 계승한 문학적 결과물이다.

　한국의 근대 전기가 제국주의 세력에 의한 식민지적 근대의 과정을 걸어왔다면 근대 후기는 주지하는 바와 같이 개발 독재에 의해 근대화가 압축적으로 진행되어온 형국이다. 고도 성장이라고도 불리는 압축적 근대화는 그만큼 근대의 모순을 이 땅에 확연히 드리우게 된다. 그것은 근대의 혜택이 소수에게 독점적으로 전유되는 대신, 노동자를 비롯한 민중들에게는 일방적인 희생을 강요하는 현실로 드러날 수밖에 없었다. 정치적인 독재 체제의 구축이나, 장시간 저임금의 노동 현실과 열악한 근무 환경, 저소득 도시 빈민의 양산, 환경 파괴적인 무분별한 개발은 바로 그런 근대 후기가 초래한 모순의 집적물들이다. 그것은 물론 냉전과 분단 체제라는 자본주의 세계 체제의 논리가 한반도 남쪽에서 관철된 결과이기도 하다. 냉전과 분단은 직접적으로는 이데올로기적 통제, 사상적 억압의 형태로 나타나 근대의 모순을

---

29) 이현식, 「시민 문학으로서의 '난장이가 쏘아올린 작은 공'」, 『현대의 문제작』, 문예미학 5호, 1999. 6, pp.71~73 부분.

타파하고 민주적 제 권리를 쟁취하려는 민중들을 억압하기도 하였다. 반면, 개발론자들에게 근대란 오로지 따라잡아야 할 대상이자 이상향과 같은 존재였다. 우뚝 선 빌딩, 연기를 뿜어내는 공장, 쭉 뻗은 도로, 칼 같이 구획된 도시가 그들의 눈에는 근대의 표상으로 여겨졌다.

『난장이』는 바로 이런 근대 후기의 모순된 현실을 자양분으로 삼아 피어난 한국 문학의 꽃이다. 그러면서도 『난장이』는 이 같은 근대화 과정에서 소외될 수밖에 없었던 시민 계급의 이념을 드러낸 문학이다. 왜냐하면 한국에서의 근대는 시민 계급이 주체가 되기보다는 그 압축적, 파행적 성격 탓으로 오히려 소수 정치 관료와 특권층, 군인, 독점적 자본가에 의해 일방 통행 식으로 진행되어왔기 때문이다. 따라서 한국에서의 시민 계급은 거기에 맞서 저항적인 자세를 취하거나 아니면 그들에게 기생하면서 자기의 목숨을 이어나갈 수밖에 없는 운명이었던 것이다. 마치, 『만세전』의 이인화가 근내인의 눈으로 식민지 근대의 모습을 통렬히 고발한 것처럼, 『난장이』는 시민의 눈으로 암울한 근대의 표정을 날카롭게 드러내고 있는 것이다.

그러니까 『난장이』는 책의 첫 장부터 마지막 장까지 소외된 시민의 눈과 정신으로 한국적 근대의 모습을 철저히 파헤친 보고서라고 할 수 있다. 다시 말해 『난장이』는 임화 투로 표현한다면, 말하려는 것이 분명한, 그러면서도 말하려는 것에 의해 그리려는 것이 잘 조직된 소설인 것이다. 말하려는 것이 분명할 수 있었던 것은 소외된 시민의 눈에 근대가 갖고 있는 모순점이 투명하게 드러났기 때문이다. 김병익이 말했듯이 그것은 대립적인 세계상에 다름 아니다. 근대의 혜택이 부당한 방식으로 소수의 손에 독점되었을 때 그 세계는 대립적일 수밖에 없는 것이다. 『난장이』가 그려내는 세계는 그런 점에서 투명하고 뚜렷한 윤곽을 갖고 있다. 『난장이』가 획득한 형식의 새로움도 사실은 그 같은 정신과 눈으로부터 비롯되었다. 그 정신과 눈이란 바로 소외된, 그렇지만 완전히 빼앗기지는 않는 시민의 그것에 다름 아니다.

우선 『난장이』가 그리고 있는 세계는 투명하리만큼 단순하다. 『난장이』를 구성하고 있는 인물들은 프롤로그와 에필로그를 제외한다면 크게 난장이의 가족과 은강 그룹의 가족, 신애네 가족과 지섭, 윤호 정도이다. 이들이 놓여 있는 공간이나 인물도 단순하기 그지없다. 디테일의 묘사와 복잡한 성격의 묘사는 극도로 축약되어 있거나 단순하게 처리되어 있다. 만화로 치자면 그것은 고우영의 것이라기보다는 박수동의 그것과 닮아 있다. 몇 개의 선만으로 인물과 환경을 드러내는 것이다. 그리고 이 점에서 『난장이』는 우화적, 동화적 분위기를 연출한다. 동화나 우화란 단순한 상황 제시와 한 방향으로 정형화된 인물의 성격을 그 주요 특징으로 한다. 『백설공주』에는 아리따운 백설공주와 일곱 난장이, 사악한 계모와 믿음직스럽고 잘 생긴 왕자만이 등장할 뿐인 것이다. 『난장이』가 드러내는 세계 또한 이와 먼 거리에 있지 않다.

(…)

이런 단순함은 주제의 선명성을 뒷받침한다. 요컨대 작가는 우리들에게 말할 것을 분명히 갖고 있는 것이다. 그 뒤에는 모든 것을 까발리려는 고발의 정신, 소수 특권층에 대한 복수심, 소외된 자들에 대한 한없는 연민의 감정이 흐른다. 작가가 말하고자 하는 주제 의식이 이렇게 단순한 우화적 형식을 얻었다. 이런 우화적 단순함을 통해 드러나는 것은 이지러진 한국적 근대의 모습이다. 도시는 황폐하고 사람들은 대부분 궁핍한 삶을 살아간다. 소수의 사람들만 예외적인 물질적 혜택을 얻고 있지만 그들은 도덕적으로 타락하고 사랑을 모르는 존재들이다. 거기에는 근대화로부터 소외된 시민의 복수심과 비극적 서정성이 흐르고 있다. 특히 '내 그물로 오는 가시고기'에 그려진 은강 그룹의 총수와 그 가족들의 모습은 소수의 지배 계급에 대한 시민적 복수심이 작열한 결과이다. 이를 바라보는 작가의 시선이란 증오 그 자체이다.

(…)

이렇게 보면『난장이』의 우화적 단순성은 근대의 한국적 모순을 고발하고 복수하려는 시민의 정신과 목소리가 일궈낸 문학적 텃밭인 셈이다. 한국적인 근대의 모순을 낱낱이 고발하려는 시민의 정신이 자기에게 맞는 형식을 명징하게 찾아낸 것이 바로『난장이』인 것이다. 다시 말해『난장이』가 획득한 그만의 독특한 형식은 근대화 과정에서 소외될 수밖에 없었던 시민의 정신이 문학적으로 외화된 결과이다. 그런 점에서『난장이』는 한국 근대문학사에서 예외적 위치를 점하고 있다. 근대 후기 시민의 문학이 일궈낼 수 있는 하나의 정점을『난장이』는 보여주고 있는 것이다. 적어도『난장이』는 박태원과 이상의 길, 염상섭과 채만식의 길을 하나로 통합하여 근대 후기 문학이 그 광채를 드리우고 있는 것이다.

(7) 문학적 전통과 관습 연구

① 문학적 전통과 관습 연구의 이론

문학적 전통과 관습은 이미 이룩해 온 문화적 축적을 이어받고 그것을 새로이 발전시켜 간다는 뜻에서 역사적 비평가의 매우 중요한 관심거리가 된다. 인간이 만들어낸 문학을 포함해서 모든 예술 장르는 처음부터 인간에게 자연스럽게 친숙해질 수 있는 성격의 존재가 아니다. 모든 시대는 그 시대가 당연히 지켜야 할 것으로 여기고 있는 일정한 전통과 관습의 체계를 가진다. 그리고 그것에 알맞은 전통과 관습에 익숙해지기 위하여 매우 오랜 기간의 노력을 기울여야 한다. 행동 양식을 강요하는 오랜 노력 끝에 그 전통과 관습을 자신의 삶의 일부로 소유하게 되는 것이다. 이는 윤리 규범도 사고 방식도 마찬가지이다. 각 민족이나 문화권은 독특한 윤리 규범과 사고 양식, 감정 양식의 틀을 가지고 있어서, 해당 문화권에 태어난 사람들은 그것에 익숙해지기까지 긴 시간이 소요되는 적응의 과정을 거쳐야 하는 것이다.

이것은 인간의 모든 삶의 영역이 일정하게 '양식화'되어 있다는 것을 의미한다. 선과 악, 미와 추, 정의와 불의 등 규정하는 일정한 가치 판단의 체계를 갖고 있다는 것이다. 문학 역시 마찬가지이다. 소설이라는 장르는 한 시대가 그것을 '소설'이라고 불러주면서 이러저러한 것을 지켜야 한다는 규칙을 추가로 달아놓은 하나의 문화적 틀이다. 다시 말하여 인간의 모든 삶의 영역은 그 시대의 전통과 관습의 지배를 받고 있다는 것이다. 특정한 시대 안에서 태어난 사람이라면 누구든지 일정한 적응 과정을 거쳐야 하는 당대 특유의 문학적 규범과 양식을 '문학적 관습'(literary convention)이라고 한다.

J. V. 커닝엄(Cunningham)은 이 점에 관해서 다음과 같이 설득력 있게 언급하고 있다.

> (…) 문학 형식은 단순히 문학 작품의 분류에 관한 외형적 원리가 아니며 (…) 또한 하나의 아이디어도 아니다. 그것은 오히려 작품 생산에서 작용하는 원리다. 그것은 전통 속에서 인식되고, 앞선 시대의 작품들로부터, 그리고 전통 속에 남아 있는 그 작품들의 묘사로부터 얻어진 경험의 설계다. 그것은 더욱 작품의 제재(題材) 및 세부(細部)의 발견을 알려주며 작품 전체의 배열을 지시하는 설계다. 만약에 문학 형식이 하나의 아이디어라고 한다면, 그것은 독자와 작가가 문학 형식에 관해서 가지는 아이디어라는 의미에서만 아이디어인 것이다.[30]

일찍이 아리스토텔레스가 말한 바와 같이 서정시, 서사시, 극시라는 계통의 분류는 그 계통 특유의 창조적 법칙성이나 관계를 기초로 하여 이루어졌던 것이다. 이 계통의 분류는 다분히 학문적인 고증과 형태 연구라는 작업

---

30) L. N. Grebstein(ed.), 앞의 책, pp.32~33.

이 요청되는 것이지만, 비평가의 처지에서 본다면 한 개성의 창조적 출현이 무엇인가를 판단하는 데로 귀착된다. 학자는 여러 개별 작품에 통용된 보편적 법칙성을 발견하는 데 이바지하게 되지만, 비평가는 한 작품, 한 작가의 개성과 예술성을 판단하고 해명하는 데 더 관심을 가진다고 말 할 수 있다. 이것은 문학적 관습 중 가장 근본적이고 가장 큰 장르의 관습인 것이다.

또한 문학적 언어, 문어체도 관습에 속한다고 볼 수 있다. 조선 시대의 시조 언어는 확실히 산문이나 일상생활 언어와는 다른 독특한 규칙(시조문학에서만 통하는)과 문체를 가진 언어였다. 그것이 문화적 언어였다는 사실은, 일반 국어사와는 별다른 역사를 가진다는 뜻이다. 곧, 일반 국어사적 연구와는 다른 각도에서 연구되어야 할 독특성이 있다는 말이다. 그러나 시조를 읽는 삶도 시조에서는-다른 데가 아닌 시조에서는-그런 독특한 언어를 당연한 것으로 전제한다. 따라서 비유법, 문체, 기타 수사법, 이미지 및 상징들도 각 장르별로 또는 주제별로 관습적 일면들을 갖고 있음을 조심해야 할 것이다.31)

형식적 측면에서 시, 소설, 수필, 희곡, 비평 등과 같은 문학적 장르는 커다란 규모의 문학적 관습에 해당한다. 또한 그 하위 갈래에 해당하는 향가, 판소리, 고전 수필, 근대 희곡 등도 각 시대마다 별도로 존재하는 문학적 관습이 된다. 그러나 이러한 형식적 측면에서 뿐만 아니라 특정 시대의 작품들이 갖고 있는 주제 같은 것 역시 문학적 관습이 된다. 가령 개화기 문학의 중요한 주제였던 부국강병이나 문명개화 사상 등이 그것이다. 또한 당대 작가들의 특유한 단어나 문장, 창작 기법, 나아가 표현법 등도 문학적 전통과 관습이 된다. 김유정 소설에 나타나는 해학은 향가 형식의 「구지가」, 「처용가」를 거쳐 고대 소설 『흥부전』, 『심청전』 등에 나타난 해학과 함께 그 전통적 맥락을 찾아볼 수 있는 것이다.

---

31) 이상섭, 앞의 책, p.51.

문학적 관습의 한 예로서 시간 의식을 들 수 있다. 우주의 운행으로서의 순환적인 시간과, 개인의 실존적 의식에서 빚어지는 주관적인 수직적 시간, 인간이 문화를 이룩한 사회적이며 수평적인 시간 세 종류로 구분하면서, 롤리(J. H. Raleig)는 영국 소설의 시간 의식을 연구하고 있다. 즉, 롤리는 영국 소설 작품상에 나타난 최근 백 년간의 시간 의식에 대한 흐름을 은유의 개념으로 구분하는 논문을 발표하여 주목을 끌었던 것이다.[32]

그런데 이러한 문학적 관습들은 시대에 따라 형성되면서 변하기도 한다. 시대에 따라 작가나 비평가, 독자들이 문학에서 요구하는 가치관이 달라지기 때문이다. 사람들이 당시의 문학적 관습을 당연한 것으로 받아들이고 그 규범을 배우며 그것에 적응하고 있는데, 시간의 진전에 따라 사회적 조건과 문화적 조건이 변함으로 해서 새로운 문학적 관습이 태동되기도 하는 것이다. 이 새로운 문학적 관습이 태동될 때 그 주도적 역할을 담당하는 것은 창조적인 작가 집단, 그리고 이들의 새로운 움직임을 옹호하는 비평가 집단이다. 이 두 집단은 기존의 문학적 관습이 삶과 현실의 새로운 모습을 담을 수 있는 양식이 되지 못한다는 명분을 세우고 새로운 방법론과 양식의 틀을 제시한다. 이 과정에서는 기존의 문학적 관습을 지지하는 층과 새로운 문학적 관습을 지지하는 층의 격렬한 투쟁이 벌어지기 마련이다. 이 투쟁에서 새로운 문학적 관습을 지지하는 층이 승리를 거두면, 새로운 문학적 관습은 기존의 문학적 관습의 자리를 차지하고 자리를 잡아가는 것이다. 이 과정에서 독자들은 소극적인 역할을 하는 경우가 많다. 그러나 독자의 호응 없이는 새로운 문학적 관습이 자리를 잡을 수는 없다. 그런 의미에서 문학적 관습을 만들어내는 궁극적 주체는 작가, 비평가, 독자로 구성된다. 이상과 관련하여 해리 레빈(Harry Levin)은 다음과 같이 말한다.

---

[32] John Henry Raleig, "Perspectives in Contemporary Criticism", *The English Novel and he Three Kinds of Time* 참조.

문학적 관습은 예술과 필연적 차이라고 말할 수 있다. 예술은 기술
상의 문제, 형식의 제한, 표현상의 난점 등으로 말미암아 인간 생활 자
체와는 달라질 수밖에 없다. 예술가는 혼자서 그런 장애물을 극복할
수 없으므로 독자의 도움을 받는다. 독자는 일정한 형식과 전제를 당
연지사로 받아들여야 한다. 그들의 묵계는 인생의 가능성과 예술적 편
법과의 타협이라는 결과를 낳는다. (…) 어떤 관습이 없이는 예술은 존
재할 수 없다.33)

해리 레빈의 말과 같이 문학적 관습은 실생활과 문학을 갈라놓는 중요한 요소인 것이다.

문학의 역사적 연구는 역사적 소산으로서 전거와 확실한 자료를 확정한 다음 실증과 분석을 통해서 작품의 가치를 규명하는 것이다. 역사적인 방법을 반대하는 사람들은, 이 연구 방법의 전기적인 자료가 한담으로 변질되었기 때문에 문학 작품과 창조적 과정을 손상시킨 경향이 있다고 한다. 그러나 역사·전기 비평가들은 엄중한 학문의 노력으로 수집된 작품의 일건 서류를 비평가가 의식함으로써, 다른 비평적 체계에선 불가능한 완전성과 정확성을 가능하게 할 수 있다고 주장한다. 역사적·문학적·문화적 사건의 순서 속에 자리 잡은 문학 작품의 위치를 역사적 비평가가 의식하는 것은, 개개 작품의 업적에 대한 그 감상력을 높여주는 것이다. 역사·전기 비평가는 자신들의 방법론이 문학 작품을 해설하고 가치를 평가하는 데 있어서 순 주관적 반응에 의존하기보다 더욱 믿음직한 수단이 된다고 주장하는 것이다.34)

결국 전통적인 역사주의적 비평 방법은 작품의 외재적인 접근이며, 역사·사회·작가라는 원인에 의한 결과로서 작품을 분석한다는 것이다.

---

33) Harry Levin, *Literature as an Institution* : 이상섭 외 편주, *Selected Modern Critical Essays*, 영어영문학회, 1969, p.214.
34) S. N. Grebstein, 앞의 책, pp.34~35 참조.

② 문학적 전통과 관습 연구의 실제

김유정의 소설 작품을 보면, 우리나라 문학적 전통과 관습인 민중 문학적 서민 의식과 해학적 특성을 보여주고 있다. 그것은 김유정 자신이 홀로 이룩한 문학적 성과라고 할 수 없다. 그러한 민중 문학적 서민 의식과 해학성은 우리 신라 시대 향가로부터 판소리계 소설이 전통적으로 공유하고 있던 특색의 하나이기 때문이다.

· 전통적 맥락에서 본 해학35)
　　― 김유정을 중심으로

한국 문학에서 해학의 근원은 신라로 거슬러 올라가 향가 형식의 「처용가」와 「구지가」에서 시작된다고 볼 수 있다.

우리의 글이 없었던 시대에도 우리의 감정을 해학적으로 읊은 「처용가」는, 밤늦게 돌아온 처용이 자기 아내의 정사를 목격하였으면서도 '둘흔 내해엇고 둘흔 뉘해언고'라고 노래한다.

분노나 눈물 대신에 자신의 고뇌에서 탈피하려는 초인적인 마음의 여유, 관조 방식으로서 얻어질 수 있는 해학(Humor) 정신이었다. 여기에는 대상에 대립하여 그 결함과 배리(背理)를 제거하려는 풍자가 아니며 아내의 정사를 사실로서 불의나 모순으로 인한 분노, 불쾌감을 얇고 깊게 통찰함으로서 융화, 해소의 여지를 남기는 해학 정신인 것이다.

(…)

그러나 '해학'이 우리 고전 문학에서 하나의 성질로 나타난 고대 소설을 생각할 때 대표적인 작품으로『흥부전』을 들 수 있다. (…) 이와 같은 모든

---

35) 김종곤, 「전통적 맥락에서 본 해학―김유정을 중심으로」, 『국어교육』 42호, 1982, 부분.

슬픔을 웃음으로 중화시켜보려는 뼈아픈 현실과 밀착된 해학은 『심청전』에서도 볼 수 있다. (…)

유정의 해학은 고전 문학 중에서도 현실적인 어려움을 웃음으로 늦추고 있는 평민 계급의 해학과 상통하고 있으며, 특히 눈물 속에 웃음의 극치를 보여주고 있는 『흥부전』의 해학적 전통미와 더욱 가깝다.

임·병 양란 이후 평민 문학이 사회적·시대적·문화적 측면에서 실학 사상의 대두, 농민의 점진적인 경제적 지배권의 증대와 농노적인 인습 등에 대한 평민들의 저항 의식, 부정 정신을 골계로 특성화했다면, 이것은 유정 문학에서도 하나의 동질성으로 나타난다. 유정 문학의 부정 정신은 일제 또는 일제가 낳은 사회적 모순과 억압에 대한 저항 정신, 다시 말하여 인간 정신의 자유를 위하여 해학의 길을 찾았다고 말할 수 있을 것이다. (…)

그의 모든 작품 속에는 현실과 밀착된 비판 의지가 관류하고 있음을 볼 수 있다. 또한 그의 해학은 '참혹하리만큼 궁핍해져 가는 현실 속에 무지하고 원칙적인 인물'들이 현상에 대한 진지한 기대와 태도 등에 비하여 대상의 실제적인 요구와 어긋날 때 이루어지고 있다. 이와 같은 해학은 고전의 인물 해학의 전통적 요소와 현실 인식의 리얼리즘을 교합시켜 적극적 가치를 갖고 있는 것이다. 그의 해학은 단순한 웃음이 아니라 '부분'에서 '전체(식민지 사회)'로 발전시켜 작가 자신의 현실적 비극을 우리 민족의 비극으로 확산시켰다. 따라서 그의 웃음은 소극적이며 내면화된 것이다. 인간적 가치 부정에서 적극적인 가치성을 획득한 것이 고전의 해학에 비하여 새로운 변모이며 '해학'의 범주를 벗어난 미적 의의를 지니고 있는 것이다. (…)

『흥부전』의 비참한 현실을 유머로써 처리한 과정은 한국적 해학의 특성을 잘 보여준다. 유산의 배당도 생활의 방도도 없이 놀부집에서 추방당한 흥부는 참절(慘絶)하기조차 하다. 그러나 아들과 처를 거느리고 지은 집이 '잠결에 기지개를 켤 량이면, 발은 마당 밖으로 나가고 두 주먹도 두 벽으로 나가고 엉덩이난 울타리 밖으로 나가는' 장면에 이르면 우리는 어느덧 슬픔을 잊고 웃음을 참지 못한다. 이것은 흥부가 가난과 고통으로부터 탈출하는 생활 방식이며, 평민들의 삶의 방식이 해학이었음을 말해준다.

『심청전』도 마찬가지다. 맹목(盲目) 하나만으로 심봉사는 비극적 인물이다. 곽씨부인을 사별하고, 무남독녀 청이마저 인당수에 제물로 팔려가는 데서 심봉사의 슬픔은 절정에 달한다. 이 심봉사의 비극적 상황을 통과하는 방식으로 뺑덕어미를 등장시켜 슬픔을 웃음으로 정화시킨다. 이와 같이 생활의 고통과 슬픔을 벗어나기 위한 수단으로써 해학의 발동은 평민 문학 전반에 걸쳐 맥맥히 흐르고 있는 것이다.

평민들의 애환을 노래한 고려 속요와 사설시조, 그리고 판소리계 소설과 평민들의 놀이였던 판소리 등이 그러하다.

상술한 한국 문학의 전통적 해학성을 현대에 재생시킨 작가가 바로 김유정이라고 할 수 있을 듯하다. 김유정이 묘파한 농민상은 바로 평민 계급의 후예이며, 전대의 평민들의 상황은 30년대 한국 농민 현실과 부합된다. 그리고 평민들이 악조건의 현실을 해학으로써 벗어나는 생활의 지혜를 소유했던 것처럼 유정 소설의 농민들은 해학을 하나의 삶의 방식으로 생활화한 현상을 보게 된다.

『봄봄』, 『만무방』, 『두꺼비』, 『아내』, 『가을』, 『땡볕』 등 일련의 해학 소설이거나, 해학성이 내포된 작품들은 하나같이 헐벗고, 굶주리는 참혹한 상황이 설정되어 있다. 그리고 이런 소설들이 그 비극적 현실을 탈출하는 방식으로써 해학이 활용되고 있는 것이다. (…)

의식적이든 무의식적이든 유정 문학의 인물들은 그들의 슬픔과 괴로움을 해학으로 정화하는 인물들로써 그것은 바로 고대 소설의 해학의 본질과 접맥되어 있다고 하겠다. 또한 유정 전기에서도 언급한 것처럼 작가 자신의 불운과 비운으로 발생한 해학의 세계는 하나의 반대 급부 형상의 결과라고 보여진다.

  해학의 정의는 단정할 수 없다. 그러나 해학이란 인간만이 누리는 특권이며, 그 민족에 있어서나 그 개인에 있어서나 천성적으로 소유하는 것이다. 김유정이란 작가의 해학성이 우리 민족 전체의 해학적 전통과 일치를 이룩하고 있으며, 유정 소설의 해학은 바로 우리 겨레의 삶의 한 방법이었던 것이다.

4. 역사주의 비평 검토

  역사주의 비평은 원래 고대나 중세의 절대주의적 비평에 대한 반동으로 출발하였다. 그리하여 19세기 영국과 독일에서 시작되어 프랑스에서 확립된 실증주의적인 문학 연구 방법론으로서 오늘날에도 널리 활용되는 전통적인 비평 방법이기도 하다. 그만큼 역사·전기 비평의 성격은 근대 과학 정신에 입각한 것이다.

  역사주의 비평가는, 그들의 비평 방법은 본질적인 주관적 반응에 의존하는 것이기보다는 문학 작품을 해명하고 평가하는 접근 방법에 있어서 한층 신뢰할 만하다고 주장한다. 그들의 주장은 첫째, 비평가의 연구 대상이 하나의 작품이라 할지라도, 그 작품에 관계된 참고 자료를 비평가가 의식함으로써 다른 비평적 접근 방법에서는 불가능한 작품의 이해에 완전성과 정확성을 얻을 수 있다는 것이다. 둘째, 하나의 작품이 역사적·문화적·문학적 사건의 순서 속에 어떤 위치를 차지하고 있는지를 역사주의 비평가가 의식한다는 것은 개개 작품에 대한 이해력을 높여준다는 것이다. 셋째, 또한 한 작가의 작품이 갖는 총체적 특질과 그 작가의 인생관의 작품적 형상화 과정 등을 밝히는 작가론에 있어서 이 방법론의 적용은 절대적이라는 것이다.

오늘날 역사주의 비평은 연구자들에게 끊임없는 관심의 대상이 되고 있다. 그 이유는, 이 방법론이 그 어떤 연구 방법론도 추종할 수 없는 폭과 깊이를 지니고 있기 때문이다. 물론 역사주의 비평은 작품만을 연구 대상으로 삼고 가치를 평가하는 문학 연구 방법은 아니다. 그 단계를 넘어서서 한 작가를 낳은 종족·환경·시대와 더불어, 작가의 내면과 그의 삶의 가치 세계에 이르기까지 폭넓고 깊이 있게 연구하는 방법론인 것이다. 이러한 역사주의 비평은 구조주의 비평 이후 그 자취를 감추었는가 싶더니, 80년대에 들어 영미권에서 '역사'의 문제가 다시 중요한 쟁점으로 논의되고 있는 현실이다. 소위 신역사주의(New Historicism), 문화적 유물론(Cultural Materialism), 문화 시학(Cultural Poetics), 문화－역사주의(Cultural-Historicism) 등 다양한 이름으로 불리는 이 신조류의 파장은 막대한 것이어서, 90년대 그리고 2000년대에 들어서조차 그것에 관한 논쟁은 극대화되어 가는 현상을 보이고 있다.

이렇듯 가장 전통적인 비평 방법으로서 오랜 생명력을 지닌 역사주의 비평도 몇 가지 한계점이 노출된다. 첫째, 작품보다는 작품을 둘러싼 여러 문학 외적 사실에 치우치고 있어 문학 본질의 가치를 상실할 결과를 낳을 수 있다는 점이다. 둘째, 작가나 작품의 과거에 너무 집착한 나머지 현재성을 외면할 소지가 있다는 점이다. 또한 작가의 전기가 지닌 중요성 때문에, 그 전기에 비평 방법론을 넘어선 특별한 가치를 부여할 수 있는 오류를 범할 수도 있다는 점이다. 셋째, 작품 출처에 대한 과도한 자료 조사와 의존도로 인해 자칫하면 비평의 수단과 목적을 혼동하기 쉽다는 점이다. 넷째, 작가의 전기적 사실과 사회적인 면에 관련하여 너무 지나친 정보 자료에 집중된 결과 정작 문학 작품의 분석과 해석에는 소홀한 경향이 있을 수 있다는 점이다.

■ 참고문헌

A. O. Aldridge, "Biography in the Interpretation of Poetry", *College English*, ⅩⅩⅤ, 1964.
Arnoid Willams, "Why Literary Scholarship?" *Centernial Review of Arts and Science*, Ⅶ, 1964.
Bermard Heyl, "The Critic's Reason", *Journal of Aesthetics and Art Criticism*, ⅩⅥ, 1957.
Claude Pichosis, "L'Historie Littéraire Tranditionelle", *Cahiers de L'Association Internationle des Etudes Francaises*, No. 16 (March. 1964).
D. W., Jr. Robertson, "Historical Criticism", in Alan S. Downer, ed., *English Institute Essays*: 1950(New York, Columbia University Press, 1951).
David Daiches, "Fiction and civilization", in *The Novel and the Modern World*, Chicago, University of Chicago Press, 1939.
Douglas. Bush, "Literary and Criticism", *Liberal Education*, ⅩLⅦ, 1961.
Fredson. Bower, *Textual and Literary Criticism*, New York, Cambridge University Press.
Geoffrey Tillotson, "The Critic and the Dated Text", *Sewanee Review*, LⅩⅧ, 1960.
George Whalley, "Scholarship and Criticism", *University of Toronto Quarterly*, ⅩⅩⅠⅩ, 1950~1960.
Helen Garden, *The Business of Criticism Oxford*, Clarendon Press, 1959.
Ihab Hassam "Criticism as Mimesis", *South Atlantic Quartery*, LⅤ, 1956.
J. V. Cuningham, *Tradition and Poetic Structure* Denver, Alan Swallow, Pubisher, 1960.
James P. Dougherty, "The Aesthetic and the Intellectual Analyses of Literature", *Journal of Aesthetic and Art Criticism*, ⅩⅩⅡ, 1964.
L. C. Knights, "On Historical Scholarship and the Interpretation of shakespeare", *Sewanee Review*, LⅩⅢ, 1955.
Lionel Trillihg, "The Sense of the Past", in *The Liberal Imagination*, Garden City, Doubleday & Co., 1953.
René. Wellek, "Literary Theory, Criticism and History", *Sewanee Review*, LⅩⅧ, 1960.

René. Wellek and Austin Warren, *Theory of Literature*, New York, Harcourt, Brace & World, Inc., 1956.

Richard D. Altick, *The Art of Literary Research*, New York, W.W. Norton & Company, Inc., 1963.

Robert E. Spiller, "Is Literary History Obsolete?" *College English*, ⅩⅩⅣ, 1963.

Sheldon Norman Grebstein, (ed.) *Perspectives in Contemporary Criticism*, New York: Harper & Row, 1968.

W. K., Jr., Wimsatt, "History and Criticism: A Problematic Relationship", RMLA. LⅩⅥ, 1951.

W. K., Jr., Wimsatt and Cleanth Brooks, Literary Criticism: *A Short History*, New York, Alfred A. Knopf, Inc., 1957.

윌프레드 L. 궤린(외), *A Handbook of Critical Approachs to Literature*: 정재완 · 김성곤(공역), 『문학의 이해와 비평』, 청록출판사, 1978.

Ⅱ. 사회·문화 비평

1. 사회·문화 비평의 개념과 이론 전개

사회·문화 비평은 일명 사회 비평, 사회학적 비평, 문학사회학, 사회·도덕적 비평, 사회·윤리적 비평 등으로 불리기도 한다. 사회·문화 비평이란, 문학 작품은 그것을 생산한 사회적 환경이나 문화, 문명을 떠나서는 정확하고 완전하게 이해·분석·평가할 수 없다는 입장의 문학 연구 방법이다. 사회·문화 비평은 문학 작품을 사회적·경제적·정치적 측면에서 이해하려는 데서 역사주의적 방법과 동일한 것으로 이해될 수 있다. 그러나 사회·문화 비평이 역사주의 비평과 매우 유사하다고 하지만, 이 두 비평은 구별된다. 역사주의 비평은 문학 작품을 그 자체 목적이나 원천으로 보기보다는 하나의 과정으로 보고 이에 중점을 두는 방법론이다. 반면 사회·문화 비평은 문학 작품의 개별적인 정체성을 중요시한 방법론인 것이다. 사회·문화 비평가들은, 문학의 창작은 지극히 개인적인 것으로 개인의 주관 그리고 감정 등과 불가분의 관계에 있지만, 문학의 존재 문제는 결코 개인적인 것만은 아니고 오히려 사회 제도 곧, 인간의 삶의 한 양식으로서 존재한다고 주장한다. 또한 문학에서 창조되는 언어, 상징, 운율 등은 사회와 삶의 의장으로서 사회성을 벗어날 수 없기 때문에, 그것에 의해 이루어진 문학 작품은 사회성을 벗어날 수 없다고 말한다. 다시 말하여, 문학 작품은 그 사회와 문화의 산물이라는 것이다. 이러한 사회·문화 비평은 역사주의 비평과는 달리 문학 작품의 원전, 언어, 전기, 평판과 영향, 문화, 문학사, 문학적 관습 등에 관심을 두지 않는다. 사회·문화 비평의 주요 관심사는 문학 작품과 삶의 현실과의 상호 작용에 있다. 다시 말하여 문학 작품은 사회적·문화적 요인들의 복합적인 상호 작용의 결과이며, 복합적인 문화적 객체라고 보는 입장이다.

사회·문화 비평이 객관적 방법론 자체를 중시하는 학문적 성격이 강한 반면, 사회주의 내지 마르크스주의라고 지칭되는 비평은 이념적 차원을 강조하는 정론성(政論性)을 바탕으로 하고 있다. 마르크스 비평은 사회성과 관련되는 예술적 표현 양식에 대한 학문적 접근을 넘어서서 작품의 내용성을 작가의 정치적 의식으로 환원시키는 극단적인 지점에까지 나아가고 있다. 특히 1917년 볼셰비키 혁명 이후, 전세계로 확산된 마르크스주의 비평은 러시아 형식주의 운동의 파장을 억제하면서 오늘날까지 사회주의권 문학 비평의 주류를 이루고 있다. 이 마르크스주의 비평은 우리 문단에까지 전파되어 1920년대 이후 경향 문학, 프로 문학, 8·15 이후의 좌익 문단 문학, 80년대의 민족·민중 문학, 민족 해방 문학 등이 등장하기도 했다.

문학의 사회적 기능이 순수한 미적 가치보다 더욱 중요하다고 인식한 것은 일찍이 플라톤(Platon)의 『국가』(*The Republic*) 10권에 등장하고 있다. 이후 사회·문화 비평의 이론적 토대를 이룬 것은, 인간의 정신 형태는 사회 제도를 조형하지만 그 사회 제도는 다시 작가를 조형한다고 말한 18세기 비코(G. Vico)의 『새로운 학문』(*Sciemza nuova*, 1725), 문학 작품을 시대적·민족적 상황의 소산물이라고 주장한 헤르더(J.G.Herder)의 『역사 철학의 이념』(Ideen zur Philosophie der Geschichte der Menschneit, 1984~1991), 그리고 문학은 사회의 표현이며 사회의 핵심을 이루는 사상의 반영이라고 주장한 헤겔(G. W. F. Hegel)의 1822~23년 사이의 강의 내용 등이다. 현대에 들어와서 19세기 후반의 테느(H. A. Taine), 마르크스(K. Marx)와 엥겔스(F. Engels), 아놀드(M. Arnold) 등의 논의에 의해 20세기 사회·문화 비평이 확립되기에 이른다.

역사주의 비평의 입장을 견지했던 테느는 『영문학사』(History of English Literature, 1863)에서 문학의 세 가지 주요 결정 요소로 종족·환경·시대를 주장한다. 테느의 이러한 주장은 '인간의 심리'를 이해하는 것만이 아니라, 인간 행위의 원천을 탐구하는 수단으로서 문학을 이용하려는 것이다. 그는 자신의 문학사 서문에서 "문학 작품은 아름답기 때문에 교훈적이다. 그것이 완전할수록 효용성도 증가한다. 만일, 문학 작품이 사실만을 기록한다면, 그것은 다만 기념물일 뿐이다. 문학의 본래 임무는 감정을 분명하게 하는 것이기 때문에, 감정이 풍부할수록 문학성은 높아진다. 중요한 감정을 표현하면 할수록 문학으로서 책의 가치는 그만큼 더 높아지는 것이다. 작가가 전 인류와 시대의 존재 양식을 표현했을 때, 전 시대와 전 인류의 공감을 얻게 되는 것이다. (…) 인간이 모든 사건을 일으키는 도덕적 역사를 구축하고, 심리적 법칙들에 대한 지식을 증진시키는 일은 주로 문학 연구에 의해서 가능해진다." 라고 말하고 있다.

그렙스타인(S. N. Grebstein)은 사회·문화 비평의 특징을 다음과 같이 요약·정리하고 있다.[1]

첫째, 문학 작품은 그것을 낳게 한 환경·문화·문명들과 분리할 수 없다. 문학 작품은 작품 그 자체보다 가능한 넓은 문맥 속에서 연구되어야 한다. 모든 문학 작품은 사회적·문화적 요소의 복합적인 상호 작용의 결과이

---

[1] 박철희·김시태, 「사회·문화적 비평」, 『문예비평론』, 문학과비평사, 1993. pp.269~271.

고, 또한 그 자체가 복합적인 문화적 객체이며, 고립된 형상은 아니다.

　둘째, 문학 작품 속에 구현된 사상은, 작품의 형식이나 기교 못지않게 중요하다. 작품의 형식이나 기교는 부분적으로는 작품의 사상에 의해 결정되고 이루어진다. 더욱이 작품의 질이나 그것이 야기하는 비평적 반응은 사상의 질과 정비례한다. 어떠한 위대하고 생명력 있는 작품도, 보잘것없고 천박한 사상의 토대 위에서 이루어진 경우는 없다. 이런 의미에서 문학은 진지한 것이다.

　셋째, 생명력 있는 문학 작품은 그것을 낳게 한 당시의 문화나 개개의 독자와의 관련에 있어서 매우 도덕적이다. 문학 작품이 특정한 관례나 행위 체계를 지지하는 경우는, 삶에 몰두하여 삶에 대해 가치 있는 반응을 나타내는 경우보다 도덕적이지 못하다. 나이츠(L. C. Knights)가 말한 바와 같이 문학 작품은 '도덕적 실험'이다.

　넷째, 사회는 두 가지 점에서 즉, 특별한 물질적 요소나 힘으로서, 그리고 집단적 정신과 문화의 흐름인 전통으로서 문학 작품과 관계할 수 있다. 이러한 문화적 흐름은 문학적 전통과 관습들을 포함할지는 모르나, 그러한 문학적 관습에 국한된 것만은 아니다(여기서 역사주의 비평가와 사회·문화 비평가의 중점 사항의 차이에 주목하자). 형식과 내용은 사회적 발전—예를 들면, 소설의 발생은 중산층의 발생에 영향을 받는다—이나 문화적 취향의 사소한 변화를 반영하기도 한다. (…)

　다섯째, 문학 비평은 작품 자체의 심미적 관조 이상의 것이 되어야 한다. 비평은 예술 창조에 영향을 끼칠 수 있고, 또 끼쳐야만 하는 생명력 있는 활동이다. 그것은 작가의 기교나 소재 선택을 지시함으로써가 아니라, 위대한 예술이 생겨나게 된 일종의 계기를 유발시키고, 보편적 문화에 연결되어 독자와 예술가 모두를 활성화시키는 예술에 대한 일종의 비평적 논의를 고무시킴으로써 이루어진다.

여섯째, 비평가는 과거나 현대의 문학 작품 모두에 관심을 기울여야 한다. 비평가는 과거의 문학 작품으로부터 현대 문학의 척도를 마련한다. 그러나 그의 관심은 결코 단순히 골동품 수집가나 재건주의자와는 다른 것이다(이는 사회·문화 비평가와 역사주의 비평가와 다른 차이점이다). 각 시대는 각기 다른 선호와 강조를 요구하기 때문에, 비평가가 선택하고 재평가하는 작품은 동시에 일시적이며 끊임없는 것이다. 그는 수 개의 언어와 문학을 섭렵하고, 그 수 개의 언어와 문학에서 적절한 작품을 선택하여, 동시대의 저자와 예술의 현대적 조건과 선택된 작품과의 관계를 논증한다. 예술과 독자와의 이러한 매개 역할에서, 비평가는 동시대의 작품을 주목해야만 한다. 그는 자신의 비평적 기능의 필수적이고 중요한 부분을 동시대 작품의 평가라고 여긴다. 이러한 이유 때문에 많은 사회·문화 비평가들은, 다른 종류의 비평가들이 부차적 기능이라고 하는 평론가로 활동한다.

이와 같은 19세기까지의 사회·문화 비평은, 20세기에 들어와서 너욱 나양하게 논의되고 있다. 그 대표적인 것으로는, 현대 문학의 상징주의적 경향을 역사주의 비평의 안목으로 비판한 에드먼드 윌슨(Edmund Wilson), 문학 형식의 사회적 관계를 밝힌 크리스토퍼 코드웰(Christopher Caudwell), 소설 형식을 사회적 관계하에서 검토하면서 사실주의의 우위성을 강조한 레이먼드 윌리엄스(Raymond Williams), 실존주의적 관점에서 문학의 사회적 기능을 강조한 사르트르(J. P. Sartre), 변증법적 유물론의 미학을 서구적 문제 의식으로 심화시킨 게오르그 루카치(Georg Lukacs), 사회 구조와 소설 구조의 상응 관계를 밝힌 뤼시엥 골드만(Lucien Goldmann), 예술의 창조와 수용을 사회적 연관 속에 파악하면서도 예술의 독자성을 존중한 아놀드 하우저(Arnold Hauser), 현실을 묘사하고 기술하는 관점 및 스타일을 그 시대의 사회·문화적 문맥아래서 규명한 에리히 아우얼바하(Erich Auerbach), 예술의 창조와 수용을 사회적 연관 속에 파악하면서도 예술의 독자성을 존중한 아놀드 하우저(Arnold Hauser), 그리고 최근 들어 문학사회학의 새로운 가능성을 제시하고 있는 미하일 바흐친(Mikhail Bakhtin) 등을 들 수 있다.

우리 문학사에서 사회·문화 비평의 자취는 곳곳에서 찾아볼 수 있다. 개화기 시대의 문학을 계몽과 교화의 수단으로 삼았던 문학, 1920년대의 계급주의 문학론, 해방 이후 국문학 연구의 한 방법론으로 채택했던 실증주의, 50년대 모더니즘 계열이 보여주었던 역사와 현실의 직설적인 표현 방법 및 김수영, 신동엽이 보여준 문명 비판과 현실 비판의 목소리, 50년대 후반에 등장하였던 김붕구를 중심으로 한 사르트르의 행동주의 문학론 논의, 70년대 백낙청의 시민문학론 및 임헌영, 염무웅의 사회주의 리얼리즘 논의, 80년대 전반기 채광석, 성민엽의 민중문학론과 운동으로서의 문학, 80년대 후반기 조정환의 노동해방 문학론, 백진기의 민족 해방 문학론 등에서 발견된다.

2. 사회·문화 비평의 이론가와 이론

(1) 마르크스와 엥겔스 — 유물론

마르크스주의자들은 문학을 사회주의 건설을 위한 계급주의 내지 수단으로 본다. 이 견해는 19세기 마르크스와 엥겔스에서 출발하여 20세기 레닌(Lenin)과 스탈린(Stalin)에서 실현되었다. 사실 사회·문화 비평이 마르크스 비평과 가깝다고 하지만, 그렇다고 그것이 전적으로 부합되는 것은 아니다. 이것은 마치 형식주의 비평이 콜리지(Coleridge)학파와, 심리주의 비평이 프로이트(Freud)학파와, 신화 비평이 융(Jung)학파와 전적으로 부합하지 않은 것과 마찬가지이다. 다만 사회·문화 비평은 마르크스와 엥겔스의 수많은 저술을 통해 반복적으로 나타나는 본질적인 태도에서 영향을 받았을 따름이다. 이들이 남긴 저술들에는 변증법적 세계관과 사적 유물론을 바탕으로 기존의 관념론적 예술 이론을 혁파하는 혁명적 예술 미학이 담겨 있는 것이다. 그들의 이론인, 생산 수단을 쥐고 있는 사람, 곧 사회의 초구조(超救造, supperstructure)와 예술·종교·철학을 포함한 인간의 모든 행위와 제도가, 인간의 물질적 욕구에 의해 결정된다는 본질적 태도의 마르크스주의자들에게 영향을 끼친 것이다.

마르크스주의의 근본 원리는 유물론을 토대로 한다. 그것은 변증법적 유물론과 사적 유물론으로 구체화할 수 있다. 변증법적 유물론은, 헤겔의 변증법에다 유물론적 세계관을 적용한 것으로 세계가 물질적인 것에 의해 이루어졌다는 것이다. 즉 모든 현상은 운동하고 있는 물질의 형태로 이루어져 있으며, 세계의 발전 또한 물질의 운동 법칙에 의한다는 것이다. 사적 유물론은 변증법적 유물론의 원리를 사회 현상과 역사 연구에 확대한 것이라고 볼 수 있다. 사적 유물론은 인간의 의식이 그들의 존재를 규정하는 것이 아니라, 반대로 그들의 사회적 존재가 그들의 의식을 규정하는 것이라는 명제에서 출발하여 사회 발전의 일반적인 법칙을 이끌어낸다. 즉 문학과 예술은 물질 세계와 인간 사회의 발전과 더불어 일정한 법칙에 따라 발전해 온 것으로 이해하고 있는 것이다.

예술을 노동 행위와 관련짓는 데서 출발하고 있는 마르크스주의 예술론에 따르면, 인간은 유적(類的) 존재로서 노동을 통하여 생산하는 활동적 존재라고 주장한다. 그러므로 인간은 자연에 대한 능동적인 노동 행위를 통해서 자연을 정복하고 목적을 실현한다고 말한다. 따라서 노동의 역사는 곧 노동 수단의 개발에 의한 물질적 생산의 증대 과정이라는 것이다. 또한 노동은 자연을 인간화하고, 예술가는 인간의 실천적·정신적 감각을 미의 법칙에 따라 형상화함으로써, 미적 대상화 작업을 행하게 된다고 말한다. 인간은 스스로의 노동을 통하여 자신의 창조성을 실현하는데, 자신의 실현이라는 필연성은 예술을 통해 표현될 수 있다는 것이다. 그러므로 예술과 노동 둘 다 동일한 의미를 가지는 창조적 활동이라는 뜻을 내포하게 된다. 이러한 개인

생활의 표현이 사회적 삶의 표현이라는 마르크스의 주장은 예술이 이데올로기적 내용을 가진다는 것을 의미한다. 마르크스주의적 사고에서 이데올로기의 개념은 가장 핵심적인 것이기도 하다. 마르크스주의적 관점에서, 문학이란 이데올로기의 일종으로서 사회 생활에 근원하고 사회의 토대를 반영하며 정치적 영향력을 통하여 토대에 복무하는 것이다. 마르크스주의적 문학 이론에서는 이것이 바로 문학의 본질이기도 하다.

마르크스와 엥겔스는 테느가 내세운 문학의 세 가지 요소, 곧 종족·환경·시대에 경제적 요소를 새로 추가하였다. 그들은 생계를 세우는 방식, 말하자면 생산의 방법에서 사회 계급을 추출해 내고, 이 생산의 방법이라는 경제적 과정이 문화의 기초를 이루는 것이라고 보았다. 이러한 인식에 기초하여 그들은 문학과 사회와의 관계에 대해서, 문학이란 문화의 다른 부분과 마찬가지로 생산의 여러 관계 위에 세워진 사회 의식의 상부 구조라고 본 것이다.

경제학은 사회 과학이기 때문에 테느의 학설보다는 마르크시즘에서 보다 많은 효력을 보았다. 처음 마르크스 이론가들은 마르크스와 엥겔스가 쓴 것을 모아『문학과 예술에 관해서』(*sur La Litterature et Sur L'art*)란 책은 출간했다. 이것을 토대로 20세기 초 플레하노프(Plekhanov)에 이르러 진정한 마르크시스트 문학 이론이 확립되었다. 물론 그것은 본래 사회학적인 것이었으나, 후에 정치에 관련시킴으로써 소련의 문예학으로 정착되었다. 블라디미르 즈다노프(Vladimir Zhdanov)는 그의 견해를 1956년에 다음과 같이 정의하고 있다. "문학은 사회 생활과 불가분의 관계가 있어서 그러한 역사적·사회적 요인들은 작가에게 영향을 끼친다. 이것이 소비에트 문학 연구의 지배 원리이다. 이 원리는 현실의 지각과 분석에 대한 마르크시스트—레닌이스트 방법에 기초한 것이며, 각 문학 작품을 독립적이고 고립된 실재로 간주하는 주관적·독단적 견해를 배제한다. 문학은 사회적 현상이며 창조적 상상을 통한 현실의 인식이다" 라고 언급하고 있음을 본다.

(2) 루카치 — 리얼리즘

20세기 초반의 사회·문화 비평의 업적 가운데 가장 먼저 손꼽아야 할 것은 헝가리의 철학자이며 비평가인 루카치(Georg Lukacs)와 그의 영향을 받은 독일 그룹인 프랑크푸르트학파(Frankfurter Schule)의 중요한 공저이다.

루카치는 1920년부터 1971년에 세상을 떠날 때까지 국제공산당 운동의 중심인물 중의 한 사람이었다. 그는 문학을, 앞에 놓인 사회를 반영하는 거울처럼 현실을 반영하는 것으로는 보지 않았다. 즉 문학은 현실의 인식이며, 이 인식은 외계의 사물과 정신 내부 사상이 꼭 일치하는 것과는 다르다는 것이다. 현실은 우리가 머릿속에서 그것을 인식하기 이전에 외부에 실재하며, 그것은 형태를 가지고 있다고 한다. 따라서 현실은 모든 부분이 움직이며 모순을 일으키는, 변증법적 전체라고 루카치는 주장한다. 그리고 현실이 문학을 통해 반영되기 위해서는 작가의 창조적인 형식이 부여되어야 한다고 말한다. 다시 말하여, 정확하게 형식이 주어진 문학 작품의 그 형식은 현실 세계의 형식을 반영한다는 것이다.

이러한 루카치 이론의 특성은, 마르크스주의적 사상과 고전적 취향을 조화롭게 결합시킨 데 있다. 루카치는 근본적으로 마르크스주의적 관점에 입각하여 그것을 보완하고 갱신하고자 하는 입장이지만, 그의 고전적 취향은 문학사회학의 획기적 업적인 『소설의 이론』 이후, 그의 모든 저작에 일관해서 나타나는 전체성(totalite)이란 개념 속에 잘 드러난다. 루카치는 전체성의 개념을 고대 그리스에서 찾아낸다. 즉, 고대 그리스의 예술은 내용과 형식이 밀접하게 일치하고, 인간의 삶과 인간적 가치 사이에 괴리(乖離)가 없는 행복한 조화를 나타내고 있다는 것이다. 현대의 인간은 그 조화롭고 전체적인 그리스의 질서를 회상하며 그것을 갈구하지만, 그러나 현대 세계는 수많은 모순과 갈등에 의해 금이 가고 분할된 복잡하고 거대한 세계가 되었다고 말한다. 루카치는 이러한 현대 세계에 소설의 시대가 부합한다고 생각한다. 이러한 루카치의 발상은 도식적(圖式的)인 실증주의의 경직성(硬直性)을 극복하면서 역사적·사회적 속성에 의해 문학을 설명하는 새로운 길을 열어 놓았다. 프랑크푸르트학파로 지칭되는 독일인들의 그룹은 물론이고 모든 문학사회학의 논의에 있어 루카치의 영향은 실로 막대한 것이다.

　루카치의 철학적·미학적 체계가 형성되는 이론적 발전 과정은, 1910년을 전후한 『영혼과 형식』(Die Seele und die Formen)을 출발로 하여, 1915년의 『소설의 이론』(Die Theorie des Romans)을 거쳐, 그의 정치적 좌경 후에 쓰여진 1920년대 초반의 『역사와 계급 의식』(Geschochte und Klassenbewubtsin)을 살펴볼 수 있다. 여기에서 가장 중요한 것은 그가 현실(Reality)이라는 개념을 파악하려 했다는 것이다. 루카치는 이미 그의 『영혼과 형식』에서 '현실'이라는 것은 개념적으로 파악할 수 없다고 선언한 바 있다. 그런데 『소설의 이론』에 와서는, 헤겔의 역사 철학과 미학을 빌어 현실을 개념화하려 노력하고 있음을 본다. 여기서 그는 오늘날의 현실을 헤겔적인 의미에서의 '산문적 역사 상황'으로 간주한다. 그리고 산문적 역사 상황에 처해 있는 현실의 특징으로 우선 현실과 이상, 존재와 당위의 간극과 분열로 규정되는 현실의 이원성(二元性)을 들고 있다. 그러나 루카치의 이러한 현실 개념은 한편으로는 이러한 현실의 이원성을 지양하고 호머(Homer)의 문학 세계에 나타나는 이른바 '서사시적 전체성' 내지 '시적 전체성'을 다시 획득하려는 내면적·역사철학적 지향성을 가지고 있다.

　여기서 루카치는, 산문적 역사 상황 속에서도 전체성의 세계(현실)를 획득하려는 현대 인간(부르주아지)의 내면적 동경과 현대 인간의 본질적인 내면 추구가 실제적인 부르주아지 사회의 현실에서 어떻게 나타나고 있는가에 따라 소설 형식을 각각 세 가지 유형으로 분류하고 있다. 곧 추상적 이상주의적 소설, 환멸의 낭만주의적 소설, 그리고 이 소설 유형들을 지양·종합하는 소설이 그것이다. 따라서 각각 그 대표적인 예로 추상적 이상주의 소설은 세르반테스(Cervantes)의 『돈키호테』(Don Quixote)를, 환멸적 낭만주의 소설은 플로베르(Gustave Flaubert)의 『감정 교육』(L'Education Sentimentale)과 곤자로프(I. A. Goncharov)의 『오블로모프』(Oblomov)를, 종합을 시도한 교양 소설로는 독일 고전주의의 소설을 들면서, 괴테(Goethe)의 교양 소설인 『빌헬름 마이스터의 수업시대』(Wilhelm Meisters Lehrjahre)와 『빌헬름 마이스터의 편력시대』(Wilhelm Meisters Wanderjahre)를 들고 있다. 나아가 이 교양 소설이, 오늘날 제한된 역사적 상황에 가장 공정하고 사실적인 소설이라고 말한다. 루카치가 괴테의 교양 소설을 그의 미학 이론의 모범적 원형으로 삼는 이유는, 이 소설의 주인공이 비록 현실의 실제적 이원성을 극복할 수는 없지만, 그러나 전체성의 현실과 휴머니즘의 이상(총체적 인간상)을 실현하려는 미학적 이념을 끝까지 추구한다고 생각하기 때문이다.

　루카치의 리얼리즘 개념(Realismusbegriff)의 근저에는 『소설의 이론』의 미학적 이념이 추구하는 전체적 현실상과 인간상, 그리고 『역사와 계급 의식』의 마르크시즘에서 이미 파악되고 실현되어진 총체적 현실 개념과 역사관이 깔려 있다. 다시 말하면 루카치의 리얼리즘론은 이미 독일 고전주의 전체성의 예술 이상과 마르크시즘의 전체성의 사회(현실) 이상을 전제로 하고 있다.

　루카치에 의하면, 자본주의적 의식의 보편적 특징은 인간과 인간의 관계가 물건과 물건(상품)의 관계로 나타나는 데 있다. 상품 생산에 의한 자본주의적 관계가 인간의 생활을 지배함에 따라 인간의 의식은 점점 더 사물화의 경향을 띠게 되고, 사물화된 의식의 결과로서의 부르주아 철학과 학문은 '반변증법적 사고'를 낳게 된다. 리얼리즘의 예술 형식이 지니는 '인식론적 성질'은 말하자면, 이러한 예술 형식이 인간의 총체성을 형상화하려는 고전주의적 형식 원칙에 힘입어 소외되고 사물화된 자본주의적 인간 관계를 순수한 인간 관계로 지향·발전시킴으로써 생겨난다. 또 이를 통해 '반변증법적 사고'를 극복할 수 있기 때문에 가능한 것이다. 바꾸어 말하면 전체성의 예술 원칙에 입각한 예술 형식(리얼리즘)만이 예술의 '변증법적 성질'을 낳을 수 있는 것이다.[2]

루카치는 『영혼과 형식』에서, 이미 앞으로의 그의 전 미학 이론과 지적 세계를 관통하게 될 '전체성의 세계를 향한 동경'이라는 모티브를 개념화하고 있다. 여기서 루카치는 플라톤의 에로스론을 빌어 전체성을 향한 동경으로서의 예술의 본질이 근본적으로 감성적·에로틱한 요소에 있다고 본다. 그러나 예술의 이러한 에로틱한 본질은, 루카치에 의하면 이율 배반의 성격을 띤다. 왜냐하면 예술은 오로지 에로스의 길을 통하여 정신적 전체성에 도달할 수 있기는 하지만, 또 다른 한편으로는 이러한 에로스적 본질은 세속적이고도 육체적인 사랑을 낳음으로써 예술이 지향하는 순수한 동경과 정신적 총체성의 실현을 불가능하게 만들기 때문이다. 따라서 순수한 동경은 플라톤의 에로스론에서와 같이 오로지 금욕적이고 순수한 정신적 '지적 직관'에 의해서만 가능하다고 루카치는 주장한다.

계속해서 루카치는, 에로스는 예술가에 있어서는 정신적 아름다움으로 나아가는 안내자라고 말한다. 따라서 최고의 정신적 경지에 이른 길은 오로지 감각적 기관을 통하는 수밖에 없다는 것이다. 그러나 이 길은 위험한 길이고, 도덕적으로도 잘못된 길이기 십상이며, 죄악의 길로 나아가는 길이라고 한다. 그러므로 정신의 순수성과 존엄성을 구제하는 유일한 길은 죽음뿐이라는 것이다. 그는 토마스 만(Thomas Mann)의 『베니스의 죽음』에서 이 같은 모티브를 원용하는 예를 제시한다. 감각적·관능적 욕망을 규제함으로써 위대한 예술가가 된 이 소설의 주인공 아쉔바하는, 실제로 동경과 탈출의

---

[2] 반성완, 「독일 시민문학의 가능성과 한계, 루카치와 브레이히트의 리얼리즘 논쟁」, 『창작과 비평』, 1980년 여름, pp.37~41.

충동을 이기지 못하고 결국 남부 이탈리아의 한 휴양 도시에서 한 소년의 육체적 아름다움에 매료된다. 그리하여 윤리적 시민 예술가 아쉔바하는 사도(邪道) 내지 '죄악의 길'에 빠지게 된다. 이러한 토마스 만의 결론은 실제로 플라톤주의자인 젊은 평론가 루카치의 뜻하는 바와 일치된다. 즉 예술가 아쉔바하는 죽음을 통하여 그의 존엄성을 구제·고수하는 것이다.3)

루카치의 『영혼과 현실』의 테오도르 쉬토름론(시민성과 예술지상주의)에는 낭만적 몰락의 분위기, 즉 당시 시민 계급의 삶의 피로감과 체념 및 우수가 그대로 표현되고 있다. 그러나 젊은 비평가 루카치는 이러한 세기말적인 낭만적 분위기 속에서도 현대 부르주아의 병적인 퇴폐성이 아니라, 삶과 운명을 '남자답게' 참고 견디어 나가는 '고상하고' '용감한' 전통적 시민 계급의 건강한 내면성을 보고자 하는 것이다. 이러한 내면성은 루카치에 의하면, 전통적 독일 시민 계급이 지니고 있는, 어떠한 상황에도 흔들리지 않는 조용하면서도 확고한 내면의 힘이다. 이러한 내면성에 의해 그늘은 '불안하고 아무런 의미 없는 현대 부르주아의 삶'에 대항할 수가 있다는 것이다. 이러한 내면성은 말하자면 몰락의 운명에 직면해 있는 전통적 시민 계급의 삶을 지탱해 주는 정신적 지주의 역할을 하고 있는 셈이다.

그러면 독일 시민 예술가 정신, 즉 이러한 내면성은 어디에서 오는가? 이에 대한 대답으로 루카치는 전통적인 시민 예술 정신의 근저에 가로놓여 있는 두 가지의 중요한 요소, 즉 시민적 직업(노동) 의식과 시민적 윤리 의식을 든다. 루카치에 의하면, 직업은 무엇인가를 하는 단순한 노동의 의미만을 갖는 것이 아니다. 의무 내지 삶의 형식 그 자체다. 막스 베버로부터 비롯하는 초기 자본주의의 직업 의식에 대한 옹호(이러한 옹호의 기본적 의도는 위기에 처한 제1차 세계대전 전후의 시민 계급에 도덕적 이데올로기적 지원을 해주는 데 있었다)에 힘입어 루카치는 초기 시민 계급의 직업 개념이 지니는 '미덕'을 강조하

---

3) 반성완, 「독일 고전주의 예술이념의 현대적 의미, 토마스 만과 루카치와의 관계」, 『현상과 인식』, 1982년 봄, 통권 20호, pp.53~54.

고 있다. 그는 초기 시민 계급의 '수공업적 단일성'과 조용하고 산문적인 노동의 리듬은 내면의 안정성과 하모니를 가능하게 한다는 점을 들어, 이러한 수공업적 직업·노동 개념으로부터 초기 시민 계급의 예술 개념(kunstbegriff)을 추출한다. 루카치는 그 밖에도 시민적 예술 개념이 내포하고 있는 노동 의식의 저변에는 윤리적 의식, 즉 예술(노동)은 삶에 '건강함'과 '유익함'을 주어야 하며, 완벽한 삶을 창조하기 위해서는 자신이 지니고 있는 모든 힘과 능력을 발휘해야 한다는 윤리적 의식이 내재한다고 주장한다. 요컨대 루카치의 경우, 예술은 시민 계급의 건전한 노동 의식의 반영이며, 시민적 삶을 윤리적으로 형상화하기 위한 수단이자 목적 그 자체인 것이다. 루카치는 이러한 시민적 예술 정신을 현대 부르주아의 예술지상주의와 대비해서 '독일적 예술지상주의'라고 부르면서, 이의 대표적인 인물의 예로 시토름(Therdor Storm), 고트프리트 켈러(Gottfried Keller)를 들고 토마스 만(Thomas Mann)의 「부텐브룩스가」를 전통적 독일 시민 정신과 예술 정신의 최후의 '기념비적 서사시'라고 말하고 있다.[4]

이와 같이 루카치는, 리얼리즘이란 전체성을 파악하고 또는 대상에 대한 원근법을 의식하여 작품 창작에 임한다고 한다. 그런데 한편 자연주의는 이러한 전체성을 파악하거나 대상을 원근법으로 의식하지 않고 다만 현실을 직접적으로 수용하고 있다고 한다. 그래서 자연주의란 전체에 대한 의식으로 소재를 선택하기 때문에 리얼리즘과는 다르다는 것이다. 자연주의 작가는 오로지 모으는 힘에 의해서 현실 감각이 얻어진다고 믿기 때문에, 졸라(E. Zola)가 그렇듯이 환경의 사소한 것들을 모으기에 바쁘다는 것이다. 여기서 루카치의 주장은, 자연주의는 리얼리즘과 유사한 개념이 아니라 오히려 그 이념상 모더니즘과 통한다는 것임을 알 수 있다. 모더니즘은 형식과 기법의 중요성을 강조하는 대신, 소재의 사회적 혹은 예술적 의미에 대한 판

---

4) 박성완, 앞의 책, pp.51~52.

단을 하지 않음으로 해서 자연주의와 같은 성격을 지니고 있다는 것이다. 즉 모더니즘과 자연주의는 예술 작품에 나타난 상황들과 인물들 사이의 중요성의 차이를 구별하는 전체성에 대한 의식이 없다는 점에서 서로 유사한 것으로 규정하였던 것이다.[5]

이러한 이유로 모더니즘과 자연주의를 부정한 루카치는 카프카(F. Kafka)와 프루스트(M. Proust)의 작품을 인정하지 않았고, 도스토예프스키의 재능을 무감각하다고 평했으며, 니체와 키에르케고르의 세계관이 파시스트적이라고 비판했다. 이런 사실들은 루카치의 비평이 준엄한 상황 의식과 역사 의식에 근거하고 있음을 명백하게 밝혀주는 것이며, 그 반대주의자들로부터 교조주의자로 불릴 만한 이유를 제공하는 것이기도 하다. 이처럼 루카치의 비평은, 문학의 형식과 철학을 철저하게 정치적·경제적 관계에서 다루고 있다. 또한 루카치는 누구보다도 더 리얼리즘을 투철하게 논의하고 있다고 할 수 있다.

(3) 골드만 ― 발생구조론

마르크스주의 문학 이론의 전통 가운데 하나는 어떻게 해서 문학이 다른 종류의 예술들과 함께 사회 생활로부터 발전되어 왔으며, 어떤 이유로 현재의 형식을 취하게 되었는가에 관한 이론이다. 이 이론에서는 문학의 연원, 원인, 한정 조건 등을 다루고 있는데, 이로 인하여 '발생적'이라는 용어가 사용되었다. 이 발생구조론의 대표적인 이론가는 루마니아 출생의 사회학 이론가인 뤼시엥 골드만(Lucien Goldman)이다. 그는 프랑스에서 활동하다가 1970년 세상을 떠났다.

골드만은 루카치의 소설 이론을 바탕으로 하여 보다 객관적이고 사회학적인 문학 이론을 세운다. 그는 작품 구조의 역사적 생성 과정을 중히 여기면서, 작가나 작품의 주변 사실보다도 작품 자체의 고조에 초점을 두는 작

---

[5] David Lodge, ed., *20th Century Literary Criticism*, London:Longman, 1972, p.845 참조.

품사회학에 관심을 기울인다. 또한 작품 자체의 구조를 밝히는 작업을 '이해'라고 하고, 그 구조를 사회 집단의 의식 구조 속에 포괄시킴으로써 그것의 의미를 밝히는 작업을 '설명'이라고 했다. 이러한 이해와 설명의 과정이 바로 구조발생론적 분석 방법론의 원리이다.

그의 발생구조론은, 모든 인간 행위는 어떤 특수한 상황에 의미 있는 대답을 주려는 기도이며, 그것을 통하여 행동의 주체와 그 행동이 미치는 대상, 즉 주위의 외부 세계와의 균형을 이루고자 하는 가설에 근거한다. 이러한 골드만의 발생구조론은 문학 작품을 작가의 생애나 개성에 초점을 맞추는 전기적 방법의 대안으로 출발한다. 따라서 문학 작품에 중점을 두는 것이 아니라, 작품 세계의 구조를 작가가 소속된 사회 집단의 의식 구조에 연관시키는 방법이다. 이렇게 볼 때 골드만의 이론은 문학을 하나의 표현 형식으로 보는 표현 이론과 많은 공통점을 지니고 있기도 하다. 그러나 문학 작품을 작가 자신의 표현으로 보는 것이 아니라 작가가 소속되어 있는 사회 계급의 표현으로 본다는 점에서 대부분의 표현 이론과는 다르다.

구체적으로 골드만의 이론은, 어떤 역사적 시기에 작품을 결정짓게 하는 사회 집단의 구조와 작품 구조의 상관 관계를 밝히는 데 주안점이 놓인다. 골드만은 어떤 작품이 출현한 시기에 그 작품이 산출된 요인을 알아내고자 한다. 그 요인을 알아내기 위해서 먼저 작품을 이해하고 난 다음, 다시 말해 작품의 구조-세계관-를 추출한 다음에, 그 구조를 한 사회 집단의 구조와 연관시켜 설명하는 것이다. 골드만은 『숨은 신』(The Hidden God, 1955)의 실제 비평을 통해, 라신느(J. Racine)의 세계관과 장세니즘(얀센주의, Jansémisme)[6]과의 상동 관계를 밝히고 있다. 예를 들어 라신느의 『페드르』(Phédre)나 파스칼(B. Pascal)의 『팡세』(Pensées)에서 골드만은, 먼저 비극적 세계관으로 특징지

---

[6] 장세니즘 : 17세기의 중반 무렵 네덜란드의 얀센이 창시한 교의. 아우구스티누스설의 흐름을 받아들여 프랑스의 포르 로얄파 등의 신봉자를 냈으나 1713년 교황에 의하여 금지되었다.

어진 이 작품들의 구조를 살펴보고, 다음에 그러한 세계관이 라신느와 파스칼에 의해 어떻게 표현될 수 있었는가를 밝히고 있는 것이다. 그리하여, 라신느와 파스칼의 세계를 극단적인 쟝세니스트 그룹의 세계관에 연결시키는 것이다. 또한 그는 현대의 작품을 고찰하면서, 현대 자본주의 세계가 사상을 사물화하기 때문에 현실과 작품 사이의 중재(仲裁)를 확립해 줄 의식 있는 집단의 형성을 허용하지 않는다는 견해를 제시한다. 그리고 현대 사회의 작품 구조는 사회경제적 구조와 직접적으로 유사하다고 말한다. 가령, 로브 그리예(Rabbe-Grillet)의 『변태성욕자』(*Le Voyeur*)가 보여주는 수동성은 독점자본주의 경제에 의해 우리 시대의 개인들이 귀착된 수동성과 동질(同質)을 보이고 있다는 것이다. 일반적으로, 중심인물의 소멸과 사물의 세계에 의한 그것의 대치로 특징지어지는 현대 소설의 전개 과정은 자유주의적 경제의 독점 경제로의 변모—그것은 트러스트나 대규모 주식회사들의 성장과 더불어 소규모 개인 기업이 소멸된 것으로 나타난다—와 동질의 구조[7]라는 것이 골드만의 견해이다.

이와 같은 이론을 적용하여 소설 형식의 특성을 해명하고자 한 것이 골드만의 『소설사회학을 위하여』(*Pour une sociologie du roman*, 1964)이다. 여기서 골드만은 소설의 구조를 그것을 발생하게 한 사회의 구조에 포괄시킴으로써 발생론적 의미를 탐구하는 가운데 상동 관계를 밝혀 나가고 있다. 즉, 그의 저서의 중요한 가설 가운데 하나가 "고전적인 소설 구조와 자유주의 경제에 있어서의 교환 구조와의 상동 관계에 관한 것"[8]으로 되어 있는 것이다. 여기서 골드만은 루카치와 지라드(Rene Girard)의 소설 정의에서 암시를 얻어 주로 19세기 소설 주조를, "소설은 타락한 사회에서 타락한 양식으로 진정한 가치를 추구하는 이야기로 특징지어지며, 주인공에 있어서의 이러한

---

7) 이동렬, 「프랑스의 소설사회학」, 『예술과 사회』, 민음사, 1979, pp.168~174.
8) Lucien Goldmann, *Towards a Sociology of the Novel*, trans, Alan Sheridan, Tavistock Publications, 1975. p.1.

타락은 간접화(mediation)에 의해서, 즉 진정한 가치가 내재적인 차원으로 환원되어버림으로써 명백한 현실로서는 소멸되는 현상으로 나타나는 것이다"9)라고 말한다.

골드만의 이론에 따르면, 소설과 생산 사회에서의 인간과 상품, 그리고 인간과 다른 인간과의 사이에도 상동 관계가 존재하게 된다. 특히 시장을 위한 생산 사회에서는 순전히 양적인 교환 가치가 질적인 사용 가치에 우선함으로써 사용 가치는 교환 가치에 의해 부차적인 것으로 밀려난다. 따라서 모든 사물이 그것의 참된 사용 가치를 제치고 교환 가치만을 중시한다면, 인간과 사물과의 관계는 비정상적인 것이 되어버림으로써 시장을 위한 생산 사회는 타락된 사회로 나타난다. 즉, 현대적 경제 생활은 오로지 교환 가치만을 지향하는 사람들로 구성된다는 것이다. 그런데 이런 가운데서도 사용 가치만을 지향하는 소수의 개인(창조자)들이 여전히 남아 있게 되는데, 골드만은 이들이 바로 사회로부터 밀려난 '문제아'(problematic character)들이라고 한다. 시장을 위한 생산 사회에서 이러한 문제아들이 참된 가치를 추구하려고 할 때에는 비정상적인 가치를 통함으로써만 가능할 것이다. 즉, 개인은 양적인 가치(교환 가치)의 간접화 작용을 통해서만 질적인 가치(사용 가치)를 획득할 수 있게 된다는 것이다. 여기서 우리는 소설의 구조와 생산 사회의 구조 사이에 상동 관계를 발견하게 되며, 시장을 위한 생산 사회의 문제아들과 소설의 주인공은 참된 가치를 추구함에 있어서 똑같이 비정상적인 가치를 매개로 한다는 점을 이해하게 된다.

이러한 정의를 살펴보면, 주인공은 진정한 가치를 추구하는 반면 사회는 타락해 있기 때문에 주인공과 사회 사이에서는 간격이 발생하며, 또한 주인공이 진정한 가치를 추구함에 있어 사회가 제공하는 타락된 양식을 이용한다는 점에서 주인공과 사회는 모두 타락해 있다. 주인공과 사회 사이의 이

---

9) Lucien Goldmann, 앞의 책, p.6.

와 같은 '대립'과 '연대성'의 동시적인 관계, 즉 일종의 변증법적인 관계가 여기서 밝힌 19세기 소설의 구조이다. 또한 타락된 사회 속에서의 주인공은 진정한 가치를 추구함에 있어서, 사회를 직접적으로 공격하지 않고 간접적으로 추구하고 있다. 즉, 소설 속의 주인공이 추구하는 진정한 가치는 간접화 방식으로 소설 세계 전체를 지배하면서 숨어있다는 것이다.

골드만의 이러한 상동성(相同性, homology) 개념은 또 하나의 중요한 개념인 세계상(世界像, world view)과 관련을 맺는다. 그는 어떤 특권적 사회 집단은 그가 세계상이라고 부르는 이데올로기의 상위 형식을 소유하고 있다고 믿는다. 골드만에 따르면, 세계상이란 "그 사상과 감정과 행동이 인간 상호간 그리고 인간과 자연간의 관계의 전체적 조직화를 지향하는 사회내의 집단들의 표현이다."[10] 이러한 사회 집단들은 '혁명적'이거나 '반동적'인 계급이다. 다시 말하여, 문학이란 어떤 특정한 내용을 표현하거나 전달하는 데 쓰여지는 것인데 이 내용이 바로 세계상인 것이다. 이와 같이, 골드만은 문화 창조의 주체는 개인이 아니라 사회 계급이라고 주장하면서 작품 속에 나타난 집단 의식 또는 사회 집단의 정신 구조를 세계상으로 집약시키고 있다. 따라서 그에게 있어서 세계상은 삶과 형식이 상징적으로 연관되는 틀이라고 할 수 있다.

그러면 골드만의 소설 구조와 이에 상응하는 사회 구조는 어떠한 관계에 있을까. 그에 의하면 소설의 형식이란 시장을 위한 생산에서 태어난 개인주의 사회 곧, 부르주아 사회에 있어서의 일상생활을 문학적 차원으로 바꿔놓음과 다름 아니다. 소설 형식과 자본주의 사회에 있어서의 인간과 재물과의 관계 사이에는 명백한 상동성이 있다는 것이다. 인간과 재물과의 자연스럽고 바람직한 관계는 생산이란 것이 예정된 소비에 의해서, 물건의 구체적인 품질에 의해서, 그리고 그 사용 가치에 의해서 규제되는 관계이다. 그런

---

10) Lucien Goldmann, *Cultural Creation in Modern Society*, Oxford, 1977, p.76.

데 자본주의 사회에서는 이러한 바람직한 관계는 내재적인 것으로 되어 버린다. 오늘날 의식주를 얻기 위해서는 그것을 사는 데 필요한 돈을 손에 쥐어야 한다. 의식주의 생산자는 그가 생산하는 물건의 사용 가치보다는 자신의 수입과 관계되는 교환 가치에 더 관심을 둔다. 따라서 현대의 경제 생활에 있어서 물건의 질적인 면과 인간과의 진정한 관계는 소멸되고, 인간과 사물과의 관계는 물론이고 인간과 인간과의 관계까지도 간접화되고 타락한 관계로 바뀌어가고 있는 것이다. 인간보다 돈이 우선권을 지니며, 인간의 존재와 그의 노동력이 하나의 판매 대상의 지위로 타락되고, 인간이 시장에서 팔리는 상품으로 정의되는 그러한 사회에 의한 예술적 표현이 소설이라는 것이다. 다시 말하여, 소설에 있어서 주인공이 추구하는 진정한 가치가 내재적인 것은, 현대의 경제 생활에 있어서 사용 가치가 내재적인 것과 대응한다는 견해이다. 이와 같이 골드만의 발생구조론은, 경제가 문학 작품의 직접적인 원인이 된다는 통속 마르크스주의적 견해를 극복하고 있다는 데 그 의의를 둘 수 있다.

3. 마르크스주의 비평

(1) 마르크스의 문학예술론

마르크스주의는 문학과 관계되기 이전에 경제학·역사학·사회학 그리고 혁명의 이론이다. 그러므로 마르크스주의적 문학 접근 방법은 광범위한 영역을 차지하고 있으며, 어떤 특정한 예술 이론이나 문학 이론과 필연적인 관계를 형성하지는 않는다. 그런데도 문학에 대한 사회학적 논의의 대부분은 마르크스의 유물론적 사고 방법을 원용하고 있다. 또한 사회주의 비평 역시 마르크스의 사상, 특히 예술론에서 출발하고 있다.

마르크스의 사고는 헤겔(Hegel), 리카르도(Ricardo), 프루동(P. J. Proudhon)

등 사상가들과의 비평적 대화를 통해 발전해 왔는데, 마찬가지로 마르크스주의 문학 이론도 그 형성 과정에서 비마르크스주의 이론들과의 대화를 통해서 발전해 왔다. 말하자면 루카치는 헤겔을, 바흐친(Mikhail Bakhtin Schule) 학파는 러시아 형식주의를, 마슈레이(Pierre Macherey)와 크리스테바(Julia Kristeva)는 프랑스 구조주의와의 대화를 상대로 하여 발전해왔던 것이다.

마르크스주의 문학 이론은 그 다양성에도 불구하고 '문학은 사회적 현실'이라는 하나의 간명한 전제를 공통적으로 천명하고 있다. 마르크스주의자들은 문학을 사회와 역사로부터 격리시켜 순수한 구조로서나 또는 작가의 개인적 정신 과정의 소산으로서 다루는 것은, 문학의 본질을 설명하는데 지장을 준다고 주장한다. 이 전제가 벌써 마르크스주의 이론과 다른 이론들 사이의 차이를 말해준다. 이러한 마르크스주의 문학 이론에 다대한 영향을 끼친 저술로는 마르크스의 유명한 『정치경제학 비판 논고』(*A Contribution to the Critique of Political Economy*, 1959)가 있다. 그 서문에서 '토대―상부 구조' 개념에 대해 기술하고 있는 데 다음과 같다.

> 삶의 사회적 생산 과정에서 인간들은 자신의 의지와 필수불가분하고도 독립적인 관계, 즉 그들의 '물적 생산력'의 일정한 발전 단계에 상응하는 '생산 관계' 속에 들어가게 된다. 이러한 생산 관계의 총화는 사회의 경제적 구조와 진정한 토대를 구성하게 되며, 이 토대에 기초하여 법률적이며 정치적인 상부 구조가 생겨나고 또한 이 토대에 상응하여 일정한 형태의 사회 의식이 생겨난다. 물질적 삶의 생산 양식은 사회적·정치적·지적 삶의 과정을 전체적으로 조건짓는다. 인간의 의식이 그들의 존재를 결정짓는 것이 아니라, 반대로 인간의 사회적 존재가 그들의 의식을 결정짓는다.[11]

---

11) K.Marx and F.Engels, *On Literature and Art*, Moscow : Progress Publishers, 1978, p.41.

마르크스와 엥겔스는 사회 현상을 크게 물질 현상과 정신 현상의 두 가지로 구분한다. 물질 현상은 일차적인 것으로 정신 현상을 결정하는 사회의 토대이며, 정신 현상은 물질 현상에서 연유되어 나오는 이차적인 사회의 상부 구조에 속한다. 즉 토대란 생산력의 발전에 조응하는 특정 단계에서의 생산 관계의 총화이며, 모든 상부 구조를 결정한다. 반면에 상부 구조는 토대 위에 세워진 철학적·도덕적·종교적·정치적 바탕과 그러한 바탕 위에 형성되는 정치·문화·예술·법률 등의 제도를 가리킨다. 상부 구조는 토대의 요구에 조응하여 형성되기 때문에 그 성질도 반드시 토대에 의해서 해석되어야 한다.

또한 이미 위의 인용문에서 살펴 본 바와 같이, 인간의 사회적 관계는 그들이 물질적 삶을 생산하는 방식과 밀접한 관계를 갖는다. 가령 중세 시대의 생산력은 봉건제도라는 농노와 영주의 사회적 관계를 갖는다. 반면, 사회 발전과 더불어 새로운 양식의 생산 조직이 발달함에 따라 변화된 새로운 형태의 사회적 관계가 생겨나게 되는데, 이것이 바로 생산 수단을 소유한 자본가 계급과 이윤 추구를 하는 자본가에게 노동력을 제공하는 프롤레타리아 계급 사이의 사회적 관계이다. 이 생산력과 생산 관계가 합쳐져서 마르크스가 명명하는 바 '토대'가 생겨난다. 어느 사회나 시대에서든 이 토대의 바탕 위에서 특정 형태의 법률이나 정치, 더 나아가 국가가 생겨나게 되는데 이것이 바로 '상부 구조'이다. 이들의 본질적인 기능은 경제적 수단을 소유한 사회 계급의 권력을 합법화하는 것이다. 그러나 상부 구조는 이것만을 포함하는 개념에 그치는 것이 아니다. 여기에는 마르크스가 이른바 '이데올로기'라고 칭한 '일정한 형태의 사회 의식'이 포함된다. 정치적·종교적·윤리적·미적 의미를 내포하는 이데올로기의 기능 역시 사회에서 지배 계급의 권력을 합법화하는 것이며 따라서 한 사회의 지배적인 관념은 그 사회의 지배 계급의 관념이다.

마르크스주의 문학 예술론의 기본적 관점도 이 같은 인식에서 출발한다. 마르크스와 엥겔스에 의하면, 문학과 예술은 고도의 정신 현상의 일종이므로 토대의 반영이면서 사회의 상부 구조에 속한다. 즉 특정 시대의 문학은 그 사회 생활의 반영인데, 사회 생활의 방식과 성질은 토대에 의해 결정된다. 예를 들면, 원시 사회의 생산력은 매우 낮았기 때문에 인간은 단결하고 협동해야만 자연과 맞서 투쟁할 수 있었다. 따라서 원시 시대 문학과 예술은 대부분 당시의 원시적 노동 생활을 재현한 것이거나 아니면 자연을 정복해 나가면서 살아가는 삶의 현실을 반영하는 것이었다. 그 후 생산력이 발전해 감에 따라 계급이 발생하고 물질 노동과 정신 노동의 분업이 나타나게 된다. 그리고 더 나아가 군대나 감옥과 같은 국가 기구와 철학·종교·문화·예술과 같은 또 다른 이데올로기적 기구가 생겨나게 된다. 이에 따라 사회 생활의 내용은 더욱 복잡해졌으므로 이 시기의 토대에 대한 문학과 예술의 내용도 더욱 복잡하고 다양하게 표현되었으며, 불가피하게 문학과 예술의 내용과 형식은 물질 세계와 인간 사회의 발전과 더불어 일정한 법칙에 따라 발전해 오게 되었다.[12]

이와 같이 마르크스주의 문학 이론과 다른 이론들과의 차이점은, 세계를 바라보는 데 있어 구조 원리라는 틀을 정해 놓고 특수한 방법이나 개념을 사용한다는 점이다. 따라서 마르크스주의 비평의 특징은 근본적으로 유물사관이며, 문학을 사회주의 건설을 위한 계급 투쟁의 표현이며 수단으로 생각하는 데 있다. 마르크스에 따르면, 모든 정신적인 것은 경제의 생산과 분배라는 하부 구조 위에 구축되는 상부 구조이며, 그 시대의 지배자는 이 생산 수단을 쥐고 있는 사람들이다. 그러므로 문학은 생산 수단을 쥐고 있는 사람, 즉 무산자 계급의 투쟁의 현실을 예각적으로 반영하여 그러한 투쟁의 사상·행동·감정·생활을 얼마나 잘 그렸는가에 따라 가치를 판단한다. 그

---

12) 허상문, 「마르크스주의 문학 이론」, 『현대 문학 비평 이론』, 영남대학교 출판부, 226~228쪽 참조.

리고 그것이 무산자의 승리를 예견 또는 보장하는 것으로 형상되었느냐 되지 아니하였느냐에 따라 가치를 판단하는 것이다.

때문에 마르크스주의 비평은 주로 사회주의의 정치·경제·행동의 강령을 내세워, 작가와 작품이 그 강령을 문학적 행위로 얼마만큼 실천하였는가의 여부로 작품을 평가한다. 이와 같이 마르크스주의 비평이 사회주의 강령에 일치하는 생활 양식을 묘사하고 교리를 요구할 때, 문학이 사회주의 건설을 위한 선전 도구가 되는 것은 명백하다. 이러한 마르크스주의 경제 및 사회 이론이 급속히 파급되었기 때문에 마르크스의 문학 이론은 모든 나라에 영향을 끼치고 있다. 그러므로 마르크스주의가 많은 문학 연구에 있어 사회적 관점을 높이는 데 기여한 것은 무시할 수 없는 것이다.

문학에 관한 마르크스주의적 사고에 보다 더 결정적인 관계를 갖는 것은 이데올로기의 개념이다. 이것은 일반적으로 경험의 기초를 이루는 물질적 현실과 대립되는 경험과 사상의 집합적 표현이라는 의미를 지닌다. 이 이데올로기로서의 문학을 구체적으로 규정짓는 미적 범주가 바로 리얼리즘이다. 리얼리즘에 대한 논의는 마르크스 문학론의 핵심이라 할 수 있다. 마르크스의 동료 엥겔스는 인간의 미적 심성의 토대를 노동에 두었으며, 궁극적으로 예술이 현실적 대상을 재생산하는 본질을 가지고 있다고 보았다. 따라서 예술적 창조는 현실을 반영함과 동시에 그것을 의식하는 방법의 하나가 되며, 보다 구체적으로는 현실의 정확한 묘사에 관한 문제인 리얼리즘에 집중되고 있는 것이다.

특히 마르크스주의 비평이 사회주의의 교조적인 비평에서 벗어나 루카치를 비롯하여 네오 마르크스주의 아래 독자적인 비평 세계를 보여준 것은 마르크스의 방법을 분별력 있게 사용한 바람직한 예이다. 마르크스주의 비평과 같이 문학과 사회와의 관계를 도식적이고 기계적으로 해석하지 않기 위해, 문학사회학은 어디까지나 문학과 사회의 관계를 획일적인 인과법칙이 아니라 유기적인 상관 관계 속에서 고찰해야 한다. 즉, 사회·문화적 비평은 문학과 사회의 관계를 밝히면서도 문학의 특수성을 찾아내는 방법인 것이다.

(2) 사회주의 리얼리즘

마르크스와 엥겔스의 문학 예술관은 이후의 마르크스주의자들에 의하여 계승된다. 이 가운데 가장 중심이 된 것은 러시아의 마르크스주의 문학 예술 노선이다. 러시아 마르크스주의 문학론은 레닌(Vladimir Il'ich Lenin, 1870~1924)과 스탈린(I. V. Stalin, 1879~1953)으로 이어지는 정치적 변화와 밀접하게 연관되어 있다. 20세기 초 러시아는 공산주의 혁명의 열기 속에 놓여 있었으며, 1905년 레닌은 이 혁명의 열기 속에서 '당문학(黨文學)'이라는 개념을 정립시킨다. 당문학의 개념은, 문학 활동은 프롤레타리아의 공동 대의와 무관한 어떤 개인적 과업일 수 없다는 것이다. 다시 말하여 문학의 자율성과 자유를 부정하고, 문학 예술을 당에 종속시키는 개념이다. 이는 일찍이 마르크스가 언급한 바 있는 당파성의 원리를, 레닌이 당시의 시대적 상황 속에서 적절히 구현했던 것이다. 1917년 러시아에서 일어났던 볼셰비키 혁명의 성공은 레닌의 당조직과 당문학 노선의 실현을 의미하는 것이었다. 따라서 레닌의 당문학은 고전적 마르크스주의 문학 비평에서 사회주의 리얼리즘 비평으로 전개되어가는 과정의 전환기에 해당하는 문학 이론이라고 할 수 있다.

레닌이 세상을 뜬 후, 스탈린은 혁명적 과도기의 과제를 정리하고 소비에트 사회주의 건설이라는 새로운 정책을 수립한다. 그것은 종래의 프롤레타리아 문학에 대하여 소비에트 문학의 개념과 구체적인 창작 방법론을 정립하자는 것이다. 여기에서 사회주의 리얼리즘(Socialist Realism) 강령이 채택된다. 원래 마르크스주의 비평은 작품에서 계급 의식을 설명하고, 작품에 나타난 현실의 묘사가 사회주의 혁명의 계급 투쟁에 얼마나 공헌했는가를 밝히고, 공헌한 역할에 의하여 작품의 우열을 규정한다. 또한 마르크스주의 비평은 당의 노선과 강령을 해설하고 작가와 작품이 강령과 노선에 충실한가 충실하지 아니한가를 식별하는 것이다. 그러나 유물변증법적 창작 방법은 예술 창작을 도식화하며, 동반 작가에 대하여 적대적 대응을 하는 등 분파적 경향을 드러냈다. 이러한 경향은 문학 전선의 통일과 문학 창조의 발전을 저해한다는 비판을 받게 된 것이다. 이러한 비판과 한계를 인식한 라프(RAPF : 러시아 프롤레타리아 작가 협회)는 1932년경부터 유물변증법적 창작 방법 대신에 사회주의 리얼리즘이라는 새로운 창작법을 표방한다.

이후 사회주의 리얼리즘은 소련 공산당 기관지 『프라우다』(1934. 5. 6)에 소련작가협회의 강령문 초안을 발표하면서 구체화되기 시작한다. 이어 1934년 8월에 개최된 소련작가대회에서 사회주의 리얼리즘이라는 용어가 소련 작가동맹의 규약 속에 채택된다. 당시 채택된 사회주의 리얼리즘의 개념은, 사회주의 리얼리즘은 소비에트 예술 문학 및 문학 비평의 기본적 방법이며, 현실을 그 혁명적 발전에 따라 진실하게 역사적 구체성을 가지고 묘사해야 한다는 것이다. 나아가 그러한 경우, 예술적 묘사의 진실성과 역사적 구체성이란 근로자를 사회주의 정신에 입각하여 사상적으로 개조하고 교육하는 과제와 연결시켜야 한다는 것이다.

이 개념은 다시 1954년 개최된 제2차 소련작가대회에서 수정 보완하여 규정된다. 그 내용은 거의 동일하지만 살펴보면, 사회주의 리얼리즘은 현실을 그 혁명적 발전에 따라 바르게 역사적 구체성을 가지고 묘사할 것을 예술가(작가)에게 요구하고 있다. 즉 점진적으로 사회주의에서 공산주의로 이행하는 현재의 조건하에서, 예술가(작가)는 사회주의 리얼리즘의 방법으로 소비에트 국민의 창조력을 한층 더 고양하여 공산주의에로의 도상에 가로놓인 모든 곤란한 장애를 극복할 수 있도록 모든 수단을 다하여 도우라는 것이다.

 소련작가동맹에서 채택된 사회주의 리얼리즘은 동구권은 물론 한국, 일본 등에서도 채택을 둘러싼 논쟁을 벌였다. 그리고 사회주의 국가들에게 있어서는, 모든 문학 창작론 뿐만 아니라 비평론으로 굳어져 갔다. 한국에 있어서의 사회주의 리얼리즘의 논의는 안막의 「창작 방법 문제의 재토의를 위하여」(≪동아일보≫, 1933. 11. 29∼12. 6)에서 본격적으로 발단된다. 이 글에서 안막은 기존의 유물변증법적 창작 방법에 대하여 최초로 사회주의 리얼리즘을 제시했던 것이다. 그러나 김남천[13]과 안함광[14]은 이에 대해 부정적인 견해를 제시한다. 이어 유물변증법적 창작 방법의 오류에 대해 권환이 비판의 글을 발표한다.[15] 권환은 이 글에서 처음으로 전형의 문제를 거론하기도 했다. 계속해서 한효가 사회주의 리얼리즘의 수용을 적극적으로 긍정하는 글을 발표한다.[16] 한효는, 사회주의 리얼리즘은 인류가 도달한 예술적 시유의 예술적 창조의 최고 형태이므로 문학상 정당한 창작 방법이라는 견해를 제시한다. 이어 사회주의 리얼리즘 논쟁은 1936년 『조선문학』에까지 연장되어 찬반 양론으로 제기되었으나, 카프의 해산으로 별다른 성과를 거두지 못하고 종결된다.

 그런데 분단 이후 북한에서는 사회주의 리얼리즘이 김일성의 교조주의와 결합하여 오늘날까지도 계속되고 있다. 평양에서 발행된 『문학예술사전』에서는, 사회주의 리얼리즘을 다음과 같이 규정하고 있음을 본다. "사회주의적 사실주의 창작 방법이란 전형적인 환경에서 전형적인 성격을 혁신적인 구체성과 혁명적 발전 과정 속에 진실하게 묘사하되, 공산주의적인 '긍정적 주인공'을 주도적인 입장에 세워 형상화하는 창작 방법이다." 이러한 북한

---

13) 김남천, 「창작 방법에 있어서의 전환의 문제」, 『형상』, 1934. 3.
14) 안함광, 「시사문학의 옹호와 타협, 나이브 리아리즘」, 『형상』, 1934. 3.
15) 권환, 「현실과 세계관 및 창작 방법과의 관계」, ≪조선일보≫, 1934. 6. 24∼29.
16) 한효, 「신창작 방법의 재인식을 위하여」, ≪조선중앙일보≫, 1935. 7. 27.

의 정의는 제1차 및 제2차 소련작가대회에서 채택된 사회주의 리얼리즘의 개념을 토대로 하여 더욱 철저하게 교조주의적으로 수정한 것임을 알 수 있다. 즉, 북한의 교조주의적 이데올로기에 입각하여 소련의 사회주의 리얼리즘의 개념 규정을 모방한 것이라고 할 수 있다.

그러나 북한은 1970년대에 와서 김정일의 세습 체제의 확립이라는 과제가 대두되면서 문예 정책에 '종자론'과 '주체문예이론'이 보완되고 있음을 본다. 종자란 작품의 핵을 이루는 요소로서, 작가는 종자를 똑바로 잡아야 하고, 그래야만 사상적·미학적 의도를 정확히 전달할 수 있는 작품을 쓸 수 있다고 본 것이다. 동시에 그 작품의 가치도 규정하는 기본 문제가 된다. 종자는 작품의 핵으로서 주제와 소재에 모두 관련되며 그 기본은 사상에 두고 있으나 주제와 소재는 그 핵에 의해 제약되고, 종자의 선택은 김일성의 '교시'와 노동당 정책에 맞아야 한다는 것이다. 이처럼 북한의 사회주의 리얼리즘은 북한식 사회주의라는 명목하에 김일성 우상화 정책에 복무하는 시녀적 논리로 변질되어 있음을 알 수 있다.17)

4. 사회·문화 비평의 실제

(1) 루카치 이론의 실제

루카치의 경우, 예술은 시민 계급의 건전한 노동 의식의 반영이며, 시민적 삶을 윤리적으로 형상화하기 위한 수단이자 목적 그 자체이다. 이와 유사한 맥락으로 백낙청의 「시민문학론」을 한국적인 사례로 들 수 있다. 백낙청은 「시민문학론」 두 번째 장의 서두에서 다음과 같이 언급하고 있다.

---

17) 문덕수 외, 『현대의 문학 이론과 비평』, 시문학사, 1991, pp.99~101 참조.

우주 내에서 플라톤적 설득의 원칙으로서의 '이성', 그 움직임의 추진력으로서의 사랑(플라톤 철학의 에로스) 그리고 그러한 이성과 사랑의 역사적 구체화로서의 '시민의식'은 현재까지 지속된 가장 오래된 문명사회의 하나인 한반도에 아득한 옛날부터 오히려 두드러지게 있었다고 말해야 옳다.

백낙청은 두 번째 장의 서두에서 위와 같이 밝히면서, 루카치의 정통적·시민적 예술 형식이 추구하고 있는 확고한 내면의 힘인 플라톤의 '에로스론'적 입장과 그 견해를 한 가지로 파악하고 있다. 그리고 한민족(韓民族)의 의식과 서구의 시민 의식을 대응시켜 고찰하면서 루카치적인 총체성을 지닌 예술 형식을 만해 한용운에게서 찾아보고 있다. 만해 가족의 '사회적 신분', 만해가 청년기를 지내던 '시대 배경', 만해의 사상적 배경이 되는『조선불교유신론(朝鮮佛教維新論)』그리고 시(詩) 작품에 이르기까지 총체적인 비평의 특별한 예를 보여주고 있는 것이다. 여기서 만해의 시와 시대 의식과의 관련성을 어떻게 다루는지 살펴보자.

· 만해의 시와 시대 의식과의 관련성[18]

만해의 불교 사상을 제대로 이해하면 그의 '님'이 과연 누구냐는 의문은 저절로 풀린다. '님'이 한 여인이 사랑하는 남성이자 시인의 잃어버린 조국과 자유요, 또 불교적 진리이자 중생이기도 하다는 것―그 모든 것이면서 그것이 그때그때 달리 보이기도 하고 중첩되어 보이기도 한다는 것은, 위에 말한 만해의 사상에 의한다면 단순한 시적(詩的) 기교나 뉴크리티시즘적 '애매성'의 추구가 아니라, 가장 이성적인 사고 방식이며 존재의 참 모습에 대한 가장 온당한 일컬음인 것이다.

---

[18] 백낙청,「시민문학론」,『민족문학과 세계문학』, 창작과비평사, 1978, pp.50~54.

'님'만이 님이 아니라, 기다리는 것은 다 님이다. 중생이 석가의 님이라면 철학은 칸트의 님이다. 장미화의 님이 봄비라면 마시니의 님은 이태리(伊太利)다. 님은 내가 사랑할 뿐 아니라 나를 사랑하나니라.
연애가 자유라면 님도 자유일 것이다. 그러나 너희는 이름 좋은 자유에 알뜰한 구속을 받지 않더냐. 너에게도 님이 있더냐. 있다면 님이 아니라 너의 그림자니라.
나는 해 저문 벌판에서 돌아가는, 길을 잃고 헤매는 어린 양(羊)이 기리어서 이 시(詩)를 쓴다.

선(禪)의 화두(話頭)와도 같은 이 '군말'은 '기다리는 것은 다 님'이지만 동시에 '님'이라 해서 다 '님'이 아님을 말해주기도 한다. 남녀 간 사랑의 상대가 '님'이지만, 그것이 정치적 독립과 자유에 대한 사랑, 종교적 진리에 대한 사랑으로 이어지지 않는다면 '이름 좋은 자유'의 '알뜰한 구속'일 따름이요, 조국만을 '님'으로 기리고 연애의 님과 부처의 존재를 기리지 못하는 것은 정말 사랑이기보다 국수주의적 편견이고 아집이며, 초월적 진리만을 숭상하고 우리의 개인 생활·사회 생활·역사 생활에 내재하는 불성(佛聖)을 섬기며 키우려고는 않는 것은 독단으로서의 종교 내지 '민중의 아편'으로서의 종교로 떨어지고 마는 것이다.
시인 한용운의 진정한 현대성은 그가 이러한 님을 노래할 때 그 님의 '침묵'을 노래했다는 데 있다. 만해의 님은 가버린 님, 가버릴 수밖에 없었던 님, 언젠가는 또 돌아오게 마련이지만 지금은 어디까지나 '침묵하는' 님이다.

님은 갔습니다, 사랑하는 나의 님은 갔습니다.
푸른 산빛을 깨치고 단풍나무 숲을 향하여 난 작은 길을 걸어서 참아 떨치고 갔습니다.
황금의 꽃같이 굳고 빛나던 옛 맹세는 차디찬 티끌이 되어서 한숨의 미풍으로 날려 갔습니다.

날카로운 첫 키스의 추억은 나의 운명의 지침을 돌려놓고 뒷걸음쳐서 사라졌습니다.

나는 향기로운 님의 말소리에 귀먹고, 꽃다운 님의 얼굴에 눈멀었습니다.

사랑도 사람의 일이라 만날 때에 미리 떠날 것을 염려하고 경계하지 아니한 것은 아니지만, 이별은 뜻밖의 일이 되고 놀란 가슴은 새로운 슬픔에 터집니다.

그러나 이별을 쓸데없는 눈물의 원천으로 만들고 마는 것은 스스로 사랑을 깨치는 것인 줄 아는 까닭에 걷잡을 수 없는 슬픔의 힘을 옮겨서 새 희망의 정수박이에 들어부었습니다.

우리는 만날 때에 떠날 것을 염려하는 것과 같이 떠날 때에 다시 만날 것을 믿습니다.

아아, 님은 갔지마는 나는 님을 보내지 아니하였습니다.

— 「님의 침묵」 전문

이 시를 무엇보다도 떠나간 애인을 그리워하는 한 여인의 애절한 슬픔과 사랑의 노래로 읽지 못한다면 그 감동의 알맹이를 빠뜨리고 만다. 하지만 이 시가 시민적·종교적 성격의 작품임을 못 느낀다 해도 그 감동의 알맹이는 제대로 전달되지 못한 것이다. 그리고 이 작품이 연애시인 동시에 종교시요, 반일 저항(反日抵抗)의 시가 되는 것은 여인이 기다리는 님의 알레고리적 성격에서 오는 것보다 여인의 사랑 자체가 '사람의 일'이 정말 어떤 것인가를 터득하고 절망과 자학과 '쓸데없는 눈물'을 결연히 배제한 시민다운, 종교인다운 성격을 띠고 있기 때문이다. 이러한 사랑의 노래들은 만해의 시집 안에서 진정 '제 곡조를 못 이기어' 넘쳐흐르고 있다. 「알 수 없어요」, 「나룻배와 행인」, 「당신을 보았습니다」, 「비밀」, 「찬송」, 「오세요」 등 자주 인용되는 작품들 외에 비교적 덜 알려진 다음과 같은 시를 보아도 그렇다.

당신이 가실 때에 나는 다른 시골에 병들어 누워서 이별의 키스도 못하였습니다.
　　　그때는 가을 바람이 첨으로 나서 단풍이 한 가지에 두 서너 잎이 붉었습니다.
　　　나는 영원의 시간에서 당신 가신 때를 끊어 내겠습니다.
　　　그러면 시간은 두 토막이 납니다.
　　　시간의 한 끝은 당신이 가지고 한 끝은 내가 가졌다가 당신의 손과 나의 손과 마주잡을 때에 가만히 이어 놓겠습니다.
　　　그러면 붓대를 잡고 남의 불행한 일만을 쓰려고 기다리는 사람들도 당신의 가신 때는 쓰지 못할 것입니다.
　　　나는 영원의 시간에서 당신 가신 때를 끊어 내겠습니다.

　　　　　　　　　　　　— 「당신이 가실 때」 전문

　거의 아무렇게나 골라 본 이 작품은 사랑의 서정시인이면서 형이상학적 기상(奇想)을 일상 대화처럼 거침없이 구사하는 불교 시인 만해의 능력을 유감없이 보여준다. 더구나 작품의 끝에 가서 "나는 영원의 시간에서 당신 가신 때를 끊어 내겠습니다"라고 반복하면서 군말 없이 끊어 버리는 솜씨는 시인으로서, 시민으로서, 그리고 사랑을 알고 기다림을 아는 사람으로서의 만해의 자신만만한 음성을 그대로 들려주는 것이다. 님을 '침묵하는 존재'로 파악한 데에 그의 현대성이 있다면, 현대의 침묵이 어디까지나 님의 침묵임을 알고 자신의 사랑과 희망에는 고갈을 안 느낀 것이 종교적·민족적 전통에 뿌리박은 시인으로서 그의 행복이었다.

　여하튼 한용운은 그의 시대를 「님의 침묵」의 시대로 밝혀 놓았다. 그것은 3·1 운동의 드높은 시민 의식과 그 시민 의식의 기막힌 빈곤을 동시에 체험했고 체험할 줄 알았던 시인만이 할 수 있는 일이었다. 그에 비한다면 염상섭의 『삼대』(1932) 조차도 불철저한 시대 의식을 보여준다. 이 작가가 3대에 걸친 주인공 일가의 변모와 김병화, 조덕기로 대표되는 당시 젊은 세대의 고민을 그처럼 자상하고 냉정하게 그린 것은 단순히 소시민적 작품의 차분함에는 어딘가 시민 이전의 장인적(匠人的)인 초연함이 엿보인다. 투르게네

프가 『부자(父子)』에서 바자로프와 아르까지의 사이에서 그 어느 쪽으로도 기울지 못하고 고민하고 있는 데 비해, 염상섭은 분명히 조덕기의 입장에 치우쳐 있고 거기에 상당히 만족해 있는 것 같다. 약간의 고뇌와 회의를 품고 있지만 그 삶에 '남'이 있는지 없는지를 철저히 따지고 들 생각은 없는 것이다.

(2) 골드만 이론의 실제

골드만은 진실한 문학적 창조성의 중심 영역으로서의 사회 계급이 상대적으로 중요하지 않게 되며, 대신 전체로서의 사회, 특히 그 사회의 경제적 구조가 결정적 요소가 된다고 본다. 그런데 만일 그가 세운 방법론의 일관성을 유지하려고 한다면, 거기에서는 또 다른 문제가 발생한다. 즉 진보된 자본주의 사회에서 표현을 발견할 수 있는 진실한 세계관, 그것만은 그 세계관과 대립적인 성격을 지닌 마르크스주의 세계관이어야만 한다는 문제가 발생하는 것이다. 그리고 다른 모든 요소는 단지 이데올로기(ideology), 즉 수직적 조망이어야 함이 확실해진다는 문제가 발생하기도 한다.[19]

이런 견해가 한국 최초의 소설을 쓴 김시습의 한문 소설에는 어떻게 나타나는지 부분적으로 발췌 인용하려 한다. 김시습의 세계관이 자아와 세계의 관계를 어떻게 드러내는가의 문제다.

· 김시습 한문 소설에 나타난 자아와 세계관의 관계[20]

『금오신화(金鰲新話)』 중에서 「만복사저포기(萬福寺樗蒲記)」, 「이생규장전(李生窺墻傳)」, 「취유부벽정기(醉遊浮碧亭記)」는 산 남자가 죽은 여자와 정을 나누었

---

19) D. T. Laurenson & A. Swingewood, *The Sociology of Literature*, Schocken Books Inc., 1972, pp.63~74.
20) 조동일, 『한국 소설의 이론』, 지식산업사, 1981, pp.224~230.

다는 공통점이 있다. 이러한 내용의 설화를 '명혼 설화(冥婚說話)' 또는 '시애 설화(屍愛說話)'21)라 하는 전례에 따라 이러한 소설을 '명혼 소설'이라 부르기로 하겠다. 명혼 설화와 명혼 소설은 대체로 다음과 같은 점에서 일치한다.

(가) 어떤 남자가 죽은 여자와 정을 나누었는데, 죽은 여자는 산 사람처럼 행동했다.
(나) 짧은 기간이 지나고 이별을 했다.
(다) 여자가 준 신물로 인해 남자는 여자의 부모에게 사위로 인정되었다.
(라) 남자는 그 후 세상을 등지고 여생을 마쳤다.

「만복사저포기」에는 (가)·(나)·(다)·(라)가 다 있다. 「이생규장전」에는 (가)·(나)·(라)가 있고, (가)가 시작되기 전에 남녀가 서로 사랑해 혼인했는데, 전란에서 여자가 죽었다는 내용이 있으며, 이러한 전반부 때문에 (다)는 필요하지 않게 되었다. 「취유부벽정기」에는 (가)·(나)·(라)가 있는데, (가)에 성애(性愛)가 결여되어 있다.

명혼 소설은 명혼 설화에서 시작되었다.22) 소설은 새로이 이루어진 장르이나, 기존 장르에서 필요한 것을 선택하여 이를 소설화하여 소설의 유형이 성립되었으며, 무에서 유가 나온 것은 아니다. 명혼 설화로서 대표적인 것은 중국의 「신도도전설(辛道度傳說)」23) 한국의 「최치원전설(崔致遠傳說)」 「이인보전설(李寅甫傳說)」 등이다. 이 밖에 『어우야담(於于野談)』에도 몇 편 있으나, 『금오신화』 성립 후의 것이므로 중요시 하지 않아도 될 것이다. '신도도'의 경우에는 (가)·(나)·(다)가 다 구비되어 있고, (라)가 갖

---

21) '명혼설화(冥婚說話)'라는 용어는 이재수, 『한국소설연구』에서 사용된 것이고, '시애설화(屍愛說話)'라는 용어는 장덕순, '시애설화와 소설', 『한국 설화문학 연구』, (서울: 서울대학교 출판부, 1970)에서 사용된 것이다.
22) 장덕순, 앞의 논문.
23) 진대(晉代) 간보(干寶)의 작이라고 하는 『수신기(搜神記)』에 수록되어 있다.

추어져 있고, 특히 사랑의 전개에서 시가 큰 역할을 한다는 점에서 김시습의 소설과 상통한다. '이인보'의 경우에는 (가)·(나)·(다)라는 행운을 알고 귀향했다는 것이다. '최치원'의 경우에는 (가)·(나)·(다)가 갖추어져 있고, 특히 사랑의 전개에서 시가 큰 역할을 한다는 점에서 김시습의 소설과 상통한다. '이인보'의 경우에는 (가)·(나)가 있는데, (나)에서 애석한 이별과는 반대로 귀녀(鬼女)와 계속 관계를 맺으면 좋지 않다고 판단해 귀녀를 물리친 것은 두드러진 차이며, 특히 사건이 일어난 장소가 절이라는 점이 「만복사저포기」와 일치한다. 그런데 이러한 이야기는 어느 것이나 역사적 인물 전설의 특징을 뚜렷이 지니고 있다.24) '신도도'의 경우에는 이야기가 무덤이라는 증거물이나 역사적 인물과의 관련에서 전개되며, 신도도는 뜻하지 않게 세계의 경이와 부딪힌다. '이인보'의 이야기가 전설임은 이미 밝힌 바다. '최치원'에서는 문학적인 수식이 보이며 시가 다수 삽입되어 있으나, 이러한 변화가 장르적 성격을 바꾸어 놓는 것은 아니다. 문자로 기새되고 문학직으로 수식된 전설도 전설이다. 그러나 「만복사저포기」, 「이생규장전」, 「취유부벽정기」는 전설이 아니고 소설이다.

명혼 전설은 작품 외적 세계를 증거물로 이용하고 자아에 대한 세계의 우위에 입각하여 전개되지만, 명혼 소설은 작품 외적 세계의 개입에 의거하지 않고 세계의 일방적 우위를 거부하면서 전개된다. '최치원 전설'에서는 최치원이 역사적 인물이고, 역사적 인물인 최치원이 지니는 증거력에 의해 이야기가 이해되도록 최치원에 관한 사실이 서두와 결말에 있다. 그리고 쌍녀분(雙女墳)에 가서 호기심으로 시를 써 놓았기 때문에 뜻하지 않던 사건이 벌어진 것이다. 이인보 역시 역사적인 인물이고, 그가 부석사(浮石寺)에 머물렀다는 것도 실제로 있었던 일이다. 여귀(女鬼)에 대한 증거로 고정(古井)이 나오고, 나중에 다시 만나지 않겠다고 거절하니 여귀는 "바로 문밖으로 나

---

24) 여자는 진 민왕(秦閔王)의 딸이며 진비(秦妃)가 신도도(辛道度)를 부마(駙馬)로 인정했다.

가며 바람을 일으켜 딸을 휩쌌다. 청사(廳舍)의 문 한 짝을 떨어뜨리고 나무를 잘라서 버리고 갔는데, 마치 도끼로 자른 것 같았다"25)고 한 것도 누구에게나 인정될 수 있는 생생한 증거물이다. 이인보는 여귀의 접근에 대해서 무력하고 계속 피동적인 입장에 처했듯이, 이러한 증거물에서 명백히 드러나는 세계의 경이 앞에서 놀랄 뿐이다.

그러나 「만복사저포기」에서 양생(梁生)을 고독하게 만든 형편이나, 「이생규장전」에서도 적에게 잡혀 죽은 최낭(崔娘)의 처지, 「취유부벽정기」에서 나라를 부당하게 빼앗긴 사정 등은 작품 외적 세계의 개입에 의해서 비로소 설정되거나, 작품 외적 세계가 제공하는 증거물로 설득력을 가질 수 있는 것이 아니다. 작품 내에서 설정되어 자아와의 대결에 의해서 문제화되는 세계의 모순이며, 세계와의 대결에 의해 문제화되는 자아의 모순이다.

그리고 「이생규장전」에는 홍건적(紅巾賊)의 난이 나오고, 「취유부벽정기」에는 기자(箕子)가 세운 나라의 흥망이 나온다. 그러나 「이생규장전」이나 「취유부벽정기」의 진실성은 자아와 세계와 세계의 절실한 대결이 갖는 의미에서 보장되고, 홍건적의 난이나 기자가 세운 나라 대신에 몽고난이나 단군이 세운 나라라 해도 차이는 없다. 명혼 소설에서 전개되는 자아와 세계의 대결은 자아가 세계의 경이와 우연히 부딪쳐서 생기는 것이 아니고, 세계를 자기대로 개조해 세계와의 화합을 이루려는 자아의 간절한 소망으로 인해서 생기고, 세계가 이 터무니없는 소망을 용납하지 않음으로 해서 심각한 양상을 띤다.

여자와의 관계가 양생이나 이생으로서는 우연이 아니고, 자기의 고독에서 벗어나기 위해서 필연적으로 요청되는 것이다. 여자와의 관계는 명혼 전설의 경우처럼 누구에게나 동일하게 인식될 수 있는 결과를 남겨 그 기이함이 더욱 강조되는 것이 아니고, 오히려 타인에게는 공개될 수 없는 것으로

---

25) 「俄回出 回風卷地 擊毁廳事間一扉 樹杪而去 如以斤斧斫之」

되어 자아가 자기대로 고독하게 지닌 소망이야말로 남이 알아줄 수 없는 진실성임을 강조한다.

「만복사저포기」에서 양생이 여자와 같이 갈 때 다음과 같은 일이 벌어진다.

> 生執女手 經過閭閻 犬吠於籬 人行於路 而行不知與同歸 但曰 生早歸何處 生答曰 適醉臥萬福時 投故友之村墟也(그가 여자의 손을 잡고 마을을 지나가니, 개는 울타리에서 짖고 사람은 길에 다녔다. 그러나 길 가는 사람은 그가 여자와 함께 가는 줄 모르고, "일찍 어디 갔다 오시오?" 하고 묻기만 하는 것이었다. 그는 "마침 만복사에서 술에 취해 누웠다가 친구가 사는 마을을 찾아가는 길입니다" 라고 대답했다.26)

「취유부벽정기」에서 홍생(洪生)이 여자와 헤어져서 돌아올 때에도 다음과 같은 일이 벌어진다.

> 抵于故岸 同伴競問曰 昨宵 托宿甚處 生答曰 昨夜 把竿乘月 至長慶門 外朝天石畔欲釣錦鱗 會夜凉水寒 不得一鮒 何恨如之 同伴亦不之爲疑也(전에 배를 대었던 물가로 갔더니 친구들이 다투어 물었다. "어젯밤에는 어디서 잤는가?" 그는 "낚싯대를 잡고 장경문 밖 조천석 가에까지 가서 금린을 낚으려 했으나, 밤이 서늘하고 물이 차서 붕어 한 마리 낚지 못했으니, 유감스럽군" 하며 속였는데, 친구들은 그의 말을 의심하지 않았다.)27)

이처럼 여자와의 만남은 자기만의 일이다. 여자와 만나 세계와 화합을 이룬다 해도 이 화합은 제한된 의미의 것이며, 자아와 세계의 분열은 자아가 지닌 의지를 세계가 전폭적으로 받아들일 수 없으므로 계속적인 문제로 남

---

26) 한국어문학회, 『고전소설선』, p.288.
27) 위의 책, p.301.

는다. 김시습은 세계와의 분열을 극복하기 위해서 자기대로 화합을 시도했으나, 세계와의 분열도 자기만의 고독한 경험이고 세계와 화합하기 위해서 세계를 개조하고자 하는 의지 역시 누구에게도 호소할 수 없는 외로운 정열이었다. 김시습의 명혼 소설은 그가 경험한 자아와 세계의 대결 양상에 따라서 명혼 전설을 개조해 이루어진 것이며, 명혼 전설과는 다른 의미를 지닌다.28)

명혼 소설의 구조가 가지는 핵심적인 의미는 죽은 여자와 사랑한다는 것이다. 이런 구조는 명혼 전설에서 물려받은 것이나, 명혼 전설에서와는 다른 의미를 가진다는 데 문제의 초점이 있다. 명혼 전설에서의 죽은 여자는 문자 그대로 죽은 여자다. 문자 그대로 죽은 여자가 산 사람처럼 행동해 도저히 합리적으로 인식할 수 없는 세계의 경이를 보여주어 자아의 좌절을 강요하는 것이 명혼 전설의 의미다. 그러나 명혼 소설에서는 죽은 여자와의 사랑이 자아(自我)와 세계의 경이(驚異)를 나타내지 않고 자아와 세계의 상호 우위(相好優位)에 의한 대결을 나타낸다. 죽은 여자와의 사랑은 자아의 간절한 내적 요구에 의해서 이루어진 것이므로, 소설에서의 자아는 죽은 여자가 나타난다 해도 당황하지 않고 의심보다 반가움이 앞서 죽은 여자이든 산 여자이든 가리지 않고 진실하고 뜨거운 사랑을 한다. 나타난 여자는 자아가 고독에서 벗어나 세계와 자기대로 화합할 수 있는 가능성을 말하고, 나타난 여자와의 사랑은 그 가능성이 실현된 것을 말한다. 「만복사저포기」의 양생은 다음과 같은 시를 읊어야 하는 심정에 있었기 때문에 고독에서 벗어날 수 있는 가능성 및 그 실현이 자기 생애의 모든 것을 걸 수 있을 만큼 절실한 것이었다.

---

28) 『전등신화(剪燈新話)』의 몽유소설(夢遊小說)인 '등목취유취경원기(藤穆醉遊聚景園記)'에서는 죽은 여자와의 만남에 남자의 필연적인 요구가 결여되어 있고, 그 여자는 누구에게나 보이는 존재로 되어 있다. 이 점에서 '등목취유취경원기'는 전설적 성격이 농후한 작품이다.

一樹梨花伴寂寥	한 그루 배꽃나무 고요하고 쓸쓸함을 벗하고
可憐辜負月明宵	가련하게도 달밝은 밤을 헛되이 보내는구나.
靑年獨臥孤窓畔	청년은 외로운 창가에 홀로 누웠는데,
何處玉人吹鳳簫	어디서 옥인이 봉소를 부는고?29)

「이생규장전」에는 이생이 죽은 아내와 다시 만나는 장면이 다음과 같이 나온다.

將及二更 月色微吐 光照屋梁 漸聞廊下 有跫然之音 自遠而近 至則崔氏也 生雖知己死 愛之甚篤 不復疑訝 遽問曰 避於何處 全其軀命 女執手 慟哭一聲(이경이 되자 달빛은 희미하게 토해져 집 들보를 비추는데, 낭하에서 발자국 소리가 멀리서 들리더니 가까워졌다. 오는 것을 보니 최씨였다. 이미 죽었음을 알고 있었으나, 너무나 사랑하는 마음에 다시 의아하게 여기지 않고 급히 물었다. "어디 피했다가 목숨을 온전히 했소?" 여자는 손을 잡고 한바탕 통곡을 했다).30)

죽은 여자와의 사랑은 역설적인 사랑이고, 세계와의 역설적인 화합을 의미한다. 고독에서 벗어나 세계와 자기대로 화합하자는 간절한 소망 때문에 여자와 사랑하나, 세계의 장벽이 완강하고 이 소망은 성취될 수 없으므로 죽은 여자와 사랑하는 것이다. 죽은 여자를 문자 그대로의 죽은 여자로만 해석한다면, 이러한 역설의 의미는 드러나지 않고, 명혼 전설과 명혼 소설의 근본적인 차이도 불분명하게 될 것이다. 김시습이 부딪힌 자아와 세계의 대결은 뜻하지 않은 여귀의 출현을 필요로 한 것이 아니고, 죽은 여자와의 뜨거운 사랑이라는 역설이 필요했던 것이다. 이 역설은 자아와 세계의 상호 우위를 두 가지 각도에서 선명하게 표현한다. 즉 열렬한 사랑은, 자아는 세계와의 대결을 자기대로 해결하고자 하는 강렬한 의지를 가지고 있다는 것

---

29) 한국어문학회, 앞의 책, p.286.
30) 위의 책, p.296.

을 표현하면서 사랑의 대상이 죽은 자라는 사실은, 세계는 이 의지를 용납하지 않을 만큼 완강하다는 것을 표현한다.

김시습이 전설의 여러 유형 중에서 명혼 전설을 택해 소설로 개조한 것은 명혼 전설은 그가 부딪힌 자아와 세계의 대결을 나타내기 위한 역설적인 구조로 이용될 수 있는 가능성을 지녔기 때문일 것이다.

(3) 사회·문화 비평의 일반적 실제

· 판소리 광대(廣大)의 사회적 위치31)

판소리는 기본적으로 광대의 노래다. 따라서 광대의 생활과 사회적 위치를 규명함은 판소리의 정신적 태반(胎盤)을 캐는 일이 된다. 다만 이들이 천민이요 민속 예능자들이었기 때문에 유감스럽게도 문헌 자료가 빈약하여 자세한 논구를 얻기 어렵다. 그러므로 기왕의 연구와 문헌을 해석함으로써 소루(疏漏)하나마 그들의 사회적 존재를 검토하기로 한다.

우인(優人), 창부(倡夫), 화랑(花郞) 등으로 불리기도 하는 재인(才人)·광대(廣大)32)는 역사적 유래가 깊을 뿐 아니라, 그들과 관련된 사회 집단도 단순치 않다. 그러나 그들 사이에는 중요한 공통점이 발견된다. 재인·광대는 이조 사회의 계층 구조에서 볼 때 최하위에 속하였다. 사·농·공·상(士·農·工·商)의 사민(四民)에서 제외되어 있었던 그들은 경제 체제에서 또한 일정한 몫을 차지하지 못하였다. 농업을 비롯한 여러 가지의 생산 수단은 국가의 소유 또는 통제하에 있거나 양반·사대부의 소유였다. 평민층은 노동력을 제공함으로써 이 봉건적인 생산 분배의 구조에 참여하였고, 아전(衙前) 계층은 말단의 이속(吏屬)으로서 소정의 위치를 지니고 있었다. 노비들은 천민

---

31) 김흥규, 「판소리의 이원성과 사회배경」, 『창작과 비평』(1974년 봄), pp.73~76.
32) 재인(才人)은 '근두등희(斤頭等戲)를 하는 자'로, 광대는 '가면극(假面劇)', 판소리 등의 연희자(演戲者)로 흔히 쓰인다.

이었지만 그들조차도 이조의 사회·경제 구조 속에 속하여 있었다. 재인·광대는 천민이면서 노비와 달리 이러한 체제의 밖에 있는 집단이었다. 그들은 말하자면 이조의 사회·경제 체제가 어떤 일정한 자리를 마련해 주지 않은 채 내버려 놓은 사회 제도적 잉여(剩餘)라 할 수 있다.33) 물론 그들은 국가적 행사나 양반의 정원에서, 또는 장터에서 흥행하여 보수를 받을 수 있었다. 그러나 그것 역시 그들의 생활을 안정시킬 제도적 장치는 되지 못하였고, 광대·재인은 '무항산자(無恒産者)'로서 일종의 사회 문제로까지 되었다. 다음 기사는 그 대표적인 예이다.

  정재인(呈才人)·백정(白丁) 등은 본시 무항산지인(無恒産之人)으로서 우희(優戱)를 전업(專業)으로 하였다. 이들은 시정(市井)에 횡행하며 양식을 구걸한다 칭하면서 기실은 함부로 겁탈한다. 온 무리가 민가에 빌붙어 살면서도 조금만 만족치 못한 바가 있으면, 그저 있지 않고 몰래 엿보아 도둑 떼를 지어 해(害) 끼침이 헤아릴 수 없다. 금년은 흉황(兇荒)하여 도적질을 자행(恣行)함이 전보다 반드시 더 할 것이니, 이러한 무리로서 경내(境內)에 횡행하는 자는 모두 엄중히 금(禁)하라.34)
  사당패 중에도 여사당들은 곡예(曲藝)이외에 대개 매음(賣淫)을 하며 그 추태는 이루 말할 수 없으니, 일례를 들어보면 여사당이 무용할 때에도 관중(觀衆) 가운데서 누가 돈을 입에 물고 여사당을 부르면 여사당은 쫓아가서 입으로 그 돈을 받으며 그때에 접문(接吻)하게 되는 것이다.35)

이리하여 유랑천민(流浪賤民)인 광대·재인의 사회적 문제성을 다소라도

---

33) 농경제, 부락제 등에서 공동체의 정례적(定例的)인 행사를 담당하던 토착 연희자는 물론 이에서 제외된다.
34) 呈才人白丁等 本是無恒産之人 專業優戱 橫行閭里 稱爲乞糧 實肆幼奪 闔族資生寄於民家 小有不愜非徒衡 火窺作賊 爲害不質 今年兇荒 恣行盜賊 必倍於前如 此黨類 橫行境丙者 一切通禁 『中宗實錄』 卷 95, 中宗 36年 5月.
35) 김재철, 『조선연극사』, 학예사, 1939, p.100.

완화해 보자는 정책으로서 양천 불혼(良賤不婚)의 철칙에 대한 예외 규정까지 입안되었다. 즉 양민과 천민 간에는 통혼할 수 없다는 봉건적 사회 법규를 광대층에 관해서는 예외로 하는 조치가 그것이었다. 이를 상고(詳考)하면, 연예 또는 도우(屠牛)를 하는 특수 천민 계급인 재인(才人)·화척(禾尺) 등은 그들 사이의 상호간에 혼인하는 것이 금지되었고, 양민(良民)·평민(平民)과 혼인하는 것을 허락하였다. 이것은 그들이 상호간의 혼인을 함으로써 그들만의 특수 집단을 이루어서 항상 불안정한 생활을 하며 떠돌아다니게 되므로, 그들에게 양민과의 혼인을 허락하여 정착의 지반을 마련케 하자는 사회 정책에서 나온 것으로 생각된다.36) 그러나 이조 사회에서 이런 조치가 얼마만한 실효성을 가질 수 있었는가는 의문이며, 또한 광대층의 사회적 문제를 해결하기 위한 효용성도 극히 희박하지 않았나 생각된다.

이조 후기에 접어들면서 광대층과 그 주변의 사회적 문제성은 더욱 확대 심화되었던 것으로 보인다. 이조 초기에는 국가적인 행사의 일부로서 성대한 규모의 공의(公儀)로 산대희(山臺戱)가 거행되었고, 종종의 말썽에도 불구하고 지속되었다. 그러나 산대희 및 이와 유사한 민속 예능이 점차로 대중적인 흥미를 끌고, 양반·관료 국가로서의 이조적 질서를 풍속(風俗)·재정(財政)의 양면에서 자극함에 따라 양반·관료들은 이를 비난하게 되었다. 즉 산대희류의 잡희(雜戱)는 풍교상(風敎上)으로 보아 해롭고, 막대한 비용을 요하는 국가 재정을 소모하므로 축소 또는 폐지하여야 한다는 것이었다. 그리하여 산대희는 국가 재정의 피폐와 더불어 점차 규모가 축소되다가 마침내 영(英)·정대(正代)에 이르러서는 공의(公儀)로서의 거행이 폐지되고 말았다.37) 그러나 이러한 변화가 광대·천민 예능의 사회적 문제성을 제거한 것은 아니다. 오히려 우리는 다음과 같이 이 변화의 뒤에 깔려 있는 중요한 문제성을 찾아볼 수 있다.

---

36) 최재석, 「한국가족제도사」, 『한국문화사대계』 Ⅳ, p.475.
37) 양재연, 「산대희에 취하여」, 『중대 30주년 기념 논문집』, 1955. p.210 참조.

첫째, 이조 중기를 통하여 영·정조에 이르기까지 산대희류의 광대 예능에 대한 대중적 흥미가 계속 확대되었다는 점.38) 도처에서 나타나고 있는 유학자들의 비판과 위구심은 대중적 흥미의 규모와 심도를 반증한다.

둘째, 공의 축소·폐지 당시에 이미 상당한 대중적 흥미의 지반을 가지고 있던 광대 예능은 공의 폐지를 계기로 더욱더 대중적인 흥미와 후원에 의존하게 되었다는 점. 이러한 변이는 광대 예능의 내용, 형태, 규모 등 여러 면에 걸친 변화를 초래했다고 본다.39) 아울러 여기서 편의상 개괄한 '대중'이라는 것이 어떤 등질 집단(等質集團)을 지칭한 것이 아니라 여러 종류의 사회 계층을 총칭한 것이므로, 대중 속에서도 특히 어떤 계층(들)을 상대하였는가에 따라 광대 예능의 분화(分化)가 촉진되었다는 점도 주목할 만하다.

셋째, 앞서 지적된 바 광대층의 사회 제도적 잉여성이 이조 후기에 접근함에 따라 '잉여' 이상의 것으로 팽창되었다는 점. 이조의 정치·사회적 이념과 제도가 자체의 사회 상태를 통어할 만한 힘을 지니고 있었던 초기에 있어 광대 예능은 대체로 궁중의 나례(儺禮) 또는 민간의 부락제(部落祭)를 주요 터전으로 하였던 것으로 보이며, 그 의의도 주로 제의적(祭儀的)인 것이고 오락성이 다소 부수되었음을 추론할 수 있다. 그러나 이러한 초기적 성격은 시대가 지나면서 ① 규식지희(規式之戱)에 부수되던 소학지희(笑謔之戱)가 발전하고, ② 관(官)의 영향(산대도감 등)이 감소 중지되며, ③ 대중적 흥미가 늘어남에 따라 점차 변질되었다. 이조 후기에 들어와 광대 예능은 더욱더 대중적 흥미를 파고들어 거기서 지지 기반을 확장하게 되었던 것이다. 그

---

38) 『이조실록』 등의 기사에서 산견(散見)되는 바, 광대놀이의 구경을 즐긴 이들은 평민, 부녀자, 군졸(軍卒)을 비롯하여 폭이 상당히 넓었고, 심지어는 성균관 안에서까지 산대놀이가 거행된 일이 있다. 한 기록에 의하면 산대놀이 때의 구경꾼이 담벼락과 같았다(觀者之堵) 한다.
39) 이조 후기에 화원(畵員)들의 화풍(畵風)이 속화(俗畵), 민화(民畵)의 방향으로 나아가고 취미 자체의 변질마저 초래하는데, 당시의 사회·경제적 변동이 크게 작용한 사실도 비슷한 사정을 보여준다.

결과로 이룩된 광대 예능의 팽창은 이제 하나의 사회적 힘이 되어 스스로가 지녀오던 '사회 제도적 잉여성'을 거부하는 방향으로 나아가게 되었다고 본다. 다시 말해서 성장된 힘으로서의 광대층은 사회 제도의 '잉여'이기를 거부하고, 그들에게 '잉여'로서의 위치밖에는 허용할 수 없는 양반, 관료적 사회 질서에 대해 하나의 파괴적 요소로 등장하는 것이다.

5. 사회·문화 비평 검토

사회·문화 비평의 근본 원리는 역사 비평과 더불어 작품이 출현된 원인, 배경, 주제, 소재가 되는 사회와 문화를 통해서 작품을 해석하고 평가하고자 하는 데 있다. 말하자면 문학의 내재적인 것이라기보다는 문학의 외재적인 접근 방법을 그 특질로 한다. 따라서 작품의 미학적 질이나 창조적 능력을 충분히 설명하기는 어렵다는 한계성을 지니고 있는 것이 사실이다. 가령, 작품 속에 복잡하게 내재해 있는 이미지와 상징들, 어조의 미묘한 의미, 내용과 형식의 상호 의존 등을 충분히 분석하거나 해명하는 데 소홀하기 쉽다는 것이다.

사회·문화 비평은 루카치의 소설 유형학 내지 리얼리즘 논의를 거쳐 골드만의 구조 사회학에서 정립된다. 루카치는 소설의 이론에서, 근대 소설의 유형을 삶의 전체성이 어떤 모습으로 형상화되었느냐에 따라서 분류하고 있다. 즉, 소설의 주인공과 세계와의 관계를 통해서 삶의 외연적 혹은 내포적 전체성이 어떻게 제시되고 있느냐를 기준으로 하여 소설의 유형을 세 가지로 나누고 있는 것이다. 이와 같이 루카치는 작가가 현실적으로 리얼리스트인 경우에는 현실의 객관적 전체성이라는 문제가 결정적인 구실을 한다고 보고 있다.

골드만의 구조사회학 내지 발생론적 구조주의는 고전적 마르크스주의에서 출발하였으며, 루카치의 소설론에 자극된 것이다. 그는 『숨은 신』의 분석을 통하여, 마르크스가 상부 구조라고 말한 이데올로기의 건축을 추구하고 있는데, 그 이데올로기의 건축의 토대는 물론 경제적·정치적·사회적인 것으로 구축된다. 따라서 그는 상동성, 세계상 등 과학적이고 객관적인 개념으로써 문학을 분석하고 평가하고자 한다. 골드만의 이와 같은 이론은 종래의 문학사회학, 곧 실증주의의 문학사회학 및 마르크스의 문학사회학과는 성격을 달리하고 있다. 골드만 자신이 진술한 바와 같이, 테느의 문학사회학이나 마르크스의 문학사회학은 작품의 내용과 사회 집단 의식의 내용 사이에 관계를 수립하려는 '내용사회학'이지만, 루카치 및 골드만의 문학사회학은 작품 세계의 구조와 집단 의식 구조 사이에 상동 관계 내지 내용 관계를 해명하려는 '구조사회학'인 것이다.

그런데 내용사회학은 무엇보다도 내용이 중심이 되기 때문에 기계적 환원주의에 빠질 위험성을 지니고 있다. 특히 이념적 차원이 강조된 사회주의 비평의 경우, 그 내용중심주의는 당파성(partinost), 인민성(narodnost), 계급성(klassovost)이라는 문학 외적 강제 사항에 종속됨으로써 비평의 본질에서 멀어질 수 있는 것이다. 반면 작품 세계의 구조와 집단 의식 구조 사이의 상동성을 해명하고자 하는 구조사회학은 문학 작품과 시대 상황, 사회 현실과의 밀접한 관련성에 초점을 맞춘다. 때문에 이러한 거시적인 차원에서의 작품 분석과 해명은 작품의 이해를 한층 용이하게 한다는 강점을 지니고 있다. 그러나 내용사회학이든 구조사회학이든 간에, 공통적으로 문학 내적인 문제로서 구체적인 형식과 관련되는 요소들인 문체, 이미지, 상징 등에 대한 이해와 설명을 결여할 수 있다는 점이 그 한계점으로 지적되기도 한다.

마르크스주의 비평은 근본적으로 유물론을 토대로 하고 있는데, 그것은 변증법적 유물론과 사적 유물론으로 구체화될 수 있다. 사회주의 문화권 내의 비평은 마르크스의 유물론적 문학 예술관을 출발점으로 하고 있다. 마르크스의 문학론은, 문학을 사회주의 건설을 위한 계급 투쟁의 표현이며 수단으로 생각하는 데 있다. 그리하여 문학 작품을 노동과 관련지으며, 사회적 의식의 한 형태로 간주한다. 그 미적 범주의 핵심은 리얼리즘이라 할 수 있으며 당파성과 전형성 등을 강조한다. 이러한 사회주의 비평은 사회주의 리얼리즘에 의하여 특징지어진다. 레닌의 당문학을 거쳐 스탈린에 의하여 채택된 사회주의 리얼리즘은 필연적으로 인민성, 당파성, 계급성이라는 범주를 지닌다. 이 세 가지 범주는 사회주의 국가의 문학 예술을 평가하는 틀이며, 동시에 문학 예술적 목표로서 창작 방법론을 지배하는 개념이라고 할 수 있다.

문학과 사회의 관계를 규명하려는 노력은 흔히 문학에 역점을 두어 문학을 위한 문학만을 주장하는 경향과, 사회에 역점을 두어 인간·사회를 위한 문학만을 주장하는 경향으로 크게 나뉘어 격렬한 대립을 보이고 있다. 그 전형적인 모습이 19세기 프랑스 문학이며, 한국에서의 순수 문학 대 참여 문학의 대립은 가짜이다. 순수 문학이 문학의 형식적·탈사회적 성격을 강조하면, 참여 문학은 문학의 공리적·사회적 성격을 강조한다. 전자가 형식 중심이라면, 후자는 내용 중심이다. 그러나 그 대립은 가짜 대립이다. 문학은 그것이 제작되어 판매된다는 점에서 사회적 현상이며, 형태를 가져야 한다는 점에서 표현 기구이기 때문이다. 근대 이후에서부터 문학의 그 이중적 성격은 분리할 수 없는, 이중적이며 단일한 성격이다.[40]

일반적으로 문학의 사회 참여를 주장하는 것은 사회·윤리·문화 비평의 한 과업이다. 우리나라의 경우, 1920년대 말에 있었던 경향문학파와 순수문학파의 논쟁에서 소박한 형태의 사회 비평의 태동을 볼 수 있다. 여기서 오늘날 간과해서는 안 될 입장은, 이론과 아울러 현실 상황에 이율배반적 입장을 취하는 것이다. 외국인의 예를 들자면, 이름난 사회·문화비평가 라이

---

40) 김현, 「문학과 사회」, 『예술과 사회』, 민음사, 1979, p.20.

오넬 트릴링(Lionel Trilling)은 프로이트의 어휘를 빌어 쓰면서도 시인 키이츠 이래 현대 유럽 문학의 정신적 특징을 예리하게 꼬집어 내고 있는 것이다. 또한 트릴링은 20세기의 문제 작품들을 분석함으로써 현대의 문화인이 정치적으로는 부와 쾌락을 원하나 예술적·실존적으로는 내핍과 괴로움을 원하는 모순적 상태에 있음을 입증하고 있기도 한다. "쾌락을 거부하고, 프로이트의 말을 따르자면 반쾌락에서 만족을 찾는 인간의 본능적 충동"[41]이 있다는 것이다. 그리하여 부조리의 문학의 반쾌락에서 20세기의 문화인은 일종의 만족을 얻는 기이한 현상이 보이고 있다.

인간은 사회적 동물이요, 인간의 의식 또한 사회적인 산물이라고 할 때 문학은 사회학적 관점으로 이해된다. 즉 문학 작품을 사회적 및 문화적 요인의 복잡한 상호 관계의 반영이나 결과로 해명할 수밖에 없는 것이다. 사회·문화 비평이 어떤 특정한 시대와 문학 유형에 국한되어 있지는 않더라고, 그것은 특히 19세기 각국의 문학 연구와 사실주의, 사연주의 그리고 현대 작품에 많은 기여를 하였다. 특히 사회·문화 비평은 형식주의가 다루기 곤란한 비교 문학과 소설 비평의 두 분야에서 많은 기여를 했다.

---

41) Lionel Trilling, 'The Fate of Pleasure', in *Perspectives in Contemporary Criticism*, ed. by S. N. Grebstein, N·Y : Harper, 1969, pp.176~177. 이상섭, 『문학 연구의 방법』, 재인용.

■ 참고문헌

Albert Guérad, *Literature and Society* (Boston. Lothrop, Lee and Shepard Company, 1935).

Alfred Kazin, "The Function of Criticism Today", in *Contemporaries*, Boston, Little, Brown & Company, 1962.

Angel Flores, ed. *Literature and Marxism*, New York, Critics Group. 1938.

Arnold Kettle, ed. *Shakespeare in a Changing World*, New York and London, International Publishers, 1964.

Bernard Smith, *Forces in American Criticism*, New York, Harcourt, Bracc & world, Inc., 1939.

Bernice Slote, ed. *Literature and Society*, Lincoln, Neb., University of Nebraska Press, 1964.

D. T Laurenson & A. Swingewood, *The Sociology of Literature*, Schocken Book Inc., 1972.

Daniel Aron, Writers on the Left, New York, Harcourt, Brace & World, Inc., 1961.

Dwight Macdonald, *Against the American Grain*, New York, Random House, Inc., 1962.

Edmund Wilson, *The Necesity of Art ; A Marxist Approach*, Baltimore, Penguin Books, Inc., 1963.

George Steiner, "Marxism and the Literary Critic", *Encounter*, XI, 1958.

_____, "Humaane Literacy", in Anon., *The Critical Moment*, New York and Toronto, McGraw Hill, Inc., 1964.

Mary McCarthy, *On the Contrary*, New York, Farrar, Straus & Giroux, Inc., 1961.

Raymond Williams, *The Long Revolution*, New York, Columbia University Press, 1961.

_____, *Culture and Society*, 1780~1950, New York, Columbia University Press, 1958.

Richard Hoggart, *The Uses of Literacy : Changing Patterns in English Mass Cultule*, New York, Oxford University Press, 1957.

Robert Escarpit, *Sociology of Literature*, trans. by Ernest Pick, FRANK CASS & Co. LTD., 1971.

W. Witte, "The Sociological Approach to Literature", *Modern Language Review*, XXXVI, 1941.
뤼시앙 골드만(조경숙 역), 『소설사회학을 위하여(1965)』, 청하, 1982.
뤼시앙 골드만(황태연 역), 『루카치와 하이데거(1975)』, 까치, 1983.
미셸 제라파(이동렬 역), 『소설과 사회(1971)』, 문학과지성사, 1983.
피에르 지마(이건우 역), 『문학 텍스트의 사회학을 위하여(1978)』, 문학과지성사. 1983.

III. 심리주의 비평

1. 심리주의 비평의 출발과 개념

 심리주의 비평의 출발은 플라톤(Platon, B.C. 427~347)에까지 거슬러 올라간다. 그의 대화편 가운데 「이온」(Ion)에서는 작가와 독자의 정신 상태를 문제 삼아 문학의 영감에 대해 논하고 있는데, 이것은 바로 문학의 심리 문제를 다룬 최초의 시도였다고 할 수 있다.[1] 아리스토텔레스(Aristoteles, B.C. 384~322)의 『시학』(Poetics) 대부분은 심리적 고찰에 기대고 있으며, 그를 실증적 심리학의 창시자로 보기도 한다. 따라서 20세기 정신분석학이 아리스토텔레스가 사용한 카타르시스(Catharsis)라는 말을 그 자체의 임상적 용어로 차용하고 있다는 것은 주목할 만한 사실이다. 롱기누스(Cassius Longinus, A.D. 213~273)의 「숭고론」(On the Sublime)에서는 본질적인 심리학 개념을 찾아볼 수 있다. 그는 문학이 우선 독자의 정서를 불러일으키고, 그 다음에는 그것

---

1) Allan H. Gilbert, ed., and trans., 'Ion' in Literary Criticism, Plato to Dryden, Detroit : Wayune state Univ. Press, 1962, p.16.

을 만족시켜 줌으로써 황홀감을 느끼게 한다고 말한다.2) 이는 아리스토텔레스의 카타르시스 이론의 변형이기도 하다. 16세기 필립 시드니 경(Sir Philip Sidney, 1554~1586)은, 시는 인간의 마음을 감동적으로 움직일 수 있는 힘이 있기 때문에 철학보다도 효과적이고 도덕적인 교사라고 옹호하였는데, 이것 역시 문학이 인간 심리에 미치는 영향을 언급한 것이다.

워즈워드(W. Wordsworth, 1770~1850), 코울리지(S. T. Coleridge, 1772~1834) 등 영국의 낭만주의 시인들은 문학 작품에 있어 작가의 상상력을 강조한다. 흄(T. E. Hulme) 역시 『비극론』(Of Tragedy)에서 심리학을 근거로 비극의 묘사가 왜 인간에게 기쁨을 주는가에 대해 탁월한 글을 발표한다. 18세기 영국의 헨리 홈(Henry Home)은 당시 철학과 심리학을 응용하여 『비평의 원리』(Element of Criticism, 1792)를 저술한다. 그는 여기에서 예술과 쾌락의 관계, 감정, 지각의 문제 등을 다루고, 문학이나 회화 작품들을 통해 주인공들의 심리 현상을 탐색한다. 영국의 달라스(E. S. Dallas, 1828~1879)는 문학과 심리학의 관계에서 작가의 잠재 의식은 창작의 바탕이 된다고 강조한다.

근대에 들어오면서 철학자 쇼펜하우어(Arthur Schopenhauer, 1788~1860)는 '또 다른 나'의 존재에 대해 천착한다. 그는 인간 외부의 객관 세계에 대한 탐구는 무의미하며, 중요한 것은 인간 개인의 내면 탐구라고 주장한다. 이는 인간이 사유와 의식 그리고 이성에 근거를 두고 살아가는 존재라는 전통적 철학적 명제를 정면으로 부정하는 주장이다. 이어서 그는, 인간 의식이란 인간의 본질을 둘러싸고 있는 표피에 지나지 않으며, 인간의 판단은 논리적 법칙에 따른 명료한 사유 행위에 의해 이루어지는 것이 아니라, 인간 속에 내재되어 있는 어떤 '불가해한 심층부'에 의해 이루어진다고 주장한다. 그리고 이 '불가해한 심층부'를 움직이는 기본 동력을 쇼펜하우어는 존재 자체의 보존을 중요한 목표로 삼는 맹목적인 '생의 의지'라고 부른다. 이러한 쇼

---

2) Seldon Norman Grebstein, *Perspectives in Contemporary Criticism*, N.Y : Harper & Row Publishers, 1968, p.238.

펜하우어의 견해는 근대 정신분석학의 기본 명제와 상통한다.

　이상에서와 같은 주장과 견해를 학문적 위치로 본격적인 궤도에 올려놓은 사람은 프로이트(Sigmund Freud, 1866~1939)이다. 스스로가 신경증 증상을 갖고 있기도 했던 그는, 자신과 환자의 치료 과정을 통하여 인간의 '이성' 밑에서 인간을 움직이는 또 다른 존재와 그것의 강력한 힘에 대해 주목을 하게 된다. 『정신분석입문』, 『꿈의 해석』, 『성욕에 관한 세 이론』 등 3대 명저를 비롯한 프로이트의 정신분석 이론들은 심리주의 비평에 새로운 기원을 이룩하였다. 그가 이름한 무의식, 이드, 자아, 초자아, 콤플렉스, 히스테리, 강박 관념, 불안, 공포증, 꿈 이론 등은 오늘날 심리주의 비평에 널리 통용되고 있다. 프로이트의 이론은 존스(E. Jones), 보나파르트(M. Bonaparte), 아들러(A. Adler), 융(C. G. Jung), 프레스코트(P. C. Prescoit) 등을 거치면서 더욱 심화 발전된다.

　영·미에서도 문학을 비평함에 있어 심리학을 응용하고 있는 것을 찾아볼 수 있는데, 주요 비평가로는 델(Floyd Dell), 프랭크(Waldo Frank), 크루치(Joseph Krutch), 리처즈(I. A. Richards), 리드(Herbert Read), 윌슨(Edmund Wilson), 루이손(Ludwig Lewisohn), 브룩스(Van Wyck Brooks), 버크(Kenneth Burke), 보드킨(M. Bodkin), 트릴링(Lionel Trilling), 프라이(Northrope Frye), 이델(Leon Edel), 피들러(Leslie Fiedler), 프라이버그(Louis Fraiberg), 캔저(Mark Kanzer), 크루즈(Frederik Crews), 홀랜드(Norman Holland) 등이 있다.[3]

　유럽 근대소설 효시이자 심리 소설의 고전으로 꼽히는 리차드슨(Samuel Richardson, 1689~1761)의 『파멜라』(*Pamala*, 1740~1741)는 서간체 형식을 취하면서 파멜라라는 주인공의 섬세한 심리 묘사에 치중하고 있다. 근대 이후 심리적 기법을 활용한 영미의 작가와 소설가들의 예를 들면, 도로시 리차드슨(Dorothy M. Richardson)의 『순례』(*Pilgrimage*, 1915), 제임스 조이스(James

---

3) 장갑상, 『영미 비평 연구』, 한국영어영문학회 편, 민음사, 1979, p.254 참조.

Joyce)의 『율리시스』(*Ulysses*, 1922), 버지니아 울프(Virginia Woolf)의 『댈러웨이 부인』(*Mrs. Dalloway*, 1925), 윌리엄 포크너(William Faulkner)의 『음향의 분노』(*The Sound and the Fury*, 1929) 등을 들 수 있다. 이 밖에도 인간 심리를 중시한 시극으로 셰익스피어(William Shakespeare), 라신느(Jeam Racine), 코르네이유(Pierre Corneille), 엘리엇(T. S. Eliot) 등의 작품이 있다.

심리주의 비평은 문학 비평에 심리학을 응용하는 비평이다. 또한 심리주의 비평은 심리학의 여러 분야 가운데 특히 정신분석학을 응용한다는 점에서 정신분석 비평 혹은 정신분석학적 비평 등으로 불린다. 문학은 인간의 정신적 산물이기 때문에, 인간의 외적인 행위와 내적인 심리 현상은 불가피하게 작품에 반영된다. 이런 점에서 문학과 심리학은 불가분의 관계를 갖는다. 심리주의 비평은, 바로 인간의 모든 행위의 동기에 관하여 연구하는 과학이다. 따라서 작가의 창작 심리, 문학 작품 속에서 발견되는 내적 심리, 문학 작품을 수용하는 독자에게 미치는 독자 심리 등 세 가지 영역으로 연구할 수 있다.

2. 심리주의 비평의 영역

(1) 작가 심리 연구

작가의 창작 심리 연구는 창작의 주체인 작가에 대한 심리학적 고찰이다. 심리주의 비평가들에 의하면, 작가의 개인적 체험들은 작품에 변형된 모습으로 반영 투사되어 나타난다고 한다.

작가의 창작 심리 연구는 작가의 체험과 개성이 그의 문체, 주제의 선택, 인물 혹은 성격 묘사를 어떻게 진행시키는가를 연구한다. 그리고 무엇이 작가로 하여금 그러한 특정 작품을 창조하도록 자극하였으며, 그 원인이 무엇인가를 해명한다. 또한 궁극적으로는 삶과 현실이 어떻게 예술로 표현되었는가 하는 다양한 양상을 재구성하여 본다. 이렇듯 작가에 대한 창작 심리는 작가의 전기적 사실들과의 상관 관계나 영향 관계를 탐색하는 것이다. 이 점에서 심리주의 비평은 작가의 전기적 사실을 중시하는 역사·전기적 비평과 공통점을 지닌다. 따라서 심리학적 방법은 작가의 문학적 전기를 쓰는 경우에 그 효과를 발휘할 수 있다.

플라톤의 '영감설'이나 아리스토텔레스의 '카타르시스'(catharsis) 이론은 작가의 창작 심리를 최초로 언급한 논평들이라 할 수 있다. 문학 비평에서 상상력의 문제가 중시된 것은 18세기 영미 비평에서이다. 낭만주의 문학관은 작가의 영감, 접신의 문제, 낭만적 상상력을 중시하였다. 영국 낭만주의 대표 시인이었던 코울리지(S. T. Coleridge)는 공상력과 상상력을 구별하고, 상상력을 우위의 개념으로 옹호하였다. 그런데 프로이트의 무의식 이론이 등장하면서 창작 심리 연구는 영감설을 극복하고 획기적인 전환기를 맞이한 것이다.

프로이트는 「창조적 작가와 백일몽」(*Creative Writers and Day-Dream*)에서 작가의 창작 심리를 유아기의 소망 충족과 관련시킨다. 그리고 이러한 이론을 「백일몽과 시인의 관계」(*The Realition of the Poet to Day-Dream*)에서 더욱 세밀하게 다루고 있다. 프로이트에 의하면, 창작 행위는 심리적 자위 행위이며 대리 만족이다. 또한 예술 창작은 좌절된 심리의 병적인 증상이며, 예술가는 '본질적으로 신경증적인 개성'을 가진 사람이다. 고전 프로이트 비평 혹은 심리학에서는 성적인 본능을 개인이 삶을 영위하는 에너지로 본다. 특히 이드(ID) 심리학의 미학은, 예술 작품이란 그것을 만든 사람의 무의식적인 욕망의 내밀한 실현이라는 믿음에 근거하고 있다. 고전적인 응용정신분석 비평은 작품을 작가의 심리로 환원시켜, 작가의 생애 중에서 드러난 유아기의 체험과 그의 작중 인물 및 전형적인 상징의 분석을 통하여 작자의 심리를 연구하는 것이다.

많은 비평가들은 의도적으로, 그리고 능숙하게 심층 심리학을 이용한다. 가령, 필립 영(Philip Young)은 흥미진진한 그의 헤밍웨이(Ernest Hemingway) 연구에서 반복강박증후군(反復强迫症候群)[4]에 관한 정신분석학적 이론에 의존하고 있으며, 뉴튼 어빈(Newton Arvin)은 멜빌(Melville)의 예술적 발전의 한 측면을 밝히기 위하여 그의 어머니와의 관계를 탐구하고 있다. 이와 관련하여 우리가 주목해야 할 사실은, 완전히 문학에 논점을 집중시킨 몇 편 안되는 프로이트의 논문들 중의 하나인 「도스토예프스키와 근친 살해」(Jostoyevsky and patricide) 역시 예술가의 작품과 예술가의 인간적 경험을 연결시키고 있다는 점이다. 또한 작가의 정서적 역사와 그의 주제를 다루는 방법 사이에 존재하는 유사점들을 나타내고 있다는 점도 주목된다.

(2) 작품 심리 연구

심리주의 비평의 두 번째 영역은 작품 심리이다. 작품 심리 연구는, 작중 인물이 왜 그런 행위를 하게 되었는지 복잡한 심리에 대하여 흥미를 갖는 것이다. 작품 심리 연구는 우선적으로 작품과 연관된 모든 외적 요소에 관한 고려를 배제하고 순수하게 작품 그 자체만을 대상으로 삼아, 그 속에 나타난 심리 현상이나 혹은 등장인물들의 심리적 특징들을 규명한다. 이와 같이, 심리주의 비평 영역의 하나인 작가 연구는 외재적 접근 방법을 사용하는 역사주의와 비슷하지만, 작품 심리 연구는 내재적 접근 방법을 사용하는 형식주의와 비슷하다. 작가와 작품을 엄격하게 구분하고 작품 자체만을 텍스트로 삼는 것이다. 다시 말하여, 어떤 외부 조건 없이 분석 대상 작품을 주어진 실체의 모든 것으로 간주한다는 점에서 형식주의 비평과 같은 것이다.

---

[4] 반복강박증후군(repetition-compulsion syndrome) : 과거의 생활 경험 패턴을 맹목적으로 반복하려는 병리학적 현상을 나타내는 증상들.

그러나 이 경우에도 프로이트적 관점을 기본적으로 삼는다. 인간의 행위를 상징적 본질로 보며, 현현된 내용(manifest content)과 잠재된 내용(latent content) 사이의 차이를 중시하는 프로이트의 입장에 영향을 받고 있는 것이다. 또한 심리주의 비평가는 이미지나 상징을 취급할 경우 심리학의 일반 이론, 정신분석학, 콤플렉스, 꿈 이론, 투사, 응축, 환치, 합리화 등과 같은 각종의 심리 기제를 응용한다. 그리하여 비평가는 작품의 배후에 숨어 있는 의미들이 주제와 작중 인물을 통해 어떻게 충돌하고 조화를 이루며 작품에 형상화되어 있는가 하는 역학 관계를 구명하는 것이다. 이처럼 작품 심리는 작품 자체에 내포된 심리 현상을 분석하는 데 역점을 둔다.

프로이트는 덴마크 소설가 옌센(Wihelm Jensen)의 작품 『그라디바―폼페이의 환상』(*Gradiva―A Pompeian Fantasy*)에서 그의 꿈 이론을 적용하여 꿈과 환상을 해명한다. 그리고 그는 고고학자인 주인공 노버트 하놀트가 폼페이의 묻혀진 유적을 탐험하는 것은 궁극적으로 자신의 무의식 속에 묻혀 있는 유년기를 탐색하는 것으로 해석한다.[5] 하놀트는 로마의 한 청동 조각품의 연인상에 '그라비다' 곧 '걷는 소녀'라는 이름을 붙이고, 그 조각에서 어릴 적 비엔나의 여자 친구인 조우 베르트강이라는 소녀의 모습을 떠올린다. 어느 날 꿈속에서 주인공은, 그 소녀가 폼페이의 폐허 속에 묻혀 있는 것을 발견하고 그곳으로 탐험을 떠난다. 이러한 주인공 하놀트의 행위는 환각과 환상 속에서 이루어진 것이지만, 이것은 결국 유년기의 기억들이 되살아나 자기의 행동을 이끈 것이다. 이렇듯 프로이트는, 정신분석학적으로 작품에 등장하는 주인공의 무의식 속에 잠재한 억압 충동, 꿈과 현실과의 이중적 모호성을 설명하고 있다.

프레데릭 크루즈(Frederick Crews)는 『아버지들의 죄―호돈의 심리적 주제』(*The sins of the Fathers―Hawthorne's Psychological Themes*, 1961)의 심리학적 연구에

---

5) Elizabeth Wright, *Psychoanalytic Criticism : Theory in Practice*, (London : Methuen Co, Ltd., 1984, pp.30~31.

서, 작가 호돈(Hawthorne)과 그의 작품 『주홍글씨』(*The Scarlet Letter*)의 여주인공 헤스터프린과 딤즈데일의 심리를 다루고 있다. 또한 궤린(W. L. Guerin)은 호손의 소설 『젊은 굿맨 브라운』(*Young Goodman Brown*)을 이드(id) 대 초자아(superego)의 갈등으로 분석한다. 헨리 제임스(Henry James)는 『나사의 회전』(*The turn of the screw*)을 성적 억압의 결과로 풀이하였고, 머레이(Henry A. Murray)는 논문 「악마의 이름으로」(*In Nomine Diaboli*)를 통하여 소설 『백경』(*Moby-Dick*)을 프로이트 이론에 입각하여 분석하고 있다.

(3) 독자 심리 연구

작가는 독자를 의식하지 않고 작품을 쓸 수 없다. 독자 심리 연구는 작품에 담긴 의미를 풀이하고, 가치를 평가하고 미적인 쾌락을 향유하는 독자에 대한 연구이다. 즉, 작품이 독자에게 주는 영향을 심리학적인 관점에서 관찰하고, 작가의 의도와 관련되는가를 분석하는 것이다. 이런 의미에서 독자 심리 연구는 사회 윤리적 비평과 비슷하다. 또한 독자 심리 연구는, 문학이 독자에게 주는 심리적 영향을 추적한다는 점에서 독자반응 비평이나 수용미학과도 많은 연관을 가진다. 그리고 독자는 문학 작품을 통해서 자신도 합리적으로 설명할 수 없는, 어떠한 신비한 마력에 끌리기도 하는데, 이러한 독자의 심리 상태를 구명한다는 점에서 신화 비평과 일맥상통하는 점을 지닌다.

문학 비평에 있어서 독자를 중시하는 이론으로는 수용이론(reception theory), 독자반응 비평(reader response criticism), 독자지향 이론(reader oriented theory) 등 포괄적인 개념이 있다. 이에 따라 독자라는 개념은 비평가에 따라 다양하게 말해진다. 반 다이크(Van Dijk)와 한스 야우스(H. R. Jauss)의 '현실독자'(Actual Reader)를 비롯하여, 미카엘 리파테르(M. Riffaterre)의 '초독자'(Super-Reader), 스탠리 피쉬(S. Fish)의 '정통 독자'(Informed Reader), 조나단 컬러(J. Culler)의 '이상적 독자'(Ideal Reader), 움베르토 에코(U. Eco)의 '모범적 독자'(Model Reader), 웨인 부쓰(W. C. Booth)와 볼프강 이저(W. Iser)의 '내포독자'(Implied Reader), 부룩크(Brooke)와 로즈(Rose)의 '약호된 독자'(Encoded Reader), 그리고 시몬 레써(C. O. Lesser)와 노먼 홀랜드(N. C. Holland) 의 '개인적으로 갈망하고 열망하는 독자'(Personally Desiring and Aspiring Reader) 등이 그것이다.

작품이 독자에게 미치는 영향에 대한 일반 이론 가운데 가장 널리 통용되는 것은 아리스토텔레스의 카타르시스 이론이다. 카타르시스는 상상 속에서 본래의 경험을 되살림으로써 억압된 정서를 해방시키는 과정, 곧 정화작용이라고 정의된다. 아리스토텔레스의 주장에 따르면, 문학은 억압된 정서의 상징적 표현인데, 그런 작품을 읽음으로써 억압된 정서를 밖으로 몰아낼 수 있다는 것이다. 이러한 비극의 목적, 곧 연민(pity)과 공포(fear)를 불러일으키는 비극을 봄으로써 연민과 공포의 감정을 사라지게 한다는 이열치열(以熱治熱)의 논리는 20세기에 들어와 프로이트에 의해 새롭게 재해석된다. 프로이트는 환자들이 고통스러운 어린 시절의 경험을 최면하에서 회상함으로써 신경증의 증상을 감소시킬 수 있다는 것을 발견한 것이다. 그는 이러한 치료법을 처음에 '정화요법'이라고 불렀다.

프로이트에 의하면, 불안 심리의 기본 요인은 오이디푸스 콤플렉스이며 『오이디푸스 왕』(Oidipus Tyrannos)과 『햄릿』(Hamlet)의 호소력은 상징적 형태로 표현된 복합 감정에서 나온다. 그는 또한 모든 위대한 비극은 어떤 정화 효과를 가지고 있다고 생각한다. 인간이 살아가면서 부딪히게 되는 재앙과 불행의 극한적인 상황을 책을 통해 간접적으로 읽는 독자나 또는 무대를 통해서 관람한 관객은, 적어도 자신은 이러한 극한적 상황에 직면하지 않고 있다는 사실에서, 순간적인 안도감을 느끼게 될 것이다. 비극의 즐거움은 어떤 면에서는 바로 이런 점에서 유래하는 것이기도 하다.

독자의 심리에 초점을 맞추는 비평으로는 에고심리학 비평(Ego-psychology Criticism)이 있다. 후기 프로이트 비평(Post-Freudian Criticism)의 한 갈래인 에고 심리학 비평은 엠프슨(W. Empson) 및 신비평과 연결되어 텍스트의 자율성을 주장하면서 출발한다. 이드심리학 비평(Id-psychology Criticism)은 예술의 주요 동기를 유아기의 본능적 충동과 만족에 두는데 비해, 에고심리학 비평은 개인적인 환상에 가치를 부여하고, 이 환상이 에고에 의해 조정되고 통제될 것을 요구한다. 이것은 개인 의식의 유지를 강조하는 정신분석 비평으로 발전한다. 또한 이드심리학 비평은 작가 중심적인데 반해, 에고심리학 비평은 독자반응에 초점을 맞춘다.

3. 프로이트의 정신분석학

프로이트 이론은 신정신분석학에 대비하여 고전정신분석학(Classical psychoanalysis)이라고 한다. 프로이트는 24권의 저서를 남겼다. 이 가운데 대표적인 것은 『꿈의 해석』(The Interpretation of Dreams, 1900), 『정신분석학 입문』(Introductory Lectures on Psycho-Analysis, 1920), 『에고와 이드』(The Ego and the Id, 1923), 『환상의 미래』(Future of Illusion, 1927), 『문명과 그 불만』(Civilization and its Discontents, 1930), 『신정신분석학 입문』(New Introductory Lectures on Psycho-Analysis, 1933), 그리고 사후에 발간된 『정신분석학 개요』(An Outline of Psycho-Analysis, 1940) 등이다.

(1) 인간의 정신 구조

프로이트 이론의 기본 개념은 첫째, 인간의 행동은 우연히 일어나는 것이 아니며, 행동에 선행하는 무엇인가가 있기 때문이라는 심적 결정론의 원리(principle of psychic determinism)와 둘째, 행동의 출처가 무의식이라는 무의식의 원리(principle of the unconscious)이다. 프로이트는 무의식의 탐구야말로 의식 작용의 원인을 밝히는 지름길이라고 생각하였던 것이다. 그리하여 프로이트는 인간의 정신을 일종의 지도로 가상하고 의식(consciousness), 전의식(preconsciousenss), 무의식(unconsciousness)의 삼중 구조로 파악한다.

의식은 우리가 알거나 느낄 수 있는 모든 경험과 감각을 말한다. 곧, 인간이 외부 세계를 느끼며 질서를 지키는 일상적 인식 체계이다. 전의식은 우리가 조금만 노력하면 언제라도 느끼고, 의식으로 떠올릴 수 있는 경험적 요소들이다. 말하자면 의식의 이면에 저장되어 있는 경험적 요소들이다. 무의식은 전의식의 체계 밖에 있는 모든 것을 말하며, 어떤 방해 작용으로 인하여 기억으로 떠올릴 수 없는 원초적인 부분을 말한다. 대부분 그 내용은 인간의 윤리, 도덕적 기준에 부합되지 않는 본능적 특성이 많으며, 사상과 이미지 등의 형태로 농축되어 있다. 프로이트는 무의식을 인간의 육체적 욕구와 관련시켜 인간의 마음을 역동적(dynamic), 경제적(economic), 형태론적(topographical) 관점 등 세 측면으로 진단하고 있다.

(2) 인간의 성격 구조

프로이트는 인간의 성격을 가설적으로 이드(Id), 자아(Ego), 초자아(Super-ego) 등 세 가지 기본 구조로 나눈다.

이드(Id)는 성격의 본능적 충동에 해당하는 것으로 외부적 요인에 개의치 않고 노골적이며 동물적인 성격을 띤다. 따라서 모든 억압을 무시하고 쾌락원리(pleasure principle)에 충실함으로써 반사회적인 속성을 나타내며 불합리적이고 자애적(narcissistic)이다. 이드의 힘이 에고나 수퍼-에고의 장벽을 넘어서서 표출되는 것이 곧 실언, 착각, 기억 착오 등이다.

자아(Ego)는 성격의 조직적, 합리적, 현실 지향적 체계이다. 따라서 자아는 이드의 맹목적 충동과 초자아의 도덕적 억압을 중재하는 역할을 한다. 자아는 이드와 반대로 현실 원리(reality principle), 곧 욕구와 충동을 해소할 실제 대상을 발견하기까지 욕구와 충동의 방출을 유보하는 원리를 그 기본적 속성으로 한다.

에고에서 발달한 초자아(Super-ego)는 양심과 도덕적 판단, 이성에 근거하여 성립하는 인격적 측면으로서 사회 차원의 생활을 영위하고 유지하는 데 필수적인 요소로서의 기능을 한다. 따라서 현실적인 것보다 이상적인 것을 대표한다. 초자아는 무엇이 선이고 도덕적이며, 악인가에 대한 부모들의 표준에 아이들이 동화한 결과로서 형성된다. 이러한 시기의 아이들 나이는 4~5세에 해당한다. 또한 초자아는 자아 이상(ego ideal)과 양심(conscience)의 두 하위 체계로 구성되는데, 자아 이상은 부모의 칭찬을 통해 형성되고 양심은 부모의 처벌을 통해 형성된다.

(3) 인격 형성 과정

프로이트에 의하면, 인간의 인격은 일정한 발달 단계를 따라 형성된다. 따라서 그는 인격 형성 과정을 심리 성욕과 관련시켜 5단계로 나누고 있다. 그 5단계는 각각 리비도(Libido)가 신체의 성감대, 곧 입과 항문, 남근 등 어느 부위에 집중하느냐에 따라 결정된다. 그것이 바로 구강기, 항문기, 남근기, 잠복기, 성기기이다.

① **구강기**(oral stage : 생후 첫 1년, 또는 출생~18개월까지)

이 시기는 리비도가 입과 입술, 구강 점막에 집중되어 있는 시기를 뜻한다. 입은 주로 욕망의 대상물을 집어넣고 집착하거나 깨물고 뱉는 기능을 갖고 있는데, 넣는 것은 획득, 놓치지 않는 것은 끈기와 결단력, 깨무는 것은 파괴, 뱉는 것은 배척과 경멸, 다무는 것은 거부와 부정의 원형에 해당한다. 이 시기의 아동은 빨고 먹고 깨무는 행위 등에서 긴장의 감소와 쾌락을 경험한다.

만약 유년기에 구강을 통하여 적절한 자극과 쾌락을 경험하지 못했을 경우, 즉 식욕을 적절한 수준으로 충족하지 못했다든가 어머니의 애정을 충분히 받지 못한 경우에는, 흔히 말하는 바 구강기적 성격, 말하자면 돈, 명예, 사랑, 음식 등의 소유에 지나치게 집착하는 경향을 보이는 경우가 많다. 그리고 이것이 더욱 심화되면 구강공격적(oral aggressive) 인격 형성 혹은 구강가학적(oral sadistic) 인격이 형성된다. 이러한 인격이 형성된 사람은 입으로 남을 공격하고 풍자하고 조롱하는 일을 즐기는 유형의 직업에 종사하면 가장 적절하다. 가령, 변호사, 정치 선동가, 논설위원, 평론가 등이 이에 속한다. 또한 이런 유형의 인격 소유자들은 자신이 갖고 있는 공격성을 숨기기 위하여 때로는 남들이 듣기 좋은 말을 흔히 하는 경향을 보이기도 한다.

② 항문기(anal stage : 2~3세, 또는 6개월~4세)

이 시기는 리비도가 항문에 집중하는 시기이다. 어린아이들은 이 시기에 괄약근을 통제할 수 있는 능력을 갖는데, 소화된 음식찌꺼기를 모아 두는 과정을 통하여 긴장을 느끼고, 이를 항문을 통해 배설하는 과정을 통하여 그 긴장을 해소시키는 쾌감을 느끼게 된다. 이 시기의 어린아이들은 자신의 욕구에 따라 배설하는 경향이 있기 때문에 부모로부터 배변 훈련을 받으면서 동시에 긴장 해소의 욕구를 조절하는 사회적 규제를 경험하기도 한다. 프로이트는 이러한 배변 훈련 과정에서 일어나는 문제들이 아동의 인격 형성에 큰 영향을 미친다고 말한다. 곧, 그 결과는 항문 보유적(anal retentive) 인격 형성과 항문 공격적(anal aggressive) 인격 형성으로 나타난다고 한다.

항문 보유적 인격 형성은 배설 훈련이 처벌 위주로 진행되었을 경우에 주로 형성된다. 아동기에 나타나는 징후는 일부러 배설을 함부로 하면서 자신이나 주변을 더럽히는 반항적 행동을 보이며, 성인이 되면 낭비와 사치,

도박 등에 몰두하거나 무책임하고 무질서한 행동을 거듭하는 경우가 많다. 이는 모두 어린아이 시절 배설을 참아야 했던 것에 대한 심리적 반발의 결과로서, 자신이 현재 소유하고 있는 것에 대해 항상 불안을 느끼며 결국 그것을 없애버려야만 불안을 해소시킬 수 있는 유형의 인격이 형성되는 것이다.

반면, 항문 공격적 인격은 부모가 배설을 칭찬하고 격려하는 형식으로 배변 훈련을 한 어린아이 경우에 형성된다. 이런 성장 환경을 거친 성인은 어린아이 때 배설을 통해 부모를 만족시킨 것과 같이, 남을 기쁘게 하거나 남에게 베풀거나 함으로써 만족감을 얻으려는 인격을 소유하게 된다.

③ 남근기(phallic stage : 4~5세, 또는 4~7, 8세)

이 시기는 리비도가 성기에 집중되는 시기로서 남자아이의 경우에는 남근기, 여자아이의 경우에는 음핵기라는 용어를 사용한다. 이 시기의 아동들은 성기에 관심을 갖게 되면서 자위를 한다든가, 출생이나 성에 대한 관심을 표현하는 경우가 생긴다. 물론 이 시기의 성에 대한 관심이나 쾌감의 경험은 성기의 결합을 통해 쾌감을 추구하는 성인적인 세계와는 다른 전성기에 속하는 세계이다. 이 시기의 남자아이들은 어머니를 사랑하면서 아버지와 경쟁 관계에 놓이게 되며, 여자아이들은 아버지를 이성의 대상으로 사랑하면서 어머니와 경쟁 관계에 놓이게 된다. 이러한 심리적 경험을 각각 오이디푸스 콤플렉스(Oidipus complex), 엘렉트라 콤플렉스(Electra complex)라고 부른다. 오이디푸스 콤플렉스는, 남자아이가 자기의 아버지가 자기를 해치거나 성기를 잘라버릴 것이라는 거세 불안(contration anxiety)의 공포심을 갖는 심리이다. 반면, 엘렉트라 콤플렉스는, 여아가 자기에게 음경이 없음을 알고 남근 선망(penisenvy)을 갖거나 그 원인이 어머니의 잘못 때문이라고 원망하는 심리이다.

남근기에 고착되어 있는 남성의 인격은 대부분 경솔하고 과장되고 야심적인 그리고 거만함 등으로 형성된다. 때때로 지나치게 여성적인 특성을 보이는 경우도 있다. 음핵기에 고착되어 있는 여성의 인격은 순진하고 결백해 보이는 외양 아래 난잡하고 유혹적이며 경박한 기질을 숨기고 있는 경우가 많다. 물론 그런 기질을 숨기기 위해 자기 주장이 강하다든가 남성을 능가하려고 항상 노력하는 태도를 보이기도 한다.

④ 잠복기(latent stage : 6~7세 또는 5, 6~12, 13세)

이 시기는 리비도가 신체의 각 부위로 퍼져 잠재하는 시기이다. 이 시기에 이른 아동들은 성적인 수면 상태에 빠져 있는 리비도가 성적이지 않은 행동, 곧 지적인 관심, 운동, 우정 등 외부적 세계에 대한 관심으로 전위(轉位)되어 나타난다. 그러므로 이 시기부터 사춘기까지는 성적 충동이나 공격 충동이 약화된 상태로 머물게 된다.

따라서 이 시기는 아동의 사회화 과정에서 매우 중요한 과도기적 성격을 띤다. 그러므로 이 시기의 아동들에게는 특별한 교육적 관심과 배려가 집중적으로 필요하다. 또한 이 단계는 자기애(自己愛)가 이성애로 전환되는 중요한 시기에 해당된다. 이러한 과도기적 성격 때문에 잠복기는 심리 성욕 발달 단계에 포함시키지 않기도 한다.

⑤ 성기기(genital stage : 사춘기~죽을 때까지)

이 시기는 잠복되어 있던 리비도가 성기에 집중되는 단계이다. 이 시기에 이른 청소년들에게는 2차 성징이나 호르몬의 변화가 뚜렷하게 나타난다. 이런 변화로 인해 청소년들은 이성과의 성행위, 곧 생식이라는 생물학적 욕구를 느끼기 시작한다. 이 시기에는 욕구의 즉각적 만족을 지연시키는 능력을 키우고, 책임감을 기르며, 또한 적극적으로 자신의 생활 문제를 스스로 해결해나가는 법 등을 원만하게 습득하는 방향으로 나갈 때 이상적인 인격이 형성된다. 이러한 인격 형성자들은 욕구를 충족하려고 쾌락을 추구하기도 하지만 성숙되고 사려 깊고 신중하게 행동하는 특징을 지닌다. 곧, 리비도가 자기 도취를 벗어나 이성을 향한다는 데 중요한 의미가 있다. 반면, 이 시기에서 성기기에 집중되어 있는 리비도가 적절하게 해소되지 않거나 독립적으로 인생 문제를 해결해 나가지 못할 때 문제적 인격이 형성된다. 가령, 자위 행위를 통하여 긴장을 해소하는 습관이나, 사회 부적응적 성격, 반사회적 성격을 지닌 성인들을 낳는 원인이 될 수 있다.

(4) 오이디푸스 콤플렉스와 엘렉트라 콤플렉스

프로이트는 유년기의 억압된 욕망과 그 해소 방법이 성년기의 삶의 질을 결정하는 중요한 요소라고 규정한다. 그리고 유년기의 억압된 욕망의 내용으로서 가장 중요한 것은, 인류가 오랫동안 금기로 여겨 온 근친상간적(近親相姦的) 욕망과 관련된 오이디푸스 콤플렉스(Oidipus complex)와 엘렉트라 콤플렉스(Electra complex) 두 가지를 꼽고 있다.

그리스 신화에 바탕을 둔 소포클레스(Sophocles, BC 496~406)의 『오이디푸스 왕』에서, 오이디푸스는 테베 왕 라이오스와 이카스테의 아들인데 숙명적으로 아버지를 죽이고 어머니와 결혼하게 된다. 프로이트는 이 작품의 주인공 오이디푸스의 이름을 빌려 정신분석학에 사용한다. 이 신화의 내용과 같이 오이디푸스 콤플렉스란 남근기에 이른 남자아이가 어머니를 독점하려는 욕망과 관련하여 아버지를 경쟁 상대로 삼으면서 나타나게 되는 심리적 특성을 말한다. 이때 남자아이는, 자신이 어머니를 사랑한다는 것을 아버지가 알고서 성기를 거세당하지 않을까 하는 거세 불안(contration anxiety)의 공포심을 갖게 된다. 이 시기의 남자아이들은, 아버지는 모든 권위의 근원이요 온갖 욕망의 조정자이기 때문에 자기를 거세할 능력을 갖춘 사람으로 경험된다. 이 거세 불안 속에서 남자아이들은 어머니에 대한 사랑과 아버지에 대한 적대감을 스스로 억압하면서 오이디푸스 콤플렉스 단계를 벗어나게 된다. 이 과정에서 남자아이들은 아버지를 동일시(identification)하면서 남성다움의 인격을 형성해 가게 되는 것이다.

엘렉트라 콤플렉스 역시 그리스 신화를 바탕으로 아이스킬로스(Aeschylos, B.C. 525~456)가 작품화한 『오레스테이아』 3부작 가운데 제1부 「아가멤논」에서 따온 용어이다. 엘렉트라는 아가멤논과 클리타임네스트라 사이에서 태어난 딸이다. 그런데 어머니는 정부 아이기스토스와 공모하여 트로이 전쟁에서 큰 승리를 거두고 돌아온 아버지, 곧 아가멤논 대왕을 죽인다. 이에 엘렉트라는 남동생 오레스테스와 함께 아버지 살해를 단죄한다는 명분으로 어머니와 그 정부를 죽인다. 이러한 내용과 관련하여 프로이트가 제시한 이론을 바탕으로 융(C. G. Jung)이 이름을 붙이게 된다. 이렇듯 엘렉트라 콤플렉스는 아버지를 사랑하는 음핵기의 소녀가 어머니와 경쟁을 벌이면서 겪게 되는 심리적 특성을 말한다. 여자아이들은 어머니에 대해서는 적개심을, 아버지에 대해서는 동경심을 갖는다. 이 과정에서 소녀는 자신의 성기가 어머니에 의해 거세당했다고 느끼게 되며, 그와 동시에 아버지에 대한 사랑이 남근 선망(penisenvy)으로 나타나게 된다. 그러나 결국 남근 상실의 사실을 체념하고 어머니와 동일시를 통해 갈등을 해소한다.

이러한 두 가지 콤플렉스의 해소 과정이 원만하게 이루어지지 않은 경우, 곧, 적절한 동일시의 과정을 통해서 이를 극복하지 못한 아동들은 후일 성인이 되어서 문제를 일으키게 되는 경우가 있다. 사회 생활의 부적응, 신경증 발병, 성적 무력증 등의 원인이 될 수도 있는 것이다.

(5) 심리적 방어기제

심리적 방어기제(defence mechanism)란 개인이 심리적으로 자신을 방어하기 위하여 취하는 적응 방법을 뜻한다. 방어기제는 두 가지 특징이 있다. 하나는, 무의식적인 차원에서 작용하므로 자기 기만적이다. 다른 하나는, 각 개인에게 현실을 왜곡하여 지각케 함으로써 불안감의 위협을 줄이는 것이다. 프로이트의 방어기제 중 몇 가지를 요약하면 다음과 같다.

① **억압**(repression) : 자신이 원치 않는 생각이나 충동이 의식에 떠오르는 것을 강하고 직접적인 방법으로 회피하여 막는 방어기제이다. 그런데 아무리 강하게 억압하더라도 그 억압된 내용은 실수나 농담 등을 통하여 표출되며, 심한 경우에는 모든 신경증적 행동, 정신 신체 장애(위궤양 등), 성심리 장애(불감증 등) 질환의 근본 원인이 된다.

② **전위**(displacement) : 치환 또는 자리바꿈을 말한다. 본능적 욕구나 충동의 표현을 재조정해서, 위협을 많이 주는 사람이나 대상이 위협을 덜 주는 대상이나 사람에게 그 에너지를 분출하는 것을 말한다. 가령, 부모에게 꾸중을 들은 어린이가 동생을 때리거나 장난감을 부수며 화풀이하는 것, 자식이 없는 부부가 애완동물을 귀여워하는 것, 부부싸움 끝에 가재 도구를 부수는 행위 등이 그것이다. 이 전위가 심한 경우에는 자신에게 행해지는 경우도 있다. 자기 파괴적인 행동이나 우울증이 그것이다.

③ **승화**(sublimation) : 전위의 일종으로써, 무의식적 성욕이나 공격성 등이 예술 활동이나 학문, 직업 종교 활동 등과 같이 사회적으로 인정되는 행위로 전환되어 나타날 때 사용되는 개념이다. 가령, 리비도를 성적인 목표로부터 스포츠, 사회 활동, 취미 생활 등 보다 건전한 쪽으로 승화시키는 것 등이다. 또한 사람들이 예술 작품을 감상하면서 자신들이 현실에서 이룰 수 없었던 욕구를 대리적으로 체험하기도 한다.

④ **투사**(projection) : 불안과 고통의 원인이 자기 자신임에도 불구하고 그것을 인정하지 않고 무의식적으로 외부 대상에게 전가시킴으로써 자신을 방어하는 방법이다. 가령, 지각한 아이가 날씨나 교통 혼잡을 탓하고, 연주

를 잘못한 아이가 악기를 탓하는 것 등이다.

⑤ **합리화**(retionalization) : 부정적 행동이나 실패를 정당화함으로써 또한 그럴 듯하지만 옳지 않은 방법으로 핑계를 대서 정당화하는 방어기제이다. 가령, 연애에 실패한 사람이 상대방의 성격적 결함을 논한다든가, 이해 관계 차원에서 돈을 기부한 사람이 사랑이나 자비 등의 명분을 내세운다든가 하는 것 등이다.

⑥ **고착**(fixation) : 심리적 발달이 특정 단계에 멈추는 경우를 말한다. 일반적 의미로 사용될 때에는 불안에 대처하려는 방어기제의 하나를 뜻한다. 대부분 사람들은 새로운 상황에 직면했을 때 불안과 두려움을 겪게 된다. 그런데 특히 고착이 심한 사람의 경우, 새로운 미래로 나아가기보다는 현실에 안주하려는 심리가 발동한다. 그리하여 병적으로 현실이나 현재에 집착하게 된다.

⑦ **퇴행**(regression) : 심리적 발달이 멈추는 경우 고착적 행동을 취하는 사람이 있는 반면, 곤경에 처했을 때 이전의 행복했던 과거로 되돌아가서 불안을 완화시키려는 사람도 있다. 이 경우의 심리 현상을 퇴행이라고 한다. 가령, 어른이 어리광을 부린다든가, 유년을 추억한다든가, 고향 생각을 한다든가 하는 것 등이다.

⑧ **반동형성**(reaction formation) : 자신의 욕망을 억압하고 대신 반대로 행동을 함으로써 불안을 감소시키는 방어기제이다. 반동형성은 대개 두 단계를 거쳐 발생한다. 첫째 단계는, 자신에게 받아들일 수 없는 욕망을 일단 억압하고, 둘째 단계에서는 그 욕망에 반대되는 행동을 의식적으로 행사한다. 대개 반동형성은 강박적이고 과장되고 엄격한 특징을 가진 행동에서 잘 드러난다. 가령, 상대를 죽도록 사랑하면서도 증오하는 감정으로 바꾸거나, 두려운 사람과 친하려는 경향, 사회의 윤리 타락을 격렬하게 비판하는 경향 등이다.

⑨ 동일시(identification) : 자기 자신이 좋아하는 개인이나 집단을 모방함으로써 나타나는 동조 심리이다. 이 경우에는 동일시의 대상으로 삼는 사람과 닮아 가는 경우가 많다. 가령, 영웅 숭배, 카리스마적 지도자에 대한 맹목적 동조 등이다.

⑩ 양가감정(ambivalence) : 서로 상반되는 감정이 동시에 같은 정도의 강도로 공존하는 심리이다. 일반적으로는 어떤 대상이나 사람에 대해 인간이 갖고 있는 부정적인 감정들을 억압하면서, 그 대신 긍정적 감정만을 밖으로 표출하는 형태로 공존한다. 가령, 친구를 좋아하면서도 그 친구가 잘 나가면 불행해지기를 은근히 바라는 것 등이다. 히스테리 환자나 정신분열증 환자에게서 잘 나타나는 모순된 병적 심리이다.

(6) 꿈 이론

프로이트에 의하면 꿈은 억압된 소망의 위장된 충족, 곧 원망(願望)의 충족이다. 프로이트는 정신 질환이나 신경증 치료의 방법으로 꿈을 임상적으로 분석하고, 정신의 무의식적 활동을 알 수 있는 왕도라고 생각한다. 말하자면, 꿈은 잠자는 상태에서 규칙적으로 일어나는 현상인데, 꿈을 꾼다는 것은 충동과 억압이라는 이중적인 창조에 인과적으로 의존하는 어떤 것이 아니라 주로 무의식적 충동에 의해 일어나는 수동적인 어떤 것으로 파악하는 것이다. 그리고 꿈의 재료는 현재의 신체적인 요구, 전 날의 허상, 낮의 잔존물 등 최근의 경험이나 유아기의 기억 등이다.

꿈은 깨어 있는 낮의 일상 공간, 곧 에고와 초자아가 지배하고 있는 공간에서는 도저히 충족시킬 수 없는 욕망을 만족시키고자 하는 무의식적 욕망의 산물이다. 인간의 의식 활동이 약화되는 수면 상태를 틈타 무의식의 에너지가 분출하는 것이다. 그러나 꿈을 꾸는 경우에도 인간의 에고와 수퍼-에고는 비록 그 위력이 약화되었다고는 하나, 분출되는 이드에게 제동을 가

한다. 수면이라는 공간이라고 하지만 역시 그 속에서 전개되려 하는 이드의 내용이 스스로가 갖고 있는 윤리나 관습적 기준에서 볼 때 용인하기 어려운 내용이기 때문이다. 이때 무의식과 전의식 사이에서 특이한 검열과 변형 작업이 행해진다. 이 검열과 변형 작업은 대체로 무의식의 내용을 뒤섞어 버리거나 압축한다거나 하는 식으로 해서 무의식의 내용을 그대로 인식하지 못하게 만든다. 이런 변형 작업을 '꿈—작업'(dream-work)이라고 한다.

프로이트의 관심은 욕망의 언어가 취한 형태 '꿈—작업'에 집중되고 있다. 꿈—작업, 곧 전복과 왜곡은 네 가지 단계를 거치는데, 첫 단계는, 현현된 꿈을 잠재된 꿈보다 소규모로 내용을 축소시키는 압축(condensation)이다. 둘째 단계는, 잠재적인 꿈사상의 요소들이 위장을 통해서 현현된 꿈에서는 별 관계가 없는 다른 요소들로 대치시킴으로써 정신적 강도가 변하는 것을 말하는 전치(displacement)이다. 셋째 단계는, 꿈을 극화하여 시각적 이미지로 영상화하는 연출 가능성의 고려(considerations of representability)이다. 넷째 단계는, 꿈의 왜곡 단계인 2차적 수정(secondary revision)이다.

(7) 그 밖의 정신분석 용어들

① 본능과 리비도(eros and libido)

프로이트는 인간의 본능을 크게 '삶의 본능'(eros)과 '죽음의 본능'(thanatos)으로 나눈다. 삶의 본능은 날개 달린 미소년의 모습을 한 신 에로스의 이름에서 그 명칭을 따 온 것이다. 삶의 본능은 활력적인 삶을 가능하게 하고, 종족 번식과 창조적 삶을 책임지는 각종의 힘을 포함한다. 이 가운데서도 성본능은 인간의 성격 발달에 가장 큰 영향력을 행사하는 삶의 본능이다. 성본능에 내재하는 힘을 리비도(libido) 에너지라고 하는데, 리비도는 성적 행동을 통해서 만족을 얻고자 하는 정신 에너지이다. 그밖에 인간이 먹고 마시고 배설하는 본능도 삶의 본능에 관련되는 것이다.

　죽음의 본능은 그리스 로마 신화에서 저승 사자의 역할을 담당하고 있는 타나토스의 이름에서 따 온 명칭이다. 프로이트는 이 본능에 대해 파괴욕, 공격욕, 잔인성, 자살, 살인 등 인간이 지니고 있는 파괴적 속성을 지칭하는 본능이라고 말한다. 죽음 본능의 궁극적 목표는 인간의 본 모습인 불변하는 무기질로 되돌아가려는 데 있다. 죽음은 결국 정상에로의 복귀이고, 삶이란 순간적인 비정상적 상태라는 믿음이다. 이는 생명이 갖고 있는 무질서적인 혼돈 상태를 극복하고 변하지 않는 상태로 돌아가려는 인간의 욕망과 관련되어 있는 것이다.

　리비도는 '소망' '욕구' 등의 어원을 갖고 있는 것으로서 인간이 선천적으로 가지고 태어나는 심리 성욕적 에너지를 뜻한다. 이 리비도는 에너지 보존의 법칙에 따라 그 총량은 변하지 않고 지속된다. 인간이 발달해 감에 따라 이 리비도가 신체의 입, 항문, 성기 등 어느 성감대에 집중되어 있느냐에 따라 그 사람의 인격이 형성된다. 인간의 성격 발달 단계는 구강기, 항문기, 남근기, 잠복기, 성기기로 구분된다.

② 성도착증

　사회적으로 용인되지 않은 방법으로 성본능을 충족시키는 방법을 뜻한다. 성도착증에는 성대상도착(inversion)과 성행위도착(perversion)이 있다. 성대상도착으로는 성욕의 대상을 다른 물건으로 바꿔 충족시키는 페티시즘(feticism), 성욕을 동성적 대상에서 충족하는 동성애, 또는 동물을 상대한 수간(獸姦), 시신을 상대한 시간(屍姦), 유아를 대상으로 한 유아애 등이 있다. 성행위도착으로는 상대에게 고통을 가함으로써 쾌감을 만족시키는 매저키즘(masochism), 반대로 고통을 당함으로써 쾌감을 만족시키는 새디즘(sadism)이 있다. 매저키즘과 새디즘은 근본적으로는 표리의 관계에 있다. 즉 매저키즘이 대상을 타인으로 정하면 새디즘이 된다. 이 외의 성행위도착으로서는 타인의 행위를 은밀하게 훔쳐보는 행동을 통하여 만족감을 얻는 관음증(觀淫症) 등이 있다.

③ 카타르시스(catharsis)

원래 아리스토텔레스의 『시학』 제6장에 나오는 용어이다. '배설하다'라는 어원을 갖고 있는 이 용어는 마음에 억압되어 있던 것을 말이나 실제 행동, 감정 등으로 표현하여 그 증상을 완화하거나 없애는 정신 치료 방법을 의미한다. 비극을 보면서 눈물을 흘리는 행위도 카타르시스에 속한다고 아리스토텔레스는 말한 바 있다. 이 용어는 문학의 효용적 측면과 깊은 관련이 있는데, 가령 작가가 공격적 욕망이나 성욕을 작품 속에 표현함으로써 자기 정화를 꾀한다든가, 독자가 그러한 작품을 읽으면서 자신의 욕망을 대리적으로 해소한다든가 하는 것이 그러한 측면이다.

④ 나르시시즘(narcissism)

리비도가 자신을 향해 있는 상태를 총칭하는 용어로 자기애 혹은 자기 도취라고 한다. 인간은 심리 성격 발달 과정에서 대개 자신을 사랑하는 단계를 거치게 되는데, 이것을 1차적 자기 도취라고 한다. 물론 이런 현상은 전성기에 나타나게 된다. 문제는 이 시기가 성인이 되도록 지속된다든가, 일단 발달했다가 다시 퇴행해서 나타나는 경우이다. 이런 사람들은 자기 중심적이고 이기적인 특성을 강하게 드러낸다.

4. 융의 분석심리학

프로이트의 이론을 비판하고 독자적인 이론을 전개시킨 융(C. G. Yung,

1875~1961)의 이론을 신프로이트학 또는 분석심리학(Analytical Psychology)이라고 부른다. 융은 리비도와 성욕의 본질에 관한 이견으로 1913년 프로이트와 결별한 뒤 분석심리학을 창안한다. 이후 융은 이를 복합심리학(Complex Psychology)이라고 불렀다. 그리고 융의 이론을 추종하는 학자들을 신프로이트학파 혹은 신정신분석학파라고 부른다.

(1) 인간 정신의 본질과 구조

융은 인간의 심리 본질을 영혼과 의식, 무의식을 포함한 포괄적인 개념으로 파악한다. 융도 프로이트와 마찬가지로 인간의 정신 구조를 의식(conscious), 전의식(preconscious), 무의식(unconscious)으로 나누었다. 그런데 융은 프로이트와 달리 특히 무의식을 개인무의식(personal unconscious)과 집단무의식(collective unconscious)으로 나눈다.

개인무의식이란 처음에는 의식적이지만 습관에 따라 잊히고 억압되어 잠재 의식적으로 지각되고 느껴지는 모든 종류의 무의식을 말한다. 자아에 의해 인정될 수 없는 체험, 기억, 갈등 등이 저장되어 있는 요소로서 필요할 때마다 호출된다. 이러한 요소들은 몇 개씩 모여 특정한 집단을 형성하기도 하는데, 이를 콤플렉스라 한다. 가령, 어머니 콤플렉스, 열등 콤플렉스 등이 해당된다.

집단무의식은 인간의 자아에 개인적인 요소를 포함하지 않고 모든 개인의 두뇌 구조 속에 새롭게 나타나는 인류 진화의 전체적인 정신적 유산을 말한다. 다시 말하면 집단무의식이란 유사 이전 수백만 년의 조상 대대로의 경험과 침전물로서, 그 선사 세계 사건들의 메아리에 각 세대들이 무한히 적은 양의 변화와 분화를 첨가하는 것이다. 가령, 인간의 무의식 가운데는 뱀이나 어둠에 대한 공포와 같이 조상 대대로 물려받은 공통적 정신 요소가 있다는 것이다. 따라서 융은 그러한 집단무의식의 세부 내용들을 태고유형

(太古類型) 혹은 원형(原型)이라고 이름한다.

(2) 원형의 개념과 종류

원형(archetype)이란 집단무의식의 구조적 요소로서 보편적, 집단적, 선험적인 심상들이다. 원형은 원시적인 심리가 갖고 있는 본능적 집적물이며 심리적 기관으로서 창조되지 않고 처음부터 존재하는 영원한 것이다. 이러한 원형은 본능의 자화상으로서 의식을 초월하고 집단무의식 속에 천부적으로 존재한다. 말하자면 원형적 심상은 신화 시대의 '조상 어머니'(Great Mother)의 심상과 같은 형태로 우리의 영혼에 남아있는 것이다. 원형 가운데 중요한 것은 퍼소나(persona), 아니마(anima)와 아니무스(animus), 그림자(shadow), 자기(self) 등이다.

'퍼소나'란 배우가 쓰는 가면(탈)이라는 뜻을 가진 희랍어이며 집단무의식의 외면에 해당한다. 즉 개인이 사회에 공개적으로 보여주는 인격적 외형인데, 인간은 이것에 의지하면서 사회 생활과 공동 생활을 영위한다. 말하자면, 어떤 사람이 외부적으로 어떻게 나타나 보여야만 되는가 하는 문제에 대하여 사회와 개인 사이의 타협점이다. 그런데 이 퍼소나에 지나치게 압도되어 있는 사람은 그의 본성과의 내적 갈등 때문에 긴장 속에서 살게 되거나 정신 질환을 겪게 되거나 하는 현상을 일으킨다.

'아니마'는 집단무의식 내면에 해당하는 것으로서 남성이 내면에 갖고 있는 여성적 측면이며, '아니무스'는 여성이 내면에 갖고 있는 남성적 측면을 말한다. 남성의 아니마적 성격은 그 남성의 어머니에 의해 형성되며 여성의 아니무스적 성격은 그 여성의 아버지의 영향을 받는다. 남성과 여성이 각각 균형 있는 아니마와 아니무스를 갖고 있을 때 정상적인 사회 활동을 영위할 수 있으나, 어느 한편으로 치우칠 경우에는 부정적인 심리 현상을 유발한다.

'그림자' 속에는 동물적인 본성을 포함한 정상적인 본능과 생명 유지에 필요한 현실적 통찰과 반응의 원천이 되는 강력한 에너지가 저장되어 있다. 이것은 꿈속의 귀신, 악령, 원시 미술과 신화 등에서 찾을 수 있다. 그러나 그림자는 동물적 성격과 같은 부정적 속성과 더불어 창조성, 자발성, 강인성, 통찰력, 즉각적 행동력 등 여러 가지의 긍정적인 속성도 지니고 있다. 융은 그림자를 개인 그림자와 집단 그림자로 나누고 있다.

'자기'는 모든 원형과 콤플렉스를 조화시키는 중심적 에너지로서 집단무의식의 중심부를 이룬다. 인간의 인격에 통일성과 조화성, 전체성과 불변성을 부여하는 요소로서 인간이 자기를 실현하는 어떤 것이다. 인간의 인격 발달이 지향하는 최후의 궁극적 목표가 바로 '자기'이며, 특히 융은 자기 인식의 개별화 과정(self realization) 마지막 단계로 보았다.

(3) 콤플렉스 이론

융에 의하면, 콤플렉스(complex)란 의식의 통제를 벗어나 격리되어 마음의 어두운 심층에 살고 있는 심리적 실체이다. 즉, 콤플렉스란 억압되어 개인무의식 속에 잠재화된 관념을 뜻하는데, 감정도 이 속에 포함된다. 일반적으로는, 콤플렉스란 억압된 관념이 무의식화되어 자아의 통제에 따르지 않게 된 복합적 상태를 일컫는다. 그리고 콤플렉스는 유아기의 대인 관계에서 형성되는 것으로 알려져 있다. 융은 콤플렉스의 종류를 남성 콤플렉스, 여성 콤플렉스, 카인 콤플렉스로 나누고 있다.

남성 콤플렉스란, 자신이 남성이었으면 하는 소망이 여성에게 무의식화되어 있는 경우를 말한다. 여성이 남성에 대해 갖고 있는 선망, 질투, 동일화 또는 열등감 등이 모두 이것과 관련되어 있는데, 이런 것들은 공격 욕구나 향상 욕구로 변형되기도 한다. 반면 여성 콤플렉스란, 자신이 여성이었으면 하는 소망이 남성에게 무의식화되어 있는 경우를 말한다. 이런 경향은 흔히 변태적인 성향을 지닌 남성에게 많이 찾아볼 수 있는데, 그 성격이 유아적이고 에로틱하며 초자아가 확립되어 있지 않은 경우가 많다. 카인 콤플렉스는 구약 성서 창세기의 카인과 아벨 이야기에서 그 명칭을 따 온 것으로서, 부모의 애정을 독점하기 위하여 형제가 무의식적으로 벌이는 갈등과 투쟁을 말한다.

(4) 꿈 이론

융은 환자가 모르고 있는 부분을 밝혀내는 방법으로 연상 방법, 징후 분석, 무의식의 분석 등을 들어 설명한다. 이 가운데 무의식을 밝혀내는 가장 효과적인 방법이 꿈의 분석이다. 융에 의하면, 꿈은 의식과 무의식의 내용으로 구성된다. 따라서 꿈은 무의식으로 통하는 길이며, 무의식의 조정 기능의 일부로서 매우 중요한 실마리를 제공한다. 이밖에도 융은 환상과 비전을 무의식의 표시라고 보았다. 꿈은 무의식적인 내용과 집단적인 무의식의 내용에 뿌리를 두고 있다는 것이다. 그리고 꿈은 그것이 지닌 의미에 따라 세 가지 유형으로 작용한다. 첫째, 일정한 의식적 상황이 일어나면 그 다음에는 반드시 무의식의 반응인 꿈이 꾸어진다는 것이다. 둘째, 꿈은 일정한 의식적 상황에 의해 자극을 받지 않으나, 무의식의 자발적인 어떤 행위에서부터 생겨난다는 것이다. 셋째, 무의식의 내용이 강해지면 강해질수록 무의식은 의식으로 변화되는 가능성이 많아진다는 것이다.

융은 처음으로 꿈의 전체 시리즈를 조사 연구한다. 그에 따르면, 꿈의 시간적 순서는 꿈 의미의 순서와 반드시 일치하지 않은 채 계속된다. 그리고 꿈의 배열은 하나의 중심 의미에 방사형으로 모여 있는 구조를 취한다. 곧, 꿈은 하나의 완전한 극형태를 취하는 것이다. 다시 말하여, ① 장소·시간·인물 구성 ② 설명(exposition) 혹은 문제의 진술 ③ 구성(peripety) ④ 해결(lysis) 등이 그것이다. 따라서 꿈의 내용은 꿈꾸는 사람의 개성에 의해 결정된다. 꿈은 의식적 상황에 대해 보상적이고 보충적인 기능을 갖고 있다. 이러한 꿈을 해석하는 데 있어 융은, 어떠한 조건하에서 어떠한 꿈이 발생하는가 하는 조건주의 이론을 제시한다. 융은 꿈해석을 주관적인 면과 객관적인 면으로 구분하기도 한다.

(5) 문학 이론

프로이트의 정신분석학과는 달리 집단무의식을 중시하는 융에게 있어서 작가나 작품 이론은 상당한 차이점을 보인다. 프로이트는 작품을 작가 개인의 무의식 속에 갖고 있는 병리학적 요소가 꿈작업이라는 단계를 거쳐서, 다시 말하여 왜곡되고 변형된 형태로 표출된 결과로 보았다. 그러나 융에 따르면, 인간 개인을 지배하고 있는 무의식적 에너지 속에는 심리성욕적 에너지인 리비도 외에 다른 긍정적 요소들이 대거 포함되어 있다. 특히 무의식의 핵심 속에 들어 있는 자기(self)라는 요소에 이르면 작품의 성향이 달라진다. 작품은 병리적인 개인 의식의 표출이 아니라, '자기'의 표현, 곧 진리를 파악하는 뛰어난 인격적 요소가 스스로를 표현하는 매개체로서의 기능을 담당하게 된다. 이것이 바로 자아 실현의 단계이기도 하다.

또한 융에 의하면, 모든 개인의 작품은 그 개인의 의식을 표현하는 것이 아니라, 인류의 집단적인 경험이 모여진 형태로서 집단무의식을 표출하는 매개체가 된다. 때문에 융에게 있어서는 작가 개인이나 개별 작품의 가치는 축소될 수밖에 없다. 중요한 것은 그 개별 작가나 작품이 아니라, 그 속에 담겨 있는 인류의 공통적인 경험과 의식 세계라는 것이다. 따라서 융의 이론에 입각하여 문학 작품을 연구하는 사람들은 자연스럽게 작품들이 갖고 있는 공통적인 요소들, 가령 대모신(大母神)이라든가 유아신(幼兒神), 죽음과 재생 등 '원형' 탐구에 집중하게 되는 것이다. 집단무의식의 연구자들이 근대 작품보다도 오히려 신화나 동화, 전설 등의 고대적 작품을 선호하는 이유도 여기에 있다.

5. 아들러의 개인심리학

아들러(Alfred Adler, 1870~1937)는 프로이트의 첫 제자였으나, 학설의 이견으로 결별하고 개인심리학(individual psychology)을 창안하였다. 그의 학설은 또한 자아심리학(ego psychology)이라고도 불린다. 여기서 '개인'이나 '자아'라는 용어는 프로이트식의 개인 심리 탐구와는 차이를 지니는 개념으로 '사적(私的)' 혹은 '주체적'이라는 의미를 내포하고 있다. 다시 말하여, 개인의 심리적 특성과 인생 목표는 개인 스스로가 만들어가는 것이라는 의미를 담고 있는 것이다.

아들러의 개인심리학이 주장하는 바는 '응석받이'라든가 '무시'라든가 하는 유년기의 경험이 그의 삶의 전체 양식과 깊은 관계를 맺고 있다는 점, 인간의 근본적인 억압이라고 불리는 오이디푸스 콤플렉스도 이 가운데 한 유형에 지나지 않는다는 점, 그리고 인간 정신의 탐구는 원인적 탐구가 아니라 그가 추구하는 목표의 탐구에 집중해야 한다는 점, 인간이 지향하는 특정 목표는 열등감의 극복과 우월감의 획득에 있다는 점, 그리고 이 과정에서 그가 지향하는 특수한 인생 과정이 그의 삶의 양식을 이룬다는 것 등이다. 이 결과들은 '인생 양식' '우월감과 열등감' '권력 욕구' 등의 용어로서 현대 심리학에서 보편적으로 받아들여지고 있다.

(1) 유년기와 인생 양식

아들러는, 인간은 4, 5세 정도의 연령에 이르는 동안에 인생을 대하는 태도와 양식을 '스스로' 형성해 버린다고 말한다. '스스로'라는 단어의 의미는 주변의 교육 문화적 환경 등에 의하여 기계적이거나 인과적으로 형성되는 것이 아니다. 아동 자신이 갖고 태어난 선천적인 요소와 유년기에 겪게 되는 경험적 요소를 바탕으로 하여 스스로 인생에 대한 태도와 양식을 형성해

간다는 것이다. 아들러의 이론이 인간의 능동성과 창조력을 강조하는 특성을 갖고 있는 것은 이런 이유 때문이다.

또한 아들러에 의하면, 인간은 과거의 집착보다는 미래에 좀더 나아지리라는 환상과 기대 속에 살아간다고 한다. 아들러 심리학의 핵심 가운데 하나는 열등감(inferiority)과 보상(compensation)의 개념이다. 인간은 열등감을 극복하고, 우월해지려는 노력(striving for supiriority)과 완벽 추구 성향 때문에 발전하는데, 아들러는 이를 '창조적 자기'라고 이름했다. 아들러는 이 노력이 처음에는 공격적인 성향을 거쳐 권력에의 추구로 나타나며, 나중에는 우월성의 목표가 사회적 관심에로 집중되어 무엇인가 사회에 공헌하려는 성향으로 나타난다고 한다. 이러한 노력이 생활 양식을 바꾸며 성격을 형성한다는 것이다. 따라서 아들러는 삶의 문제를 성과 결혼, 학교와 직업, 가족과 사회 등 세 가지로 보고 있다. 그리고 이에 대한 적응의 본질을 용기, 상식, 사회적 관심으로 규정한다. 말하자면 프로이트는 개인의 성격 형성을 생물학적 결정론으로 본 반면, 아들러는 사회적이고 가족적인 요인에서 이를 찾는 사회적 결정론으로 본 것이다.

(2) 열등감과 우월감

아들러에 의하면, 열등감은 인간이 스스로 인간이고자 할 때 누구나 갖게 되는 심리적 기제이다. 그것은 현재의 상태를 극복하고 남보다 우월해지려는 인간의 보편적인 성향, 곧 안전감의 확보와 완전성을 지향하는 인간의 경향 이면에 자연스럽게 포함되어 있는 존재이다. 이 열등감을 극복해 나가는 그 나름의 대응 방식이 한 인간의 특징적인 삶의 양식을 이루는 것이다. 그러나 이 관점은 많은 사람의 경우 인생을 실패로 이끄는 방향으로 진행되기도 하는데, 그것은 유년기의 부정적인 체험으로 인한 기관성 열등, 응석꾸러기, 무시 등 세 가지에 의해 그 방향성이 결정된다.

'기관성 열등'이란 선천적인 기능적 장애나 유년기의 질병 경험 등과 관련하여 겪게 되는 유년기의 열등감이다. 이것이 긍정적 방향으로 극복될 경우에는 헬렌 켈러 등과 같이 기능적 장애를 훌륭하게 극복하는 결과를 낳게 되지만, 부정적인 방향으로 향할 때에는 신경 장애나 정신 장애의 결과를 낳게 된다.

'응석꾸러기'란 부모의 과잉 보호로 인하여 응석을 부리며 모든 욕망을 성취하면서 자라난 아이들에게 타나난다. 이러한 아동기를 보낸 아이들은 평생을 응석꾸러기로 살아가게 된다. 성인이 되어서도 자신의 삶의 문제를 자기 스스로의 극복하지 못하고, 아동기 때처럼 자신을 보호해줄 부모와 같은 의지의 대상을 찾아 끊임없이 배회하게 된다. 그리고 그 응석이 불가능하게 될 때에는 여러 가지의 심신 증상을 만들어내며 도피적 삶을 꾀하는 신경증 환자가 된다. 프로이트가 인간의 근원적 억압의 상황으로 규정했던 '오이디푸스 콤플렉스' 역시 이러한 부모의 과잉 보호에 의해 나타난 징후이기도 하다.

'무시'란 사랑이 없는 삭막한 가정 분위기에서 관심이 부재하거나 의식적으로든 무의식적으로든 간에 따돌림을 당하는 등 무시를 받으며 자라난 아동들의 경우에 나타난다. 고아나 사생아와 같은 경우에도 이러한 징후가 나타난다. 이러한 체험 속에서 성장한 사람들은 사회에 협력하는 일이나 사랑을 나누며 덕을 베푸는 일 등 인간들이 서로 나눌 수 있는 것에 회의를 품는다. 그리하여 모든 인간 관계의 신뢰나 협동의 가능성을 믿지 않는 삶의 양식을 갖게 되는 경우가 많다. 비관적인 인생 태도라든가 적대적인 인생 태도를 지닌 성인들, 혹은 사회성이 결여된 방법으로 권력욕을 실현하려고 하는 성인들은 이런 유년기적 열등감의 체험과 깊은 관련이 있다고 할 수 있다.

6. 구조주의 정신분석학

(1) 라캉의 구조주의 정신분석학

전통적 프로이트 정신분석 접근 방법은 작가의 창작 심리, 작품의 등장인물 심리, 독자의 심리, 혹은 이 세 개의 복합 심리에 대한 분석에 집중되어 왔다. 그러나 새로운 정신분석 비평인 구조주의 접근법은 무의식이 언어처럼 구성되어 있다는 이론에 기초하여 심리로서의 텍스트 작용에 관한 연구에 중점을 둔다.

라캉(Jacques Lacan, 1901~1981)은 프로이트 심리학에 변혁을 일으킨다. 이는, 무의식은 사고와 이미지에 연결된 원시적 본능의 근원, 그 이상이라는 주장에 힘입는다. 곧, 의식과 무의식은 엇갈리며 공존한다는 것이다. 이것은 내적 구조가 외석 개념화를 부축한다는 늣이며 무엇보다도 언어의 경험에 지배를 받는다는 이론이다. 이를 증명하기 위해 라캉은 소쉬르의 '기표'와 '기의'의 언어 이론을 빌려오지만, 동시에 단어의 소리인 기표와 사고의 개념인 기의 사이에 양면과도 같은 고착된 결합이 가능하다는 소쉬르의 이론에 의문을 제기한다. 라캉은 하나의 기의에 두 개의 기표가 존재할 수 있다는 예를 들어가면서, 이들 기의의 식별이란 인간의 판단에 달려 있고, 그 판단이란 개인차가 있기 마련이기 때문에 기호 체계 내에는 미망이 개입된다고 본 것이다.

기표에 대한 이런 이중 견해로 말미암아 단어의 의미는 특히 은유와 환유에서 전복되고 비유를 생성시킨다. 라캉의 은유(metaphor)와 환유(metonymy)는 프로이트의 압축(condensation)과 전치(displacement)에 해당된다. 무의식적 욕망은 하나의 모습을 비슷한 다른 모습으로 착각할 수 있으며 결국 한 기표를 다른 기표로 대체한다. 욕망을 훨씬 더 잘 충족시킬 수 있을 때 하나의 기표는 옆의 다른 기표와 자리바꿈을 하는데 이것이 환유이다. 은유와 환유는, 말하는 사람은 의식하지 못한 채 언어 속에 계속 작용한다. 이러한 라캉의 논리는 텍스트에 대한 그의 독특한 재해석을 의미한다. 그는 포우의 단편에 관한 논문 『'도둑맞은 편지'에 관한 세미나』(Seminar on 'The Purloined Letter', 1972 : 초판, 1966)를 통하여 단편적인 예를 제시한다. D장관은 왕비의 편지를 훔친다. 경찰국장은 왕비의 부탁을 받고 D장관의 집을 샅샅이 뒤지지만 편지를 찾지 못한다. 사립 탐정 듀팽은 처음 왕 앞에서 중요한 것이 아닌 것처럼 탁자 위에 놓여 있던 편지를 훔친 D장관의 심리에 착안하여 D장관의 집 편지꽂이에서 손쉽게 그 편지를 되찾아온다. 이 소설에서 라캉은 반복 구조에 관심을 집중한다. 왕과 경찰이 아무 것도 알지 못하는 반면 장관과 듀팽은 왕비와 장관이 아무렇게나 놓아둔 편지를 훔친다는 데 재해석을 유도한 것이다. 즉, 편지는 어떤 사람에게는 정확히 보이지 않고, 또 다르게 보인다. 편지가 누군가에게 소유될 때마다 주체는 실제의 편지가 상징하는 기표의 포로가 되는 것이다. 다시 말하면, 내용이 전혀 드러나지 않는 왕비의 연애 편지는 욕망의 은유이며 편지 대신 문자(letter for letter)라는 흔한 자리바꿈의 동음이의어인 것이다.

이러한 포우의 단편을 읽는 라캉의 독법, 곧 편지를 훔쳐내듯 남의 글을 재해석하는 그의 방법은 읽기와 쓰기의 과정에서 일반적으로 큰 의미를 갖는다. 텍스트—편지는 작가나 독자와 같은 어떤 한 주체의 소유가 아니다. 따라서 라캉은 반복 구조 속의 등장인물들의 서로 다른 시선에 주목한다. 편지에 집착하는 인물들의 시선은 바로 욕망의 시선에 사로잡혀 있다. 시선은 인식 기관이며 동시에 쾌락 기관이다. 그래서 '시선과 응시의 변증법'이 존재한다. 곧, 시선은 상징계에 갇혀 있고 응시는 자기 도취적 환상을 추구하는 것이다.

라캉의 이론인 시선과 응시의 변증법은, 예술은 인생의 모방이라는 전통 이론에 맞선다. 존재한다고 추정되는 실재와 그것의 재현은 비교될 수 없다.

시선은 늘 욕망의 눈으로 본 것만이 제시되기 때문에, 순수한 시선이란 존재하지 않고 모방의 예술은 여전히 환상이다. 그러므로 라캉은, 예술은 응시의 미혹과 그것의 길들임이라고 말한다. 여기서 독자의 텍스트에 대한 관계가 강조된다. 변형된 것은 사실 텍스트가 아니라 독자인 것이다. 독자는 변증법적 작용에 의해 그 이전의 힘을 무너뜨리고 텍스트를 자기 모순적인 것으로 드러냄으로써 새로운 힘을 끌어내는 새로운 의미로 텍스트를 바꾼다.

이와 같이 라캉은, 인본주의자 프로이트나 생물학자 프로이트와는 구분되는 기호학자로서의 프로이트에 중점을 두고 있다. 그리하여 프로이트를 잘못 해석한 과거의 독자들에게 도전한다. 이러한 라캉의 이론은 롤랑 바르트의 『연인의 담화』(*A Lover's Discourse*, 1979), 펠만(Shochana Felman)의 『해석의 나사돌리기』(*Turning the Screw of Interpretation*, 1977)에서 확대된다.

(2) 데리다의 후기 구조주의 정신분석학

데리다(Jacques Derrida)는 라캉이 강조한 기표의 우위성에 대해 의견을 달리한다. 그는 논의를 진행시키면서 자신이 직접 착안해 낸 여러 용어들을 바꾸고 또 바꾼다. 그가 핵심적으로 사용한 용어들은 글쓰기(writing), 흔적(trace), 차연(difference), 유포(dissemination) 등이며, 이 용어들은 텍스트가 자기 자신을 해체시키는 방식을 보여주기 위해 만든 것이다.

데리다에 의하면, 글쓰기는 욕망을 억압하는 동시에 드러내는 것이다. 말하여진 것이든 쓰여진 것이든 모든 말은 순간적인 의미의 과정과는 다르며 동시에 그것은 연기하는 '차연'에 종속되어 있다. 데리다는 이러한 과정을 기호가 '지워지고 있는 것'으로 표현한다. 이런 지우기는 단순한 복사가 아니라 무의식적인 해석이 사본의 저장소에 과거의 기호들로 축적되는 것을 말한다. 또한 무의식은 음성적인 것뿐만 아니라 비음성적인 기억을 통해서 그 흔적이 모든 단어에 남아있기 때문에 의미의 산출에 활발하게 참여한다고 본다. 라캉에게 무의식은 언어처럼 구성되어 있는 반면, 데리다에게는 무의식이란 순수한 흔적의 조직인 것이다. 다시 말하여, 라캉은 무의식 전체가 언어와 같은 구조를 가지고 있다고 주장한 데 반하여, 데리다는 무의식이 항상 언어 속에서 작용하고 있는 것으로 본 것이다. 나아가 이 두 사람이 강조하는 것은 서로 다른 것으로, 라캉은 무의식의 구조를 좌우하는 언어에 중점을 둔 데 반하여, 데리다는 그런 틀로부터 빠져나가는 무의식의 능력에 중점을 둔 것이다. 이런 면에서 데리다는 라캉의 반대자라기보다는 추종자라고 할 수 있다.

텍스트의 해체 방법과 그런 발견의 양태를 해체하는 길을 열어놓은 것은 프로이트의 무의식이다. 데리다는 프로이트의 텍스트 해체뿐만 아니라 해체 행위 자체를 스스로 비추어 보고 있다. 데리다는 프로이트의 「요술 책받침에 관한 노트」(Note Upon the Mystic Writing-Pad, 1925)를 바탕으로, 창작 심리를 글쓰는 기계로 보는 잠재력 가득한 은유로 발전시킨다. 요술 책받침은 셀룰로이드 표면 위에 철필로 글씨를 쓴 후 셀룰로이드를 떼면 그 밑의 종이를 다시 사용할 수 있다. 그리고 종이 밑의 글씨는 불빛에 잘 비추어 보면 그 흔적으로 다시 읽을 수도 있다. 데리다는 숨겨진 흔적들과 그 위로 다시 써지는 글씨들의 끝없는 상호 작용에서 무의식의 심층적 차원에서의 활동을 비유해낸 것이다. 흐려지기와 지우기가 덮개 밑에서 일어나듯이 무의식은 모든 경험의 억압 구조 밑에서 활동한다. 이는 독서가 해체될 수 있다는 잠재력의 표지이고, 일종의 다시 쓰기로서 특별한 빛을 비추면 읽을 수 있는 것이 된다는 의미이다.

데리다가 내린 결론은, 그럴듯하지만 허구인 기의를 로고스 중심적으로 고정시키는 데 저항해야 한다고 말한다. 또한 그러기 위해서 기표와 기표의 구조에 관계된 모든 형식들이 관심의 대상이 되어야 한다고 한다. 데리다의 이러한 논의는 그의 논문 「프로이트와 글쓰기의 장」(Freud and the Scene of

Writing, 1978) 「프로이트에서의 전망」(Speculation-on Freud, 1978) 등에 계속 확장 논의되고 있다.

7. 그 밖의 이론가와 이론

(1) 작가 창작 심리학

① 허버트 리드 — 워즈워드의 시적 능력

리드(Herbert Read)는 프로이트와 융의 심리학을 작가의 창작 심리 연구에 적용한 최초의 비평가이다. 또한 영국에서 최초로 문학 비평에 심리학을 응용한 비평가이기도 하다.

리드는 플라톤의 '영감설'이나 낭만주의자들의 '천재설'에서 벗어나 심리학의 이론 체계를 빌어 창작 과정을 설명한다. 따라서 비평은 예술 작품 자체뿐만 아니라 창작의 과정 및 영감을 받은 작가의 정신 상태에도 적절한 관심을 기울려야 한다는 것이 리드의 논의의 출발점이다. 그는 프로이트의 정신분석학을 응용하여 인간 정신 영역에 대한 예술 이론을 설명하고 있는 것이다. 리드의 이론에 따르면, 자아는 무의식의 무질서한 분출물을 질서 있게 종합하는 예술 작품의 심미적 축을 구축하고, 초자아는 거기에다 도덕적이고 사회적인 방향을 결정해 주는 공리적 축을 구축한다는 것이다.

또한, 리드는 융의 유형(type) 이론을 빌어서도 문학 문제를 설명하고 있다. 융에 따르면 주관과 객관, 감정과 사상, 관념과 사물 등의 대립 관계는 내향과 외향이라는 자아의 대립적 속성에서 발생한다. 그러나 그 대립은 실제 생활에 있어서 환타지(fantasy)라고 하는 어떤 생동력에 의해 통일을 이루는데, 그 결과 감각과 관념은 독립된 별개의 상태에 있을 때보다 더욱 강력해진다. 환타지 중에서도 특히 능동적인 환타지를 예술적 정신 상태의 기본

속성이라고 융은 주장한다. 리드는 바로 이러한 분석심리학 이론을 기초로 하여 시적 상상력에 대한 해답을 모색한다.

리드는, 예술의 기능은 원초적 심상과 본능적 감정의 내적 원천에서 분출하는 모든 요소와 그리고 실제 상황의 외부적 메커니즘에서 생기는 모든 사실들을, 단일한 생명의 물줄기로 융합시키는 기능을 갖는다고 말한다. 나아가 리드는 고전주의와 낭만주의의 대립 관계 역시 융의 내향과 외향의 개념으로 설명한다. 즉, 인간 정신 속에 자리 잡은 혼돈의 원초 상태에 복귀코자 하는 성향과 그리고 논리, 질서, 윤리의 외적 제재에 부합하려는 성향에서 낭만과 고전이라는 두 태도가 생긴다는 것이다.

이상 언급한 이론을 바탕으로 하여 리드는 영국 시인 워즈워드(Willoam Wordsworth)의 시적 능력의 왕성함과 퇴락함의 원인을 규명한다. 그는 워즈워드의 시적 창조력이 왕성했던 시기는 27세로부터 대체로 10년간, 곧 그가 결혼한 32세 때까지라고 밝힌다. 그가 21, 22세 때 프랑스 혁명의 와중에 뛰어들어 활동하던 중에, 아네트 발롱이라는 자기보다 연상인 가톨릭교도 여인과 연애하여 사생아인 딸을 낳았다는 사실이 밝혀진 것은 그가 죽은 지 수십 년이 지난 후이다.

리드는, 워즈워드가 본능적 욕구에 따라 아네트를 사랑하였으나 다시 헤어질 수밖에 없는 운명이었음을 괴로워하고 뉘우치는 내면적 갈등에서, 말하자면 자기의 개성이나 자아가 주체를 이루고 있는 상태에서는 창조력이 왕성할 수 있었지만, 아네트와의 관계를 끝내고 명문의 여인과 결혼하여 가장으로서의 책임을 이행하게 된 다음부터는 그의 시적 상상력이 고갈되기 시작했다는 것이다. 다시 말하여, 자아(ego)가 본능적 충동(id)과 잘 화합할 동안은 창조적 인생을 살 수 있었으나 사회적으로 인격자가 되려는 심리(super-ego)의 강력한 요구로 말미암아 인격, 곧 성격(character)이 굳어지면서 창조적 무의식(id)은 출구를 폐쇄당했다는 것이다.[6]

또한 리드는 작가의 창작 심리 가운데 개성(personality)을 가장 중시하였다. 그는 특히 베르그송(Henri Bergsin)적인 순수 의식을 개성이라고 주장한다. 순수 의식에서 발생하는 것이 참된 시이며, 이 순수 의식을 포착하는 능력이 시적 직관이라는 것이다. 이때 리드가 말하는 개성은 프로이트의 자아(ego)와 같으며 성격과는 구별된다. 곧, 성격은 초자아(super ego)인 것이다. 그는 "에고는 우리들 사고의 의식적인 흐름(conscious flow of our thought)과 우리가 받은 인상(impression), 경험하는 지각(sensations)과 같다"[7]고 말한다. 즉 개성은 외계의 모든 인상을 자유롭게 수용하는 생명력이므로 여기서 예술의 토대가 마련된다는 것이다.

프로이트가 예술가를 '신경증적인 개성'으로 본데 반하여, 리드는 예술가를 "예술적 진실을 창조하는 데에 그의 잠재적인 지식을 활용할 줄 아는, 정신적으로 극히 정상적인 개성"[8]으로 보았다. 또한 예술은 심미적 영감의 원천이라 생각되는 이드(id)와의 접촉을 통해 창조력을 얻는다. 예술 작품은 자아에 의해서 종합성과 통일성을 갖추게 되고, 최종적으로는 초자아를 통과함으로써 정신적인 의의(spiritual significance)를 얻게 된다. 문학을 비롯한 예술의 근본적 기능은 이드의 본능적 활력을 표현하는 일인 것이다. 다시 말하여 비평 문학은 예술 작품 그 자체뿐만 아니라, 창작 과정과 영감을 얻을 때의 작가의 심리 상태까지도 다루어야 한다는 것이다.

② 마리 보나파르트 ― 에드가 알란 포우 연구

프로이트의 친구이자 제자인 보나파르트(Marie Bonaparte)의 『에드가 알란 포우에 관한 연구』(1933)는 잘 알려진 심리 전기적 작가 연구의 고전이다.

---

6) 이상섭, 『문학연구의 방법』, 탐구당, 1980, pp.150~156 참조.
7) Herbert Read, *Collected Essays in Literary Criticism*, London : Faber & Faber, 1962, p. 25.
8) D.W. Heiney, *Essential of Contemporary Literature*, N.Y : Barron's Educational Series, Inc., 1954, p.495.

보나파르트는 포우(Edgar Allan Poe)의 소설들 속에 등장하는 인물들을, 과거 경험의 결과이며 그리고 무의식으로부터 이야기에 등장한 내면화된 이미지들로 받아들인다. 포우는 어머니에 대한 병적인 애착(fixation)으로 인해 어머니를 위해 영원히 순정을 지키도록 운명지어졌다는 것이 보나파르트의 기본 논지이다. 보나파르트는, 억압된 정서나 감정이 어떻게 허구적 형상들과 대상들로 변형되며, 어셔의 유명한 집이나 바다 혹은 깊은 땅 속이든 간에, 어떤 대상이 어떻게 이러한 목적에 기여하는가를 중점적으로 설명하고자 했다.

프로이트에 의하면 꿈은 억제되거나 억압된 욕구의 위장된 충족이다. 꿈속의 욕구들은 그들의 목적을 달성하고 의식에 도달하기 위해 가장을 해야만 한다. 이것은 우리가 표현된 내용, 즉 우리가 기억하는 '꿈 이야기'와 숨겨진 내용, 곧 '꿈의 생각'을 구별해야 한다는 의미를 담고 있다. 꿈꾸는 사람의 꿈의 작용은 일련의 정신 과정에 의해, 숨겨진 '금지된' 꿈의 생각들을 명백한 '공인된' 꿈의 이야기들로 바꾼다. 이 과정들 가운데 압축(condensation)과 감정전이(displacement) 두 가지는 로만 야콥슨과 자크 라캉에 의해 은유(metaphor)와 환유(metonymy)의 수사학적 절차들과 상동 관계에 있다. 표현된 꿈은 숨겨진 꿈보다는 훨씬 내용이 적기 때문에 압축이 필요하다. 감정전이에서는 표현된 꿈의 요소들이 위장을 위해 연상의 사슬을 통해 숨겨진 꿈의 생각들에 들어 있는 요소를 대신한다. 또한 표현된 꿈은 꿈의 생각들과 다른 초점을 지니며, 그 생각들의 상대적 중요성을 반영하지 않는다.

이러한 이론에 기초하여 보나파르트는 포우의 단편 『검은 고양이』(The Black Cat)를 분석하고 있다. 특히 두 번째 출현한 고양이를 설명함에 있어서, '가슴 부분을 거의 덮은, 비록 불명확하지만 크고 하얀 반점'을 가지고 있었기 때문에 포우로 하여금 그 고양이를 잠시나마 좋은 어머니로 생각했다고 보나파르트는 주장한다. 더구나, 이 두 번째 고양이는 사람들이 마시는 '술집'에서 발견되며 술통 위에 웅크리고 있다는 장면에서, 압축된 '마시는 행위'와 관련된 여러 이미지들이 등장한다는 것이다. 표현된 꿈의 요소들이 연상의 사슬을 통해 숨겨진 꿈의 생각에 들어 있는 요소를 대치한다는 견해는 문학 비평가들의 특별한 관심사이기도 하다. 또한 표현된 꿈은 꿈의 생각들과 다른 초점을 가지며, 그것들의 상대적 중요성을 반영하지 않는다는 견해 역시 명백한 의미들과 구별되는 함축적 의미들에 대한 문학 비평가의 관심과 조화를 이룬다.

이상과 같이, 보나파르트는 포우의 전기에 관한 자료를 모아 상세히 분석한 뒤, 그의 삶에 있었던 사건들을 포우의 단편 소설에 나오는 인물과 결부시킨다. 포우는 어려서 행방불명된 그의 아버지, 폐병으로 죽은 어머니와 아내의 영상을 무의식 속에서 작품에 끌어들였다는 것이다. 그는 특히 어머니를 잊지 못하고 어머니를 위해 영원히 순정을 지키도록 운명지어졌다고 한다. 그리고 이를 형상화하면서 억압된 감정들이 어떻게 환치를 통해 허구적 인물과 대상으로 전이되는가를 보여 준다. 그 결과 보나파르트는 포우를 '네크로필리스트'(necrophilist), 곧 시체를 보고 성적인 충동을 느끼는 '사체음란증환자'로 규정한다.

또한 보나파르트는 포우의 소설이 프로이트의 반복 충동을 보여준 좋은 예라고 한다. 그것은 곧, 죽은 어머니와 다시 결합하고 싶은 소망을 담은 작품들이라는 것이다. 보나파르트는 포우의 생애와 작품 속에서, 그의 어머니에 대한 정신병적일 만큼의 지극한 사랑, 곧 오이디푸스 콤플렉스와 아버지에 대한 반항과 증오의 감정을 발견한다. 포우의 심한 알콜 중독 현상도 술에 탐닉함으로써 어머니에 대한 순정을 충실하게 지속시키려는 도피 심리에서 나온 것이라고 한다. 이러한 분석 과정을 통하여 보나파르트는 포우의 작품을 '전이소설'이라 평가하고 있다.

그밖에 영국의 에드먼드 윌슨(Edmund Wilson)은 비평 문학에 프로이트와 융의 심리학 및 마르크스 이론까지 응용한다. 그는 『상처와 활』(The Wound and the Bow, 1931)에서 작가의 창조적 상상력을 강조한다. 그의 비평은 전기적·심리적(biographical and psychological) 비평으로 평가받고 있으며, 인류학을 곁들인 심리학에 관심을 집중한다. 그는 예술이 탄생하기 이전에 고뇌하는 예술가가 있어야 하며, 이 예술가의 고뇌와 신경증이 예술의 원동력이 된다고 말한다. 또한 영국의 심리주의 비평가 크루치(J. W. Krutch, 1891~1970)의 『에드가 알란 포우—천재의 연구』(Edgar Allen Poe—A Study in Genius, 1926)에서는, 포우의 복잡한 이상 성격의 근원을, 잠재 의식 속의 어느 부인의 죽음이라고 해명하고 있다. 결국 그는, 포우의 창작 심리는 '콤플렉스와 좌절의 전형적인 개인사'(a case history of complex and frustration)라고 규정한다.

(2) 작품 심리 연구

① 에네스트 존즈 — 『햄릿과 오이디푸스 연구』

심리주의 비평가들의 작품 분석 태도는 형식주의자들의 방법론과 비슷하다. 심리주의 비평가들은 문학 텍스트를 자기 충족적인 세계나 자기 완결적인 구조물로 상정하고 텍스트에 접근해 간다. 오이디푸스 복합심리(Oedipus Complex)는 프로이트가 처음 이론화한 이래 여러 번 문학 작품 연구에 적용되었는데, 그 대표적인 예는 존즈(Ernest Jones)의 『햄릿과 오이디푸스』(Hamlet and Oidipous, 1910)이다. 존즈는 셰익스피어의 작품 『햄릿』의 주인공 햄릿이 그의 숙부 클로디어스의 살해를 지연시키는 것은 외적 환경 때문이라기보다는 내적 상황으로 분석한다.

존즈는 햄릿에 관한 병력의 작성에서, 그가 의지의 결여와 관련된 조울증에서 오는 정신 신경증을 앓고 있다고 진단한다. 그리고, 이는 주인공의 심히 억압된 오이디푸스적인 감정에 연유한다고 말한다. 즉, 원수인 숙부 클로디어스에 대해 살해를 주저하고 지연시키는 심리는 조울증에서 오는 정신신경증이며 바로 오이디푸스 콤플렉스라는 것이다. 햄릿은 어머니의 사랑을 빼앗아 간 숙부 클로디어스에 대해 극도의 적대감과 증오심을 갖는다. 아버지와 자신을 저버리고 숙부와 재빨리 결혼해버린 어머니에 대해서도 원망과 증오의 감정을 느낀다. 곧, 햄릿은 어머니에 대한 애정과 증오가 교차된 묘한 복합심리 속에서 클로디어스에 대한 복수를 지연시킴으로써, 간접적으로 어머니에 대한 복수의 잠재적 충동을 만족시킨다. 햄릿의 아버지에 대한 감정은 선량하고 상냥한 부왕의 유령과, 경쟁자이며 증오의 대상 클로디어스라는 두 인물로 극대화되어 햄릿의 무의식에 투사되고 있는 것이다. 그리하여, 햄릿 속의 한 사람은 유령의 분부를 결행하고자 하지만, 자신 속의 또 한 사람은 그러한 사고에서 주춤하고 있다.

또한 지식에 대한 어머니 거투르드의 지나친 관능적 애정은 오이디푸스 콤플렉스를 앓고 있는 어린이인 햄릿에게 깊은 상흔을 남긴다. 때문에 햄릿은 육체적인 성장 과정에서 무의식적으로 어머니에 대한 애정과 근친상간적인 충동을 억제함으로써, 이 억압은 모든 여성들에 대한 그의 태도에 영향을 주게 된다. 이는 햄릿으로 하여금 여성혐오증(misogyny)과 동성성욕도착증(homosexuality)을 유발시킨다. 이런 잠재 의식은 햄릿으로 하여금 그의 어머니와는 전혀 다른 성격의 오필리아를 선택하게 하고, 또한 그녀를 학대하게 만든다.

노먼 홀랜드(Norman Holland) 역시 햄릿의 오이디푸스 콤플렉스를 오필리아에 대한 여성혐오증과 잠재된 동성성욕도착증으로 해석한 바 있다. 오늘날에는 햄릿의 이러한 심리가 오이디푸스 콤플렉스에서 연유한 것이며, 그것은 셰익스피어 자신의 심리였다는 이론이 거의 정설화되어 있다.

이와 같이 작품 심리 연구는 작가의 생애와 창작품 사이의 상관 관계를 무시하고 문학 작품에 등장하는 인물을 작품의 문맥 안에서 정신분석학적 방법으로 탐구한다. 다시 말하여 작품속의 등장 인물을 작품의 맥락 속에 존재하는 독자적인 실체로 취급하는 것이다.

② 윌프레드 L. 게린 ―『젊은 굿맨 브라운』

게린(Wilfred L. Guerin)은 호손(Hawthorne)의 소설『젊은 굿맨 브라운』(*Young Goodman Brown*, 1835)을 이드(id) 대 초자아(super-ego)의 갈등으로 분석하고 있다. 이 작품은 숲 속에서 사탄과 함께 하룻밤을 지내기 위해 아내 페이스의 곁을 떠나는 젊은 신랑 브라운의 이야기로서 배반당한 순진성을 주제로 삼고 있다. 청교도에서는 '자연'이란 단어는 '죄'와 거의 동일시된다. 이는 호손의『주홍글씨』(*The Scarlet Letter*)에서 헤스터 프린과 아서 딤스데일 목사의 사생아인 어린 펄을 한결같이 '자연의 아이'라고 표현한 데서도 증명된다. 브라운은 어두운 미개척지의 한가운데에서 존경받는 교사들, 설교자들, 그의 마을 친구들이 모두 참석한 마녀의 집회를 발견한 것이다. 브라운은 이튿날 아침 마을로 돌아와 아내 페이스에게 가지만, 마음의 평화를 얻지 못한다. 그는 성스러운 찬송소리를 들을 때면 항상 숲의 그 끔찍한 밤에 들었던 죄의 찬미의 반향이 함께 들리는 것이다.

게린에 의하면, 이 작품에서 브라운이 살던 마을은 사회적·도덕적인 질서를 가진 의식의 세계, 양심의 세계, 곧 초자아의 세계이다. 이에 반하여 마녀가 사는 숲은 야성적 열정과 공포, 곧 이드의 속성을 가진 세계이다. 주인공 브라운은 이러한 대립된 속성의 힘 사이의 중간적 자아와 같다. 이 자아는 건전한 균형을 취하기 위해 노력하지만, 그렇게 하지 못하고 파멸당하는 자아의 상징이다.

또한 악마는 브라운에게 사탄이 들고 다니는 단풍나무 지팡이와 비슷한 지팡이를 준다. 브라운은 검은 소나무 사이를 계속 뛰어다니면서 지팡이를 광적인 몸짓으로 흔들고 미친 듯이 신성 모독의 말을 내뱉는다. 여기서 지팡이는 남근의 상징으로서 억제할 수 없는 성충동을 암시하며, 악마는 주인공 자신과 닮은 정신의 극적인 투사(projection)와 다름 아니다.

프로이트에 의하면, 브라운은 요람에서부터 줄곧 금단의 실과를 맛보지 말라는 훈계만 주입하여 왔고, 외부의 세계나 내부의 세계의 실상을 직면할 수 있는 능력을 교육받지 못했다고 한다. 그런데 브라운은 대부분의 젊은이와 마찬가지로 호기심을 지니고 있다. 때문에 오히려 금단의 실과를 맛보고 싶은 병적인 충동을 길러온 것이다. 마찬가지로 금기되어 있는 죄와 사탄을 무의식 속에서 매력적인 것으로 동경하게 된다. 그러나 자연적인 충동에 대한 극심한 청교도적 금기로 인해 브라운의 호기심은 강박관념이 된다. 숲속에서 보여준 브라운의 극적 반응은 극단적인 억압의 경우에 발생하는 전형적인 본보기인 것이다.

또한 궤린은, 마크 트웨인(Mark Twain)의 『허클베리핀의 모험』(*The Adventures of Huckleberry Finn*)에서 아버지의 권위에 반항하는 주제를 정신분석학적으로 해명하고 있다. 궤린에 의하면, 허크의 아버지는 초자아로 상징되는데 허크가 아버지로부터 도망치고, 흑인 짐이 악독한 주인으로부터 도망치는 것은, 어머니(강물, 물)에로의 회귀를 상징한다. 말하자면, 허크와 짐은 아담이 타락하기 전에 누렸던 자유와 행복을 되찾기 위해 도망친 것이다. 그리고 그들이 강으로 도망치는 것은 초자아의 억압적인 잔혹성과 잔인한 제약에서 벗어나려는 것이다. 평화롭고 아름다운 강물의 묘사는 어둡고 신비한 자궁에로의 복귀를 암시하고, 육지와 강물간의 긴장은 프로이트 용어인 의식과 무의식의 긴장 상태로 유추된다.

또한 흑인 짐의 허크에 대한 행동은 자애로운 모성과 같은 것으로서, 허크 아버지의 야성적인 권위주의와 대립된다. 허크는 강에서 자애로운 어머니의 속성을 찾는다. 그러나 허크는 강에서의 모험을 통하여 죽음과 재생을 상징적으로 겪기도 한다. 이밖에도 궤린의 심리학적 작품 분석에는 헨리 제임스(Henry James)의 『나사의 회전』(The turn of screw)을 성적 억압의 결과로 해석하고 있기도 하다.

(3) 독자 심리 연구

① I. A. 리차즈 — 형태심리학

문학 비평에 있어 형태심리학(Gestalt Psychology)을 응용한 리차즈(I. A. Richards)는 문학의 가치를 독자의 심리적 관점에 맞추고 이론화한다. 리차즈의 초기 연구인 『문학 비평의 원리』(The Principles of Literary Criticism, 1924), 『의미의 의미』(The Meaning of Meaning, 1923) 『과학과 비평』(Science and Criticism, 1926) 『실제 비평』(Practical Criticism, 1929) 등은 실증주의에서 이탈하여 문학의 특수한 형식을 다루고 있다. 그러나 그의 이론이 형식주의와 차별되는 것은, 형식주의자들이 문학의 특수한 성질들을 문학 자체에 내재한 객관적 특질들로 다루는 반면, 리차즈는 문학에 대한 독자의 반응과 이 반응의 평가를 강조한 점이다. 그는 무엇보다도 독서의 과정을 분석하고 독서가 창조하는 경험을 평가할 기준을 설정하고자 했다. 이것이 바로 리차즈의 전달 이론(theory of communication)과 가치 이론(theory of valuation)이다.

리차즈의 중심 이론은 지시적 기능(referential function)과 정서적 기능(emotive function)이라는 두 개의 언어 기능간의 구분이다. 그리고 그는 전체로서의 문학의 가치를 언어의 정서적 기능에 두었다. 리차즈는 시와 지시적 언어 사이의 차이를 강조한다. 그러나 그는 시가 창조하는 경험은 다른 유형들의 정서적 경험과 정도의 차이만 있을 뿐, 그 종류에 있어서는 차이가 없다고 말한다. 그 차이는 시적, 혹은 어떤 다른 형태의 예술적 경험은 일상적인 정서적 경험에 비해 서로 갈등하는 충동들을 화해로 끌어올린다는 것에 존재할 뿐이라는 것이다. 따라서 리차즈는 독자의 심리적 무정부 상태에 어떤 질서를 주고 안정감을 주는 정도에 따라 문학의 가치를 판단하였는데, 이것은 독자 심리에 중점을 둔 것이라 하겠다.

이러한 문학 창조의 경험에 대한 관점은, 리차즈로 하여금 텍스트나 작가보다는 독자의 역할을 강조하게 만든다. 독서의 경험을 강조함에 있어서 그가 독자·작가·작품 간의 구별을 하지 않았다는 점은 주목할 만하다. 리차즈는 독자가 자신 속에서 재창조해야만 하는 '적절한 정신 상태'(relevant mental condition)를, 또한 작가의 정신 상태로 추정한다. 그의 지론은, 시란 '올바른 독자가 그 운문을 정독할 때 갖게 되는 경험'으로 정의해야 한다는 것이다. 즉, 올바른 독자는 시인이 시에서 표현하는 충동들의 집합, 다시 말하여 '완성된 작품을 구상할 때 시인이 갖게 되는 적절한 경험'을 다소 차이는 있겠지만 완전하게 자신 안에서 재창조해 내는 사람을 의미한다.

많은 이론가들에 의하면, 문학 텍스트는 엄밀한 의미에서 그 작가와는 독립적이며 작가와 독자의 경험은 같지도 않고 같아서도 안 된다고 주장한다. 그러나 리차즈는 이와는 달리 텍스트를 단순히 투명한 매체, 즉 작가의 경험을 독자에게 전달하기 위한 운반물로 취급하고 있다. 그의 『실제 비평』에서는 독자가 이러한 정신 상태로 접근하는 것을 가로막는 장애물에 대해 다루고 있기도 하다.

② 노먼 홀랜드 ― 독자의 정신분석학

노먼 홀랜드(Norman Holland)는 『문학적 반응의 역학』(*The Dynamics of Literary Response*, 1968)에서 독서와 독자의 반응에 관한 이론의 틀을 마련하였다. 그는 프로이트의 「창조적 작가와 백일몽」(*Creative Writers and Day-dreaming*, 1908)의 관점을 확대시켜, 독자와 텍스트 간의 진행 문제를 이드의 환상

(id-fantasies)과 자아의 방어(ego-defences)라는 관계를 통하여 논한다. 홀랜드는, 문학 텍스트는 인간의 무의식적인 욕구들을 독자가 수용할 수 있도록 변형시켜 놓은 것이라고 한다. 따라서 그는, 문학 텍스트란 독자와 작가가 핵심 환상(core-fantasy)을 공유하기 위하여 '공모하는 현장'(the scene of a collusion)이라고 규정한다. 또한 작품 그 자체는 환상을 갖지도 않고, 그것을 주제로 바꾸지도 않는데, 다만 독자들이 그렇게 할 뿐이라고 하면서 텍스트보다는 독자를 중시한다. 이는 곧, 텍스트는 독자를 위해 아무 것도 해주지 않으며 모든 것은 독자로부터 일어난다는 것이다. 때문에 독자가 그만큼 중요하다는 의미이다. 또한 홀랜드는 독자의 반응이란 본질적으로 불안을 제거하고 재확신(reassurance)을 추구하는 점에 있다고 한다. 이러한 안정성은 안전한 환상을 작품 속에 투사함으로써 얻게 된다고 덧붙이고 있다.

또한 홀랜드의 저서 『통일성, 정체성, 텍스트, 자아』(Unity, Identity, Text, Self, 1975)는 이론의 기본적 틀을 펼치고 있음을 본다. 여기서 그는 '텍스트'를 책 속에 있는 단어들로, '자아'는 정신과 육체를 가진 개개 사람의 전체로서 지칭한다. 또한 '통일성'이란 부분적인 것의 결합이나 살아있는 유기체를 닮은 구조적 전체와 같이 전통적인 방법으로 생각한다. 그리고 '정체성'을 생활에 종속되는 주제와 양식의 통일된 윤곽이라고 개념화하고 있는데, 이는 전형적으로 '성격' 또는 '개성'이라 불리는 불변의 존재[9]를 일컫는 것이다. 홀랜드에 따르면, 독자가 문학 작품에서 발견하는 통일성이란 그 통일성을 발견하는 정체성에 의해 주입된다. 그는 독자의 정체성 테마와 텍스트의 상호 작용을 강조하고, 텍스트의 통일은 독자의 정체성 테마의 표현으로써 독자에 의해 드러나는 것으로 본다. 독자가 문학 작품을 상징적으로 활용하여 독자 자신을 표상하고 궁극적으로는 독자 자신을 모사한다는 것이다. 독자는 작품을 통해 자신의 요구와 적응에 대한 자신의 개성적 양식을

---

9) Norman Holland, *Unity, Identity, Text, Self*, PMLA, 90, October 1975, p.815. 참조.

취한다. 즉, 독자의 정신적 조화가 텍스트를 창조하고 독자가 텍스트를 해석하듯이 문학 작품이 독자 자신을 창조한다는 것이다. 홀랜드는 이러한 과정이 바로 '독자―반응 거래 작용'이라고 언급한다.

홀랜드는 이 거래 작용을 네 단계로 설명한다. 첫 단계는 텍스트에 대한 독자의 최초의 접근(기대, Expectation), 둘째 단계는 텍스트의 선택적 수용(방어 양식, Mode of Depence), 셋째 단계는 소망 충족을 투사시킴(개성적 환상, Characteristic), 넷째 단계는 소망 충족을 주제로 번역함(변형, Transformation) 등이다. 홀랜드는 이러한 거래 작용의 네 단계 첫 글자를 따서 DEFT (defenses, expectations, fantasies, transformations)라 불렀다. 텍스트를 대하는 독자는 이 네 단계의 거래를 거쳐 자기의 주체성을 확립하고, 자유 연상을 통하여 자기의 개성에 맞게 독서 행위를 조화시켜 나간다. 다시 말하면, 독자들은 그들의 내면적 생활을 형성하고 있는 심층적 공포나 소원을 극복하는 데 필요한 독자 자신의 독특한 방법을 발견하기 위해 그 작품을 다시 고쳐 읽는 셈이 된다.

홀랜드의 독서 거래 작용의 근본은 정신분석적인 '전이현상'(phenomenon of transferance)에 있으며, 이 전이현상은 불가피하다. 텍스트가 환자이고 독자가 분석자이듯이, 독자는 자기 자신을 분석 대상으로 하여 독자 겸 피분석자로서의 반응을 검토하게 된다. 독자와 마찬가지로 작가도 텍스트라는 주관적 존재와 전이 관계에 있다. 작자나 독자의 누구도 혼자서는 작품의 진정한 가치와 반응을 알 수 없기 때문이다.

그러나 홀랜드의 정신분석학적 비평에 대해 다수의 비판이 대두된다. 그것은 통일성의 개념을 무분별하게 텍스트로부터 자아로 전환시켰다는 것, 프로이트의 변형 이론으로 비평을 모형화해서 독서를 하나의 신경증 과정으로 몰았다는 것, 개별심리학을 이용해서 미학 가치의 모든 기준을 분별없이 나타낸 것, 그리고 독자를 고착되고 자아가 정지된 것으로 묘사한 것 등에서 공격을 받았던 것이다.

7. 심리주의 비평의 실제

　심리주의 비평 또는 정신분석학적 비평이란 작가의 창작 심리나 작품에 등장하고 있는 인물들의 심리, 그리고 작품을 읽고 반응하는 독자의 심리를 심리학적 방법에 의하여 분석하고 평가하는 방법이다. 프로이트 심리학의 가장 기본적인 전제는 범성욕주의이며, 예술의 기원을 '성적 흥분'에 두고 있다. 그는 예술은 성욕의 대리적 충족이며, 따라서 예술은 환상적 자기 만족에 지나지 않는다고 본다.

　이처럼 프로이트의 정신분석학이 모든 인간 행태 및 문화의 근원을 성욕에 두는 데 반하여, 많은 심리학자들은 프로이트의 이론에 반발하여 새로운 이론을 만들어 냈다. 그 대표적인 인물이 융이다. 융은 리비도를 성 에너지로 보지 않고 정신적 에너지로 보아 인간을 동물보다 고등한 '영혼의 존재'로 보려고 했다. 그리하여 집단무의식을 문화 현상의 근원으로 보아 원형의 개념을 창출해낸다. 이 심리적 원형의 이론을 문학에 적용시킨 것이 바로 신화비평이다. 다음은 마광수의 정신분석학적 시 해설이다.

　　・관음증과 나르시시즘의 복합[10]

　　　산모퉁이를 돌아 논가 외딴 우물을 홀로 찾아가선
　　　가만히 들여다봅니다.

　　　우물 속에는 달이 밝고 구름이 흐르고 하늘이

---

10) 마광수, 「한국 현대시의 정신분석학적 해석」, 『현대시사상』, 1989 창간호, 고려원, pp.139~142.

펼치고 파아란 바람이 불고 가을이 있습니다.

그리고 한 사나이가 있습니다.
어쩐지 그 사나이가 미워져 돌아갑니다.

돌아가다 생각하니 그 사나이가 가엾어집니다.
도로 가 들여다보니 사나이는 그대로 있습니다.

다시 그 사나이가 미워져 돌아갑니다.
돌아가다 생각하니 그 사나이가 그리워집니다.

우물 속에는 달이 밝고 구름이 흐르고 하늘이
펼치고 파아란 바람이 불고 가을이 있고
추억처럼 사나이가 있습니다.

— 윤동주의 「자화상」

　윤동주의 「자화상」은 '들여다보는' 행위를 통해서 스스로의 나르시시즘을 만족시키는 시인의 잠재 의식을 잘 드러내 보여주고 있는 시다. 우리는 곧잘 거울을 보면서, 거울 속에 비춰진 '나'가 평소의 내가 아닌, 좀더 신비롭고 아름다운 존재로 느껴질 때가 많다. 거울이든 사진이든, 실물로서가 아니라 무언가 하나의 차폐물(遮蔽物)을 통해서 들여다보여지는 것들은 확실히 더 아름다워 보인다. 특히 '거울 속의 나'는 객관적 거리를 두고 (거울의 면이나, 거울과 나 사이의 거리 같은 것이 모두 일종의 차폐물이라고 볼 수 있다) 나에게 보여지는 것이기 때문에 늘상 경험하는 나보다도 신비롭다.
　희랍 신화에서 미소년 나르키소스가 물위에 비친 자기 자신의 얼굴을 보고 홀딱 반하여 그만 상사병을 얻어 죽고 말았다는 전설에 연유하여 만들어진 '나르시시즘'이라는 말은, 사실은 전설 자체를 더 깊이 연구해보면 단지 자기애만을 가리키는 말은 아니다. 자기애와 더불어 '관음증적 쾌감'이 나르키소스의 마음속에는 곁들여져 있었던 것이다. 그는 '물을 통해서 비춰진' 자기를 보고 반했다. 물은 훌륭한 차폐물의 역할을 했으며, 그것을 통해 '엿보는' 쾌감 속에서 그는 자기를 사랑하게 되었던 것이다.

무엇이든 살짝 가려진 것은 다 아름답다. 베일을 쓴 여자, 속살이 훤히 비치는 반투명의 나이트 가운을 입고 있는 여자, 생머리를 늘어뜨려 얼굴을 반쯤 가리고 있는 여자 … 등등. 그래서 누드의 경우 완전히 벗긴 것보다는 살짝 어느 부분을 가린 쪽이 더욱 에로틱한 분위기를 자아내는 것이다. 이렇게 무언가를 엿보는 데서 쾌감을 얻는 심리 현상을 심리학에서는 관음증(voyeurism)이라고 부른다.

윤동주의 「자화상」에서 시인은 우물물 위에 비친 자기 자신의 모습을 보며 처음에는 그 모습이 싫어졌다가 결국에는 다시 '그리워져서' 돌아오게 된다. 우물은 깊고 음험한 분위기를 자아내므로, 우물물 위에 비춰진 자신의 얼굴이 선명했을 리가 없다. 흐릿한 가운데 무언가 그로테스크하고 신비스런 이미지로 비쳤을 것이다. 대개 우물은 자궁이나 성기의 상징으로 해석되곤 하는데, 우물이 갖는 신비로우면서도 무시무시한 분위기, 그리고 생명체의 근원으로서, 또 탄생과 모성의 원형으로서의 '물'이 암시해 주는 생식적인 느낌 등이 혼합되어 우리의 자궁 회귀 본능이나 성욕을 상기시켜 주기 때문이다. (…)

윤동주가 독실한 기독교 집안에서 자랐다는 점, 그의 시 가운데 수준작이라고 할 수 있는 20여 편의 시가 대부분 기독교 학교인 연희전문 재학 시절에 씌여졌다는 사실, 그리고 그의 시 도처에서 발견되는 기독교적 이미지, 예컨대 「태초의 아침」, 「또 태초의 아침」, 「새벽이 올 때까지」, 「십자가」, 「팔복」 등으로 이루어져 있다는 사실 등을 종합해 볼 때, 그의 잠재 의식에는 항상 '초자아의 검열'이 끊임없이 되풀이되고 있었다는 점을 미루어 짐작할 수 있다. 당시의 연희전문은 학생이 담배를 피우거나 술을 마셔도 처벌을 받는 극단적인 청교도주의적 교육 이념으로 운영되고 있었다. 그래서 청년 윤동주의 내면 세계는 초자아적 윤리와 본능적 리비도 사이의 끊임없는 갈등과 투쟁이 계속되었을 것이고, 그러한 갈등은 드디어 시로써 그 탈출구를 찾았던 것이다.

윤동주 스스로의 자아는 끝내 리비도를 부정하고 초자아 쪽으로 기울어 그의 순교적 죽음을 초래하게 했지만 '잠재 의식의 힘은 무서운 것이어서 인간의 운명을 지배하는 데까지 미친다. 인간은 누구나 '스스로의 무의식이 원하는 대로 자신의 운명을 이끌어 나간다'고 말할 수 있다. 이러한 갈등은 생산적 갈등으로 승화되어 훌륭한 시작품을 창조하게 만들었다고 볼 수 있다.

(…)

꼭 선정적인 춘화나 도색 영화만이 아니라 일상적인 스토리의 영화나 연극에서조차도 우리는 엿보는 쾌감을 경험하곤 한다. 여성 잡지의 기사에는 연예인들의 사생활 추적이 큰 몫을 차지하고 있는데 그러한 기사를 보며 느끼는 재미도 일종의 관음증인 것이다. 그래서 연극 이론에서는 관극(觀劇)의 심리를 이 관음증에 바탕하여 설명하곤 한다. 관객은 어두운 관객석에서 자신의 정체를 숨기며 환하게 드러나 보이는 무대를 마음껏 훔쳐볼 수 있기 때문이다. 관음증은 또 차를 타고 지나가며 차창 밖을 내다보며 느끼는 즐거움이나, 고층 건물의 카페 같은 데서 창 옆의 좌석에 앉아 바깥을 내려다보는 것, 낯선 곳을 여행하기 등에도 해당된다. '나'의 정체를 숨기고 '남'을 엿볼 수 있다는 것은 역시 기묘한 쾌감인 것이다.

관음증은 노출증(exhibitionism)과 한 짝을 이룬다. 마치 새디즘(Sadism)이 매조키즘(Masochism)을 전제로 하는 개념이듯이, 관음증적 만족을 얻기 위해서는 자신을 남에게 노출시킬 때 쾌감을 느끼는 사람이 꼭 필요하기 때문이다. 때때로 우리는 연예인들이 자신의 스캔들을 일부러 확대 선전하여 대중의 인기를 노리고 있는 것 같은 느낌을 가질 때가 많은데, 이런 경우 역시 '엿보는 쾌감'과 '엿보이는 쾌감'의 주고받기가 이루어지는 경우이다. 무대 예술을 하는 이들이 느끼는 예술적 성취감 역시 노출증과 연계되어 있다.

8. 심리주의 비평 검토

오늘날 대부분의 작가들은 문학 작품의 형식, 인물의 성격 묘사, 주제의 표현에 의도적으로 심리학을 응용하기도 하고 무의식적으로 이를 중시하기도 한다. 허버트 리드는 심리학이 비평 문학에 도입되는 경우의 한계와 정신분석학이 비평에 주는 효용성을 알기 위해서는 다음 세 가지 문제를 검토해야 한다고 한다.11) 첫째, 정신분석학은 문학에 무슨 보편적 기능을 주는가. 둘째, 정신분석학은 시적 창조의 과정 혹은 영감을 어떻게 설명하는가. 정신분석학은 어떤 경로로 우리에게 비평의 기능을 확대시켜 주는가 등이다.

현대 심리주의 비평은 행동주의 심리학, 형태 심리학, 심층 심리학, 현상학적 실존주의적 심리학 등 여러 종류의 심리학을 응용하고 그 도움을 받아 성장해 왔다. 한편 심리학 이론, 특히 정신분석학적 분야의 이론은 항상 문학 속에서 많은 도움을 받아 왔으며, 또 예술과 예술가에 대해서 다른 과학들이 보인 것보다 더 많은 관심과 태도를 보여 왔다. 그러나 이와 같은 관심에도 불구하고 문학 작품에 대한 심리학의 작용은 많은 문제점을 지니고 있기도 하다. 크루즈(F. C. Creus)는 다음과 같이 심리주의 접근 방법의 한계에 대해서 말한다.12)

---

11) Herbert Read, *Twentieth Century Criticism : The Major Statements*, eds., William J. Handy and Max Westbrook, N.Y : The Free Press, 1974, p.422 참조.
12) 이상섭, 『문학연구의 방법』, 탐구당, 1992. pp.178~179 참조.

첫째, 작가 창작 심리 연구에 있어서, 정신병리학적 경향에 치우쳐 작가를 신경증환자(neurotic)로 볼 위험이 도사리고 있다는 점이다. 프로이트 역시 한동안 이런 선입견을 가지고 있다가 만년에 이르러서야 작가의 창조력을 높이 평가하였다. 작가의 심리는 이상(異常) 심리가 아니라 비상(非常) 심리이므로 신경증은 파괴적이지만 작가의 창작 심리는 창조적인 것이다.

둘째, 문학의 형식과 기교의 면을 무시하고 심리적인 내용만을 따지는 잘못을 범할 수 있다는 점이다. 이는 문학 본래적인 요소보다는 심리적인 요인을 중시한 주객 전도의 모순에 빠질 수도 있는 문제이다. 최근 정신분석학적 예술 이론가들이 형식의 심리적 의의를 설명하기 시작했다는 것을 간과해서는 안 된다. 소위 미적 요소도 심리 요소의 작용이라는 것이다. 그러므로 형식 또한 매우 중요한 것이다.

셋째, 이미 사망한 과거의 작가를 정신분석하면서 문제점을 야기하고 있는 점이다. 작품, 수기, 일화 등 근거에 의거하여 한 자가의 정신 상태를 재구성하는 일은 매우 위험한 일로 간주된다는 점이다. 따라서 최근의 경향은 구체적 작품의 구조를 분석하는 데 집중되어 있다. 그런데 작품 속의 인물, 즉 완전히 가공적인 인물에 대한 정신분석학적 고찰은 많은 허점이 도사리고 있다는 것을 명심해야 할 것이다.

넷째, 문학의 무의식적 내용을 문학의 유일한 가치로 간주해서도 안 될 것이다. 프로이트가 정신을 분석한 것은 무의식을 예찬하고 해방시키려는 의도에서가 아니라, 그 파괴적이고 부정적인 성향을 합리적인 통제 밑에 가져오려는 목적에서였다. 따라서 작품상의 인물 성격이나 무의식 행동은 작품 전체의 일부로서 예술 세계에서는 부차적인 것임을 간과해서는 안 될 것이다.

다섯째, 정신분석학적 비평이 지나치게 전문적 술어를 많이 쓰고 있다는 점이다. 비평 문학적인 연구에서 너무 현학스러운 전문적 술어를 쓴다는 것은 독자를 이해시키는 데 방해를 줄 수도 있을 것이다.

　이 밖에도, 작품 심리와 작가 심리가 혼동되는 현상을 경계해야 한다. 이른바 비어즐리와 윔셋트가 주장하는 '의도론적 오류'(intentional fallacy)에 빠져서는 안 된다는 의미이다. 작가의 창작 동기나 의도를 안다는 것은 비평의 중요한 항목이기는 하나, 실제로 이를 명확히 안다는 것은 쉬운 일이 아니다. 작가의 의도와 실제 창작된 작품 사이에는 차이가 있는 일이 빈번하며, 독자의 감상 여하에 따라 작품의 해석 또한 다양하기 마련이다. 그럼에도 불구하고 문학 작품은 작가 정신의 소산이며, 작가를 비추는 거울이라는 점에서 작가의 의도를 보다 정확히 안다는 것은 작품 해명의 첩경이기도 하다.

　그러나 무엇보다도 심리주의 접근 방법의 결정적인 한계는 미학적으로 부적절하다는 점에 있다. 심리주의적 해석은 작품의 주제적 및 상징적 신비를 푸는 데 많은 심오한 실마리를 제공할 수 있지만, 잘 만들어진 시나 걸작 소설의 아름다운 균형을 좀처럼 설명할 수는 없다. 심리주의적 접근 방법이 감추어진 의미를 읽는 데에는 아주 훌륭한 이론이지만, 해석에 능란한 사람은 글 자체의 적절한 설명을 위해서 전통적 접근 방법과 형식주의 접근 방법 같은 다른 이론들을 자주 사용하지 않을 수 없는 것이다.

■ 참고문헌

Allan H. Gilbert, ed., and trans., : "*Ion*" in Literary Criticism : Plato to Dryden Wayune State Univ. Press, Detroit, 1962.
C. G. Jung, *The Collected Works of C. G. Jung*, Pantheon, New York, 1953.
Calvin S. Holland, "*A Primer of Freudian Psychology*, New American Library, New York, 1915."
Cleanth Brooks, "Implications of an Organic Theory of Poetry", in M.H.Abrams, ed., *Literature and Belief*, New York, Columbia University Press, 1958.
D. W. Heiney, : *Essential of Contemporary Literature*, Barron's Educational Series, Inc., 1954.
Herbert Read, *Twentieth Century Criticism : The Major Statements*, William J. Handy & Max Westbroo(eds.), The Free Press, New York, 1974.
_____, *Collected Essays in literary Criticism*, Faber & Faber Ltd., London, 1962.
Lucy Freeman & Marvin small, *The Story of Psychoanalysis*, Pocket Books, Inc., New York, 1960.
Motton Kaplan & Robert Kloss, *A Psychological Literary Criticism*, The Free Press, New York, 1973.
Norman C. Holland, *The Dynamics of Literary Response*, Oxford Univ. Press, New York, 1968.
Ramen Selden, *A Reader's Guide to Contemporary Literary Theory*, The Harvest Press, Lrd., Brighton, 1985.
Richard Foster, *The New Romantics*, Boomington, Indiana University Press. 1962.
Seldon Norman. Grebstein, *Perspectives in Contemporary Criticism*, State Univ. Press, New York, Binghamton, 1968.
Sigmund Freud, *A General Introduction to Psychoanalysis*, Washington Square Press, Inc., New York, 1935.
_____, *Civilization and its Discontent*, Hogarth Press, London, 1980.

_____, *Group Psychology and its Analysis of the Ego*, International Psychoanalytic Press, London, 1922.

_____, *Sex and Repression in Savage Society*, Harcourt, Brace and World, New York, 1929.

_____, *Totem and Taboo*, Moffat Yard, New York, 1918.

Terry Eagleton, Literary Theory : *An Introduction*, Basil Blackwell, Oxford, 1983.

Victor Erlich, *Russian Formalism : History, Doctrine*, The Hague, Mouton. 1965.

Vincent B. Leitch, *American Literary Criticism from the Thirties to the Eighties*, Columbia Univ. Press, 1988.

D. W. 포케마·입쉬 E. 쿠네(정종화 역), 『20세기의 문학이론』, 을류문화사, 1985.

E. 라이트(권택영 역), 『정신분석비평』, 문예출판사. 1989.

E. G. 파레스(홍숙기 역), 『성격심리학』, 박영사, 1987.

I. 랩(제석봉 역), 『사랑의 심리학』, 분도출판사, 1985.

J. 스펙터(신문수 역), 『프로이트 예술미학』, 풀빛, 1981.

K. 융(이부영 외 역), 『인간과 무의식의 상징』, 집문당. 1985.

L. 에델(이종호 역), 『현대심리소설연구』, 형설출판사, 1960.

L. A. 젤리·D. J. 지글러,(이훈구 역), 『성격심리학』, 법문사, 1983.

P. A. 로빈슨(박광호 역), 『프로이트 급진주의』, 종로서적, 1980.

S. 프로이트(구인서 역), 『정신분석 입문』, 동서문화사, 1975.

_____, 『성과 권력』, 문예출판사, 1999.

S. 피레스톤(김예숙 역), 『성의 변증법』, 풀빛, 1983.

W. 리치(오세철 외 역), 「파시즘의 대중심리」, 『현상과 인식』, 1987.

_____(황재우 역), 『프로이트와의 대화』, 종로서적, 1985.

궤린 윌프레드(정재완 역), 『문학의 이해와 비평』, 청록출판사, 1987.

그리제바하 M. 마렌(장영태 역), 『문학연구 방법론』, 홍성사, 1982.

노드롭 프라이(김상일 역), 『신화문학론』, 을류문화사, 1971.

라이트 엘리자베드(권택영 역), 『정신분석비평』, 문예출판사, 1989.

아니카 르메르(이민선 역), 『자크 라캉』, 문예출판사, 1994.

바슐라르 가스똥(김현 역), 『몽상의 시학』, 기린원, 1989.

야코비 욜란디(이태동 역), 『칼 융의 심리학』, 성문각, 1978.

왈라스·골드스타인·나단(이관용 외 역), 『심리학 개론』, 율곡, 1990.

윌리엄 라이터(이경식 역), 『신화와 비평』, 전망사, 1981.
카이저 볼프강(김윤섭 역), 『언어예술 작품론』, 시인사, 1988.
풀레 죠르즈(김붕구 역), 『현대 비평의 이론』, 홍성사, 1979.
프로이트 지그문트(거암 편집실 역), 『꿈의 해석』, 거암, 1985.
_____(손정수 역), 『정신분석 입문』, 배제서관, 1988.

Ⅳ. 현상학적 비평

1. 현상학적 비평의 출발과 개념

　현상학(Phenomenology)은 우리의 인식 과정에 초점을 맞춘 철학의 한 방법론으로서, 종래의 모든 선입관을 버리고 의식에 비친 사물을 사실 그대로 서술하는 자세에서 출발한다. 그러나 이러한 자세는 결코 쉬운 것은 아니다. 가령, 어떤 사람 앞에 포도 한 송이를 놓고 분석하라고 지시하면, 그 사람은 포도를 먹어 본 과거의 경험, 학교에서 배운 포도의 이런 저런 것 등을 직관적으로 떠올릴 것이다. 따라서 현상학 철학자들에게 있어서 가장 중요한 과제는 어떤 물체를 의식에서 인지하는 그대로 분석하기 위해서 어떠한 유형의 선입견, 추정, 편견을 지양하는 것이다.

　현상학은 에드먼드 후설(Edmud Husserl)에 의해 1900년을 기점으로 제창된 이래 광범위한 영향력을 끼쳐 왔고, 하이데거(Martin Heidegger)와 퐁티(M. Merleau-ponty)에 의해서 다양하게 발전되어 왔다. 또한 그것은 가다머(H. G. Gadamer)와 그 밖의 다른 이론가들에게도 언어를 이해하는 방법에 있어서 많은 영향을 끼쳐 왔으며, 특정한 문학 작품을 분석하는 많은 비평가들의 방법에 있어서도 직접 간접으로 영향을 주어 왔다.

1930년대에 잉가르덴(Roman Ingarden)은 현상학적 개념과 방법들을, 문학 작품을 체험하는 방식에 관한 특별한 이론에 적용시킨다. 그의 분석에 의하면, 하나의 문학 예술 작품은 작가가 지닌 의식의 지향적인 활동에 그 근원을 두고 있다. 이 지향적인 활동들이 텍스트에 기록되어, 독자로 하여금 그 자신의 의식 속에서 그 작품을 체험할 수 있도록 해준다. 기록된 문학 작품은 그것이 진술하고 있는 것 속에 많은 '불확정적인 것들'(places of indeterminacy) 뿐만 아니라, 완전히 실현되지 않은 차라리 잠재적인 많은 요소들을 포함하고 있다. 잠재적이고 불확정적인 국면들을 '채워 나가는'(fill out) 의식의 시간적 전개에 의하여 능동적 독서가 펼쳐진다. 그리하여 작품에 기록된 낱말들의 연쇄에 반응하며, 그렇게 함으로써 문학 작품의 도식적 구조를 '구체화한다'(concretize)는 것이다. 그러면서 독서는 삭자에 의해 기록된 의식 과정과 함께 '공동 창조적'(co-creative) 관계를 갖게 된다. 그 결과 독자로 하여금, 그 작품과 독립적으로 존재하는 실재가 아니라 하나의 '의사 실재'(擬似實在), 즉 허구적 세계를 그려내기 위한 가치가 부여되고 현실화된 '미적 대상'을 의식하게 해준다는 것이다.

현상학 이론을 처음으로 문학 비평에 적용시킨 사람은 '제노바 학파'(Genova School)의 학자들이다. 스위스 제노바 대학교에 재직하고 있는 문학 교수들이 주축이 된 제노바 학파에는 바슐라르(Gaston Bachelard), 풀레(Georges Poulet), 장 스타로빈스키(Jean Starobinsky), 장 피에르 리샤르(Jean-Pierre Richard) 등이 포함되어 있다. 제노바 학파의 비평은 작품의 객관적 가치보다는 인식 과정에서 나타난 주관적 가치를 중시한 특성 때문에 신비평(New Criticism)과는 현격한 차이를 보인 반면, 인식론(receptive theory)적 접근을 모색한 독자반응비평(reader-response criticism)에는 지대한 영향을 미친다.

현상학적 방법에 의해 문학 작품을 분석한다는 것은, 사물의 이미지를 밝혀 보는 것 이외에, 그것들이 서로 교우하고 결합하는 상상력의 질서를 그 형이상학적 의미 차원에서 살펴보는 것이다. 그렇게 함으로써 작가의 의식을 가장 문학적으로, 그리고 가장 본질적으로 생생하게 드러내고자 하는 데 있다. 그러나 현상학적 연구를 제대로 수행할 수 있기 위해서는 문학이 어떤 관계에서 현상학적으로 고찰될 수 있는지, 문학과 현상학과의 관계에 대해 살펴보는 일이 무엇보다 중요하다.

20세기 문학 비평에서 가장 빛나는 문학적 유산은 상황 비평을 지양하고 작품을 '작품 그 자체로'(to the word itself)라는 명제 아래 본질적으로 분석하려는 것이다. 이같이 본질적인, 혹은 가장 '문학적인' 방법으로 작품에 접근하려는 비평가들의 노력은 최근에 이르러 객관적인 전통과는 대조되는 의식의 평가(criticism of consciousness)를 꾀하게 된다. 이러한 태도는 주로 객관주의에 불만을 표시하고 나선 문학 현상학자들에 의해 이루어진 것인데, 다른 문학 이론들이 그러했던 것처럼 문학 현상학적 방법은 현상학적 인식론의 출현에 깊은 영향을 받아 발달된 것이다.

이에 우선 철학에서의 현상학적 개념을 살펴보고, 이것과의 관계를 포함한 문학 현상학의 개념과 작품에의 적용을 검토하고자 한다.

2. 철학 현상학의 두 가지 개념

현상학이라는 개념은 대략 두 가지 뜻을 가지고 있다. 하나는 철학적 인식론이며, 다른 하나는 넓은 뜻에서 과학적 방법론이다. 그리고 전자는 현상학의 창시자인 에드먼드 후설(Edmund Husserl) 철학에서 찾아볼 수 있으며, 후자의 현상학은 후설에서 배워 그것을 자신의 이론에 따라 수정하면서 현상학을 체계화한 많은 철학자들 및 과학자들에서 나타난다.

후설의 철학적 인식론은 절대적 객관성이 보장된 '앎'의 성질과 그것을 취할 수 있는 방법을 제시하는 데 있다. 앎은 의식 주체자와 대상과의 만남인 구체적인 경험을 바탕으로 한다. 이런 점에서 헤겔로 대표되는 사변철학(思辨哲學)과는 그 성질을 달리한다. 그렇다고 흄의 논리 실증주의로 통하는 경험주의 인식론과 그 궤를 같이하고 있는 것도 아니다. 흄의 그것은 의식과 그 대상의 물리적인 관계를 뜻하는 데 반해, 현상학에서 말하는 경험은 의식과 그 대상의 의미적 관계를 말하는 것이다. 후설에 의하면, 경험주의의 근본적인 오류는 의식을 자연화해서 본 점에 있다고 한다. 이러한 그릇된 견해를 후설은 자연주의 혹은 심리주의라고 보았다. 의식을 심리주의적인 입장에서 조명해 볼 때 논리적, 객관적으로 무전제(無前提)한 앎은 설명되지 않는다.

  의식은 자연 현상으로 환원될 수 없는 초험적(超驗的)이므로 사물 현상에 비추어 볼 때 자율적이다. 의식의 자율성은 지향성(志向性, intentional)으로 나타난다. 그리고 의식은 대상과의 인과적 관계에서 결과되는 것이 아니라 역동적 관계에서 구성된다. 이렇게 구성된 것은 감각될 수 있는 사물 현상이 아니라 그 사물 현상의 본질 혹은 형상이며, 그 본질의 파악이 인식이고, 이 의식 행위를 의미 부여 작용이라고 한다. 이러한 본질 파악의 궁극적 주체는 초험적 자아의 본질 직관이다.

  이와 같이 현상학은 앎의 정의와 그 객관성의 성질에 대한 이론이며, 동시에 그러한 앎에 도달하는 철학적 방법론이기도 하다. 이른바 현상학적 환원(還元)이 그것이다. 기존의 모든 선입 관념을 떨쳐버리기 위해서 의식의 현상학적 분석은 먼저 경험의 본질에 관한 모든 전제를 '판단 중지'(epoche : suspension)하는 것으로부터 출발한다. 이 '판단 중지'는 의식의 대상이 실재적이든 비실재적이든, 곧 대상이 그 대상을 '지향하는' 의식의 외부에 존재하든 안 하든, 어떠한 판단이라도 '괄호 속에 묶어두는 것'(bracketing)이다.

그런 다음 한편으로는 인식 주체자의 순수성을 확보하는 초험적 환원을 수행한다. 이 두 가지 작업을 통해서 본질 직관에 의해 대상의 본질이 의식 속에 자명한 형태로 주어지며 앎에의 길이 마련된다. 이 현상학적 환원의 구체적인 방법은 과학에서 적용되는 설명적인 성질의 것이 아니라 서술적이다.

과학적 앎은 어떤 개별적 현상을 연역적으로 설명해 줄 수 있는 인과적 법칙으로서의 어떤 가설을 검증함으로써 얻어진다. 반면, 현상학적 앎은 어떠한 전제도 받아들이지 않고 다만 의식에 주어진 대상을 있는 그대로 서술해 내는 데 있다. 가령, 한 사물에 대한 앎은 구체적으로 여러 각도에서 본 대로 서술할 뿐만 아니라 여러 가지 상상을 통해서 그것을 서술한 후에 그것으로부터 어떤 보편적인 동일성을 띤 것, 즉 그 서술들의 의미 혹은 본질을 직관해 냄으로써 이루어지는 것이다.

현대 철학은 오랫동안 과학의 발달로 말미암아 객관적 타당성, 측정, 증명의 가능성을 가진 것만을 진리로 삼는 실증주의자들의 세계 해석의 지배하에 있었다. 이에 현상학자들은 세계 해석에 있어 인간을 중심으로 하는 인식의 주관성을 회복하고자 자연과학자들의 인식 태도를 검토하였다. 이러한 실존주의 현상학의 모든 철학적 전개에 있어 기초가 되는 중심적인 원리는 인간의 본질적인 본성을 '세계—내—존재'로 이해하는 데 있는 것이다.

(1) 에드먼드 후설 — 현상학적 인식

현상학은 에드먼드 후설(Edmund Husser)과 그 후계자인 마르틴 하이데거(Martin Heidegger)에서 그 특수하고 명료한 모습을 드러낸다.

철학은 과학과 명확히 구별되지 않은 채 근본적이고 전체적인 지식을 가리키는 개념이다. 과학적 지식으로는 우주가 양자 혹은 전자로 구성되어 있다는 사실을 바탕으로 한다면, 철학적 지식은 우주가 음양으로 구성되어 있다는 사실을 바탕으로 한다. 그러다가 과학이 발달하면서, 철학적 지식은 훨씬 더 실증될 수 있는 과학적 지식과 비교해서 원시적 형태의 지식이라고 간주된다. 이에 철학자들의 반성이 대두되면서, 철학적 지식과 과학적 지식은 서로 다른 차원이라는 것을 인식하기에 이른다.

과학적 지식은 경험에 의해 얻을 수 있는 데 반해 철학적 지식은 비경험적이다. 곧, 경험적 지식이란 이성을 통해서 순전히 오관(五官)을 거쳐서만이 얻을 수 있는 지식인 것이다. 반면, 비경험적 지식이란 오관을 통하지 않거나 어떤 영감에 의해서 얻어질 수 있는 지식이다. 다시 말하여, 경험적 지식은 구체적으로 볼 수 있고 만질 수 있는 사물이며, 비경험적 지식은 구체적 사물이 아니다. 가령, 스티븐 호킹(Stephen W. Hawking)의 '블랙 홀(black hole)과 별의 진화'라는 학설은 경험적 지식 곧, 과학에 속한다. 그리고 플라톤의 '이상국가론'은 비경험적 지식 곧, 역사 철학에 속한다.

이와 같이 현상학은 철학석 방법론이다. 이것은 문학 이론에도 크게 영향을 끼치고 있어서 그 본질과 방법에 대한 이해는 문학 연구에 적용되고 있다. 그러나 현상학은 다른 철학적 이론과는 달리 어떤 고정적 이론을 가리키는 개념이 아니며, 어떤 특정한 철학자의 이론을 지칭하는 용어도 아니다.

후설이 시도한 철학적 인식론은 절대적 객관성이 보장된 앎이 어떠한 성질의 것이며, 그것을 어떻게 성취할 수 있는가를 밝혀 주는 데 있다. 앎은 의식 주체자와 대상과의 만남인 구체적인 경험을 떠나서는 생각될 수 없다.

이와 같은 후설의 현상학은 역시 그의 추종자들에게 커다란 계시로 남아 있게 된다. 현상학은 절대적인 앎을 추구하는 점에서 모든 앎의 가장 근원적 지점을 찾아내려는 노력, 즉 모든 편견에서 벗어나서 의식에 비친 인식 대상에 충실하려는 시도라는 것이다. 우리들은 흔히 사물 자체를 있는 그대로 보고 그것을 알았다고 하기보다는, 이미 우리들이 전통적으로 물려받은 여러 가지 편견에 의해서 왜곡되고 있거나 그렇지 않으면 그러한 색안경을 통해서 보고 있다는 점을 의식할 때, 그런 안이한 편견을 경고하는 현상학은 크나큰 철학적 광명이 아닐 수 없다.

그리고 현상학은 인식 주체자로서의 의식의 초험성과 역동적 지향성을 발견함으로써 인식에 있어서의 주체의 역할을 다시 강조한다. 그리고 의식의 내용을 시공(時空) 속에 위치하는 사물이 아니라 그것의 밖에 있는 의미로 본다. 그럼으로써 자연 현상을 대상으로 하는 자연 과학을 별도로 고려한다 하더라도 적어도 앎의 대상을 그냥 자연 현상으로 볼 수 없는 인문·사회 과학에 대해 새로운 방법론을 시사해 준다. 특히 문학, 보다 정확히 말해서 문학 작품의 해석은 인과적으로 설명될 수 있는 것도 아니며, 또한 그것을 구성하는 여러 언어들 간의 논리적 구조를 밝혀 냄으로써도 끝나지 않는다. 그렇다면 문학 작품의 해석은 어쩌면 현상학적 관점에서 현상학적 방법으로만 가장 만족스러운 결과를 얻을지도 모른다. 다시 말해서 의식은 지향성이라는 후설의 개념, 즉 의식은 항상 무엇에 대한 의식이라는 개념을 차용하여 문학 작품을 해석하는 것이다. 그리하여 다양한 형태의 인간의 전존재(全存在)를 단일한 개념으로 통일한다면 만족스러운 문학 작품의 해석을 얻어낼 수 있다는 주장이다.

(2) 마틴 하이데거 — 세계와 인간

하이데거(Martin Heidegger)는 후설의 현상학을 계승한 수제자였지만 그는 후설의 철학과 매우 큰 차이를 보인다. 하이데거는 현상학을 기본적인 방법 개념으로 본다. 즉 하이데거는 현상학을 존재에로의 접근 방법 개념에 대한 표현으로 받아들였으나, 후설은 의식 현상학이라는 대상에로의 접근 방법으로 보았던 것이다. 특히 하이데거는 지향성을 의식의 전반성적(前反省的) 구조로 파악한다. 지향적 의식은 온전한 자아 인식과 인식적 개체에, 그리고 의미 체계로서의 세계의 출현에 앞서 있는 것이다.

이러한 현상학은 점차 의식에 대한 이론, 그리고 인식에 대한 이론을 낳게 된다. 그래서 우리는 초험적 자아에 대한 주장과 그러한 자아에 의해서 직관적으로 포착되는 의식이 갖는 대상의 본질에 대한 후설의 주장을 보게 되는 것이다. 그러나 이러한 주장은 하이데거나, 그 뒤의 사르트르(Jean Paul Sartre), 메를로 퐁티(Merleau-Ponty) 등의 실존주의 학자들에 의해 부정된다. 이로써 현상학은 이른바 실존주의 현상학(existential phenomenology)으로 넘어가게 된다.

후설의 가장 핵심적인 관심은 인식의 문제였는데 반해, 하이데거의 가장 핵심적인 초점은 '존재학'(ontology)이다. 그의 저서 『존재와 시간』(*Being and Time*)에 제시한 문제는 인간 존재, 즉 다자인(Dasein)이란 무엇인가 이다. '다자인'이란 '거기'라는 뜻을 가진 'Da'라는 어휘와 '존재'라는 뜻을 가진 'Sein'이라는 말의 합성어로서 하이데거가 독특한 인간 존재를 나타내려고 민들었다. 인간은 그냥 있는 존재가 아니라 '거기 있는 존재'라고 본 것이다. 또한 '거기'라는 말은 자연 혹은 바깥 세계를 의미한다. 그러므로 '다자인'은 '세계—내—존재'(Inder-Welt-Sein)라는 말로 해석된다.

하이데거가 인간을 '다자인'이라고 규정한 까닭은 인간 존재가 다른 존재들과 마찬가지이면서도, 그냥 존재하지 않고 유독 바깥 세계나 자기 자신을 의식하는 존재라는 데 있다. 그리고 인간 존재란 세계의 일부이면서 그것과 어떤 관계를 갖고 있는 존재라는 데 있다. 세계가 인간과 어떤 관계를 갖고 있다고 볼 때, 세계는 인간에게 어떤 도움이나 해로움을 줄 가능성을 갖고 있는 세계로 보일 수밖에 없고, 인간은 세계에 대해 '관심'을 갖지 않을 수 없다.

인간이 바깥 세계에 대하여 관심을 갖는다는 것은, 인간이 바깥 세계에 의미를 부여하는 사람이라는 것이다. 모든 존재하는 사물은 의미를 지니고 있으나 그 의미는 인간에 의해서 부여되며, 의미를 획득함으로써 존재하게 되는 것이다. 그런 점에서 문학적 서술의 의도는 현상학적 서술의 의도와 일치한다. 인간이 자연의 일부로서 이해될 때, 자연의 삶 혹은 현상은 인간의 삶과 동일한 것이기도 하고 인간 존재의 전형이 될 수도 있다. 인간이 자기 자신을 자연과 동일시하는 상상력을 가질 때, 태양의 주기나 계절의 주기는 인생의 주기와 동일한 의미를 지닌 현상들로 받아들일 수 있다. 그러므로 인생을 달의 주기적인 재생의 리듬에 일치시켜 보면 죽음 뒤에는 언제나 재생이 뒤따르고, 고통도 언젠가는 극복되어 행복해질 수 있다는 낙관론을 가질 수 있다. 인간은 상상할 수 있으므로 그 어떤 슬픔이나 고난을 이겨낼 수 있는 존재인 것이다.

현상학자들의 가장 중요한 인식론의 과제는, 주관적 체험으로 어떻게 객관적 세계를 규정할 수 있느냐 라는 것의 이해와 해명에 있다. 바로 이 문제에 대한 자연 과학자와의 서술의 차이는, 곧 현상학적 인식론의 개념을 드러내는 것이기도 하다. 그렇다면 문학 작품을 쓴다는 것은 바로 현상학적 서술을 하는 것이요, 문학의 기능은 인식적이라는 결론에 도달된다. 따라서 작가란 일종의 현상적 실천자이며, 작품은 일종의 진리를 담고 있으며, 독자는 현상학적 진리를 배우는 사람이라고 할 수 있다.

(3) 메를로 퐁티 ― 지각의 선행성

하이데거의 '세계―내―존재'의 논의보다 더욱 구체적으로 전개된 이론이 메를로 퐁티(M. Merleau-ponty)의 철학이다. 그의 철학은 후설, 하이데거, 사르트르 등의 학설을 종합한 것이라고 할 수 있다. 퐁티는 현상적 기질을 거치지 않고 의식이 무(無)와 연루되는 법은 없다고 주장하면서 사르트르에게 동의하고, 후설의 현상학을 충실히 전개시킨다. 그에게 있어서 인식의 문제는 '지각'(perception)의 문제로 귀착된다. 『지각의 현상학』(*The Phenomenology of Perception*) 서문에서 메를로 퐁티는, 현상학은 관념주의와 경험주의의 변명의 막다른 골목을 뛰어 넘어서기를 희망한다고 말하고 있다. 어떤 절대 정신에 대한 믿음과 마찬가지로 세계 그 자체의 소박한 객관주의를 부정함으로써 현상학은 세계와 직접적으로 원초적인 접촉을 이루는 데 집중할 수 있다는 것이다.[1] 왜냐하면 지각은 모든 형태의 앎의 근원이라고 믿었기 때문이다. "우리들은 지각의 세계에서 살기를 결코 그치지 않는다. 그런데 우리들은 비판적 사고에 의해서 지각을 초월한다. 그래서 우리들은 진리에 대한 우리들의 관념이 지각에 기초를 두고 있음을 잊기에 이른다"[2] 라고 메를로 퐁티는 지각의 선행성을 강조한다. 그래서 존재가 우선인 하이데거나 의식이 우선인 사르트르와는 달리 퐁티에게는 세계 자체가 우선적이다. 곧, 진정한 초월이란 세계에 대한 인간의 실존적 관계이지 전통 철학에서 주장하는 외부 세계가 아니라는 것이다. 여기에 퐁티의 현상학적 임무가 결정된다.

또한 퐁티는 전통적 지각 구조에 대한 이론, 곧 로크(J. Locke), 버클리(G. Berkeley), 흄(D. Hume) 그리고 논리 실증주의자들이 주장하는 경험주의와 데카르트(R. Descartes)적 합리주의, 칸트(I. Kant)의 선험주의를 지칭하는 주지주의를 모두 배격한다. 그에 의하면, 경험주의는 의식을 너무 수동적으로 보고 있으며, 주지주의는 의식의 활동성을 너무 강조한다고 보았다. 그리하여, 그는 이 두 이론의 독단성을 지적하면서 의식의 밑바닥 구조를 밝히고 나아가 이 두 이론을 절충하는 중도적 입장을 취한다.

그리고 퐁티는 무의식적인 의식의 존재에 대해서 말한다. 그는 사물과 의식을 연결하는 "육체는 물질도 아니고 본질도 아니다"[3] 라고 주장한 것이다. 투명한 의식이 아닌 육체를 지각의 매개체로 본다면, 그 지각의 주체자

---

1) 김진국(편역), 「문학현상학 서설」, 『문학현상의 이론과 실제』, 명진사, 1980, p.15.
2) Merleau Ponty, *The Primacy of Perceptions*, ed. by James M. Edie, North Western Univ. Press, 1964, p.3.
3) M. Merleau-ponty, *The Visible and the Invisible*, tr., Alphones Lingis, Northwestern University Press, 1968, p.139.

는 자의식을 갖고 있는 '데카르트적 자아'(ego parlè)가 아니라 '체험한 자아'(ego vèca)라고 본 것이다. 따라서 육체의 주체자인 '체험된 자아'가 어떤 대상, 곧 사물을 접할 때 그것들 간에는 이미 어떤 역학이 발생하게 되는데, 그 역학을 퐁티는 '표현'(expression)이라고 칭한다. 이 표현에 의해서 육체는 대상에게서 받는 산만한 감각을 '대상 내용'(sens)으로 발전시키고, 그것은 다시 의식되어 '의미'(signification)로 관념화되는데, 이는 또 개념으로서 파악된다는 것이다. 때문에 우리는 어떤 사물이나 현상을 결코 있는 그대로 표현할 수 없다고 퐁티는 말한다. 그 까닭은, 사물이나 현상은 가장 원초적 앎의 형태인 지각에서 주체를 떠나 객관적으로 존재하는 그대로 나타나지 않고, 지각의 주체자인 유체에 의해서 이미 해석되고 있기 때문이라는 것이다.

이와 같이, 퐁티의 인식론은 지각 대상의 지각되기 이전의 존재 구조를 강조하고 있다. 이 점이 바로 칸트의 입장과의 차이점을 보여준다. 즉, 칸트가 주체자의 의식 구조를 지나치게 강조하고, 체험 세계를 통일성 없는 '단편들' 혹은 '인간상의 먼지'로 귀착시킨 데 비하여, 퐁티는 심리와 논리를 넘어서고 표상적 의식을 넘어서는, 아니 오히려 그 안에 있는 총체적이고 원초적인 세계에 대한 경험을 인식의 체험적, 실존적 경험으로 이끌어 내고 있는 것이다. 다시 말하여, 인간은 반드시 살아 있는 존재로서 사고하여야만 한다는 것이 그의 지론이다.

퐁티에 의하면, 언어의 진정한 의미는 그것이 서술하고자 하는 지각의 세계이다. 그런데 언어 이전에 지각된 대상은 그것이 그만큼 개념화되었기 때문에, 그것이 언어로서 이해될 때 이미 결코 똑같을 수 없다고 말한다. 그러나, 인식의 문제를 논의하려면, 우리는 반드시 하나의 대상과 그것을 인식하는 주체자인 의식을 분리하지 않을 수 없게 된다. 따라서 인식의 주체로서의 의식은 언어와 따로 떼어 생각할 수 없으며, 인식이란 존재 차원과 의식 차원 혹은 언어 차원과의 논리적 구별을 필연적인 조건으로 한다는 것을 이해해야 할 것이다.

3. 문학과 현상학

(1) 작품 서술과 현상학

어떠한 장르의 문학도 대상을 묘사한다. 그리고 묘사가 서술을 떠나서 존재할 수 없다면 모든 문학 작품은 서술적이라고 할 수 있다. 그리고 서술은 그 대상이 이미 존재함을 전제로 한다. 그렇다면 모든 문학 작품들이 묘사하는 것들은 묘사 이전에 이미 존재하고 있음이 전제된다. 그런데 이 전제는 타당하지 않다. 문학 작품들이 묘사하는 것은 반드시 존재하는 것은 아니다. 왜냐 하면, 문학 작품이 이야기하는 것은 상상의 산물이며, 사건이며, 인물이기 때문이다. 따라서 그것들은 실재로 존재하거나, 했거나, 할 것이거나 간에 아무 상관이 없다. 그것들은 작가가 만들어 낸 것에 불과하기 때문이다. 그리고 문학 작품을 창작이라고 부르는 이유도 여기에 있다. 곧, 문학 작품이 묘사하는 것들은 모두가 허구적이라는 것이다.

이처럼 문학 작품이 무엇인가 서술하는 것 같이 보이나 사실은 정상적인 뜻으로서의 서술이란 말은 해당되지 않는다. 그 까닭은 서술이라는 개념이 전제하는 사물의 실재성이 부정되었기 때문이다. 따라서 문학 작품에서의 서술은 상상에 의한 의미, 혹은 의미 체계의 제작 활동을 뜻한다고 할 수 있다.

문학 작품 속에 나타나는 사물의 묘사가 정상적인 뜻에서의 서술이 될 수 없다는 결론은 실증주의적 혹은 자연주의적 입장의 논리이다. 때문에 이러한 자연주의적 혹은 실증주의적인 인식론이 깨질 때, 그것이 함의하는 서술 모델도 부서진다. 그러나 후설의 현상학적 인식론, 즉 인식 행위에 있어서의 의식과 그 대상과의 관계가 인정될 때, 실재하는 대상을 전제하지 않는 문학 작품에 있어서의 묘사는 하나의 서술로서 받아들일 수 있다. 현상학적 입장에서 볼 때, 인식 대상은 물질로 환원될 수 있는 대상이 아니라 현상으로서의 대상이다. 현상이란 인식자의 의식 밖의 시공 속에 놓여 있는 자연 현상이 아니라 그 의식에 내재하는, 즉 지향적 의식에 관련되는 의미로서의 본질 또는 형상(eidos)이다. 그것은 사물적인 속성과는 전혀 다른 관념적 속성을 지닌다. 현상학이 서술하고자 하는 것, 현상학적 앎의 대상은 바로 이와 같은 관념적 존재인 것이다.

이처럼 현상학적 서술을 설명할 때, 문학 작품 속에 묘사된 것들이 실재로 시공 속에 존재하지 않고 허구적인 것에 지나지 않더라도 그러한 묘사를 서술로 볼 수 없다. 즉, 문학적 서술은 일종의 지칭 대상이 있으며, 따라서 문학은 과학과는 다른 인식적 활동인 것이다. 물론 이러한 문학적 인식은 과학적 인식과 같은 차원에서 우월성을 비교할 수 있는 것은 아니다. 문학적 인식과 과학적 인식은 그 성격이 근본적으로 다르다. 그리고 현상학적 입장에서의 문학적 인식은 보다 근본적인 인식이라는 주장을 펼 수 있다. 과학적 인식은 인과 법칙에 의해서 연역되고 실증적으로 설명되었을 때 성립된다. 반면 현상학적 인식은 의식과 그 대상과의 그 자체로서 원초적 접속을 뜻한다. 앎이 보는 행위라는 점에서, 현상학적 앎은 과학적 앎과 같이 설명적 활동이 아니라 서술적인 것이다. 그리고 대상과 원시적 혹은 근원적 접촉을 목표로 하는 점에서, 과학적 앎의 추상성과는 달리 구체적 혹은 직접적 성격을 띠고 있다.

문학적 표상이 사물 현상에 대한 설명이 아니라 서술이라는 점에서, 그것은 같은 사물 현상에 대한 과학적 접근과 다르고 현상학적 접근과 일치된다. 또한 원초적 인식 차원에로 가까이 가려는 의도에서, 문학적 서술 의도는 현상학적 서술 의도와 일치한다. 이처럼 문학 작품은 현상학적 환원 작업인 일종의 현상학적 서술이라고 간주된다. 곧, 문학 작품을 쓴다는 것은 현상학적 서술을 하는 것이요, 문학의 기능은 인식적이라는 결론이 가능한 것이다.
 문학 작품은 이미 존재하는 어떤 대상에 대한 진리를 드러내는 기능과는 아무런 관련이 없다. 문학 작품은 새로운 세계, 곧 한 작가가 사물 현상과 사회 속에서 살아가면서 생각해 본 삶의 세계를 만드는 기능을 담당한다. 그것은 이미 있는 세계의 표상 혹은 복사가 아니라 의미 혹은 생각의 체계이다. 이러한 생각된 세계, 가능한 세계를 통해서 인간은 인간이 구체적으로 살고 있는 세계로부터 상상적으로 해방된다. 그러한 가능한 세계를 통해 인간들이 실제로 살고 있는 세계가 반성 비판되며, 이러한 과정을 통해서 우리들은 새로운 세계로 나아갈 수 있는 것이다.

(2) 작품 해석과 현상학

 한 문학 작품은 그 작가의 지향적 의도의 표현이라고 할 수 있다. 문학 작품을 구성하는 언어 뒤에는 명백하게 작가의 의도가 자리한다. 이렇듯 작품을 내면적일 수밖에 없는 그 의도의 외면화로 전제한다면, 작품의 언어적 의미는 곧 작가의 의도에서 찾아야만 한다. 따라서 이러한 논리가 타당하다면, 작품의 의미를 밝혀내는 작업으로서의 해석은 언어적 의미를 통한 작가의 의도를 찾아내는 작업이라 할 수 있다. 여기서 문학 작품의 현상학적 해석 방법의 타당성이 확립된다.
 현상학적 해석 방법은 문학 작품의 뜻을 언어적인 것으로 봄으로써 언어적 해석을 주장하는, 이른바 구조주의적 방법과는 전혀 입장을 달리한다. 현상학적 해석 방법은 작가의 원초적 의식과 작가의 의도에 초점을 둔다는 면에서 오히려 프로이트식의 심리주의 비평, 그리고 사르트르류의 실존주의 비평과 일치한다. 그러나 엄밀히 말해서, 프로이트적 비평이나 사르트르적 비평은 작가의 원초적 콤플렉스나 기획을 밝히는 데 초점이 있다기보다는 실은 각기 작품 해석을 통해서 입증하는 데 초점을 두고 있다. 이런 점에서 볼 때는 분명 현상학적 해석 방법의 의도와는 차이를 보인다. 왜냐하면 현상학적 해석 방법은 무전제(無前提)의 진리, 의식에 주어진 대로의 대상을 파악하는 것에 있는 데 반해, 프로이트나 사르트르류의 작품 해석은 각기 한 편으로는 정신분석학적인, 또 한편으로는 철학적인 근본 전제를 바탕으로 하고 있기 때문이다.

이런 점에서 볼 때, 현상학적 해석 방법은 정신분석학적 방법이나 실존주의 방법과 마찬가지로 심리학적 또는 의도적 접근을 하면서 위의 두 가지와는 다른 '의식 비평'(criticism of consciousness), 주제 비평(critique thèmatique)에 속한다고 할 수 있다. 나아가 보다 적절하게 현상학적 비평이라 부를 수 있다. 이러한 비평 방법은 바슐라르(Gaston Bachelard)에서 두드러지게 나타나며, 간접·직접으로 영향을 받은 풀레(Georges Poulet), 스타로벵스키(Jean Starobinsky), 리샤르(Jean-Pierre Richard) 등과 같은 이른바 '내적 비평'(critique intèreure)을 적용한 비평가에 의해서 심화 확대된다.

현대의 문학 비평은 문학 텍스트를 하나의 완결된 대상으로 보고 그 대상의 내부 법칙과 그 대상을 이루고 있는 여러 요소들의 상호 관계를 밝히는4) 것으로서 곧 텍스트에로의 복귀를 시도하고 있다. 이러한 비평 양상은 종래의 문학 비평이 외재적 비평 방법을 취하여 문학 작품을 하나의 어떤 인과 법칙의 결과로 보고자 하는 문학 텍스트 외적 고증이었던 것에 반하여, 실제로 문학이란 그 구체적인 작품이 있기 때문에 내재적 비평 방법으로 이해되어야 한다는 것이다. 즉 문학 작품의 자율적 비평이 강조되고 있는데, 이런 비평 방법의 전제는 한 문학 작품이 하나의 유기적인 의식의 조직체라는 것이다.

인문 과학의 한 분야를 차지하는 문학을 각별히 살펴볼 때 일반적으로 현상학은 다음 세 가지 점에서 문학과 연관될 수 있다. 먼저, 작가가 작품을

---

4) 김치수, 「분석비평 서론」, 『문학과 지성』 제26호, 1976. 11, p.144.

창작할 때 현상학적 방법으로 서술할 수 있다는 점이다. 다음으로, 문학 연구의 작품 해석에 있어서 현상학적 방법을 적용할 수 있다는 점이다. 마지막으로, 문학 비평가가 작품을 평가함에 있어서 현상학적으로 해명할 수 있다는 점이다. 이것은 각각 현상학적으로서의 문학 작품, 문학 작품의 해석 방법으로서의 현상학, 문학의 평가 방법으로서의 현상학에 해당된다.[5]

다시 말하면, 문학에 있어서 현상학적 방법은 결국 작가의 전 작품 세계의 의미를 창조케 하는 작가의 의식의 뿌리를 찾아내는 것이며, 작품을 낳게 한 지향성과 상상력의 조직과 체계를 알아내어 작가 의식의 원초적 발상을 밝히는 작업이라 할 수 있다. 이러한 현상학적 방법은 새로운 주관주의 비평을 확립하여, 문학이란 하나의 상상적 세계의 사고이므로 언어가 우리에게 실현해 보여주는 작가 특유의 존재 의식, 즉 원초적인 작가 의식의 발상을 밝힘으로써 작품 세계를 파악하려는 입장을 취하고 있다.

그러나 내재 비평의 한 방법인 구조주의 비평은 객관주의적 작품 분석과 언어의 구조적 조건으로만 문학의 본질을 찾고자 한다. 이에 반해, 현상학적 비평 방법에서는 작품을 그 내적인 움직임(le movement interne)[6]으로 파악하는 것이 아니라, 작품을 해체하고 형해화(形骸化) 하기 때문에 작품에 내재한 작가의 정신적 세계를 체험할 수 없는 것이기도 하다.

(3) 가스통 바슐라르 — 이미지와 상상력 이론

겉으로 보아 메를로 퐁티와 크게 다르게 보이는 가스통 바슐라르의 관점은, 실제에 있어 주된 관심의 대상[7], 제기하고 있는 문제점, 그에 대한 해결

---

5) 박이문, 「현상학과 문학」, 『현상학이란 무엇인가』, 한국현상학회, 1983, pp.241~257 참조.
6) J. P. 리샤르(이휘영 역), 「프랑스 문학비평의 새로운 양상」, 『창작과 비평』 제16호 (1970년 봄), p.88 참조.
7) 김진국(편역), 앞의 책, pp.17~19 참조.

방법에 있어 메를로 퐁티와 많은 점에서 공통성을 지닌다.

바슐라르는 그의 탐구를 이미지에 한정시키고 있으며, 이미지를 창조의 과정에 있어 근원적인 순간으로 파악하고 있다. 바슐라르의 상상력은 자아와 세계 사이의 조화의 중심에서 작용한다. 그리고 그의 이미지는 의미가 탄생되는 공간인 대지가 익어 터지는 순간과 같은 것이다. 그의 '창조의 순간'에 대한 관심 때문에, 바슐라르는 자신의 논의를 이미지들을 해석하는 작업에 한정시키고 있다. 그리고 예술 작품들은 진정한 창조성과 그에서 유도되어진 재현체를 결합하게 된다.

바슐라르에게는 세 가지 주된 사상이 서로 얽혀 있다. 첫째는 상상력이 투사되어 나타나는 외계를 묘사하는 4원소론(les quatre elements), 둘째는 상상력의 작용 자체를 묘사하는 이미지의 현상학(la phenomenologie de l'imge), 셋째는 상상력의 궁극성을 묘사하는 원형론(l'archetyoplogie)이 그것이다. 그러나 이 세 가지 분야에서 추적되는 상상력의 세 국면은 똑같이 서로가 서로의 가능성이 되고 있으므로, 즉 그 세 국면은 전체적인 하나로서 상상 현상을 이루고 있으므로 각 분야에서 바슐라르가 묘사하는 것은 동시에 필연적으로 기타의 분야에서 문제되는 것도 암암리에 내포하게 된다.

4원소에 관한 저서[8]들을 통해 상상력의 절대적인 힘에 대한 신념을 얻은 바슐라르는 두 권의 시학(詩學)에 관한 저서를 내놓음으로써, 만약 상상력이 인간의 정신 작용에서 절대적인 것이라면 상상력의 소산인 이미지(혹은 상징)는 설명될 것이 아니라 현상 그대로 파악되어야 한다고 주장하기에 이른다. 이리하여 바슐라르의 이미지의 현상학이 태어나는 것이다.

그러나 바슐라르는 물질의 정신분석과 이미지의 현상학—이들은 다루는

---

[8] 4원소에 관한 저서들.
La Psychanalyse du feu(Paris:Gallimard, 1938). *L'Eau et les Reves:essais sur l'imagination de la matiers*(Paris: Jose Corit, 1942). *La Terre et les Reveries sur l'imagination des forces* (Paris, Jose Corit, 1948). *L'Air et les Anges: essais sur l'imagination du movenent*(Paris, Jose Corit, 1943).

대상만 다르지(전자에서는 상상력 속에 나타나는 물질, 후자에서는 상상력의 소산인 이미지), 결국 똑같은 상상력의 작용을 묘사하는데—을 통해, 각각의 작가들에게는 시공을 초월하여 조금도 유사성이 없으나 한결같이 나타나는 일련의 이미지들이 있음을 발견한다. 그리하여 바슐라르는, 이미지의 현상학은 '(혼의) 울림'(retentissement), 즉 미적 감동을 추적하는 작업 이외의 다른 아무 것도 아니라고 말한다. 왜냐하면 미적 감동이란 상상력의 견지에서 본다면, 이미지가 상상력을 촉발(觸發)시킴으로써 상상력이 전력을 다하여 그 이미지를 원형의 이미지로 밀고 갈 때, 즉 이미지가 상상력의 전적인 움직임 속에서 원형의 이미지에로의 동적인 변화를 수행할 때 우리가 느끼는 정신적인 효과이기 때문이라는 것이다.

바슐라르에게 있어서, 미란 우리 외부의 움직임 없이 객체로 존재하는 것이 아니라, 바로 우리가 감동을 느낄 때 주체로서 우리 내부에 태어나는 것인 까닭이 여기에 있다. 그리고 그 미의 탄생은 바로 상상력이 원형을 지상 목표로 하고 있기 때문에 가능한 것이다. 그런데 우리는 이 '혼의 울림'을 한 번 겪은 다음에는 이전의 우리가 아니게 된다. 우리는 그 순간 존재의 전환을 겪는 것이다. 왜냐하면 상상력은 우리 존재에서 절대적인 것이며, 따라서 우리 존재를 지배하는 것이기 때문이다.

'보편적인 가치 판단의 기준을 갖추고 있는 상상력', 이것이야말로 바슐라르의 상상력 이론을 미학과 존재론으로 동시에 정립시키는 것이다. 그리하여 바슐라르의 비평 이론은, 모든 신비평들 가운데서 문학 작품 속에 미적 감동과 의미를 연결시키는 유일한 문학 이론이 된 것이다. 사실 어떤 신비평에서도 바슐라르 비평 이외의 미학의 문제가 본격적으로 제기되어 본 적이 없다.

바슐라르의 '상상력의 형이상학' 밑에서 실제적인 비평은 어떻게 이루어질 수 있는가. 그것은 대상 작품에 나타나 있는 특권적인 이미지들에 대한 이미지의 현상학을 행사하는 것, 즉 그 이미지들의 상상적인 변화, 상상적인 생성을 추적하는 것을 말한다.9) 바슐라르의 이와 같은 사상은 프랑스에서 현상학적 비평을 탄생시키는 데 선구적, 결정적인 역할을 했다. 이러한 현상학적 비평을 '의식비평' 또는 '주제비평'(critique thematitque)이라고도 한다.

(4) 조르즈 풀레 — 인식의 세 단계

풀레(Georges Poulet)는 세 권의 인간적 시간에 관한 연구 서적10)을 저술한다.11) 이들 비평적 연구에서 그는 문학을 '인간 의식의 역사'라고 말하고 있다. 그는 문학을 창조적인 의식이 동시에 지속적으로 세계와 의식 그 자체를 경험하는 과정에 대한 '표현'이라고 생각한다. J. P. 리샤르(Jeam Pierre Richard)의 저서 『문학과 감성』(Litterature et Sensation) 서문에서 풀레는, 비평은 하나의 사고를 사유하는 것으로 만족해서는 안 된다고 말한다. 비평 활동은 그의 방향을 발전적으로, 즉 이미지에서 이미지로 뻗어나가며 이루어져야만 한다는 것이다. 곧, 비평은 정신이 정신 그 자체를 주체로서 만들기 위하여 객체를 자신에 결합되게 하는 행위에까지 도달해야 한다는 주장이다. 그리하여 바슐라르처럼 풀레도 작가의 감성이 처음 열려진 출발점을, 즉 가장 중요한 핵심이 되는 사고의 순간을 표면에 떠오르게 하기 위하여 개별적인 시행(詩行)이나 떼어 낸 이미지 또는 단어들을 병치의 방법으로 이용하고 있다.

풀레는 문학사의 변화를 원중심의 변화로 보았으며 원의 중심으로 올수

---

9) 정병욱, 『고대 시가론』(신구문화사, 1977)는 「공무도하가」, 「황조가」, 「구지가」의 분석을 바슐라르의 방법으로 보여주었다.
10) J.P. 리샤르, *Etudes sur le temps humain*(1949, 1952, 1964).
11) 김진국(편역), 앞의 책, pp.23~24 참조.
   그리고 풀레의 이론을 탁월하게 설명하면서 동시에 비판하고 있는 라월(Sarah Lawall)의 의식의 비판(Critics of Consciousness : Cambridge, 1968), pp.74~135를 참조할 것.

록 추상적·개념적·본질적·관념적인데 반하여, 원의 바깥으로 나갈수록 구상적·구체적인 것이 된다고 한다. 이렇듯 풀레의 비평 방식은 의식이나 우주를 하나의 원으로 보았으며, 이것은 확산과 수축이라는 기호학적 공간의 상상력과 그 궤를 같이 한다. 그는 플로베르(Gustave Flaubert) 작『마담 보바리』(Madame Bovary)에 대한 분석에서, 작품 외면에 나타난 플롯이나 사건을 지탱해 주는 숨어 있는 진정한 구조는 끝없이 밖으로 번져가는 원의 확대와 반대로 끝없이 중심으로 응결해 들어오는 인식의 운동으로 보았다. 그리고 풀레는 동화(同化)의 비평을 주장했는데, 그것은 두 개의 의식이 합일하는 것이 참된 비평이라는 논지이다. 즉, 자기 의식과 타자 의식을 합일시키려는 의지가 참된 것이고 참여하는 것이라는 주장이다. 또한 그는, 책을 읽는다는 것은 하나의 체험이며, 책을 여는 것은 하나의 닫혀진 세계를 여는 것이며, 나아가 타인의 영혼 속에 몰입되는 것이라고 한다. 이는 곧, 책을 읽는다는 것 사체가 비평을 하는 행위이며, 비평한다는 것은 회상히는 것으로 해석할 수 있다. 그러므로 작품의 구성 요소에서 불변성을 찾아내야 하며, 단편적으로 분리해서 독서해서는 안 되고 어디까지나 회고적 통일성 아래에서 독서해야 한다고 주장한다.

이와 같은 풀레의 문학 작품에서 발견되는 인식론은 세 단계로 분류된다. 첫째 단계는 현상학적 인식론이다. 작품 속에는 확실하게 정신적인 요소가 내재하고 있는데, 이 요소는 드러나 있기도 하고 숨어 있기도 하면서 객관적인 형식 속에 매어져 있다는 것이다. 따라서 비평가는 언어로 표현된 작가의 인식을 다시 살려내어야 하며, 주관에서 대상으로 그리고 다시 주관으로 되돌아가 파악하여야 한다는 것이다. 또한 풀레는 사유(思惟, cogito)를 논하는 가운데 자신의 현상학적 이론의 핵심을 드러낸다. 그것은, 사유 전체는 동일한 행위의 불변성 속에 자아에 대한 세계의 전현존(全現存)을 포함하고 있다는 것이다. 그리고 사유는 그 자체와 함께 全환경을 동시에 의식하고 그들 중의 하나가 없이는 나머지 하나도 존재할 수 없다고 한다.

이러한 현상학적 인식론을 발견하고 나서, 비평가는 문학 작품에 작용하는 두 번째의 인식 단계로 올라간다. 작품 속에는 또 다른 더 높은 단계가 있다는 것이다. 이는 형식을 버림으로써 의식이 그 안에 반영되는 모든 것을 초월하여 그 자체를 드러내게 되는 단계이다.

풀레는, 비평가가 세 번째의 인식 단계를 발견해야 한다고 하는데, 이것은 마지막으로 의식이 아무 것도 반영하지 않고 항상 작품 속에 있으면서도, 또 작품 위에 있으면서도 의식이 그저 존재한다는 것만으로 족한 경지가 있다는 것이다. 따라서 이 단계에서 의식에 대해서 이야기할 수 있는 것은 의식에 무엇이 존재하느냐는 것뿐이고, 어떠한 대상도 의식을 표현할 수 없고, 구조로도 그것을 확정할 수 없다. 그야말로 의식은 말로 표현할 수 없는 상태 속에, 그 기본적인 불확실성 속에 그 자체를 드러낸다는 것이다.

풀레는 제네바 학파의 주도적인 구성원 중 한 사람이다. 미국의 현상학적 비평의 주류는 제네바 학파의 스타일을 응용했는데, 특히 풀레의 입장을 취했다고 할 수 있다. 미국의 대표적인 현상학적 비평가인 힐리스 밀러(J. Hillis Miller)는 여타의 현상학자와 구별되는 풀레 비평의 특수성을 밝히고자 하였다. 그는 풀레가 현상학적 믿음보다는 '순수 의식'(pure consciousness)을 믿고 있다고 지적한다.[12] 그리하여 풀레의 비평은 바슐라르나 리샤르의 주제적 비평보다 한층 더 '의식의 의식'을 배타적으로 정의했다는 평가를 얻고 있다.

(5) 제프리 하트만 — 의식의 드라마와 성숙

미국의 현상학적 비평의 주류는 제네바 학파의 비평이었으나, 브로트콥(Paul Brodtkorb), 하트만(Geoffrey Hartman) 등의 연구로 다양한 입장들이 제시

---

12) J. Hillis Miller, The Antithesis of Criticism, *Modern Language Notes*, 81 (December 1966) 참조.

된다. 하트만은 현상학자로서 활약하다가 후에는 해체론자로서 독립된 연구 활동을 하기도 한다. 그는 『워즈워드의 시 : 1787~1814』(In Wordworth's Poetry, 1964)의 신판에 첨부된 'Retrospect, 1971'에서, 워즈워드 시인의 25년에 걸친 의식의 전개 과정을 세밀하게 재구성한다. 그는 여기서, 워즈워드의 '새로 만들어진 정신현상학'을 추적하고 '의식의 드라마와 성숙'을 체계적으로 묘사함으로써 시인의 정신과 세계의 만남을 구성하고 있는 현상학적 행위를 탐구한 것이다.

하트만에 의하면, 시인의 의식은 한편으로는 자아와 세계의 이상적인 통일을, 다른 한편으로는 세계로부터 자아의 유아론적 폐쇄라는 양극으로 구성되어 있다고 한다. 하트만은 자아와 세계와의 관계 사이에서, 문학은 인간 경험의 구현이라는 데 현상학적 관심을 보인다. 그리하여 경험이라는 현상학적 문맥 속에서 작품과 관련된 워즈워드 개인적 작업의 미적 고결성을 평가한다. '경험'이라는 범주는 하트만의 연구 활동에서 토대를 형성한다. 즉, 그는 위대한 시는 "경험의 테두리를 고수하는 시인들에 의해 만들어진다"[13]고 주장한 것이다.

하트만은 1960년대 후반부터 미국 비평계의 전반적인 상황을 경험론의 전통인 형식주의와 관념론의 전통인 유럽 철학이 주도하고 있다고 보았다. 그는 이 두 가지 방식을 통합하고자 한다. 그리하여 그는 미국 토착 비평의 토대 위에서 철학적 비평의 옹호자로서의 역할을 시작한다. 그런 입장은 그의 『형식주의를 넘어서』(Beyond Formalism, 1970)에 잘 드러나 있다. 하트만은 형식주의로 치닫는 비평계의 열기를 식히고, 유럽 철학에 의해 비평계가 이질화되는 것도 반대한다. 말하자면, 그는 비평 문학이 형식주의를 거부하지 않으면서 동시에 철학 쪽으로 다가가도록 유도하려 하였다. 그리하여 그는 비평의 적절한 목적을, 텍스트를 통해서 인간의 경험에 도달하는 데 둔다.

---

13) J.H. Hartman, *The Unmadiated Vision : An Interpretation of Wordworth*, Hopkins, Rilke, and Valery, N.Y, 1954.

그에 의하면, 경험은 역사·인간의 목소리와 동일선상인 것이다.
　그리하여 하트만의 비평은 텍스트의 테마에서 실세계의 전망으로, 언어학에서 철학과 해석학으로, 형식주의에서 현상적이고 유추적인 비평으로 다각적인 이동을 시도한다. 그의 다각적 비평 행위는 현상학의 정수를 담고 있을 뿐만 아니라, 언어학을 끌어들이고 성서 해석학의 통찰력 또한 소생시킨다. 말하자면, '문학에 대한 문학'이라는 제네바 학파의 비평과 결부되면서도 문학사와 문학 형식에 대한 실용적인 관심을 첨가함으로써 제네바 스타일의 약점을 보완한 것이다.

4. 현상학적 비평의 실제

　현상학이 현장성에 특별한 위치를 부여했다는 사실에서 김광균의 시 「눈오는 밤의 시」는 우리에게 새로운 이미지를 보여준다. 시인의 생애를 파헤치지 않고서 조직적으로 자유로이 풍부한 변형에 의해서 시적 가치를 드러내 주는 이미지를 분석해 보고자 한다.

・김광균의 「눈오는 밤의 시」[14]

① 서울의 어느 어두운 뒷거리에서
② 이 밤 내 조그만 그림자 우에 눈이 내린다.
③ 눈은 정다운 옛이야기
④ 남몰래 호젓한 소리를 내고
⑤ 좁은 길에 흩어져
⑥ 아스피린 분말(粉末)이 되어 곱게 빛나고
⑦ 나타―샤 같은 계집애가 우산을 쓰고
⑧ 그 우를 지나간다.

---
14) 이사라, 『김광균 시의 현상학적 연구』, 이대 석사학위 논문, 1979 참조.

⑨ 눈은 추억의 날개 때묻은 꽃다발
　⑩ 고독한 도시의 이마를 적시고
　⑪ 공원의 동상 우에
　⑫ 동무의 하숙집 지붕 우에
　⑬ 카스파처럼 서러운 등불 우에
　⑭ 밤새 쌓인다.

　이 시에서, 김광균 자신이 '눈(雪)'과 마주침으로서 일어나게 되는 '눈'의 이미지에 의해 유기적인 그물처럼 엮어진 그의 시적 공간을 볼 수 있다.
　그의 시가 만들어지는 곳은 그 자신의 존재를 확인하기 위한 노력으로서의 지향적 시선과 그 대상 '눈'이 맞부딪쳐지는 그 첫 순간인데, 이때 그의 존재 의식과 물질적 상상 질서가 일치되면서 드러난 그의 '눈'의 이미지를 현상학적 방법으로 파악할 수 있다.
　이 시에서 '눈'이 내리는 장소는 도시적 실제 공간인 '서울'이다. 그 서울 가운데서도 서울의 실체와 중심에서부터 외곽지인 어두운 뒷거리에 내리는 눈을 봄으로써 서울에 대해, 도시에 대해 부정적인 그의 시적 중추의 이미지를 가진다. 이 시적 중추의 이미지는 바로 '눈'의 현상과 일치하는데, 그것은 '눈'의 대표적인 현상인 '가벼움'이다.
　여기서 그의 의식의 지향성이 '눈'과 만났을 때 '가벼움'의 그 원초적 직관에 의해 결국 그의 시의 특권적 이미지는 '눈'의 이미지, 즉 '가벼움'의 역동적 상상력에 의해 시적 질서를 갖고서 탄생되는 것이다. 이것은 바로 김광균이 그 자신을 표현하고자 하는 구체적이며 직관적인 심상이 드러나는 것을 의미하고 있다.
　그래서 그의 '눈'은 밤에 '내 조그만 그림자 우'에 내리고 있는데, 이 '어두움', '뒷거리', '밤', '조그만 그림자'라는 일련의 이미지가 곧 서울을, 도시를, 현재를, 중력 있는 실체를, 단단한 지상 이미지인 모든 것을 가볍게 만드는 것으로 밝혀진다. 이렇게 지상 이미지가 거부된 그의 시적 공간은 모두 가벼움의 현상적 파악에 의해서 이루어지는 축을 중심으로 하여 여러 층을 이루고 있다.

이러한 그의 이미지들은, 그의 시가 '눈'을 소재로 한 애수의 시라는 관념적 설명에 의해 단순히 직관적인 이미지를 그가 그리고 있다고 해석할 수는 없다는 것을 여실히 보여준다. 즉 그의 시는 모든 대상들을 가볍게 만드는 힘을 가진 이미지로서 각 요소들이 상호 관계를 갖고 있는 것으로 파악되는 것이다.

③ ④행에서 '남몰래' 내리는 '눈'의 이미지는 앞 시구의 가벼움에 대한 '눈'의 이미지에서 확장된 또 하나의 눈의 현상인 '소리 없음'인 것이다. 김광균 시 세계의 정신적 일치를 지배하는 핵심이 '눈'의 현상적 이미지와 만나는 그 의식의 출발점이므로 이 '남몰래 호젓한 소리를 내는 눈'의 시구 속에서 텍스트의 이미지를 있는 그대로 정적으로 이해해서는 안 되며, 그의 상상력 속에서 이루어지는 '눈'의 이미지의 움직임을 보충해야 하는 것이다.

김광균이 이 시에서 '눈'의 관념적 이미지, 곧 슬픔이라든가, 고적감이라든가, 고고함, 깨끗함 등의 감상적 표현을 하고자 한 것이 아니라는 것을 우리로 하여금 깨닫게 해주는 그 까닭은, 바로 이미지의 현상학을 통해서 그의 시를 읽어 나갈 때 명백히 그 자신을 존재하게 해주는 그의 시 세계를 드러내고 있기 때문이다. 즉 소리 없음의 세계를 지님으로써 이 실재의 도시 공간, 현실 공간에서 침묵하고자 하는 그의 의식의 지향성을 보게 되며, 그의 부재(不在)를 보게 된다.

'좁은 길에 흩어져'에서 '눈'의 이미지는 '흩어져'라는 '눈'의 운동과 속도의 세계를 나타내는데, 이것은 '눈'이 직진 운동에 의해 속도 감각을 가지지 않고 있다는 사실, 곧 사선운동(斜線運動)을 하고 있는 '눈'의 이미지를 표현한 것이다. 이 현상학적 표현은 천체 이미지인 '눈'이 지상에 닿을 때 그의 조그마한 자취나 무게조차도 남기지 않음으로써 앞서 살펴 본 바대로 지상에 뿌리 박히거나 중력을 가지는 것을 부정하거나 혹은 거부하고자 하는 것이다. 김광균 시의 발상은 이처럼 '눈'의 현상적 이미지로서 연속적인 시의 내적 질서를 이루고 있다.

⑥행에서는 '눈'의 색채 감각과 빛, 열 감각, 그리고 '눈'의 입자화(粒子化)로서의 형태를 갖게 된다. 원래 '눈'이란 분말 형태로 되어 있다. 이 분말 현상의 '눈'의 이미지로서 김광균은 그의 의식과 그의 대상인 사물과의 첫 부딪침의 순간에 있어서 모든 사물을 입자화시키려는 그의 지향성을 보여준다. 이 입자화에 의한 그의 사물 인식 역시 그의 상상력의 공간 속에서 이해되어야 하며, 이 공간은 그의 시적 공간인 가벼움의 세계, 소리 없음의 세계, 속도 없음의 사선운동의 세계와 의식을 같이하는 것이다. 이는 의식의 각 순간과 모든 환경 사이의 정감 있는 주제에 의해서 모아지는 하나의 빛나는 핵심15)인 것이다.

또한 '아스피린'이란 대상은 그것이 지닌 상징적인 가치 때문에 김광균의 시선과 맞닿은 것으로서, 그 하얀 색은 '눈'의 색채와 빛을 발하기는 하지만 열을 빼앗긴 빛, 즉 차가운 빛, 차단한 열이라는 '눈'의 이미지를 보여준다. 다시 말해서 모든 빛에는 열이 있으나 열기 없는 빛인 백색 이미지에서 광채만 택한 흰빛의 세계를 가지는데, 빛에서 열을 빼어 버리면 '눈'이 되는 것이다.

그래서 그의 시 세계는 '눈'의 현상적 세계가 지니는 독특한 시적 세계인 것으로, 이 독특한 시적 세계는 사물과 그의 의식이 만나면서 둘 다 새로운 질서를 이루는 것이다.

⑦, ⑧행에서 나타―샤는 현존하는 세계의 인물이 아니다. 나타―샤 같은 계집애는 소설이나 영화 속에 등장하는 허구의 여주인공으로, 현실의 무게

---

15) Georges Poulet, 'The Circle and the Center: Reality and Madame Boray(1955),' in : *Modern Litery Criticism 1900~1970*, ed. by L. I. Lipking, N·Y : Princeton University, 1972, p.465.

가 전혀 없다. 그녀는 이 도시 속에 살고 있지 않는, 다시 말하여 허구의 이미지가 그녀를 과거 공간으로 귀속시키고 있어 이러한 현존에서 중심을 빼앗긴 나타—샤가 우산을 쓰고 눈 위를 지나갈 때 우리는 전혀 그녀의 무게를, 실체를 느낄 수 없게 된다.

더욱이 그렇게 가벼운 나타—샤가 눈 위를 '지나간다'에서 의도적인 김광균의 지향적 의식 체계를 엿볼 수 있다. 체중 없는 여자가 눈을 '밟고 지나가는' 것이 아니라, 눈 위를 '그림자처럼 지나가버리는' 이미지를 주는 이 가벼움의 표현은 활발하게 김광균의 존재 의식을 드러내주며, 그가 그려내는 인체의 실체 없음이 '눈'의 역동적인 이미지를 더욱 부각시키고 있다.

시어 '우산'이 주는 이미지까지도 다음 시구에 나오는 '등불'의 이미지처럼, 허공에 매달려서 하늘을 향해 땅으로부터 솟아난 이미지, 지상에서의 무게를 거부하고 위로 올라가려는 이미지를 보여준다는 사실은, 김광균의 시적인 정신적 진행이 하나의 중심적인 생각에서부터 다량의 소용돌이치는 이미지들로 이끌면서 헤아릴 수 없는 몽상을 산출한다는 데 있다. 그의 시의 출발점은 무게의 거부, 즉 중력의 거부를 가장 잘 상징하고 있는 '눈'을 만나면서부터인 것이다.

현상학은 설명이나 분석의 문제가 아니라 묘사의 문제다.[16) ⑨행에서 김광균은 눈을 '추억의 날개'라고 묘사함으로써 눈을 통해 관념적인 과거의 공간으로 인도하고자 하는 것이 아니라, 오히려 과거 공간을 '날개'로 묘사한 데에서 관념조차 가볍게 보려는 것을 알 수 있다. 이러한 그의 의식에서 과거 공간이 물(物) 그 자체(things, themselves)로 파악되어 있고, 그것이 날개라는 '눈'의 부력(浮力) 현상과 일치되는 것을 보게 된다.

김광균은 지상에서의 견고함, 뿌리박음, 싱싱함이나 혹은 실용성, 실효성 등을 거부하면서 '눈'의 이미지로써 그의 시작(詩作)의 기초를 삼고 있다.

---

16) Merleau-Ponty, 'What is phenomenology?' in : *European Literary Theory and Practice*, trans. by Colin Smith, N·Y : Dell Publishing Co. Inc., 1973, p.70.

⑩행에서 ⑭행까지의 시구에서는 김광균의 주체인 '눈'의 이미지의 축소 현상을 볼 수 있다. 도시에서 공원으로, 공원에서 하숙으로, 하숙집에서 등불로 그의 시적 공간을 축소시킴으로써 가벼움의 '눈'의 현상적 이미지에 대한 의식의 지향성을 보인다.

　또한 김광균은 그의 시선을 대지에서와 도시성에서 무게를 갖는 이 일련의 시어인 도시, 공원, 하숙집, 등불로부터 상승시켜 그 무게를 상실하게 하고 있다. 즉 시어 이마, 동상 우에, 지붕 우에, 등불 우에가 그것인데, 인체 중에서도 가장 윗부분의 이미지인 이마나 실체 없는 동상의 현실 부재의 이미지나 지붕 윗부분의 이미지, 앞에서 살핀 등불의 천체 이미지에서 그의 의식이 통일적인 운동으로서 확산되어 가고 있는 것을 알 수 있다.

　비평이 작품의 비밀에 관한 탐구며 또한 그 비밀을 통한 자아의 탐구이기 때문에[17] 우리들이 한 문학 작품을 통하여 그 숨결을 다시 발견하고자 하는 그 존재, 혹은 존재에 대한 갈망 때문에 작품이 태어나는 곳, 작품이 존재하기 시작하는 그 순수한 공간에서 출발하고자 하는 비평 방법이 바로 현상학적 비평방법이라고 할 때, 김광균의 시의 비밀은 '눈'의 현상적 이미지에 의해 그의 모든 시를 재구성하여 탐구해 나감으로써 가능할 것이다.

5. 현상학적 비평 검토

　현상학적 비평 방법은 문학적 상상력의 구조와 작가의 내면 의식을 추적해 내는 데 있다. 이러한 비평은 전후 실존 비평과 현상학적 비평에 이르기까지 계속적으로 비평 방법의 주류를 이루었다. 그러나 현상학적 비평의 수용 과정에 있어서 몇 가지 문제점이 검토되기도 한다.

---

17) J. P. 리샤르, 앞의 책, p.94.

첫째, 현상학적 비평을 문학 작품에 적용하기 이전에 그 철학적 배경에 대한 올바른 이해가 선행되어야 한다. 실제로 현상학적 비평의 철학적 토대는 배우 복잡하다. 따라서 후설, 풀레 그리고 하이데거와 사르트르 등 서구 철학 사조의 흐름에 대한 충분한 이해가 전제되지 않고서는 그 본래의 의미를 밝혀내기가 어렵다. 비평가의 인식 영역 속에서 육화되지 않은 이론은 실제 비평에 별다른 도움이 되지 않을뿐더러 무분별한 철학 용어의 사용으로 인한 서술의 혼란을 가중시킬 뿐이다. 비평 문학이 철학의 도움을 구할 때에는 그 사상의 깊이에 다가가려는 인식론적 탐구가 반드시 전제가 되어야 한다.

둘째, 서구 문학 이론을 도입함에 있어서 주체성을 가져야 한다는 것이다. 우리의 서구 문학 이론 도입의 궁극적 목표는 문학 발전에 있다는 사실을 염두에 두고, 무분별한 수용 과정을 자제하고 실제 비평의 적용 방법을 끊임없이 탐색해야 한다. 이는 현상학적 비평이 제공하는 보편적인 분석의 틀을 넘어 우리 문학의 특수성을 구명할 수 있는 방법이 보충되어야 함을 의미한다.

셋째, 현상학적 비평으로 작품을 해명할 때, 그것이 부분적이고 단편적인 수준에 그쳐서는 안 된다. 현상학적 비평은 이미지 분석을 통한 작가 의식의 전면적인 탐색이라고 할 수 있다. 단순한 이미지 분석에서 벗어나, 작품 전체를 유기적으로 파악하며 그것을 심화된 관점으로 해명해 내려는 노력이 필요하다.

넷째, 현상학적으로 문학 작품을 탐색할 때, 문학의 역사성에 대한 주의를 함께 병행해야 한다. 현상학적 비평은 작품의 내면 구조를 분석하는 데 역점을 두는 한편, 곧잘 문학의 문화사적 배경을 간과하는 경향이 있다. 현상학적 작품 분석에 문학의 저변을 형성해 온 사회 역사적 배경에 대한 이해가 곁들여질 때, 더욱더 문학 작품의 탐구를 심도 있게 이끌 것이다.

예술로서의 문학적 가치는 심미성을 밝혀내는 데 있다. 현상학적으로 말할 때 그 경험은 어떤 종류이며, 어떤 현상이며, 어떤 본질을 가지고 있는가에 해당한다. 심미적 가치란 우리의 원시적 욕망인 자연과의 화해, 지적 또는 실험적 활동으로부터의 상상적 해방, 그러한 상황에서 행복의 체험이라 생각할 수 있다. 이러한 대표적인 입장은 바슐라르의 시학을 꿰뚫고 있는 입장이다. 바슐라르에 의하면, 우리의 시적 경험은 언제나 행복한 것인데, 그것은 시속에 나타나는 이미지들의 힘을 빌어 상상적으로 우리들의 원초적 욕망이 만족된다는 것이다.

그런데 심미적 본질이 현상학적 방법에 의해서 밝혀질 수 있는가가 문제점으로 남는다. 현상학적 방법이 주체자로서의 각 개인의 경험을 서술하고, 그것에서 의식에 의해서 지향된 의미 혹은 본질을 파악하는 데 있다면 그러한 방법은 극히 주관적일 가능성이 크다. 물론 현상학적 방법에 의한 인식 대상의 본질을 파악할 수는 있다. 그러나 심미성이 본질을 파악하려면 우선 심미적 경험을 분류해 내고 그것을 서술 분석해야만 한다. 이때 어떻게 하나의 경험이 심미적인가 아닌가를 결정할 수 있는가 문제가 제기된다.

극히 주관적일 수밖에 없는 심미적 경험은 각기 독자에 따라, 그리고 상황에 따라 달라진다. 그렇다면 한 작품의 심미적 경험의 밀도는 객관적 측정이 불가능할 수밖에 없다. 말하자면, 각 개인의 경험에 바탕을 두고 그것에서 직관에 의해 그 경험의 본질을 파악한다는 것이 현상학적 방법이라면, 그것은 극히 주관적일 수밖에 없다는 것이다. 설사 그 자체로서의 객관성을 갖고 있다 하더라도 그러한 객관성은 한 개인의 사적 주관성이란 차원을 넘어서 공적으로 보장될 수 있는 타당성을 찾아낼 길을 발견할 수 없다.

이와 같이 현상학적 방법은 다양한 차원을 갖고 있는 작품 평가의 일면을 담당할 수는 있어도, 그러한 방법만으로 만족스러운 작품 평가는 기대하기 어렵다. 물론 이러한 말은 문학 작품의 해석에 있어서 구조주의과 같은 비현상적 방법이 옳다는 것도 아니고, 작품의 평가가 실증주의적으로 이루어져야 한다는 주장도 아니다. 다만, 문학 작품은 오로지 현상학과의 관계에서 만족스럽게 이해될 수는 없다는 것이다.

■ 참고문헌

Cary Nelson, *The Incarnate Word : Literature as Verbal Space*, Ubana : University of Illinois Press, 1973.

David Hallidurton, *Edgar Allan Poe : A Phenomenological View*, Princeton, NJ : Princeton University Press, 1973.

Geoffrey J. Hartman, *The Unmediated Vision : An Interpretation of Wordswoth*, Hopkins and Valéry. New Haven, CT : Yale University Press. 1954.

Georges Poulet, "Phenomenoiogy of Reading." *New Literary History 1*, 1969.

_____, *Proustian Space*. Trans. Elliott Coleman, Baltimore: Johns Hopkins University Press, 1977.

Hillis Miller J, *The Disappearance of God: Five Nineteenth—Century Writers*, Combridge, MA : Harvard University Press, 1968.

_____, *Poets of Reality: Six Tventieth-Century Writers*, Cambridge, MA: Harvard University Press, 1965.

Jead Pierre Richard, *Poesie et Profondeut*, Paris: Seuil, 1955.

John. Vernon, *The Garden and the Map: Schizophrenia in Twentieth-Century Literature and Culture*, Urbana: University of Illinois Press, 1973.

Paul, Jr. Brodtkorb, *Ishmael's White World: A Phenomenological Reading of "Moby Dick."* New Haven, CT: Yale University Press, 1965.

Pierre. Thévenaz, *What Is Phenomenlolgy? And Other Essays*. Ed. James M. Edie, New York: Quadrangle Books, 1962.

Poulet. Georges, *Les Métamorphoses du cercle* Paris: Librairie Plon., 1961.

_____, *Studies in Human Time*, trans, dy Elliott Coleman New York: Harper & Brothers Publishers, 1959.

Robert. Magliola, *Phenomenology and Literature: An Introduction*, West Lafayette, IN: Purdue

University Press, 1977.

Sarah N. Lawall, *Critics of Consciouaness: The Existentialist Structures of Literature*. Cambridge, MA: Harvard University Press, 1968.

Simon J.K,(ed.), *Modern French Criticism: From Proust and Valéry To Structuralism*, Chicago and London:The University of Chicago Press, 1972.

W. K. Wimsatt, "Battering the Object: The Ontological Approach," In *Contemporary Critism*. Stratford-upon-Avon Studies 12. London: Chicago Press, 1953.

Wolfgan. Iser, *Implied Reader: Patterns of Communication in Prose Fiction from Bunyan to Beckett*, German ed. Munich, 1972.

_____. "The Reading Process: A Phenomenological Approach," *New Literary History* 3, 1972.

E. 후설(이영화 역),『현상학의 이론』, 삼성출판사, 1977.

G. 풀레 편(김붕구 역),『현대 비평의 이론』, 홍성사, 1966.

J. P. 리샤드(이휘영 역),「프랑스 문학비평의 새로운 양상」,『창작과 비평』제16호 (1970년 봄)

M. 마렌, 그리제바하(장영태 역),『문학 연구의 방법론』, 홍성사, 1982.

가스통 바슐라르(김현 역),『몽상의 시학』, 홍성사, 1978.

송욱,『시학평전』, 일조각, 1963.

폴 지네스티에(김현수 역),『바슐라르의 사상』, 금문당출판사, 1983.

피에르 테브나지(심민화 역),『현상학이란 무엇인가』, 문학과지성사, 1982.

V. 신화·원형 비평

1. 신화·원형 비평의 출발과 전개

  신화·원형 비평(Mythological and Archetypal Criticism)은 정신분석학적 비평이나 테마비평과 연결되는 현대 비평의 한 주류이다. 정신분석학적 비평이 개인 무의식에 중점을 두는 방법론이라면, 신화·원형 비평은 집단 무의식에 중점을 두는 비평 방법론이다. 이 비평 방법은 문학 연구의 여러 방법들을 다 포함하면서도 문학을 단일한 근원으로 환원시키려는 의도를 지니고 있기도 하다. 사실 신화·원형 비평은 인류학, 종교학, 민속학과 유대를 맺고 있을 뿐 아니라 심리학 및 언어학과도 유대 관계를 가진다는 점에서 그 다양성을 헤아릴 수 있다. 그렙스타인(S. N. Grebstein)은 신화·원형 비평 출발의 연원을 진화론에서 찾아낸다. 다윈(Charles Darwin)은 자연의 유기적인 발전에 관한 자신의 연구를 인간 문화에 대한 진화론에 확대했다. 이 연구는 20세기에 신화에 대한 학문적, 비평적 관심의 단서를 제공했다고 할 수 있다. 이어 타일러(Edward B. Tyler)는 『원시적 문화』(*Primitive Culture*, 1871)에서, 우리 문화의 제도나 예술 작품들이 예전의 사회에서 유래되는 패턴을 반복한다는 견해를 밝혔다. 이러한 타일러의 진화론적 인류학은 영국의 인류학계를 주도했다.

(1) 캐임브리지 대학의 인류학파

본격적인 비평 체계로서의 신화·원형 비평은 19세기 말과 20세기 초엽 영국의 캐임브리지 대학을 중심으로 한 인류학파의 괄목할만한 연구 성과에 자극을 받아 일어났다. 케임브리지 인류학파의 대표적인 인물은 『황금의 가지』(The Golden Bough, 1890)의 저자로 너무나도 유명한 제임스 프레이저(J. G. Frazer)[1]였다. 프레이저는 세계 각처의 신화·설화·전설 등을 집대성하여 전 12권의 대저술을 펴냈다. 이로써 신화가 단지 허황한 이야기나 미신 또는 우주의 신비를 알려주기 위한 비유나 알레고리라는 등의 통념을 뒤엎게 된다. 그리고 신화를 구성하는 힘은 동서 고금의 인간의 공통된 기능이라고 생각하게 되었고, 또한 신화란 초개인적 사회와 우주와의 의미 있는 대화를 위한 형식적 행위, 곧 제사 의식이 말의 형태를 취한 것이라는 생각을 하게 되었다.

이와 같이 『황금의 가지』는 신화와 제의에 대한 우리들의 지식을 넓혀 놓았고, 문학을 창작하는 창조적 예술가에게 영향을 주었으며, 제의, 신화, 꿈, 문학 사이의 친연성(親緣性)을 보여주었다. 그리고 이 책은, 인간 문화의 보다 광범위한 이해에 신화의 중요성을 주장한 저서들 중의 하나이기도 하다. 그것은 세계의 주요 신화들이 단순히 우연이라고 보아 넘길 수 없을 만큼 공통 요소를 많이 가지고 있다는 것이다. 이를테면 풍요제(Fertility rites)의

---

1) James Frazer의 『The Golden Bough』는, 1891년에 그 제1·2권이, 제3권은 1900년에 출판되었고, 1918년에 전11권이 완성되었으며, 12권은 1937년에 출판되었다. 우리 나라에서는 을유문화사에서 1975년에 번역 출판되었다.

양식과 그에 관련된 신화는 세계적으로 대체로 일치한다는 것이다. 이 사실은 문화인류학으로 하여금 단일 민족의 문화뿐 아니라 인류 문화 자체를 한 덩어리로 생각할 수 있는 기틀을 마련해 주었다.

또한 프레이저와 동시대 인류학파로 알려진 해리슨(J. E. Harrison)은 『테미스』(*Themis*)를 통하여, 신화는 제의에서 나온 것으로 제의가 신화에 앞선다는 점, 신화는 제의의 구술 상관물(oral correlatives)라는 점, 신화는 다른 무엇의 대용물이 아니라 그 자체의 독자성과 기원을 지니고 있다는 점을 주장하였다.

(2) 융의 집단무의식

정신분석학에서 프로이트는 『토템과 금기』(*Totem and Taboo*, 1918)를 통하여, 원형적 부친 살해가 사회 조직의 기초를 이룬다는 가설을 세워 주목을 받은 바 있다. 그러나 프로이트의 사상보다 신비평의 발전에 더 기여한 것은 융[2]의 심층분석 심리학이다. 융은 리비도를 성적인 에너지 이상이라고 확신하였으며, 프로이트가 정신의 건강한 측면보다는 신경증적인 면을 강조했기 때문에 그의 이론은 소극적인 것에 머물고 말았다고 주장한다. 융은 개인의 무의식에 관한 프로이트의 이론을 확장하여, 개인의 무의식 밑에는 모든 인간 종족의 정신 유산으로 분배받은 원시적 집단 무의식이 깔려 있다고 주장한 것이다. 그의 '원형 무의식'(archetypal unconscious)의 이론은 여타 신화학자들의 이론을 크게 보완하고 뒷받침한다.

융의 원형에 대한 개념들, 곧 퍼소나(persona), 아니마(anima)와 아니무스(animus), 그림자(shadow) 등은 신화적 문학 해석의 기초를 이루게 된다. 융은 인류 선조의 생활 속에 나타나는 반복적 경험 유형의 원시적 이미지

---

[2] C. G. Jung, *The Archetypes and the Collective Unconscious*, trans. by R. G. C Hull, N·Y:Pantheon, 1959.

(primordial image) 및 심리적 잔유물(psychic residue)에 원형이란 말을 적용한다. 그런데 융은 그러한 이미지나 잔유물은 인류의 집단 무의식(collective unconscious) 속에 계승되어지고, 문학 작품 작품뿐만 아니라 신화와 종교와 꿈과 개인적 환상(fantasy) 속에도 표현된다고 말한다.

융은 18세기 존 로크의 심리학과는 반대로 인간은 백지 상태(tabula rasa)로 태어나지 않았고 신체와 같이 마음도 미리 설정된 개인적인 한정, 다시 말하여 행동의 형식을 지니는데 이 행동의 형식은 정신 작용의 되풀이되는 유형으로 분명하게 된다는 견해를 제시한다. 따라서 융의 주장에 의하면, 신화 형성의 구조적 요소는 무의식의 정신 속에 항상 존재하고 있는 것이다. 융은 이들 요소의 현시(顯示)를 모티프들, 근원적인 이미지, 또는 원형이라고 말한다.

(3) 카시러의 신화와 상징

독일의 신칸트학파 철학자인 카시러(Ernst Cassirer)는 언어 생활의 상징성에 중요성을 부여하고 그 상징성으로 말미암아 생기는 인간의 신화 창조의 능력을 강조하였다. E. 카시러3)는 원초적 언어를 강렬한 감성적 경험과 관계지었으며, 특히 신화의 언어를 인간의 이성적이고 과학적인 이해에 선행하는 것으로서의 실제에 대한 인간 직관의 근본적인 형태로 성격지었다.4)

카시러는 『상징적 형태의 철학』(The Philosophy of Symbolie Forms)이나 『언어와 신화』(Language and Myth)와 같은 저서에서, 인간의 실체 파악에 필수적이라고 믿는 정신적 심상들, 즉 상징적 형태의 구조를 주로 연구했다. 그에 따르면 예술은 인간이 이성을 증대시키는 데 필요로 하는 상징적 형태의 하나이며,

---

3) Ernst Cassirer, *Essay on Man New Haven* : Yale Univ. Press, 1944.
　　　　　　, *Language and Myth*, trans. by Susanne Langer, New York : Harper & Bros, 1946.
4) S.N. Grebstein, 앞의 책, p.315.

예술은 시간·장소·사회적 관습을 상징적으로 묘사하는 데 사용된다. 또한 그는, 원초적 언어와 강렬한 정서적 경험을 결합시켰으며, 특히 신화의 언어를, 이성적이고도 과학적인 이해에 선행하여 인간이 실제를 직관하는 근원적인 형식으로 특징지었다.

또한 카시러는 신화란 세계를 전망하는 방법, 곧 의식의 틀이며 그것은 인간의 유일한 능력인 상징성의 원리를 모태로 한다고 본다. 따라서 모든 지식을 인간 정신 활동의 종합으로 보며, 신화를 의식의 신비로운 양상과 동일시한다. 이러한 태도는 경험을 바라보는 매우 기초적인 방법이기도 하다.[5] 따라서 카시러는, 신화는 고대인이나 현대인이나 미개인이나 문명인이나 다 같이 공유하고 있는 인간성의 본질적 양상으로 보았다. 카시러는 사람이 외부 사물을 파악하는 순간부터 상징적, 나아가서는 신화적 틀에 그 파악 내용을 담는다는 주장을 펴고 있다. 가령, 동쪽에 해가 뜨면서 어둠이 사라지는 자연 현상을 보고 햇빛이 어둠을 물리쳤다는 생각이 자연히 생기며, 나아가서는 '해'라는 영웅이 '어둠'이라는 적을 이겼다는 이야기가 쉽게 생긴다는 것이다. 따라서 이러한 신화만들기(mythopoeia)는 당시로서는 오히려 진실이고 과학이었다.

카시러의 영향은 원시 문화를 연구하는 인류학자들에게 큰 영향을 미쳤는데, 휠라이트(P. Wheelwright)와 슈메이커(W. Shumaker)와 같은 신화 이론가들의 저서에서 볼 수 있다. 또한 카시러의 영향은 랑거(S. Langer)와 같은 제자들의 저작을 통하여 비평적인 이론을 체계화시켰다. 그리고 프라이(N. Frye)나 보드킨(M. Bodkin)에 의해 신화의 논리는 비평 문학에 적용되어 큰 업적을 남기고 있기도 하다.

이러한 제반의 영향 위에, 특히 N. 프라이[6]는 신화비평이 진정한 비평임을 밝혀냈고 나아가 비평 문학을 하나의 지식 체계, 즉 인문 과학으로 올려

---

5) E. Cassirer(최명관 역), An Essay on Man, pp.150~155. 참조.
6) Northrop. Frye, *Anatomy of Critism*, Princeton:Princeton Univ. Press.

놓았다.7) 이러한 신화비평가들의 목적은 문학 안의 원형적 패턴들을 밝혀 놓고, 이 패턴들이 문학 작품의 형태, 본체(本體) 그리고 효과에 어떻게 관계되는가를 밝히는 것이다.

2. 신화·원형 비평의 개념

(1) 신화 비평의 의미

신화 비평은 1940년대 후반 서구에서 번성되기 시작한다. 신화는 초자연적 존재의 행위를 통하여 전체 우주의 실재 혹은 특정한 인간 행동, 자연물, 제도 등 부분적 실재를 이야기하고 또 그것이 어떻게 존재하게 되었는지를 설명한다. 따라서 신화는 인간의 실존적인 최초의 이야기를 인간에게 가르쳐 주는 인간 행위나 제도의 모범형으로 정의된다. 또한 신화·원형 비평이란 글자 그대로 신화의 원형을 문학 작품 내에서 찾아내고 작가들에 의해 어떻게 재현·재창조되고 있는가를 연구하는 비평이다. 곧, 신화 비평이란 문학을 신화 체계 내의 한 존재로 보고 문학 속에 내재해 있는 신화 체계(mythology)를 밝히려는 비평을 말한다.

신화(myth)라는 말은 서양 원어의 뜻으로 '구전하는 이야기'이다. 이것은 그리스말로 미토스(mythos)인데, 언어를 세 가지, 즉 로고스(logos, 논증이 가능한 말), 파토스(pathos, 연민의 정을 자아내는 힘을 가진 정적인 말), 미토스(mythos, 논리·심리적으로 논증이 불가능한 말)로 분류해 볼 때 이 중의 미토스가 미스(myth)의 어원이 된다. 그러나 신화 체계라고 할 때는 첫째, 과거에는 어떤 특정한 문화 집단에 의해 사실이라고 믿어진 일이 있다는 것이다. 둘째, 사회적 관습과 의식들 그리고 인간의 삶을 영위하는 준거가 되는

---

7) 이상섭, 『문학 연구의 방법』, p.181.

규칙들의 도덕적 구속력에 대한 이론적 근거를 제시해 준다. 셋째, 왜 세계가 지금과 같고, 왜 일들이 그런 식으로 일어났는가를 초자연적 존재들의 뜻과 행동에 의해 해명하는 데 도움이 되는 전승된 이야기들의 체계를 제공해 준다. 신화 체계란 바로 이러한 체계의 성격을 지닌 이야기를 말하는 것이다.

인간이 이러한 신화에 대한 인식을 하기 시작한 것은 생의 한계성에 대한 의문에서부터 비롯된다. 즉 세계는 자연의 질서와 더불어 반복하고 있으며, 자연의 시간은 순환하고 있다. 그러나 왜 인간의 일생만은 죽음에 의해 그 생이 단절되고 소멸되어 버리고 마는가 하는 근원적인 의문이 우주 현상을 접한 인간의 첫 의문이었다. 따라서 죽음의 한계성을 극복하여 죽음을 소멸시켜 버리고자 하는 것이 인간의 소망이었으며, 그 소망을 성취시키기 위해서 신화 세계에서 살고자 했다. 그리고 신화는 성스러운 역사를 나타내기 때문에 절대적 진리를 나타낸 것이라고 생각되었던 것이다.

다시 말하면, 신화는 창조의 여명, 태초의 그 순간(in illo tempore)에 일어난 초인적 계시인 것이다. '진실하고 성스럽기' 때문에 신화는 전형이 되었고, 따라서 반복적인 것이 되었다. 왜냐하면 신화는 하나의 전형으로서의 구실을 하고, 그 위에 모든 인간 행위는 정당화되기 때문이다. 바꾸어 말하면, 신화는 태초에 있었던 바의 참다운 역사며 인간 행위의 전형을 마련해 준 것이기도 하다. 신이나 신화적 영웅의 전형적인 행위를 모방함으로써, 또는 단순히 그들의 모험을 자세히 말함으로써 상고(上古) 사회인은 그 자신을 범속한 시간에서 떼어버리고 주술적인 태초의 시간—성스러운 시간—으로 복귀했던 것이다.[8]

신화 전문가들이 보증하는 신화에 대한 정의를 간단히 정리해 보면 다음과 같다.

---

8) M. 엘리아데(김병욱외 편), 「현대의 신화」, 『문학과 신학』, 대람출판사, 1981. p.311.

첫째, 신화는 제의의 언어적 양상이며, 제의가 전해 주고 있는 바의 의미다. 둘째, 신화는 상상력을 바탕으로 기본적인 지적 이미지를 연결하고 명령하는 바의 언어이다. 셋째, 신화는 계시의 양식과 궁극적인 실제의 표현이며, 사건의 진술이 아니라 가치의 진술이다. 넷째, 신화는 문학에 대한 유추적인 구조며, 문학과 같이 의식과 무의식에서 이 양자에 만족할 만한 방법을 조율하는 미적 창조다. 다섯째, 신화는 그 원천이나 본질에 있어서 비합리적이고 직관적인 이야기다. 그리하여 신화는 추리적, 논리적 또는 체계적인 것과는 본질적으로 다를 뿐만 아니라 이것들에 선행한다9)는 것이다.

따라서 신화는 한 집단이나 민족의 기원, 우주와 인간과의 관계, 민족이 살아남기 위한 투쟁, 지도 이념, 삶과 죽음, 인간의 미래 등 한 민족이나 인류 전체의 가장 본질적인 문제들을 상징적으로 이야기한다. 특히 신화는 초인간적인 존재, 즉 신들이 반드시 개입하는데, 이것은 인간의 본질적 문제가 일상적인 생활을 영위하는 인간의 차원에서는 설명될 수 없다고 본 까닭이다. 그러므로 신화는 궁극적으로 종교적이다. 그런데 주인공이 초자연적 존재가 아니고 인간일 때, 그 이야기는 신화가 아니고 전설(legend)이라고 부르는 것이 통례이다. 또한 그 이야기가 초자연적 존재에 관한 것일지라도 조직적인 신화 체계의 일부가 아니면 민담(folktale)이라고 부른다.

신화 비평을 때로는 원형 비평이라고도 한다. 이는 문학 작품 속에 내재해 있는 신화적 요소가 신화적 원형(archetype)을 이루고 있으며, 이러한 원형이 반복되거나 확대된다는 견해로부터 나온 말이다.

(2) 신화와 문학 그리고 작가

문학에서는 신화를 만드는 것보다는 신화의 그 이야기스러운 면을 더 중요하게 여긴다. 신들의 이야기는 소박한 민담으로부터 거창한 서사시에 이

---

9) S. N. Grebstein, 앞의 책, p.316.

르기까지 가장 사랑받고 숭앙받는 문학적 소재가 되어 왔다. 카시러에 의하면, 신화는 세계를 전망하고 이해하는 방식으로 설명한 것과는 달리 신화를 하나의 허구로 받아들이는 입장이다. 또한 체이스(Chase)는 신화를 문학으로 간주하고, 신화는 반드시 상상력의 미적 창조로 간주되지 않으면 안 된다고 말한다. 초기의 신화 작가들은 모두가 시인들이었으며 이들은 창조자 혹은 설화가들로서 자연과 인간의 투쟁이 야기하는 공포, 혹은 현란한 자극과 분규로 특징지어지는 이야기들을 꾸몄다. 그리고 그들은 신화가 여러 투쟁을 화해시키는 사회적 감정과 논리를 구축한다고 말한다.

한편 프라이는 신화와 문학의 관계에 대하여, 신화는 인간적 세계와 비인간적 세계를 동일시하는 상상력의 단순하고도 소박한 노력이라고 말한다. 그리고 신화가 만든 가장 뚜렷한 결과는 신에 대한 이야기라는 점에 있다고 주장한다. 이후 신화는 문학에 합류하기 시작했고, 신화는 이야기 문학의 구조적 원리를 이루게 된다. 결국 문학이란 신화의 변상이며 문학의 구조적 원리에 불과하다는 입장이다.

작가는 신화를 합리화하지 않고, 그 이야기를 다시 하든지, 같은 인물 또는 신이 등장하는 새로운 이야기를 만들어 낸다. 도덕론자는 인물 또는 신의 구체적 성격을 제거하고 추상적 결과에만 의미를 부여하려고 하나, 작가는 그러한 결과를 구체적 성격의 행동을 상징하는 것으로 볼 뿐이다. 따라서 신화에 대한 우리의 반응은 두 가지로 구분된다. 즉 신화는 표면상의 이야기에도 '불구하고' 어떤 진리를 표현한다는 생각과, 신화는 단순히 이야기로서 대해야 하는 이야기일 뿐이라는 생각이다. 작가는 신화를 대할 때 정신적 의미로 재해석을 하지 않는다. 그러나 작가의 주요 임무는 해석이 아니라 재현 또는 재창조다. 작가는 과거로부터의 옛 이야기를 현재로, 과거로부터 물려받은 것을 지금 당장 독자를 대면하고 있는 것으로 옮겨 놓는 것이다. 다시 말하면, 시인은 신화의 원형을 그대로 옮겨 놓되 새로운 소도구를 마련한다. 곧, 하나의 신화 체계는 '백과사전적'[10]으로 될 수가 있는데, 진정한 의미의 포괄적인 신화적 문학 작품은 원형들의 백과사전이 된다. 즉, 모든 기타 문학 작품들의 원형들이 그것 속에 내포되는 것이다. 그리하여 세계적으로 신화의 원형은 동일 콘텍스트(context)를 이루는 것이다.

(3) 신화와 비평가

신화 비평은 문학 작품들 간에는 포괄적인 연관성을 추적해 내는 원리가 있다고 본다. 모든 개개의 문학적 현상(작품)은 하나의 커다란 전체와의 유기적 관계가 있는 부분이라는 것을 밝힐 수 있는 중심적 가설이 필요한 것이다. 문학 현상이 자연 현상에 해당된다면 문예 비평은 자연 과학에 해당된다. 자연 현상처럼 문학 현상은 무한히 많고 다양하여 무제한의 새로운 발견이 가능하다. 그러나 문예 비평은 자연 과학처럼 단일한 체계와 논리를 갖고 있어서 한정적이지 않을 수 없다. 따라서 신화 비평가들은, 문예 비평 역시 문학 현상처럼 전체적 파악이 가능해야 한다고 주장한다.[11]

신화비평가는 신화의 의미를 그 기원에 있다고 보지 않고 오히려 그 후의 문학적 전개 속에서 찾아볼 수 있다고 믿는다. 신화나 전설이 고대로부터 현대에 이르기까지 문학 작품에 원형으로서 들어가 있다고 생각한다면 거꾸로 현대의 문학 작품으로부터 소급하여 그 원형이었던 신화를 추적할

---

10) 프라이(N. Frye)에 따르면, 백과사전적 형식은 신비적인 형체의 상징 체계를 보여주는 장르다. 가령 성전(聖典)이나 다른 여러 양식에 있어서의 성전과 유사한 것들이 그러하다. 성서, 단테의 『신곡』, 위대한 서사시들, 조이스와 프루스트의 작품이 이 형식에 포함된다.
11) 이상섭, 『문학 연구의 방법』, p.186.
　신화의 재현으로서 작품들 간의 유사성을 지적한 뛰어난 학자로서 머레이(Gilbert Murray)가 있다. 그의 저서 『시의 고전주의적 전통』(The Classical Tradition in Poetry, 1927)의 '햄릿과 오레스테스' 장에서, 그는 셰익스피어 극본의 신화적인 요소들과 소포클레스(Sophocles)의 '오이디푸스(Oedipus)', 아이스킬로스(Aeschylus)의 '아가멤논(Agamemnon)'의 그것들 사이의 많은 의미 있는 비교를 보여주고 있다.

수도 있는 것이다.

문학사란 역사의 전체가 원시적인 형태에서 복잡한 형태로 움직여간다. 때문에 문학이라고 하는 것은 원시적 문화를 연구하는 정도의 소박하고 협소한 형태가 복잡하게 얽혀 있는 것으로 볼 수 있다. 복잡한 구조로 얽힌 작품 가운데서 작자 자신이 착상한 가구적(假構的)인 부분이나 부속적인 부분, 또는 우유적(偶有的)인 부분을 제쳐놓고, 예부터 연속되어 오고 있는 원형적인 부분을 찾아낸다는 것은 매우 흥미로운 작업이기도하다. 그리하여 어느 시대의 명작이라 할지라도 그 껍질을 벗겨 나가면, 그 전시대의 어느 작품과 연결되고, 다시 또한 그 이전의 작품과 관계되는 등의 관계를 찾아볼 수도 있는데, 그렇게 되면 하나의 원형에서 그런 발상이 시작되었다는 것을 알 수 있다.12)

신화비평가는 역사주의 비평가와 마찬가지로 신화적 모티프와 유형들이 시대와 작가에 따라 어떻게 달라지는가를 예시하기 위하여 전기적 정보와 지성사, 문학적 관습(literary convention), 영향의 패턴(patterns of influence)들을 사용한다. 신화비평가는 문학이 두 개의 시간적 차원에 동시에 존재함을 인정하는 것이다. 그것은 첫째, 문학은 문자로 기록된 특정 시기의 역사적 사실로서 존재한다는 것이고, 둘째, 문학은 원형적 인물·심상·상징·장면·플롯 등에 대한 영원하고도 반복적인 표현으로서 역사적 시간을 초월하는 연속체로 존재한다는 것이다.

문학에 있어서 형태와 구조는 원형적 패턴들에 의해 반복적으로 형성되고 표현되는 것이므로, 신화비평가는 형식주의 비평가의 태도를 탐구하기도 한다. 또한 형식주의 비평가와 마찬가지로 자기의 관심이 신화와 제의(ritual) 그 자체에 있지 않고 신화와 제의가 궁극적으로는 예술의 형식으로 구현된 문학에 있다고 주장한다. 나아가서 신화비평가는 정밀한 원문 분석, 특히 이

---

12) M. 엘리아데(김병욱 외 편), 앞의 책, p.34.

미저리와 상징의 해설에 관심을 집중하는 경우가 있다.

또한 신화비평가는 문학과 사회의 상호 관련에 대한 사회·문화 비평가와 같은 관심을 갖는다. 왜냐하면 신화나 의식은 집단의 체험에서 발생하고, 그 자체에 집단적 활동의 형태들로서 교의(敎義)·사회적 관습 및 여러 제도들을 낳기 때문이다. 그리고 문학은 이런 것들을 필연적으로 반영하기 때문이기도 하다.

마지막으로 신화비평가는 심리주의 비평가와도 같은 태도를 취하기도 한다. 가령, 문학은 인간의 감정과 경험의 표현을 위한 수단으로써, 또 독자들에게 경험과 감정을 일으켜주는 도구라는 점, 신화·문학·꿈 사이에는 긴밀한 관계가 있다고 상정하는 점, 문학 작품은 인간의 불합리한 요소를 반드시 지니고 있으며 그 불합리한 요소에서 연유하는 것이라고 확신하는 점 등에서 심리주의적인 면을 찾아볼 수 있다.

이와 같이, 신화·원형 비평은 문학 비평의 영역에다 넓이와 깊이를 더해주며, 나아가 문학 연구의 역사적·미학적 영역 너머로 데리고 가 주는 비평이라고 할 수 있다.

(4) 신화와 제의

제의는 논리 이전의 것, 언어 이전의 것 그리고 어떤 의미에서는 인간 이전의 것이다. 그러나 인간에 있어서의 제의는 인간과 자연의 주기 사이의 잃어버린 합일을 되찾기 위한 자발적인 노력이다. 우리가 제의라고 부르는 것은 수확의 노래, 수확의 제물과 수확의 민속을 만듦으로써 인간의 에너지와 자연의 에너지를 일치시키려는 의지의 명확한 표현인 것이다. 그러므로 우리는 제의 가운데서 이야기의 기원을 보게 되는 것인데, 제의는 의식적인 의미나 의의가 숨겨져 있는 여러 행위의 시간적 순열이다. 자연의 모든 반복, 날, 달의 모양, 계절의 변화, 탄생에서 죽음까지 존재의 위기에는 제의가 포함되어 있다.13) 이러한 제의를 원형적인 양상의 관점에서 보았을 때, 제의는 문학을 서술하는 과정에서 상징을 전달하는 반복적인 행위를 말하는 것이다. 다시 말해서 제의는 인간을 태초인 신화적인 시간에다 투사하고 있다는 말이다.

시는 자연을 모방하지만, 이 경우 모방되는 자연은 형식적인 양상에 있어서처럼 구조 또는 체계로서의 자연이 아니라 주기적 과정(cyclical process)으로서의 자연이다. 예술의 리듬에 있어서 반복의 원리는 우리에게 시간을 가르쳐 주는 자연의 반복에서 나오게 된 것이다. 제의는 해, 달, 계절 그리고 인간의 삶 등의 주기적 운동에 밀착되어 있다. 경험의 중요한 주기성, 가령 새벽, 일몰, 달의 위상(位相), 파종기와 수확기, 춘분, 추분과 하지, 동지, 탄생, 성인식, 결혼식 그리고 죽음 등에는 반드시 제의가 곁들여져 있다. 제의는 자동적인 그리고 무의식적인 반복일지도 모를 순수한 주기적 서술(이와 같은 서술이 있다면)로 향하는 경향이 있는 것이다.14)

이와 같이 제의는 하나의 행위의 모방으로서가 아니라 인간 행위 전체의 모방으로서 원형 비평가에 의해서 서술로서 연구되어진다. 그리고 신비적인 양상에 있어서 시는 제의 전체로서의 인간 행위를 모방하고, 따라서 그 자체 속에 자연의 모든 힘을 포함하고 있는 전능적인 인간 사회의 행위를 모방한다.

3. 원형과 원형 비평

(1) 신화와 원형, 신화 비평과 원형 비평

신화 비평(mythopocic criticism)은 원형 비평(archely pat criticism)이라고도 한다. 이는 문학 작품 속에 내재해 있는 신화적 요소가 신화적 원형(archetype)

---

13) M. 엘리아데(김병욱 외 편), 앞의 책, pp.68~69.
14) N. 프라이(임철규 역), 『비평의 해부』, 한길사, 1982, p.148.

을 이루고 있으며, 이러한 원형이 반복되거나 확대된다는 견해로부터 나온 말이다. 모든 민족이 각각 다른 전설·민속·일정한 관념 형태를 반영하는 신화를 지녔을지라도, 그리고 신화가 자라난 문화적 환경에 따라서 독특한 모습을 지녔다 하더라도 상당 부분 공통점을 지닌다. 따라서 신화라는 것은 일반적인 의미에서 보편적인 것이다. 이것은 유사한 모티프(motif)나 테마가 상이한 신화들 가운데서 발견될 수 있으며, 시공상으로 아주 멀리 떨어진 사람들의 신화에서도 공통된 의미를 지니는 경향이 있다. 말하자면 유사한 심리적 반응을 나타내고 유사한 문화적 기능을 하게 된다는 말이다. 이러한 모티프와 이미지가 이른바 원형이다. 그러므로 이 원형은 보편적인 상징(universal symbols) 형식이 된다.

현대의 학자들은 원형을 다음과 같이 정의하고 있다. 원형은 핵심적인 인간 경험의 기본적이고도 오래된 유형이고, 그것은 특수한 정서적 의미를 가지는 어떤 시 또는 다른 예술의 근저에 존재한다는 것이다. 혹은 부룩스(C. Brooks)가 정의한 것처럼 원형이란 근본적인 이미지, 집단적 무의식의 한 부분, 같은 종류의 무수한 경험의 심리적 잉여를 의미하며, 그리하여 인류의 상속받은 반응 유형의 한 부분을 의미하게 된다.

한편에서는 신화를 근거 없는 이야기, 이성적 판단을 거치지 않은 편견이나 관습, 고대인이나 미개인의 비과학적 인생관이나 세계관으로 오해하는 경우가 있다. 그런데 신화비평가는, 신화야말로 인간의 원초적인 의식의 원형이며 보편적 인식 체계이기 때문에, 오늘의 과학적이고 이성적인 의식의 뿌리가 될 뿐만 아니라, 오늘의 상상적인 모든 예술 양식도 사실은 신화나 원형적 사고의 연장으로 본다고 주장한다.

따라서 원형 비평이란 글자 그대로 신화의 원형을 문학 작품 속에서 찾아내고, 작가들에 의해 그것이 어떻게 재현·재창조되어 있는가를 연구하는 방법이다. 신화는 언제나 원형을 유지하며 문학 작품에 재현된다고 믿는 것이다. 신화비평가는, 오히려 위대한 문학 작품은 신화의 원형으로 복귀하려는 경향이 있다고 주장한다.

비평에 있어서 원형은 다양한 문학 작품 속에서 뿐만 아니라 신화나 꿈이나 의례화된 사회적 행동 양식에서까지도 찾아볼 수 있으며, 설화적 구성이나 인물 유형이나 이미지 등에 활용된다. 이러한 서로 다른 현상 속의 유사성은 본원적이며 보편적인 원형을 반영하고 있으며, 그것이 문학 작품 속에 구체화되었을 때 독자들로부터 합일된 공감을 일으킨다. 문학은 이러한 원형을 기층 구조로 한 표층적 표현이 되어 준다. 말하자면, 동일한 원형의 변이였던 셈이다. 그러므로 이러한 원형적 이미지를 작품 속에서 읽어낸다는 것은 작품의 근원을 캐는 것을 의미한다기보다는 그것의 기본 구조를 밝혀내는 것이다. 원형 비평은 바로 이 원형의 구조를 작품에서 추출하여 재구성하는 작업이 되어야 한다고 강조한다.

이와 같이, 원형 비평은 작품이라는 현상을 원형의 반영으로 보고, 그러한 원형이 시대와 개인에 따라 변형되는 모습을 추적하자는 방법이다. 비평은 그러한 원형을 찾아내고 비평의 대상이 되는 작품이 그러한 원형에 필연적으로 연역됨을 증명하는 일이다. 때문에 원형 비평은 작품의 역사성을 읽는 일이다. 시간과 공간을 초월한 집단 무의식이나 원형의 개념이 삶을 몇 개의 통과제의로 읽는 일은 소재나 플롯에 대하여 일목요연한 분류표를 제공하는 데 기여한다. 그러나 문학에 재현되는 기본적인 신화 유형을 강조함으로써 서로 다른 개성을 지닌 작품들을 하나의 단일한 작품으로 뒤섞는 위험성이 없지 않다. 때문에 신화 비평이 환원주의적 단순화로 끝나지 않게 각별한 주의를 기울려야 한다.

(2) 프레이저―『황금가지』

영국의 종교 인류학자 프레이저(James G. Frazer, 1854~1941)는, 각국의 다양한 문화가 갖고 있는 전설이나 의식 속에서 되풀이되고 있는 신화적 의식의 기본 패턴을 추적하는 연구 작업을 통하여 인류사에 크게 공헌하였다. 이 연구 결과를 집대성한 업적이 바로 『황금가지』(*The Golden Bough*, 1925)이다. 이 저서는 근대 인류학과 종교학을 비롯하여 정신분석학, 철학, 역사학, 문학 등에 커다란 영향을 미쳤다. 특히 신화·원형 비평이 기대고 있는 주요 개념들은 그가 제시한 풍부한 실증을 통해 제시되어 있다.

① 신화·원형 비평의 기본 전제

20, 21세기의 폭발적인 과학 및 기계 문명의 발전은 자연에 대한 놀라운 정복과 더불어 성과 또한 지대하다. 이러한 사고 방식 속에는 자연스럽게 인류의 과거 시대, 특히 고대 시대의 인류의 삶이나 문화를 열등하고 비합리적인 관점으로 바라보게 하였다. 그리고 현대 과학 세계를 역사 발전의 최종적 단계로 보는 관점을 낳았다. 그러나 프레이저는 이러한 관점에 견해를 제시한다. 즉, 그는 인류 문화가 주술로부터 종교로, 그리고 과학으로 발전해 왔으나 결코 과학이 그 최종의 지점은 아니라고 주장한다.

주술과 종교와 과학 사이에 상대적 차이만을 인정하는 프레이저의 관점은 바로 오늘날 신화·원형 비평이 기대고 있는 중요한 관점과 일치한다. 그는 오늘날의 과학에 절대적인 가치를 부여하지 않는다. 그는 최종적인 분석에 있어서 주술과 종교와 과학은 단지 사유 이론에 불과하다고 한다. 오늘날 과학이 그 선임자의 자리를 차지한 것과 같이 앞으로 과학은 보다 더 완전한 어떤 가설에 의해서 대치된다는 것이다. 즉 지식의 진보는 영원히 멀어져 가는 목표를 향한 무한한 전진이라는 것이 프레이저의 주장이다.

이것은 인류 문화의 각 단계들이 서로 단절된 채로 존재하는 것이 아니라, 하나의 거대한 흐름을 이루면서 운동해 가고 있으며 각 시대를 지배하는 사유 방법은 끊임없이 겉모습을 바꿔간다는 것, 그리고 그 흐름 속에는 거대한 동질성이 존재한다는 것을 의미한다. 동질성의 시원(始原)을 이루고 있는 것이 바로 미개인의 삶의 양식들이며, 곧 그 속에 모든 인류의 삶의 기본 요소들이 간직되어 있다. 이것이 바로 신화·원형 비평의 기본적 전제이다.

프레이저의 인류학적 공적은, 현대 문화의 중심부에 간직되어 있는 그 '기본적 관념'들, 곧 '미개한 조상들의 작품들'을 실증적으로 검토하고 그 기본 구조를 밝히는 작업에 있다. 그리고 이것을 문학적 차원으로 바꿔놓는 일이 바로 신화·원형 비평이다. 다시 말하여 인류사의 한 분야를 담당해 온 모든 문학 작품들 속에 간직되어 있는 '미개한 조상들의 작품들'인 '원형'들을 확인하고, 그 원형들이 어떻게 겉모양을 바꿔가면서 방대한 인류 문화 유산을 형성하고 있는가를 계통별로 확인하는 작업이 바로 오늘날의 신화·원형 비평의 작업인 것이다.

② 노쇠한 왕 죽이기 의식

프레이저의 연구 내용 가운데 '노쇠한 왕 죽이기' 의식과 '속죄양' 의식은 신화·원형 비평에 가장 널리 원용되고 있다. 이 의식들은 모두 수렵이나 유목 혹은 농경 사회 단계에 있었던 미개한 집단 전체의 생존과 번영이라는 현실적 동기와 관련된다.

프레이저에 따르면, 원시 인류는 추장이나 왕 또는 사제 등을 초자연적인 위력을 갖춘 신의 화신이라고 생각하였다. 또 자연의 운행이나 인간 세계의 모든 일 역시 그의 지배 아래 있다고 믿고 있었다. 그러므로 그들은 자연히 자신들의 생명은 어떻게 되든지 간에 그 왕, 곧 신적 인간의 생명 상태에 최대한 주의를 기울였다. 그러나 아무리 주의하더라도 그 신적 인간이 노쇠해지면 죽음을 맞이하는 것을 막을 수가 없었다. 숭배자들은 이 슬픈 필연을 예기하고 최선을 다해 대처했다. 그 까닭은, 원시 인류는 자연의 운행이

이 신적 인간의 생명에 의존하고 있다고 믿기 때문이다. 그리고 신적 인간의 힘이 쇠약해지고 죽음에 이르면 인간 세계에 절망적인 결과를 야기한다고 믿기 때문이다.

이 절망적인 것을 피할 수 있는 유일한 방법은 왕의 힘이 쇠약해지거나 기타 이상 징후가 보이자마자 죽이는 것이다. 또한 악천후나 흉작, 유행병 및 기타 재해 등이 그 집단에 엄습했을 때도 왕을 죽인다. 왕은 자연계 외 인간계를 지배하는 신적 인간이므로 이러한 흉해 역시 그 원인을 왕의 태만이나 죄과에 돌렸던 것이다. 그러므로 원시 인류의 생존에 위협되는 상황이 발생하면 왕은 스스로 자살하거나 살해되거나 했다.

이 풍습은 현대인의 입장에서는 매우 잔인하고 야만적인 것처럼 보이지만, 실제로는 그렇지 않다. 죽음에 임하는 왕의 자세는 매우 당당하고 영웅적이며 자발적이다. 고통이 심하면 심할수록 그것이 당사자에게는 더욱더 큰 명예가 된다. 자신의 고통과 죽음이 전체 부족을 행복으로 이끄는 에너지가 되기 때문이다.

이러한 '노쇠한 왕 죽이기' 의식은 고대인들의 '영혼의 전이(轉移)'에 대한 믿음이 깊이 내재해 있다. 원시 인류들은 왕의 영혼이 후계자의 육체 속으로 옮겨질 수 있으며, 그것도 왕이 살아 있는 상태라야만 그 영혼의 전이가 가능하다고 믿었던 것이다. 그렇지 않고 자연사를 한다면, 죽은 왕의 영혼이 자발적으로 그의 영혼을 떠나 다시 돌아오지 않게 되거나 혹은 악마나 마법사에 의해 억류된다고 믿었다. 그리고 왕의 영혼을 상실하면 그 집단은 생존을 위협받게 된다고 굳게 믿기도 했다. 이것이 '노쇠한 왕 죽이기' 의식의 원형이다.

③ 속죄양 의식

'속죄양(贖罪羊) 의식은 특정 부족 집단의 생존과 번영을 유지하기 위한 것이라는 데서 '노쇠한 왕 죽이기' 의식과 관련된다. 속죄양 의식의 근본 심리 구조는 미개 인류가 갖고 있는 특수한 정신 구조, 즉 생명과 무생명을 구별하지 못하는 데서 발생한다. 그들은 마치 짐을 등에서 등으로 옮기듯 인간의 고통과 슬픔, 질병과 재앙 등의 요소들을 다른 대상에게로 옮길 수 있다고 생각했다. 그래서 그들은, 속죄양을 선정하여 추방하거나 혹은 죽임으로써 부족 안에 축적된 불행이나 죄악을 몰아낼 수 있다고 믿었던 것이다. 이렇게 온 부족의 고통이나 죄악 등을 짊어지고 그 부족으로부터 소외되거나 죽음을 당함으로써 부족의 생존과 번영의 기회를 제공해 주는 존재가 바로 '속죄양'이다.

속죄양으로 선정되는 대상은 각 부족의 전통에 따라 다르다. 그릇 등의 가재 도구가 사용되는 경우, 양·닭·돼지 등과 같은 동물이 사용되는 경우, 사람 모양의 인형이 사용되는 경우, 인간이 사용되는 경우 등이 있다.

속죄양의 처형 의식이 진행되는 기간 동안 부족 내부에서는 대개 축제가 빌어진다. 제물의 희생과 더불어 온 부족 구성원은 기쁨을 나눈다. 제물의 육체를 나눠 먹는 경우도 있다. 이러한 제물의 희생과 더불어, 그들의 불안한 근원인 질병·고통·기근 등을 비롯하여 온갖 괴로움이 그들로부터 영원히 떠나버리는 것이다. 그리고 한 해의 무사 안일과 번영이 보장되는 약속이 부활된다. 이런 의미에서 속죄양 의식은 노쇠한 왕 죽이기 의식과 상통한다.

이러한 의식은 인류사에 광범위하게 발견된다. 가령, 예수의 처형에서 발견되는 기독교의 '신 속죄양' 의식, 예수의 살과 피를 나눠먹는 상징적 의식을 행하는 카톨릭의 성찬식, 부활절의 축하 의식 등은 모두 속죄양 의식에 포함되는 것이다.

(3) 프라이—원형 상징

신화·원형 비평은 1950년대 후반에 들어서 신비평(New Criticism)의 가장 강력한 라이벌이 되었으며, 노드롭 프라이(Northrop Frye)의 『비평의 해부』(*Anatomy of Criticism*, 1957)가 출판됨으로써 신비평의 위치는 급속도로 흔들렸다. 이 책에서 프라이는, 문학이란 그 자체로 응축되고 밀폐된 체계를 지니고 있으며, 비평이란 그 체계의 모든 요소들을 밝혀내는 데 필요한 것이라는 전제를 내세우고 있다. 또한 그는 아리스토텔레스가 『시학』(*Poetics*)에서 시도한 과학적 태도, 즉 모든 문학을 체계화하는 작업을 목표로 삼았다. 이러한 작업은 당대 자연 과학과 사회 과학에 비견될 만한 인식론적 이해와 지적 위치를 문학 비평에 부여해 놓았다.

첫 번째 논문 — 다섯 가지 역사적 문학 양식. 프라이는 고전 문학이 성립한 이래의 모든 문학 작품들을 다섯 가지의 역사적인 문학 양식으로 기술하고 있다. 곧, 신화(myth), 로만스(romance), 고급 모방(high mimetic), 저급 모방(low mimetic), 아이러니(irony) 등이 그것이다. 각각의 문학 양식 속에서 문학 작품들은 복잡하기도 하고 소박하기도 하며 비극적이기도 하고 희극적이기도 하다. 그러므로 다양한 형태의 변화가 가능해진다. 복잡한 희극적 로만스라든가 소박하고 저급한 모방적 비극 등을 예로 들 수 있다. 여기서 그는 하나의 문학 작품이 주된 문학 양식을 유지하면서 다른 양식들과 관계될 수 있다는 점을 내세우고 있다.

두 번째 논문 — 다섯 가지 문학적 상징. 여기서는 문학 언어가 지시적인 것이라는 기술적 양식(descriptive phase), 비지시적이라는 문자적 양식(literal phase), 자율적이고 사례적인 이미지라는 형식적 양식(formal phase), 원형을 드러낸다는 신화적 양식(mythical phase), 지시나 사례 등과 같은 사항에 구속될 수 없는 존재의 총체적인 상징을 제시한다는 신비적 양식(anagogic phase) 등을 언급하고 있다. 그런데 프라이는 특히 신화적 양식인 원형 비평에 관심을 보이며, 그에 관한 것은 세 번째 논문에서 다루고 있다. 또한 언어와 비평에 관한 이론의 바탕에는 일반적인 담론, 곧 도구적이고 전달 기능적인 언어와 시적 담론, 곧 자율적인 언어와 상상력을 분류하려는 프라이의 태도가 자리하고 있고, 그는 교훈적 특징을 지닌 시학보다 정서적 환기력을 지닌 시학의 가치를 더 존중하고 있음이 드러난다.

세 번째 논문 — 문학적 원형과 문학적 인습에 관한 체계. 여기서 프라이는 신화·원형 비평은 문학의 사회 공동체적인 양상에 역점을 두는 것이라고 주장한다. 그리고 프라이는 문학적 이미지와 구성, 인물들을 분류하는 한편, 역사의 초기에 발생된 문학의 범주를 로만스와 비극, 아이러니와 희극으로 분류한다. 이러한 각각의 영역은 신화·원형 탐구와 관련된다. 그리고 모든 문학 작품들은 투쟁을 거쳐 혼란에 이르고, 다시 이를 지나 파멸에 이르고, 죽음을 거쳐 다시 인식되어 소생하는 과정을 거친다고 주장한다.

네 번째 논문 — 네 개의 장르. 이 논문에서는 어법과 리듬 그리고 수사적 특징을 검토하면서 문학적 규범들을 네 개의 주된 장르로 구분한다. 즉 구선서사시(epos), 소실(fiction), 드라마(drama), 시징시(lyric) 등이 그것이다. 그리고 그는 이 네 개의 장르를 앞의 논문에서 언급한 바 있는 역사적 양식과 상징적 양식들과 관련시킨다. 여기서 프라이는 특히, 문학 작품의 이해를 시인의 의식적인 혹은 무의식적인 의도에 제한해 버리는 비평가들의 태도를 비판하면서 표현주의의 시학과 전기적 비평을 평가 절하하고 있음을 본다. 곧, 그는 작품의 원동력이 되는 것은 개인의 의도가 아니라, 몰개성적이며 모든 것을 자체 속에 동화시켜 형식을 이루는 문학의 심미적 속성이라고 주장한 것이다.

① 신화적 이미지[15]

ⓐ 묵시적 이미지 : 묵시적 이미지(apocalyptic image)는 성서의 묵시록이 제시한 은유적 세계에서 드러난다. 이는 인간이 이상으로 삼는 가장 높은

---

[15] 홍문표, 「신화·원형 비평」, 『문학비평론』, 양문각, 1995, pp.184~187. 참조.

욕망의 세계나 그 비전(vision)이다. 그리하여 묵시적 세계는 모든 사회적 정의와 개인적 양심에 일치한다. 기독교에서 그리스도는 이와 같은 모든 욕망이 양심과 정의에 의하여 통합된 존재다. 묵시적 이미지는 악마적 이미지와 상극의 위치에 놓이며 궁극적으로는 천국을 표상한다. 이를 성서와 관련시켜 보면 다음과 같다.

　　　신　계 : 신들의 사회 ― 한 분의 신
　　　인간계 : 인간들의 사회 ― 한 사람의 인간
　　　동물계 : 양우리·목장 ― 한 마리 어린 양
　　　식물계 : 정원·공원 ― 한 그루의 생명나무
　　　광물계 : 도시 ― 한 개의 건물·사원(寺院)·돌

　성경에서 그리스도는 유일한 신이며, 한 사람의 인간이며, 신의 어린 양이며, 생명의 나무 혹은 포도나무이며, 건축가들이 버린 돌이며, 그가 부활한 육체와 동일시되는 다시 세워진 사원이다. 종교적 동일시와 시적인 동일시는 의도에 있어서만 다를 뿐 전자는 실재적(existential)이며 후자는 비유적이다. 여기에 신화의 통합적 원리가 있다. 이러한 이미지는 불교의 낙원이나 플라톤의 이상국이며, 인간의 영원한 이상적 욕망의 은유이며 상징이다.

　ⓑ 악마적 이미지 : 묵시적 상징에 반대되는 세계인 악마적 이미지(demonic image)는 인간의 욕망이 성취되지 못하고 거절된 최악의 세계를 드러낸다. 이는 악몽의 세계로서 희생, 억압, 고통, 혼란, 아수라 등 부정적 이미지로 표현되는 일체의 대상을 포괄하고 있는 세계이다. 따라서 단테의 '지옥'과 같은 존재적인 지옥과 밀접하게 연결된다.
　악마적 이미지의 신계는 악령의 세계이다. 이는 인간에게 희생을 강요하고 저주하며 혹독한 벌을 준다. 악령이 지배하는 인간계는 얽히고 설킨 부조리로서 복종을 강요받는다. 묵시적 세계의 성희(性戱)는 두 몸이 결합하여 새로운 몸으로 거듭나는데, 악령의 세계에서의 성희는 매음, 간음, 요부, 동성애 등으로 나타난다. 동물계의 묵시적 세계는 양으로 표상되는 반면, 악마적 세계에서는 괴물, 맹수, 이리, 독수리, 호랑이, 늑대, 뱀 등으로 표상된다. 그리고 식물계의 악마적 세계는 불길한 숲 또는 황야로 표상된다. 가령, 엘리엇의 「황무지」, 셰익스피어의 『맥베드』에 나오는 숲의 이미지, 창세기에 나오는 금단의 나무, 성서의 열매 못 맺는 무화과, 십자가 등이다. 광물계는 파괴된 도시, 황무지, 바위 등에 표상된다. 가령, 비인간적이고 잔인스런 물체, 칼, 무기, 채찍, 감옥, 갑옷, 형틀 등이 그것이다. 다시 말하여 인간이 부정하고 증오하는 인체의 상징적 세계이다.

ⓒ 유추적 이미지 : 유추적 이미지(analogy image)는 묵시적 또는 악마적 이미지가 인간의 이성이나 경험의 유추를 통하여 문학적인 이미지로 전환되어 나타난 세계이다. 프라이는 신화나 원형의 이미지가 문학적으로 전환되는 과정을 로만스 양식, 상위 모방 양식, 하위 모방 양식이라는 세 가지 유형으로 설명하고 있다.

로만스 양식 — 로만스 양식은 이상화된 세계를 나타내고 있다. 로만스에서의 주인공들은 용감하고, 여주인공들은 아름다우며, 악인들은 사악하다. 따라서 이 세계의 이미지는 묵시적인 세계의 이미지에 해당하는 인간의 이미지를 나타낸다. 이러한 인간의 이미지를 순진 무구의 유추(analogy of innocence)라고 부른다. 로만스 양식은 신계에서는 온화하고 주술적인 힘을 간직한 노인, 타락 직전의 아담을 보호해 준 천사들, 라파엘로 나타난다. 인간계는 순수한 처녀와 어린아이들로 표상된다. 동물계는 충성심이 강하고 헌신적인 말이나 개 등으로 표상되며, 식물계에서는 천국의 나무들, 요술가의 지팡이 등으로 표상된다. 그리고 물질계는 정원이나 탑, 오래 된 오막살이 등으로 나타난다.

상위 모방 양식 ― 로맨스를 구성하고 있는 중심 사상이 순결과 마법인데 반해 상위 모방 양식에서는 사랑의 형식이다. 또한 로맨스 이미지의 영역이 순진 무구의 유추로 불리어질 수 있는 것처럼 상위 모방의 이미지 영역은 자연과 이성의 유추(analogy of nature and reason)라고 부를 수 있다. 여기서 이미지는 직접적 모방을 형성한다. 영적이며 신성한 세계는 인간적으로 재현되어 관념화된다. 동경과 꿈에 의하여 단정된 것이 아니라 인간적인 이성에 의해서 가정되므로 로맨스보다는 좀더 사실적이다. 인간계에서는 왕이 신화적 배경으로서 한 사회를 구성하며 묵시적 세계에 있어서 천사의 불은 여기서 왕관의 보석, 숙녀의 눈빛 등으로 상징된다. 동물계에서는 독수리와 사자, 말, 매 등이 나타난다. 식물계에서는 요술가의 지팡이, 왕의 홀(笏)로 바뀌고, 요술나무, 깃대 등으로 나타난다.

하위 모방의 양식 ― 이 양식에서는 경험의 유추 세계가 펼쳐진다. 악마적인 세계와 하위 모방 세계의 관계가 일치한다면, 동시에 로맨스 세계와 상위모방 세계의 관계가 일치한다. 그러므로 인간의 현실은 불행하며 부조리한 것으로 인식된다. 따라서 실제 경험에 관련된 이미지는 간접적 모방을 통하여 형성된다. 만일 이 경험 유추의 이미지가 그 배경이 되는 잠재적인 신화의 악마적인 세계와 관련이 없다면, 그것은 경험된 일상적인 이미지에 지나지 않을 것이다. 경험의 유추에 있어서 신성하고 영적인 존재는 거의 존재하지 않으며 단지 미적인 대용물로서 처리된다. 인간계는 보편적이고 전형적인 인간이 등장한다. 동물계는 원숭이가, 식물계는 농장과 전원, 그리고 광물계는 현대 도시의 어두운 골목과 고독이다.

② 사계(四季)의 원형

원형은 개별적 이미지를, 혹은 모티프로 나타나는 외에 문학적 유형으로서도 제시된다. 인류는 사계절에 따른 생활의 조화 있는 변화, 그리고 탄생—성장—사멸의 숙명이 주는 생명의 환희와 고통과 공포의 의미 있는 반복을 기하려고 한다. 즉 자연과 호흡을 같이하고자 한 것이다. 그러한 의도의 형식적 행동이 곧 제식이다. 제식은 언제나 이야기의 형태를 지향한다는 것이 신화학자의 발견이다. 그 이야기는 자연의 순환과 인간의 순환을 한꺼번에 표상하는 인물을 중심으로 전개된다. 이리하여 신화가 발생하는 것이다.

신화의 원초적 주인공은 신이기도 하고 인간이기도 하나, 사계절의 주인공인 태양 또는 삶의 근본인 풍요(fertility)의 원리와 관련된다. 신화 비평은 원형 중의 원형을 바로 이와 같은 자연 신화(nature-myth)에서 찾는 것이다.16)

프라이는 원형적 국면과 그에 상응하는 문학적 유형을 다음과 같이 논의한다. 즉 춘·하·추·동 네 계절에 대한 하루의 아침·점심·석양·저녁의 네 가지 시간을 결부시켜서, 그것은 각각 어떤 원형적인 신화의 모습이고, 또한 각각 문학의 어떤 양식과 결부시킬 수 있는가를 보여준다.

ⓐ **봄** — 하루의 새벽에 해당하며, 인생의 탄생에 해당한다. 영웅의 탄생 신화, 부활 신화, 세계의 창조 신화, 어둠의 힘이 파멸되는 신화, 겨울과 죽음이 물러가는 신화의 세계이며, 아버지와 어머니가 주인공들이다. 문학적 유형으로는 기사담(로맨스, romance)의 원형이며, 대체로 음송시(dithyrambic)와 광상시(rhapsodic)의 원형이다.

ⓑ **여름** — 하루의 정오(절정)에 해당하며, 인생의 결혼 혹은 승리에 해당한다. 찬미의 신화, 성스러운 결혼의 신화, 낙원으로 들어가는 신화의 세계이며, 신랑과 신부가 주인공들이다. 문학적 유형으로는 희극(comedy)의 원형

---

16) 이상섭, 『문학 연구의 방법』, p.191.

이며, 목가시(pastoral)와 전원시(idyll)의 원형이다.

ⓒ **가을** — 하루의 석양 혹은 일몰에 해당하며, 인생의 죽음, 노쇠에 해당한다. 전락(fall)의 신화, 신의 죽음에 관한 신화, 격렬한 죽음과 희생의 신화, 영웅이 고립되는 신화의 세계며, 배반자와 마녀가 주인공들이다. 문학적 유형으로는 비극(tragedy)의 원형이며, 비가(elegy)의 원형이다.

ⓓ **겨울** — 하루의 밤에 해당하며, 인생의 사멸(死滅)에 해당한다. 따라서 사멸시키는 힘들이 승리하는 신화, 홍수의 신화, 혼돈으로의 회귀 신화, 영웅의 패배 신화의 세계이며, 사람을 잡아먹는 귀신, 마녀가 주인공들이다. 문학적 유형으로는 풍자(satire) 문학의 원형이다.

③ 희극과 비극의 원형적 심상

영웅에 관한 신화는 영웅의 종족적 사명에 초점을 두며, 영웅은 그 사명의 완수를 위한 추구(Quest)에 나선다. 추구의 신화적 영웅이 메시아적 중요성을 갖는 일이 종종 있다. 유태 민족의 신화는 그 대표적이라 할 수 있다. 추구 신화의 영웅은 인간의 형상을 가지고 있으나, 차차 자연의 세력을 초월한 자로 군림한다.

세계 또는 인간 세계에 있어서의 승리란 일시적인데 불과하나 자연을 초월하는 신적인 영웅이 등장할 때 제시되는 초월적 세계상은 '타락 이전'의 세계, 또는 '천국'에 해당된다. 엄격한 의미에서 이와 같은 세계에 대한 비전을 희극적 비전이라 할 수 있다. 반면 비극적 비전은 자연의 윤회에 복종하는 세계의 비전이다. 결국 추구 신화의 근본적 양상은 희극과 비극 두 비전으로 대표되는 것이다. 이 원형적 심상(archetypal imagery)은 다음과 같다.

ⓐ 희극적 비전에서 보면 인간의 세계는 하나의 공동 사회, 또는 독자의 희망의 충족을 대표하는 한 영웅이다. 거기서 공동 사회의 축제, 제식, 우정,

사랑 등에 관련된 심상들의 원형이 생긴다. 비극적 비전에서 보면, 인간 세계는 폭정 또는 무정부 상태 또는 개인이나 고립된 사람, 추종자들에게 등을 돌리고 있는 지도자, 고담책에 나오는 포악한 장사, 배반당한 영웅으로 제시된다. 결혼 또는 그 비슷한 성취는 희극적 비전에 속한다. 창부, 마녀, 기타 요사스런 여성은 비극적 비전이다. 모든 거룩한, 영웅적 전사 같은 초인간적인 공동 사회가 인간 사회의 유형을 닮는다.

ⓑ 희극적 비전에서 동물의 세계는 양떼나 비둘기 같은 순한 새들의 무리다. 전원적 심상들의 원형이 된다. 비극적 비전에서 동물의 세계는 야수, 맹금류, 독사, 용의 세계다.

ⓒ 희극적 비전에서 식물의 세계는 정원, 동산, 공원 또는 생명의 나무, 장미, 연꽃 등이다. 이상향의 심상의 원형이 된다. 비극적 비전에서 볼 때, 그것은 음산하고 불길한 밀림, 황야, 죽음의 나무다.

ⓓ 희극적 비전에서 광물적 세계는 도시, 건물, 사원 또는 빛나는 보석이다. 기하학적 심상의 원형이 된다. 비극적 비전에서 광물적 세계는 사막, 험준한 바위, 폐허 또는 십자가와 같은 불길한 기하학적 심상이 된다.

ⓔ 희극적 비전에서 형성되기 이전의 세계는 강물이다. 비극적 비전에서는 강물이 아니라 바다다. 해체의 신화가 홍수의 신화로 나타나는 경우가 그 예다. 바다와 야수의 결합은 해룡과 같은 바다의 요물을 낳는다.[17]

이상의 분류는 지나치게 간단하고 공식적인 것 같아 응용 가능성이 의심스러울는지 모른다. 그러나 프라이 자신의 신념에 따르면, 세계의 문학은 결국 모두 그러한 몇 개의 카테고리에 들어가는 구조적 통일성을 가지고 있으며, 또 이 점이 부정된다면 신화 비평은 존립할 수 없다고 말한다. 따라서 현대의 다양한 서사 문학도 사실은 영웅의 추구라는 단일한 신화의 무수한 심상들의 체계가 서로 대조, 배합, 평행, 혼합됨으로써 무한량의 개별 작품

---

17) N. Frye, 『비평의 해부』 참조.

들이 생긴다고 주장한다.

④ 총체적 문학의 원형들[18]

구분	1단계	2단계	3단계	4단계
日 주기	아침	정오	저녁	밤
계절 주기	봄	여름	가을	겨울
인생 주기	탄생	결혼·승리	죽음	소멸
관련 신화들	영웅의 탄생, 부활과 재생, 창조의 신화	숭배·결혼·낙원 입문 신화	희생·고립의 신화	영웅의 패배·혼돈의 복귀 신화
종속 인물들	父母	친구와 신부	반역자와 요정	귀신과 마녀
구성상의 장르	희극·환상적이고 열광적인 시	로망스·목가·전원시	비극·엘러지	풍자·아이러니

(4) 휠라이트―원형 상징

휠라이트(P. Wheelwright)는 은유의 확장으로 상징을 들고 있으며 상징의 유형으로 원형을 예로 들고 있다.[19]

휠라이트는 그의 저서 『은유와 실재』[20]에서, 시간적으로나 지리적으로 상당한 거리에 있어 역사적으로 어떤 영향을 주고받거나 인과의 관련성이 전혀 없는 이질 문화 사이에서 아버지인 하늘, 어머니인 대지, 광명, 피, 위, 아래·바퀴축 등의 상징들이 거듭 사용되는 사실을 흔히 찾아볼 수 있다고

---

18) N. Frye, 'The Archetypes of Literature', *Fables of Identity*, Harcourt, Brace & World, 1963, p. 16.
19) P. Wheelwright, *Metaphor and Reality*, Indiana univ. Press, 1973, pp.43~35.
20) Philp I. Wheelwright, *Metaphor and Reality*, Bloomington:Indiana University, 1962의 'The Archetypal Symbol' 참조.

말한다. 이러한 상징들이 부단히 반복되어 나타나는 이유는, 그들이 모든 인간들에게 유사한 의미로 다가오기 때문이다. 그들이 나타내는 유사성은 특히 물질적 측면과 심리적 측면에서 고찰된다.

① 상승과 하강의 원형

육체상으로 모든 사람은 중력의 법칙에 종속되므로, 상향 작용은 하향 작용보다 어렵다. 그래서 상향 운동은 성취의 관념과 결합되며, 드높음이나 상승의 의미를 지니는 여러 이미지들은 탁월함과 왕권, 지배 등의 개념을 흔히 연상시킨다. 따라서 '애써 올라가려고 노력한다'고 하면 자연스러우나 '애써 내려가려고 노력한다'고 하면 부자연스럽게 들린다. 왕은 신하들을 그 '위'에서 다스리지 그 '아래'에서 다스리지 않는다. 어려움을 '극복하고' 유혹을 그 '위에서'(over) 이기지 그 '아래에서'(under) 이기지 못한다.

상(up)의 관념과 결합되는 이미지들인 '비상하는 새', '공중으로 쏘는 화살', '별', '산', '돌기둥', '자라는 나무', '높은 탑' 등은 성취의 희망을 의미하고, 선(善)의 의미 속에 놓인다. 반면에 하(down)의 이미지는 상과 정반대의 뜻을 함축한다. 나쁜 버릇에 빠지거나 파산 지경에 빠지는 것이지 올라가는 것은 아니다. 종교적으로는 지옥, 심연의 이미지다. 지옥이나 심연에서 무질서와 공허라는 관념이 형성된다. 이렇게 상하의 원형들은 홀로 존재하지 않고, 다른 관념이나 이미지와 혼합되어 나타남을 알 수 있다. 또한 상하의 상징적 의미는 신화적(mythopoeic) 사상 속에 나타난다. 곧 '하'는 꽃핀 광활한 대지, 모든 생물의 궁극적인 어머니를 지향한다. 상하의 대비가 천지 관계의 구체적인 형식으로 드러날 때는 그 자체가 의인화의 형식이 된다.[21]

---

21) '단군신화'의 경우도 하늘과 땅의 결합의 한 예라고 본다. 하늘에서 내려온 환웅과 곰에서 태어난 웅녀의 결합은 곧 sky-father, earth-mother의 결합 상징으로 보여진다. 이러한 것은 세계 보편적인 원형으로서 고대 『우파니샤드』(Upanisad)에서 보면 혼례에서 남편이 아내에게 "나는 하늘이요 당신은 땅이다"라고 말한다든지, 그리스

② 빛과 어둠의 원형

빛의 상징은 모든 원형 상징 가운데 가장 널리 알려지고 직접적으로 이해될 수 있는 특성을 지닌다. 빛은, 어떤 정신적이며 영적 성격을 상징한다. 예로부터 우리의 일상적 용어 가운데 정신적 현상에 관한 것은 빛의 은유에서 유래된 것이 많다. 가령 명백하다, 조명하다, 해명하다, 예증하다, 밝다 등이 그것이다. 그러나 이러한 용어들은 살아있는 은유로서의 기능을 발휘하지 못하고 긴장감도 완전히 상실해서 지금은 단순한 교환 어구(trade-words)로 전락해 버린 감도 있다.

빛의 특성은 세 가지로 유추해 낼 수 있다. 첫째, 빛은 가시성(visibility)을 가진다는 것이다. 어둠을 추방하여 사물을 명료하게 인지케 하며, 이러한 특성은 은유적 단계에서 지적 공간화(configuration)를 상징한다. 둘째, 빛은 신화적 단계에서는 시각적 실체(visual entity)로 정의되지 않는다. 이 단계에서 빛과 열은 혼용된 개념으로 나타난다. 따라서 빛은 지적 명료성의 상징이면서 동시에 불의 은유적 내포가 된다. 셋째, 빛은 우리의 상상력을 자극하는 물질로서의 불의 특성을 환기시킨다. 고대로부터 불은 공포의 대상이었다. 이것은 극적인 신속함과 결합된 광도, 위용, 집중, 연소의 이미지 때문이다.

이상 세 가지 특징과 아울러 빛의 특징은 연상적 의미를 지닌다. 불의 규제된 유형으로는 '불꽃'을 들 수 있다. 불은 고대로부터 상승의 개념과 연결되어 왔다. 불은 위로 타오르는 경향을 지니며 더욱이 땅에서 빛의 궁극적 원칙은 태양이며 태양은 밝은 저 하늘 위에 날마다 자리하고 있다. 이와 같이 '불꽃'은 상(up)의 개념과 결합되어 상의 상상적 내포인 선을 지향한다. 불은 상승의 의미와 관련될 때 일반적으로 긍정의 의미를 갖는다.

그러나 빛의 또 다른 심원한 특성은 지나친 빛이 장님이 되게 한다는 것

신화에서 하늘의 신 우라노스와 대지의 신 가이아가 결합한다든지, 식물의 경우 하늘의 햇빛과 비가 땅에 씨앗을 싹트게 하고 자라나게 하는 것, 그리고 '구약' 창세기에서 흙 속에 신의 입김을 불어넣어 인간을 창조한 것 등을 들 수 있다.

이다. 곧, 빛은 암흑과 결합된다. 따라서 빛과 암흑은 상호 보족적인 관계며, 이 둘이 전체 세계를 형성한다. 예컨대 동양에서의 음양(陰陽) 상징을 생각해 볼 수 있다. 그리고 일반적인 상징의 역사에서 빛과 어둠의 대립은 여타의 대립되는 개념들의 자연스러운 상징적인 대표 기능[22]을 가지는 경향이 있다.

끝으로 신성(divinity)의 단계에서 빛은 바로 신성의 상징이 된다. 신은 빛이 되는 것이다. 그러나 한편 빛이 지니고 있는 또 하나의 속성은 어둠을 연상시키는 것이다. 이것은 빛과 어둠이라는 상보적 개념의 쌍을 이룬다. 그리하여 여러 가지 다른 모든 대립적인 개념들의 대표적 상징으로 간주해 온 인류의 전통과 관계를 맺고 있다.

③ 피의 원형

원형 상징으로서 '피'는 유난히 긴장되고 역설적인 특성을 나타낸다.

첫째, 피는 선과 악의 두 요소로 구성되며, 선의 관념일 때는 명료하나 악의 관념일 때는 모호하다. 둘째, 긍정적인 면에서는 생을 함축하지만, 사회적으로는 불길한 의미와 결합된다. 전자의 경우로 마술의 붉은 색, 곧 힘의 상징을, 후자의 경우로 금기(taboo), 곧 지나치게 피를 흘리면 죽음을 초래하기 때문에 '죽음'을 상징한다. 셋째, 피는 처녀성의 상실, 여성의 월경과 관련되어 한편에선 금기로, 다른 편에선 탄생을 암시한다. 넷째, 자연적 논리에 따르면 피는 무서운 형벌을 의미한다. 따라서 맹세의 파기는 두 사람의 혈연을 더럽게 하는 것이 되며, 피를 흘림으로써 그 혈연 관계를 더럽게 하는 것은, 하나의 형벌이 된다. 다섯째, 피는 죽음, 탄생, 사춘기(월경), 결혼 등의 육체적 양상과 그리고 전쟁, 건강, 힘 같은 일반적 관념과 결합됨으로

---

[22] 빛과 어둠의 대립은 코스모스(Cosmos)와 카오스(Chaos)로, 엘리아데의 『우주와 역사』에서 밝히고 있다.

의식(儀式)과 원시 관념의 공동 관계를 함축한다. 죽음이면서 바로 재생인 동시성으로 나타나며, 이것은 모든 사건을 전환적 사태로 인식함을 뜻한다. 정력적이며, 역설적 특성을 나타내는 것이다. 이러한 상호 침투적 사태는 의식으로 나타나며, 그것은 마술적 의식과 모방적 의식으로 양분된다. 전자에서는 어떤 사건을 천명하는 만큼 그 사건을 추방하게 되며, 후자에서는 어떤 사건을 인간적인 것으로 재천명한다.

④ 물의 원형

물은 형태를 해체하고 폐기하며 죄를 씻어버리고, 곧 정화하고 새로운 삶을 부여한다.[23] 물은 형태가 없는 것, 잠재적인 것의 원리로서 모든 우주적 현상의 근저, 모든 씨앗의 용기(容器)이며 모든 형태가 비롯하는 원초의 특질을 상징하고 있다. 태초에 물은 존재했으며 역사나 우주의 순환의 종말에 그 물로 다시 돌아가야 하는 본질이다.

물에 들어가는 것은 형태 이전으로 되돌아감, 완전한 재생, 새로운 탄생으로 역행하는 것을 상징한다. 왜냐하면 물에 들어감은 형태의 해소, 선재(先在)하고 있는 것의 무형태성으로의 회귀(回歸)를 뜻하기 때문이다. 그러므로 물로부터 발생하는 것은 형태의 현상이라는 우주 발생적 행위를 반복하는 것을 말한다. 물과의 모든 접촉은 재생을 포함하고 있다.

물은 역사를 무로 돌려보내고, 일순간일지라도 원초의 완전함을 회복시켜주기 때문에 정화하고 재생하는 일을 한다. 또한 물 안에 모든 잠재력을 통합하고 있기 때문에, 물은 생명의 상징(生命水)이 된다. 물은 씨앗을 풍부하게 포함하고 있기 때문에 대지, 동물, 여성을 풍요 다산케 한다. 물은 자신 안에 모든 가능성을 내포하고 있으며, 매우 유동적이며, 만물 생성을 떠

---

23) M. 엘리아데(이은봉 역), 「물과 물의 상징」, 『종교형태론(1958)』, 형설출판사, 1979, pp.208~237 참조.

받들고 있어서 달과 비교되거나 직접 달과 동일시되기조차 한다.

물의 리듬과 달의 리듬은 동일한 패턴이 되기에 적합하다. 양자는 모든 형태가 주기적으로 출현하고 소멸하는 것을 지배하며 만물 생성의 순환적 구조를 부여하기 때문이다. '물—달—여성'이라는 패턴은 또한 인간과 우주 사이의 풍요의 순환 회로를 형성하는 것으로 보여진다. 이미 구석기 시대에도 나선(螺線)은 물과 달의 풍요성을 상징하고 있다.

만약 형태가 주기적으로 침수함으로써 재생되지 않는다면, 그리고 '홍수'를 반복하여 그 후에 '우주 창조'가 뒤따르지 않는다면 형태는 유한한 것이 되며, 역사 속으로 들어가고, 변화와 쇠퇴의 우주적 법칙에 참여하고, 마침내 자신의 본질을 상실하고 말 것이다. 물에 의한 세정식(洗淨式)은 세계가 처음 창조되었을 '그때'(illud tempus)를 덧없는 현순간으로 가져오고자 하는 목적으로 행해진다. 이 의식은 세계 또는 '새로운 사람'의 탄생의 상징적 반복되기도 한다.

⑤ 원 혹은 수레바퀴의 원형

원형 상징 가운데 가장 철학적으로 성숙된 상징은, 원과 그 가장 흔한 이미지 구현체인 바퀴다. 원은 이 세계에서 가장 완벽한 형태다. 헤라클레이토스가 '원의 시작과 끝은 한가지다'라고 말할 정도이다. 수레바퀴는 살을 가지고 있으며, 또한 이 살은 회전한다. 수레바퀴의 살은 태양의 광선을 상징한다. 살과 광선은 둘 다 중앙에 자리하는 생명력의 원천에서 우주 만물을 향해 창조적 영향력을 발사한다는 상징성을 갖는다. 그리고 살의 회전에 있어서, 그 축이 편안할 때 살과 가장자리의 운동은 완전히 정상적이며, 영혼의 고요한 중심은 경험과 행위의 평정한 질서를 낳는다는 인간적 진리를 상징한다.

그러나 수레바퀴는 앞의 원형들처럼 '상극적인 특성'을 내포한다. 긍정적인 면과 부정적인 면이 있다. 부정적인 면에서의 수레바퀴는 서양에서는 운명의 장난, 동양에서는 죽음과 재생의 끊임없는 원, 곧 윤회를 상징한다. 반면 긍정적인 면에서 수레바퀴는 힌두교의 달마(Dharma), 곧 신성의 법칙이며 불교의 법(空)이 된다.

⑥ 통과제의(通過祭儀)의 원형

원시적인 문화의 중요한 의식들은 보통 유아기로부터 성인이 될 때까지의 여러 과정을 중심으로 집중되어 있다. 탄생, 사춘기, 결혼, 성년식 혹은 입사식(入社式, initiation), 죽음 등의 과정이 그것이다. 이 각 단계들은 한 존재에서 다른 존재에로의 통과를 의미하는 것이다. 그리고 이 통과 과정에 있어서는, 현재의 존재가 죽고 새로운 존재로 다시 태어난다는 '부활' 혹은 '재성' 의식이 개입되어 있다. 이러한 까닭에 원시 문화의 의식들을 통과제의(rites of passage)라 부른다. 이 의식의 목적은 초심자의 지구력 테스트, 종족에 대한 충성심의 배양, 성인 사회의 세력 유지 등에 있다. 이러한 통과제의와 관련된 원형적 상징으로는 남근, 밭갈이 등이 발견된다.

(5) 궤린—원형 상징

① 원형적 주제

궤린은 초자연적인 존재나 자연적인 존재들에 의하여 우주, 자연, 인간이 어떻게 세계에 존재하게 되었는가를 중심으로 원형적 주제(motif)를 다음과 같이 세 가지 원리로 제시한다.[24]

첫째는, 창조의 원리이다. 모든 원형적 모티프 가운데 가장 기본적인 것

---

24) W. L. Guerin, etc., *A Handbook of critical approaches to literature*, Harper & Row, 1966, 'mythological and archetypal approaches' 참조.

으로 모든 신화의 모태가 된다. 우주, 자연, 인간이 어떻게 하여 존재하게 되었는가에 대한 물음과 답변을 내포한다. 둘째는, 영원 불사의 원리이다.[25] 이것은 다시 시간으로부터의 도피와 원환적(cyclical) 시간으로서의 신비로운 침잠으로 양분된다. 전자는 낙원으로의 회귀, 타락과 죽음으로의 비극적 전락 앞에 있는 인간이 즐기는 무시간적(無時間的) 지복(至福)이며, 후자는 무한한 죽음과 재생의 주제이다. 인간은 스스로 자연의 영원한 순환, 그 광활하고 신비로운 리듬에 종속됨으로써 일종의 불사(不死)를 성취한다. 특히 사계(四季)의 순환에 종속될 때 그렇다. 셋째는, 영웅의 원리이다. 이것은 변형과 구출의 원형이며, 다시 탐색(quest), 통과 제의(initiation), 속죄양(scape goat)의 원형적 주제로 나누어진다.

ⓐ **탐색(quest)**—영웅의 오랜 여행을 뜻하며, 그는 불가능한 직무를 맡고 괴물과 싸우고 어려운 수수께끼를 풀고, 여러 장애를 극복하고, 마침내 왕국을 구하고 공주와 결혼한다.[26]
ⓑ **통과 제의(initiation)**—영웅은 사회 성원으로 훌륭하게 자립하고 성숙하게 됨에 있어서 무지와 미성숙 사태에서 벗어나 사회적·정신적으로 어른답게 되는 과정상 일련의 고통스런 체험을 겪는다. 통과 제의는 세 단계로 성립된다. 곧 격리(seperation)→ 변화(transformation)→ 복귀(return) 등이 그것이다. 이 역시 탐색처럼 죽음과 재생을 상징하는 변형이다.[27] 격리는 인간적 성장과 사회적 성장을 위한 관문이며, 결핍과 부족의 사태를 벗어나

---

25) 원왕생가.
26) 동명성왕 설화나 오이디푸스 신화. 이 신화의 주인공인 오이디푸스는 사자의 몸에다가 여자의 머리를 한 초연적인 괴물인 스핑크스를 만나게 되는 여행을 하며, 그 괴물의 수수께끼를 풀음으로써 왕국을 구하고 여왕과 결혼한다.
27) 단군신화. 곰이 동굴의 어둠 속에서 격리되어 쑥과 마늘로 3·7일을 지내야 하는 고난을 겪는다는 것은, 상징적인 죽음 세계에 들어가 웅녀로 환생(return)하는 죽음과 재생의 통과 제의라고 할 수 있다.

스스로 목표를 향해 탐색하는 첫 걸음이다.

ⓒ 제물로서의 속죄양(scape goat)—종족이나 민족의 번영과 동일시되는 영웅은 백성의 죄를 속죄하고 국토의 황폐를 풍요로 회복시키기 위해서 죽어야 한다.28)

이와 같은 원리로서 셰익스피어의 『햄릿』을 분석해 보면 다음과 같다. 햄릿은 고통받는 희생 제물로서의 인물이다. 즉 나라를 어둡게 한 시커먼 그림자로부터 그의 나라를 건져야만 하는 영웅 왕자(Prince-Hero) 역이다. 그는 부왕(父王)의 원수를 갚아야 함은 물론 속죄양으로 스스로를 바치지 않으면 안 된다.

희생 제물인 주제를 고양시킨 것은, 순진하고 다복한 젊은이였던 햄릿이 비애롭지만 현명한 성숙을 위한 일련의 고통에 찬 시련을 맞게 되는 지난한 영혼의 여행(즉 그의 initiation)이다. 햄릿은 암흑과 피의 이미지로 지배되는 가을과 밤의 극인 것이다. 따라서 주인공은 침울의 원형적 색상인 검정 옷을 입고 있다. 겉으로는, 그의 어두운 탐색의 목적은 부왕의 죽음의 수수께끼를 풀기 위한 것이지만, 숨겨진 이면적 의미에서는 인간의 삶과 운명의 신비라는 착잡함속으로 그를 이끌고 간다. 그의 독백이 인생과 자아에 대해서 어떻게 향하고 있는가를 살펴보면 바로 알 수 있게 된다. 저 '스핑크스' 수수께끼의 경우에서와 마찬가지로 풀기 어려운 답이 '인간'인데, 그 답에

---

28) 오이디푸스 신화. 오이디푸스는 제물로서의 속죄양인 왕이다. 테베는 전왕(前王)인 라이오스의 살해자가 벌받지 않은 까닭에 역병으로 왕국의 식물이 다 말라붙게 된다. 오이디푸스는 죄인을 찾기 위해 온 나라를 샅샅이 조사하다가 다른 사람 아닌 자기가 테베로 오는 도중 싸움을 벌였다가 죽인 늙은이가 그의 실부(實父)인 라이오스임을 알게 된다. 이 탄로에 의해 부끄럼을 이기지 못하고서 모친인 그의 아내는 목매어 자살하고, 그는 그 여인의 브로우치를 가지고 그의 눈을 후벼 파서 맹인이 되어 유랑의 길에 오른다. 이처럼 그가 벌을 받은 뒤에 테베는 건강과 풍요를 되찾게 된다. 즉, 오이디푸스가 그 자신을 속죄양으로 바침으로써 나라가 구원된다.

대한 실마리는 네 '자신에게 진실하라'고 입심 좋은 플로니어스가 자식에게 한 훈계 속에 나타난다.

주인공 햄릿은 전 극본을 통해서 패배와 좌절의 망령으로 출몰하고 있으며, 궁극적으로는 그의 죽음으로 승리를 획득한다. 머레이는 『시의 고전적 전통』에서 "햄릿은 기쁨도 승리도 없는 살인자가 되었다. 그는 검은 상복을 입었으며, 홀로 포효하고 있으며, 왕을 죽여야 하는 고민 많은 환자다" 라고 말하고 있다. 비극의 끝에 가서는 햄릿의 희생적인 죽음에 의하여 어둠과 겨울의 힘이 물러가고 새벽과 봄, 재생의 약속으로 밝음이 도래하게 된다.

② 자연물의 원형

위와 같은 원형적인 주제에 의하여 나타나는 이미지들과 그 상징적 의미를 예시하면 다음과 같다.

ⓐ 물 — 창조의 신비, 탄생—죽음—부활(소생), 정화와 구원(속죄), 풍요와 성장. 융에 따르면 물은 무의식의 가장 일반적인 상징이기도 하다.
  · 바다 : 모든 생명의 어머니, 영혼의 신비와 무한성, 죽음과 재생, 무시간성과 영원, 무의식.
  · 강 : 역시 죽음과 재생(세례), 시간의 영원한 흐름, 생의 순환의 변화상, 제신의 화신
ⓑ 태양(불·하늘과 밀접한 관련을 맺는다) — 창조하는 힘, 자연의 이치, 의식(사고, 각성 내지 지혜, 정신의 비전), 부성의 원리(달과 지구는 여성 내지 모성의 원리와 관련된다), 시간과 인생의 경과.
  · 아침 해 : 탄생, 창조, 계몽.
  · 지는 해 : 죽음.
ⓒ 색채
  · 검정(어둠) : 혼돈(신비·미지), 죽음, 무의식, 사악, 우울, 근본의 지혜.
  · 빨강 : 피, 희생, 격렬한 열정, 무질서.

- 초록 : 성장, 감동, 희망. 부정적 의미로는 죽음과 몰락.
- 흰빛 : 긍정적으로는 고도로 복합적인 의미로서의 빛, 순수성, 순결, 영원. 부정적인 면으로는 죽음, 공포, 초자연적인 것, 불가사의한 우주적 신비의 현혹되는 진리.

ⓓ 원(구체·달걀) ─ 전체성(wholeness), 통일성, 무한으로서의 신, 원시적 형식의 삶, 의식과 무의식의 결합. 예를 들면 중국 예술이나 철학에 나오는 음양의 원리.
- 양(陽) : 남성 요소, 의식, 생, 빛, 열.
- 음(陰) : 여성 요소, 무의식, 죽음, 어둠, 냉.
- 만다라(蔓茶羅) : 영적인 통일과 정신적인 전일(全一)에의 갈망.
- 계란(타원체) : 생의 신비와 생식(출산)의 힘.
- 오우보로스(Ouroboros) : 뱀이 제꼬리를 문 고대의 상징, 삶의 영원한 순환과 음양과 같은 상반하는 세력의 통일, 원초의 무의식.

ⓔ 원형적인 여성(음의 학설의 아니마를 포함한다).
- 위대한 어머니 : 인자한 어머니, 대지의 어머니로서 탄생, 따뜻함, 보호, 비옥(생산력), 생장, 풍요, 무의식.
- 공포의 어머니 : 무녀, 여자 마법사, 마녀(siren)로서 공포, 위험, 죽음, 관능, 성적 탐닉, 위험, 어두움, 해체, 거세, 무서운 면의 무의식.
- 영혼의 동반자 : 공주나 아름다운 숙녀, 즉 영감과 정신적인 완성의 화신, 성모, 영감과 영적 성취의 체현(예, 음의 아니마)

ⓕ 숫자
- 셋 : 남성 원리, 빛, 영적인 깨달음과 삼위 일체 같은 통일.
- 넷 : 여성 원리, 순환, 삶의 순환으로서 네 계절과 관련됨, 지구, 자연의 네 원소(地·水·火·風).
- 일곱 : 셋과 넷의 통합을 의미함, 순환의 완전성, 질서.

ⓖ 배 ─ 소우주, 시간과 공간을 통과하는 인류의 항해.
ⓗ 정원 ─ 낙원, 순진무구, 순결미(특히 여성적인 미), 비옥, 풍요.
ⓘ 사막 ─ 정신적 불모(不毛), 죽음, 허무주의, 희망 결여.
ⓙ 나무 ─ 우주의 조화, 성장, 번식, 생산과 재생의 과정, 영원한 삶.

ⓚ 바람 — 호흡의 상징으로서 영감, 인식, 영혼, 성령, 정신.
ⓛ 뱀(지렁이·벌레) — 힘의 상징, 리비도, 사악, 부패, 관능성, 파괴, 신비, 지혜, 무의식.

(6) 융 — 심리적 원형

융은 심리주의 입장에서 신화의 논의를 전개했다. 그의 『원형과 집단무의식』(The Archetypes and the Collective Unconsious)에서는 여러 가지 원형적 유형, 곧 물·색채·재생 등을 세밀히 검토하고 있다. 그의 저술의 상당 부분은 프레이저나 그 밖의 학자들과 중복되기도 한다. 특히, 그는 집단 무의식을 통하여 투사되는 대표적인 원형을 그림자(shadow), 아니마(anima)와 아니무스(animus), 퍼소나(persona)로 설명하는 가운데 신화·원형 비평가들에게 많은 영향을 끼쳤다. 이 원형은 사람이 타고난 정신적 구성 요소로서, 개성화의 기본 요인이기도 하며, 문학을 한 인간의 표현이라고 할 때 개성화의 방식이기도 하다.

① 그림자

그림자는 우리들의 무의식적 자아의 어두운 측면이며, 억제하고자 하는 개성의 열등하며 유쾌하지 않은 부분이다. 이러한 그림자를 융은 『심리학적 고찰』(Psychological Reflections)에서, 인간이 뒷편에 끌고 있는 보이지 않는 파충류의 꼬리 같은 것이라고 비유한다. 『분석 심리학에 관한 두 논문들』(Two Essays on Analytical Psychology)에서 융은, 그림자가 투사됐을 때 가장 일반적인 변형은, 개성의 인식되지 않은 어두운 반쪽의 위험스런 국면이라고 표현한 악마이다. 개별화 과정에서 인간은, 배면에 도사리고 있는 우리들의 검은 형체를 상징하는 그림자의 경험을 갖게 된다. 어두운 형체는 보이지 않지만 분리할 수 없을 정도로 우리들의 전체에 속해 있는 것이다. 생명 형태가 조형적으로 보이려면 깊은 그림자를 필요로 한다. 그림자가 없으면 그것은 단순한 환영으로 남는다. 그림자는 아직까지 원시인들 가운데서 여러 가지 형태로 의인화되어 나타나는 원형적인 형상이다. 이것은 개인의 일부분, 곧 그에게 부속되어 남아 있는 그의 존재로부터 떨어져 나왔지만 아직 그림자처럼 그에게 붙어 있는 그의 일부분이기도 하다.

문학 작품상으로는 셰익스피어의 이아고, 밀톤의 사탄, 괴에테의 메피스트펠레스, 콘라드(J. Conrad)의 쿠츠, 골딩(Golding)의 파리떼의 왕과 같은 인물이 이 그림자 원형의 상징적 표현이다.

인간이 공동 사회의 불가결한 일부가 되기 위해선, 그림자에 포함되어 있는 동물적 정신을 길들여야 한다. 길들이는 방법은, 그림자의 징후를 억눌러 그림자의 힘에 대항하는 퍼소나를 발달시키는 것이다. 자기 본성의 동물적 측면을 억누르는 사람은 문명인이 되겠지만, 반면 자발성, 창조성, 강한 정서, 깊은 통찰의 원동력은 줄게 된다. 그림자는 기본적인 또는 정상적인 본능을 포함하고 있으며, 생존을 위해 소용되는 현실적 통찰과 적절한 반응의 원천이 되는 것이다. 인간이 자아와 그림자를 훌륭히 조화시키고 있으면 생기와 활력에 넘치게 된다. 의식이 확대되고 심적 활동이 활발하며 원기 왕성하게 되는 것이다.

② 아니마와 아니무스

융에 의하면, 퍼소나는 인간 정신의 표면이다. 왜냐하면 그것은 세계를 향해 있는 얼굴이기 때문이다. 또한 융은 인간 정신의 내면에 대해 논의하면서 남성의 마음 속에 있는 여성의 표시를 아니마(anima), 여성 마음 속에 있는 남성의 표시를 아니무스(animus)라고 이름했다.

아니마의 원형은 여성의 정신에 있어서 남성적인 측면이다. 생물학적 의미에서, 남성이건 여성이건 간에 모든 사람은 남성 호르몬과 동시에 여성

호르몬을 분비한다. 그리고 태도와 감정 등에 있어서 어느 정도 남성은 여성적인 면을, 여성은 남성적인 면을 나타낸다. 말하자면 인간은 아니마와 아니무스의 성향을 동시에 지니고 있다는 것이다.

이러한 아니마는 아름답고 젊은 처녀, 여신, 천사, 악마, 거지, 여자, 창부, 헌신적인 친구, 사나운 여자 등의 양상을 띨 수 있다. 문학 작품에서 융은 트로이 성의 헬렌, 단테의 베아트리체, 밀튼의 이브와 같은 인물을 아니마의 전형으로 간주한다. 한편 아니무스는 디오니소스, 혹은 보다 낮고 원시적인 면에 있어서 유명한 배우, 권투 선수, 혹은 우리들의 시대처럼 특히 고통스러운 시대에는 탁월한 정치적 지도자 등이 포함된다. 그러나 아니무스와 아니마가 인간적인 형상의 수준에 도달하지 않고 순수하게 본능적인 형태로 나타날 때, 그것은 역시 동물 등에 의해서 나타낼 수도 있다. 여기서 아니마는 소, 고양이, 뱀, 동굴 등의 형태를 띨 수 있다. 그리고 아니무스는 독수리, 황소, 사자, 창, 밥 혹은 어떤 공류의 유경직인 형태로서 나타난다.

심적 현상으로 이것을 다시 구분해보면 아니마는 몽상, 꿈의 언어, 이상적 자아, 조용한 지속성, 밤, 휴식, 평화, 사색, 식물, 다정한 부드러움, 수동적, 선, 통합, 개인적, 비합리적 등의 양상을 지닌다. 반면 아니무스는 현실, 삶의 언어, 현실적 존재, 역동성, 낮, 염려, 야심, 계획, 사고, 동물, 엄격한 힘의 보관자, 능동, 지(知), 분열, 합리적이고 추상적 사고, 국가 사회 중심 등의 양상을 지닌다.

③ 퍼소나

퍼소나(persona)는 연극에서 배우가 특정한 인물이 되어 행동하는 탈을 가리킨다. 개인은 퍼소나에 의해 반드시 자기 자신의 것이 아닌 성격을 연출할 수 있다. 퍼소나는 개인이 공적으로 보이는 탈 내지는 겉보기이며, 사회에 받아들여지기 위해 좋은 인상을 주는 것을 목적으로 삼고 있다. 그것은 대세에 순응하는 원형이라고 할 수도 있다.

페르소나는 우리의 자아와 세계 사이를 맺어주는 아니마의 다른 또 한 면이다. 자아를 동전으로 빗대어 말하자면, 한 쪽 모습은 아니마이고 다른 한 쪽 모습은 아니무스라고 할 수 있다. 페르소나는 우리가 바깥 세상에 나타내는 배우의 가면이다. 이것은 사회적 인격, 가끔 진실한 자기 자신과 아주 다른 인격인 것이다. 융에 의하면, 개인이 심리적으로 성숙하기 위해서는 이러한 사회적 가면이 필요하다고 한다. 즉, 개인이 그의 심리적 구조의 다른 구성 요소와 조화적인 관계를 이룰 수 있는 융통성 있고 생활력 있는 페르소나를 지녀야 한다는 것이다. 그런데 지나치게 과장하거나 구속적인 페르소나는 초조와 우울로서의 신경증적이며 불안의 징후로 귀착한다고 말한다. 이러한 페르소나는 사회와 개인 사이의 타협점이라고 할 수 있다.

4. 그 밖의 이론가와 이론

(1) 캠벨 — 신화·원형 해석

미국 인류학자 조셉 캠벨(Joseph Campbell)은 『신의 가면들』(*The Masks of God*, 1964), 『천의 얼굴을 지닌 영웅』(*The Hero with a Thousand Faces*, 1949) 등을 저술하여 신화 해석에 큰 영향을 미쳤다. 신화 해석에 있어서 그는 비록 정신분석학적 개념들에 기대고 있지만, 동시에 민속학, 문학, 인류학, 비교 종교학 등도 두루 포괄하고 있다.

특별히 캠벨이 강조하고 있는 문제점은 두 가지로 집약된다. 그 하나는 상동(homology)과 유추(analogy)의 구분이다. 그에 의하면, 상동은 기능의 유사성을 내용의 동일성보다 더 중요한 것으로 인지하기 때문에 신화 비평가들에게 플롯·장면·캐릭터들을 바라보는 유용한 방법을 제공한다는 것이다. 다른 하나는 제2의 자궁으로서의 신화와 제식의 개념이다. 신화와 제식은

개인이 심리적·사회적으로 성숙해 가는 동안 그 개인을 보호하는 문명의 구체적 표현이라는 것이다.[29]

캠벨은『신의 가면들』에서 동물의 행동들을 통한 흥미로운 현상을 설명한다. 알집에서 갓 부화한 몇 마리의 햇병아리가 머리 위로 매가 날면 흠칫하여 곧장 숨어버리지만 다른 새들이 날면 아무런 반응을 보이지 않는다고 말한다. 더욱이 나무로 매의 모형을 만들어 철사줄을 이용하여 앞으로 밀고 나가게 하면 햇병아리들이 놀라서 허둥대지만, 이 모형을 뒤로 끌면 아무 반응을 나타내지 않는다는 것이다. 다시 말하여, 갓 태어난 쥐가 고양이를 보고 흠칫 놀라 반응하지만 기타 다른 동물들을 보고는 전혀 반응을 보이지 않는다는 것과 마찬가지 예이다. 이와 같은 햇병아리들의 반응은 어떻게 해석해야 할까. 갓 부화한 햇병아리들이 어떻게 자기들의 숙적 관계에 놓여 있는 동물들을 알아보는 것일까. 그것이 바로 자기네 조상 때부터 자기네들에게 끊임없이 반복하여 체험된 원초적 경험들, 곧 원형인 것이다. 따라서 캠벨의 시사적인 이야기는 신화·원형 비평에 대한 유익한 유추가 된다. 나무로 만든 매가 이른바 원형 혹은 원형적 유형인 것이다. 그리하여 캠벨은 훌륭한 작품 속에서 인공의 매를 찾고자 했다.

『천의 얼굴을 지닌 영웅』에서, 캠벨은 신화와 문학에 나타난 영원한 인간의 여러 가지 형상을 찾아내려고 한다. 그는 그 형상들을 특정한 사회보다는 세계적 차원에서 검토한다. 그는 이와 같은 연구 방법에 계보학(genealogy)보다 알레고리(allegory)를 더 선호하여 적용하고 있다. 캠벨의 연구 방법은 사회적인 접근 방법보다는 융과 보드킨, 휠라이트의 방법과 유사한 것이다. 따라서 미국적인 기풍을 내세우는 학자들이 원형에 대한 표상적 특징의 영향에 관심을 가진 반면, 그는 표상적 특징으로부터 자유롭고 순수한 원형에 주로 관심을 기울였다. 결론적으로, 캠벨은 모든 지역적 특징 밑에는 똑같은

---

29) John B. Vickery(ed), *Myth and Literature : Contemporay Theory and Practice*, Lincoln:University of Nebraska Press, 1973, p.15. 참조.

신화적 원형이 존재한다고 주장한다. 모든 신화는 하나이며, 모든 영웅들은 하나의 모습을 갖는다고 말한다.30)

(2) 보드킨 ― 재생의 원형적 패턴

보드킨(Maud Bodkin)은 융이 주장한 집단 무의식의 원형, 그리고 프로이트의 정신분석학과 영국의 인류학을 결합시키는 한편, 융의 신화에 대한 보편적인 관점을 부정하고 특정한 시대와 지리적 환경에 놓여 있는 특징에 관심을 집중했다.

보드킨은 저서 『영혼과 상징』(Psyche and Symbol)에서, 원형들은 결코 쓸모 없는 낡은 잔존이나 유물이 아니라, 살아 있는 실재로서 무수한 상념들의 선형성(先形成, preformation) 혹은 지배적인 심상들을 야기한다고 말한다. 따라서 원형은 본능적 행위의 영역에 속하며, 그리고 그런 뜻에서 원형들은 유전된 혼령들의 형태를 대표한다고 주장한다.

보드킨은 융의 학설에 동조하여, 원형적 패턴은 외계의 구체적인 사물이나 개인의 심리적 성격과 혼동해서 고찰해서는 안 되는, 곧 개인을 넘어서서 인간의 생활에 영향력을 갖는 심리적인 현실로서 고찰해야 한다고 설명한다. 그는 이와 같은 원형적 패턴들을 20세기 문학 속에서 예를 들고 있다. 그 가운데 하나가 버지니아 울프의 『댈러웨이 부인』(Mrs. Dalloway)이다. 이 소설은 심리적인 원형을 표출함으로써 20세기 소설 형식을 변혁시킨 작품으로 주목받는다. 이 소설의 내용은 정치가 부인인 댈러웨이의 하루 생활을 통하여 중년 부인의 과거 생애를 더듬어 가는 이야기이다. 부인은 자신이 경험하는 감각과 정서의 기복을 통해 숱한 이합(離合)을 되풀이하고 있다. 그런데 유심히 그 자취를 추적해 보면, 이 여주인공의 하루의 생활 속에서만도 몇 가지 재생의 패턴이 발견된다. 즉, 이 소설은 외부에서 보면 전혀 아

---

30) Joseph Campbell, 앞의 책, p.385 참조.

무런 관계가 없고 서로 엇갈린 듯 보이지만, 그 하나하나의 사건이나 배경은 의식적으로 심리적 원형의 패턴을 드러내주고 있는 것이다.

보드킨의 재생 패턴은 엘리엇의 시 「황무지」(荒蕪地, The Waste Land)에서도 찾아볼 수 있다. 「황무지」의 배경 전설은 고대 성배 전설(聖杯傳說)에서 연유한다. 이 전설에 의하면 어부(漁夫)왕(물고기는 생명의 상징)은 저주로 말미암아 병들고, 성불구의 몸이 된다. 그 결과 그가 다스리는 나라에는 강에 물이 마르고 들엔 곡식의 생산이 끊어져서 그 나라는 황무지가 된다. 이 저주는 왕이 나을 때까지 걷히지 않는다. 그래서 왕과 나라를 구하려면 마음이 순결한 기사가 황무지 한복판에 있는 위험 성당(危險聖堂)으로 가서 육체와 정신의 위험을 무릅쓰고 성배를 찾아내야 한다. 그 성배는 최후의 만찬 때 쓰였고, 후에 예수가 십자가에서 창에 찔렸을 때 흘린 피를 받은 것이다. 이러한 성배를 찾게 되면, 성배의 힘으로 어부왕이 회복되고 황무지에 다시 풍요가 찾아온다는 것이다. 엘리잇는 이와 같이 다양한 신화적, 종교적 자료를 사용해 공허와 고독과 비이성, 무분별한 성(性)적 행각이 판치는 고대 황무지와 같은 근대 사회를 드러내고, 그 사회가 재생되어야 하는 필요성을 상징적으로 그려냈던 것이다.

따라서 「황무지」는 정신적인 불모 상태, 즉 어떤 재생의 믿음이 인간의 일상생활에 가치와 의미를 주지 못하고, 성(性)이 결실을 맺지 못하고, 죽음이 부활을 예고하지 못하는 것과 같은 존재 상태에 대한 시이다. 엘리엇의 직접적 「황무지」는 제1차 세계대전(1914~1918) 직후의 세계와 자기 자신의 황폐한 사생활이다. 그러나 그가 의미하는 '황무지'란 전쟁의 황폐와 유혈의 황무지가 아니라, 서구인의 정신적 불모, 문명의 황무지이다.

이 시에 나타나는 원형적 패턴은 고대 사람들의 생활 심리가 외부에 투사된 것이므로, 인간의 정신 생활을 표현하는 문학이란 그러한 원형적인 패턴이 작가도 모르는 사이에 작품 속에 내포되거나, 작가가 의도적으로 작품화하기도 한다.

이와 같이 보드킨의 재생의 원형 패턴은 세계 여러 나라의 문학 작품을 조사·비교하여 어느 하나의 원형적인 패턴이 어떤 형태로 나타나 있고, 또한 어떠한 다양성을 지니고 있으며, 그리하여 작품에 어떤 특징을 부여하고 있는가를 탐색하는 것이다.

5. 신화·원형 비평의 실제

· 감음과 품, 모여듦과 물러남 그리고 순환 원형[31]

다음은 시「달무리」에서 보여주는 신화·원형 구조적 체계를 탐색해 보기로 한다.

① 나로부터 열리는 주변(周邊)에 해가 지고 달이 뜨고 강강수월래
② 하늘이 있고 땅이 있고 이를테면 나의 풍경(風景)들 ― 나의 긴 모가지를 달아맨 묵은 허우대를 잠시(暫時) 쉬게 할 초가(草家)집과 이웃과 무덤과 그 안에 울음소리 들리면 혀를 물어 서러운 얼굴 내가 있고
③ 무수한 나와 같은 것들 ― 아버지가 있고 어머니가 있고. 할아버지의 입을 닮은 아우와 어쩔 수 없이 짐승에 속해야 했을 먼 할아버지의 필시(必是) 징글맞도록 울어대던 목소리를 그대로 닮았을 숙(淑)이년과 빈(彬)이놈과.
④ 그리하여 지금(只今) 모두 부분(部分)이 닮은 것들이 손을 잡고 구열(龜裂)된 지역(地域)을 디디며 돌면 … 가슴에 뛰던 피 되돌아 잉태(孕胎)한 서로의 망울과 내 아직 맨발이던 모습 안에 돌던 피 되돌아 상기 내 중심(中心)에 자라나는 숫된 달같은 망울을 윤회(輪廻)

---

31) 김혜니,「김명배 시의 신화원형 구조」,『문학과 비평』, 제1권 제1호, 1995 하반기, pp.85~89.

하는 찬란(燦爛)한 빛이 어릴레

— 「달무리」 전문

강강술래는 정월 대보름이나 팔월 보름의 한가윗날 각 지역의 마을에서 처녀와 부녀자들이 함께 모여 노래하고 춤추는 집단놀이이다. 노래를 살펴보면 선소리꾼이 선창을 하면 놀이를 구성하는 모든 사람이 후렴을 한다. 춤의 모양새를 보자면 여인들이 손에 손을 잡고 동그라미를 만들어 먼저 오른쪽으로 돌다가 왼쪽으로 돌면서 감음과 품을 되풀이한다. 그러다가 한 가운데로 모여들고 다시 제자리로 물러나고는 하면서 그 변형들을 통해 십자가 모양을 만들기도 하고 태극의 횡선을 만들기도 한다.

다시 말하여 강강술래는 '감음 / 품' '모여듬 / 물러남'의 두 극이 대립 관계로서가 아니라 연속적 관계로 포괄되어 있다. 이것은 보드킨이 말하는 기본적 질서인 '활동 / 정지' '약동 / 휴식' '상승 / 하강' '성공 / 패배'의 원형적 패턴이다. 우주의 모든 만물은 정지와 휴식, 하강과 패배를 겪게 된다. 그러나 그러한 부정적 요소들은 계속해서 작용하지 않는다. 어둠이 오면 반드시 밝음이 오고 겨울이 오면 반드시 봄이 오듯, 그 부정적인 요소들은 반드시 극복되어 활동과 약동, 상승과 성공으로 전진한다. 이와 같이 하강에서 상승에로의 과정이 이른바 보드킨의 원형적 패턴이다.[32]

땅의 강강술래는 인간이 하늘의 달과 한데 어우러지는 유희이다. ①에서는 땅의 동그라미(강강술래)와 하늘의 동그라미(달)가 한데 어우러진 입체적 동그라미 형상을 띠고 있다. 강강술래는 하늘의 질서를 인간 세상에 이식하고자 하는 구체적 표현과 다름 아니다. 일반적으로 인간은 하늘의 주체를 해와 달로, 땅의 주체를 음과 양으로 인식하고 있다. 인간이 해와 달, 음과 양을 상응 동격으로 보아 온 것은 하늘의 위력보다는 인간의 질서 때문이

---

32) M. Bodkin, *Archetypal Patterns in Poetry : Psychological Studies of Imagination*, 1963. (London:Oxford Univ. Press, 1934), pp.315~320 참조.

다. 그 구체적인 것이 오성(五星)을 오행(五行)에 대비하고, 열숙(列宿)을 주역(州域)에 대비하고 삼광(三光)을 음양(陰陽)의 원기에 맞추고 있는 점이다. 이것은 나아가 성인의 통리(統理)의 근본으로 간주하게 되었다. '일(日)·월(月)·성(星)·신(辰)'은 '설(雪)·상(霜)·풍(風)·우(雨)'를 조화하고, 눈·서리·바람·비는 목축이나 농경에는 피치 못할 천기의 변화로써 대단히 중시했다. 그래서 단군고기에는 풍백(風伯)·우사(雨師)·운사(雲師)가 원래는 성명(星名)이나 귀명(鬼名)이었는데 인간 세계에 와서 농경을 지도하는 신으로서의 구실을 한 것이다.33)

이와 같이 신화에 있어서 유추는 자연 현상과 인간 생활의 질서를 병행시키는 것이다. 특히 시「달무리」에서는 달과 인간의 순환과 재생의 합일로서 동일성의 신화적 구조 원리를 재현하고 있다. 달은 주기적 순환으로 지상의 질서에 영향을 준다. 인간은 달의 이러한 원리를 본 따 닮은꼴로 인생의 주기를 펼친다. 그리하여 자연과 인간, 우주와 인간은 하나가 된다. 이것은 시인이 자연과 하나가 되는 교감의 체험이며 우주의 인식이다.

③에서 시인은 4대에 걸친 원초적 가족의 집단 풍경을 펼친다. 할아버지(1대) → 아버지(2대) → 누나·아우·시적 화자(3대) → 숙(淑)이·빈(彬)이(4대)가 연쇄고리에 서로 꿰어 있다. 이들 구성원은 바로 강강술래의 구성원과 다름 아니다. 할아버지가 일생을 마치고 아버지로 거듭나고, 아버지는 또한 누나·아우·시적 화자로 거듭나고, 누나·아우·시적 화자는 淑이·彬이로 거듭남이다. 이러한 인간 세계의 자자손손 체계는 자연의 원리에 의해 채색되고 짜여진 근본적 질서이다. 태양은 날마다 떠오르고, 낮과 밤은 날마다 번갈아 나타나고, 봄마다 새싹은 돋아나고, 계절은 해마다 돌아오고, 달의 모양은 날마다 일정하게 변모하여 자연 현상의 모든 반복과 순환을 되풀이하고 있다. 프라이는 이러한 현상을 삶과 죽음 그리고 재생의 순환 구조

---

33) 김무조,『한국신화의 원형』, 정음문화사, 1988, p.150 참조.

로 유추한 것이다.

②의 시적 화자의 풍경들인 "나의 긴 모가지를 달아맨 묵은 허우대를 暫時 쉬게 할 草家집과 이웃과 무덤과 …"에서 일반적으로 '초가집'은 산사람의 주거 공간이며 '무덤'은 죽은 사람의 주거 공간으로 서로 대칭된 공간이다. 그런데 시 「달무리」에서는 초가집과 이웃과 무덤은 서로 같은 층위의 공간에 존재한다. 이것은 시인이 삶과 죽음의 차원을 동일한 선상으로 인식하고 있음이다. 우리의 옛 조상들이 무덤을 '유택(幽宅)'이라 부른 것은 단순한 미화법에 의한 것이 아니다. 그 명칭에는 무덤에 대한 한국인의 의식이 깃들어 있다. 말하자면 한국인의 의식 속에 무덤은 대단히 지상적이라는 것이다. 옛 고구려의 벽화, 고분을 살펴보면 한반도의 북방계 상고대 사회의 무덤에는 식량마저 따로 간직되어 있음을 본다. 이것은 끼니를 먹고 사는 삶이 그 무덤 속에 있다는 증거가 된다. 즉, 우리 고대인의 의식 속에 있는 무덤은 삶과 죽음을 구별하는 공간이 아니라 차원이 다른 삶을 위한 공간이었던 것이다. 따라서 살아 있는 사람의 집보다 죽은 이들을 위한 집(무덤)들이, 한 공동체가 지닌 신화적 우주론을 보다 더 완벽하게 표상하고 있는 것은 바로 이 때문이다. 시 「달무리」에 등장하고 있는 '무덤'도 이와 동일하게 인식되어야 할 것이다. 시인은 '무덤'을 통하여 죽음을 소유하면서 동시에 그것으로 죽음을 거부하고자 한다. 무덤은 죽음을 보관하는 곳이 아니다. 무덤은 완강하게 죽음을 밀어내고 있다. 무덤은 또 다른 삶의 집인 것이다. 즉 초가집이나 무덤은 재생으로 맞물려 순환할 것임을 사유한 시적 진술이라 할 수 있다. 이것 또한 삶과 죽음 그리고 재생의 순환 구조를 나타내고 있는 것이다.

그리하여 ④에서는 "部分이 닮은 것들", 곧 가족 집단 모두가 손에 손을 잡고 삶을 살아간다. 그들 인생의 여정은 감고 풀고 모여들고 물러나가곤 하는 강강술래의 동작과 닮은꼴이다. 바로 보드킨의 '정지 / 운동' '하강 / 상승' '휴식 / 약동'의 반복적 기본 질서인 원형적 패턴이다. "가슴에 뛰던 피 되돌아 孕胎한 서로의 망울 내 아직 맨발이던 모습 안에 돌던 피 되돌아 상기 내 中心에 자라나는 숫된 달같은 망울을 윤회하는 찬란한 빛이 어릴레"에서 '피 되돌아 잉태한 망울'들은 순환 재생한 인간들이다. 시 「달무리」에서의 淑이 彬이 같은 것들이다. 그것들은 '달같은 망울'로서 달을 닮는다.

시 「달무리」는 시인 특유의 신화만은 아니다. 달은 한국 문화와 밀접한 관계를 가진다. 달이 차고 기우는 리듬은 곧 우리 인간들의 생활 리듬이다. 오늘날 우리가 사용하는 달력만 보더라도 우리는 달의 순환을 기준으로 삼은 태음력을 버리지 못하고 있다. 농사 또한 달의 운행을 기준으로 하여 춘분, 입춘, 곡우 등 절기에 따라 밭을 갈고 씨를 부리고 수확한다. 뿐만 아니라 어촌 생활도 달의 운행에 의한 물때에 순응하여 바닷물이 들고 나가는 조금사리가 매겨진다. 이처럼 우리들에게 달은 생산의 원리이며 풍요의 원천이다.

시 「달무리」 ④는 하늘에서는 달이 '초승달 → 보름달 → 그믐달 → 부재 → 초승달'의 일정한 질서에 따라 동그랗게 돌고, 땅에서는 인간이 '비롯함 → 자람 → 늙음 → 마침 → 거듭남'의 일정한 질서에 따라 동그랗게 돈다. 이러한 정경은 "輪廻하는 燦爛한 빛"이다. 강강술래의 유희 자체에서 발생하는 시각적 회화성과 청각적 음악성이 혼합된 혼연일체의 동그라미 율동, 그리고 하늘의 달과 땅의 인간이 한데 어우러진 율동의 조화는 그 자체가 달무리이며 우주적 율동인 것이다. 김열규는 강강술래를 달바래기들의 모방주술이며 춤추어진 신화, 춤추어진 종교 그리고 춤추어진 형이상학으로 달의 흉내, 달의 운행을 지상에 옮겨 실현하는 것으로 논의하고 있다.[34] 인간은 태어나서 자라고 늙어가고 그러다가는 삶을 끝마치게 된다.

시인은 인간의 이러한 끝이 있는 삶을 인식하고 허탄에 젖었을 때 달을

---

34) 김열규, 『한국문학사』, 탐구당, 1983, p.481 참조.

우러른 것이다. 달의 주기는 초생달이 자라서 차고 그러다가 기울어지면 또다시 거듭난다. 달의 죽음은 거듭남을 위한 전제에 불과하다. 강강술래의 감음과 맺음, 폄과 풂은 이러한 삶의 본질인 인생의 유한성과 일회성의 장벽을 깨뜨리는 몸짓과 다름 아니다. 시인의 상상력은 사람들이 달빛 아래 달을 흉내 내며 강강술래를 춤추면, 사람들은 그대로 달이 되고 달빛이 되어 온 우주에 번져간다. 이 황홀한 도취의 순간 시인은 자신을 넘어서 우주화한다.

이상 논의에서처럼 시 「달무리」에는 달의 주기인 '초승달→보름달→그믐달→부재'의 일정한 변형과 순환의 연속적 과정 및 달의 둥그런 형상과 더불어 강강술래의 '감음과 풂, 모여듦과 물러감'의 일정한 변형과 순환의 연속적 과정 그리고 손에 손을 잡고 도는 둥그런 형상을 펼쳐주고 있다. 이것은 인간 삶의 비롯함과 마침 그리고 거듭남의 기본 질서와 대응되는 신화원형 구소석 들을 그대로 새린, 재창조하고 있다 할 것이다.

6. 신화·원형 비평 검토

신화는 우리들에게 있어 잃어버린 영원한 고향을 향한 향수이다. 신화는 신과 인간이 함께 하는 자리이다. 21세기에 와 있는 문명사로부터 새로운 여명을 준비하는 오늘의 몫을 숙고할 때 신화 문학의 역할은 중요한 의미를 지닌다.

신화·원형 비평은 글자 그대로 신화의 원형을 문학 작품 속에서 찾아내고 그것이 작가들에 의해 어떻게 재현·재창조되고 있는가를 연구하는 작업이다. 이러한 신화·원형 비평은 다양한 인접 학문인 문화인류학, 비교종교학, 역사학, 심리학, 철학, 구조주의 등의 성과를 수용하여 체계화된 인문과학의 면모를 갖추고 있다. 따라서 신화·원형 비평의 지향점은 문학을 단일한 근원으로 환원시키는 원형 추적에 있다. 원형은 융의 분석심리학과 긴밀한 관계를 맺고 있다. 개인의 상상력이나 심리적 충동 속에는 그 개인의 정신 세계나 생활 경험을 벗어난 사물의 형상들이 잠재되어 있다. 그것이 고대인의 마음과 맥을 대고 있을 때 그 형상을 융은 '원형'이라고 이름하였다. 원형은 원시적이며 집단적이고 초역사적이다. 보편성을 띤 심층의 언어이기도 한 원형은 본능적인 것이며 모든 인간에게 시대를 넘어 되풀이되는 반복성을 지닌다.

신화·원형 비평은 비평사에 지대한 공적을 남겼다. 그러나 신화·원형 비평은 현실적으로 몇 가지 문제점을 안고 있다. 그렙스타인은 이 점에 대하여 다음과 같이 언급하고 있다.[35]

첫째, 신화·원형 비평은 원형, 단일 신화 혹은 문학의 대원리를 추구하다 보면, 어느 일정한 동일성이나 예상성에 빠질 수가 있다. 즉, 문학에서 되풀이 되어 일어나는 기본적 신화 형성상의 패턴을 강조함으로써 개별적이고 특이한 문학 작품들을 단일한 작품으로 융합하려 위협하기도 한다. 그러나 개별 문학 작품들은 나름의 섬세한 의미 구조와 예술적 형상을 지닌다. 대개의 작품들은 작가가 의식적으로 주장하는 표면적 의미 외에 숨겨진 이면적 의미를 갖고 있는 것이다. 이러한 속성을 간과하고 신화·원형적 연구에 임할 경우, 서로 상이한 성격을 지닌 작품들을 동일한 원형군(群)으로 묶어버릴 가능성이 크다. 특히 변화하는 사회와 시대의 유동성을 배제해 버린 초역사적·원시적 시각은 개인과 사회와 역사의 갈등과 모순을 도외시한 원시적 신비주의로 몰고 가는 시대착오적 측면을 유발할 수도 있는 것이다.

둘째, 신화·원형 비평은 작품의 기교나 예술로서의 작품 특징보다도 문학 작품의 주제나 소재를 상세히 살핌으로써 지금까지 거의 분석적이고 묘

---

35) 셀던 노먼 그렙스타인(이선영 역), 『문학비평의 방법과 실제』, 삼지원, 1990, p.330 참조.

사적인 데 치우친 감이 있다. 따라서 가치 평가적인 연구 천착은 미비하다고 볼 수 있다. 사실 프라이는, 신화·원형 비평의 주된 기능은 작품 분석과 해석하는 데 있는 것이지 가치 판단적인 것은 아니라고 논하고 있기도 하다. 그러나 신화·원형 비평은 고대인의 삶이 지니고 있는 심원한 가치 의식을 표현하고 있다. 그것은 윤리적 가치를 내포하고 있으며 현대인에게 고스란히 전수된다. 이러한 원형 속에 포함되어 있는 교훈적인 윤리적 가치에 대한 인식과 그 판단 작업은 신화·원형 비평의 중요한 과제라 할 수 있는 것이다.

셋째, 신화·원형 비평은 문학 작품을 가장 시원적인 근원으로 돌아가려는 시도에서, 문학을 때로는 원시적 표현의 한 형식으로 환원해 버리고, 예술가를 어린이나 원시인과 동일한 것으로 그려놓고 있다. 그러나 사람은 이성적 존재이며, 인간의 예술 경험은 이성적이며 합리적 경험인 것이다. 문학을 원시성의 한 형태로 보거나 원시적 의지에 기꺼운 것으로 보는 그 어떤 견해도 현대 독자나 예술가들에게는 공감을 주지 못할 것이다.

이제까지 우리 문학계의 신화·원형 비평의 수용은 각 나라의 신화나 민속의 형태가 서로 다른 특성을 지니고 있음에도 불구하고, 대부분 서구의 이론을 아무런 수정·보완 없이 도식적으로 적용한 결과를 보였다. 따라서 한국적 자료를 바탕으로 우리 문학 제반 현상에 적용되는 자체 이론의 정립이 이루어져야 한다. 또한 보다 앞서 우리의 잃어버린 신화 탐구와 원형의 발굴이 이루어져야 할 것이다.

■ 참고문헌

C. G. Jung, The *Archetypes and Collective Unconscious*. 2nd ed. Princeton, NY: Princeton University Press, 1968.
_____, *Modern Man in Search of a Soul*. New York: Harcourt, n.d.; first published in 1933.
_____, *Psyche and Symbol*, Garden City, NY: Doubleday, 1958.
_____, *Psychological Reflections*, New York: Harper, 1961.
_____, *The Structure and Dynamics of the Psyche*, 2nd ed. Princeton, NY: Princeton University Press, 1969.
_____, *Two Essays on Analytical Psychology*, 2nd ed. Princeton, NJ: Princeton University Press, 1966.
D. H. Lawrence, *Studies in Classic American Literature*, Now York: Viking, 1964.
Erich Fromm, *The Forgotten Language*, Now York: Holt Rinehart & Winston, Inc., 1951.
F. M. Cornford, *Origin If Attic Comedy*, London: Arnold, 1914.
Francis. Fergusson, *The Idea of Theater*, Princeton. NJ: Princeton University Press. 1949.
Fredric I. Carpenter, *Amerincan Literature and the Dream*, Now York: Philosophical Library, 1955.
James. Baird, Ishmael: *A Study of the Symbolic Mode in Primitivism*, New York: Harper, 1960.
James G. Frazer, *The Golden Bough*, Abridged ed. New York: Macmillan, 1922.
Jane. Harison, *Themis*. London: Cambridge University Press, 1912.
Joseph. Campbell, *The Masks of God: Primitive Mythology*, New York: Viking, 1959.
Leslie. Fiedler, *End to Innocence*, Boston: Beacon Press, 1955.
___, *Love and Death in the American Novel*. New York: Criterion. 1960.
___, *No! in Thunder*, Boston: Beacon Press, 1960.
Maud. Bdkin, *Archetypal Patterns in Poetry: Psychological Studies of Imagination*, New York:

Vintage, 1958.
Mircea. Eliade, *Myth and Reality*, New York: Harper, 1963.
Northrop, Frye, *Anatomy of Criticism*, Princeton, NJ: Princeton University Press, 1957.
_____, *The Stubborn Structure*, Ithaca, NY: Cornell University Press, 1970.
_____, *The Educated Imagination* Bloomington, Ind : Indiana Univ. Press, 1964.
_____, *Fables of Identity* New York: Harcourt, Brace & World, Inc., 1963.
Philip Wheelwright, *The Burning Fountain* Bloomington, Ind : Indians Univ. Press, 1954.
_____, *Metaphor and Reality* (Bloomington, Ind. : Indiana Univ. Press, 1962.
Susanne Langer, *Problems of Art* New York : Charles Scribner's Sons, 1957.
N. 프라이(임철규 역),『비평과 해부』, 한길사, 1982.
M. 엘리아데(정진홍 역),『우주와 역사』, 현대사상사, 1976.
_____(이은봉 역),『종교형태론』, 형설출사, 1979.
P. 휠라이트(김태옥 역),『은유와 실재』, 문학과 지성사, 1982.
W. L. 궤린(정재완 외 역),「신화원형 비평」,『문학의 이해와 비평』, 청록출판사, 1983.

VI. 문학 해석학 비평

1. 해석학 비평의 출발과 개념

문학 해석학(Hermeneutik, Hermeneutics, Herméneutique) 비평은 이해의 문제, 특히 텍스트 이해의 문제와 관련된 해석학 관점을 문학 연구에 수용한 비평 이론이다. 이 이론은 문학 작품을 보는 관점과 태도에 따라 다양하게 전개된다. 이러한 다양성은 일반적으로 작품 자체만을 대상으로 검토하는 내재적 비평과 작품과 작품을 둘러싼 외부 요소나 지식을 원용하는 외재적 비평 두 가지 측면으로 수렴되어진다. 따라서 문학 연구 방법에 있어서, 내재적 비평을 선택하느냐 외재적 비평을 선택하느냐에 따라 해석과 평가의 시각은 달라질 수밖에 없다. 문학 해석학 비평은 바로 이 두 가지 비평, 곧 문학 작품의 언어 의미의 이해와 의의의 판단에 관련된 문학 연구이다.

이와 같이 해석학이란 일반적으로 이해의 문제와 관련된 말이다. 그 용어는 그리스어의 동사 herméneuein(to interpret)와 명사 herméneia(interpretation)에서 유래하며, '진술하다', '설명하다', '번역하다' 등의 의미를 갖는다. 여기서 이해의 이론(Theorie des Verstehens)으로서의 해석학 개념이 출발한다. 해석학은 고대로부터 적합한 텍스트 주석의 규칙을 세우려는 이론으로 발전되어 오다가, 근대 이후로는 그 개념과 범위가 확대되어 성서 주해 이론, 일반적인 철학 방법론, 모든 언어적 이해의 학문, 정신 과학의 방법론적 정초, 실존과 실존적 이해의 현상학, 신화나 상징의 배후적 의미를 찾아내려는 해석 체계 등으로 규정되고 있다. 이러한 각각의 규정들은 단순한 역사적 차원을 넘어서서 성서적, 철학적, 학문적, 정신 과학적, 실존적, 문화적 차원에서의 중요성을 지적하거나 해석의 문제에 접근하고 있다.

해석학이 학문으로서 정립된 것은 17세기 중엽 이후지만, 일반적인 해석을 통하여 의미를 이해하려는 노력은 고대 희랍 시대에까지 거슬러 올라간다. 아리스토텔레스 논리학의 기본서인 『오르가논』(*Organon*)이나 플라톤의 후기 대화편 『에피노미스』(*Epinomis*)에서도 해석학과 관계되는 단어들이 사용되고 있으며, 이 시기에도 벌써 고대와 중세의 두 가지 대표적인 해석 경향인 합리적 해석과 신령적 해석의 대립 현상을 보이고 있다.

고대에서는 우선 문헌학과 신학의 분야에서 해석의 방법을 모색했다. 희랍인들은 인류 역사상 오랜 전통을 가진 호메로스(Homeros)의 서사시와 성서를 놓고 이에 대해 올바른 독서와 이해를 위한 가능한 방법을 추구하게 된 것이다. 호메로스의 작품은 당시 아테네나 알렉산드리아 인들에게도 이해하기 어려운 옛 언어로 씌어졌기 때문에 우선적으로 언어의 해독이나 이해가 가장 중요한 과제가 되었다. 이렇게 해서 생겨난 방법이 문법적(grammatisch)·수사적(rhetorisch) 해석이다. 이 방법은 작품에 나타난 원래의 문자적 의미를 그대로 파악하려는 것으로 논리적인 언어 연구와 단어의 의미 해석을 기초로 하고 있다.

그러나 이러한 직접적인 언어 문법만으로는 호메로스의 작품이 지니는 문학성을 해명할 수 없었다. 그리하여 새로운 의미를 발견하려는 알레고리

(Allegorese) 해석 방법론이 등장하게 된다. 알레고리 해석은 원래의 언어 의미를 넘어서서 변화된 새로운 의미를 찾으려는 방법론이다. 알레고리 해석 방법론은 특히 호메로스의 신화성을 풀어나가는 데 이바지하여, 스토아 학자들은 이 작품에 등장하는 여러 신들과 영웅들을 우주적·도덕적 힘의 의인화로 해석하게 되었다. 또한 알레고리적 해석 방법론은 문학 작품뿐만 아니라, 성서의 해석에도 적용되어 구약과 신학 해석의 지침이 되었다.

문법적·수사적 해석과 알레고리 해석은 해석학의 역사적 발전 과정을 지배하게 된 가장 중요한 두 가지 양극적 해석 방법론이다. 원래의 의미와 변화된 의미의 두 가지 가운데 어느 의미를 추구하느냐에 따라서 문헌과 작품의 본질적 이해가 달라지는 것이다. 특히 알레고리 해석은 신학 해석학 발전사에서 볼 때, 성서의 다원적 의미를 해명함으로써 성서가 지닌 종합적 의미를 파악하는 데 결정적인 역할을 했다. 그러나 중세 로마 카톨릭 교회의 독단적이고 교리적인 성서 해석은 성서 자체의 본질적 진리와 의미를 왜곡시키는 방향으로 나아갔다.

이에 루터(Martin Luther)는 르네상스와 인문주의 이후 성서 자체의 언어적 의미로 되돌아가는 해석 원칙을 강조함으로써 종교개혁을 일으키게 된다. 루터가 본문 비평적인 성서 이해를 위해 제시한 중요한 기준은 고대 수사학에서 이미 개발되었던 전체와 부분 간의 순환적 관계이다. 곧, 성서의 한 구절, 절, 장 등의 개별적 의미는 성서 전체에서부터 이해되며, 반대로 성서 전체의 본질은 개별적 의미의 종합에서 파악된다는 것이다. 루터의 성서 비판으로서의 언어적 의미 해석은 근세 이후의 문법적·역사적 텍스트 비판을 새롭게 정립하는 중요한 계기를 만들어 개신교 신학의 기초가 되었다. 그리고 루터가 강조한 개별성과 전체성의 상호 순환성이라는 해석의 법칙은 현대 문학 작품 해석의 중요한 기본 중심이 되었다.

17세기 이후 해석학은 신학을 중심으로 한 인문학 분야에서 텍스트의 해석 기준을 마련하기 위한 보조 학문으로 발전되어 왔다. 그리고 단순한 보조 기술적 방법론에서 정신적 대상 전반을 이해하려는 철학적 인식론의 문제로 획기적인 전환을 이루게 되었다. 이러한 발전에 공헌한 이론가는 독일 관념론과 낭만주의의 배경하에서 해석학을 이론적으로 정립한 슐라이어마허(Fr. D.E. Schleiermacher)이다. 신학자이며 종교 철학자인 그는 계몽주의 해석학에서부터 출발하면서 그때까지의 신학, 법학, 문헌학 등의 보조 분야로 역사적으로 계승되어온 해석학적 방법론을 '이해의 기술'(Kunst des Verstehens)로서의 '일반 해석학'으로 정립함으로써 이해의 개념을 철학적으로 일반화시키고 해석을 철학의 기본으로 보편화한 것이다.

슐라이어마허의 관념철학적 해석학은 그의 후계자인 철학자 딜타이(W. Dilthey)에게서 삶철학의 범위 내에서 보다 학문 이론적으로 완성된다. 그는 역사학파와 낭만주의 철학의 배경에서 역사 이성 비판, 곧 칸트의 순수 이성 비판에 대한 대립적 명제에 입각한 새로운 인식론적 기초를 세우려고 시도함으로써 자연 과학과 대조되는 정신 과학의 개념을 수립한다. 그리고 그는 이 정신 과학의 방법을 삶의 표현을 이해하는 것이라고 정의하고 체험을 이해의 바탕으로 삼는다. 딜타이의 이해의 기술은 후기에 와서 후설(Edmund Husserl)과 헤겔(G. W. F. Hegel)의 영향 아래 역사와 시대의 전체성과 집합성에 관심을 갖는 학문적 객관화의 방향으로 발전하게 된다.

슐라이어마허와 딜타이가 중심이 되어 학문적으로 정립한 해석학은 20세기로 들어오면서 보다 다양한 양상으로 발전한다. 특히 하이데거(M. Heidegger)는 딜타이의 정신과학적 해석학을 '현존재'의 시간성에서 존재론적으로 분석하여 학문의 기본으로 발전시킨다. 그리고 그의 제자인 가다머(H.G. Gadamer)는 『진리와 방법』(Wahrheit unt Methode, 1960)에서 하이데거의 현상학적·실존론적 해석에 기대면서 철학적 해석학을 정립한다. 그는 해석 과정을 '이해의 역사적 순환 과정'으로 설명한다. 이것의 개념은 문학과 예술의 이해에서 '해석학적 순환'을 구성하는 제2의 중요한 원이 된다. 해석학적 순환이란 논리적이거나 귀납적이 아닌 문학 작품 이해의 근본 방법을 말하는 것으로, 이것은 '문헌학적 원'과 '이해의 역사성의 원'으로 이루어진다.

그밖에 해석학 이론에 관심을 표명한 주요 이론가들로는, 해석의 규준을 마련하여 정신과학의 일반 방법론을 제시하려 한 이탈리아 법철학자 베티(E. Betti), 철학적 해석학의 이론을 실제의 문예 비평과 결합시킨 허쉬(E. D. Hirsch), 문학적 해석학과 언어와의 관계를 통해 해석학의 보편적 사상을 발전시킨 아펠(K. O. Apel)과 하버마스(J. Habermas), 후설의 현상학과 하이데거의 해석학을 통합하여 심리 분석과 구조주의까지 포괄하려고 한 리쾨르(P. Ricoeur) 등이 있다.

2. 현대 문학 해석학 비평의 흐름

문학 해석학의 이론은 1950년대부터 1960년대에 강력하게 부각된다. 이것은 철학이 언어의 사용과 의미의 문제에 관심을 집중시키고, 비평 문학이 문학 작품을 언어적 대상으로 보고 문학 작품의 언어적 의미들을 해석 또는 해명하는 데 중점을 둔 것과 관련을 갖는다. 이와 같이 발전해 온 문학 해석학은 대략 다음과 같은 두 방향의 흐름을 보인다.

그 하나는, 문학 텍스트나 인문학 텍스트의 올바른 이해는 텍스트가 표현하고 있는 '내적 생활'을 독자가 '재경험'하는 데 있다는 논의이다. 이 경향은 딜타이의 논의를 바탕으로 삼고 있으며, 최초의 사상가로는 하이데거를 꼽을 수 있다. 하이데거는 『존재와 시간』(Existence and Being, 1927)에서, 해석의 행위를 하나의 현상학적 실존 철학, 곧 현존재(Desein) 또는 '世界—內—存在'에 중점을 둔 철학에 통합시켜 놓고 있다. 가다머는 이러한 하이데거의 철학을 그의 텍스트 이론서인 『진리와 방법』(Wahrheit unt Methode, 1960)에 적용한다. 하이데거의 철학적 전제는 그 시간성과 역사성, 곧 과거를 돌아보면서 미래를 내다보는 인간의 현 위치는 개별 존재의 불가분의 부분이라는 것이다. 그리고 어떤 것을 이해한다는 것은 하나의 텍스트를 읽는 경우에만이 아니라 모든 개인적 경험에 있어서도 해석 행위를 포함한다는 것이다. 나아가 언어는 시간성과 마찬가지로 그런 경험의 모든 국면들 속에 침투해 있다는 것 등이다.

가다머는 이러한 철학적 전제 조건들을 문학 텍스트를 이해하는 데 적용시키면서 전통적인 해석학적 순환을 '대화와 융합'(dialogue and fusion)이라는 메타포로 바꿔 놓는다. 가다머에 따르면, 해석자 혹은 독자는 텍스트의 의미를 이해함에 있어서 자연스럽게 순간적이고 개인적인 지평들에 의해 구성된 선이해(先理解, pre-understanding)에 의존하게 된다. 그러나 독자는 자신이 주체(subject)가 되어 자율적인 객체인 텍스트를 분석하거나 해부해서는 안 된다. 대신 독자는 하나의 '나'로서 하나의 '너'인 텍스트에게 말을 걸고 질문을 던지고, 텍스트 내용이 지니고 있는 공통적인 언어 유산을 활용하면서 문답식 대화를 하면서 이해하여야 한다. 텍스트의 의미를 이해한다는 것은 독자가 텍스트에 제시하고 또한 텍스트가 독자에게 제시하는 '지평들의 융합'으로 산출된 하나의 결과이기 때문이다. 이러한 가다머의 문학 해석학의 이론은 의미의 역사적·개인적 상대성에 바탕을 두고 있다고 파악할 수 있다.

그런데 가다머는 그의 해석학의 논의가 올바른 해석을 위한 규범을 확립하려는 것이 아니라, 독자들이 텍스트를 이해함에 있어서 실제로 어느 정도의 성공을 거두느냐 하는 것을 기술하려는 시도일 뿐이라고 말한다. 그러나 그의 이론은 곧 비판을 면치 못한다. 텍스트의 결정적이고 확정적인 의미를 탐구하는 작업은 사람을 미혹시킬 뿐이라는 실제적인 결과를 가져왔기 때문이다. 본질적으로 텍스트의 의미란 개별적 독자의 순간적이고 개인적인 특정 지평에 의해서 언제나 상호 결정되기 때문에, 유일하고 올바른 해석이란 존재할 수 없는 것이다. 곧, 텍스트의 의미라는 것은 항상 '지금' '여기에' 있는 의미일 뿐이다. 이러한 가다머의 논의에 대해서 허쉬(E.D. Hirsch)는, 현재에 처해 있는 독자는 작가의 언어적·문학적·문화적 제 조건을 재구성함으로써 과거에 씌어진 텍스트가 지니고 있는 불변하는 언어적 의미를 확정할 수 있다고 주장한다.

전통적 비평가들은, 하나의 텍스트를 바르게 해석한다는 것은 작가가 의도한 의미에 최대한 가까이 접근하는 것이라는 것을 기본으로 받아드리고 있다. 신비평가들 역시 텍스트의 의미는 작가가 의도한 의미라고 생각했다. 신비평가들이 '의도적 오류'(intentional fallacy)라고 불렀던 것도 텍스트를 해석하는데 텍스트 자체의 언어 내에서 의도의 '내적' 실현에 대해서 말한 것이다. 즉, '외적'인 작가의 의도에 관련된 어떤 단서들을 사용할 때 추상되는 오류를 지적한 것에 불과한 것이다. 그러나, 이러한 전통적인 작자 지향적 의미 이론은 독자 지향적 의미 이론으로부터 공격을 받게 된다. 독자 지향적 의미 이론은 작가의 의도와 관련되는 제약으로부터 텍스트를 독립시키고, 의미의 결정이나 올바른 해석의 가능성을 개별 독자가 연출하는 특정의 생산적 또는 창조적 논의를 전개하였던 것이다.

문학 해석학의 또 다른 경향의 전개는, 작가에 의해 표현된 의미는 객관적으로 해석될 수 있다는 딜타이의 이론으로부터 출발한다. 대표적 이론가인 베티(Emilio Betti)와 허쉬(E. D. Hirsch)는, 의미라는 것은 작가가 의도한 언어적 의미라고 규정하고, 텍스트는 작가가 의미했던 바를 의미한다는 것을 중점 논의로 삼는다. 이러한 언어적 의미는 경우에 따라서는 애매하거나 다의성을 지닌다 하더라도 원칙적으로 결정적이며 시간의 경과에 상관없이 고정된 채로 있는 것이다. 때문에 그들은 개개의 독자에 의해 원칙적으로 다시 재생될 수 있다는 것을 증명하려고 한다.

작가의 언어적 의도는 창작 당시의 작가 정신의 총체적 상태가 아니고, 다만 언어 관습과 규범들을 사용함으로써 단어들로 표현된 양상일 뿐이다. 따라서 그것은 동일한 관습과 규범들을 자신의 해석 실제에 적용할 줄 아는 독자들에 의해 공유될 수도 있다. 가령, 어떤 텍스트가 작가의 의도와는 무관하게 읽혀진다면 그것은 비결정적인 것으로, 즉 무한히 다양한 의미로 해석될 수 있는 상태로 남아 있게 될 것이다. 그리고 독자는 인정된 묵시적 논리를 사용함으로써 결정적인 해석에 도달할 수 있다. 이러한 논리는 언어의 일반적 규범들에 의거해서 뿐만 아니라, 텍스트 내적·외적이든 간에 작가의 시야 또는 지평에 관련된 국면들과 연관을 맺은 모든 근거들에 의거해서 작가의 의도를 확정하는 데 기여할 것이다. 여기서 텍스트 외적 요소들로는 작가의 문화적 환경, 개인적 선입견, 작품을 쓰는 데 이용할 수 있는 문학적·일반적 관습들이 포함된다.

허쉬는 딜타이의 '해석학적 순환'의 개념을 다음과 같이 재정리한다. 허쉬에 따르면, 유능한 독자는 텍스트의 전체 또는 부분의 의미에 대한 수정 가능한 하나의 가설을 세운다. 그리고 이 가설은 텍스트와의 계속적인 대조를 통하여 확정되거나 파기될 수도 있다. 만약 파기된다면, 텍스트의 모든 구성 요소들에 보다 더 일치하는 대체적인 가설로 그것을 바꿀 수도 있다. 그런데 한 텍스트의 구성 요소들의 의미 해석들은 그 해석에 적용한 가설들에 의해 어느 정도 구성되기 때문에, 이러한 절차로는 결코 텍스트의 정확한 의미에까지는 도달할 수 없다. 따라서 독자가 할 수 있는 최선의 작업은 가장 개연성 있는 텍스트의 의미에 도달하는 것이다. 최고도의 개연성 논리는 여타의 유능한 독자들에 의해 확정될 수 있고, 작품 전체와 구성 부분의 결정적이며 확고한 의미인 객관적인 지식을 산출하기에 적절한 것이다.

또한 허쉬는 언어적 의미(meaning)와 의의(significance)를 구별하고 있다는 점에서 전통적 해석학을 따르고 있다고 파악된다. 허쉬는, 텍스트의 의의는 언어적 의미와 다른 문제와의 관계, 곧 개별 독자의 개인적 상황이나 신념 및 반응, 그 시대의 지배적인 문화적 환경, 특수한 일련의 개념이나 가치 기준 등과의 관계라고 말한다. 그리고 텍스트의 언어적 의미는 결정적이고 불변하는 것이나 텍스트의 의의는 불확정적이고 항시 변하는 것이라고 한다. 따라서 언어적 의미는 해석학의 특정한 관심사이며, 반면 텍스트의 의의는 비평 문학의 방법론의 특별한 관심사가 되고 있다.

3. 문학 해석학 비평의 이론가와 이론

(1) 슐라이어마허 — 언어적·관념론적 해석학

해석학의 관심은 언어에 대한 이해와 이해된 언어를 통한 세계 이해에 집중된다. 분석과 종합이라는 해석학적 순환론에 따라서 언어가 내포하고 있는 의미를 밝혀내고 언어가 지시하는 대상과 은유·비유·환유를 통하여 드러나는 언어의 숨겨진 의미를 찾아내기 위해서는 올바른 해석의 기술을 확보하는 것이 선행되어야 한다.

해석학에서 언어를 중시하는 이유는 우선, 해석자가 주어진 텍스트를 바르게 이해하기 위하여 텍스트를 구성하고 있는 단어나 문장의 직설적인 의미와 숨겨진 의미들을 찾아내는 단초를 언어가 제공하고 있기 때문이다. 다음으로, 정확한 언어 이해를 바탕으로 해석자는 저자보다 더 잘 저서를 이해하면서 새로운 사유의 가능성을 모색할 필요성을 갖기 때문이다. 이해된 언어는 해석자들이 각자의 의견을 교환하면서 언어에 대한 보편적인 이해를 만들고, 그 만들어진 이해를 바탕으로 자신의 의견을 수정 보완하며, 나아가 성취하고자 하는 목표에 도달할 수 있게 해준다. 이러한 과정은 언어가 지향하는 담론을 통한 인간과 세계에 대한 이해의 과정이라고 할 수 있다.

학문적 개념으로서의 본격적인 해석학은 슐라이어마허(Fr. D. E. Schleiermacher)의 언어적·관념론적 해석학의 출발부터라고 할 수 있다. 그의 해석학은 '이야기되거나 씌어진 어떤 진술이 실제 어떻게 이해되는가' 라는 일반적인 질문에서 시작되며 '이해의 기술'(Kunst des Verstehens)로 정립된다. 슐라이어마허에 따르면, 언어는 언어를 통하여 전달되어지는 사상과 긴밀한 관계를 맺는다. 인간은 언어를 매개로 하여 자기의 사상을 나타내고, 사상을 통하여 언어는 생명력을 갖게 된다. 이렇게 볼 때, 인간은 자신이 사용하는 언어의 의미와 내용에 따라서 규정되고, 사용하는 언어에 대한 이해의 내용만큼 자기와 세계에 대한 이해의 폭과 깊이를 갖는다고 할 수 있다. 이러한 언어는 말과 글로써 표현된다. 그리고 인간의 인격과 사상은 말과 글을 통하여 드러난다. 슐라이어마허는 말과 글을 바르게 이해하여 의미들을 정확하게 해석하는 방법을 정립하려고 했다. 이를 위하여 그는 텍스트가 전하려는 다양한 의미를 이해하고 해석하는 해석의 방법 내지는 해석의 기술로서의 현대 해석학을 정립하게 된다.

슐라이어마허 이래 정립된 현대 해석학은 의식의 주체와 의식의 대상이라는 이분법에 기초한 인식론의 한계를 극복할 수 있는 대안을 제시한다. 그리고 인식의 대상과 인식 주체가 맺는 의식적 관계를 인식 주체와 인식 대상의 인격적이고 환경적인 관계로 확장시키면서 방법적 언어 이해를 통하여 인식 주체와 대상의 분리를 극복한다. 나아가 인간이 살아가는 환경에 대한 이해로 환원시켜 관계 속에서 정립되는 인간의 자기 이해와 행위 규범을 모색한다. 이런 의미에서 슐라이어마허가 제시한 이해의 방법론은 단순히 텍스트를 해석하는 이론적 작업에 그치지 않고, 텍스트와 컨텍스트의 해석을 통하여 인간의 자기 이해와 세계 이해를 시도하고, 이해된 자기와 세계의 관계를 새롭게 정립하려는 실천적 철학이라고 할 수 있다.

이를 위해서 슐라이어마허는 언어 이해의 중요성을 강조하면서 해석학에서 언어의 의미와 역할 그리고 언어와 사유의 변증법적 관계를 해명한다. 그리고 이를 바탕으로 현대 해석학이 추구하는 텍스트 이해의 다양한 가능성을 모색한다. 해석의 가능성들은 그가 제시한 언어 이해의 두 가지 방법인 문법적 이해와 심리적 이해를 분석함으로써 찾을 수 있다. 그리고 이 두 가지 해석의 방법은 변증법적인 상호 순환 작용을 통하여 해석의 영역을 넓혀가며, 동시에 올바른 해석에 도달할 수 있는 해석학적 순환론으로 연결되면서 해석학의 방법론으로 정립된다.

다시 말하여, 해석학이라는 것은 언어이든 문자이든 간에 타인의 말을 올바르게 이해하기 위한 기술이며, 이를 위해서는 심리적 또는 기술적 이해와 문법적 이해가 함께 필요하다는 것이다. 이해한다는 상황은 어떤 담화적인 관계로서, 이 모든 관계에는 의미를 표현하기 위하여 구문을 구축하는 화자와 청자 혹은 저자와 독자의 관계가 형성된다. 심리적 혹은 기술적 이해와 문법적 이해의 해석 양식은 담화가 지닌 언어적 측면과 작가의 주관적 측면을 함께 조명하는 것으로 이해의 과정에서 분리할 수 없다. 따라서 슐라이어마허에 의하면 해석의 과정은 주어진 말을 객관적, 주관적으로 재구성하는 작업이라 할 수 있다.

이와 같이 문학 해석은 문법적 해석과 심리적 해석이 상호 작용하면서 이루어진다. 언어의 전체성과 관련되는 해석이 문법적 해석이고, 작가의 종합적 사고와 관계되는 해석은 심리적 해석이다. 그런데 문법적 해석과 심리적 해석은 다 함께 해석학적 순환 원리에 의해 재구된다. 이 원리는 개체의 어휘 의미를 구문 전체와의 관련 속에서 이해하며, 반대로 전체로서의 구문의 의미는 개체의 어휘 의미에 의거하여 이해하는 것이다. 나아가 개체의 개념은 그것이 위치한 상황 맥락(context)이나 지평(horizon)으로부터 의미를 끌어내며, 전체와 부분 간의 변증법적 상호 작용에 의해 각기 다른 의미를 부여한다. 이러한 방법을 소위 순환적 이해라고 한다. 또한 개체와 전체의 상호 순환 속에서 의미가 설정되기 때문에 이를 해석학적 순환(hermeneutical circle)이라고 한다.

슐라이어마허는 저자의 내면 세계의 정신 행위를 포착할 수 있는 '신령적' 혹은 '예감적'의 개념을 도입한다. 그에 의하면, 해석학적 순환은 모든 이해 행위에 작용한다. 해석학적 순환이 부분과 전체를 포괄하는 것처럼 하나의 통합체로서의 문법적 해석과 심리적 해석은 특수한 것과 일반적인 것을 모두 포괄한다. 나아가 그는 해석학적 순환의 모델을 이원적으로 확대시킨다. 곧, 한 면은 텍스트 이해에 있어 문헌적 속성에 연관되는 '객관적 변수'(Variante)이고, 다른 한 면은 작가의 '정신의 삶'을 해명하는 '주관적 변수'이다. 객관적 변수의 경우에는 개체와 전체의 상관 관계가 단어와 문장, 문장과 단원, 단원과 한 작품, 한 작품과 전체 문학 작품, 전체 문학 작품과 전체 문학 세계 등으로 확대된다. 주관적 변수에서의 부분이란 작가의 창조적 순간의 구현으로서의 동작, 말언, 문체, 작품 양식 등이다. 따라서 전체는 내면의 '정신의 삶'의 총체성이다. 다시 말하여 전체로서의 '정신적 삶'이 개체를 규정하고 각 부분은 전체의 이해를 전제하는 상호 순환의 법칙이 성립되는 것이다.

(2) 딜타이 ― 생철학적·정신과학적 해석학

딜타이(W. Dilthey)는 생(生)철학(Lebensphilosophie)을 바탕으로 해석학을 문자로 기록된 생의 표현을 이해하는 기술론으로 정의한다. 그는 삶의 철학을 기초로 하여 정신 과학의 철학적 근거를 정립하고자 한 것이다. 딜타이의 소위 생철학적, 정신 과학적 해석학이란 슐라이어마허의 관념론에서 생철학으로의 이행이라고 할 수 있다. 그리하여 그는 슐라이어마허의 이원화된 해석학적 순환 이론 가운데 주로 '주관적 변수'의 측면을 수용 변화시켜 이론화한다.

딜타이의 이해 개념은 자신의 체험으로 '전이'시키는 심리적 '치환'을 중심으로 삼는데, 그는 이 행위를 특수성과 일반성의 순환 관계로 논의한다. 일반성의 이해는 특수성을 전제하며, 반대로 특수성이란 일반성의 근거에서 이해되기 때문이다. 이러한 딜타이의 순환성은 역사적 세계의 이해에도 확대, 적용되어 역사적 개성체, 곧 민족·시기·문화 등의 정신을 파악하는 데에도 치환의 방법을 동일하게 적용시키고 있다. 슐라이어마허의 전체와 부분의 상호 이해에서 부분을 살아 있는 개체로서의 개성이나 특수성으로, 전체를 여러 상이한 단계의 일반성으로 대체시키는 딜타이의 순환성은 자연 과학과 구분되는 정신 과학의 구조를 설명하는 기준이 된다. 딜타이에 있어서 중요한 문제는 정신 과학과 학문 분야를 규정하는 일보다 자연 과학과 정신 과학의 방법론적 차이를 규명하는 일이다.

이러한 딜타이의 이론적 목적은 내면적 삶의 표현을 객관적으로 타당하게 해석하는 방법을 개발하자는 데 있다. 그의 저서 『정신 과학 서설』(*Einleitung in die Geisteswissenschaften*, 1883)에 따르면, 정신이란 본질적으로 어떤 직관적인 것, 본능적인 것으로서 생과 마찬가지로 하나의 근원 현상에 속한다. 자연 과학은 관찰·실험·계산 등의 합리적 사고에 의해 대상을 분석하지만, 정신 과학은 이해와 체험을 바탕으로 대상을 분석한다. 이해와 체험의 기본 대상이 되는 것은 생의 이해 및 세계 이해이며, 이것이 정신 과학 연구의 학문적 원칙이 된다. 따라서 설명이 자연 과학에 대한 핵심이라면, 내적인 것과 외적인 것을 결합시키는 현상에 접근하는 것이 바로 이해이다. 곧, 자연 과학은 자연을 설명하고 정신 과학은 생의 표현을 이해하는 것이다. 그리고 이해는 개별적 실체를 파악할 수 있지만, 자연 과학은 항상 개별적 실체를 일반적인 유형에 이르는 수단으로 본다.

본질상 특수한 것에 가치를 두는 예술의 경우, 당연히 그 개별성의 현상을 이해하는 데 관심을 갖는다. 따라서 딜타이는 자연 과학의 단순히 분류된 객관성을 초월하여, 정신 과학은 인간 경험의 충만한 삶으로 돌아가게 될 이해의 방법론을 공식화하려고 해야 한다고 주장한다.[1] 그에 있어서 생이란 기대와 회상, 희망과 경험, 다시 말해서 미래—현재—과거가 동일한 차원에서 나타나는 구조 연관으로 파악되는 것이다. 그는 "개인적 생의 계기란 전체와의 관련성, 곧 과거와 미래, 개별적 존재와 인류라는 관계에 의해 의미를 지닌다."[2]고 말한다. 이는 생의 구조적 관련성을 전체와 부분이라는 해석학적 순환의 양상으로서 설명함으로써 개인적 생의 관련성에서부터 역사적 관련성의 개념으로 나아간 것이다.

딜타이는 인간이란 역사적 존재임을 강조하고, 인간을 이해하는 문제는 정적인 자연 과학의 범주에는 영향을 받지 않는 역사성의 의식을 회복하는 문제라고 말한다. 이러한 그의 역사성 의식은, 슐라이어마허의 해석학적 순환 원리에 의미의 역사성을 보완하는 데 공헌한다. 전체의 의미는 부분의 기능과 의미를 결정하는데, 의미는 역사적인 것이다. 그것은 역사 '안'이나 역사 '밖'의 어떤 것이 아니라 역사적으로 결정된 일종의 해석학적 순환이다. 해석은 항상 해석자가 존재하고 있는 시공간의 상황에서 일어나기 때문에 의미 또한 이것에 따라 결정된다. 그러므로 해석의 의미가 다양하게 나타날지는 모르지만, 그것은 항상 일종의 결합력과 관련성 또는 구속력이 있으며 상황의 맥락 속에 존재하게 된다. 다시 말하여, 의미는 이러한 상호 작용의 다양한 관련성에 주어지는 것이다. 모든 이해는 이러한 전제를 바탕으로 하기 때문에 주어진 상황 맥락과 지평 속에서 이루어진다.

결국 해석자가 방법론적으로 규명해야 할 것은, 자신을 대상에서 완전히 빠뜨리는 것이 아니라 텍스트와 자기 자신의 지평과의 실행 가능한 상호 작용의 방법을 찾는 일이다. 딜타이 논의의 특징은, 바로 정신 과학에서 해석

---

1) Richard E. Palmer, *Hermeneutics*, Northwestern Univ. Press, 1969, p.105 참조.
2) Dilthey, *Gesammelte Schriften* Ⅶ, Stuttgart, 고위공, 『해석학과 문예학』, 서린문화사, 1983, p.50 재인용.

의 상황 맥락 속에 해석학적 지평을 설정함으로써 해석학을 확장시킨 것이다. 딜타이는 슐라이어마허의 심리주의에서 논의를 전개했으나 점진적으로 '살아 있는 체험'(lived experience)에 표현의 초점을 맞추었다. 그리하여 그는 해석학을 정신 과학의 기초 학문으로 정립시키기 위해 두 가지의 기본적 목표를 설정하게 된다. 그 하나는, 고정적이고 영구적인 상태를 지닌 대상에 해석 문제의 초점을 맞춤으로써 객관적으로 타당한 지식의 가능성을 설정하는 것이다. 다른 하나는, 그 대상이 정신과학적 이해의 방법보다는 역사적 이해의 방법을 요구하고 있음을 발견하는 것이다. 그것은 모든 역사성과 시간성 위에서 삶 자체의 관련을 통해서만 이해될 수 있기 때문이다. 나아가 딜타이는 생의 표현에 있어서 의미의 보다 깊은 통찰까지도 역사적 이해를 통해서만 도달할 수 있다는 점을 간파하기도 했다.

슐라이어마허와 딜타이의 해석학적 순환은 이해의 대상으로서의 작가와 작품을 순환적으로 파악하려는 방법이다. 그리하여 그들은 19세기 이후의 문헌학적 해석 규율의 완성된 표현으로서의 '문헌학적 원'의 초석을 마련한다. 그리하여 그들은, 이 전체와 부분의 순환 동작은 그 진행 과정에서 끊임없이 확대되므로, 이해의 다양성 혹은 무한성이 발생하고 결과적으로 보다 더 좋은 이해라는 해석학의 최고의 경지에 이른다고 주장한다.

딜타이는 후기로 접어들면서 역설적이게도 후설(Husserl)의 반심리주의의 영향과 함께 객관적 정신이라는 이상주의적 헤겔(Hegel)의 유산을 받아들이고 있음을 본다. 딜타이의 정신 생활 구조성의 개념은 후설(Husserl)의 의식의 '지향성'(Intentionalität) 이론과 합치한다고도 볼 수 있다. 왜냐하면 그의 개념이 심리적 상황뿐만 아니라 의식의 본질을 현상학적으로 서술하고 있기 때문이다. 모든 의식은 무엇에 관한 의식이며 모든 행위는 무엇을 향한 행위이다. 후설에 따르면, 이와 같은 '지향성'의 근거 혹은 '지향적'의 대상이란 실재적 심리 사항이 아니라 이상적 통일성 그 자체로서 의미되어진 것이다. 그리하여 후설은 이상적, 통일적 의미의 개념을 논리적 심리주의의 편견에 맞서 정당화한다. 바로 이 점이 딜타이에게 중요한 영향을 미쳤는데, 그 이유는 딜타이의 이론은 후설의 분석에 의해 구조와 인과 관련성의 차이를 서술할 수 있었기 때문이다.

또한 딜타이는 후기로 접어들면서 헤겔(Hegel)의 사상에 기대어 초기의 생보다는 정신에 더욱 관심을 갖게 된다. 주로 헤겔의 초기 신학 저술이 딜타이에게 영향을 끼치고 있는데, 그 저술에는 정신의 개념과 기초가 되는 것은 영적 생의 개념이라고 강조되어 있다. 그러나 딜타이는 객관적 정신의 예술과 철학 등으로의 확대 문제에 관심을 집중했다. 그는 이와 같은 분야에서 직접적인 진리가 아니라 생의 표현 형식을 발견했기 때문이다. 헤겔이 철학적인 개념에서 정신의 귀향을 완성시키고 있다면, 딜타이에게 있어서는 철학적인 개념이란 인식의 의미가 아니라 표현의 의미를 지닌다.

이와 같이 딜타이는 정신사적 관점에서 특정한 세계관의 법칙성을 문화철학적, 역사적 유형론으로 설명하려고 시도했다. 이러한 그의 노력은 20세기 초반의 실증주의와 역사주의와의 비판적 논쟁을 거치면서 후세의 정신과학의 인식 방향과 방법론적 사고에 절대적인 영향을 미친다. 특히 문예학에 있어서의 딜타이 이론의 수용은 1920년대 독일의 정신사적 관찰 방법에 직접 연결된다.

(3) 하이데거 ─ 현상학적·존재론적 해석학

리쾨르(Rickert)와 후설(Husserl)의 제자로 일찍부터 아리스토텔레스적인 존재(Sein)의 문제에 관심을 가져 왔던 하이데거(Heidegger)는 인간의 근본 존재 방식을 이해에다 설정하고 이해 자체를 해명하려는 작업을 시도한다. 그의 해석학은 슐라이어마허와 딜타이가 제시한 이해의 방법으로서의 해석학을 극복하며 이해를 존재의 존재 방식으로 변형시켜 현상학적 해석학 내지는 존재론을 정립한다.

해석학에 가장 큰 전환을 마련해 준 현상학적 연구는 딜타이의 인식론적 문제성을 해결하는 데 커다란 영향을 끼쳤다. 특히 후설의 현상학에 있어서의 '지향성' 연구는 하이데거의 해석학을 낳게 한 원동력이라고 할 수 있다. 이 '지향성'의 개념이란 일반적 의식의 주체성이든 개별적 행위이든 모든 의식이란 '무엇에 관한 의식'이며, 따라서 모든 행위는 구체적 사실인 '노에시스'(Noesis)와 지향적, 이상적 동기인 '노에마'(Noema)로 구성된다는 사고이다. '노에마'란 의미와 의의를 포함하는 것으로서 해석학과 상관성을 말해 준다. 이와 같은 전제에 의하면, 모든 '지향적' 경험이란 그 무엇에 관한 '통각'(Apperzeption)이며 '무엇을 무엇으로 통각하는 일'이다. 이것이 바로 현대 해석학 발전의 동기가 되어 '존재란 항상 그 무엇으로서의 존재'('sein' heißt immer 'sein als etwas')임을 규정하게 하고, '그 무엇을 무엇으로 이해하는 일'(Verstehen von etwas als etwas)으로서의 이해의 개념이 정립된다.

후설의 이론에서 하이데거에게 특히 영향을 끼친 부분은 시간 의식의 구성에 관한 연구이다. 이것은 연속적 체험의 존재 방식을 파악하고 주관성의 문제를 '지향적' 상관 관계의 연구로 끌어들이려는 필요성에서 나온 것이다. 여기서 중요한 것은 시간 의식의 통일성 구성 문제이다. 현상학과 존재론을 결합시키는 하이데거의 해석학은 "모든 존재론적 연구 가능성의 조건을 완성시키는 일"[3]이며, '현존재'의 현상학이란 존재론적 기획의 구성과 통일성에 대한 선험론이기 때문에 '기초 존재론'이 된다. 따라서 하이데거가 긍정적으로 받아들이고 있는 이해의 선구조로서의 선입관의 개념은 가다머의 이해 개념의 기본 조건이 되고 있다.

하이데거는 『존재와 시간』(*Sein und Zeit*, 1927)에서 시간의 문제를 철학의 중심점에 두고, 이러한 철학 방식을 '해석학적' 현상학이라고 하였다. 그는

---

3) Heidegger, *Sein und Zeit*, Ⅱ. unveränderte Aufl. Tübingen 1967. S. 37.

이에 앞서 1923년 여름 학기 강의에서, 철학을 해석학으로 파악하고 철학에서 삶을 규정지으려 시도하였다. 그래서 그는 강의 제목과 부제를 <존재론—현사실성(Faktizität)의 해석학>이라고 하였다. 하이데거에 있어서 해석학이란 존재가 스스로를 드러내어 현존하게 되는 탈은폐(脫隱蔽)의 신비적인 과정이다. 해석자가 자기의 척도를 가지고 대상을 해석하는 것이 아니라, 존재 스스로에게 들어 있는 해석의 방법을 좇아 존재 속으로 이해를 통해 들어가는 존재와의 공유적 행위를 말한다. 하이데거의 해석학적 핵심은 두 가지로 정리되는데, 그 하나는 해석 행위가 곧 탈은폐의 과정이라는 것이고, 다른 하나는 그 결과로 존재가 스스로를 열어 보여 세계 안에 현존케 된다는 것이다.

그에 따르면, 시인이 시적 소재를 가지고 시 창작 행위를 하는 것이 곧 일차적인 해석 행위이다. 따라서 해석 행위를 하기 이전의 소재 자체는 은폐된 존재일 수 있어도 진정한 존재는 아니다. 그것은 존재론에서 현전사물(現前事物) 또는 현전적인 것이다. 현전적이었던 소재와 사물들을 시적 언어로 탈은폐시켜 빛나는 존재의 본성으로 드러내는 근원적이고 본질적인 행위가 바로 시를 창작하는 작업이라고 하이데거는 규정한 것이다. 일반적으로, 시는 인간의 정신적 소산이면서 동시에 정신적 오락품이라고들 생각해 왔다. 그러나 존재론적인 관점에서 보면, 시는 인간의 현존재를 확립하는 데 있어서 가장 본질적인 기능으로 인정된다. 이러한 관점은 모든 인간은 근본적으로 시인이며, 따라서 시인을 어느 특정한 전문인으로 생각하지 않는다. 인간 존재는 자기에게 다가오는 상황의 매순간들을 해석 행위를 하며 존재한다는 것이다. 그런 해석 행위를 하는 한 모든 인류는 시인인 것이다. 다만 이것을 기록하지 않을 따름이다.

그런 의미에서 하이데거는, 모든 근원적인 사유는 본질적으로 시를 창작하는 것과 같기 때문에, 모든 위대한 사유자는 결코 완벽하게 표현하지 못하는 채로 남아있고 단편적인 사상만 말할 뿐이라고 주장한다. 따라서 시는 본래 고의적으로 계획된 것이 아니라, 인간 존재의 필연적인 필수품이라고 언급한다. 그래서 시에 대한 연구와 비평은 당연히 존재론적이어야 한다는 결론이다. 또한 존재론적이라 하는 것은 언어의 해석 행위를 통해서 현전성으로부터 존재를 밝히는 것을 말하므로 당연히 해석학적이 된다.

이와 같이 하이데거의 해석학적 과정은, 그 본질상 이미 텍스트에 형성되어 있는 것에 국한된 과학적 해석과는 무관하다. 그것은 아직 드러나 있지 않은 의미를 해명해 내는 근원적인 사유의 과정을 말하는 것이다. 이것이 곧 인간 존재의 현현의 사유이고, 곧바로 시 창작이고 비평이다. 다만 시 창작은 1차 해석이고, 비평은 2차 해석인 것이다. 하이데거의 시 비평은 시인과의 사색적인 대화였고, 그 과제는 시의 기초가 되는 존재의 거처를 찾아내는 일이다. 존재의 거처는 존재의 본성이 놓여 있는 곳이므로, 그것은 당연히 시적 언어가 투사되는 존재의 드러난 현장일 수밖에 없다. 때문에 시는 본질적으로 존재론적 자율성을 갖는다. 이러한 존재론적 비평은 궁극적으로는 텍스트 자체를 넘어서 텍스트가 다루고 있는 문제를 새롭게 제기하는 탈은폐의 비평이 된다. 그러한 비평은 제2의 창작이며 매우 생동감 넘치는 문학적 활동에 해당한다.

그리고 참된 존재론적 해석은 무언중에 말해진 숨은 의미들을 보여줄 수 있다. 이 목적을 달성하기 위해서 해석자는 과학적 해석에 의해서는 더 이상 찾아질 수 없는 본질적인 것을 탐색해야 한다. 그 이유는, 과학적 해석은 과학의 한계를 넘어서는 것은 무엇이든지 비과학적인 것으로 취급하기 때문에 본질적인 것을 파악해 낼 수 없기 때문이다. 독자는 시인의 말에 귀 기울이기 위해서 시인과 공통적인 대화를 해야 한다. 시인과의 대화는 시인의 표면적 의미에 동조함으로서가 아니라 표면에는 결코 드러나지 않는 숨은 의미를 이해함으로써 공감대를 형성해야 한다. 이것은 시인이 생동하는 원천적 힘으로 세계와 존재를 열어놓은 신비로움에 함께 하는 것이다.

해석학적 존재론의 문학 비평 방법론은 세계와 존재가 탈은폐되는 시인의 사유에 있어서의 위상을 탐색하고 공감함으로써 2차적 해석 행위를 펼치는 것이다. 곧, 시어와 시구의 말해진 의미와 아직 말해지지 않은 언어의 배후를 연결시키는 작업이다. 이는 논리적인, 말해진 바 의미에 대한 거리를 둔 해석이 아니라 직접 시의 위상에 친밀하게 접근하여 점진적으로 공감대를 형성해 가는 이해론적 해석 행위인 것이다. 이러한 반복을 계속하다 보면 해석의 기능은 시의 행이 말하고 있는 바를 더욱 잘 말할 수 있게 되는 경지가 아니라, 시의 행 자체가 스스로 말하도록 하는 어떤 보조적 역할을 비평가는 하게 된다고 이해할 수 있다.

결론적으로, 하이데거의 존재론적 측면에서의 해석학적 문학 비평이란, 작품의 내부를 출발점으로 하여 과정을 탐색하고 그 결과 총체적인 가치에 동참하는 이해와 공감의 해석 행위가 되어야 한다는 것이다. 하이데거에 있어서 이해는 존재의 구성 요소이고 존재 그 자체의 구조에 해당한다. 나아가, 이해는 세계를 볼 수 있고 생각할 수 있는 초석이기 때문에 하이데거의 존재론적 해석학의 궁극적인 것이라 할 수 있다. 그런데, 이해는 세계 속의 실재가 아니기 때문에 주관과 객관의 존재론적인 갈등의 뿌리로부터 해소시켜 주는 토대가 된다. 또한, 이해는 존재론적으로 근원적이고 모든 실존 행위에 선행하는 존재의 조건으로서 이해되는 것이기 때문에 더욱 궁극적인 이해라고 할 수 있다.

(4) 가다머 — 철학적 해석학

딜타이를 중심으로 학문적인 해석학이 정립되자 20세기로 접어들면서 보다 다양한 양상의 논의가 전개된다. 하이데거(M. Heidegger)의 제자인 가다머(H.G. Gadamer)는 그의 저서 『진리와 방법』(Wahrheit und Methode, 1960)에서,

하이데거의 현상학적 실존적 해석에 기대면서 그의 철학적 해석학을 정립한다. 『진리와 방법』이라는 가다머의 저서 제목은 철학과 자연 과학이라는 말로 대체될 수 있다. 이와 같이 대체할 수 있는 이유는, 진리라는 것은 철학적 사고에서만 발견되고 자연 과학에는 진리가 존재하지 않는다는 것이 아니고, 방법론적으로 연구하는 학문에 의해서는 인간에게 유용한 것을 만들어내는 데 한계가 있음을 뜻한다. 따라서 가다머는 철학 비판적 성찰과 학문적 사고 사이에 존재하는 긴장 관계를 의식시키려 한다. 학문적 기초가 있다고 해서 비판적 이성의 면에서 볼 때 모두 정당한 것은 아니기 때문이다.

가다머는 그의 철학적 해석학을 정립함에 있어서 우선 전통적 해석학의 비판적 고찰에서부터 출발한다. 특히 그는 해석학의 학문적 정립을 이룩한 슐라이어마허와 딜타이의 역사적·해석학적 사고가 범한 오류를 지적하면서, 그러한 사고는 결국 실증주의적 역사주의의 막다른 골목에서 끝나고 있다고 비판한다. 그리하여 그는 낭만주의 해석학의 역사적 적용과 딜타이의 애매한 역사주의라는 인식론적 문제를 극복하는 방법을 현상학적 연구에서 찾는다. 이는 곧, 하이데거의 해석학적 현상학의 방법론에 직접적인 영향을 받고 있다는 증거이기도 하다. 그는 실증주의와 역사주의 위험을 벗어나는 정신 과학의 이해를 '해석학적 경험'의 이론으로 설명하고 있는데, 여기에서 중요한 개념은 이해의 역사성을 일으키는 '영향사적 의식'(wirkungsgeschichtliches Bewußtsein)이다.

가다머는 해석의 과정을 '이해의 역사적 순환 과정'으로 논의한다. 이해라는 것은, 어떤 개인의 주관적인 행위가 아니라 과거와 현재가 끊임없이 융해되어 가고 있는 "전승의 사건 속으로의 진입'(Einrücken in ein Überlieferungsgeschehen)"[4]을 의미한다는 것이다. 또한 그는 해석학적 순환의 입장

---

4) H. G. Gadamer, *Wahrheit und Methode*, Tübingen, 1975, S. 276.

에서 이해의 역사성을 논의하면서 모든 이해는 선입관에 의한 것이라고 전제한다. 이것 역시 하이데거의 선입관이 지닌 긍정적 개념에 기댄 이론이다. 여기서 선입관이란 개념은, 잘못된 판단이 아니라 부정적·긍정적 개념을 다 포함하고 있다. 개인의 선입관은 그의 판단보다는 오히려 자기 존재의 역사적 현실인 까닭에, 인간의 유한하고 역사적인 존재 방식에 합당한 정당한 선입관에서 진정한 역사적 해석학의 기본 문제가 대두된다는 것이다.

가다머의 진정한 선입관은 시간상의 거리에 의해 발생되는 낯설음과 낯익음의 변증법, 대상과 전통간의 변증법적 원리에 의해 설명된다. 그러한 변증법은 특수하고 제한된 성격을 지닌 선입관을 소멸시킬 뿐 아니라, 진정한 이해를 유발시킨다. 그리고 이해라는 것은 주관적인 것에서 야기되는 잘못된 선입관이 아니라, 전세대(前世代)나 문화가 위치하고 있는 역사성에서 나타나는 올바른 선입관에 의해서 야기되는 것이다. 인간은 이러한 올바른 선입관에 의해서만이 특징한 진동 속에 위치할 수 있고 올바른 이해를 할 수 있다. 말하자면, 선입관이란 전이해(前理解, Vor-ständnis)이며, 연구의 관심을 유발시키고 문제의 제기 방향을 규정해 주는 것이다.

결국 가다머에 있어서 올바른 해석학이란 이해 자체에서 역사의 현실을 드러내 보이는 것이어야 한다. 가다머는 이러한 요구적 개념을 영향사라고 부르고, 이해라는 것은 본질적으로 영향사적 과정이라고 말한다. 이 영향사라는 개념은 경험적 자료의 연구에 의한 영향의 역사를 의미하는 것이 아니고, 이해의 행위에서 필연적으로 의식 속에 발생하는 어떤 선험적인 것을 뜻한다. 그에 의하면 영향사란 '이해되어지는 것의 존재에 속하는 것'[5]이다. 내가 무엇을 이해할 때 나에게 발생하는 것은 내가 '항상 이미'(schon immer) 어쩔 수 없이 어떤 상황(Situation)에 처해 있다는 사실이다. 가다머는 이 '해석학적 상황'의 의식을 '영향사적 의식'이라고 말한다. 그리고 영향사의 중

---

5) Ebd, S. 277.

심 개념이 되는 상황은 더 나아가 지평의 개념을 포함하게 된다.

이렇게 하여 가다머는 하이데거의 전구조(前構造)체 대한 해명을 구체화시키고 볼트만(R. Bultmann)의 전이해(前理解)를 바탕으로 이해의 지평을 구성하는 선입관의 개념을 확장시킨다. 해석자는 어떤 한 전통의 안에 자신을 놓아두는 것이 아니라, 자기 자신의 지평이 다른 지평과 통합될 수 있도록 자신의 지평을 확장시켜야 한다. 가다머는 이해의 발생 작용에 있어서, 자기 자신의 독창성과 대상을 보다 높은 차원의 일반성으로 고양시키는 것을 '지평 혼융'(地平混融, horizontverschmelzung)라고 칭했다. 인간의 지평은 과거와 대면하여 선입관을 검토함으로써, 그리고 우리 전통의 부분들을 이해하려고 함으로써 끊임없이 형성된다. 따라서 현재의 고립된 하나의 지평은 존재할 수 없으며, 현재의 지평은 이미 과거와의 접촉을 통해서 형성된다. 그만큼 의미의 지평은 무제한적이며 지평 혼융에 있어서, 구문과 해석자는 구조적 요소를 담당하고 있다.

그러한 지평 혼융은 기본적으로 언어를 매개로 한다. 자신이 위치하고 있는 전승된 내용으로서의 지평은 언어의 형태로 나타나며 전승과 언어는 분리할 수 없는 것이다. 해석학의 완전한 보편성은 언어와의 관계에서 이루어지는 것이다. 이에 가다머는 이해를 언어적 사건으로 보고, 언어는 인간이 세계를 소유할 수 있는 가능성을 창조하는 것이며, 우리는 살아 있는 언어 속에 참여함으로써 무엇인가를 이해하게 된다고 한다. 다시 말하여, 전승의 이해는 언어의 전이에 의해 이루어지며, 해석자와 대상 사이에 존재하는 두 개의 언어가 융해되어 하나의 새로운 언어적, 정신적 지평으로 결합되는 것이다. 그리고 지평 혼융은 대화를 통해 융합 과정으로 이루어진다는 점에서, 해석학적 경험은 대화적이라고 할 수 있다.

종합적으로 검토하면, 가다머가 논의한 이해라는 것은 항상 역사적·변증법적·언어적 사건이다. 이런 전제에서 이해의 역사성, 대화 과정으로서의 이해, 이해의 언어성을 논의한 것이다. 곧, 가다머의 해석학은 이해의 존재론과 현상학인 것이다. 그리고 이해의 핵심은 처리·통제가 아니라 참여·개방이며, 지식이 아니라 체험이며, 방법이 아니라 변증법이다. 가다머에 있어서 해석학의 목적은 객관적으로 타당한 이해의 규칙을 설정하는 것이 아니라, 이해 그 자체를 가능한 이해하기 쉽게 설정하는 것이다. 이처럼 가다머는 하이데거가 제시한 이해의 존재론적 해명을 변증법적 해석학으로 발전시켰으며, 대부분의 현대 미학과 역사적 해석은 변증법적 해석학을 근본적인 원리로 문제시했다. 그리고, 그것은 문학 비평에 있어서 해석의 개념을 본질적으로 비판하기 위한 철학적 근거를 제공하기도 했다.

(5) 허쉬 — 문학적·텍스트적 해석학

허쉬(E. D. Hirsch)는 가다머의 철학적 해석학을 토대로 문학 작품의 의미 해명에 관한 해석학적 비평의 관점과 방법을 정립한 대표적 인물이다. 그는 가다머의 해석학이 지니는 객관성의 결여를 비판하면서 해석의 방법론이 아닌 텍스트의 이해를 문제 삼는다. 곧, 허쉬는 가다머가 전개한 의미의 역사적·개인적 상대성 이론과 본문과 해석자 간의 역사적인 거리를 인정하면서도 본문이 지닌 변치 않는 언어 의미를 확정할 수 있다는 전제에서 출발하고 있는 것이다. 또한 허쉬는 딜타이의 감정 이입적 '자기 전이'(Sichhineinfuhlen)의 개념에 공감하여 심리적 재구성의 원리를 보강하면서 해석의 타당성을 주장할 수 있는 이론을 구성하는 데 열중한다. 그는 철학적 해석학과 실제 비평에서 나타난 현대의 상대주의적 경향의 위험에 직면하여 해석을 정당화시킬 수 있는 표준을 추구하는 것이 필요하다는 입장이다. 그러나 그는, 이와 같은 표준이란 해석적 이해의 본질적 목표로서 작가가 의도하는 조건 하에서만 적용될 수 있다고 주장한다. 나아가 그는 우리가 텍스트를 입증한다는 것은, 작가가 생각한 텍스트의 의미를 입증하는 것이라고 말한다. 해석자의 우선적인 임무는 작가의 세계를 재생산하는 것이다.

허쉬에 따르면, 현재의 독자는 작가의 언어적·문학적·문화적 상황을 재구성함으로써 과거에 씌어진 텍스트가 지닌 변치 않는 언어 의미를 확정하여 작가가 표현한 의미에 대한 객관적 해석을 내릴 수 있다. 그는 텍스트 의미는 '작가가 의도한 언어 의미'(verbal meaning)라고 명시하고, 이 언어 의미는 원칙적으로 명확하다는 것과 시간이 흘러도 변하지 않는다는 것, 그리고 그것은 원칙적으로 각 독자에 의해 재생될 수 있다는 것을 입증하려고 했다. 그리하여 그는 해석은 변하지 않는 작가의 본래의 의미를 대상으로 해야 한다고 주장한다. 또한, 허쉬는 자신의 이론을 전개함에 있어서 의미와 의의를 구별한다. 의미는 텍스트에 의해서 표출된 것으로 작가가 특별한 기호 체계(sign sequence)를 사용하여 의미화한 것, 곧 기호들이 표출한 것인 반면, 의의(significance)는 의미와 개인 또는 개념, 상황 등 상상할 수 있는 모든 것들 간의 관계를 말한다. 의미는 단지 해석자를 위한 의미이며, 의의는 그 밖의 어떤 것과 관련된 것으로서의 의미이다. 따라서 의미가 해석에 있어서 확고의 원리인 반면, 의의는 변화의 원리를 받아들이게 된다.[6]

텍스트는 의미뿐 아니라 의의도 지니고 있는데, 언어적 의미는 작가가 말하려고 의도한 것이고, 해석자에 의한 의미의 구성은 이해이다. 바로 이러한 이해의 설명이 해석인 것이다. 그러나 해석이 가끔 텍스트를 외재적인 요소에 의해서 판단하는 평가로 변하는 경향이 있다. 이러한 판단 행위는 텍스트와 그 밖의 다른 것과의 관계를 해석하는 행위로서 그 나름대로 설명되고 논의될 수 있다. 이 후자를 허쉬는 '비평'이라고 규정한다. 다시 말해서 이해와 해석의 대상이 '의미'인 반면, 판단과 비평의 대상은 '의의'라는 것이다.

---

6) E. D. Hirsch, Jr., *Validity in Interpretation*, Yale Univ. Press, 1967, pp.8~9 참조.

허쉬는 작가가 본래 의도한 불변의 언어 의미에 대한 해석을 위해 작가의 의도(intention)와 지평, 그리고 언어적 규범들(linguistic norms)을 상기시킨다. 해석자의 체험, 느낌, 태도, 관습적 반응들은 작가의 그것들과는 다르기 때문에 해석자 앞에 놓인 텍스트의 단어들로부터 해석한 의미들이어야 한다. 언어 의미는 항상 언어 규범들에 의해서 제한받기 마련이며, 언어 의미의 결정은 의지의 행위를 필요로 한다. 따라서 작가가 의도한 언어 의미는 언어적 가능성에 의해 제한되나, 작가가 그러한 가능성들을 실현하고 특수화하는 데에 따라 결정된다. 마찬가지로 해석자가 해석하는 언어 의미도 의지의 행위에 의해 결정되며, 그와 같은 언어적 가능성에 의해 제한된다. 이 언어적 가능성이 곧 언어의 관례와 규범들이다. 언어 의미의 결정은 작가의 입장에서나 해석자의 입장에서나 자기 동일성(self-identity)을 의미하며, 결국 해석의 전달과 타당성도 이 양자의 자기 동일성 때문에 가능해지는 것이다. 그의 문학적 해석과 관련된 체계적 연구 저서 『해석의 정당성』(*Validity in Interpretation*, 1967, *Prinzipien der Interpretation*, 1972)은 텍스트 해석의 정당성 문제를 상세하게 다루고 있다.

    허쉬의 해석학은 최근의 해석학 이론 가운데 가다머 철학이 보여주고 있는 역사적 상대주의의 위험성에 대해 가장 크게 반대하고 작가의 의도라는 개념을 부활시킴으로써 해석의 객관성을 보장하려고 했다. 허쉬에 의하면, 의미의 궁극적 소재를 작가의 의도 속에서 찾음으로써 끝없는 해석은 마침내 한 곳에 정착하게 되고, 작가의 의도에 입각한 하나의 올바른 해석을 할 수 있게 된다는 것이다. 이것은 곧 해석의 순환 고리를 끊어버리는 것을 의미한다. 이와 같은 입장에서 볼 때 허쉬의 해석학은 가다머의 역사적 상대주의와는 그 기초가 다름을 알 수 있다. 나아가, 허쉬는 작가의 의도란 문학 텍스트의 의미와는 관계가 없다고 주장하는 영·미의 신비평까지도 두루 비판하고 있다. 이것은 철학적 전통 일반에 있어서는 후설과 관계하고 있으며, 해석학적 전통에 있어서의 슐라이어마허와 딜타이로부터 시작하여 베티 (E. Betti)로 이어지는 전통적 맥락과 같이 한다고 할 수 있다.

(6) 리쾨르 — 문학적·텍스트적 해석학

리쾨르(Paul Ricoeur)의 문학적 해석학은 언어의 창조성을 중요시하면서 출발한다. 그리고 그는 언어의 창조성을 무엇보다 문학, 곧 시적 언어에서 발견한다. 그의 이론에서는, 허구에 의한 현실을 창조적으로 재해석하는 새로운 서술을 이야기가 수행한다. 다시 말하여, 이야기 담론에 근거해 인간 행위가 새롭게 서술되고 이야기와 더불어 인간은 현실의 해석학적 변형을 체험한다는 이론이다.

리쾨르의 문학 해석학은 무엇보다 이야기 이론에 의해 전개되는데, 리쾨르는 작가의 작품을 예로 제시하면서 자신의 이론을 정당화시키고 있다. 가령, 버지니아 울프(V. Woolf)의 『댈러웨이 부인』(Mrs. Dalloway), 토마스 만(T. Mann)의 『마의 산』(Der Zauberberg), 마르셀 푸르스트(M. Proust)의 『잃어버린 시간을 찾아서』(A la recherche du temps perdu) 등을 예로 제시함으로써 문학 해석학의 적용 타당성을 증명하고 있다.

리쾨르가 문학 해석학을 긍정적으로 받아들이는 이유는 허구 이야기가 삶을 새롭게 변형시키기 때문이다. 이야기는 복잡한 시간 경험을 질서화한다. 이런 질서는 흔히 말하는 철학자들의 시간 문제의 해결에서 찾아지는 질서가 아니라, 허구에 의해 탄생된 질서이다. 이 질서는 인간에게 어떤 의미를 주며 삶을 새롭게 보게 하는 것이다. 세계를 새롭게 보게 됨으로 그 세계에서 진실하게 받아들이지 않았던 새로운 의미를 발견하게 되고 따라서 삶이 풍부함으로 채워지게 된다는 것이다.

인간은 이야기를 통해, 특히 문학 이야기를 통해 삶을 새롭게 이해할 뿐만 아니라, 이야기가 삶의 한 방식임을 인식하게 된다. '삶이 이야기된다'는 것은 이야기를 통해 삶을 진정으로 이해할 수 있도록 언어화한다는 뜻이기도 하다. 삶은 문화적 현상들의 복합이다. 따라서 자신의 삶뿐만 아니라 타인의 삶도, 그리고 인간 공동체뿐만 아니라 다른 공동체도 이야기할 수 있으며 자연스럽게 진정한 상호 이해를 가능하게 하는 것이다. 이렇듯 리쾨르는 각자의 고유한 문화 속에서 상호 추구하는 그리고 추구되고 이야기된 삶이 참으로 이야기된 삶이라고 강조한다.

리쾨르의 이론은 텍스트 이해에서 행위 이해에로의 전환을 가능하게 만든다. 지금까지의 해석학의 흐름에서는 주로 텍스트 이해에 집중했다. 그러나 리쾨르에 의해 텍스트 이해뿐만 아니라 행위나 그 행위의 지반인 문화를 이해하는 전환이 이루어진 것이다. 리쾨르에게 텍스트는 구조화된 작품이다. 텍스트는 문자로 고착된 것이고, 그 고착화의 통일은 문장들로 형성된다. 언어적 통일로서의 텍스트는 체험된 시간성과 이야기 행위 사이의 고유한 매개자이다. 이 이야기 행위를 통해 인간은 자신을 이해한다. 인간은 자신을 상상의 세계를 통해 이해하는 것이다. 텍스트 세계와 독자 세계 사이의 상호 교차라는 리쾨르의 이념은 가다머의 '지평혼융' 개념과 가깝다. 즉, 그것은 상상적 작품의 기대된 지평과 구체적 행위의 체험된 지평 사이의 융합을 말하는 것이다.

리쾨르의 텍스트 이론은, 그의 철학적 중심 과제와 테마가 무엇인지를 알고자 하는 이들에게 해답을 준다. 그는 이해란 무엇이며, 이해는 어떻게 일어나는가, 그리고 진정한 타인의 이해가 가능한가 등과 같은 이해에 따른 해석학적 물음을 그의 철학에서 밝히고 있는 것이다. 그는 그만큼 진정한 상호 이해를 위해서 역사 속에 그리고 문화적 토양 속에 있는 삶과 행위의 시간 구조를 이야기라는 구조를 통해 규명하고자 노력했다. 이는 그가 딜타이의 해석학을 '탈심리화'함으로써 가다머의 이론에 따르고 있음을 드러내준다. 그는 슐라이어마허, 딜타이, 불트만(Bultmann) 등이 사용한 '전용'(appropriation)이라는 해석학적 개념의 자의성을 줄이고자 시도하였다. 또한, 그의 텍스트 이론의 목표는 구조주의적 해석학을 발전시키려 하고 있음이 드러난다. 그런데 여기서의 그의 구조주의적 해석학은 형식주의적 해설과 의미 있는 해석의 통합에 기초를 두고 있다고 할 수 있다.

(7) 하버마스 ― 의사 소통적 · 비판적 해석학

하버마스(J. Habermas)는 하이데거의 선험적 해석학을 토대로 논의를 전개한다. 그의 해석학에 대한 견해는 『사회 과학의 논리를 위해서』(*Zur Logik der Sozialwissenschaften*, 1967)에서의 가다머 장과 『인식과 관심』(*Erkenntnis und Interesse*, 1968)에서의 딜타이―프로이트 장에 실려 있다. 그는 딜타이의 객관주의와 실증주의적 방향에 대한 가다머의 비판에 의견을 같이하면서, 한편으로는 딜타이의 이론을 생산적으로 발전시키고, 또 다른 한편으로는 가다머의 비판적 성찰의 전통 편향성에 내포되어 있는 한계성을 지적하고 있다. 하버마스의 이러한 비판적 성찰은 영향사적 의식의 한계가 드러나기도 한다. 그의 해석학적 사고는 의사 소통의 관점과 비판적 관점의 양면에 기초하고 있다.

정신 과학의 방법론적 기초를 정립함에 있어서, 하버마스는 가다머와 같이 실증적 학문 이해의 전제가 되는 데카르트(Descartes)적인 인식론의 모형을 부인하고 있다. 그리고 여기에 대한 대안을 하버마스는 가다머적인 의미에서의 대화적인 자기 계몽의 가능성에서 찾고 있는데, 이와 같은 가능성의 추구에 있어서 해석자는 '대화의 상대'로서 '적응된 소통'에 참여하게 된다. 그는 이해란 소통의 경험이며, 사회화 과정에 있어서 인간은 언어에 의해서 주위 환경을 이해하고 동시대의 인간들과 소통할 수 있는 능력을 지니게 된다고 주장한다. 따라서 역사적 · 해석학적 학문의 특성은 생의 실천적 기능에 의해 정당화된다고 한다. 해석학적 학문은 "자신의 개인적인 생의 역사와 자기가 속하고 있는 집합적 전승이라는 수직적인 면과 상이한 개인, 집단, 문화의 전승 사이를 중개하는 수평적인 양면에서"[7] 소통을 가능하게 한다는 것이다.

역사적·해석학적 학문의 기초가 되는 인식을 이끄는 관심은 인간으로하여금 자신의 시대가 처한 역사적 조건성을 의식하게 하는 목적을 추구하는데, 이것은 인간이 다시금 자유를 얻기 위해서 현재 지배하고 있는 규범과 의견의 실재성을 통찰한다는 것을 의미한다. 자기 자신의 관심은 역사적으로 중개된 것이기는 하지만, 이것은 지배적 전통에 의한 비판으로 드러난다. 이 비판이란 특정한 개인적·집합적 욕구 불만의 체험에서 발생하여 전승된 의미 세계, 현재적 경험, 미래적 기대 사이의 모순에서 시작된다. 학문의 기능이란 이 모순을 해명하고 그 영향사적 조건과 사회적 중개성을 의식시키는 일이다. 역사적 학문이란 현재의 역사성을 해명함으로써 지배적 전승, 곧 전승된 지배의 제한된 유효성을 파악하는 일이다.

하버마스의 해석학적 연구는, 현재의 지배적 규범과 행동 유형이 전통에 의한 것일 때는 그 독단적인 요구성 때문에 정당화될 수 없다는 인식이다. 그는 『사회 과학의 논리를 위해서』에서 가다머의 선입관과 권위, 전통의 개념을 비판하고 있음을 본다. 가다머의 해석학 이론에서는 권위와 전통은 지배적인 힘으로 통한다. 이것은 과거에서 진리가 인식되기 때문이기도 하다. 그러나 하버마스에게는 진리가 어떻게 잘못된 지배에서 벗어날 수 있는가 하는 것이 문제가 된다. 권위에 대한 하버마스의 부정은 심리적인 것이 아니다. 그는 권위가 인간의 인간에 대한 지배이며 자유에 대한 반대 개념이므로 이를 부정한 것이다. 이것은 그가 사상적으로 계몽주의를 넘어 고전주의 문학과 관념 철학에서 나타나는 인문주의적 입장을 대변하고 있다고 할 수 있다.

하버마스의 비판적 해석학은 가다머의 '해석학의 보편성 주장'을 부인하

---

[7] Habermas, *Erkenntnis und Interesse*, Frankfurt, M. 1968, S.221.

면서, 그의 철학적 해석학이 담고 있는 무비판적 측면을 공격하고 있는 것이다. 나아가 그는 해석학적 철학이 근거하고 있는 관념론적 전제를 비판하고, 이데올로기 비판을 통하여 '이상적인 언어 상황'에서 이루어지는 참된 합의를 추구하는 '의사 소통 이론'을 전개하고 있는 것이다. 또한 그는 아펠(K. O. Apel)과 함께, 인간 활동의 객관화 속에 담겨 있는 의미가 객관적으로 이해됨에 따라서 그 객관화의 바탕을 이루는 의도들에 대한 작가의 자기 이해와 그 의미가 서로 마주치게 되는 접근 방법을 개략적으로 제시해 놓고 있다.

또한 그는 정신분석학을 도입하여 이 모델에 의거하여 개인의 왜곡된 자기 이해를 비판하는 틀을 해명했으며, 이를 통하여 우리가 '메타 해석학'에 따른 의사 소통적 합의를 넘어설 수 있는 소위 '이론 구조의 모델'을 구축했던 것이다. 그에 따르면, 일종의 '심층 해석학'(depth-hermeneutics)으로서의 정신 분석학은 '장면적 이해'(scene cunderstanding)에 의하여 개인적인 비밀로 감추어진 의사 소통 형식을 해석할 수 있다는 것이다. 그가 정신 분석학을 의사 소통 이론의 한 부분으로 해석하고 있는 것은, 가다머와 프로이트를 넘어서려 하고 있음으로 해석할 수 있다.

4. 해석학과 순환 구조

(1) 이해의 순환 구조

해석의 과정에서 부분과 전체가 관계되고 있다는 해석학적 순환은 형식 논리에서 볼 때 분명히 악순환이다. 그리고 해석학적 순환 이론의 방법론을 긍정 혹은 부정의 입장에서 논의하기도 간단한 것은 아니다.

자연 과학과 정신 과학을 구별짓는 근본 기준은 그 대상과의 관련성이다. 자연 과학적 대상은 실험에 의해 그 법칙적인 기능이 인식되는 인과적 관련성에 의해 규정된다. 반면, 정신 과학의 대상은 특수성과 일회성을 지니는 개성적 의미 형상체의 역사적 관련성에 의해 그 본질이 파악된다. 정신 과학의 연구 과제는 인과 관계의 분석을 통한 설명이 아니라 복합적인 전체의 이해이다. 자연 과학자의 분석이 미소한 독자적 객체로 되돌아간다면, 정신 과학적 의미 관련성의 해석에는 종합적 이해가 전제된다. 여기에 정신 과학적 인식의 기본 법칙으로서 모든 해석학적 사고를 인도하는 '해석학적 순환'의 공식이 나오게 된다.

이 해석학적 순환은 구조와 상징으로써 존재하는 문학 예술품의 인식에 적합한 순환적 방법을 말하는 것으로 정확한 논리적 방법, 곧 귀납적이거나 연역적인 한계를 넘어선다. 해석학적 순환은 해석학적 인식 과정의 모델로서 문예학의 중심이 되는 두 개의 기본 문제를 해결해 준다. 원은 근본적으로 하나이며, 인식의 객체에 관계되는 문헌학적 원(philologischer Zirkel)과 인식의 수체측에서 본 이해의 역사성의 원(Zirkel der Geschichtlichkeit des Verstehens)으로 구성된다. 문헌학적 원은, 개체는 그가 속하고 있는 전체로부터 전체는 다시금 개체로부터 비로소 이해될 수 있다는 전체와 개체간의 상호 순환적 운동을 의미한다. 반면 이해의 역사성의 원은, 이해하는 주체자의 역사적 인식 관련성을 말하는 것으로 정신 세계의 역사적 영향과 관련된다. 여기에서의 역사적 인식이란, 문학 작품의 역사적·심미적·사회적 관련서과 관계하는 역사적 해석을 말하는 것이 아니다. 모든 의미의 경험이란 이 이해의 세계에 의해 주관적으로 규정되고, 이해는 이 주관적 선기획의 원에서 비로소 이루어진다. 정신 과학의 대상과 인식 방법이 역사적임은 주관적인 이해의 관련성이 역사적으로 변화할 뿐만 아니라, 텍스트나 역사적 사건의 객관적 의미 관련성이 전체적 영향과 의미의 변천 속에서 나타나기 때문이다.

오늘날 많은 문예학 방법론들이 순환 구조의 특성을 무시하고 있는데, 이

점이야말로 문예학적 인식에 있어서 순환 구조에 대한 의식의 중요성을 드러내주고 있다. 그리고 오늘날 주관적인 해석에 있어서 순수한 과학적 방법으로서의 정확한 텍스트 문헌학과 텍스트 설명이 대립하고 있는데, 이는 아무런 전제가 없는 사실 연구가 가능하다는 그릇된 판단에 기인하는 것이다. 의미와 사건이라는 사실에 대한 모든 증명은 이미 해석인 것이다. 문헌적·역사적 학문에 있어서의 인식의 과정은 해석의 의미를 지니고 있으며 전체의 이해를 전제로 한다. 개체는 전체의 진리에서부터 올바르게 파악할 수 있는 것이다. 문헌학적 방법이 지니는 인식의 확실성과 기능은 인식의 순환 구조에서 보장된다. 텍스트 비판적인 설명들은 올바른 해석의 범위 안에서만이 의미를 지닌다. 가령, 단어의 통계라든지 각 구절의 비교 연구가 좋은 방법이 될 수 있다. 일회적, 개성적 의미 관련성은 빈도수의 법칙에 따르는 것이 아니라 각 구절이 지니는 경험의 명증성에 의존한다.

해석학이 지니는 개별성과 전체성의 상호 관련적 의존성은 모든 의미 형상체로서의 문학 작품이 지니는 구조적 통일성의 모델과 상응한다. 다층적 구조체로서 전체적 통일성을 지니는 문학 예술품의 본질에 적합한 인식 방법은, 그 개체와 전체를 종합적으로 파악할 수 있는 것이어야 하기 때문이다. 가령, 단어의 의미나 음향을 모르고서는 리듬을 분석할 수가 없는 것이다. 그리고 개별적 구조 요소의 객관적 분석은 전체의 이해를 목적으로 하며, 전체적 의미는 언제나 특수한 분석을 전제로 한다. 결과적으로 문학 예술품의 인식 행위는 개별적 요소들의 상호 작용의 이해를 전제로 하는데, 이 개별적 요소는 또한 전체를 알아야만 올바르게 파악된다. 문헌학적 원이 지니는 순환의 방법론이란 전체에서 개체로, 그리고 개체에서 다시 전체로 항상 원을 그리는 이해의 방법이다. 이것은 개별적인 작품의 해석에만 적용되는 것이 아니라 개별 작품과 전체 작품과의 관련성, 곧 작가 양식이나 장르 구조 그리고 시대 양식 등을 해명하는 데도 적절하게 이용된다.

개별적인 문학 예술품이 갖는 개성적 특성에도 불구하고 전체적인 관련성 하에서의 문학 작품 인식은 매우 중요한 의미를 지닌다. 문학 작품은 개성적 존재이면서 동시에 일반성을 띠고 있기 때문이다. 이런 의미에서 문학 작품의 개성과 고유성을 구분하고 전자에 더 많은 가치를 부여하는 이론가들도 적지 않다. 개별적인 작품이 갖는 독특한 특성도 초개인적인 전체적 공통성과 대조시켜 볼 때 더욱 선명하게 드러난다. 전체와 개체간의 상호 의존성은 여기에서도 분명하게 보여진다.

문학 작품의 역사적 관련성이나 전체적 의미는 언제나 새로운 해석을 필요로 한다. 그 까닭은 의미 관련성이란 어느 시대를 막론하고 일반적·객관적으로 규정될 수 있는 그 스스로의 존재가 아니라 역사 발전에 따라 변화되기 때문이다. 이해의 대상이 지니는 역사성은 이해자 자신의 역사성과 상치되는 것이 아니다. 역사적 관련성은 인식과 해석에 의해 끊임없이 변화한다. 해석은 방법론적 인식의 결과이면서 동시에 해석자와 시대의 상황에 따라 다르게 규정된다. 이해의 역사성은 시대적 특성과 해석자의 경험에 따라 과거의 문학적 대상이 새롭게 해명된다는 점뿐만 아니라, 과거의 인식이 현재의 사고와 경험의 관련성 하에서 다르게 나타난다는 점에서도 중요한 의미를 지닌다.

역사적 이해가 지니는 복합적인 과정과 해석학적 순환의 객관적·주관적 관계를 해명해 주는 요소는 지평의 개념이다. 해석자의 지평과 역사적 지평을 절대적으로 분리시키는 일은 물론 애매한 작업이다. 이해자가 자신의 지평을 도외시하고 과거의 지평으로 휩쓸려 들어가는 역사 의식을 요구하는 일은, 이해의 상황적 종속성을 간과하는 것일 뿐만 아니라 과거와 미래를 포함하는 지평의 종합성을 주시하는 결과가 된다. 현재의 경험과 과거의 인식은 상호 규정적이다. 이해란 과거와 현재의 중개적 과정으로 발생한다. 결국, 정신 과학에 있어서의 인식의 진정한 엄밀성은 해석학적 의식의 완전성에서만이 도달될 수 있으며 이 해석학적 의식이 방법론을 포괄하게 된다. 문예 비평은 학문으로서의 철학적 인식론을 필요로 하면서 동시에 그 대상에 적합한 고유한 해석학을 정립시켜야 한다.

(2) 문학사와 해석적 순환

문학 작품의 인식이나 이해의 기본적인 방법은, 역사적으로 해석학에 의해 가장 오랫동안 본질적으로 다루어져 왔다. 문학 작품의 해석의 역사는 고대 희랍의 호머(Homer) 해석에서부터 출발한다. 그 후 해석의 문제는 성서 해석에서 특별히 활발한 논쟁을 마련하여 구약 『아가서』의 해석 논쟁이 일기도 했다. 여기에서는 문법적 해석과 알레고리적 해석의 대립이 가장 본질적인 해석의 문제로 대두되었으며, 이 문제는 오늘날에 이르기까지 해석학적 방법의 근본 문제로 남아 있다. 중세에는 오리기네스(Origines), 아우구스티누스(Augustinus)의 영향과 함께 알레고리적 해석 방법이 지배하고 있었으나 르네상스와 인문주의 시대에 이르러서는 새로운 성서 해석의 원칙과 함께 다시 고대의 문법적·역사적 해석이 전면에 등장하였다. 성서 해석의 방법은 고전적 문헌학에 맞서서 18세기에 이르기까지 문학적 해석에 큰 영향을 미친다.

문학적 해석이 텍스트 해석으로부터 개인적 생의 문제로 눈을 돌리게 된 것은, 무엇보다도 정신사적 맥락에서 큰 의미를 지니는 역사 의식에로의 전향에서이다. 작가와 동등한 입장을 확보한 해석자는 해석을 위한 방법을 지켜야 하는데 그 하나의 방법은 데카르트가 진리를 찾기 위하여 사용하였던 방법과 유사하다. 문학적 진리는 작품이 완전히 이해되도록 해석되어야 한다는 의미에서의 해석적 진리이다. 이러한 진리로 향하는 해석적 활동은 텍스트를 읽는 과정에서 어떤 것이나 개입될 수 있다는 가능성으로서의 상대주의 위험을 야기할 수 있다. 따라서 해석과 그 타당성 및 정당성에 대한 비판이 존재하게 마련이다. 그런데 텍스트의 이해가 해석적일 경우에 한해서 비판은 가능하다. 만일, 어떤 텍스트에 단 하나의 올바른 이해가 직접 주어질 수 있다면 이해의 비판은 필요하지도 않을 것이며 가능하지도 않을 것이다. 텍스트가 어떻게 이해되어 왔는가를 알기 위해서는 해석의 제약을 받는 이해를 검토해야 한다. 텍스트를 이해한다는 것은, 곧 자기의 이해이다. 그리고 자기 이해가 항상 해석적인 까닭은 우리가 우리 스스로를 결코 완전히 객관화시킬 수 없기 때문이다.

이 점에서, 마치 이해가 자기 이해인 것과 마찬가지로 비판도 자기 비판을 내포할 수밖에 없다는 하나의 결론이 나온다. 곧, 다른 해석을 비판하는 것 자체가 또 하나의 해석인 것이다. 이러한 해석은 그 자체가 단순히 해석적이기 때문에 자기 비판의 정당성이 인정된다. 비록 해석자가 자기 자신의 맹목성을 구체적으로 지적할 수 없을 때에도, 그리고 그가 모든 해석은 맹목성뿐만 아니라 통찰력을 다 같이 포함된다고 믿을 때에도 그러하다.

해석이란 본질적으로 역사적 과정, 곧 담론의 공동체 안에서의 비판적 상호 작용의 결과인 역사적 과정이라는 것은 또 하나의 당연한 귀결이기도 하다. 그래서 어떤 해석에 대한 다른 사람들의 반응은 해석의 진리를 찾는 데 중요한 한 몫을 차지한다. 나아가 방법적 자기 반성을 시도하면서 해석을 하거나 그리고 독단적이 아니라 자각적인 비판을 곁들인다면, 이러한 각성에는 반드시 영향사적 의식이 포함된다. 즉, 현재의 이해에 영향을 미치는 해석의 전통에 대한 해석학적 의식이 포함된다는 것이다.

이처럼, 해석은 한 작품이 지닌 수용의 전통에 대한 자기 해석을 포함한다. 해석자가 텍스트와의 대화를 계속하면서 텍스트에 대한 그 이전의 탐구에 대한 한계를 증명하여 새로운 해석을 내놓을 때, 그 새로운 해석은 비판적 힘을 갖게 된다. 그러나 전통에 대한 이런 암시적 또는 명시적 비판의 행위가 반드시 전통을 완전히 부정하는 것은 아니다. 전통에 대한 비판 역시 전통과 연계되는 방식이 될 수 있고, 현재가 전통적이라는 잘못된 이해의 오류를 밝힘으로써 전통의 진리성을 드러내는 방식이 될 수도 있다. 가령, 한 편의 시는 대화를 통하여 현재의 문제점과 방법론들을 바탕으로 계속 자기 의식에 영향을 미칠 수 있는 것이다. 비평가 혹은 해석자의 자기 의식이 증가하면 할수록 그 해석의 결과는 더욱 선명해지고, 그에 따른 자기 비판의 필요성도 분명해지는 것이다. 이처럼 문학 해석학에 있어서 문학적·역사적 측면은 해석자가 문학의 과거로 되돌아가려는 계기를 마련해 주는 역할을 담당한다고 할 수 있다. 뿐만 아니라, 문학사는 또한 자기 의식과 자기 비판을 생산함으로써 현재에 대한 본질적인 관계를 포함할 수 있다. 곧, 과거 해석의 편파성에 대한 성찰이 현재의 편파성에 대한 성찰을 요구할 수 있다는 것이다.

그러므로 문학사라는 바로 그 연구 과제를 역설적으로 보이게 했던 문학사의 분석은 하나의 환상에 기초한다. 과거와 현재를 동떨어진 영역으로 간주하고 서로 간에 폐쇄된 것으로 보려는 생각은 잘못된 것이다. 과거와 현재간의 차이점에 대한 역사 의식은, 현재가 그 속에서 과거를 포함하는 전통 안에 서 있는 한, 현재는 과거의 영향을 받는다는 해석학적 의식을 저변에 포함하고 있다. 따라서 문학 텍스트의 내재성은 그 텍스트가 초역사적이거나 통사적일 수 있는 한 그 자체가 역사적이다. 텍스트를 통사적이라고 하는 것은, 텍스트가 특정한 역사적 세대에게 문학으로 보여지기 때문에, 곧 그 세대에 '모든 현재에 대하여 당대적으로' 보여지기 때문이라는 점을 나타낸다. 그것은 분명 텍스트의 내재성을 인정하는 것이고, 그런 관계는 순환적이다. 때문에 몇 세기가 지나도 그 가치가 떨어지지 않는 작품들이 항상 존재해 온 것이다.

해석 철학이 비록 실천 이론이기는 하지만 그래도 철학 이론이기 때문에 특정한 작품에 내재성을 부여하는 것을 포함해서 특정한 문학의 실제 비평 방법들을 보장할 수는 없다. 반면 그것은 문학과의 만남을 위한 패러다임적 중요성을 부여한다. 문학 해석은 여러 가지 인문 과학 가운데 하나일 뿐만 아니라 방법론상의 부정적인 측면을 드러내서 그에 초점을 맞춤으로써 이러한 학문들의 본질적인 운영을 통합시킨다. 해석 철학의 수준에서 이런 난점들을 성공적으로 해결하고 또 그러한 방법론적 해결 방법을 확대한다고 해서 새로운 해석의 필요성이 제거되는 것은 아니다. 이러한 해석들은 상이한 세대와 문화의 계속적인 자기 이해를 반영하고 있기 때문에 새로운 분석적 방법과 과거의 문화적 기초에 대한 연구의 필요성은 항상 존재할 것이다.

오늘날 문학 비평의 한 방법론으로 해석 철학이 자리잡고 있지만, 그 원칙과 목표에 대한 상이한 입장들 사이의 갈등과 논쟁을 수반하고 있다. 오늘날의 해석학 토론에서는, 해석학·역사학·정신과학 이론 등의 영역에서 해석학적 사고와 여러 가지 철학적 입장과의 연결성 문제가 강하게 대두되고 있다. 앞으로도 더 많은 갈등과 문제에 직면함으로써 철학적 해석학의 타당성과 자리매김이 확고해질 전망이다.

(3) 슐라이어마허의 해석학적 순환

텍스트를 근원적으로 이해하기 위하여 슐라이어마허는 두 가지 방법을 제시한다. 그가 제시한 방법 가운데 하나는 "쉬운 것으로부터 어려운 것으로 진행시켜 나가는"[8] 해석의 방법이다. 그리고 또 하나는 비교의 방법이다. 이것은 다른 사람과 자기 자신을 비교함으로써 자기 자신 속에 있는 개별적인 것을 경험하게 된다는 논리이다. 이러한 비교의 방법은 해석하려는 문장에 대하여 해석의 분명한 기준을 제시하는 장점을 지닌다. 각 단어와 문장

---

8) R. Descartes, *Abhandlung über die Methode des richtigen Vernunftgebrauchs*, übers. von Kuno Fischer. Stuttgart. 1984, p.96.

이 갖는 의미를 검토하면서 다양한 비교를 해나가면, 비교되는 단어와 문장의 의미가 명확하게 드러날 뿐만 아니라 단어와 문장이 갖는 경험의 의미까지 명확하게 전달해주는 것이다. 그의 이러한 방법은 해석의 가장 중요한 방법론인 해석학적 순환의 논리로 발전된다.

그에 따르면, 해석의 기준점을 쉬운 부분에 둠으로써 해석자는 어려움을 느끼지 않고 작가의 의도를 쉽게 파악할 수 있으며, 파악한 이해의 내용을 이해해야 할 내용들과 비교함으로써 이해하지 못하였던 부분들의 이해에 도달할 수 있게 된다는 주장이다.

우선적으로 쉬운 부분을 이해하면 어려운 부분에 대한 선이해가 되는 것이다. 그리고 선이해는 어려운 부분들이 내포하고 있는 의미들을 추상적으로 추론할 수 있는 근거를 제공해준다. 이렇게 쉬운 부분부터 이해해 나가면 복잡한 부분을 이해하는 데 훨씬 더 쉽게 접근할 수 있다. 그런데 텍스트를 쉽게 이해할 수 있는 구체적인 방법으로써 비교가 있다. 비교의 방법은 텍스트가 내포하고 있을 내용을 추론하여 선이해를 갖게 하는 데 도움을 준다. 또한 비교는 선이해를 바탕으로 읽어가는 텍스트의 부분들을 보다 쉽게 이해하게 한다. 반대로 전체를 염두에 두고 읽어가면서 부분적인 것을 이해한다는 것은 이해의 완전성을 얻기 힘들다. 다시 말해서, 부분들을 이해해 나가면서 텍스트를 다 읽고 난 다음 전체적인 관점에서 재구성해가며 이해할 때, 비로소 해석자는 전체 텍스트를 완전하게 이해하게 되는 것이다. 텍스트 전체에 대한 개요를 얻기 위해서는 정독에 선행하여 개괄적인 책읽기를 먼저 시도하여야 한다.

이와 같이, 슐라이어마허의 해석학적 순환론은 부분은 전체를 이해할 수 있는 실마리를 제공하며 전체는 부분의 이해를 명확히 보증해 준다는 부분과 전체의 관계에 대한 순환론의 이론이다. 이것은 전체에 대하여 부분이 가지는 역할과 부분에 대하여 전체가 갖는 의미를 상호 관계 속에서 극대화하면서 텍스트를 이해할 수 있는 계기를 제공한다. 이러한 차원에서 슐라이어마허의 해석학적 순환론은 해석학의 가장 중요한 부분으로 사용된다. 부분에 대한 추론을 통하여 밝혀지는 전체의 의미와 전체를 통하여 드러나는 부분의 의미의 순환 관계를 바탕으로, 부분에 대하여 전체가 갖는 의미와 전체에 대하여 부분이 갖는 의미가 분명해진다. 나아가 그의 순환론은 불확실한 이해에서 확실한 이해로, 그리고 확실한 이해에서 불확실한 이해로, 해석자의 입장에서 작가의 입장으로, 그리고 작가의 입장에서 해석자의 입장으로, 단순한 것에서 복잡한 것으로, 그리고 복잡한 것에서 단순한 것으로의 순환 운동과 연결되면서 표면적인 해석의 한계를 극복한다. 그리하여 텍스트에 대한 이해를 역사적 경험에 관한 이해의 영역으로 확장시켜 새로운 이해의 차원을 개방하게 된다.

인간이 사용하는 단어는 단순히 대상을 드러내는 하나의 기호나 혹은 독립된 하나의 문자적인 역할만 감당하는 것이 아니다. 단어는 문장 속에서 문맥들의 의미를 지정하고 문장의 의미를 다양하게 해석할 수 있는 가능성을 부여해 주는 생동적인 기능을 지닌다. 따라서 단어는 고정된 의미체로 이해되는 것이 아니라 문장과 전체 텍스트에서 사용되는 문맥에 따라서 다양한 의미로 해석되고 이해되어져야 한다. 이러한 점에서 슐라이어마허는 단어 역시 독립적인 관점에서만 이해하는 것이 아니라 전체적인 문구를 통하여 다양한 의미를 가질 수 있다고 주장한다. 그러므로 그는, 모든 단어들의 의미는 그 단어와 연관되는 문맥과의 관계에서 결정되어야 하고 하나의 고정된 개념으로 고착시키는 것은 허용될 수 없다고 말한다. 해석자가 문장의 전체적인 의미를 파악하려면, 단어 자체와 단어가 갖는 역사적인 맥락 그리고 문장에서 사용되는 사용의 예와의 관계 속에서 단어의 의미를 결정할 수 있어야 한다. 이렇게 이해된 단어를 바탕으로 해야만 해석자가 문장의 문맥을 완전하게 읽어낼 수 있다는 것이다.

5. 문학 해석학 비평의 실제

해석학적 방법론은 다른 어느 나라의 문학보다도 독일 문학과 깊은 관계를 맺고 있다. 대략 1970년대까지 독일 문학 이론의 전통에서 해석학이 주된 흐름을 이루어 왔다는 것은 누구도 부인할 수 없는 사실이다. 이런 현상과 관련하여 해석학적 문학 방법론이 실제 작품에 있어서 어떻게 기능하는지를 괴테의 시를 통하여 살펴보기로 한다.

· 해석학적 문학 방법론의 주요 논제들[9]

    방랑자의 밤노래

    모든 산꼭대기마다
    휴식이 있네.
    모든 나무꼭대기에서
    너는 느끼지 못하네
    숨결 하나 조차도.
    숲 속의 새들은 침묵하니.
    기다려라, 너도
    곧 안식하게 될 테니

                            —요한 볼프강 폰 괴테, 1780

    Wanderers Nachtlied

    Über allen Gipfeln
    ist Ruh'.
    In allen Wipfeln

---

[9] 안미현, 「독일 문학과 해석학적 문예론의 영향 관계」, 『인문학과 해석학』, 철학과 현실사, 2001, pp. 324~331.

Spürest du
Kaum einen Hauch;
Die Vögelein schweigen im Walde.
Warte nur, balde
Ruhest du auch.

—Johann Wolfgang von Goethe, 1780

우리는 괴테의 이 짧은 시를 읽으며 우선 눈앞에 떠오르는 자연의 경치와 그 자연을 관조하는 방랑자의 모습을 떠올릴 것이다(직관적 감정 이입, einfühlen). 시선은 산꼭대기에서 나무꼭대기로 옮겨지면서 자연 속의 모든 미세한 움직임이 중지되고, 새들의 침묵과 더불어 완전한 정적과 평온의 상태에 젖어듦을 느낀다(몰입, sich-hineinver-setzen). 그런 다음 자연과 완전히 합일되는 순간을 체험하게 될 것이다(추체험, nacherleben). 일단 이 같은 직관적인 첫인상이 지나면 자연의 형상과 대비를 이루는, 혹은 자연 속에 서 있는 인간의 모습에 초점이 옮겨지면서 사실상 전체 시의 핵심 구절을 이루는 "기다려라, 너도 곧 쉬게 될 테니" 라는 마지막 2행의 의미에 대해 생각할 것이다(추구성, nachbilden). 그러나 그 의미는 그렇게 간단하게 파악될 것처럼 보이지는 않고, 읽는 사람에 따라 여러 가지 해석이 가능할 것이다(다의성, Vieldeutigkeit).

한 편의 시를 읽었을 때 일어나는 이런 일차적인 느낌을 바탕으로 해석학적 방법론에서 주요 연구 대상이 되는 작가—작품—독자라는 세 가지 요소와 해석의 가능성들을 조금 더 일반화시켜 보자.

작가에서 시적 자아(lyrisches Ich) 혹은 화자(Erzähler)로

딜타이는 문학 작품이란 작가가 한 삶의 체험의 표현임을 강조했다. 작가가 체험한 생의 여러 동기들이 작품 속에 집약적으로 용해되어 있다는 것이다. 그의 말을 따른다면 괴테가 1780년 9월 6일 키켈한 근처의 일메나우에서 긴 산행을 하고 난 후, 산 위의 한 오두막에서 튀링엔 숲의 저녁 풍경을 바라보며, 그 오두막의 판자벽에 이 시를 쓰고 서명했다는 점을 아는 것이 중요하다. 괴테는 실제로 긴 산행에 지쳐 밤의 안식과 잠을 원하고 있는지는 모른다. 한 걸음을 더 나아간다면 1780년도는 괴테와 칼 아우구스트 대공 사이에 불협화음이 점점 더 커져가던 시기이다. 괴테는 긴 산행을 통해 바이마르 궁정 내부의 갈등에 의해 야기된 감정의 혼란을 잠시 잊을 수 있었다. 다시 말해 내적인 조화와 휴식에 대한 욕구가 어느 때보다 컸던 시기였고, 이 시는 그 같은 내적인 갈망의 표현이기도 하다.

딜타이가 주장한 작가의 전기적・심리적 상황이나 발생적 동기에 의한 이 같은 이해는 작품의 해석에 도움을 줄 수 있지만(실제로 때에 따라서는 작품 해석에 결정적인 역할을 하기도 한다). 그것은 오히려 부차적인 사항일 경우가 많다. 이 시에서 실제로 말하는 자는 역사적 인물인 괴테라기보다는 그가 설정한 시적 자아이기 때문이다. 독일 서정시 중에서도 가장 순수한 시 중의 하나로 불리는 이 시의 경우, 시적 자아와 작가 사이의 거리는 실제로 그다지 멀지 않다. 다시 말해, 작가와 시적 자아를 거의 동일시할 수 있을 정도로 작가는 자신의 내면을 직접적으로 표출하고 있다. 그러나 이처럼 작가와 시적 자아가 이상적인 일치를 이루어서, 시에 표현된 언술(Aussage)을 작가 내면의 직접적인 반영이라고 부를 수 있는 경우는 실제로 드물다. 이른바 역할시에서나 사물시, 구체시(konkrete Poesie) 등 현대시로 올수록 두 주체 사이의 분리 현상은 더욱 강하게 드러나고, 우리는 대부분 경우 작가의 말이나 의도가 아닌, 그가 설정한 시적 자아의 언술만을 읽을 수 있을 뿐이다. 가장 주관적인 장르인 시문학에서의 상황이 그러하다면 복잡한 이야기층과 훨씬 더 객관적인 구성 원칙을 따르는 서사 문학에서나 극문학에서는 더 말할 필요도 없다. 예컨대, 서사 문학에서는 작가를 대신하는 화자(Erzähler)가 나타나지만, 그는 작중에서 일어나는 모든 것을 알고 조종하는 전지적 관점(auktoriale Perspektiv)이나 작가의 대언자이기를 오래 전에 포기한 채, 개별 인물이나 사물의 관점 속으로 숨어 들어간다. 따라서 하나의 통일된 관점보다는 유동적이고 편린적이며, 상이한 관점들이 뒤섞이거나 교차해서 나타난다. 따라서 해석의 관심은 실제 인물인 작가나 작가의 원래 의도를 추적하는 것에서 오히려 추상적 작가나 화자, 혹은 탈의인화된 구성 기법으로 옮겨지게 된다. 여기서 작가는 이전의 신적인 대언자이기는 고사하고 언술의 완전한 주체일 수 없으며, 다시 말해 작가의 의도가 아닌 텍스트의 의도가 전면에 나타나게 된다. 이처럼 '작가의 죽음'(롤랑 바르트) 이후 '생애와 작품'이라는 연구 모델, 다시 말해 심리적·전기적 동기에 근거한 전통적인 해석학적 연구 방법은 상당히 후퇴하고 있다.

작품(의 언어적 측면)

위에서 인용한 괴테의 시가 가지는 아름다움은 의미론적인 측면 뿐 아니라 오히려 이 시에 내재된 음악성에 있다. 특히나 Gipfeln과 Wipfeln, Ruh와 du, Walde와 balde와 같은 각운(Endreim)이 내적 음악성 외에도 외적인 리듬감을 강화한다.

우선 2행의 Ruh에서 길고 하강하는 u음은 침묵하는 자연의 음가로서 적당하다. 그러나 4행의 du는 같은 각운을 이루지만, 앞의 u처럼 그렇게 깊이 침잠하지 않는다. 2행과는 달리 문장이 완전히 끝나지 않고 다음 행으로 이어지기 때문이기도 하지만, 불안하고 약간은 다급하게 올려진 음가는 평온을 찾은 자연과는 달리 아직도 불안한 인간 존재를 연상시킨다. 그리고 Hauch와 auch, Walde와 bald는 포옹운(umarmender Reim)의 각운쌍을 이루면서 의미론적인 밀접함을 강조한다.

이어지는 7행에서는 일반적으로는 목적어를 취하는 타동사(warten auf)가

"기다려라"(Warte)란 명령형으로 특정 목적어를 가지지 않음으로써 기다리는 대상이 무엇인지 구체적으로 명시되지 않고, 이를 통해 작품의 내포 의미(Konnotation)를 심화시킨다. 또 8행의 '쉬다'(ruhen)는 2행의 Ruhe를 변형시키면서 다시 한 번 반복되면서 이 시의 핵심어를 이룬다.

언어적이고 형식주의적인 분석이 텍스트의 표층 구조에 머물면서 작품의 심층적 이해에 미치지 못한다는 비판이 없지 않지만, 의미 중심적인 해석에 있어서도 음성학적·통사론적·수사학적 고찰, 다시 말해 작품의 형식적인 측면에 대한 연구는 오늘날 필수적인 요소로 받아들여진다. 이처럼 전통적인 해석학과 언어학적·형식주의적, 혹은 기호학적 분석의 결합은 최근 실제 작품 분석에서 두드러지게 나타나는 현상이고, 또 나름대로의 많은 성과를 보여준다.

독자의 위상

위의 시의 핵심을 이루는 "너도 곧 쉬게 되리라"의 해석은 상당히 다의적이다. 우선 여기서 '너'라고 지칭된 대상은 누구인가? 우리는 일차적으로 '너'가 언술의 주체인 시적 자아가 자신을 상대화시켜 2인칭으로 표현되었다고 볼 수 있다. 즉, '너'는 시적 자아의 반영이다. 동시에 독자들은 이 시가 (man과 같은 일반적인 주어가 아닌) '너'라는 2인칭을 사용함으로써 자신에게 말을 걸어오고 있다고 느낀다. 이로써 시적 자아는 독자들에게 의사소통의 직접성과 친밀성을 호소하고, 나아가 자신과의 공감대를 형성한다. 그렇다면 이 '너'는 시적 자아가 의도하는 바를 가장 정확하게 해석할 수 있는 논리적인 가상 독자로 상정된다. 이 추상적인 독자는 이상적인 해석자로 상정됨으로써 작가의 편에 서 줄 것을 당부받는 일종의 공동 작업자이다. 즉, 시적 자아는 독자의 주관에 맡겨진 텍스트의 해석에서 그와의 유대 관계를 통해 일종의 우호적인 공동 작업을 희망하는 것이다. 이는 독자가 더 이상 수동적으로 글을 읽는 수용자의 입장에서 벗어나 적극적인 해석의 동참자로 부름받는 것을 의미한다. 작가가 텍스트의 뒷면으로 물러나 자신의 시에 대한 직접적인 주체자의 기능을 중단하고, 다시 말해 언술의 주체이기를 포기한 데 비해, 한때 '인류의 사제'이자 '교사'였던 이들 작가들에 의해 계몽의 대상으로 여겨졌던 독자가 작품 해석의 중심 기능을 담당하게 된다. 이는 실제 독자들의 사회적인 위상이 높아지고, 그들의 미적 판단 능력 또한 향상된 것과 무관하지 않다.

로만 잉가르덴에서부터 볼프강 이저로 이르는 수용미학의 맥락에서 문학 텍스트는 더 이상 작가에 의해 '유일한' 의미가 부여된 완성된 작품이 아니라 숱한 빈 곳(Leerstelle)을 가진 열린 구조물이 된다. 따라서 독서 행위 또한 작가가 남긴 흔적을 그대로 따라가는 선적(linear) 움직임이 아니라 의미층과 대상층, 그리고 견해층을 종횡으로 넘나들며 새로 구성하는 구체화(Konkretisierung) 혹은 변형(Transformation)의 작업이 되는 것이다 이렇게 작가와 글쓰기의 자리를 대신하여 전면에 나타난 독자와 독서 행위의 개념은 해석의 지평을 엄청나게 열어주는 대신, 그 결과 전통적 해석 방법의 해체를 어느 정도는 예고하고 있다.

해석의 다양성

앞에서 인용된 시의 전체적인 의미, 특히 이 시의 중심이 되는 마지막 2행의 의미는 여전히 밝혀지지 않았다. 지친 방랑으로부터 집으로 돌아와 쉬게 될 때가 곧 오리라는 것인가? 그러나 집으로 돌아가는 것이 휴식을 의미한다면 시의 전면에 부각되는 자연의 절대적 휴식이란 전체 분위기와 완전한 조화를 이루지 않는다. 한발 더 나아가 이를 자연으로 돌아가 영원한 휴식을 취하는 죽음으로 생각해 볼 수 있다. 그렇다면 영원한 안식으로서의 죽음의 메타포인가? 그도 아니면 괴테가 태생적으로 안고 있던 죽음에 대한 불안에서 나온 갈망의 표현인가?

  이 휴식의 의미에 대한 결론은 여전히 열려 있는 상태다. 작가 자신은 더 이상 그것에 대한 답을 줄 수가 없다. 그렇다면 예술 작품은 새로운 견해에 대해 항상 열려 있으며, 한 가지 개념적인 결론으로 환원시키는 것은 불가능해진다. 해석의 다양성이야말로 문학 텍스트가 가지는 미적 특성이기 때문이다. 따라서 작품 해석에 '유일하게' 옳은 해석이 존재한다고 말할 수는 없다. 그렇다면 해석이란 독자의 무한한 자의성에 내맡겨지며, 거기에는 어떠한 판단 기준도 존재하지 않는가? 부단하게 제기되어 온 이 비판적인 질문에 대해 움베르토 에코는 어떤 것이 올바른 해석인가 하는 질문보다는 오히려 틀린 해석을 골라내는 작업이 효과적이라고 충고한다. 어떤 해석이 최선의 것인지를 가려주는 규칙은 없지만 적어도 어떤 해석이 잘못된 것인지를 가려내는 것은 가능하기 때문이라는 것이다.

6. 문학 해석학 비평의 검토

  1940년대에 들어서 문학 연구 방법론은 사회학적 혹은 사회주의 비평, 형식주의 비평, 구조주의 비평, 심리주의 비평, 신화·원형 비평, 전기 비평 등 여러 가지 상이한 조류들이 복잡하게 병존하는 현상을 가져 왔지만, 어떤 문학관과 방법론을 취하든 작품에 대한 이해가 선행되어야 한다는 점에서 문학 해석학적 방법론의 의의는 무시될 수 없다.

  문학 작품은 그 자체가 살아 움직이는 상황 맥락에서 존재하며, 독자나 해석자도 항상 역사적이고 개별적이라는 인식이 해석학적 비평의 전제이다. 따라서 문학 작품의 해석과 평가는 우선적으로 언어적·문학적 관습에 의해 제한 받는 언어 의미의 이해와, 다음으로 상황 맥락에 따라 변화하는 의의의 판단을 동시에 요구하게 된다. 해석학적 비평이 언어 사건으로의 텍스트와 상황 맥락으로의 텍스트를 포괄한 실체를 대상으로 하는 이유도 여기에 있다.

작가의 지평과 해석자의 지평, 또는 텍스트 지평과 해석자의 지평 사이에 필연적으로 존재하는 역사적 거리를 지평 융합을 통해 극복하려는 노력이 해석학적 비평의 중심 공적이다. 하나의 작품을 이해하는 것은 곧 그것을 체험하는 것이며, 이 체험은 결국 살아 있는 역사적 인간에게 발생하는 행위이다. 무엇인가를 이해 혹은 체험할 때 발생하는 것은 '항상 이미' 어쩔 수 없이 어떤 상황에 처하게 되기 때문에, 이미 어떤 역사성의 특정한 범위 내에 머물러 있게 되는 것이다. 개별적인 문학 작품은 각기 독특한 특성을 지닌 개성적 존재이면서 동시에 문학 작품이기 때문에 갖는 전체적인 관련성 하에서의 일반성을 지닌다. 또한 문학 작품의 역사적 관련성이나 전체적 의미는 언제나 새로운 해석을 요구한다. 왜냐하면 의미 관련성이란 어느 시대를 막론하고 일반적·객관적으로 규정될 수 있는 그 스스로의 존재가 아니고 역사적 발전에 따라 변화하기 때문이다. 이처럼 해석학적 비평은 문학 작품이 개성적 존재이면서 동시에 역사적 관련성을 지닌다는 두 가지의 명제를 근간으로 해석학적 관점을 실재의 문학 비평에 적용하려는 시도이다.

해석학이 이해의 기술에 대한 학문인 것처럼 해석학적 비평도 문학 작품을 이해하고 해석하는 구체적 방법론에 대한 이론은 아니다. 그것은 문학 작품을 이해하고 해석하는 과정에 관련된 관점의 문학이다. 이러한 해석학 또는 해석학적 비평의 본질 때문에, 해석학적 비평의 구체적이고 일반화된 방법론을 설정한다는 것은 이미 그 자체가 모순이다. 그러나 문학 작품을 이해하고 해석하는 데에 있어서 이 해석학적 조망이 문학의 특수한 진리를 확인하거나, 문학 작품을 다른 어떤 것으로가 아닌 바로 문학으로 이해하는 근본적인 관점을 제시해 주고 있는 것은 명백하다. 따라서 해석학적 비평의 방법론을 설정한다는 것은, 어떤 과학적인 것으로 문학 작품을 개념화하고 분석한다는 것은 아니다. 그것은 문학 작품을 다른 어떤 것으로가 아닌 문학으로 이해하고 판단해야 한다는 본질적 측면에서 타당한 관점을 설정하는 작업이다.

이러한 문학 해석학적 사고는 무엇보다도 해석의 기본이 되는 '해석학적 순환'의 순환 구조적 특성으로 파악할 수 있다. 이 순환 구조를 형성하는 것은 인식의 객체면에서 본 '문헌학적 원'과 인식의 주체면에서 본 '이해의 역사성의 원'이다. 문학 작품은 우선 개별성과 전체성의 상호 해명에서부터 이해된다. 문학 작품은 개성적 존재이면서 동시에 보편성을 띠고 있기 때문이다. 여기에서 문학 작품의 종합적 해석이 요구된다.

그러나 문학 텍스트의 해석에는 텍스트 자체의 역사성과 함께 텍스트와 해석자 사이의 역사적 거리감이 문제가 된다. 여기에 역사적 해석의 문제가 생겨난다. 이보다 더 중요한 문제는 해석자 자신의 역사 의식이다. 인식 주체자의 상황과 지평에 따라 텍스트의 해석이 달라지기 때문이다. 정신 과학적 이해로서의 문학적 해석은 결국 텍스트와 해석자 간의 끊임없는 순환 작용에 의해 가능해진다고 할 수 있다. 또한 해석에 있어서 작가의 창작 체험을 함께 하는 일이 과연 가능한가 하는 것이 문제로 제기될 수 있을 것이다.

전통적인 해석학을 가장 과격하게 비판해 온 이론가는 포스트모더니즘 계열의 문예학자들이다. 수잔 손탁(Susan Sontag)은, 해석이 독자들로 하여금 나름대로 작품을 감상하고 그들의 미적 체험을 도와주는 것이 아니라, 오히려 작품 자체로의 접근을 방해하고 심리적으로 위축시킨다고 주장한다. 따라서 그녀는 전문 용어로 무장한 이론에 물들지 않은 순수한 글읽기를 주장하고 해석 대신 단순한 기술(Beschreibung)을 요구한다.[10] 작품의 해석을 문예학이란 이름으로부터 해방시키고, 객관성을 추구하는 학문이기 이전에 독자적인 미적 체험으로 돌아가자는 그녀의 입장은 많은 부분에서 공감을

---

10) S. Sontag, *Kunst und Anti-Kunst. 24 literarische Analysen*, München/Wien, 1980, S. 21.

준다.

또한, 1980년대 이후 생겨난 구성주의(Konstruktivismus) 이론가들 역시 문학 해석학에 비판을 가한다. 구성주의자들은 해석학이 여전히 주관적이고 감정적인 판단에 내맡겨진 채 엄격한 학문적인 논리 체계를 갖추지 못하고 있다고 비판한다. 한 작품에 대한 주관적이고 심리적인 해석은 진위의 판단 기능을 가지고 있지 않을 뿐만 아니라, 해석 자체가 주관성에 빠질 위험성 또한 내포하고 있다는 것이다. 또한 구성주의자들은 해석학이 일차적으로 문학 텍스트를 다루어야 한다는 전통적 시각에 비판을 가하면서, 그 대신 문학 체계와 학문 체계라는 개념을 도입한다. 문학 체계란 문학 주체자들의 생산과 전달, 수용과 정리 작업과 같은 참여 행위를 포괄한다. 즉 텍스트 중심의 문학에서 벗어나 작가, 출판인, 독자, 비평가, 해석자 등과 같은 주체자들 사이에서 일어나는 '주체—텍스트—컨텍스트—신드롬'과 같은 요소에 초점을 맞추고 있는 것이다. 이 같은 행위들은 다시 상위 개념인 학문 체계에 의해 평가되고 기술되는데, 학문 체계에서는 문학 체계에 대한 분석 행위가 이루어진다. 다시 말해 구성주의자들은 문학에 사회과학적인 현장 개념과 경험적인 요소를 도입해야 한다고 주장하고 있는 것이다.

현대에서 가장 요청되는 해석의 형태는 실존 해석이다. 해석의 궁극적 목표가 인간과 세계에 대한 이해라면 실존 철학에서 말하는 주체적인 자아와 실존의 근거인 세계에 대한 해석은 나의 의미와 세계의 의미를 확보한다는 차원에서 철학의 핵심적인 주제를 구성한다. 실존 해석 역시 해석이라는 의미에서 실존이라는 텍스트를 갖는다. 실존은 주체적인 경험과 결단을 전제로 한다. 그러나 실존은 그때마다 주체적으로 자신을 정립하는 순간적인 결단이기 때문에 경험의 내용을 이해하며 이해된 사실들을 통하여 새로운 해석의 가능성을 기대하기에는 많은 난점이 따른다. 해석의 새로운 가능성이 앞으로 경험하게 될 사실에 대한 선이해를 구성하여 경험된 내용의 해석을 위한 새로운 지평을 확장하고 확보하는 것이라면 주체적인 자아를 분석하고 해석하는 기술은 여전히 요구된다고 할 수 있다. 이러한 근거는 다시 슐라이어마허의 언어 해석학에서 찾을 수 있다.

해석학은 오늘날 현대 독일 철학뿐만 아니라 서양 철학 전체가 관심을 갖는 중요한 분야 중의 하나이다. 그러나 그만큼 해석학에 대한 비판도 적지 않다. 해석학이 미래의 과제가 되기 위해서는, 해석학 철학은 이해를 보편적인 것으로 파악하고, 설명이란 것을 단순하고 파생적인 극단의 경우로 파악하는 철학적 해석학 이상의 그 어떤 것이 되어야만 할 것이다.

■ 참고문헌

Altenhofer, Norbert, *Geselliges Betragen-Kunst-Auslegung*, Anmerkungen zu P. Sz ondis Schleiermacher-Interpretation und zur Frage einer materialen Hermeneutik, In : U. Nassen(Hrsg.), Studien zur Entwicklung einer materialen Hermeneutik, München 1979.

D. Bohler, *Philosphische Hermeneutik und hermeneutische Methode*, In : Hartung u a. (Hg), *Fruchtblatter, Berlin* 1977. S.15~43.

D. Freundlieb, *Zur Wissenschaftst hearie der Literaturwissenschaft*, München, 1978.

D. Gebhardt Harth, P(Hg.). *Erkenntnis der Literatur*, Stuttgart, 1982.

D. Kimpel, *Transzendental-hermeneutische Literaturwissenschaft*, In.D.K./B. Pinkerneil (Hg.). *Methodische Praxis der Literaturwissenschaft*, Kranberg/Ts, 1975.

Dannenberg, Lutz · Müller, Hans-Harald(Hrsg.), Wissenschaftstheorie, Hermeneutik, Literaturwissens Anmerkungen zu einem unterbliebenen und Beiträge zu einem künftigen Dialog über die Methodologie des Verstehens, In : DVjs. 1984.

H. Birus, *Hermeneutische Positionen*, Göttingen 1982.

H. Flashar, u.a. (Hg):*Philologie und Hermeneutik im 19, Jahrhundert*, Göttingten 1979.

H. G. Gadamer, *Vom Zirkel des Verstehens*, In : G Neske(Hg.) ,*Martin Heidegger zum 70, Geburtstag*, Pfullingen 1959, S. 24~34.

_____, *Wahrheit und Methode*, Tübingen. 1975.

H. Göttnet, *Logik der Interpretation*, München, 1973.

H. Kimmerle, *Philosophie der Geisteswissenschaften als Kritik ihrer Methoden*, The Hague, 1978.

J. C. Maraldo, *Der hermeneutische Zirkel*. Freiburg/München, 1974.

Japp. Uwe, *Hermeneutik*, Der theoretische Diskurs, dis Literatur und die Konstruktion ihres Zusammenhanges in den philologischen Wissenschaften, München, 1977.

M. Geier, *Methoden der Sprach-und Literaturwissenschaft*, München, 1983.

Manfred Frank, *Das individuelle Allgeneine*. Textstruktuierung und Textin terpretation nach Schleiermacher, Frankfurt am Main, 1977.

Ulrich Nassen(Hrsg.), Studien zur Entwicklung einer materialen Hermeneutik, München, 1979.

Peter Szondi, Über philologische Erkenntnis. In: P.S., Schriften I Ffankfurt am Main 1978, S. 263~286.

고위공, 『해석학과 문예학』(증보판), 나남출판사, 1989.

Ⅶ. 페미니즘 비평

1. 페미니즘 비평의 출발과 개념

  페미니즘은 각각 그 특정한 입장을 강조하면서 여성주의, 여권주의, 여성해방주의, 여성중심주의 등의 이름으로 불린다.
  창세기 성서의 헤브류 신화에 의하면, 여자는 남자의 갈빗대로 만들었다. 또한 일찍이 아리스토텔레스적 전통에 있어서, 여성은 여성이 아니라 결함이 있는 남성, 즉 그녀가 결핍하고 있는 것에 의해 정의되는 예외적 동물(animal occasionatum)이다. 이와 같이 여성은 한 부분이 모자란 채 역사에 등장했는데, 그것은 성 바울에 따르면 머리이고 프로이트에 따르면 남근이다.[1] 따라서 페미니즘 비평은 여성이 남성과 차이 있는 존재로서가 아니라, 차별적으로 열등하게 취급당하였다는 점, 또한 문학 중심으로 볼 때, 여성 작가들과 독자들은 언제나 불리한 입장에서 일해 올 수밖에 없었다는 현실의 자각을 그 출발점으로 한다. 그리고 페미니즘은 이러한 사회의 모순 속

---

1) K. K. 루트벤(김경수 역), 『페미니스트 문학비평』, 문학과비평사, 1989, p.36 참조.

에 특수한 형태로 내재해 있는 여성 문제를 포착해 내고 올바른 전망을 제시하려는 일련의 움직임을 지칭한다. 나아가 페미니스트 문학 비평은 여성해방 운동의 기저가 되는 여권 의식이 문학 비평의 영역으로 확장되어 나타난 새로운 문화 현상이다.

페미니즘 문학 비평은 일반적으로 여성에게 조건지어진 금기들을 깨뜨리고 문학 형식으로 나타난 여성의 체험을 이해하기 위해서 기존의 문학 비평과 이론들을 재평가하고 재규정하는 작업이라고 할 수 있다. 이 같은 작업은 여성에 대한 관심에서부터 출발하여, 기존의 문학 작품 속에 나타난 혹은 나타나지 않은 여성 인물들에 대한 관심을 갖고, 여성 인물들이 드러내 보이지 않는 제반 기제들을 노출시킨다. 나아가, 여성 작가와 여성 독자의 입장을 이해하려 노력하면서 지금까지 무비판적으로 받아 들여져 왔던 가치와 개념과 입장을 여성의 관점에서 새롭게 정의하려는 노력으로 이어진다.

페미니즘 비평에 대하여 매기 험(Maggie Humm)은, 여성의 글과 지적 능력에 대한 새로운 인식과 함께 남성들에 의해 지도가 만들어지고 식민지화된 문학 비평 영역 전체를 재평가하는 작업이라고 말한다. 동시에 문학 비평 언어를 권력과 소유의 언어에서 정서와 돌봄의 언어로 바꾸는 작업이라고 덧붙인다.[2] 나아가 매기 험은 페미니즘 문학 비평의 기본 전제로 다음 세 가지 요소를 꼽고 있다.[3]

첫째, 글쓰기란 가부장제 이데올로기라는 상징적 목적을 위해서 성차이를 조작하므로, 문학과 비평은 이데올로기적이다. 그리고 글읽기와 글쓰기에 있어서 성차이에 대한 경험은 문체로 상징화되고 문체는 이데올로기의 표현이다. 때문에 페미니스트 비평에서는 작가의 이데올로기적 규명 작업을 해야 한다. 둘째, 성과 관련된 글쓰기 전략에 있어서 여성 체험의 차이를 단

---

2) M. Humm, *Feminist Criticism : Women as Contemporary Critics*, The Harvester Press, 1989, p.6 참조.
3) *Ibid.*, pp.8~9 참조.

순화시키는 것이 아니라 오히려 그 다양성을 강조하는 여성 글쓰기의 특성을 인정한다. 셋째, 여성의 글쓰기 양식을 열등한 것으로 규정짓는 전통적인 장르 구분의 적합성을 의문시하고 기존의 문학 비평 전통 안에 페미니스트 비평을 확립시킬 필요성을 인식한다는 것이다.

　페미니즘 문학 비평은 이 같은 전제 위에서 여성을 중심부에 놓는 작업으로, 이것은 기존의 문학 비평에 대한 비판에서 출발한다. 따라서, 남성 작가들의 텍스트를 재검토해서 문학 속의 성차별화 현상과 여성이 문화와 사회적인 억압에 갇혀있는 모습을 드러내는 동시에, 그간 잊혀지거나 무시되어 온 여성 문학을 기존의 전통 안에 확립시키는 작업이 그 주된 관심이 된다. 이 같은 기본 작업을 거친 후 페미니즘 비평은 성차이를 인식하고 여성에 의한 언어로 작가와 독자가 새로운 공동체를 형성하는 작업을 통해서 작가와 독자와 작중 인물 사이의 관계에 대해 새로운 관점을 부여하게 된다. 페미니즘 비평은 이러한 목적을 위해서 다양한 기존의 방법들을 이용하거나 새로운 페미니스트 미학을 창출하는 작업을 지속해 오고 있다.

　페미니즘 비평은 1930년대 이래 문학 연구의 자율성에 도전해 왔던 두 개의 새로운 지식, 즉 마르크시즘 및 정신분석학과 동일선상에 서게 되는 것인데, 이들은 문화적인 것이 먼저 생산되고 차후 비판적 담화 속에서 이미 구성된 문화에 근거하여 지식이 재생산되는 물질적, 무의식적 조건에 초점을 맞추는 것이다. 버지니아 울프(Virginia Woolf)의 『자기만의 방』(*A Room of One's Own*, 1928)은 비록 전통적인 의미에서 이론적 저작은 아니지만 여성 문학 연구의 출발점이자 페미니즘 비평의 시작으로 다루어진다. 이러한 다양하고 활발한 논의를 거쳐, 본격적인 페미니즘 비평의 출발은 60년대 미국에서 활발하게 전개된 베트남 전쟁 반대 운동과 흑인 인권 운동, 신좌파 운동을 통해서 큰 영향을 받는다. 이들 운동을 바탕으로 기존의 가치관을 새롭게 조명하는 계기가 마련되면서 여권 문제가 중요한 관심사로 부각된 것이다. 또한 사상적으로는, 실존주의적 입장에서 여성해방 사상을 전개했던 시몬느 드 보봐르(Simone de Beauvoir)의 영향을 받는다. 보봐르의 『제2의 성(性)』(Le Deuxième Sexe, 1949)은 여성에 대한 봉건주의적 해석을 송두리째 뒤흔들어 놓았고, 성의 투쟁이라는 급진적 해결책을 제시한다.

당시 미국 여성들은 전후의 사회 변동 속에서 단절된 삶에 대하여 깊은 불만을 나타내고, 사회 참여의 기회를 박탈당한 채 남성 지배의 가족 제도 하에서 자신들의 삶이 한정당함으로써 자기 분열과 자아 상실이 발생한다고 인식하였다. 그리하여 페미니즘은 가장 자연스럽고 유기체적인 방식으로 주체성과 정치가 한데 모아지는 영역이 된다. 따라서 지금까지의 문학 비평과 이론들이 지니는 동일한 지향성이나 입장과는 달리 여러 가지 입장을 원용하고 절충하는 융통성과 다원적인 구조를 그 주된 특징으로 하게 된다. 여기서 페미니스트들은 급진적인 실천 이론의 무기를 발견할 수 있었던 것이다. 울프와 보봐르의 페미니즘을 잇는 케이트 밀레트(Kate Millett)의 『성의 정치학』(Sexual Politics, 1970)이 그것이다. 여기서 밀레트는 양성(兩性)간의 관계는 개인적·사회적인 것일 뿐만 아니라 분명히 정치적인 것임을 밝히고 있다. 나아가 남성과 여성의 관계는 불평등한 것으로서 남성들은 가부장제라는 제도를 통해 여성의 지배를 유지하는 동시에 더욱 공고히 한다는 점을 주장하고 있다.

이러한 사회적인 배경으로 출발한 페미니즘 비평은 일반적으로 다음 세 가지의 관점에서 여성을 인식하는 것으로 드러난다. 첫째, 여성의 개인적 집단적인 독자성·특수성·주체성을 인정하여 생산물의 가치로서가 아니라 하나의 독립된 존재로서 여성의 고유한 역할이 이해되어야 한다. 둘째, 여성의 인간적 존엄성과 권리를 왜곡하는 문화적 편견이나 오류를 거부한다. 셋째, 사회 구조 및 여러 가지 조건들이 여성의 삶을 억압해 왔음을 인식하고 억압의 조건들을 변화시킴으로써 더불어 여성의 지위를 변화해야 하며, 또한 여성은 그 변화를 위하여 주체적이며 능동적으로 노력해야 한다는 것이다.

2. 페미니즘 이론의 다양성

페미니즘 이론의 전개는 매우 다양하게 논의되면서 그 이론들이 서로 모순을 일으키기도 한다. 이러한 가운데 페미니즘 비평의 이론 전개 과정은 대체로 두 가지 흐름의 양상을 띠고 있음을 볼 수 있다. 그 하나는 페미니즘이 취하는 다양한 정치적 입장에 근거한 이론들이고, 다른 하나는 기존 이론의 틀을 벗어나서 여성 글쓰기의 고유 영역을 설정하고 그 특징을 이론적으로 체계화한 것이다.

페미니즘 비평의 두드러진 특징 가운데 하나가 기존의 문학 이론을 다양하게 적용한다는 점은 이론의 전개와 밀접한 관련을 맺고 있기도 하다. 따라서 K. K. 루스벤(Ruthven)은 페미니즘 비평 이론을 각각 사회적 페미니즘, 기호학 페미니즘, 심리학 페미니즘, 마르크스주의 페미니즘, 레스비안 페미니즘, 흑인 페미니즘, 그리고 이상의 여러 가지 방법을 혼용해 사용하는 사회—기호—정신분석—마르크스 페미니즘 비평 등으로 분류하고 있다.[4] 또한 빈센트 라이치(Vincent B. Leitch)는 실존주의 페미니즘, 독자수용 페미니즘, 해체주의 페미니즘, 신화비평 페미니즘, 제3세계 반식민지 페미니즘, 후기구조주의 페미니즘 등으로 구분한다.[5] 그리고 로즈메리 통(Rosemarie Tong)은 자유주의 페미니즘, 마르크스주의 페미니즘, 급진적 페미니즘, 정신분석학적 페미니즘, 사회주의 페미니즘, 실존주의 페미니즘, 포스트모던 페미니즘 등으로 나누고 있으며,[6] 한편 앨리슨 재거(Allison Jaggar)는 자유주의 페

---

4) K. K. Ruthven, *Feminist Literary Theory* : An Introduction, Cambridge : Cambridge U.P., 1988 참조.
5) Vincent B. Leitch, *American Literary Criticism : from the Thirties to the Eighties*, N.Y : Columbia U. P., 1988 참조.

미니즘, 문화적 페미니즘, 유물론적 페미니즘 등으로 분류한다.[7]

그런데 이들 이론 체계들은 여성운동을 보는 관점에 따라 일관성 있게 분류·발전되었다기보다, 상호 혼재하여 영향을 주고받는 관계에 있다. 신좌익에서 탈퇴하면서 출발하여 급진성을 띠었던 미국의 페미니스트들은 후에 프랑스 페미니즘 비평에 영향을 받아 여성성을 적극적으로 강조하여 여성만의 독자적인 문화를 발굴하고 함양할 것을 주장하는 급진주의적 페미니즘을 전개하였다. 한편 프랑스의 페미니즘은 데리다(Jacques Derrida)와 라캉(Jacques Lacan)의 해체주의 및 정신분석학에 영향을 받으며 이론적 발전을 이루었다. 여성 억압 문제를 계급 문제나 인종 문제 등 여타의 억압 관계와 관련시켜 보고자 했던 영·미의 사회주의적 페미니즘 비평도 하나의 중요한 조류를 이루고 있다. 이와 같이 페미니즘 이론의 전개는 그 수용 과정에서 어느 정도 서로 중복 현상을 보여주면서 다양한 양상으로 전개되어 왔다. 그러나 다양함 속에서도 여성에 대한 차별과 억압에 저항하고 여성의 권리와 평등을 추구한다는 점에서는 공통점을 보여주고 있기도 하다.

(1) 자유주의적 페미니즘

자유주의 페미니즘은 인본주의 사상과 보편적 가치에 근거해서 여성과 남성의 동등함을 강조한다. 그리하여 기존 가치의 틀 안에서 혁명이 아닌 점진적인 개혁을 통해 여성의 사회적 성취를 획득하고, 여성의 문제를 집단이 아닌 개인의 차원에서 접근하는 방식을 취한다. 따라서 기존의 사회 체계와 정치 체계를 급격히 바꾸지 않으면서 완전한 기회의 평등을 보장하거나 여성들을 가정 밖의 공적 영역에 완전히 통합시키는 것을 목적으로 한

---

6) Rosemarie Tong, *Feminist Thought : A Comprehensive Introduction*, Boulder & San Francisco : Westview Press, 1989 참조.
7) Allison Jaggar, *Feminist Politics and Human Nature*, Totowa, N. J. : Rowman & Allenheld, 1983 참조.

다. 이들이 여성을 억압하는 기제로서 거론하는 것은 주로 법 체계의 불평등, 교육과 취업의 불평등, 억압적 성규범을 비롯한 성차별 제도, 여성을 구속하는 가사 노동의 전담 등이다. 이러한 맥락에서 자유주의 페미니스트들은 교육, 고용, 승진, 노동 등에서 발생하는 성차별의 철폐를 주장하고 참정권 획득을 위해 법률과 제도를 개선하는 일을 핵심적 목표로 삼았다.

자유주의 페미니즘은 영국 빅토리아 시대의 대표적 여권 운동가인 메리 울스턴크라프트(Mary Wollstonecraft)의 『여성의 권리 옹호』(*A Vindication of The Rights Women*), 존 스튜어트 밀(John Stuart Mill)의 『여성의 종속』(*The Subjection Women*)에 나타난 사상에서 그 기원을 찾는다. 이들의 주장은, 여성의 종속은 기존의 공적 세계에로의 진입이나 사회적 성공을 근본적으로 막는 관습적이고 법적인 제약에서 기인한다는 것이다. 따라서 사회가 지적이고 신체적 열등성을 이유로 공적 영역에로의 참여를 제약하는 편견을 버리고 여성에게도 남성과 동등하게 교육받을 권리와 시민으로서의 권리를 부여하여 성차이에 대한 평등함을 실천할 것을 주장한다.

이와 같이, 자유주의 페미니스트들은 법과 교육을 통해 자유와 평등과 공정성을 획득함으로써 여성 해방이 가능하다고 본다. 이러한 자유주의 페미니즘은 여성의 억압을 가장 먼저 포착하여 쟁점화했으며 경험적 차원에서 법적, 제도적 불평등을 해소하려 했다는 점에서 공헌했다. 그러나 자유주의 페미니즘은 성차별을 부분적인 제도나 관행상의 결함으로 지적할 뿐 그것을 구조적인 시각에서 체계적, 총체적으로 이론화하는 데는 미흡하다고 지적할 수 있다. 즉, 성차별이 발생한 역사적 규명이나 문제점들을 완전하게 파악하지 못한 것이다. 뿐만 아니라 이들이 주장하는 여성의 권익이 인류 전체 여성이 아닌 일부 여성, 곧 어느 정도 자리를 잡은 백인 중산층 여성을 주요 대상으로 삼았다는 점도 한계점으로 지적된다.

(2) 사회주의 페미니즘

급진적 페미니즘은 신좌익 운동에 가담한 여성들에 의해 형성된다. 그들은 평등주의와 인본주의라는 도덕적 기반하에 동참한 남성들로부터 가정적인 봉사 및 성적 봉사를 강요받고 있다는 모순에 대항하여 신좌익으로부터 탈퇴를 선언한 것이다. 그들은 자본주의 등의 경제 체제가 여성 억압의 원인이라고 믿지 않았으며, 문제가 되는 것은 경제가 아니라 가부장제라고 믿었다. 이러한 전제하에 출발한 것이 급진적 페미니즘이다. 이에 반하여 마르크스주의 페미니즘은 사회주의 혁명을 통해 여성 해방의 과제가 해결될 수 있다고 믿었으며, 성차별 문제보다 자본주의 타도가 더욱 본질적임을 재천명하였다.

급진적 페미니즘과 마르크스주의 페미니즘은 서로 이론을 주고받으면서 사회주의 여성 해방론으로 통합된다. 이러한 입장에서 전개된 페미니즘 비평은 여성과 문학의 관계를 사회적·경제적 토대에서 탐색하면서 새로운 리얼리즘 문학을 추구하게 된다. 따라서 사회주의 페미니즘은 계급뿐만 아니라 성별도 여성 억압을 설명하는 데 거의 동등한 역할을 한다고 믿는다. 다시 말하여 사회주의 페미니즘은 자본주의, 남성 지배, 인종 차별, 제국주의 등을 분리할 수 없는 문제라고 파악하고 있기 때문에 자본주의 체제와 남성 지배에 대한 총체적 이해를 위해서 이들 사이의 긴밀한 관계에 주목하게 된 것이다.

사회주의 페미니스트들의 판단은, 급진적 페미니즘은 여성들 내부의 계급적 차이에 대해 배려하지 않으며 그들이 내세우는 가부장제 개념도 몰역사적이라고 주장한다. 그래서 사회주의 페미니스트들은 가부장제에 역사성을 부여하고 유물론에 성이라는 범주를 적극적으로 끌어들이는 이론을 펼치고자 한다. 이는, 가부장제만을 여성 억압의 체계로 보는 급진주의적 입장이나 여성 억압을 낳는 근본을 자본주의제로 보는 마르크스주의적 입장과는 달리, 여성 문제 자체가 가부장제와 자본주의제의 결합에서 복합적으로 발생한다고 보는 입장이다. 때문에 이들에게는 성행위와 출산 역시 물적 토대의 일부에 해당한다는 믿음에서 자유로운 생산 노동 이외에도 자유스러운 성적 표현이나 임신, 육아, 양육 등을 통한 잠재력의 실현을 궁극적인 목표로 삼는다.

이런 관점에서, 사회주의 페미니즘은 성이라는 분석 도구를 계급이라는 도구와 접합시킨다. 그리하여 사회주의적 변혁을 지향하여 기존의 계급 운동이나 사회 운동과 연대하면서도, 한편 모든 계급의 여성을 망라하는 여성들만의 독자적인 조직 또한 인정한다. 그러나 사회주의 페미니즘은 자본제와 가부장제의 결합 관계, 그리고 그러한 것이 여성 억압과 어떻게 연결되는가에 대한 구체적인 분석에는 충분한 합의나 해명에 도달하지 못하고 있다. 그리고 기존 계급 운동과의 제휴가 느슨해지는 과정 속에서 비정치화되면서 큰 영향력을 행사하지 못하게 된다. 이러한 상황에 부딪쳐 사회주의 페미니즘은 급진적 페미니즘이나 마르크스주의 페미니즘의 주장을 크게 벗어나지 못했다. 또한 성과 계급 사이의 상호 관계를 설정하거나 거기서 더 나아가 인종과 민족 문제를 포괄하여 그 우선성을 매기는 데 실패했다는 지적을 면하지 못했다.

(3) 포스트모던 페미니즘

최근까지 포스트모던 페미니즘은 특히 영미에서 '프랑스 페미니즘'이라고 일컬어졌다. 왜냐하면 이 사상을 표명한 여성들이 대부분 프랑스 인들이거나 프랑스, 특히 파리에 거주하고 있는 여성들이기 때문이다.

포스트모던 페미니즘은 정신분석학적 페미니즘과 실존주의 페미니즘의 시각을 바탕으로 하여 포스트모더니즘과 페미니즘을 접합시킨 이론이다. 그 하나는, 타자의 중요한 범주로 여성을 부각시킴으로써 지배적인 언어 질서에서 억압되어 온 여성성을 적극적으로 강조하는 이론이다. 다른 하나는, 포스트모더니즘의 공통적인 특징인 이항대립성과 자기 동일적 정체성에 대한 비판을 여성에게 적용하여 여성이라는 범주 자체를 해체하려고 시도하는 이론이다. 왜냐하면, 여성이라는 범주 자체가 남녀 이분법을 전제한 것이며 근대적인 자기 동일적 주체를 설정하는 것이기 때문이다.

포스트모더니즘과 페미니즘 사이의 관계는 긍정적인 입장, 부정적인 입장, 유보적이고 절충적인 타협 등으로 의견이 나누어진다. 긍정적인 입장의 이론적 바탕은 그 둘 모두가 '남성성/여성성' '예술/삶' '고급 문화/대중 문화' '중심/주변'의 경계를 무너뜨렸다는 데 있다. 차이를 주장하고 총체화하는 메타―내러티브(meta-narrative)를 거부하며, 무엇보다도 재현(representation)의 문제에 내포된 권력 구조를 비판한다는 점에서, 페미니즘을 대표적인 포스트모더니즘의 현상으로 파악하는 것이다. 그리고 여성들이 처해 있는 지점인 '없음―주변―타자'에 대한 페미니즘적 통찰은, 가부장적 지배 담론인 '통제―명징성―합리주의'의 이론보다 더 현실적이고 정치적인 신뢰성을 가지고 있다는 데서 포스트모더니즘과 페미니즘 사이의 접합점을 제공하고 있기도 하다. 따라서 포스트모던 페미니즘은 이제까지 믿어왔던 명백한 진리를 해체하고 지배적인 사상과 문화의 형식들을 약화시키고자 노력한다. 나아가 가부장적이고 지배적인 담론을 폭로하고 그 가치를 떨어뜨리는 것을 목적으로 삼는다.

반면, 부정적인 입장은 공통점에 관심을 두는 것보다 차이점에 초점을 맞춘다. 이 이론에 따르면, 페미니즘은 포스트모던한 사회에 나타나는 특질이기보다는 계몽주의적 모더니즘의 한 분파에 불과하다는 것이다. 곧, 페미니즘은 현실에 대한 이해나 이데올로기적인 관계로부터 자유롭지 못하고, 반면 포스트모더니즘은 그것들로부터 자유롭기 때문에 서로 차이점이 발생한다는 견해이다. 또한 페미니즘이 포스트모더니즘을 수용하면 추상적이고 본질적인 여성화를 꾀하게 됨으로써 패배주의에 빠질 위험이 도사리고 있다는 점에 문제를 제기한다. 포스트모더니즘 자체가 비역사적이고 무분별한 상대주의나 무비판적인 다원주의에 빠져 정치적으로 애매모호한 입장을 취하고 있는 반면, 페미니즘은 분명하고 명확한 정치적 의제를 갖고 있다. 때문에, 포스트모더니즘은 강력하게 정치적인 입장을 표명해야 할 페미니즘을 제대로 대변해 주지 못한다는 것이다.

한편, 절충적인 입장은 포스트모더니즘의 거대한 이론 비판이나 탈위계적 성격이 억압 진단의 해방에 기여한다는 긍정적 측면을 받아들인다. 동시에 모든 주체의 해체를 선언하는 포스트모더니즘의 논리가, 이제 겨우 주체로 등장하기 시작한 여성을 무장 해제시킨다는 부정적 측면을 인정한다.

이러한 여러 방향을 보이는 포스트모던 페미니즘은 탈중심주의나 다양성, 차이의 강조를 통해 과거 여성 억압의 조야한 원칙론을 극복하게 해주었다는 점에서 그 의의를 찾을 수 있다. 페미니즘과 포스트모더니즘이 길 조화되면, 여성이 지닌 남성과의 차이점뿐만 아니라 여성들 사이에서도 인종과 계층에 따라 다양하게 존재하는 차이점을 구체적으로 밝혀낼 수 있을 것이다. 그러나 동시에 여성 억압의 본질을 찾으려는 노력 자체를 무용하게 함으로써 페미니즘 바탕에 존재했던 입장 차이 그리고 기존의 논의에 혼란을 야기하게 할 수 있다는 한계점을 간과해서는 안 된다. 따라서 페미니즘은 포스트모더니즘의 무분별한 상대주의나 다원주의를 극복해야할 과제를 안게 된다. 진리나 현실 인식을 가능하게 하는 비판적이고 합리적인 판단 능력을 송두리째 부정해버림으로써 또 다른 비합리주의에 빠질 위험이 있기 때문이다. 그러나 포스트모던 페미니즘에 대하여 온갖 비판이 제기되었다 하더라도, 그것은 현대의 페미니즘 사상에 가장 흥미로운 발전 양상이라고 할 수 있다.

(4) 에코 페미니즘

에코 페미니즘은 생태학과 여성론이 결합한 것이다. 이 용어는 프랑스의 프랑수아 드본드의 저서『여성해방인가 아니면 죽음인가』(1974)에서 처음으로 등장한다. 이후 70년대 말부터 본격적으로 에코 페미니즘의 용어가 사용되어 마리 델리(Mary Daly)의『여성과 생태학』(1978), 수잔 그리핀(Susan Griffin)의『여성과 자연』(1978), 캐롤 머전트(Carolyn Merchant)의『자연의 죽음』(1980) 등의 저서가 출간되면서 이 저서들은 후기 에코 페미니즘의 발전에 지대한 영향을 준다. 이러한 에코 페미니즘은 여러 학자들의 공통점에도 불구하고 내적 불일치를 안고 있으면서 각각 심리생물적 에코 페미니즘, 사회 구성적 에코 페미니즘, 본질주의적 에코 페미니즘, 유물론적 에코 페미니즘, 급진적 에코 페미니즘, 사회주의적 에코 페미니즘, 제3세계적 에코 페미니즘, 자유주의적 에코 페미니즘, 마르크스주의적 에코 페미니즘, 문화적 에코 페미니즘 등으로 각각 나뉜다.

생태학과 여성론이 결합한 에코 페미니즘은 '여성/자연' '남성/문화'에 대한 직시, 그리고 여성의 피지배성과 자연의 피지배성 사이의 상호 연관성에 대한 직시로부터 출발한다. 그리고 에코 페미니즘은 이론과 운동에서 각각 개별적인 뿌리를 지니게 된다. 사회 운동 차원에서, 여성 운동과 환경 운동은 반핵·반군국주의 운동에 의해 자연스럽게 결합된다. 여기서 여성 참여의 공통적 의론 체계는 자연 및 사회에 대한 여성의 시각이 남성들과 상이하고, 결과적으로 자연 및 사회 문제에 대한 여성들의 해결 방식이 친자연적이고 평화 지향적이라는 점에 있다. 이론적 측면에서 여성주의와 생태 사상간의 접합은 여성주의 저작들이 그려낸 여성 해방의 유토피아적 대안 사회에 그 뿌리를 둔다. 대안 사회의 윤곽이 생태론자들의 생태 공동체 이미지와 동일하였기 때문이다. 이러한 유사성에 대한 인식은 자연스럽게 에코 페미니즘을 출발시킨다. 따라서 생태 사상과 여성주의가 그린 대안 사회의

자화상은 분권화, 비위계질서, 직접민주주의적 구조, 지역 의존적 경제, 가부장적 지배로부터의 해방 등을 특징으로 지닌다.

에코 페미니즘의 근본 전제는 여성과 자연간의 동일성이다. 이러한 동일성에 대한 주장은 여성과 남성은 서로 다른 속성으로 인하여 구분되고, 인간과 자연도 각기 다른 속성으로 인하여 구분될 수밖에 없는 실체라는 데 근거를 둔다. 이로부터 자연과 여성은, 돌보고 양육하는 존재 방식, 모성, 감성 그리고 직관적 능력을 자신의 속성으로 간주한다. 이 속성은 특히 여성에게는 생물적 결정 요인에 의해 본래적으로 주어진 것이라는 믿음을 주입시켰다. 그리고 이러한 논리는 억압과 종속을 영구화하는 방식으로 여성들에게 이용되었고, 나아가 어린이를 기르고 가계를 돌보는 열등한 가사 영역에 희생되도록 강요하였다는 것이다.

에코 페미니스트들은, 이러한 자연 파괴와 여성 파괴는 오늘날 현대적 생태 위기의 동일한 뿌리라고 판단한다. 여성과 동일시된 자연은 남성들이 탐구하고 바라보는 객체이자 대상이 된다. 여성은 자연을 대변하는 이미지나 상징이 되었기에 여성에 대한 억압은 자연에 대한 억압과 직접적으로 연결된다는 것이다. 때문에 자연 파괴는 여성 파괴의 현실과 동일한 것이다. 나아가 자연이 회복되는 것은 여성이 치유되는 것과 동일선상에 있게 된다. 또한 생태학이 '자연/문화'가 서로 대립되는 것이라는 이분법에 도전한다면, 에코 페미니즘은 이러한 이분법의 근저에 여성 혐오증이 자리하기 때문에 페미니즘이 없는 생태학은 불완전하다고 본다.

이러한 기본 논의에서 에코 페미니즘은 서구 문명의 폐해를 지적하고 그 극복을 위해 동양 문화나 원시 문화를 부각시키고자 한다. 그리고 남성 문화에서 중시되는 '초월'(transcendence) 대신에 '내재'(immanence)를 주장한다. 초월은 문화 구축의 과정과 연결되면서 남성적인 것으로 간주된다. 반면 내재는 초월을 추구하는 남성을 끌어내리고 그들이 잊어버린 자연과의 고리를 상기시키기에 여성적인 것으로 간주된다. 그리고 남성과 같아지려고 할 것이 아니라 여성의 이러한 특질을 보존해야 지구의 생존이 보장된다고 믿는다. 이런 의미에서, 남성중심사회의 초월적인 발전의 개념을 부정하는 에코 페미니스트들은 '부드러움'이나 '돌봄'이라는 여성적 특성을 배양함으로써 파괴를 불러오는 가부장제를 타파해야 한다고 주장한다.

이와 같이 에코 페미니즘은 권리보다는 의무를, 전쟁보다는 평화를, 폭력보다는 비폭력을, 기술지상주의보다는 생태학적 기술을 내세운다. 그러나 에코 페미니즘은 출산이나 보육, 또는 직관적 능력 등의 속성을 여성의 생물적 특성에 기인한 내재적 속성으로 받아들이게 된다. 그러자 이러한 태도는, 여성과 자연 간의 상관성에 관심을 가지고 있던 다른 여성주의자들에 의해 반발을 일으키는 계기를 마련한다. 여성과 자연의 동일성 주장은 사실상 오랫동안 보수주의에 의해 여성을 가정에 묶고 억압하는 데 사용된 '여성적 본성론'을 받아들이는 결과를 초래하기 때문이다. 따라서, 이러한 여성들의 속성은 사실상 본질적으로 주어졌다기보다는 오히려 남성이 창조한 여성 이미지를 받아들인 것이라고 비판하는 집단이 등장하게 된 것이다. 이 집단이 소위 문화구성적 에코 페미니즘이다.

결론적으로 에코 페미니즘은 자연과의 관계에서 자연과 인간을 재발견해내는 운동이며, 나아가 인간으로서의 여성과 남성을 재발견해내는 운동이다. 이러한 재발견의 실천 영역은 기존 제도의 공간과 비제도화된 공간으로 나뉠 수 있고, 제도화된 영역 내에는 다시 경제 영역과 민주주의의 제도라는 정치 공간이 존재한다. 궁극적으로 에코 페미니즘의 논의는 세 가지 문제점을 동시적으로 풀어야 한다. 즉 남성과 인간 중심적 영역으로 간주된 제도 공간에의 여성 및 자연, 경제 공간에의 여성 및 자연, 친생태적 지역사회 건설의 또 하나의 주체로서의 여성 회복 등의 문제점이 그것이다. 따라서 세 가지 문제점에 대한 그 대처 방안을 적극 찾아 나서야 할 것이다.

(5) 흑인 페미니즘 · 레스비언 페미니즘

흑인 여성들의 과거와 문화에 대한 관심은 60년대의 흑인 문화에 대한 관심이 고조되면서부터 출발한다. 즉, 흑인 페미니즘은 흑인으로 정의된 여성들의 투쟁에 대한 이론으로써, 사회주의 페미니즘의 모델을 취하고 좌파적 행동주의의 전통 위에 이루어진다. 이러한 흑인 페미니즘 이론은 인종 차별주의 사회라는 맥락 내에서 성, 인종, 계급에 내재된 모순들을 철저히 다루기 위해 백인 페미니스트들과 연합을 통해 사회 구조 내에서의 의미 있는 변화가 이뤄질 것을 주창한다.

바바라 스미스(Barbara Smith)는 『흑인 페미니스트 비평을 위하여』(*Toward a Black Feminist Criticism*, 1977)에서, 백인 비평가들에 의한 기존의 흑인 문학사는 흑인 여성들을 왜곡되게 묘사할 뿐만 아니라 흑인 여성 작가들의 존재 자체를 도외시하고 있다고 지적한다. 따라서 흑인 페미니스트 비평가들의 임무는, 여성 작가들을 포함시키는 미국의 흑인 전통을 재구축하는 것과 흑인 여성상의 유형화된 모습과 신화를 실제의 모습으로 대체시키는 작업에 있다. 바바라 스미스는 미학적 양식과 흑인 여성의 정치적 배경을 접합시키려는 시도를 하고, 앨리스 워커(Alice Walker)는 『우리 어머니들의 정원을 찾아서』(*In Search of Our Mothers' Gardens*, 1984)에서 흑인 문학의 범주를 넓히는 데 있어서 중요한 자료가 되는 흑인 여성들의 삶의 기록을 다룬다. 또한 메리 워싱턴(Mary Washington)은 흑인 여성들의 정체성을 찾는 작업의 하나로 노예들의 이야기와 종교적 개종의 이야기를 분석한다. 또한 오드르 로드(Audre Lorde)는 흑인 여성들의 직설적인 언어를 묘사하기 위한 직관적 비평을 시도한다. 이들 흑인 여성 작가들과 비평가들의 작업은, 백인 중심의 페미니즘 비평이 지닌 영역의 한계성을 노출시키면서 동시에 모든 페미니스트 여성들의 경험과 그것의 표현을 가능하게 만드는 새로운 영역을 확보하는 데 기여한다.

레스비언 페미니즘 경우도 흑인 페미니즘의 경우와 같이, 기존의 이성애와 남성 중심 비평 형식으로는 자신들의 경험과 느낌을 표현할 수 없다는 인식에서 출발한다. 수잔 그리핀(Susan Griffin)은 일기의 형식을 빌려서 표현될 수 없었던 것을 표현하고자 했으며, 토니 케이트 밤바라(Toni Cade Bambara)는 정신적 현상을 통해서 아직까지 이름 붙여지지 않았던 경험과 지식에 대한 접근을 시도한다. 흑인들과 레스비언들은 전통적인 사고의 틀 안에서는 얻을 수 없는 보다 깊은 삶과 경험에 대한 통찰력을 지니고 있다.

70년대 초에 들어와서 레스비언 이론가들인 티―그레스 애트킨슨(Ti―Grace Atkinson)과 샬로트 번치(Charlotte Bunch)는 레스비언을 새로운 급진적 페미니스트라고 정의하면서, 레스비언 페미니즘 비평은 새로운 문학 형식과 이미지를 통해서 기존의 사실주의적 기법을 전복시키고 텍스트를 기존의 언어 사용으로부터 해방시키는 것이라고 주장한다. 나아가 아드리엔 리치와 오드로 로드는 레스비언들만이 페미니스트 여성들에 대한 적절한 이미지를 전달할 수 있다고 주장한다. 레스비어니즘(lesbianism)은 일상적 삶에서 경험하는 성에 대한 고정 관념을 전복시키기 위한 하나의 방식일 뿐만 아니라 문학 담론의 규범에 대처하는 텍스트의 전략이다. 그리고 레스비언의 정체성은 페미니즘 속에 포함되는 것이 아니라 그 안에서 독자적인 정체성을 지닌다. 이 같은 정체성은 페미니스트 비평이 더욱 확대 발전할 수 있는 새로운 기법과 관점을 마련해 주기도 한다.

흑인 페미니즘과 레스비언 페미니즘이 비평에 기여하는 점은, 여성의 정체성의 관점에서 인종과 성의 문제에 집중함으로써 기존 문학 전통의 영역을 확장시키고 또한 백인 이성애중심의 문학 정전, 문학 기교의 의미, 그리고 여성과 연계해서 문학 그 자체가 지니는 의미에 대해 의문을 던질 수 있는 시각을 마련해 주는 데 있다.

가야트리 스피박(Gayatei Spivak)은 흑인 페미니즘 비평 및 레스비언 페미니즘 비평과 마찬가지로 영미의 백인 중산층 이성애적 페미니즘 비평의 한계를 극복하기 위하여 관심을 집중한다. 그리하여 그는, 문학 연구에서 성과 인종과 계급의 문제를 동시에 다룰 것을 주장한다. 그는 페미니즘 비평이 주변부에 머물러서 중심의 가치를 비난만 할 것이 아니라, 적극적으로 중심 가치들과 대결해서 그들의 특권적인 성명들에 내재된 이데올로기적 본성에 의문을 제기해야 한다고 주장한다. 특히 그는, 제3세계 여성 문학 연구를 통해서 기존의 영미 비평의 한계성과 부적절성을 드러냄으로써 기존의 페미니즘 비평에 변화를 촉구하고 있기도 하다.

(6) 탈식민주의 페미니즘

① 탈식민주의와 문학

1900년대 막바지에 이르러 본격적으로 서구 페미니즘에 대항하는 탈식민주의 페미니즘은 여러 이론적 언술에서 주목을 끌고 있다. 탈식민주의 페미니즘은 지금까지의 페미니즘의 계보학이나 인식론에 문제점을 제시하고 있으며, 여러 개념에 대한 기본적 성찰까지 시도하고 있다. 그리고 식민주의는 인종, 자본주의, 성별 불평등 문제와 긴밀하게 얽혀 있다. 따라서 이러한 문제점에 접근하기 위해서는 탈식민주의란 무엇이며, 탈식민주의 문학의 전개와 양태, 그리고 탈식민지 문학의 전략에 대해 먼저 알아야 할 것이다.

탈식민주의(Post-Colonialism)적 인식과 움직임은 예전부터 있어 왔다. 그러나 탈식민주의라는 현재의 용어와 의미를 갖추고 주요 이론으로 세계 문단과 학계에 부상하게 된 것은 지난 십수 년 동안 각 분야에 걸쳐 강력한 영향력을 행사해 온 포스트모더니즘과 탈구조주의의 여파 때문이다. 따라서 탈식민주의는 시간적으로는 포스트모더니즘과 페미니즘 이후에 등장했으며, 공간적으로는 현재 전세계에서 활발하게 논의되고 있는 최근 문예사조이다.

탈식민주의 이론에 의하면, 오늘날 전식민지 국가들이 겪고 있는 정치적·사회적·경제적·문화적 제 문제들은 모두 제국의 식민주의가 남겨 놓은 부정적 유산일 뿐이다. 그럼에도 불구하고 제국주의자들은 전식민지의 대단한 후유증을 자신들의 잘못이 아닌 식민지인들의 무능력으로 간주하고 제국주의의 당위성과 유용성을 주장해 왔다. 따라서 탈식민주의는 궁극적으로 민족주의 운동이라고 할 수 있다. 그리고 그런 의미에서 보면, 탈식민주의 문학 역시 곧 민족문학이 된다. 그러나 탈식민주의는 과거의 민족주의와 똑같지는 않다. 그것은 탈식민주의가 단순한 반외세 국수주의적 성향을 초월해, 보다 더 포괄적이고 보다 더 복합적인 형태의 민족주의를 지향하고 있기 때문이다. 또한 민족문학이 기존의 위치에서 벗어나 한 차원 높은 단계의 시각과 전략을 갖게 되는 것을 의미한다.

문학에 있어서 탈식민주의는 새로운 책읽기와 새로운 글쓰기의 장을 마련해줌으로써, 제국주의적 지배 언술에 대항하는 반언술, 곧 해방의 언술을 향해 출발한다. 그런 의미에서, 탈식민주의는 동서양 제국주의 국가들의 힘에 대항하는 제3세계적 사조가 된다. 오늘날 탈식민주의는 서구의 백인들이 아닌 비서구의 유색인들에 의해 주도되고 있다. 그것은 정말 커다란 변화이자 주목할 만한 현상이다. 나아가 지금까지 자신들이 주도하는 것이 아니면 아무 것도 인정하지 않던 백인 작가나 비평가들조차도 유색인들이 주도하고 있는 탈식민주의 이론을 전폭적으로 받아들이고 있다.

사실 많은 나라의 경우, 역사란 곧 외국의 침략과 지배의 연속을 의미했다. 동양의 경우에 식민 정책을 폈던 제국으로는 이집트, 페르시아, 몽고, 중국, 일본 등을 들 수 있다. 그 동안 세계사는 이들 강대국들을 중심으로 기록되어 왔고 또 왜곡되어 왔다. 그리고 이들의 식민지로서 억압과 수탈을 당해온 수많은 나라들은 부당하게도 세계사의 주변으로 밀려나 침묵당한 채 소외되어 왔다. 탈식민주의는 바로 이렇게 오랫동안 중심에서 밀려나 침묶을 강요당해 온 식민지 국가들에게 다시 한 번 제 위치와 제 목소리를 되돌려주는 강력한 저항 운동이다.

문학에서 탈식민주의는 우선 제국주의 시대였던 19세기에 지배 문화로 등장한 영문학(English studies)과 프랑스 문학의 권위에 대한 저항과 회의에서부터 시작된다. 특히 영문학은 영어를 사용하는 식민지가 많음으로 해서 그만큼 더 많은 특권을 가진 경전으로써 군림하게 된다. 영국인들은 우선 식민지인들을 조종하고 훈련시키기 위해서 교양 교육이라는 명목아래 영문학을 가르치기 시작한다. 그 결과, 영문학 텍스트들은 차츰 교양인을 위한 기호와 가치의 척도로 인정받게 되고, 그리고 드디어 불후의 명작 또는 영원한 고전으로 자리 잡게 된다. 문화 정책이라는 미명 아래, 영문학과 영문학 연구는 정치 권력과 결합하여 식민지 문학을 억압하는 한 강력한 문화적 힘의 수단이 되어버린 것이다.

탈식민주의는 기본적으로 전(前) 영국 식민지를 위주로 해서 그들이 상황과 문제점들을 논의하고 해석하기 위해 일어난 운동이라고 볼 수도 있다. 그리고 거기에 전(前) 프랑스 식민지와 전(前) 스페인 식민지들이 가세하고 있다. 에드워드 사이드(Edward W. Said)는, 탈식민주의적 시각으로 보면 식민지인(the colonized)이라는 용어는 문자 그대로의 뜻을 초월해 "여성, 억압받고 종속되어 있는 하층민, 소수 인종들, 그리고 심지어는 주변으로 밀려난 학문의 세부 분야로까지도"[8] 그 의미가 확대될 수도 있고 또 그렇게 될 때 비로소 탈식민주의는 우주적 호소력을 갖게 되는 것이라고 말한다.

이러한 탈식민주의 문학의 형태는 민족 문학, 인종 문학, 비교 문학의 세 가지로 나눌 수 있다. 민족 문학은 외국 문화의 영향과 모방으로부터 벗어나 독립된 자국의 문화를 창출하려는 나라들에서 보여지는 탈식민주의 문

---

8) Edward W. Said, 'Representing the Colonized : Anthropology's Interlocutors', *Critical Inquiry* 15 (Winter 1989), p.207.

학의 가장 대표적인 형태이다. 탈식민주의적 인종 문학의 초기 형태는 에메 세제르(Aimé Césaire)와 레오폴드 셍고르(Leopold Senghor)가 주도했던 '네그리튀드'(Négritude) 운동이다. 네그리튀드 운동은 흑인 특유의 독특한 특성과 심리와 감성을 주장해 제국주의적 백인 문화에 저항했던 최초 흑인 문화 운동이다.

② 탈식민주의와 페미니즘

  탈식민화의 전략은 크게 두 가지로 나누어진다. 첫째는 식민지 이전의 원래 자국의 문화와 언어를 다시 회복해야 된다는 태도이고, 둘째는 그것의 불가능성을 인정하고 문화적 합병(cultural syncreticity)을 제안하는 태도이다. 둘째 안을 수용하는 탈식민주의자들은 탈식민화 작업과 식민지 이전 리얼리티의 복원은 서로 구별되어야만 하며, 탈식민주의 시대는 필연적으로 통문화적 혼성성(cross cultural hybridity)을 인정해야만 한다고 말한다. 탈식민주의의 전략은 우선 메트로폴리탄 권력과 경전적 지배 문화를 폐지(Abrogation)하는 것이고, 그 다음으로 중심 문화의 언어를 전유(Appropriation)해서 재구성하는 것이다. 즉, 지배 언어에는 자신의 문화적 경험이 깃들어 있지 않기 때문에, 언어로 하여금 자신의 문화적 짐을 깃들게 만드는 것을 탈식민주의는 전유라고 부른다. 다시 말하여, 언어를 권력의 매개체로 보고, 중심 문화의 지배 언술을 식민지의 언술로 대체한다는 것이다.

  탈식민주의의 또 하나의 중요한 전략은 '되받아 쓰기'(wtite back)이다. 그것은 곧 제국의 지배 언술에 의해 성전화된 이야기들이나 텍스트들을 다시 읽고 새로운 시각으로 다시 씀으로써, 그것들을 이용해 오히려 지배 언술을 공격하는 방법을 말한다. 그러한 과정에서 탈식민주의 작가들은 역사를 재탐색하여 지배 언술의 음모와 허구성을 드러내 폭로하고, 주변의 경험과 문화의 새로운 가능성을 조명하는 반언술을 제시한다.[9] 이러한 '되받아 쓰기'

를 통해 경전화된 텍스트에 대한 기존의 해석을 전복시키고, 탈식민주의적 새로운 해석을 통해 불가시적으로 스며들어 와 있는 지배 이데올로기를 해체한다. 그리고 그러한 작업을 통해 궁극적으로는 기존의 텍스트에 자국의 문화와 시각을 유입시키는 과업을 성취한다.

오늘날 탈식민주의와 페미니즘이 결합한 탈식민주의 페미니즘(Post—Colonial Feminism)은 강력한 움직임으로 부상하고 있다. 탈식민주의 페미니즘은 남녀의 관계를 식민주의자와 식민지인의 관계로 새롭게 성찰한다. 탈식민주의 페미니즘에 의하면, 남자는 자신의 이념과 문화와 언어를 표준 규범과 절대적 진리로 만들어 여성의 빈 공간에 집어넣음으로써 제국주의적 언술 행위를 하고 있는 셈이 된다. 따라서 여성은 자신의 언어와 목소리를 잃고 침묵하고 있는 식민지 여인이 된다. 그러므로 탈식민주의 페미니즘은 여성들도 자신의 목소리와 언어를 되찾아야만 한다고 주장한다.

탈식민주의 페미니즘은 또한 중산층 여성들의 관심에만 주력했던 종래의 페미니즘에서 한 단계 전진하여 인종 문제, 계급 문제, 그리고 젠더 문제 등을 집중적으로 탐구한다. 그리하여 절대적 진리, 가부장적 서열 제도 혹은 지배 이념을 배격하고 '차이'를 중요시하며 소외된 주변을 새롭게 조명한다. 나아가 비서구 국가들이 여성 문화와 상황의 통문화적, 비교 문화적 교류를 통해 보다 다양하고 포괄적인 페미니즘을 창출하려고 한다. 그렇게 되면, 탈식민주의 페미니즘은 궁극적으로 지역 감정 문제, 성별 문제, 빈부 문제, 그리고 파벌 문제에 이르기까지의 모든 권력 투쟁과 차별의 문제까지도 통찰

---

9) 가령, 티모시 핀들리(Timothy Findley)의 『배를 못 탄 사람들』(Not Wanted on the Voyage)은 노아의 홍수를 재해석함으로써 지배 문화를 공격할 수 있는 강력한 대안을 마련한다. 또 장 라이스(Jean Rhys)는 『드넓은 사르가소 바다』(Wide Sargasso Sea)에서 샬롯 브론티(Charlotte Bronte)의 『제인 에어』(Jane Eyre)를 되받아 쓰고 있으며, 그리고 코엣지(J.M. Coetzee)는 『적』(Foe)에서 각각 대니얼 데포우(Daniel Defoe)의 『로빈슨 크루소우』(The Life and Strange Surprising Adventures of Robinson Crusoe)를 되받아 씀으로써 설득력 있는 반언술을 창출해 내고 있다.

하고 또 대안을 제시할 수도 있을 것이다. 최근 부상한 탈식민주의 페미니즘은 이 같은 면에서 탈식민주의 언술뿐만 아니라 페미니즘의 계보학이나 인식론에 문제점을 제시하고 있으며, 필요할 경우 개념을 다시 정립할 자세를 취하고 있기도 하다.

3. 페미니즘 비평 용어

(1) 가부장제(Patriarchy)

가부장제는 남성의 권위주의의 대표적 체계로서 사회·정치·경제·문화 등의 제도를 통해 여성을 억압하는 것을 의미한다. 가부장제는 주로 성에 기초하여 권력이 배분되기 때문에 상대적으로 여성이 남성보다 낮은 지위에 놓이는 사회 제도나 남성 집단이 여성 집단을 지배하는 권력 구조라는 의미로 사용된다. 현대 페미니즘에서는 '가부장제'의 개념을 매우 중요시 다룬다. 왜냐하면 페미니즘에서 이 용어는 여성에게 영향을 미치는 억압과 착취적 관계의 총체성을 표현하기 때문이다. 페미니즘 이론에서는, 가부장제의 여러 가지 양상이 여성을 종속적인 위치에 옭아매고 있다고 주장한다.

이러한 가부장제의 물질적 기초는 '자본주의'와 연결된다. 사회주의자 페미니스트들이나 마르크스주의 페미니스트들은 가부장제를 유물론적 맥락 안에서 설명한다. 곧, 자본주의적 생산 양식이 가부장적 노동의 성 구분에 의해 구조된 것이라고 주장한다. 가부장제는 남성 계급주의적 관계들과 남성적 결속 체계를 기반으로 작용하는 하나의 유물적 기초를 지닌, 일련의 사회적 관계들이라는 것이다. 따라서 가부장제도가 보편적이고 불변이라는 것을 부인하고 가부장제의 강약은 시간에 따라 변화한다고 주장한다. 시장 제도의 구조적인 변화와 임금 구조에 변화가 일어나면서 가부장제가 붕괴되기 시작한 것은 이를 잘 뒷받침해 준다. 나아가 자본주의와 가부장제간의 갈등으로 인해 자유주의와 복지국가가 파괴될 수 있다고 페미니스트들을 이야기한다. 이러한 유물론적인 관점 내에서도 한편, 자본주의 와중에서 가부장적 가정이 약화됨으로써 레스비어니즘이 성장할 수 있는 물리적인 상황이 창출된다고 주장하기도 한다.

급진주의 페미니즘에서는 가부장제를 남성 지배(Male dominance)와 같은 개념으로 생각한다. 남성 지배라는 사회 이데올로기는 합법화된 남성 권력이라는 개념 및 남성들의 존재 방식과 진리에 대한 비전을 공고히 하기 위해 남성이 여성을 위한 현실을 창조한다는 개념에 바탕을 두고 있다. 급진주의 페미니스트들은, 가부장제는 사회적 관계 체계이고, 그 안에서 여성이 성적으로 열세이기 때문에 남성 계급이 여성 계급에 대해 권력을 휘두르는 것이라고 주장한다. 또한 그들은 가부장제가 마르크스 생산 형태처럼 주기화될 수 없다고 주장하기 때문에, 때로 비역사적이라는 공격을 당하기도 한다. 따라서 그들은 가부상제의 구조를 설명하기 위해 페미니즘 심리 분석에 기대면서, 역사에서 여성 배제는 남성과 여성의 성역할 형성 및 이로 인한 이중 기준 때문이라고 주장한다. 즉, 가부장제가 심리적인 관계와 소유 관계를 결합시키고 있다는 것이다. 이와 같이, 급진주의 페미니스트들은 가부장제를 분리와 이중성으로 특징지워 놓고 있다. 그리고 이런 이유로 인하여, 계급 체계가 가부장제의 근본적 존재론에 아예 짜여져 있다고 주장하는 것이다.

(2) 가사(Housework) · 가사 노동(Domestic labor)

가사, 가사 노동, 가사 노동 임금 등의 문제는 페미니즘 사회 이론 가운데 중요한 부분이다. 페미니즘 이론에서는, 가사가 성역할과 사회적 관계에 있어 핵심적인 안건이 된다는 점을 인식한 최초의 사회 이론이다. 가사가 대표적인 유형의 가부장적 산물이라는 데는 모든 페미니즘의 공통된 의견이다. 사회주의 페미니스트들은 가사의 반복적 성질은 공장에서 이뤄지는 판에 박은 일들과 유사하다고 주장하는데, 가사나 공장일이 다 노동 분업을 포함하기 때문이다. 그만큼, 가사는 노동의 성적 분업과 여성들이 받는 구체적 억압의 한 대표적 예가 된다. 그리고 급진주의 페미니스트들은 주부들을 노동 예비군이라고 표현하고, 가사란 항시 여성의 전담이기 때문에 결혼과 이성애라는 전체적 제도에 대해 많은 문제점이 노출된다고 말한다.

가사 노동은 가정을 돌보고 가족들을 사회화함으로써 자본주의 노동력을 재창조하는 것을 의미한다. 가사 노동은 생산적인 노동으로 동시에 착취 영역으로 혹은 자본 축적의 원천으로 생각할 수도 있다. 가사 노동 문제에 대해서는 상당한 논쟁이 있었는데, 그 초점은 과연 가치에 대한 마르크스주의 이론이 가사 노동에 적용될 수 있는지 없는지에 대한 것이다. 일련의 마르크스주의자들은 가사 노동을 남성과 관련해서 자본주의보다는 가사 노동, 곧 가정에서의 생산 양식에 초점을 둔다. 그들은 결혼을 하나의 노동 계약으로 시사하면서, 이 계약으로 남성은 부양의 대가로 여성 노동력을 착취한다고 주장한다.

1970년대 초반 이태리에서는 '가사 노동 임금'(Wages for housework) 운동이 일어났는데, 이것은 유럽을 거쳐 영국과 캐나다로 확산되어 나갔다. 이 운동에서는 가사 노동 임금이 모든 여성이 수행하는 일의 가치를 인정해줄 것이라고 주장했다. 가사 노동에 임금을 지급하는 것은 결국 페미니즘이 지향하는 목표와 양립될 수 없다. 왜냐하면, 이것은 성에 따른 노동 분업을 강화시키기 때문이다. 따라서 이 이론이 여성들의 일과 가정성(Domesticity)이라는 개념을 다시 성찰하는 데 도움을 준 것은 사실이다.

(3) 남근중심적(Phallocentric)

남근중심적 사상은 사회에서 음경이나 남근을 권력의 상징으로 간주하고 남성성의 속성들이 문화적 정의 기준이 된다고 믿는 데서 출발한다. 프로이트에 의하면, 생물학적으로 남근이 없는 여자아이는 남자아이의 남근을 부러워하여 남근에 대한 대체물로 아이를 원한다고 한다. 그러나 페미니즘 이론에서는 여성이 남성 생물학을 부러워하는 것이 아니라, 남성의 사회적인 위치와 자유를 부러워하는 것이라고 주장한다. 가령 보봐르의『제2의 성』(The Second Sex)에서, 남근 선망(Penis envy)이란 여성이 남성이 지닌 특권에 대한 반감을 표현하는 것으로 기술하고 있는 것이다. 또한 케이트 밀레트(Kate Millette)는, 프로이트의 남근 선망 이론은 여성에게 불리한 입장을 제공한다고 주장하면서, 여자아이들이 남근을 선망해서 아버지에게로 향하게 된다는 이론에 부정적 입장을 표명했다. 따라서 낸시 초도로우(nancy Chodorow)는 여자아이들이 근원적인 어머니의 완전한 사랑을 받을 수 없는 아이들만 아버지에게로 향하게 되는 것이라고 말한다.

한편 자크 데리다는 이성중심주의(logocentrism)와 남근중심주의(phallocentrism)를 연결시켜 남근이성중심주의(Phallogocentrism)를 창안한다. 그리하여 남근이성중심주의가 가부장적 규범들이 사상과 언어의 원형이 되고 있음을 규명한다. 다시 말하여, 남근이성중심주의는 일상적인 담론 세계를 지칭하는 것으로, 프랑스 페미니스트들은 이 개념을 대체적인 언어 또는 여성적 글쓰기로 대치시킨 것이다.

기존의 문학 전통에서는 남근과 펜(pen), 사정(射精)과 언어의 방출을 연결시키면서 남성에게만 특권을 부여했고, 부재나 침묵, 불가시성, 궁핍 등의 부정적 징표만을 여성에게 부여했다. 이처럼 남성중심적 전통에 입각해서 여성 작가를 차별하는 비평을 '남근비평'(phallic criticism)이라고 한다.

페미니스트들은 남근중심사상이 교육에서 여성을 억압하게 하는 원천이 된다고 주장한다. 또한 페미니즘 문학비평가들은, 문학에서 남근중심주의가 어떤 이유와 방법으로 예술적 창조성이 남성적 특질이라는 인식을 확립하고 있는지 관심을 가지고 탐색하고 있다. 그리하여 남성 문학적 권위에 대항할 길을 모색하고 있기도 하다.

(4) 성(Sex)과 성역할(Gender)

성은 남성과 여성 사이의 생물학적 차이를 나타내는 데 사용하는 용어이고, 성역할은 대부분의 사회에서 작동하며 남성과 여성 사이의 불평등과 억압과 착취의 형태로 유도하는 사회적으로 구성된 차이를 의미한다. 다시 말하여 성은 생물학적으로 결정되지만, 성역할은 사회적 상황에서 얻어진 성적인 정체성을 말하는 심리적 개념이다. 따라서 성역할은 여성과 남성에게 할애된 일련의 사회적 특질 및 행동 양식을 말하며 문화적으로 형성된 것이다.

밀레트는 정형화된 성역할의 차이는 남성 지배라는 정교한 체제이며, 모든 사람들에게 고정 관념적 틀을 만들어준다고 주장한다. 이는 여성이 어려서부터 사회를 남성과 여성의 영역으로 나누고 남성에게 공적인 힘을 부여하는 그런 체계를 받아들이게끔 훈련되었기 때문이라는 것이다. 시몬느 드 보봐르는 여성을 남성이 아닌 존재, 또는 '타자'라고 정의한다. 그러나 전통적 성차 연구는 이러한 특질들이 사회적으로 구조된 것이 아니라, 생물학적인 차이에서 나온다는 것을 입증하려 노력한다. 특히 페미니즘 사회학자들은 서구 사회가 여성에게 '자연적'이라 간주하는 특질들이 사실은 강압적인 사회 조건에 의해 형성되었다는 것을 증명하고자 한다.

전통 사회학에서는 성역할이 생물학적 성을 근거로 하여 남성과 여성에게 할당되는 사회적 역할이 된다. 곧 여성성은 남성성에 상대적인 것이며, 남성다움을 사회에서 인간 행위의 기준으로 간주하고 '타자로서의 여성'을 위치시키는 이데올로기로 작용한다는 것이다. 그러나 페미니즘 이론에서는 성역할에 관련된 행위는 사회가 독단적으로 각기 생물학적 성에 연계시킨 것이라고 주장한다. 따라서 페미니즘 인류학자들은 전통적 범주에서 벗어나 미래 사회를 개념화할 수 있는 성역할의 의미를 연구할 것을 주장한다.

성역할이야말로 권력 관계의 온상지라는 데 초점이 맞춰지면서, 1970년대 대다수 페미니즘 이론은 성역할을 중심으로 한 신화를 해체시키려는 데 중점을 두었다. 심리학자들은 현대 핵가족에서 육아를 어머니에게 전담시키는 노동 분업이야말로 남성과 여성의 성차별적 노동 분업을 지속시키려는 의도가 숨겨져 있다고 말한다. 따라서 페미니즘 이론은 성역할의 관점에서 여성 중심적 관점으로 옮겨지게 된다. 성역할이 의도적 학습의 결과임에도 불구하고 자연적인 결과라고 잘못 주장하는 이데올로기가 있기 때문에 성은 성역할 불평등의 쐐기가 되고 있다는 것이다. 그리하여 페미니스트들은 성역할의 농능화를 위해 투쟁한다.

(5) 생물학적 여성성(Female) · 습득된 여성성(Feminine)

일반적으로 여성과 남성은 생물학적 차이의 양상을 드러내는 데 사용되어 왔다. 이렇게 사용될 때 생물학적 여성성은 '자연'을 나타내며, 습득된 여성성은 '양육'을 나타낸다. 습득된 여성성은 문화적 구성물인 것이다. 시몬느 드 보봐르는 '여자는 여자로 만들어지는 것이지, 여자로 태어나는 것은 아니다'라고 말한다. 이런 관점에서 볼 때, 가부장적 억압은 여성들에게 습득된 여성성을 자연스럽게 받아들이게 했고, 모든 생물학적 여성들에게 습득된 여성성의 사회적 기준을 부과하는 것이라고 설명할 수 있다. 그리하여 그 기준에 순응하기를 거부하는 여성들은 여자답지 못하다거나 자연스럽지 못한 것으로 분류했다.

생물학적 여성성과 습득된 여성성이라는 용어가 혼동되는 것은 가부장적 이해 관계 때문이다. 가부장제는 사람들로 하여금 여성성 혹은 여성적인 것의 본질이 존재한다고 믿게 한다. 반면 페미니스트들은 이런 혼동을 해소하여 여성은 생물학적으로 여성이지만, 이것이 곧 여성이 여성적인 존재임을 보증하는 것은 아님을 강조한다. 본질주의, 말하자면 주어진 여성의 본성이 있다는 믿음은 결국 여성들을 미리 정해진 여성성의 패턴에 맞추려는 사람들에게 많은 이점을 가져다 준다. 이런 맥락에서 볼 때, 생물학주의는 그런 본질이 생물학적으로 주어져 있다고 믿는다. 그러나 역사적·사회적으로 주어진 여성의 본질이 있다고 주장하는 것도 그에 못지않게 본질주의적이다.

따라서 페미니즘을 정치적 입장으로, 그리고 생물학적 여성성을 생물학 문제로 정의한다고 할 때, 사람들은 여전히 습득된 여성성을 어떻게 정의 내릴 것인가는 문제점으로 남는다. '문화적으로 규정된 일련의 특징들' 혹은 '문화적 구성물' 같은 정의는 상당히 모호한 점이 많기 때문이다. 그리고 페미니스트들에게 있어 '습득된 여성성의 의미를 고정시키는 것이 바람직한 것인가' 하는 것도 문제점으로 남는다. 가부장제는 일련의 여성적인 자질들을 부드러움, 겸손, 복종, 겸허 등으로 규정한다. 그렇다면 페미니스트들은 또 다른 여성적인 미덕들을 어떻게 개발하여야 하는지 문제이다. 또한 페미니스트들이 습득된 여성성을 적극적으로 생물학적 여성성의 정의로 바꾼다면, 그 결과 또 다른 가부장적 함정에 빠지지나 않을 지 의문이다.

결국 진정한 생물학적 여성성, 습득된 여성성의 성격이 존재한다고 믿는 것은 페미니즘이 아니라 가부장제이다. 모든 여성들의 육체에 여성다운 미덕들을 부여하는 욕망 배후에는 언제나 가부장제를 이롭게 하는 생물학주의와 본질주의가 잠복해 있기 때문이다.

(6) 주변성과 타자성

이 용어는 여성이 처한 내적 현실을 말하는 것으로, 여성을 중심에 있는 남성의 주변부로 생각한다거나, 남성이 아닌 타자로 생각하는 것을 말한다. 흔히 여성성은 결핍・부정・부재・비이성・혼란・어둠 등으로 규정되어 왔고, 이것이 여성으로 하여금 여성적 글쓰기를 촉발시키는 동인이 된다.

　주변성의 측면에서, 여성은 남성들이 거주하는 중심의 공간에서 배제된 존재이다. 서구 역사에서는 남성은 이성적 존재, 진리를 추구하는 존재인 반면 여성은 재현될 수 없는 존재, 말해지지 않는 존재로 이해된다. 그래서 지배 집단인 남성들이 거주하는 중심의 밖인 황폐한 황무지에 거주하는 주변인이 된다. 이러한 주변적인 위치는 여성들로 하여금 위기를 나타내는 대표적 징후가 된다. 그런데, 여성들의 주변성을 나타내는 공간 자체가 양성성・현장성・변혁성을 지니고 있는 공간이기도 하기 때문에, 그 곳을 통과의례의 장소로 전환시킬 수도 있다. 여성을 주변적 존재로 규정해 버린 남성중심적 사회 질서를 전복시키기 위해 주변성과 관련된 부정성과 거부의 속성을 역이용할 수도 있다는 것이다. 해방은 억압의 위치, 곧 주변 그 자체의 공간적 속성에서 발생할 수도 있으므로 황무지 안으로 자발적으로 들어감으로써 오히려 가부장적인 공간의 한계에서 벗어날 수도 있게 된다.[10] 이러한 주변성을 극복하기 위해 페미니스트들은 남성 중심의 역사인 'history'에 대응하여 'herstory'라는 단어의 조어로 가시화하기도 한다.

　또 다른 내적 현실로 규정되어 온 '타자성'(otherness)은 여성이 남성의 타자로 취급되면서 자신의 행위에 대한 책임과 권리를 거부당해 왔다는 사실을 의미한다. 여성은 열등한 남자로서, 그리고 남성의 반사된 타자로서만 수용된다는 것이다. 그런데 타자성은 지배 문화가 그 주변에 살고 있는 여성들에게 부과하고자 하는 규범이나 가치, 실행들로부터 한 발자국 뒤로 물러나 그것들을 비판할 수 있게 한다. 타자성 자체가 억압이나 열등감과 관련된다고 할지라도 그러한 점이 오히려 관대함, 다원성, 다양성, 그리고 차이

---

10) 엘레인 쇼왈터(김열규 외 편역), 「황무지에 있는 페미니스트 비평」, 『페미니즘과 문학』, 문예출판사, 1988, pp.47~49 참조.

를 허용하는 방식으로 변화될 수 있기 때문이다.

(7) 여성 해방(Women's liberation)

여성 해방의 의미는 민주적인 종교 단체에서부터 미국의 신좌익에 이르기까지 오랜 전통을 지니고 있다. 1960년 페미니스트들은 현대 여성운동의 명칭으로 그 이전의 '여성 문제'라는 말의 함축적 의미를 의식적으로 피하기 위해 여성 해방이라는 명칭을 채택했다. 여성 해방이라는 명칭은 현대 서구 사회 페미니즘의 중요한 양상으로 미국의 신좌익이라는 정치적 맥락을 반영하기도 하고, 또한 그 이전의 페미니즘 유형과 어떻게 구분되는가에 단서를 제공하기도 한다. 그 이전의 페미니스트들은 '권리'와 '평등'이라는 용어를 사용했지만 1960년대 후기에는 '억압'과 '해방'이 페미니즘 행동주의의 강령이 된 것이다.

이후 여성 해방은, 여성이 의식화 그룹에 참여했던 체험으로부터 출발하여 자본주의 가부장제가 지닌 사회적 관계들을 더 전문적으로 이론화시켜 연구하기에 이른다. 따라서 현대 여성운동에서는 의식을 조작하는 것이 여성 억압의 중심 역학이며, 따라서 성의 정치학이 중심 투쟁의 영역이 된다고 주장한다. 그리하여 여성 해방의 기본 가정은, 여성들이 법적·경제적·문화적으로 억압을 받고 있으므로 여성의 불평등한 상태를 재조정하기 위해서는 법과 사회 정책 및 태도상의 변화가 필요하다는 결론에 다다른다. 이러한 여성 운동의 목표는 남녀 동등한 임금, 동등한 교육과 직업의 기회, 임신과 낙태의 자유, 24시간 육아에서의 자유, 여성의 법적이며 경제적 독립, 레스비언 차별 폐지와 자신이 선택하는 성을 누릴 권리, 강간과 여성 폭력 종식 등에 있다. 그리고 해방 여성들은 스스로를 인종, 국적, 사회, 경제적 배경, 종교, 혹은 성적 선호도와 상관없이 모든 여성을 규합하는 하나의 그룹이 된다.

여성 해방은 분명 특수한 정치적 운동이라 할 수 있다. 그것은 여성 해방이 정치학의 본질을 재규정하기 때문이다. 가령, 성역할 구도가 모든 사회적 제도와 사회적 관계에 깔려 있기 때문에, 이전에 전혀 정치적으로 여겨지지 않았던 문제 및 쟁점들이 이로 인해 정치적이 된 것이다. 여성 해방은 성차별주의 혹은 그것의 그릇된 의식에 대한 투쟁과 여성이 자신의 신체를 통제하기 위한 투쟁을 중심으로 하여 모인다. 공동적 자아 정의를 위해 여성이 투쟁하는 것은 문화적으로 '여성적'이라 규정된 속성과 범주를 확인하는 것이다. 따라서 여성 해방은 여성학과 긴밀한 관계를 가지게 되는데, 이 운동의 원칙들이 여성학의 교과 내용과 방법의 일부가 되기 때문이다.

여성 해방은 성역할 차이에 대한 논쟁을 통해 기존의 지배적 관습에 대해 철저히 비판한 결과 확실한 변화의 과정을 보여주고 있다. 오늘날 여성 해방은 성공과 발전을 거듭하고 있는 것이다. 1970년에 창립된 여성 해방 운동(Mouvement de Libe, ration des Femmes)은 처음에는 프랑스 페미니즘을 칭하는 일반적인 용어였으나, 후에는 페미니스트 그룹인 '사이크 에 포' (Psyche et Po)의 저작용 상표가 되었다. 그리고 이 MLF는 주체적인 것과 공동체에 보다 관심을 표명하여 좀더 급진적 페미니즘으로 옮겨갔다.

4. 여성의 이미지와 여성으로서 글읽기
― 페미니즘 문학비평 이론의 출발

초기 페미니즘 비평가들은 문학 작품이란 필연적으로 사회적 · 문화적 · 이념적 바탕에 뿌리를 내리고 있다고 보았다. 때문에 남성 작가의 작품에 나타난 상투적인 여성상은 결코 보편적이며 객관적인 것이 아니라, 한 시대의 요청을 성적이고 이념적으로 각인시킨 것에 불과하다고 주장한다. 그리고 문학적 고전이라 할지라도 문화적 헤게모니를 장악한 남성에 의해 결정된 남성중심적 고전에 불과하면서도 보편적인 양 행세해 왔다는 데 인식을 같이 한다. 따라서 페미니스트들은 여성 억압 문제를 간과하고 있는 남성 중심주의의 보편주의 미학의 허구성을 지적해 내면서 진정한 여성 체험을 작품의 새로운 평가 기준으로 설정하고자 했다. 그리하여 페미니스트들은 문학사를 지배해 온 비현실적인 여성 이미지를 교정함과 동시에 여성 현실을 총체적으로 재현해 주는 리얼리즘 문학 형태를 이상적 모델로 설정하기에 이른다.

페미니즘 비평은 한편으로는 기존의 이론들을 수용 또는 변용해서 페미니스트의 시각을 새롭게 받아들일 수 있도록 하는 전략을 구사하고 있는 반면, 다른 한편에서는 여성 문학의 정체성을 확립하기 위해 새로운 여성 미학을 확립하려는 시도를 계속하고 있다. 이 같은 여성 문학 연구의 가장 초기의 단계는 여성 이미지 비평의 성격을 띤다.

문학에 나타난 상투적 여성상에 관한 공동 연구 가운데, 최초 출발은 레슬리 피들러(L. Fidler)의 『미국 소설에 있어서의 사랑과 죽음』(*Love and Death in the American Novel*)이다. 이 저서는 융(C. G. Jung)의 방식을 선택하고 있지만, 피들러는 이 저서를 통해 미국 문학에 나타나는 고전적인 상투적 여인상으로 장미형 여인과 백합형의 여인을 분류해 낸다. 이러한 분류는 마녀형과 천사형의 분류와 유사한 것이다. 여성을 가사 노동과 육아에 속박해 놓고 집안의 평화를 위한 순종적인 천사로 미화시킨 것이 천사형이라면, 마녀형은 남성의 권위에 도전하는 주체적 여성을 억압하기 위해 고안한 여성상이라 할 수 있다. 따라서 상투적 여성상이 여성 독자들에게 심각한 딜레마를 안겨 주었다고 주장한다. 나아가, 이같이 분류된 전형에 속하는 여성은 가난하고 학대받으며 생활을 위해 끝없이 자신을 채찍질하는 여성의 문제를 제기할 수도 묘사할 수도 없다는 것이다.

메리 엘만(Mary Ellmann)의 『여성에 대한 고찰』(*Thinking about Women*, 1968)

은 남성 작가의 작품을 통해 여성 이미지 비평을 본격적으로 시도하여 피들러의 두 가지 상투형의 도식성을 벗어난다. 그녀는 남성 작가나 비평가들에 의해 제시된 전형적인 여성 이미지를 무정형성, 수동성, 불안정성(히스테리), 제한성(편협성), 실용성, 순결성, 물질주의, 정신주의, 비합리성, 순종성, 반항성 혹은 말괄량이 등 열한 가지로 요약한다. 또한 남성 작가의 권위적이고 단음조적인 언어와 여성 작가의 감수성의 언어를 비교하고 남성 위주 사회에 대응하는 여성 작가의 여러 가지 전술을 탐색하기도 하였다.

엘만에 의해 시작된 여성 이미지 분석의 대표적인 작업은 수전 코플만 코닐런(Susan Koppelman Cornillon)이 편집한 『픽션에 나타난 여성의 이미지—페미니스트의 관점에서』(*Images of Women in fiction—Feminist Perspectives*, 1972)를 들 수 있다. 여기에 실린 글들은 페미니스트 비평의 주된 과제가 개인의 성장을 돕고 개인의 의식을 일깨우는 작업이라는 점을 강조한다. 이런 관점에서 볼 때, 독서 행위는 작자의 경험과 독자의 경험 사이의 의견 교환을 뜻한다. 작자의 경험에 대해 독자가 알 권리가 있다고 믿는 이런 입장은 페미니스트 비평의 기본 입장이기도 하다. 즉 페미니스트 비평의 기본 입장은 어떤 비평도 가치 중립적이지 않으며 문화적·사회적·정치적·개인적 요소들에 의해서 형성된 입장을 취한다고 주장하는 것이다. 따라서, 이같이 제한된 관점을 보편적인 것으로 나타내는 것은 권위적이고 조작적인 것에 불과하다. 유일하게 민주적인 방식이란 독자에게 개인의 관점이 지니는 한계성에 관한 모든 필요한 정보를 제공해주는 것뿐이다. 문학 작품 속에서 여성의 이미지를 찾는 작업은, 말하자면 여성의 삶과는 유리된 허상을 찾아내는 것과 다름 아니다. 여성의 삶의 실재가 곧 체험된 삶이라는 관점은 텍스트를 만들어내는 과정이 단순히 외적인 사실성을 충실히 재현하는 것 이상으로 다양하고 서로 대립되는 요소들을 포함한 복잡한 과정이라는 사실을 의미하는 것이다.

밀레트(Kate Milet)의 『성의 정치학』(Sexual Politics, 1970)은, 비현실적인 여성상의 고착화에 따른 정치적 전략은 무엇이며, 그것이 여성 의식에 미치는 영향이 무엇인지를 본격적으로 탐구하고 있다. 이 저서에서 밀레트는 남녀 문제를 기본적으로 성(性)의 권력 투쟁으로 파악한다. 남자들이 헤게모니를 빼앗기지 않고 여성들을 영원히 복종시키기 위해 허위 이데올로기를 만들어, 그것을 진리로 제도화시킴으로써 여성들을 억압하고 속박해 왔으며, 그 이데올로기에 많은 여성들이 세뇌당해 안주해 왔다고 주장한다. 또한 밀레트는 성의 정치라는 분석틀을 통해 그가 반혁명적 성의 정치가라 명명한 로렌스(D. H. R. Lawrence), 밀러(H. Miller), 메일러(N. Mailer) 등 세 남성 작가의 작품 세계를 분석하고 있다. 그는 밀러와 메일러의 작품에 등장하는 비인간화된 여성상들은 변태적인 환상적 인물이라기보다 실제로 양성 사이의 정치적 관계 밑에 가로놓인 반여성적 태도를 극단적으로 응축시킨 것이라고 말한다.

한편, 주디드 페털리(Judith Fetterly)는 『저항하는 독자―여성해방론자의 미국 소설에의 접근』(The resisting reader―A Feminist Approach to American Fiction, 1978)에서, 여성이 남성적 독서 방법을 흉내냄을 거부하는 '저항하는 독자' 가 되어야 함을 주장한다. 그는 중요한 미국 소설 작품들이 여성 독자들에 대한 일정한 전략을 형성하고 있으며, 이런 작품의 대부분은 그 보편성을 고집하는 동시에 그것을 남성의 보편성으로 구성한다고 지적한다. 따라서 페미니즘 비평의 강력한 전략은 남성의 오독을 밝혀내고, 그것을 평가하는 독해를 산출하는 것이라고 주장한다. 그는, 남성 비평의 관점이 성적으로 중성인 것처럼 행세하는 태도에 의문을 제기하고, 남성 비평가들은 스스로 비이데올로기적이라고 믿고 있지만, 그럼에도 불구하고 다음 세 가지 측면에서 한계가 노출된다고 지적한다. 첫째, 그들은 성에 관계없이 여성 작가를 작가로 다루지 못한다. 둘째, 소위 비이데올로기적 비평가들은 상당수 여성 작가들을 아예 무시해 버린다. 셋째, 비이데올로기적 비평가들은 남성의 경험에만 근거해서 보편적 진술을 하는 근시안적 경향을 띠고 있다는 것이다.

이와 같이 초기 페미니즘 비평은 여성의 이미지와 여성들의 글읽기에 대한 문제에서 출발한다. 여성 이미지 비평은 남성의 잘못된 과거를 질타하면서 목소리를 높이는 일종의 이데올로기 비평이라고 할 수 있다. 또한, 여성 비평적 글읽기는 비여성 비평으로는 언급될 성질이 아닌, 감추어진 성의 이데올로기를 텍스트로부터 드러나게 하는 것이다. 비평가의 임무는 하나의 문학 작품을 작가가 그것을 의식하고 있건 모르고 있건 간에 작품을 형성하는 이데올로기의 흔적을 검토하거나, 작품이 말하고자 하는 바와 세심한 독서에 의해 드러나는 바 사이의 모순을 지적하는 일이다. 이 가운데 여성 비평 글읽기는 남근중심주의에 대한 가면을 벗기는 독해이기도 하다. 이를 통해 도달한 결론은 여성들에게만 해당하는 것이 아니라 남성 비평가들이 받아들일 수 있는 방식으로, 즉 비이데올로기적인 체하는 태도가 지닌 한계를 증명하고 비평계 전반에서 타당한 시각으로 이해되기를 바라는 것이다.

5. 미국의 페미니즘 비평 전개

(1) 여성 문학론과 여성운동

미국의 여성운동은, 여성의 권리를 찾는 정치적 운동인 1848년 세네카 폴스 전당대회(Seneca Falls Convention)에서 출발한다. 1869년에는 '전국여성참정권협회'(National Woman Suffrage Association)를 설립하여 헌법이 참정권 수정안을 받아들일 것을 촉구하여, 1920년에 여성 참정권을 허용하는 헌법 수정안의 성립을 본다. 이후 1960년대에 수많은 여성운동을 뒤이은 제2의 미국 여성운동이 새롭게 등장한다.

1960년대 초 베티 프리단(Betty Friedan)의 『여성의 신비』(*The Feminine Mistique*)

가 발표되자 한층 더 심화 확장된 여성운동의 조짐을 보였다. 이 책에서 프리단은 어머니를 모든 여성의 모델로 삼아 요리, 빨래, 육아 등 가사 노동에 시달리는 모습을 보여주면서, 이런 환경에 내몰린 문화적 여성 이미지를 해부하고 비판한다. 그리하여 여성운동은 이러한 반혁명적인 여성 이미지를 계몽시키고 오랜 여성해방 투쟁을 새로운 방향으로 선회할 것을 촉구하게 된다.

1960년대와 1970년대 초의 성차별을 반대하고 평등권과 낙태 권리를 옹호하는 여성운동은 새로운 조직을 형성하여 선언문 발표, 법령의 도입 등을 실행한다. 결성된 주요 여성운동 단체에는 프리단의 전국여성단체(National Organization for Women, 1966)와 흑인여성운동단체(National Black Feminst Organization, 1973)가 있고, 선언문으로는 전국여성단체의 여성의 권리에 관한 법안(Bill of Rights for Women, 1967), 빨간 스타킹 선언문(Red Stocking Manifesto, 1969), 비치 선언문(Bith Manifesto, 1969) 등이 있다. 법 제정 분야에서는 시민권 제정(1964)과 평등권 수정안 재도입(1970) 알래스카, 하와이, 뉴욕에서의 낙태법 자유화(1970) 등이 이루어진다. 역사적 시위 운동으로는 공화당 전당대회에서의 여성 행진(1968), 뉴욕 급진주의 여성 운동가들이 작성한 강간에 대한 비난 성명(1971)과 국제 여성해방 캠페인 후 행해진 포르투갈에서의 '세 명의 마리아 석방'(1974) 등을 들 수 있다.

케이트 밀레트(Kate Millette)의 『성의 정치학』(*Sexual Politics*, 1970)이 출판되면서 미국의 여성 문학론은 출발한다. 이 책에서 밀레트는 남녀 간의 지배와 종속 관계를 성의 정치로 파악하여 D. H. 로렌스(David Herbert Richards Lawrence), 헨리 밀러(Henry Miller), 노먼 메일러(Norman Mailer), 장 주네(Jean Genet) 등 네 명의 남성 작가의 작품을 분석한다. 그리하여 남성 우위와 성적 폭행에 초점을 맞추어, 가부장제라는 이념은 여성 억압을 영속화시키는 이념적 정치라고 비판한다. 이후 산드라 길버트(Sander Gilbert)와 수잔 구바

(Susan Gubar)의 『여성들에 의한 노튼 문학 선집』(Norton Anthology of Literature by Women, 1985)이 출간되면서 여성 문학론은 성공적으로 활성화된다. 그 사이에 많은 여성 비평가들이 여성 문학론의 발전에 공헌했는데, 그 가운데 조세핀 도노반(Josephine Donovan), 주디드 페터리(Judith Fetterley), 안네트 콜로드니(Annette Kolodney), 엘렌 모오스(Ellen Moers), 엘렌느 쇼왈터(Elaine Showalter) 등의 활약은 괄목할 만하다.

그들의 다양한 비평 방법들은, 우선 가부장적 전제와 편견을 노출시키면서 남성 우위를 공격하고, 여성들의 작품을 분석 조사하며, 문학적·사회 심리적·문화적 이론에 접근하고 있음을 볼 수 있다.

(2) 급진주의와 여성 작가 작품 연구

현대 급진주의 페미니즘의 주요 이론들은 1960년대 말과 1970년대에 뉴욕에서 결성된 단체들에 의해 발전된다. 급진주의 페미니즘은, 성역할에 근거해서 남성이라는 계급보다 여성이 열등하다고 범주화시키면서 여성 억압을 자행해온 것에 대항하여 출발한다. 따라서 급진주의 페미니즘은 이러한 성에 따른 계급 체계를 전복시키려 한다. 다시 말하여, 페미니즘을 급진적으로 만드는 점은, 이것이 남성 지배의 근원에 초점을 맞추고 모든 형태의 억압이 남성 우월의 연장선상이라고 주장하는 데 있다.

초기의 페미니즘 비평은 작품의 독해를 통하여 텍스트에 드러나는 여성 이미지를 분석하는 것이었다. 당시는 여성이 매우 불평등한 취급을 당하고 있음에도 불구하고 성계층의 문제가 쉽게 표면화되지 않았기 때문에 현상적 왜곡을 제시하는 것 자체가 여성해방에 큰 촉매제 역할을 하였다. 이를 바탕으로 하여, 미국 여성 문학론은 70년대 중반부터 초기의 남성 중심적 작품(androtexts)에 대한 부정적 분석, 말하자면 여성 이미지 비평에서 여성 중심적 작품(gynotexts)에 대한 긍정적 연구, 곧 여성 작가 비평으로 방향을 전환시킨다. 여성 중심적 비평은 여성의 독창성, 문체, 장르, 주제, 이미지, 이력, 문화적 전통을 검토하는 소위 표현을 강조하는 텍스트 중심적인 것이다. 이러한 연구의 중요한 국면은, 이때까지 간과되고 무시되어 잊혀졌던 여류 작가들을 다시 학문적으로 조명할 수 있게 되었으며 중요한 여류 작가의 규범도 창조할 수 있게 되었다.

여성 작가 비평의 대표적 저서에는 엘렌 모오스(Ellen Moers)의 『여류문인』(*Literary Women*, 1976), 페트리시아 메이어 스팩스(Patricia Meyer Spacks)의 『여성의 상상력―여성 글쓰기에 대한 문학적 심리학적 조사』(*The Female Imagination―A Literary and Psychological Investigation of Women's Writing*, 1975), 엘렌느 쇼왈터(Elaine Showalter)의 『여성 자신의 문학―브론테에서 레싱까지의 영국 여성 소설가들』(*A Literature of Their Own―British Women Novelists from Brontë to Lessing*, 1977), 니나 바임(Nina Bayim)의 『여성 소설―1820~1870년 사이의 미국 여성에 의한, 여성에 관한 소설 지침서』(*Women's Fiction―A Guide to Novels by and about Women in America*, 1978), 산드라 길버트(Sandra Gilbert)와 수잔 구바(Susan Gubar)의 『다락방의 미친 여자―여성 작가와 19세기 문학적 상상력』(*The Mad woman in the Attic―The Woman Writer and the Nineteenth-Century Literature Imagination*, 1979) 등이 있다.

초기의 페미니즘 비평은 여성 독자 비평으로, 여성 작가에게는 거의 무관심한 채 남성 작가의 작품에 재현된 왜곡된 이미지를 고발하는 소극적 비평이었다. 반면 급진주의 비평은 여성 작가 비평으로서 페미니즘 비평의 독자적 영역을 구축하기 위한 일관성 있고 그 자체의 가설과 이론 체계를 정비하는 적극적 비평이라 할 수 있다. 이것은 무엇보다도 남성 문학과 구별되는 여성 문학의 차이성을 규명하려는 작업이라 할 수 있다. 즉 여성 작가 비평은 양성적 차원에서 남녀의 공존 가능성을 추구하기보다는 여성의 특수성 규명에 주력한다. 이러한 급진주의 페미니즘은 한편으로는 의식과 문화에 초점을 맞추고, 다른 한편으로는 무의식에 초점을 둠으로써 체험된 성역할 불평등에 관련해서 남성과 여성을 구분짓는 심리적·성적·이데올로기적 구조를 분석한다.

모오스의 『여류문인』은 1780년대부터 1930년대까지의 위대한 여류작가들의 이력을 조사하여 영국·미국·프랑스 문학의 '서사시적 시대'(Epic Age)의 설화 문학을 제공하려는 데 있다. 그는 여성의 소설 분야에 관심을 집중하고 주제, 이미지, 전통, 생활 등을 중점적으로 관찰한다. 이 책에서 그는 오십 쪽에 달하는 '여류 문인 사전 목록'(Dictionary Catalogue of Literary Women)을 준비하여, 사포(Sappho)로부터 안나 아크마토바(Anna Akhmatova)에 이르기까지 약 250명의 여성 문인들의 대표적 작품들과 그들에 대한 이야기를 실었다. 여기서, 모오스는 오스틴(Jane Austen), 엘리자베스 바레트(Elizabeth Barrett) 등과 같은 주요 작가의 작품을 비롯하여, 윌라 카터(Willa Cather), 토나 부인(Mrs. Tonna), 플로라 트리스탄(Flora Tristan) 등 보다 낮게 평가된 작품들에도 관심을 두고 있음을 본다. 그는 모든 나라와 모든 시기에 여성만의 스타일이 존재한다고 믿는 것은 잘못이며, 문학에 있어서 여성만의 스타일, 즉 동질적이고 본질적인 여성의 의식, 문학 전통, 또는 스타일 등은 없다고 주장하면서 여성의 문학을 균질화시키려는 것을 반대하고 있다.

스팩스는 『여성의 상상력』에서, 사회적 변화를 초월해서 존재하는 여성적 정서이자 여성적 대응 양식이 바로 여성의 상상력이라고 정의하면서, 이런 여성의 상상력은 남성의 그것과 구별되는 여성 고유의 속성이라고 주장한다. 그는 여성 작가의 작품에서 여성의 상상력의 구체적 발현 양식을 검증해 보인다. 그러나 그의 검증은 추상적이어서 비역사적이며 보편주의에 빠질 위험을 내포하고 있다는 평가를 받는다. 따라서, 스팩스가 주장하는 여성적 상상력은 결국 중산층 백인 여성의 상상력에 불과하며, 그것을 여성의 보편적 속성으로 간주하기에는 이론적 무리가 뒤따른다고 할 수 있다.

쇼왈터는 『여성 자신의 문학』을 통하여, 지금까지 위대한 작가들에게만 관심을 집중함으로써 영국 여류 소설가들의 서열을 하나의 소그룹으로 격하시켜 왔던 전통적 문학사의 단점을 수정하는 작업에 착수한다. 그리하여 모오스의 사전 목록과는 다르게 삼십 쪽에 달하는 '생애 부록'(Biographical Appendix)에서 1840~1970년대까지의 실질적으로 알려지지 않은 수십여 명의 여류 작가들을 소개한다. 그리고 그는 영국 여류 소설가들을 문학적 하위 문화로 취급해 버리는 전통적 시대 구분을 버리고, 여성의 문학사적 발전의 3단계를 구성한다. 각각 제1단계 여성적 단계(1840~1880), 제2단계 여성해방 단계(1880~1920), 제3단계 여성 문학 단계(1920~) 등이 그것이다.

쇼왈터는 여성 문학 정립의 당위성을 역설하면서 모오스와는 달리 비평 이론에 깊은 인식을 보인다. 그는 사회가 여성의 삶의 틀을 만들며, 여성의 삶을 억제하여 여성들의 언어와 의식 그리고 문학 교육에 커다란 영향을 끼친다는 이해에 뿌리를 둔 문학 비평을 실천하려고 노력한다. 이러한 문제 의식에서 출발한 여성의 저술에 대한 페미니즘 비평은 여성 작가의 창조성 탐구, 무시되고 망각된 여성 작가의 재발굴, 여성 문학사 기술, 여성 장르와 여성적 원형 찾기 등으로 논의의 초점을 모으고 있다.

『다락방의 미친 여자』에서, 길버트와 구바는 19세기 영문학 전통 안에서 여성 문학의 특질을 밝히는 작업과 동시에 여성 작가의 창작 능력에 대한 이론을 전개한다. 그들은 가부장적 사회가 여성을 신체적, 정신적으로 병들게 한다고 주장하면서 작품 속에서 신체적이고 정신적인 질병의 사례를 추적한다. 그 질병들은 곧, 공간 공포증, 밀실 공포증, 식욕 부진, 건망증, 실어증, 히스테리와 정신병 등이다. 그들은 수많은 가상적 등장 인물들로 구체화된 미친 여자의 극적인 예를 조사한다. 그리고 특히 부정적인 이미지로 나오는 여성 인물들은 작가가 체험하는 이상과 현실 간의 괴리에서 오는 갈등, 분노, 좌절을 대변하는 작가의 또 다른 자아이기도 하다고 언급한다. 그들의 원형적 심리 비평의 경향은 여성의 이미지, 주제, 시적 관습과 분노한 민감성에 관한 보편성을 획득했다고 평가받는다. 문학 작품에 등장한 천사, 괴물, 여자와 시빌(Sibyl) 인물들은, 여성 작가들의 집단적인 무의식이 억압됨으로써 19세기 작가들의 현실적 문학에 극적으로 나타난 것으로 보고 있는 것이다. 그러나 그들의 작업은 작가와 등장 인물을 동일화하고, 글쓰기를 작가의 자전적인 체험이거나 무의식의 확대로 간주하는 제한적이고 단순한 관점에 그 한계성을 노출하고 있기도 하다.

(3) 밀레트 ―『성의 정치학』

현대 페미니즘의 중요한 국면은 케이트 밀레트(Kate Millett)의 『성의 정치』(*Sexual Politics*, 1970)와 함께 등장한다. 이 저서는 여성 해방의 입장에서 정치적 분석과 문학 작품 분석을 적절히 종합하고 있다. 밀레트는 정치라는 용어가 권력 구조의 제 관계, 즉 집단과 집단 사이의 지배의 역학으로 사용되는 것과 같이, 남성과 여성의 관계도 지배적 남성이 종속적 여성에게 권력을 행사하는 지배―피지배의 관계로 사용될 수 있다고 주장한다. 이러한 개념하에서 남녀의 지배―피지배의 관계를 '성의 정치'로 파악하고, 남성에게는 우월한 지위를, 여성에게는 열등한 지위를 고정시키는 양성의 '내부 식민화' 관계를 고찰한다. '가부장제'라 칭할 수 있는 성의 정치는 '기질' '역할' '지위'를 기본적인 남성 전제 정치 형태로 사회화시킴으로써 합의를 얻어내고 있다고 파악한 것이다.

지위에 관련하여 살펴보면, 남성 우위성의 합의가 보편화되어 남성에게는 우월한 지위가 할당되고 반면 여성에게는 열등한 지위가 할당된다. 그러한 목적하에서 '기질'은 고정화된 성별주의 경계를 따라 인간의 인격을 형성한다. 이러한 성별화는 지배 집단의 필요와 가치관에 기반을 두고 있으며, 그 피지배 집단의 성원은 스스로 그 가치관을 존중하고 그에 종속되는 것을 편리하게 여기에 된다. 따라서 남성의 기질은 공격적, 지적, 힘, 효율적인 것으로 평가되는 반면 여성의 기질은 수동적, 무지함, 온순, 덕성, 비효율적인 것으로 평가된다.

이러한 기질의 불균등한 배분을 교환하는 것이 성별 '역할'인데, 이는 태도와 몸짓 등에서 영향력을 행사한다. 따라서 그 역할은 여성에게는 가사와 육아를 담당하게 하고, 그 밖의 사회적 활동 분야의 일은 남성에게 할애한다. 이러한 과정에서 여성의 역할은, 여성을 생물학적 차원에서 격리된 채 머물게 하고 열등한 지위로 전락하게 만든다. 이러한 관점에서 밀레트는 로렌스, 밀러, 메일러, 장 주네의 소설에서 성적인 묘사에 함축되어 있는 남성 지배를 비판하여 조명한다.

밀레트는 로렌스를 가장 유능한 성의 정치가로 평가한다. 그는 로렌스가 육체의 부활, 원시적 생명력의 찬양 등의 허구 밑에 남성 지배력을 신비스런 종교에로까지 변모시키려는 의도를 숨기고 있다고 주장한다. 로렌스가 형상화하는 남성의 상징은 자랑스럽고 신비하고 당당하지만, 이에 비하여 여성의 상징은 수치스럽고 자포자기적이며, 오직 남성에 의해 희생되는 피동적 희생물에 지나지 않는다고 본 것이다. 또한 성과 폭력을 연결시킨 헨리 밀러의 『섹서스』(Sexus)나 노만 메일러의 『미국의 꿈』(An American Dream) 역시 남성의 자아를 충족시키기 위해 여성을 희생시킨다는 점에서 밀레트로부터 비판을 받는다. 그들의 작품에 등장하는 비인간화된 여성상들은 변태적이고 환상적인 인물이라기보다 실제로 양성 사이의 정치적 관계 밑에 깔려 있는 반여성적 태도를 극단적으로 응축시킨 결과라고 밀레트는 지적하고 있는 것이다. 다시 말하여 로렌스, 밀러, 메일러, 주네 등의 여성 인물 묘사는 가부장제만큼이나 장구할 뿐만 아니라 국경을 초월하는 아주 보편적인 상태를 반영한 것으로 평가하고 있다는 비판이다.

이와 같이, 밀레트는 성차별주의 이데올로기를 모든 남성 작가들이 필연적으로 조장하는 일괄적 억압 방법으로 취급하였다. 그는, 남성 작가들은 성의 충동으로 인해 현실 세계에서의 억압적인 성의 정치를 그들의 소설 속에 재현한다고 판단했던 것이다. 그러나 그의 이러한 접근 방법은 다른 페미니스트들로부터, 그의 페미니즘 이론이 남성의 지배라는 일차원적 견해에 머물고 있다는 지적을 받기도 했다.

(4) 쇼왈터 ―『여성 자신의 문학』

쇼왈터(Elain Showalter)의『여성 자신의 문학』(1977)에서는, 여자들 경험의 관점에서 브론테 이후 영국의 여성 소설가들을 탐색하고 있다. 그는 먼저 여성 문학적 전통과 여성 문화적 유산의 부재에 대해서 말한다. 따라서, 매 시대마다 여성 작가들은 과거를 새롭게 재발견해야 하며, 여성은 끊임없이 여성으로서의 자각과 자의식을 환기시키고 단련시켜야 하는 부담을 안고 있다고 지적하면서, 여성 문학 정립의 당위성을 역설한다. 계속해서 그는 어떤 고정된 혹은 타고난 여성적 특징이나 여성적 상상력이 따로 존재하는 것은 아니지만, 그래도 여성의 저술과 남성의 저술에는 깊은 차이가 있으며, 이 저술 전통 전체가 남성 비평가들에 의해 등한시되었다고 말한다.

쇼왈터는 영국 여류 소설가들을 문학적 하위 문화로 취급해 버리는 전통적 시대 구분을 버리고, 새롭게 여성의 문학사적 발전의 3단계를 제시한다. 제1단계는 '여성의 단계'(1840~1880)로서, 여성 소설가들이 지배적 문화 전통인 남성적 기준을 내면화하고 모방하는 단계이다. 그래서 여성 작가들은 지배적이고 남성 미학적인 기준을 모방하고 내면화하느라고 요조 숙녀로 존재한다. 따라서 그들 작품의 주된 세계는 그들이 직접 속한 가정과 사교계이다. 이 단계에는 엘리자베스 개스켈(Elizabeth Gaskell)과 조지 엘리엇(George Eliot)를 포함한다.

제2단계는 '여성해방 단계'(1880~1920)로서, 지배 문화의 가치와 표준에 반대하며 여성 집단의 가치와 권리를 옹호하는 단계이다. 이 시기의 급진적 페미니스트들은 분리주의자적 아마존과 같은 이상향과 부인 참정론과 여성 동지애를 옹호한다. 이 단계에는 엘리자베스 로빈스(Elizabeth Robins)와 올리브 슈레이너(Olive Schreiner) 등을 포함한다. 제3단계는 '여성 문학 단계'(1920 ~)로서, 여성 자신의 내부로 향하는 단계이다. 즉, 이전 단계들의 특성을 이어받아 구체적으로 여성의 글과 여성의 경험을 발달시키고자 한다. 레베카 웨스트(Rebecca West), 캐더린 맨스필드(Katherine Mansfield), 도로시 리처드슨(Dorothy Richardson) 등을 이 단계의 중요한 초기 여성 소설가로 꼽고 있다.

쇼왈터는 페미니즘 비평을 크게 두 부류로 나누고 있다. 그 하나는, 그가 '여성해방론 비평' 혹은 '여성해방론적 독법'이라 부르는 것이다. 이는 독자로서의 여성을 중심으로 문학 작품 속에 유형화된 여성상을 비판하거나 남성 비평가의 비평 속에 누락 혹은 왜곡된 여성 문제를 바로잡아주는 일종의 이데올로기 비평의 형식을 취하는 것이다. 다른 하나는, 그가 이상적으로 생각하는 여성 중심 비평이다. 연구 대상은 남성과 구별되는 여성의 창조성, 여성 작가, 여성 스타일 등으로서 여성 문학의 차이성을 일관된 체계로 정의해 보려는 이론 작업이다. 그는 이 분야에 생물학·언어학·정신분석학·그리고 문학에 의해 구조화된 여성의 특징을 제시하고 있다.

그는 여성 문화를 이론화하기 위해 아드너(E. Ardner)의 인류학적 접근 방식을 수용한다. 아드너에 따르면, 여성 문화는 남성 문화와 중복되기는 하지만 완전히 그것에 편입되지는 않는다고 본다. 또한, 그는 여성의 영역은 남성의 영역에 흡수되지 않는 미지의 공간으로 남겨져 있으며, 이것이 바로 여성의 차이를 밝혀주는 근거라고 주장한다. 쇼왈터는 아드너의 여성 공간 개념을 일단 받아들이면서도 그 공간이 남성 영역 외부에 별개로 존재하는 어떤 것이 아니라 남성의 영역 내부에 강력하게 흐르는 저류라고 설명한다.

물론 여성 문학의 경우도 남성 문화에 편입되어 있는 부분이 전혀 없는 것은 아니다. 쇼왈터는 남성 문화에의 복종을 보여주는 부분을 의식적 국면으로 이해하면서도, 이 의식적 국면 뒤에는 그것을 전복하는 강력한 무의식적 국면이 내재해 있음을 지적한다. 그리하여 남성 문화에 편입되지 않은 여성 하위 문화 또는 부분 문화 개념을 강조한다.

그러나 쇼왈터의 여성 하위 문화 개념은 역사적 변화에 관계없이 보편적으로 존재한 무역사적 범주는 아니다. 여성 문학의 차이성이 가부장제 남성 문학의 흐름에 편입되지 않은 무의식적 저류이긴 하지만, 그 무의식적 저류는 당대의 사회적 역사적 조건에 따라 각기 다른 내용성을 지니는 것이기 때문이다. 여성 문학을 하나의 부분 문화로 설정하면서도 비역사적 오류로부터 벗어나 있는 것이 쇼왈터의 이론인 것이다.

이와 같이 쇼왈터는 여성 하위 문화라는 패러다임을 통하여 매몰된 여성 작가를 새발굴하고, 여성 문학의 유기적 맥락을 밝혀주었다는 점에서 페미니즘에 공헌했다. 그러나 그의 여성문학사의 시기 구분은 무리하게 끼워맞추는 오류를 범하고 있다고 평가받기도 한다. 그리고, 진화론적인 입장에 서 있는 그의 여성문학사 기술 방식은 다분히 목적론적 오류를 범할 가능성을 지니고 있기도 하다. 또한 여성 자의식이라는 현재의 기준에 맞춰 과거의 여성 작가를 평가할 경우, 현대와의 유기적 관련성을 확인하는 데는 편리할지도 몰라도 당대 역사와의 살아있는 관계는 사장될 위험이 도사리고 있는 것이다. 그럼에도 불구하고 지금까지 기술된 바 없던 쇼왈터의 여성문학사 작업은 페미니즘 문학사상 그 가치를 크게 인정받아야 할 것이다.

(5) 페터리 ―『저항하는 독자』

주디트 페터리(judith Fetterly)는 『저항하는 독자』(1978)를 통하여, 널리 읽혀지고 있는 미국 소설의 작품들은 여성 독자들에 대한 일정한 전략을 형성하고 있으며, 이런 작품의 대부분은 그 보편성을 고집하는 동시에 그것을 남성의 보편성으로 구성한다고 주장한다. 그리고 그는 미국의 중요 작품의 하나로 꼽히는 『잠자는 계곡의 전설』(The Legend of Sleepy Hollow)을 예로 자신의 견해를 제시한다.

이 작품의 남자 주인공 립 반 윙클은 미국의 꿈을 실현시킨 전형적인 인물로 형상화되고, 그의 아내 반 윙클 부인은 남편을 속박하는 잔소리꾼으로 등장한다. 각각 립 반 윙클은 환상의 성취를, 반 윙클 부인은 도망치고 싶은 속박과 무지를 상징하고 있다. 이러한 인물 구성의 작품을 읽었을 때, 여성 독자들은 남성 독자들과 마찬가지로 그 남성 주인공에 동조하여 여성 인물을 적으로 느끼게 될 수밖에 없다. 따라서 여성 독자는 모순의 감정에 빠지게 될 것이다. 이처럼 여성 독자들을 곤경에 빠뜨리는 인물 구성의 작품은, 여성을 자유 실현의 장애로 보는 관습에 참여시키는 이야기의 극적 구조의 방법에 불과하다고 페터리는 비판하고 있다. 그리하여 페터리는 남성 텍스트에 의해 속고 배반당하는 독서 방법을 변화시키고자 시도한다.

이로써 페터리의 주장은, 여성 비평은 동의하는 독자보다 오히려 저항하는 독자가 되어야 한다는 것이다. 또한 남성의 뜻에 동의하기를 거절함으로써, 우리 안에 주입되어 왔던 남성의 정신을 쫓아내는 운동을 시도하는 것이다. 즉, 페터리의 '저항하는 독자'는 남성이 의도하는 독서 방법을 비판 없이 무조건 따라 함으로써, 일종의 남성의 지배하에 종속되는 것을 거부하고, 대신에 여성 주체성을 확립하고 남성 중심적인 고전들을 거역하는 독서를 하자는 것이다.

여성이 여성 자신으로부터 소외되고 마는 여성 독자의 곤경에 대한 페터리의 설명은, 여성들에 있어서 양육 문제가 끼치는 심리적 영향에 대한 도로시 디너스타인(Dorothy Dinnerstein)의 분석에 의해 심화된다. 디너스타인에 따르면, 일반적으로 어린아이들은 남녀 상관없이 어머니에 의해 양육되고,

어머니를 전적으로 의지하게 된다. 그리하여 어린아이들은 최초의 외부 경험을 여성으로부터 하게 되며, 한편으로 실망과 고통 또한 여성으로부터 맨 처음 경험하게 된다. 그 결과 어린아이들은 여성에 대한 강한 원한을 품게 되고, 남성 인물과 동일시되려는 보상적 경향을 쌓아간다. 이러한 양상은 독서 과정에서도 그대로 나타나, 여성 독자들이 여성으로부터 도피하는 플롯의 독자로서 참여하게 되는 경향을 빚게 된다는 것이다. 다시 말하여, 여성들은 어린아이 때부터 남성들의 반여성적 감정을 공유하게 된다는 설명이다. 또한 디너스타인은 그 원인을, 여성들이 자신들의 가치를 훼손시키는 사회적 전형에 몰두해 왔다는 것, 지배적인 남성의 환심을 사려고 서로 적대시 해왔다는 것 등에서 찾아 설명하면서 양육 관계의 모순을 첨가하여 말한다.

　디너스타인은 양육 관계에서 발생하는 모순을 훨씬 심각하고 뿌리깊은 원인으로 보고, 양육 구조의 문제로 인해 여성들이 여성늘을 속죄양으로 만드는 데 협조하지 않도록, 여건을 바꾸는 일에 관심을 기울여야 할 것을 주장한다. 이러한 주장은 객관적 실험 등을 통한 검증으로 제시된 바는 아니지만, 여성의 경험과 여성 독해의 상황을 통해 도달한 주장으로서 인간과 사회, 인간과 가족의 문제에 본질적 관심을 기울이게 하는 동기가 되었음은 틀림없다.

　이와 같이 '저항하는 독자'의 전략은 남성의 오독을 밝혀내고, 그것을 평가하는 독해를 산출한다는 데 있다. 여성 비평가들은 남성 비평의 관점이 성적으로 중성인 양 행세하는 태도에 의문을 제기한다. 남성 비평가들은 스스로를 비이데올로기적이라고 믿고 있지만, 그럼에도 불구하고 그들은 성에 관계없이 여성 작가를 작가로 다루지 못하며, 소위 비이데올로기적 비평가들은 상당수의 여성 작가들을 아예 무시해 버린다는 것이다. 또한 비이데올로기적 비평가들은 남성의 경험에만 근거해서 보편적 진술을 하는 근시안적 경향을 띠고 있다고 비판한다.

6. 프랑스의 페미니즘 비평 이론 전개

80년대에 이르러서는 페미니즘 비평 이론의 필요성이 심각하게 대두되기에 이른다. 미국의 여성 문학론자들이 주로 여성의 경험과 역사의 연구에 관심을 기울인 반면, 프랑스 여성 문학론자들은 언어·철학·정신분석학 등 다른 담론의 체계 속에서 전형적으로 '여성적'인 것을 형성하는 요소들을 조사한다. 따라서 최근까지 포스트모던 페미니즘은 '프랑스 페미니즘'이라 일컬어져 온다. 이 사상을 표명한 많은 여성들이 프랑스 사람이거나 혹은 프랑스 파리에 살고 있는 여성들이기 때문에, 영미에서는 그들 모두에 '프랑스'라는 형용사를 붙였던 것이다.

프랑스 페미니즘은 프로이트(Sigmund. Freud)와 라캉(Jacque Lacan)의 정신분석학으로부터 출발한다. 그리고 남근 중심주의를 해체하는 기본적 틀을 데리다(Jacque Derrida)의 해체론과 라캉의 정신분석학에서 빌어 오고 있다. 또한 줄리아 크리스테바(J. Kristerva), 엘렌 식수스(H. Cixous), 루스 이리가레이(L. Irigaray) 등 프랑스 페미니스트 이론가들은 데리다의 해체론을 여성해방론의 이론 모형으로 삼고 있기도 하다. 동시에 이들 세 페미니스트 이론가들은 라캉과 함께 전통적인 프로이트 정신분석학 이론과 실천을 재해석하는 데 상당한 관심을 보이고 있기도 하다.

미국의 경험적 양식과 프랑스의 이론적 양식 간의 주요한 차이를 쇼왈터는 「황무지에 있는 여성 문학론」(*Feminist Criticism in the Wilderness*)에서, 프랑스 여성 문학론은 필연적으로 정신분석학적인 것으로서 억압을 강조하는 반면, 미국 여성 문학론은 필연적으로 텍스트 중심적이면서 표현을 강조한다고 말한다. 이러한 프랑스 이론들은 미국 여성 문학론, 특히 정신분석학적 문학론에 영향을 주었다.

(1) 데리다 — 해체론과 페미니즘

데리다(Jacque Derrida)의 해체론과 라캉의 정신분석학에 영향을 받은 프랑스 페미니즘 이론은 기존의 반이론적 페미니즘 비평의 본격적인 이론화 작업에 들어가게 된다. 데리다는, 서구 철학이 '이성/감성' '문화/자연' '의식/무의식' '말/글' '아버지/어머니' '남성/여성' 등 이항대립 구조를 바탕으로 하고 있다고 본다. 그런데 이러한 이항대립 구조는 한 항목이 다른 항목과 평등한 관계를 지니고 있는 것이 아니라, 다른 한 쪽을 억압 내지 침묵시키는 불평등한 서열 구조를 가지고 있다는 것이다. 이 대립 구조의 전면에 위치한 이성, 문화, 의식, 말, 아버지, 남성 등은 자신이 진리임을 내세워 다른 한 쪽인 감정, 자연, 무의식, 글, 어머니, 여성 등을 침묵시켜 왔다는 주장이다. 데리다는 이항대립 구조에 입각하여 이성을 중심에 위치시켜 온 것을 '이성중심주의'라 칭하고, 그 이성이 남성과 동일시되었다는 점에서 '남근이성중심주의'라고 명명한다. 따라서 여성은 남성의 타자로서만 정의되어 왔을 뿐 한 번도 자신의 이름으로 불리어지지 못했다고 말한다.

데리다의 작업은 이런 위계적 이항대립 구조의 중심에 놓인 이성, 문화, 의식, 말 아버지, 남성 등이 더 이상 진리가 아님을 밝힘으로써 억압 구조를 해체시키는 데 목적을 둔다. 그런데 데리다의 작업은 단순히 이항대립 구조의 위계 질서를 역전시키는 데 머무는 것은 아니다. 더 나아가 이항대립 구조 자체가 성립될 수 없는 것임을, 또 이항대립 구조라는 패러다임에서 진리의 기원(origin)과 현존(presence)이 더 이상 존재하지 않는 것임을, 그리고 기원을 향한 모든 형이상학적 기도 자체가 잘못된 것임을 밝혀내려는 데 궁극적 목적을 둔다.

이런 작업 가운데 핵심적 개념으로 등장한 것이 차연(differance)이다. 데리다는 기호의 의미는 외적 대상을 지시함으로써가 아니라 기호 사이의 '차이'(differ)에 의해 발생한다는 소쉬르(Ferdinan de Saussure)의 기호관이 실체론적 사고에서 벗어났다는 점을 일단 인정하면서도, '기표/기의'의 이분법에서는 아직 벗어나지 못했음을 비판한다. 소쉬르는 의미 발생을 주어진 실체에서 찾지 않고 관계 속의 차이에서 찾았다는 점에서는 형이상학적 오류에서 벗어났지만, 기의와 기표가 일 대 일로 대응하는 것으로 상정하여 기표에 대한 기의의 우월성을 보장했다는 점에서는 여전히 형이상학적 틀에 사로잡혀 있다는 것이다. 가령, 영어의 a라는 기표의 의미는 그것이 b, c, d와 '다르다'는 데서 발생한다. 곧, a의 의미는 다른 기표와의 '차이'에서 발생한다. 그런데 소쉬르는 한 기의가 다른 기표와의 차이로 이루어지는 것을 인정하기는 하였으나, 그 차이를 주어진 것으로 간주함으로써 a의 의미(기의)가 곧 기표와 일 대 일로 대응하는 것으로 생각한 것이다. 그렇지만 a라는 기표는 b, c, d뿐만 아니라 e, f, g … 등등 수많은 기표와의 차이에 의해 끊임없이 '연기'되는 것이지 고정되는 것은 아니다.

이처럼 '차이'(difference)에 의해 의미가 끝없이 '연기'(defer)되는 것을 데리다는 '차연'(differance)이라고 명명한다. 이렇게 되면 우리가 확실하게 포착할 수 있는 단일한 의미는 결국 존재하지 않는 셈이 된다. 이러한 현상은 a라는 기표의 의미를 가능하게 하는 것은 a가 아닌 다른 것, 즉 부재(absence)임을 보여준다. 따라서 의미는 기표 사이의 끊임없는 유희에 의해 연기되는 것이지 하나의 기의로 고정되는 것은 아니다.

이러한 데리다의 '차연'에 대한 개념 정리는 서구 형이상학에 대한 근본적 비판과 맞물린다. 그의 형이상학 비판은 가부장제 이데올로기에 대한 비판과 맥을 같이 하는 것이다. 왜냐하면 지금까지 '이성-합리-남성-진리' '감정-불합리-여성-비진리'라는 등식에 기초해 온 서부 가부장제 남근중심주의에서 그 우월성을 기반으로 삼았던 진리의 근거 자체가 해체당하기 때문이다. 이후 프랑스 페미니즘의 대표적인 이론가들이 데리다의 해체론을 여성해방 이론 모형으로 삼은 것도 바로 이 때문이다. 또한 많은 포스트모던 페미니스트들도 데리다의 해체 이론을 원용하게 된다.

(2) 라캉 — 정신분석학과 페미니즘

라캉(Jacque Lacan)은 프로이트의 이론을 재정립함으로써 언어학의 새로운 기초를 마련하여 페미니즘 안에서의 정신분석학의 틀을 세운다. 라캉은 무의식이나 섹슈얼리티(sexuality)를 자연적 혹은 생물학적 본질로 보지 않으며, 상상계와 상징계 안에서 언어 속의 주체 구성의 산물로 보았다. 그리하여 라캉은 소쉬르의 언어학을 전략적으로 끌어들여 정신분석학에 적용한다. 그에게 있어서 남근논리중심주의(Phallogocentrism)에 대한 의문은 기호의 구조와 불가분 관계에 있는 것이다.

라캉의 모델 안에서, 어린아이는 후에 직딩한 사회적 특성들을 습득하게 되는 주체로 태어나지 않는다. 오히려 사회적 간섭으로 아이들은 주체가 된다. 동시에 '사회적, 그리고 말하는 주체', 곧 남성적 혹은 여성적 위치를 지니게 되는 과정에서 상징적 혹은 사회적 주체가 되어 간다. 그러므로 라캉에 있어서는, 프로이트와는 달리 양성간의 차이는 자연 혹은 해부학의 효과가 아니라 심리적인 문제인 것이다. 라캉에게 있어서 남근은 신체 기관이 아니라 기표, 곧 '상징 질서의 핵심적 기표'인 것이다.

라캉은 성적 정체성의 문제를 생물학적 영역으로부터 의미화의 영역으로 옮겨 놓는다. 다시 말하자면, 주체의 성적 정체성은 상징 질서에서 주체가 차지하는 위치의 결과라는 것이다. 이때 상징적 질서는 사회적 법칙, 언어 그리고 교환을 구성하는 사회적 질서의 영역이다. 그리고 이 질서는 대타자(the Other)에 의해 지배를 받는다. 이때 '대타자'는 사람이 아니라 장소로서 언어가 파생되며 의미를 가지게 되는 곳이다. 그리고 대타자는 인간의 경험 속에서 실제의 아버지들이 법을 제정하기 위해 떠올리는 상징적 아버지

(Symbolic Father)의 권위를 지닌 인물로 육화된다. 이와 같은 법은 가부장제에 있어서 가장 근본적인 것이며, 상징 질서는 아버지의 법으로 통제되는 사회적 영역을 말하는 것이다.

이와 같이 프로이트의 오이디푸스 콤플렉스(Oedipus Complex)의 개념은 라캉에 의해서 상징 질서의 개념으로 바뀐다. 라캉은 프로이트가 나르시시즘(Narcissism)의 현상을 통해서 자아(ego)의 발생을 설명하였던 『나르시시즘에 대하여—서론』(On narcissism—An Introduction, 1914)을 바탕으로 연구한다. 그리고 라캉은 '자아'는 어린아이가 자신의 육체적 이미지에 대해 자기 도취에 빠진 결과라고 주장한다. 그러나 프로이트와 마찬가지로 라캉 역시 남자아이의 상징 질서 발달 과정에만 몰두하였다. 라캉은 여자아이들이 자신의 원초적인 동성애적 집착을 버리고 욕망의 대상을 어머니에게서 아버지에게로 옮겨감으로써, 여성성의 성질을 취득하게 된다고 주장한다. 라캉은 단순히 프로이트를 해독하고 해석한다고 주장했지만, 그의 해석은 프로이트에게 결별을 고한다.

라캉의 여성성에 대한 이해는 프로이트보다 훨씬 복잡하고 설득력이 있다. 그의 정신분석학적 페미니즘 이론의 장점은, 생물학적 결정론을 지양하고 프로이트 심리분석을 언어를 통해 사회 조직과 연결시키는 데 있다. 라캉의 정신분석학적 페미니즘이 보여준 모순된 이론에도 불구하고, 그의 저작은 현대 페미니즘 이론에 여러 가지로 연관이 되어 있다. 그리고 많은 프랑스 페미니스트들은 라캉의 분석에 비판적이기는 하지만, 라캉에 비판적인 사람들조차도 자신들의 비판을 라캉의 틀 안에 위치시키는 경향을 보이고 있기도 하다.

(3) 크리스테바 — 기호론과 페미니즘

크리스테바(Julia Kriteva)는 언어를 본질론적 실체로 파악하지 않고 특수한 상황의 산물로 이해한다. 이것이 그가 언어학의 대상을 랑그에서 파롤로 이전시킨 이유이기도 하다. 그는 언어의 의미를 결정하는 것은 언어의 내적 구조가 아니라 역사적 상황이라는 바흐친의 생각을 그대로 받아들여, 언어의 의미는 역사적 상황에 따라 변하는 것이라 생각한다. 이렇게 언어를 역사적 문맥 속에 위치시켜 놓으면, 언어에 나타나는 성차별주의를 연구할 때도 종래와는 다른 입장에 서게 된다. 말하자면, 식수스나 이리가레이처럼 기존 언어 자체를 남성 언어로 파악하여 여성의 언어를 별개의 것인 것처럼 생각하는 오류로부터 벗어나, 기존 언어를 여성의 입장에서 활용할 수 있게 되는 것이다. 그것은 역사적 문맥을 부여하기 전까지는 적어도 언어에는 의미가 없는 것이기 때문이다.

따라서 언어를 남성의 것으로 치부해 버리는 것은 언어에 기원을 설정하는 오류이며 언어 자체를 포기하는 패배주의와 다르지 않다. 언어에 있어서 성차별 문제는 남녀 간의 권력 투쟁의 문제이다. 이 남녀 간의 권력 투쟁이 곧 언어의 문맥을 구성한다. 그런데 서로 다른 이해 관계를 가진 남성과 여성이 동일한 언어를 사용함으로써 언어에는 상이한 의미가 교차하고 있다. 물론 이 경우 지배 집단의 이해 관계가 언어의 의미를 지배하고 있지만 그렇다고 피지배 집단의 의미가 완전히 침묵된 것은 아니다. 피지배 집단의 의미는 지배적 담론 속에 무의식적 의미로 각인되어 있으면서 틈만 나면 그 지배 담론을 전복시키려 한다. 따라서 여성의 의미는 남성 지배적 담론의 표면적 의미 구조를 위협하는 혁명 세력으로 남아 있는 것이다.

크리스테바는 남성중심 담론을 위협하는 혁명 세력으로서의 여성 담론의 근거를 기호학에서 찾고 있다. 그의 페미니즘 이론은 라캉의 '상상적/상징적' 분류 이론에서 출발한다. 라캉의 이론에 의하면, 상상적 단계의 어린아이는 그 어머니와 일체감을 유지하지만, 상징계로 진입하면서 아버지 중심적인 언어의 세계로 들어선다는 것이다. 이에 크리스테바는 라캉의 '상상적/

상징적' 모델이 남성 우위적 성향을 띤다고 주장하면서 '기호적(모성적)/상상적(부성적)' 모델로 대치시킨다. 라캉의 '상징적'인 것은 '아버지 법'의 영역인 부성적인 것이라면, 크리스테바의 '기호적'인 것은 모성적인 것과 연관을 맺는다.

이처럼, 크리스테바는 라캉의 정의를 수정하면서 '상상적' 단계를 '기호적' 단계로 재정의한다. 기호적인 것은 상상적인 것의 대안적 의미 양식이다. 상징계는 언어의 습득과 더불어 시작되는 논리의 세계인데, 이 논리의 세계 속에서 상상계의 담론은 역으로 상징계의 무의식으로 남아 있는 상상계의 언어 구조를 위협한다. 따라서 어머니 중심적인 상상계의 담론은 상징 언어 속의 모순, 파열, 침묵, 부재의 형태로 존재하는 무의식적인 혁명 세력이 된다.

이 상상계의 담론을 크리스테바는 '코라'(Chora)라 칭한다. 이것은 세계가 어린아이에 의해 리듬적으로, 선율적으로 감지되는 선언어적이고, 선오이디푸스적인 장소라는 의미이다. 이 단계에서는 의미화, 함축, 통사, 단어, 심지어는 음절의 분화도 이루어져 있지 않다. 이때의 기본적인 정조는 유년기에 매우 행복하게 느꼈던 어머니와의 융합, 입의 쾌감, 항문의 쾌감 등이다. 그러므로 기호란 리듬과 억양에 의하여 직감적인 충동을 조직화하는 것이며, 담화에 있어서 기호와 의미의 관계에 대한 보충적 기록이 된다. 그러나 상징적 단계에 이르면 코라의 '열락'은 사라지고 더구나 언어 속에서 구축되는 여성은 고작 남성과 유사한 것, 또는 주변화된 존재로서의 여성으로 남게 되고, 여성은 불리한 입장에 처하게 된다.

그러므로 크리스테바는 '기호론적 담론'을 상징적 질서에 대한 근친상간적 도전으로 간주한다. 크리스테바는, 기호론적 담론이란 작가가 말을 배우기 전에 느꼈던 어머니와의 일체감에서 오는 기쁨으로 되돌아가게 하여 아버지와의 동일시를 거부하게 해준다고 본다.

한편 크리스테바는, 기호론적 문체는 지배적 담론을 거부하려는 반복적이고 돌발적인 시도를 포함하지만, 흔히 지배적 담론을 모방할 수밖에 없음을 지적한다. 그리하여 여성이 반드시 대안적 담론을 이루어내야 하는가에 의문을 표명한다. 그녀는 여성의 주변적 입장에서 해방적인 잠재력을 본다. 소위 '주변성'은 반권위적 성격을 띠기 때문이다. 그래서 그녀는 여성의 역할은 현재 사회에 존재하는 한정되고, 확정되고, 구조화되고, 의미를 담지하고 있는 모든 것을 거부하는 데 있다고 주장한다. 이런 태도야말로 여성으로 하여금 사회적 규약을 폭발시키는 혁명적 운동에 가담하게 한다는 것이다. 이런 맥락에서 볼 때, 크리스테바가 지칭하는 여성은 생물학적 성을 나타낸다기보다는 일종의 태도, 곧 관습적인 문화와 언어에 대한 모든 저항적인 자세를 나타내며, 남성들 역시 남근중심주의에 반대되는 '열락'을 맛볼 수 있다.

이런 섬에서, 크리스테바의 '코라'의 언어는 여성만의 또 다른 언어가 아니다. 그것은 남성 언어 속에서 그것을 전복하는 주변 세력이다. 크리스테바는 코라의 언어를 지배적으로 사용한 작가로 로트레아몽(Comte de Lauthréamont), 말라르메(Stéphane Mallarmé), 조이스(James joyce) 등 초현실주의, 모더니즘 작가를 들고 있다. 이들 작가의 작품은, 사실주의 소설처럼 단일한 플롯을 끊임없이 해체함으로써 마치 맥락의 리드미컬한 흐름처럼 텍스트의 의미를 파열시킨다고 말한다. 이러한 의미의 파열 속에 새로운 사회를 향한 혁명적 율동이 도사리고 있다는 것이 크리스테바의 입장이다.

(4) 엘렌 식수스 — 여성적 글쓰기

70년대에 들어와서 여성적 담론의 가능성을 탐구하는 작업은 주로 프랑스의 엘렌 식수스(Héléne Cixous)와 루스 이리가레이(Luce Irigaray)에 의해 주도된다. 이들은 특히 라캉의 상징적 언어 체계에 도전하는 방식의 하나는 여성만의 언어를 쓰는 것이라 파악한다. 식수스는 여성적 글쓰기(écriture féminine)를 통해 여성이 자신의 잃어버렸던 육체로 되돌아 갈 수 있다고 주장한다. 식수스와 이리가레이에게 있어서, 여성의 언어는 성적 본능에서 만들어지는 것으로 남성의 언어와는 구별된다. 여성의 언어는 고정되어 있지 않고, 탈중심적이기에 비합리적이고, 직선적이지 않으며, 남성들은 이해할 수 없는 언어이다. 그러나 식수스의 여성적 글쓰기는 여성의 언어가 아니라 여성적 글쓰기로써 남녀 모두 쓸 수는 있으나 여성이 보다 유리한 입장에 있다고 주장한다.

식수스의 '여성의 글쓰기'는 '차이'(difference)라는 급진적 형태로 나타났는데, 그의 에세이 「메두사의 웃음」(The Laugh of the Medusa)은 여성 글쓰기의 선언서이기도 하다. 이 에세이를 통해, 그는 지배적인 남근 중심주의의 논리를 전복시키려 한다. 식수스는 서구 철학과 문학 사상은 이원적인 대립 관계를 우열의 관계로 파악하는 과정이었으며, 이 같은 대립 관계에는 항상 여성과 남성의 이원적 관계를 부정적인 것과 긍정적인 것의 관계로 보는 관점이 내재해 있다고 본다. 그리고 이같이 대립적인 관계에서 어느 한 쪽이 의미를 갖기 위해서는 다른 한 쪽을 파괴하게 되는데, 가부장제에서 승자는 남성이고 패자는 여성이었음을 상기시킨다. 그는 또한 페미니스트의 과제는, 이 같은 논리 중심적 이데올로기를 폐지하고 여성을 생명과 힘의 원천으로 인정하고 여성을 억압하고 침묵하게 만드는 남성중심주의를 타파하는 데 있다고 주장한다. 그러기 위해서는, 기호 속에 내재된 의미가 있다고 믿는 가부장적 형이상학을 해체시키는 새로운 여성적 글쓰기를 확립시켜야 한다는 것이다.

식수스에 의하면, 남성의 성욕은 페니스 주위로 몰리면서 신체의 각 부위를 독재로 다스리는 중앙 집권적인 육체를 야기한다. 반면, 여성의 경우에는 이러한 신체의 지역 분할이 초래되는 것이 아니다. 여성들의 무의식이 세계적인 만큼, 여성들의 리비도(Libido)는 우주적이라는 것이다. 그리하여 식수스는 데리다의 '차연'을 여성적 자질로 받아들인다. 그녀는 '남성/여성'의 엄격한 이분법을 거부한다. 또한 여성적 글쓰기도 작가의 생물학적 성에 따른 것이 아니라, 글쓰기의 형식에 의한 것이라는 전제하에, '남성/여성'의 리비도를 '소유성(property)/허여성(gift)'으로 구분한다. 남성의 리비도는 '고유성의 경제'에 의해 움직인다. 고유성의 경제란 '고유성-소유-전유'의 선에 의해 움직이는 자기 동일성의 리비도 존재 양식을 말한다. 반면 여성의 리비도는 '허여—관대성—다양성'으로 이해된다. 즉, 남성의 리비도는 고유성에 입각하여 하나의 집중되는 형태를 취하는 반면, 여성의 리비도는 신체의 각 부분으로 분산되는 형태를 취한다고 할 수 있다.

그러나 이렇게 되면 식수스 자신이 해체하고자 했던 '남/녀'의 이분법이 자리만 뒤바뀐 채 그대로 유지되는 모순이 발생한다. 식수스는 데리다의 차연 개념이 남근 중심주의의 근거를 해체하는 것으로 생각하고, 그것을 곧장 여성으로 등치시킴으로써 ''남성=기원' '여성=차연'이라는 또 다른 이분법에 빠져버린 것이다. 이러한 여성적 글쓰기를 여성성으로 본질화하는 식수스의 오류는 여성적 글쓰기를 어머니의 목소리와 일치시키는 데서 결정적으로 확인된다. 식수스는 여성적 글쓰기가 아버지라는 제3항이 끼어들기 이전의 단계, 즉 오이디푸스 이전의 상상계 단계의 어머니의 목소리로 특권화된다고 주장한다. 곧, 글쓰기와 목소리가 결합하는 것이다. 그러나 이렇게 어머니의 목소리가 글쓰기에 결합되면, 식수스 자신이 그렇게 비판하고자 했던 기원의 목소리가 여성의 텍스트 속에 현상하는 그야말로 형이상학적 본질이 재현되고 있는 셈이 된다.

(5) 루스 이리가레이 — 여성의 반사경

루스 이리가레이(Luce Irigaray)는 파리 제3대학 라캉 정신분석학과에서 강의하면서 프로이트의 남근중심적 편견에 관해 연구한다. 그리고 남성들과 확연히 구분되는 특수성을 갖는 여성성을 육체의 특징과 연관시켜 제시한다. 이후 『타자인 여성의 반사경』(Speculum de l'autre femme)이라는 책을 출판한 뒤 라캉에게 면직 당한다. 이리가레이는 상상의 단계와 상징의 단계가 대조를 이루는 것에 관심을 표명한다. 그러나 상상의 단계에 대한 그녀의 해석은 여러 면에서 라캉과 다르다. 그 이유는, 이리가레이는 남성의 상상과 여성의 상상 사이에 차이점이 있다고 생각하기 때문이다.

이 저술에서 그녀는, 플라톤과 프로이트가 여성을 비이성적이고 부수적인 존재, 남성적인 것의 반대 혹은 부정적 측면, 곧 거세된 남성으로 정의하고 있다고 논증한다. 이와 같은 개념에 도전하여 이리가레이는 해부학보다는 해부학이 지니는 형태학에 관심을 가진다. 그리하여 그녀는 여성의 육체를 투시하는 남성적 도구로서의 '반사경'을 역으로 남성의 사유물에 견줌으로써 남성 사유물을 재투시하는 역전략을 취한다. 그는 남성을 대표하는 남근은 일직선인데 반해 여근은 항상 붙어 있는 두 입술이라는 데 근거하여, 그것은 여성 스스로 여성 안에서 여성과 접촉하고 있다고 주장한다. 입술이 두 겹인 것처럼 여성의 성도 하나가 아닌 두 개의 성, 곧 복수적이며 완전하고 유동적이라고 말한다.

이리가레이는 자기 동일성의 논리에 함몰된 남성적 사유와는 질적으로 다른 여성 사유의 특징을 주체와 객체의 이분법이 무너진 신비주의에서 찾고 있다. 그리고 이런 신비주의가 발현된 글쓰기 형태로서 여성적 글쓰기 개념을 주장한다. 여성적 글쓰기는 남성 텍스트처럼 일직선적인 논리 구조에 닫혀진 텍스트가 아니라, 유동적이고 시적이며 의미가 다양하게 열려 있다는 것이다. 여성적 글쓰기에는 그가 인접성(contiguity)이라고 부른 현상이 두드러지게 나타남으로써 은유보다는 환유가 지배적 수사 형식으로 자리 잡는다.

이렇듯 여성이 남성과 다른 사유 패턴과 글쓰기 형식을 가질 수 있는 것은, 여성 성욕의 특징에서 기인한다고 이리가레이는 말한다. 따라서 남성의 성욕이 남근 하나로 집중되어 있다면 여성의 성욕은 신체의 각 부분으로 분산되어 있기 때문에, 여성적 글쓰기도 단일한 의미로 집중되어 있지 않고 다양하게 열려져 있다는 것이다. 그러므로 여성의 리비도가 남성 리비도와 다른 것처럼, 여성의 언어는 남성의 언어와는 분명히 다르다고 이리가레이는 말한다. 곧 그녀의 목적은, 여성적인 것의 특수한 형태에 근거하여 다른 상징적 체계를 확립함으로써 남근 언어중심주의를 해체하려는 데 있다.

데라다의 해체론은 이리가레이가 언어의 이질성과 차이를 강조하는 데 영향을 준다. 그리고 의미화 체계 안에서 이리가레이의 주체 개념은 포스트 구조주의와 유사한 요소들을 보이기도 한다. 그러나 그녀에게 있어서 해체주의는 분석적 틀의 한 차원에 지나지 않으며, 그 핵심은 대안적 체계를 창조해 내는 데 있다. 다시 말하여, 언어 중심적이 아닌 새로운 방식의 사고를 명백히 하고 가능하게 하기 위해 전통적인 재현의 주제를 궁극적으로 해체하는 데 있는 것이다.

이와 같이 이리가레이의 저술은 남성 욕망의 기표인 남근을 중심으로 구성된 오이디푸스 콤플렉스로부터 여성을 해방시키고자 한 것이다. 즉, 여성의 성을 성적 쾌락으로 뒤바꿈으로써 여성들에게 자신의 육체에 대한 긍정적 해석을 제공한 것이다. 그리하여 그는, 여성들은 이제 더 이상 '결핍'이라는 가부장적 정의나 억압에 묶어둘 수 없음을 주장한 것이다.

7. 사회주의·마르크스주의 페미니즘 비평

(1) 사회주의 페미니즘

사회주의 페미니즘은 여성이 가부장적 자본주의에서 이등급 시민들로 취급받고 있다는 믿음에서 출발한다. 가부장적 자본주의는 노동자, 특히 여성을 착취하느냐에 그 존립 여부가 달려 있다는 것이다. 따라서 사회주의 페미니즘은 생산 수단 소유권뿐만 아니라 사회적 체험까지도 바꿔야 할 필요가 있다고 주장한다. 이는 여성 억압의 근거가 자본주의라는 경제 체계 전반에 깔려 있기 때문이다. 이러한 사회주의 페미니즘은 급진주의 페미니즘과 달리 경제적 억압을 부차적인 문제로 다루지 않으며, 마르크스주의 페미니즘과 달리 인종 차별주의적 억압을 부차적인 문제로 다루는 것도 거부한다.

1880년대 사회주의가 부활하자, 여성들은 이 새로운 운동을 사회의 폐해에 대한 해결책이자 여성해방의 수단으로 보고 이에 가담한다. 사회주의자들은 정치적·법적 권리에 대한 자유주의적 강조가, 오히려 민주주의적 자유를 행사하기 위한 전제 조건인 사회적·경제적 수단의 필요성을 무시한다고 주장했다. 이 시기에 사회주의자들은 혁명의 객관적 조건과 주체의 역할 문제를 둘러싸고 논쟁을 전개했는데, 이 가운데서 출현한 강력한 조류는 사회주의를 정치 권력이나 공적 소유로 환원해서는 안 된다는 견해였다. 그리하여 사회주의는 사람들 간의 새로운 관계를 창출하는 문화의 변혁 과정으로 인식되었다.

이러한 사회주의 페미니즘은 이전의 페미니즘 조류들의 이론적 한계를 극복하면서 페미니즘의 통합적 이론 체계를 세우려 했다. 즉 사회주의 페미니즘은 이전의 자유주의, 마르크스주의, 급진주의 페미니즘의 한계들을 어느 정도 극복하는 데 성공했으며, 최근에는 다양한 페미니즘의 갈래가 이러한 입장으로 통합되는 경향을 보이고 있다. 특히 계급을 중요시하는 마르크스주의 페미니즘과 성을 중요시하는 급진주의 페미니즘의 이론적 입장은 사회주의 페미니즘 이론의 기초 원리를 이루고 있다.

그러나 사회주의 페미니즘은 또다시 성과 계급 가운데 어느 것을 우선시하느냐를 놓고 논쟁을 벌이게 되고, 이어 두 요소를 어떻게 통합시키고 있느냐와 관련하여 두 갈래로 나눠지는 현상을 보인다. 여기서 성과 계급의 요소가 동일하게 중요한 작용을 한다고 보는 입장은 이중 체계론이라 하고, 계급 체계론을 중심으로 성의 요소를 고려해야 한다는 입장을 일원론이라고 한다. 두 입장의 차이는 가부장제의 성격을 어떻게 규정하느냐에 따라 달라진다. 이 가운데 체계론자들은 가부장제를 자본주의 체제처럼 물적인 힘이자 독자적 작동 방식을 가지고 있는, 물적 토대의 완결된 제도로 정의하고 있다. 한편, 일원론자들은 단순히 이데올로기적인 것에 국한시키고 있음을 본다. 즉, 그들은 자본주의와 계급을 더 중요한 요소로 설정하면서 '가부장적 자본주의 국가'(Patriarchal Capitalist)로서의 국가 개념을 선호한다. 따라서 이 두 입장은 각각 '가부장제'(patriarchy) '가부장적'(patriarchial)이라는 표현상의 차이로 자신들의 생각을 나타내고 있으며, 이러한 두 갈래의 입장 차이는 이들의 국가 논의에도 그대로 반영되고 있다.

페미니스트들은 또한 국가의 자율성과 관련된 논의를 전개하였는데, 주로 국가 영역에 관해 관심이 많았던 사회주의 페미니스트들 사이에서 전개되었다. 이들은 2차 세계대전 이후, 국가의 성격 변화를 지켜보면서 국가가 과연 여성에게 억압적이기만 한 것인가, 여성 친화적 국가는 과연 가능한 것인가에 대해 문제를 제기하였다. 논쟁 초기에는 이 문제에 대해 국가가 여성에게 억압적이라는 주장이 지배적이었지만, 점차 국가가 여성에게 반드시 억압적이지만은 않는다는 주장이 확대되기 시작했다. 제2차 세계대전 이후 수립된 복지 국가가 반드시 남성 가부장의 이해만을 반영하는 것이 아니라, 여성에게 후원적 역할도 하고 있다는 인식이 확산되면서 페미니스트들은 점차 국가에 대한 다른 해석을 하게 된 것이다.

영국 사회주의 페미니즘의 큰 특징은 자기 해방과 사회 해방간을 연계한 것이다. 에드워드 카펜터(Edward Carpenter)는, 사회주의를 유물론과 단절시키고 새로운 의식과 새로운 사회적 관계를 창출할 수 있는 수단을 발견하고자 노력했다. 또한 휘트먼(Whitman)과 동양 종교의 영향을 받은 카펜터는 소박한 생활을 주창했으며, 타인의 노동에 의존하는 모든 기생적인 삶의 방식을 비판했다. 사회주의에 대한 이 같은 접근은 사회주의자들 사이에서 성욕과 결혼 문제를 토론하게 하는 실마리를 제공한다. 사회주의는 지성의 반역일 뿐만 아니라 감정과 영혼 그리고 육체의 반역이기도 한 것이다. 이것은 사회주의 운동과 더불어 개인들간의 관계뿐만 아니라 성적(性的) 동일성도 변화해야 한다는 신념이 내재해 있는 것으로 파악할 수 있다.

이러한 사회주의 운동의 주요 쟁점 가운데 하나는 결혼의 민주화이다. 인간 관계의 모든 측면들을 민주화함으로써 새로운 여성과 남성이 탄생되어야 한다는 주장은, 이성과 온전성이 개인과 외적 제도 모두에 적용된다는 계몽주의적 신념에 기초하고 있기도 하다. 그러나 성적 관계의 민주화는 많은 장애에 직면한다. 여성의 평등은 남성의 물질적 이익과 빈번히 충돌했으며, 이것은 성적 관계의 민주화가 의지나 의식의 변화만으로 가능한 일이 아님을 보여준다. 가정과 직장 그리고 사회의 모든 체계에서 성적 분업이 근본적으로 변혁하여야만 한 것이다.

이상과 현실 사이의 괴리는 특히 여성들에게 중요한 의미를 가져다 준다. 여성 노동자인 미첼(Hannah Mitchell)은 가사와 가족으로 인해 자신의 어머니가 피폐해지는 것을 보았기 때문에, 자신의 결혼에 대해 신중한 태도를 보였다. 그러나 젊은 사회주의자들은 여성이 남성에게 의존하고 종속되는 상태보다는 동지애로서 결혼에 대해 말할 뿐이었다. 미첼과 같은 여성 노동자 계급들은 가사 부담을 피할 수 없었기 때문에 이상과 현실 사이의 괴리에 직면할 수밖에 없었던 것이다.

1880년대 이후, 여성의 사회적 시민권이라는 관념이 개혁적 사회주의 진영의 많은 여성들에게 영향을 끼쳤다. 개인의 평등한 권리에 대한 강조가 아내와 어머니로서 여성의 처지를 간과하는 경향이 있다는 반성도 더불어 제기되었다. 이것은 사회 개혁을 주창한 사회주의자들 및 사회페미니스트들과의 동맹을 가능하게 하였다. 노동자 계급 남성들의 생활이 그리 여유롭지 않은 상황에서, 그들과의 평등을 요구하는 것은 또 다른 문제를 낳을 수 있다. 그리고, 평등주의적 전망이 여성의 생물학적·사회적 차이를 간과한다는 인식은 평등주의의 한계를 보여주는 것이다. 그러나 여성의 사회적 시민권 관념은, 노동자 계급 내에서 그리고 사회주의 조직들 내에서 남녀의 불평등이 어떻게 극복될 수 있는지에 대해서는 어떤 전망도 제공해주지 못했다.

사회주의 조직들 내에서 남녀 평등을 강조하는 자유주의 페미니즘에 대한 불신이 강조된다. 그러나 1900년대 독립노동당(Independent Labour Party) 내에서 전투적인 투표권 운동이 출현하자, 사회주의 여성들은 평등과 정치적 권리 그리고 전투적 투쟁이 갖는 의미를 새롭게 인식하게 된다. 그러나 자율적인 여성운동의 존재는 노동자 운동과 여성운동 사이에서의 양자 택일이라는 딜레마를 제기했다. 이것은 단순히 사회주의 여성들의 개인적 갈등 문제가 아니라 여성 해방과 사회주의 이론적 관련성의 문제이기도 하다.

(2) 마르크스주의 페미니즘

마르크스주의자들은 여성의 문제에 관심을 두고 있지만, 그 출발점이 부르주아와 프롤레타리아의 계급 모순을 극복하고자 하는 데 있었으므로 여성해방론에 대해서는 주요 관심을 보이지 않았다. 그래서 마르크스주의자들은 계급 억압과 성의 억압이 서로 별개의 것이 아니라 동일한 사회 경제적 기반을 가진 것이며, 따라서 그 억압의 해소 역시 동일한 실천을 통해 가능하리라는 주장을 계속하였다.

베벨(Auguste Bebel)과 엥겔스(Friedrich Engels)의 여성 문제에 관한 사고는, 이 문제와 관련하여 마르크스의 사상에 존재하는 공백을 메우려는 시도였다. 『여성과 사회주의』(Woman and Socialism, 1878)에서 베벨은 마르크스와 마찬가지로 여성의 노동권을 옹호한다. 당시 사회주의자들 사이에서 여성 노동권은 광범위하게 공유된 관념이 아니라 치열한 논쟁 대상이었는데, 대표적으로 프루동은 공·사 분할 이데올로기를 적극 지지하면서 여성 노동권에 반대한다. 이에 대해 베벨은, 여성의 고용이 노동자의 생활 수준을 향상시키고 여성의 조직화를 가능하게 할 것이라고 지적했으며, 더 나아가 여성의 노동권을 실질적으로 뒷받침하기 위해서는 여성이 양육에 대한 선택권을 가져야 한다고 주장한다. 이것은 가사와 양육의 사회화가 이루어질 때 비로소 여성의 노동권이 실질적으로 행사될 수 있음을 뜻한다.

엥겔스는 『가족, 사적 소유, 국가의 기원』(The Origin of Family, Private Proverty and the State, 1884)에서, 남녀 관계를 포함하는 사회의 조직 형태가 생산 및 가족의 발전 단계에 의해 결정된다고 주장했는데, 이것은 여성의 종속을 생물학적 차이가 아닌 경제적 토대에 기반하여 설명하는 것이다. 설명 내용은, 사유 재산의 발생과 가족의 발생을 동시적으로 파악하고, 가족의 발생과 더불어 여성이 남성에 종속되는 구조로 되었다는 것이다. 일부일처제는 한 개인, 곧 남자의 수중에 많은 재부가 집중됨으로써, 그 재부를 다른 사람이 아닌 바로 자기 자식에게 상속할 목적으로 발생하였다고 말한다. 이 목적을 위하여 남성에게가 아니라 여성에게만 일부일처제가 요구되었고, 그러므로 여성의 일부일처제는 남성들의 일부다처제에 전혀 장애가 되지 않았다는 것이다. 그러나 앞으로는 적어도 상속할 수 있는 고정 재산, 곧 생산 수단의 거의 대부분이 사회적 소유로 변혁될 것이며, 이 변혁은 상속에 대한 걱정을 극소화시킬 것이라고 천명한다. 이처럼 엥겔스는, 여성 억압의 기원이 사유 재산의 발생에 있으므로 프롤레타리아 계급이 자본주의의 체계를 변혁시키는 것과 더불어 여성해방도 이루어지리라고 보았다. 그는, 현재 가정에서 이루어지는 가사 노동의 사회화 및 여성들의 생산 노동 참여가 여성해방의 유일한 해결책이라 보았던 것이다. 그러므로 여성해방은 자본주의 모순의 해결과 더불어 가능해진다는 논리이다.

그러나 마르크스주의자들의 이러한 설명 방식은, 계급 모순으로 환원되지 않는 여성에 대한 억압 요인이 있다고 보는 급진주의자들에 의해 비판을 받는다. 최근 영국 여성해방론에서 활발하게 논의되고 있는 사회주의 여성해방론자들의 문제 의식은 이러한 비판의 맥락에서 출발한다. 이들은, 여성 억압의 원인에는 자본제 생산 양식 외에 가부장제에 또 다른 요인이 개입되어 있다고 주장한다. 그러나 이들 사회주의 여성해방론자들 간에도, 여성 억압의 존재 방식을 사회적 관습 및 이념 체계로 설정하는 경우와, 여성의 생산 및 재생산 노동을 착취하는 또다른 경제적 생산 양식의 문제로 보는 경우로 나뉘어 수많은 논쟁이 이루어진다.

한편, 전통적 마르크스주의자들은 사회주의적 여성해방론자들에 대해 이중 체계론자로 간주하며 문제 제기 자체가 잘못된 것이라 비판하고 있다. 이러한 비판과 차이점에도 불구하고, 사회주의적 여성해방론자와 마르크스주의 여성해방론자들은 성의 억압과 계급의 억압이 어떤 형태로든 관계를 맺고 있으며, 또 역사에 따라 여성 억압의 내용도 달리 나타난다는 점에서는 의견이 일치하고 있다. 따라서 이들은 모든 남성을 적대적 대상으로 다루고자 하지 않으며, 여성과 남성의 문제를 사회 구조적인 측면에서 함께 풀어보고자 했다.

엥겔스의 경제적·사회적 전망은 자발적 모성과 출산 통제 요구의 토대였던 개인의 자기 소유권 관념을 유용하게 보완할 수도 있었으나, 이 두 측면은 통합되지 못했다. 엥겔스의 저작에서 개별 여성의 욕구와 여성의 집단적 행동은 생산 및 재생산의 사회·경제적 구조의 진화에 대한 분석 속에 포섭되었다. 비단 엥겔스뿐만 아니라 당시 대부분의 마르크스주의자들은, 사회주의에서 모든 아이들의 양육은 사회적으로 이루어질 것이므로 출산 통제나 낙태는 더 이상 문제가 되지 않을 것이라고 생각했다. 이로써 여성 문제에 대한 마르크스주의적 접근은, 특히 엥겔스의 기여를 통해 가족에 대해 역사적으로 접근할 수 있는 귀중한 통찰을 제공했지만, 여성의 재생산 권리에 대한 초기 사회주의 여성들의 인식을 수용하지 못하는 한계를 보여주었다.

8. 그 밖의 이론가와 이론

(1) 버지니아 울프 ─ 『나 혼자만의 방』

울프의 『나 혼자만의 방』(A Room of One's Own, 1929)은 여성과 소설이라는 주제로 강연한 내용을 보완하여 묶은 강연체 에세이라는 독특한 형식의 글이다. 울프는 이미 습작기에 가부장제 사회에서 여성 작가가 겪는 심리적 억압과 표현의 부자유를 많이 체험했다. 당대 남성 작가들이나 남성 독자들은 여성이 목소리를 드높여 항의하면 거부감을 나타내는 시대였다. 그래서 울프는 『나 혼자만의 방』을 통하여 여성의 억압을 직설적으로 표현하지 않고 효과적으로 전달할 수 있는 방법을 실험하였고, 그 결과 영국 문학사에서 보기 드문 성공을 거둔다.

『나 혼자만의 방』은 전 시대의 인습적인 진리에 대항하기 위하여 당대 남성의 강연이나 에세이와 다른 글쓰기를 한다. 그러기 위해서 그녀는 독특한 화자를 설정한다. 화자는 독자의 전통적인 인식을 깨뜨리면서 이야기를 시작한다. 기존의 남성중심의 글쓰기는 독자보다 우월한 위치에서 보통 독자, 특히 여성 독자에게 일방적으로 남성들의 진리를 보편적인 것인양 강요하는 억압적인 것이었다. 그래서 화자는 당대 남성의 글쓰기에서 빈번히 나오는 '나'의 목소리는 황폐할 뿐만 아니라 역겹고 지루하다고 토로하기도 한다. 울프는 이러한 자신의 생각을 바탕으로 '독자'와 '작가'의 위치를 새롭게 구성한다. 권위를 버린 화자의 편안한 대화체는 독자에게 친근하게 다가가서, 독자 스스로 생각해 보고 자유롭게 판단해 보도록 유도한다. 이런 측면에서 울프의 '보통 독자' 개념은 관심을 집중하게 한다.

『나 혼자만의 방』의 화자는, 제1부에서 영국 지성의 보고인 옥스브리지(Oxbridge : 옥스퍼드 대학과 케임브리지 대학을 합성한 말)와 이제 막 설립된 편험(Fernham)이라는 여자대학에서 각각 가졌던 오찬과 정찬을 통해 남성의 '부와 번영' 여성의 '가난과 결핍'이라는 대조적인 운명에 대해 사색을 펼쳐나간다. 이 사색을 위해 우선 오찬과 정찬에서 나오는 식사의 내용을 구체적으로 상세하게 묘사하고 대조시킨다. 그리하여 부각되는 여성의 불평등한 상황을 독자의 뇌리에 깊이 자리 잡게 한다.

제2부의 배경은 대영박물관이다. 화자는 이곳에 비치된 여성에 관해 써놓은 무수한 저서를 보고 놀란다. 이어, 이 책들의 이면에 자리 잡고 있는 남성 심리를 여성에 대한 분노와 방어라고 실감나게 분석힌다. 이 장면은 이름난 심리학 저서를 능가하는 압권이다. 그런데 대영박물관에는 앞서 간 남성의 삶을 다룬 자료는 많지만, 여성의 자료는 거의 없다. 이에 울프는 대영박물관을 무용지물이라 비판하면서 여성의 삶을 복원하는 새로운 역사서의 필요성을 일깨워준다.

제3부에서는, 이러한 빈약한 역사서 때문에 셰익스피어의 누이동생이 어떻게 살았을 지를 상상해 보는 방법을 취한다. 그리하여 16세기 영국에서 구타당하고 강제로 결혼해야 하는 현실적으로 무력한 여성의 창조적 재능이 말살되는 과정을 생생하게 재현해 낸다. 이 결과를 통해 화자는 셰익스피어 작품을 비롯하여 위대하다는 기존 문학 작품에서 숱하게 등장하는 고귀하고 이상적인 여성 인물과 현실의 비참한 여성 사이의 괴리를, 위대한 고전의 여성상이 현실과 동떨어져 왜곡되는 이유를 생각해 보자고 촉구한다. 이는 곧, 기존 남성작가의 반여성적 인식을 보여주고 있는 것과 다름 아

니다.

　제4부에서는 여성 작가들의 작품이 갖는 의의와 한계를 본격적으로 거론한다. 화자는, 16세기 이후 19세기까지 영국의 여성 작가들은 남성중심 사회가 여성에게 압력을 가함으로써 긴장과 불안에 휩싸여 있었고, 나아가 여성의 무력한 경제적 위치로 말미암아 두려움과 고통 속에서 우선 항의와 분노를 표출하기에 급급하여 높은 수준의 작품을 쓰지 못하였다고 설명한다. 가령, 샬로트 브론테(Charlotte Bronte)와 조지 엘리엇(George Eliot)과 같은 19세기 영국 여성 작가들은 셰익스피어와 같이 선명하게 이름을 떨치는 작가의 경지에 서지 못하였다는 것이다. 이렇듯 여성 작가가 남성 작가의 수준에 오르지 못한 것은 타고난 재능이 부족해서가 아니라 여성 작가의 작품이 쓰여지고 읽히는 조건에 내재해 있는 역사적 속박 탓이라고 주장한다.

　제5부에서 화자는, 20세기 여성 작가 메리 카마이클(Mary Carmichael)의 경우를 이야기한다. 그녀는 항의와 분노로 일그러진 여성의 초보적 예술 단계를 넘어선 수준의 작품을 쓰고 있다는 것이다. 또한 그녀는 남성과의 관계를 벗어나 여성간의 관계를 중요하게 다루는 작품을 쓸 수 있는 가능성을 지니고 있다고 말한다. 나아가 그녀는 어느 정도 사회 경제적 속박에서 해방된 20세기 여성 작가에게 여전히 가해지는 남성중심 관습의 압박을 놓치지 않고 비유를 통해 완곡하게 그리고 있다고 평한다.

　화자의 이러한 목소리를 통해, 울프는 남성중심 세계에 대한 통렬한 비판에 독자가 반감 없이 공감하게 하는 효과를 거두고 있다. 울프는 강연자의 일방적 결론, 주입식의 전달, 하향식의 남성적 강연 형식을 피하고 동료간에 담화하는 식의 화법을 유지함으로써 '작가'와 '독자'가 동등한 위치에 서서 함께 진리를 모색하는 공간으로서의 글쓰기를 실험하고 있는 것이다. 화자가 재현하는 중심적인 대상은, 자유로운 여성의 삶을 위해서 무엇보다 필요한 것은 나 혼자만의 방과 고정된 수입을 가능하게 하는 경제력이라는 결론에 이르는 사유의 과정이다.

이렇게 여성의 삶에서 물질이 갖는 중요성을 확실하게 주장하는 태도는 '현대 소설'의 혼란을 벗어난 지표이다. 또한 『나 혼자만의 방』은 해방된 여성의 삶과 관련하여 대안적이고 자율적인 새로운 공간을 제시하는데, 이것이 바로 대도시 런던의 생기 넘치는 거리이다.

근대 여성의 삶에서 도시는 새로운 가능성을 제시하는 구체적인 공간이다. 그리하여 『나 혼자만의 방』의 화자가 구체적으로 보여주듯, 그 동안 여성의 공간이었던 '집'을 벗어나 근대 여성은 새로운 세계의 생기와 활력에 동참할 수 있게 된다.

울프는 『나 혼자만의 방』의 마지막 6부에서, 각자 딴 방향에서 왔지만 같은 택시를 타고 함께 나아가는 남녀의 화합 이미지를 강조하면서 유명한 양성론을 제시한다. 양성론을 제대로 이해하기 위해서는, 울프가 양성적 존재를 주장하면서 어쩔 수 없이 남성중심 사회와 문명 세계에서 여성이 느끼는 분열을 지적하는 대목에 유의해야 한다. 즉 여성은 자신이 문명을 선천적으로 지니고 태어난 계승자가 아니라, 그 반대로 문명의 외곽에 서 있는 이질적이고 비판적인 존재라는 사실을 깨닫게 된다고 한다.

그러므로, 울프가 주장하는 양성성은 전통적인 남성다움과 여성다움이 어설프게 절충되어 남성성으로 기울지도, 여성의 경험을 포기하지도 않는다. 오히려 그녀가 언급하는 양성적 주체란, 남성은 '공적 영역' '이성', 여성은 '사적 영역' '감성'으로 엄격하게 제약된 주체의 형식들을 해체하는 쪽에 기운다. 곧, 남성과 여성에 대한 굳어진 사회적 인습과 규범의 속박을 뛰어넘은 새롭고 자유로운 주체에 대한 열망을 담는 한 가지 방식으로서의 제안이다. 울프의 양성성은 동질적인 단일한 통일성이 아니다. 남성성과 여성성이 하나로 통합된 단일한 상태가 아니라 이질성으로 복합된 전체성인 것이다.

이러한 이상을 실현하기 위해 『나 혼자만의 방』에서 강조하는 것은, 기본적으로 여성이 마음껏 사색하고 창조적인 일을 할 수 있는 공간을 확보하는 경제력이다. 경제력을 바탕으로, '남성성/여성성'의 구체적 내용을 고정된 영원한 본질이 아니라 문화적 과제로서 그리고 기존의 억압적인 규범에서 해방된 인격을 채워나가자는 것이다. 이 전략에서, 울프는 여성의 창조력을 아이낳기로 규정해 온 전통적 인습을 타파해야 하며 이를 위해서 여성의 글쓰기가 중요한 역할을 할 수 있다고 강조한다. 따라서『나 혼자만의 방』처럼 여성에게 적합한 짧은 글쓰기로서의 자기 표현은 독자의 의식을 일깨우는데 효율적이며 정치 운동 못지않게 중요한 행동이라고 주장한다.

(2) 시몬느 드 보봐르 ―『제2의 성』

『제2의 성』(*The Second Sex*)은 1946년 10월에 집필하기 시작하여 1949년 6월에 완성을 한 작품이다. 이 저술은 한 여성 작가의, 여성으로서의 고백을 시도한 것이라고 할 수 있다. 따라서 이 저술에서 보봐르는 각각 자아로서의 남성, 타자로서의 여성을 설정해 놓고 항상 '제2의 성'으로서 열등하게 취급된 여성의 운명과 역사를 고찰한다. 그녀에 의하면, '왜 여성은 제2의 성인가' 라는 질문은 곧 '왜 여성은 타자인가' 라는 말과 같은 의미를 지닌다.

보봐르는 여성의 운명과 역사에 대해 생물학적인 자료, 정신분석학적 견해, 역사적 유물론 등을 통해 살펴봄으로써 역사적으로 그 시야를 확대해 나간다. 생물학적·생리학적으로 남성과 여성이 분명한 차별을 보여준다고 하더라도, 단지 육체적 특징만으로 여성을 종개념에 예속시키고 정의한다는 것은 옳지 않다고 보봐르는 주장한다. 따라서, 보봐르는 사회적 존재인 여성에게 어떤 이유로 타자의 역할을 떠맡기고 있는 지에 관하여 여성생물학과 생리학이 제시한 원인과 이유 이상의 것을 찾아내고자 한다.

『제2의 성』은 각각 제1부의 이론편, 제2부의 체험편으로 나뉜다. 그 가운데 제1부 이론편의 '사실과 신화'에서는, 남성 위주의 기존 사회에서 여성을 남성의 종속물로 간주해 왔다는 문제를 제기하면서, 이를 역사적 과정을 더듬어서 사회학적·문학적 면에서 규명하고 있다. 특히 '신화'의 부분에서 보봐르는, 문명이 발달함에 따라 남성들이 여성들을 통제하는 최상의 방법으로 만들어낸 여성에 관한 신화들을 분석한다. 그녀는 D. H 로렌스(David Herbert Lawrence), 폴 클로델(Paul Claudel), 앙드레 브레통(André Breton), 스탕달(Stendhal) 등 남성 작가들이 만들어 낸 이상적인 여인상을 설명한다. 이 작가들이 그려내고 있는 이상적인 여인상의 공통점은, 여성들이 한결같이 그녀 자신의 정체성을 잊고, 부정하고, 또 어떤 경우에는 인간임을 취소당하고 있다는 점이다. 이러한 이상적 여성상들이 특별히 문제가 되는 것은, 여성은 남성을 위해서 자신을 희생할 '의무'가 있다고 생각하는 데 있다. 따라서 여성에 관한 남자들의 신화는 자기 희생적인 여자들을 이상화 혹은 우상화하는 것 외에도 여자의 본성을 무시하는 데 있다고 그녀는 지적한다.

세2부 체험편에서는, 남녀의 차이는 문화적 차원에 있는 것이지 자연적인 차원에 있는 것이 아니라고 주장하며, 여자의 세계를 현실적인 면에서 명석하게 분석하고 있다. 대부분의 사례의 자료는 임상적 관찰과 병리학적 증상을 거쳐 얻어진 것이며, 정신분석학과 성(性)과학 등 여러 과학적 논증으로 그 설득력을 더하고 있다. 그 가운데 보봐르는 프로이트의 거세 콤플렉스 이론에 이의를 제기한다. 여성에게 페니스가 없다는 이유로 남성에 비해 열등한 인간이자 시민으로 자리매김하는 것에 대한 부당함을 천명한다. 따라서 여성이 소위 말하는 남근 선망의 고민을 안고 있는 이유는, 여성들이 남근 자체를 원해서가 아니라 사회가 남성에게 부여한 물질적·심리적 특권을 갈망하기 때문이라고 말한다. 따라서 그녀는 오히려 '페니스의 위세'는 '아버지의 주권'으로 설명되어야 한다고 말한다. 즉, 여성들은 남근이 없어서가 아니라 권력이 없기 때문에 타자라는 것이다. 나아가 보봐르는 마르크스의 계급주의의 노동 착취 이론에도 유감을 표명한다. 그녀는 남성과 여성의 관계는 비록 자본주의에서 사회주의로 바뀐다 하더라도, 자동적으로 변화되지 않을 것이라고 주장한다. 나아가 여자들은 자본주의 사회에서처럼 사회주의 사회에서도 계속 타자로 남게 될 가능성이 크다고 그녀는 지적하고 있다.

이와 같이, 자아이며 주체인 남성들이 타자이며 객체인 여성들을 통제하고자 소위 '여성의 신비'라는 미화된 명칭을 만들어 놓았다고 보봐르는 주장한다. 그리하여, 그 명칭대로 여성들의 역할은 고통스러운 사회화 과정을 통해서 세대에서 세대로 계속 뿌리박혀지고 있다고 말한다. 처음부터 소녀들은 그들의 육체가 소년들의 육체와 다르다는 것을 인정한다. 소녀들 손에 들려지는 인형은, 거의 숙명적으로 앞으로 수행할 잔인하고 지시된 드라마의 표상인 것이다. 여성들은 사춘기를 맞이하여 가슴이 부풀고 멘스를 시작하면서 어쩔 수 없이 그들의 타자성을 수치스럽고 열등한 것으로 받아들이고 내면화하게 된다는 것이다. 그리고 그것은 결혼과 어머니 역할의 제도 속에서 굳어지게 된다고 보봐르는 말한다.

보봐르는, 여성의 노력을 가로막는 두 가지는 '아내 노릇'과 '어머니 노릇'이라고 말한다. 그리고 아내의 역할이 여성의 자기 발전을 제한한다면 어머니의 역할은 이보다 훨씬 더 하다고 말한다. 결혼으로 인하여 아내는 제한된 공간 속에 갇히게 되고, 임신으로 인하여 아내로부터 어머니의 임무가 주어지면서 완전히 자신으로부터 소외당한다. 시간이 흐름에 따라 자식은 요구하는 폭군이 되어갈 뿐이며, 어머니는 보살펴 주고 요리하고 청소하고 베풀면서 희생당하는 기계로 전락한다는 것이다.

그렇다고 전문직 활동 여성도 예외는 아니다. 활동 여성에게도 가정 주부만큼이나 여성성의 함정에서 도피할 수 없다. 활동 여성은 활동 장소에서 여성으로서 행동하도록 기대되기 때문이다. 다시 말해서, 활동 여성은 전문인으로서의 의무 이외에 여성성에 함축되어 있는 '의무들'이 추가되어 있는 것이다. 그렇다면 이러한 세 종류의 여성들은 매춘부, 자아 도취자, 신비주의자 등과 다를 바 없다고 보봐르를 규정한다. 그리고 그녀는 이러한 역할의 비극은 모두 남성들에 의해서 남성들의 구조와 제도에 따라 구성되었다고 말한다. 그러나 여성들은 미리 만들어 놓은 정체성을 명령하는 영원한 여성성의 본질이 없기 때문에, 자신의 자아를 창조할 수 있으며, 남성들의 법을 따를 필요가 없다고 강력하게 주장한다.

보봐르에 의하면, 여자의 자아 창조를 방해하는 것은 가부장제이다. 여자는 객체라기보다는 남성과 마찬가지로 주체이다. 여성도 남성과 마찬가지로 대자존재임을 남성들은 인식해야 할 것이다. 보봐르는 여성이 제2의 성, 타자이기를 극복하는 세 가지 전략을 제시한다. 그 첫째는, 여성들이 직업을 가져야 한다는 것이다. 여성들도 남성들과 마찬가지로 집 이외의 장소에서 일하는 환경을 공유해야 한다고 주장한다. 그렇게 함으로써, 여성에게도 남성들이 누리고 있는 지위의 가능성이 열리게 된다는 견해이다. 둘째는, 여성들도 지성인, 곧 여성들의 지위 변화를 위하여 앞장설 수 있다는 자긍심을 갖자는 것이다. 따라서 자신들을 작가로 진지하게 받아들였던 에밀리 브론테, 버지니아 울프, 캐더린 맨스필드와 같은 작가들을 연구할 것을 촉구하고 있다. 셋째는, 여성들도 사회주의적인 사회의 변형을 향하여 작업해 나가라고 권고한다. 여성해방의 열쇠 가운데 하나는 경제적인 것이라고 보고, 보봐르는 그 점을 독립된 여성의 논의에서 강조하고 있기도 하다.

보바르는 여성이라는 피해자의 입장에 서서 '여성은 태어나는 것이 아니라 만들어지는 것'이라는 사실을 실증적으로 증명하여, 여성이 오늘날의 현실에 처해 있는 부당한 숙명을 지적한다. 그리하여 여성은 남성의 종속물이 아니라 '제2의 성'에서 벗어나 남성과 대등한 인간, 즉 자유로운 여성이기를 주장하고 있다. 또한 여성이 너무 오랜 세월 동안 남성들보다 열등하다는 전제 아래 개인 생활 또는 직업 생활에서 선택을 당해왔고, 사회적으로 인종적 약소 계층으로 취급받아 왔다고 힘주어 말함으로써 세계 여성운동의 신호탄을 날렸다. 이런 점에서 『제2의 성』은 여성해방의 이론서라고 할 수 있다.

계속해서 보봐르는 주장한다. 본래부터 여자에게 제한을 가하는 것은 아무것도 없다. 중요한 것은 여성에 관한 일체의 신화를 넘어서는 것이다. '영원한 여성'이란 한낱 신화에 불과한 것이다. 여성에게도 남성이 할 수 있는 모든 것이 가능하므로, 여자도 행동을 통하여 부단히 자기가 원하는 바대로 자신의 위치를 개선해 나갈 수 있다. 이런 행동은 여성의 삶, 즉 자유를 정당화할 것이다. 여자가 이런 현실을 받아들이는 날, 여자도 자신들의 해방을 구가할 수 있다는 것 등을 역설하고 있음을 본다.

『제2의 성』은, 겉으로는 지금까지 여성에 대하여 씌여진 모든 방면의 자료나 기록, 또는 증언을 집대성한 것과 같은 모습을 갖추고 있다. 그러나 이 저술은 여성의 손으로 씌어진 구체적인 '체험'의 여성론이다. 여자로 태어나 유년기를 거쳐 결혼을 하여 아내가 되고, 어머니가 되고, 노년에 이르는, 이 모든 양상이 적나라하게 묘사되고 르포르타주화되고 비판된다. '체험적'이라고 하는 의미는, 저자의 여성으로서의 체험이 삽입되어 있다는 것뿐만 아니라, 모든 여성의 고백이나 증언에 의해서 그 주장이 뒷받침되어 있다는 것이다. 이 저술은 '체험적'이라는 것 이외에도 실존주의 철학이 그 밑바탕에 자리하고 있다. 그래서 여성 문제를 통하여 근본적인 인간의 자유를 다시 생각하게 된다는 데 종래의 여성론과는 다른 면을 보인다.

그런데 당시 『제2의 성』을 읽은 남성들 가운데서 항의하는 소리가 높았다. 그러면서 이 저술은 여성의 지위를 향상시키는 데 공헌해 갔다. 이러한 보봐르의 실존주의 페미니즘의 성격을 띤 『제2의 성』은 진 베스케 엘쉬테인(Jean Bethke Elshtain), 제네비브 로이드(Genevieve Lloyd) 등의 비판을 받는다. 물론 보봐르가 시도했던 여성 억압 분석은 많은 비난을 면할 수 없다. 그럼에도 불구하고 보봐르의 심원한 페미니즘을 옹호하는 발언 또한 많았다. 따라서 『제2의 성』은, 30년이라는 짧은 기간 내에 페미니즘 사상에서 고전의 지위를 성취해 낸 것만은 분명한 사실이라 할 수 있다.

9. 페미니즘 비평의 실제

여성의 감각적인 육체 중에서 고유한 여성성을 담보하고 있는 공간이 바로 자궁, 유방, 피부, 연지바른 입술 등이다. 이들은 여성적 정체성의 확인을 위한 기제로 작용하기에 여성적 젠더공간을 형성하게 된다. 젠더공간은 남성과 여성의 생물학적 성을 규정하는 공간일 뿐만 아니라 인성이나 권력에 관한 상상적이고 사회적인 임무를 수행하는 공간을 의미한다. 때문에 이런 젠더공간에는 구체적인 장소나 추상적인 공간 모두 포함된다.

여성 작가들은 이러한 육체적 젠더공간을 통해 여성의 체험을 가시화함으로써 당시의 여성들이 자신들의 억압을 어떻게 체감할 수밖에 없었는지를 문제삼는다. 때문에 여성 작가들의 육체에 대한 관심과 육체를 통한 정체성 인식의 과정을 추적함으로써, 육체와 삶의 상동성이나 육체적인 젠더공간을 토대로 하는 페미니스트 시학의 가능성을 시험해 볼 수 있다. 다음은 '모성적 젠더공간'의 생산과 사산의 자궁에 관한 연구이다.

· 모성적 젠더 공간[11)
— 생산과 사산의 '자궁'

여성만이 가질 수 있는 육체적 경험 중에서 임신과 출산은 새로운 생명의 탄생과 연결되기에 그들의 육체가 경험하는 가장 구체적이면서 현실적

---

11) 김미현, 『한국여성소설과 페미니즘』, 신구문화사, 1996, pp.74~80.

인 성(gender)의 실천이 된다. 이러한 생명의 탄생과 관련된 여성적 육체 공간이 바로 '자궁'이다. 자궁은 생명력과 재생의 상징이기에 부푼 배를 갖고 싶은 욕망은 곧 육체적 글쓰기를 하려는 여성의 욕망이나 세상을 재창조하려는 욕망과 연결된다. 이런 맥락에서 자궁이 어떠한 기능을 하느냐에 따라 여성성의 추구가 성공하기도 하고 좌절되기도 한다. 여성의 근원적인 육체로서의 자궁을 최정희는 다음과 같은 화두로 제시한다.

> 나와 어머니의 운명은 누가 이렇게 만들어 놓았는지 몰라, 여자의 운명이란 태초부터 이렇게 고달프기만 했을까. 아니 이 뒤로 몇 십만 년을 두고도 여자는 늘 이렇게 슬프기만 할건가. 그렇다면 그것은 여자에게 자궁이란 달갑지 않은 주머니 한 개가 더 달린 까닭이 아닐까. 수없이 많은 여자의 비극이 자궁으로 해서 생기는 것이라면 그놈의 것을 도려내는 것도 좋으련만 그렇지만 자궁 없는 여자는 더 불행할 것도 같다. '어머니'는 불행하면서도 그 불행한 중에서 선을 알고 진리를 깨달을 수 있으니까 되려 행복할지 모른다. (56~57쪽)
>
> — 최정희, 『靜寂記』

여성 화자인 '나'는 남성에게는 없고 여성에게만 있는 자궁이 여성들로 하여금 슬픈 운명을 영위하게 하기에 "달갑지 않은 주머니"라고 생각한다. 수많은 여성의 비극이 자궁으로 인해서 생긴다고 생각하기 때문이다. 하지만 자궁이 없어서 어머니가 되지 못하는 여성은 더욱 불행할 수 있다고 고쳐 생각한다. '어머니됨'의 고통 속에서 선(善)이나 진리를 깨달을 수 있기에 자궁의 가치를 재평가하는 것이다. 이런 의미에서 여성 문학에서는 여성의 '육체적 자궁' 뿐만 아니라 '심리적인 자궁', 즉 '마음의 자궁'이 더욱 중요하게 된다.

여성 작가 중에서 '남'과 '여' 사이에 '사회'라는 제3자가 끼어들었다는 평가나, 표면적 주제가 궁핍이라면 이면적 주제는 전통적 여성의 비극적 운명이라는 평가를 받고 있는 백신애는 자궁의 이미지를 통해 빈곤 속에서 살아가는 여성의 삶에 대해 관심을 보이면서 다른 여성 작가들보다 자궁 이미지에 대해 민감한 촉수를 가지고 반응한다.

그녀의 소설 중에서 자궁 이미지를 중심으로 주제를 표출하는 작품이 바로 『赤貧』이다. 『赤貧』은 제목에 나타나듯이 지독한 가난으로 인해 괴로운 생활을 영위하지만 그 속에서도 새로운 생명의 탄생으로 인해 행복한 미래를 꿈꾸게 된다는 사실을 보여준다. 이 작품의 주인공인 매촌댁은 모성이 지닌 생명력을 대변하는 인물이다. 가난을 이겨내는 힘과 인내, 대지와도 같은 생산력과 포용력을 지니고 있기 때문이다.

매촌댁의 겉모습은 그로테스크한 이미지를 풍긴다. "이즈러지고 뿌리만 남은 몇 개 안 되는 이빨"(75쪽)을 가지고 있으며, "웃으면 곯아 배틀어진 우엉 뿌리 같은 그 얼굴에 누비질한 것 같이 잘게 깊게 잡힌 주름살이 피어지며 주름 사이에서 햇빛을 보지 못한 살이 밭골 지운 것 같이 여기저기 드러나"(75쪽)기 때문이다. 특히 아기를 밴 성숙을 창조적인 것 가운데 가장 완전한 것이라고 본다면, 이런 외양을 지닌 매촌댁의 자궁은 이미 그 최상의 목적을 만족시킬 수 없다. 이 때문에 매촌댁처럼 나이먹은 여성만큼 소름끼치는 존재는 없다.

하지만 이렇게 늙고 초라했던 매촌댁의 겉모습이 두 며느리의 만삭이 된 배와 연결되면서 그 심층적 의미가 달라진다. 실제적으로 임신한 여성들은 두 며느리이다. 그러나 그들의 임신과 출산을 유지시켜 주는 관장자는 매촌댁이다. 따라서 어떻게 보면 매촌댁의 생명을 두 며느리가 대신 잉태하고 있다고도 볼 수 있다. 이러한 사실은 두 며느리가 아기의 생명을 유지시키기 위해 어떠한 노력도 하지 않으면서 전적으로 매촌댁에게 의지하고 있는 것에서 뒷받침된다.

기운이 진하여 아이를 속히 낳지 못하고 끙끙하는 벙어리를 앞에 놓고 늙은이의 가슴은 어리둥절하였다. 우선 조금 남아있는 장으로 솥에 찬물 한 바가지를 붓고 물을 끓여 벙어리에게 두어 숟갈 먹였더니,
"아버버—"
하는 고함소리와 함께 새빨간 고기 덩어리가 방바닥에 떨어지며
"으아—"
하고 힘있는 첫소리를 쳤다. (…) 늙은이는 잠시 가만히 앉아 예순 셋에 처음으로 보는 손자라 그런지 그의 가슴은 감격에 꽉차 가지고 웬일인지 눈물이 줄줄 흘러내렸다.(81~82쪽)

— 백신애, 『赤貧』

매촌댁 큰며느리가 첫손자를 생산하는 장면이 바로 위의 예문이다. 매촌댁은 그 사실이 생각만 해도 눈물을 흘릴 정도로 감격스럽다. 손자는 곧 자신의 미래를 밝게 만들어 줄 재산이기에 현재의 고달픔을 잊게 한다는 식에서 벗어나지 못하고 있음을 나타낸다. 과거 농경사회에나 어울리는, 자식이 그 수와 비례하는 복과 안녕을 가져다 줄 거라는 생각을 하고 있기 때문이다. 또한 매촌댁은 아기의 "두 다리 사이에 사나이란 또렷한 표적"(83쪽)을 보고 기뻐하면서 남근숭배적인 사고를 보인다. 단순하고 무지한 매촌댁에게는 새로운 생명을 통해 긍정적인 미래를 꿈꿀 수 있게 되었다는 사실이 무엇보다도 중요하기 때문이다. 이 때 며느리의 자궁은 '자궁다운 자궁'의 기능을 하면서 희망적인 미래를 예감하게 한다. 그리고 이렇게 풍요로운 미래를 보장해 주는 여성의 자궁은 긍정적인 '용기(容器)'로서의 젠더공간이 된다.

이러한 매촌댁이 지닌 건강성은 치유의 능력을 지닌 약손과 배앓이를 해 본 적이 없는 창작자로도 나타나고 있다. 또한 결말 부분에서는 사람은 똥힘으로 사는데 똥을 누어 버리면 힘이 빠진다고 하면서 변의(便意)를 참는 모습으로도 나타난다.

① 평생에 하도 많이 남의 집을 돌아다닌 늙은이라 남의 앓는 것도 많이 보고 고치는 것도 많이 보고 듣고 해온 터이라 지금 와서는 웬만한 병은 자기의 생각나는 대로 체증도 내려주고 객귀도 물려주고 조약도 가리켜 주고 하여 신출내기 의원보다 동리에서는 더 믿는 것이었다.(79쪽)
② 그의 몸둥이는 곯아 배틀어졌어도 오직 창자만은 무쇠같이 억세고 튼튼하였던 것이었다. 지금까지 배앓이를 해본 적이 없었다.(80쪽)
③ 그는 이윽히 걸어가는 사이에 몹시 뒤가 마려워서 잠깐 발길을 멈추고 사방을 둘러본 후 속옷을 헤치려다가 무엇에 놀란 듯 재빠르게 걷기 시작하였다.
'사람은 똥 힘으로 사는데…'
하는 것을 생각해 내었던 것이다. 이제 집으로 돌아간들 밥 한 술 남겨 두었을 리가 없으므로 반드시 내일 아침까지 굶고 자야할 처지이므로 지금 똥을 누어버리면 당장에 앞으로 거꾸러지고 말 것 같았던 까닭이었다.(83~84쪽)

— 백신애 『赤貧』

①에서는 매촌댁의 치유 능력을 보여준다. 그녀의 손은 약손이기에 동네 사람들의 자잘한 병을 쉽게 고친다. 이러한 치료 행위는 그 대가로 음식물을 얻을 수 있게 하므로 곧바로 생산적인 노동력으로 치환된다. 가장 어머니다운 어머니는 샤만적 무녀(巫女)처럼 치유 능력을 가지고 부드럽고 따뜻하게 아픈 몸을 낫게 해주는 사람이다. 때문에 매촌댁이 가장 어머니다운 모습을 보이는 것도 바로 이러한 능력을 보일 때이다.

②에서 매촌댁의 창자는 무쇠와 같아 어떠한 음식을 먹어도 체하는 법이 없을 정도로 건강하다. 이러한 무서운 식욕과 소화력은 간청어 꼬리를 뼈째로 삼키는 식욕의 묘사를 통해서 확인된다. 그녀에게는 "죽어도 먹다 묵는 것은 복"(79쪽)에 해당되기 때문에 어떠한 음식을 먹어도 체내로 흡수시킬 수 있는 위와 창자를 갖춘 것이다. 그런데 이러한 거식(巨食) 모티프는 너무

나 굶주려 있기에 아무거나 먹을 수 있고 먹은 것은 무엇이든지 소화시킬 수 있다는 상황을 역설적으로 제시하는 것일 수 있다.

③에서의 매촌댁은 그나마 몸에 남아 있는 힘이 없어질까봐 배설조차 제대로 하지 못한다. 이러한 생각은 어떻게 보면 "똥 힘"에라도 기대야 하는 빈곤의 극치를 보여주는 것이다. 그러나 한편으로는 배설의 재생력을 인지한 지혜나 어려운 상황을 극복하려는 적극성에 연유한 것으로 볼 수도 있다. 배설된 똥은 흙으로 돌아가 대지를 살찌워 생명을 성장시킨다. 이와 동일한 원리로 체내에 남아있는 똥도 자신의 육체를 살찌워 줄 것이라는 생각을 할 수 있다. 여기서 육체와 대지는 동일화되고 배설과 관계되는 육체 공간이 긍정적인 역할을 담당하게 된다.

그리고 대변은 남근에 대한 상징이 되기도 한다. 딱딱한 막대기 모양인 남근은 직장 속에 있는 단단한 대변 덩어리를 상기시킨다. 그리고 '남근'(penis)이라는 말은 '태아'(fetus)를 의미하는 고대 영어에 그 기원을 두고 있다. 때문에 남근과 대변, 아기는 무의식 속에서 서로 성적으로 관련될 수 있다. 직장에 대변을 담아놓고 싶어하는 것은 질의 점막에 남근을 담아놓고 싶어하는 욕망과 통한다. 며느리들은 매촌댁을 대신해서 아기를 낳았기 때문에, 그리고 자신은 직장 속에 남아있는 대변을 통해 의사 임신(擬似-姙娠)을 했기 때문에 살아갈 힘을 얻을 수 있다는 것이다.

이렇게 자식의 출산과 양육을 통해 긍정적인 미래나 자신의 지위 개선에 대한 희망을 문제삼는 모성은 '자궁 가족'(uterine family)을 형성하게 된다. 일제 식민지 하에서 공통적으로 나타나는 '아버지 부재' 현상과 연관되면서 가족의 생계를 책임지거나 무보상의 나눔과 헌신을 보여주는 어머니가 가장인 가족이 바로 자궁 가족이다. 이 때 여성의 생산성을 나타내는 자궁이 여가장인 어머니의 힘과 권력을 나타내는 대표적인 젠더공간이 된다.

10. 페미니즘 비평의 검토

페미니즘 비평은 1960년대 미국 여성해방운동의 영향 아래 출발하여 그 원인과 해결 방안을 찾으면서 다양한 방법론과 더불어 부단히 발전하여 왔다. 페미니즘 비평의 첫 단계는 작품 독해를 통해 텍스트에 드러나는 여성의 이미지를 분석하는 것으로부터 시작된다. 그 결과 문학 작품 속에 나타난 여성은 자아를 가진 인간으로서가 아니라, 남성중심적 시각에 의해 미화되거나 평가 절하되어 있는 것으로 드러난다. 이를 바탕으로 하여 페미니즘 비평가들은 흥밋거리로 윤색된 여성의 모습이 아니라 여성의 진정한 경험을 작품화할 것을 천명한다. 이에 적극적으로 반응한 미국의 급진주의적 페미니즘 비평가들은 여성 작가의 작품을 연구하고, 여성 저술의 차이점을 규명한다. 급진주의적 페미니즘 비평가들은, 가부장제 사회에서 살아온 여성의 이야기는 플롯이 와해되어 흘러넘치는 듯 전개되며, 기존 문화에 대응하는 언어와 여성 문화에 대응하는 언어가 복수적으로 사용된다는 가설을 세운다. 따라서 급진주의적 페미니즘 비평가들은 모더니즘 텍스트를 상당히 긍정적으로 수용하였으며, 여성 문화를 토대로 한 여성 언어의 발굴을 새로운 대안으로 제시한다.

이러한 이론의 발전에는 프랑스의 페미니즘 비평에 크게 힘입는다. 프랑스 페미니즘 비평가들은, 프로이트의 정신분석학이 남성중심적 이데올로기를 반영하고 있다는 것을 비판하고 그것을 극복하는 데서부터 출발한다. 그들은 프로이트가 남녀의 불평등한 관계를 생물학적으로 규정시켜버린 것에 의문을 제기하고, 남근이라는 용어는 어린아이의 절대적 존재인 어머니의 결핍을 메꾸어 주는 완전성의 상징적 기호로 사용되고 있다는 새로운 가설을 세운다. 한편에서는, 어린아이가 남성중심적 체계로 가득 차 있는 언어를 배우기 이전의 단계를 '상상적 단계'라고 이름하여, 그 '상상적 단계'의 언어를 기호 체계화하여 그것을 대안적 담론으로 발전시켜야 한다는 이론을 제시한다. 이들 비평가들은 그 기호는 어린아이에게 통일감을 유지시켜주는 '열락'의 상태를 나타내준다고 주장한 것이다. 더 나아가, 이들 비평가들은 여성 신체의 특성을 연구하고 여성의 육체가 남성의 육체에 비해 열등한 것, 수치스러운 것으로 취급되어 수동적인 육체, 수동적인 정신을 가지게 된 부조리에 저항한다. 이들은 남성 성상징이 중앙집권적이며, 소유적 태도를 지니고 있는 반면 여성 성상징은 분산적이며 포용성과 자족성을 가지고 있다고 주장한다. 그리고 여성의 감각 또한 그와 같으므로 여성의 정서 역시 풍부한 이해력을 그 특징으로 한다는 견해를 제시한다.

이러한 미국과 프랑스의 페미니즘 비평은 관념적이며 본질주의적이라는 비판을 받고 있으나, 여성 자아의 정체성에 관한 문제를 진지하게 고려하고 있다는 점에서 그 가치를 지닌다. 그런데 사회주의 페미니즘 이론가들은 이들의 주장이 지나치게 관념적이어서 여성해방을 실천으로 이끌어 나가는 데 역작용한다고 본다. 이러한 주장은 여성의 문제를 사회적 지위와 관련시켜 볼 때 타당성을 지닌다. 그리하여 사회주의적 페미니즘 비평가들은, 가부장제의 모순을 제거하기 위하여 성의 역사에 대해 체계적으로 연구하여 사회 구조의 보수성을 변혁시켜야 한다고 주장한다. 그러나, 이들의 도전적 목소리에도 불구하고 이들의 이론 체계는 구체적인 성과를 보이지 않았다. 이 문제는 문학 비평의 분야에서 이루어낼 수 있는 문제라기보다 사회 과학의 문제이며, 사회 과학 분야의 연구 성과와 더불어 심도 있는 연구가 필요하기 때문이다. 오늘날 여성의 문제는 제3세계 여성, 흑인 여성의 문제에도 관심을 기울인다. 페미니즘 비평은 계속 이론으로 발전해 나가기 위해서 정진해 나갈 것이다.

그 동안의 역사와 문학사가 남성중심적이었다면, 여성해방은 반드시 쟁취되어야 한다. 그러나 한편 부권주의나 가부장제는 결코 의도적인 것이 아니라 생존 불가피한 선택이기도 한다. 과거의 삶은 농경 생활이나 유목 생활 등에서 생계를 유지하기 위해 여성들보다 힘이 센 남성들이 맹활약할 수 밖에 없었다. 그리고 임신과 육아라는 여성의 생리적 기능과 본능적인 모성애의 정서는 여성으로 하여금 가정을 지키도록 역할 분담을 택하게 했다. 그러다가 산업사회로 전환되자 시장 경제, 화폐 경제가 실시되면서 자본의 위력은 생태적인 역할 분담을 조정하고 군림하기 시작했다. 나아가 제도적, 현실적으로 남성들이 경제력을 독점하면서 대등한 역할 분담의 균형이 깨지고 남성중심사회로 고착되어 왔다.

그러나 오늘날 고도 산업사회는 남성만이 산업의 주역이 아니라 여성도 산업의 주역으로 생산을 담당할 수 있게 되었다. 여성의 사회적 지위, 여성의 경제력 등이 현저하게 보장되고 증가하게 된 시대에 이른 것이다. 따라서 페미니즘 비평 문학의 성과로 인하여, 그 동안의 자본주의 구조 속에서 평가 절하된 여성에 대한 정당한 평가와 인식의 전환도 어느 정도 일깨워지고 있다. 그런데 신중해야 할 점은 이데올로기석인 페미니즘에 대한 검토이다. 남성중심주의니 혹은 여성중심주의니 하는 성대결의 논리는 필연적으로 독선을 강요하게 되고, 그것은 마침내 평화라는 공존의 윤리를 파괴하게 마련인 것이다. 보다 양질의 행복을 보장받고 행복에 대한 기본적 생존의 권리를 공유할 수 있는 바람직한 페미니즘 운동이 펼쳐져야 할 것이다.

■ 참고문헌

Adrienne Rich, *On Lies, Secrets, and Silence : Selected Prase 1966~1978*, Virago, London, 1980.
Elaine Marks & Isabelle de Courtivron(eds.), *New French Feminisms : An Anthology*, Harvester Press, Brighton, 1981.
Elaine Showalter, *A Literature of their Own : British Women Novelists From Brontë to Lessing*, Princeton Univ. Press, 1977 ; Virago, London, 1978.
Elizabeth Abel(ed.), *Writing and Sexual Difference*, Harvester Press, Brighton, 1982, originally in Critical Inquiry.
Hélène Cixous, "The Laugh of the Medusa", *Signs* 1, 1976, pp.875~893.
Hester Eisenstein, *Contemporary Feminist Thought*, Unwin, London and Sydney, 1984.
Jane Gallop, *Feminism and Psychoanalysis : The Daughter's Seduction*, Macmillan, London and Basingstoke, 1982.
Jonathan Culler, "Reading as a Woman", *On Deconstruction : Theory and Criticism after Structuralism*, Routledge & Kengan Paul, London, Melbourne and Henley, 1983.
Josephine Donovan(ed.), *Feminist Literary Criticism :Explorations in Theory*, Kentucky Univ. Press, Lexington, 1975.
Judith Fetterly, *The Resisting Reader : A Feminist Approach to American Fiction*, Indiana Univ. Press, 1978.
Juliet Mitchell, *Psychoanalysis and Feminism*, Penguin, Harmondsworth, 1975.
K. K. Ruthven, *Feminist Literary Studies : An Introduction*, Cambridge Univ. Press, Cambridge, 1984.
Kate Millet, *Sexual Politics*, Virago, London, 1977.
Marry Ellmann, *Thingking about Women*, Harcourt Brace, 1968 ; Virago, London 1979.
Mary Jacobus(ed.), *Women Writing and Writing about Women*, Croom Helm, London, and Barnes & Noble, Now York, 1979.

Michèle Barrett, *Women's Oppression Today :Problems in Marxist Feminist Analysis*, Verso Editions, London, 1980.
S. Freud, *Sigmund Freud*, Vol1~18, The Hogarth Press, London, 1966.
S. McConnell-Ginet, Borker, R & Furman, N.(eds.), *Women and Language in Literature and Society*, Praeger, New York, 1980.
Shulamith Firestone, *The Dialectic of Sex*, Women's Press, London, 1979.
Virginia Woolf, *Women and Writing*, M. Barrett(intro.), Women's Press, London, 1979.
로버트 해밀턴, 『여성해방 논쟁』, 풀빛, 1982.
루스벤(김경수 역), 『페미니스트 문학비평』, 문학과비평사, 1989.
맑스·엥겔스·레닌·스탈린, (조금안 역), 『여성해방론』, 동녘, 1988.
미셸 푸코(이규현 외 역), 『성의 역사』, 나남출판사, 1990.
베티 프리단(김행자 역), 『여성의 신비』, 평민사, 1978.
셀던 레이먼(현대문학이론 연구회 편), 「페미니즘 비평」, 『현대문학 이론』, 문학과지성사, 1987.
수전주기(김희은 역), 『여성 해방 사상의 흐름』, 백산서당, 1983.
쉴라 로우보팀(이효재 역), 『영국여성운동사』, 송로서적, 1983.
아우구스트 베벨, 『여성론』, 까치, 1989.
아이젠슈타인, 『자유의 여성해방론의 급진적 미래』, 이대출판사, 1988.
엘리 자레스키(김정희 역), 『자본주의와 가족제도』, 한마당, 1987.
엥겔스, 『가족 사유재산 국가의 기원』, 아침, 1989.
존 스튜어트 밀, 『여성의 예속』, 이대출판부, 1986.
쥴리엣 미첼(이형랑·김상희 역), 『여성의 지위』, 동녘, 1984.
체이프(이봉순 역), 『미국 여성사』, 탐구당, 1975.
케이트 밀레트, 『성의 정치학』, 현대사상사, 1976.
크롤(김미경·이연주 역), 『중국 여성해방운동』, 사계절, 1985.
폴라 로덴버그 스트럴·앨리슨 재거 편(신인령 역), 『여성해방의 이론 체계』, 풀빛, 1983.
한국여성연구회 문학분과 편역, 『여성해방문학의 논리』, 창작과비평사, 1990.

Ⅷ. 수용미학·독자반응 비평

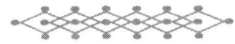

1. 수용미학·독자반응 비평의 출발과 개념

 수용미학·독자반응 비평은 작자와 작품보다 독자를 문학 연구의 중요 요소나 문학 연구의 중심에 놓는 비평의 방식이다. 이러한 독자 지향의 이론은 수용미학(Aesthetics of Reception), 수용 이론(Reception Theory), 그리고 독자반응 비평(Reader-Response Criticism) 등의 용어로 불리워진다.
 수용미학은 1967년 한스 로베르트 야우스(Hans Robert Jauss)가 서독의 콘스탄스 대학 불문학 과정 교수로 취임할 때, 첫 강의의 논문 『문예학의 도전으로서의 문학사』(Literaturgeschichte als Provokation der Literaturwissenschaft)에서 처음 사용하였다. 그는 이 강연에서 프랑스 혁명 전야에 예나대학 교수로 부임한 쉴러의 위임 강연을 패러디한다. 그 강연에서 쉴러가 강조한 것은 '보편적인 역사란 무엇이며 우리는 왜 이 역사를 공부해야 하는가'였다. 이 논문에서 야우스는, 문학사의 역사성은 수용자의 능동적인 참여 없이는 생각할 수조차 없다는 관점에서, 문학사는 작품과 독자간의 대화의 역사로 씌어져야 한다고 주장했다. 따라서 이 논문에서 야우스가 강조한 것은 당대의 중요하고 대립적인 두 문학 이론, 곧 형식주의와 마르크스주의 비평의 한계를 극복하는 문제이다. 야우스에 따르면, 마르크스주의는 낡은 실증주의 패러다임으로 문학에 접근하기에 이미 한물 간 방법이다. 그러나 그는, 비통속적인 마르크스주의 비평가들이 말하는 문학의 역사성에 대해서는 동의하는 입장을 보인다. 반면, 형식주의자들은 문학 작품을 해명하기 위한 도구로 미적 지각을 도입한다는 점에서 또한 야우스에 의해 비판되고 있다. 그리고 야우스는 한 작품을 전통 속으로 분류해 넣고 역사적으로 해석하는 문학사가들도 문학 작품의 연구자 이전에 독자이며, 문학 작품의 역사성은 수용자의 능동적인 참여 없이 생각할 수조차 없다고 한다. 따라서 문학사는 작품과 독자간의 대화의 역사로 씌어져야 한다고 주장하며 독자 중심적인 문학 연구를 시작한다.

수용 이론이라는 용어도, 수용미학과 거의 같은 무렵에 시용된 것으로 보인다. 그러나 논자에 따라서는 이를 구별하려고 하는 사람도 있다. 가령, 로버트 C. 홀럽(Robert C. Holub)은 수용미학을 야우스의 초기 이론적 저술에만 국한시키려 하기도 하였다.[1] 이런 의미에서 수용미학 혹은 수용 이론은 흔히 콘스탄츠학파(Konstanzer Schule) 이론으로도 불린다. 이 학파가 강조한 것은, 텍스트 생산에 관심을 두는 구조주의나 텍스트 자체를 꼼꼼히 읽는 신비평, 형식주의 같은 전통적 방법 대신 문학 텍스트의 수용과 읽기이다.

독자반응 비평은 대략 1980년 무렵부터 미국 비평계에서 사용하기 시작한 용어이며 개념이다. 미국에서의 독자반응 비평은 문학의 현상학·해석학·구조주의·해체 비평·페미니즘 등과의 다양한 관련 속에서 강력하게 대두되었다. 독자와 독서에 대한 연구가 의식적으로 집중되기 시작한 것은 1950년대 후반부터였으며, 1970년대 후반에 이르러 이 운동이 절정을

---

1) Robert C. Holub, *Reception Theory*, London and N.Y : Muthuen, 1984, Preface, Xⅱ.

이루었다. 미국의 독자반응 비평의 주요한 대표적인 비평가는 스탠리 피쉬(Stanley Fish), 노먼 홀랜드(Norman Holland), 데이비드 블레이치(David Bleich) 등이다. 또한 1980년대에 이르러 출판된 수잔 술레이먼(Susan Suleiman)의 『텍스트 안의 독자—독자와 해석에 관한 에세이』(*The Reader in the Text—Essays on Audience and Interpretation*)와 제인 톰킨스(Jane P. Tompkins)의 『독자반응 비평』(*Reader Response Criticism*)은 그동안의 독자반응 비평을 집대성한 대표적 저술들이라고 할 수 있다.

수잔 술레이먼은, 독자반응 비평이 비평적 전망의 방대한 영역을 포괄하고 있음을 강조하고 그 내부적 성격의 특징 두 가지에 대해 말한다. 그 하나는, 독자반응 비평은 비평의 궁극적 관심 대상이 텍스트라는 사실은 부인하지 않으면서도 문학의 텍스트를 이해하는 데 유용한 독자의 활동을 직시하고 있다는 것이다. 그리고 다른 하나는, 독자의 활동을 텍스트와 동일한 차원으로 간주하기 때문에 독자의 활동 자체가 관심과 가치의 원천이 된다는 것이다. 또한, 제인 톰킨스는 작품의 의미는 작품이 아니라 그 작품을 읽는 독자의 마음에서 실현된다는 점을 분명하게 언급하고, 그것이 미국에서의 새로운 비평 운동임을 밝히고 있다. 그리하여 그의 저술은 독자에 대한 작자의 태도, 텍스트가 내포하는 다양한 독자의 종류, 문학적 의미를 확정하는 데 있어서 독자가 행하는 역할, 곧 독서 행위의 관례와 텍스트 해석과의 관계, 그리고 독자 자신의 지위에 관한 논문들을 수록하고 있다. 논문들의 계통과 방법의 다양성에도 불구하고, 이 저술은 독자와 독자의 반응 및 역할이라는 데 초점을 맞추고 있음을 보여준다.

독자반응 비평은 하나로 정의할 수 없는 이질적인 이론들로 구성되지만, 공통점은 텍스트를 해석함에 있어서 독자의 역할 혹은 독서 행위를 강조하는 데 있다. 독자반응 비평가들은 문학 텍스트를 하나의 객체, 곧 독자의 경험과 분리되어 해석할 수 있고 해석해야 하는 객체로 취급하는 영미 신비평을 비판하면서 출발한다. 그리하여 문학적 대상의 사물화에 도전하면서 구조주의·해석학·정신분석학·현상학 등을 새롭게 해석한다. 초기의 독자반응 비평은 '텍스트—독자' 관계의 불균형을 보이는 형식주의적 태도를 극복하기 위해 텍스트보다 독자를 강조하지만, 후기 구조주의의 영향을 받으면서 해석적 행위는 교통의 과정으로 인식된다. 후기 구조주의는 '주체—객체'의 이항 대립을 해체하고, 이런 해체에 의해 텍스트보다 독자를 우선시하는 태도가 사라지기 때문이다. 따라서 후기 구조주의의 영향을 받으면서 독자반응 비평은 텍스트와 독자의 경계가 다소 동요하는, 그러나 독자를 강조하는 그런 교통의 과정으로서의 해석을 지향한다.

2. 수용미학·독자반응 비평과 타 비평 이론과의 관계

(1) 형식주의 비평 이론과의 관계

야콥슨(R. Jakobson)은 언어소통(communication)의 여섯 가지 요소들을 도식화하고[2] 이 모델을 통하여 언어의 여섯 가지 기능을 설명한다. 여기서 야콥슨은 메시지는 언어의 시적 기능을 성립시키는 요소이며, 문학적 언술은 일상적 언술과는 달리 메시지에 대한 관련항을 가진다고 한다. 즉, 시는 시인(발신자), 독자(수신자) 혹은 세계에 관한 것이기 이전에 우선 시 자체에 관한 것이다. 따라서 독자와 시인의 존재를 제거하고 오직 시(메시지) 자체의 형식, 이미지, 문학적 의미 등만을 연구의 대상으로 삼으려는 형식주의에 대한 반발로 수용미학이 대두된다.

---

2)　　　　　　　약　호
　　　　발신자 — 메시지 — 수신자
　　　　　　　접　촉
　　　　　　　문　맥

그런데 야콥슨의 언어소통 모델은 수신자, 곧 독자의 존재가 분명 언어소통 기능 가운데 한 부분을 차지하고 있다. 나아가 형식주의가 중시하는 메시지는 수신자(독자)에게 읽혀지지 않을 때 존재 가치를 잃게 되며, 그 형식과 이미지 그리고 의미 등은 오로지 독자에 의해서만 논의될 수 있다. 여기서 독자는 메시지가 담긴 약호를 해독하고, 잠재된 문학적 의미를 현실화하는 주체이다. 이렇게 볼 때 형식주의를 극복하기 위해 출발한 수용미학은 형식주의의 성과를 이어받았다고 할 수 있다.

이렇듯 수용미학·독자반응 비평은 러시아 형식주의나 미국의 신비평을 극복하려는 경향을 보이고 있지만, 한편 이러한 독자 지향의 이론이 형식주의 성과를 계승하고 있다는 사실도 간과할 수는 없다. 미국의 신비평은 의도적 오류(intentional fallacy)와 감정적 오류(affective fallacy)를 내세워 작품으로부터 작자와 더불어 독자를 제거하려는 데서, 오히려 작자와 독자에 대한 의도적인 관심을 역설적으로 더욱 조장한다. 그리고 러시아 형식주의는 오히려 긍정적인 맥락에서 독자지향 이론의 선구적인 일면을 지니고 있다. 러시아 형식주의는 작품의 형식과 방법에 문제를 집중시키고 그 한계를 고수하려고 했다. 그러나 빅토르 쉬클로프스키(Victor Shiklovsky)의 초기 이론이 보여주는 수용적 측면에 대한 관심은 독일 수용 이론으로 연결된다. 주지하는 바와 같이 쉬클로프스키의 중심 개념은 자동화(automatization, making automatic), 지각 가능성(perceptibility), 낯설게 만들기(defamiliarization)이다.

쉬클로프스키에 의하면, 예술 작품을 고찰함에 있어서 지각의 일반적 법칙에서부터 시작해야 한다. 보통 일상적 언어는 습관화되거나 자동화되기 쉽고, 이러한 자동화는 사물을 새롭게 볼 수 없게 만든다. 반면, 예술의 기능은 우리의 지각을 비습관화하는 것이고 대상을 되살아나게 만드는 것이다. 그러므로 수용자의 역할이 매우 중요하다. 따라서 쉬클로프스키의 지각 가능성은 예술의 형식을 미적 지각에까지 확대하고 있음을 말해주는 것이고, 동시에 '텍스트—독자' 관계의 전환을 나타내주는 것이 된다. 이러한 대상의 자동화 현상을 파괴하는 중요한 작업이 낯설게 만들기 또는 생소화의 수법이다. 이 수법은 독자로 하여금 언어적·사회적 관계를 새롭고 비판적인 안목에서 보도록 만들면서, 한편으로는 형식 그 자체에 집중하도록 하는 이중의 기능을 지닌다. 수용미학의 입장에서 보면, 이 수법은 독서 과정의 이론화이며 텍스트와 독자 사이의 관계를 확정하는 것이 된다.

(2) 현상학적 비평 이론과의 관계

현상학이란, 의미를 결정하는 데 있어 지각자의 중심적인 역할에 중점을 두는 현대 철학적 경향으로 알려져 있다. 문학 작품의 현상학적 접근은 일차적으로 주제가 되는 이미지들을 밝혀 보는 것이다. 그리고 그것들이 서로 교우, 결합하는 상상력의 질서를 그 형이상학적 의미에서까지 살펴봄으로써 작가의 의식 행위를 가장 문학적으로 그리고 가장 본질적으로 생생하게 드러내고자 하는 데 있다. 이러한 현상학적 비평 이론은 의미를 결정하는 데 있어 지각자의 역할에 중점을 둔다. 후설(E. Husserl)에 따르면, 철학적 탐구의 고유한 대상은 인간 의식의 내용이지 외부 세계의 객체가 아니다. 의식이란 항상 무엇에 관한 것이고, 우리의 의식에 나타나는 그 '무엇'이야말로 우리에게 진정으로 실재한 것이다. 따라서 그는 우리의 의식 속에 나타나는 사물들, 즉 현상(phenomena)에서 그것들의 보편적·본질적 성질을 발견할 수 있다고 한다. 이것은 모든 개인의 정신이 의미의 중심이자 기원이라는, 곧 낭만주의자들이 후로 쇠퇴하여 온 생각을 부활하려는 시도이다.

이러한 접근법은, 문학 이론에서 비평가가 한 작가의 작품 세계로 들어가 그들의 글이 의식에 나타날 때, 그 글의 근본적 성격이나 본질에 대한 이해에 도달하려는 비평 유형을 낳게 된다. 그리고 조르쥬 풀레(Georges Poult)와 장 스타로벵스키(Jean Starobinski)가 주축이 된 소위 제네바 비평학파의 현상학적 이론은 미국 비평가 J. 힐리스 밀러(J. Hillis Miller) 등에게 영향을 준다.

이후 후설의 '객관적' 관점은 그의 제자 하이데거(M. Heidegger)에 와서 부정된다. 하이데거는 인간 실존의 특징은 그 현존(giveness)이라고 한다. 인간의 의식은 세계의 사물들을 투사(project)하고 동시에 '세계—내—존재'의 본성 자체에 의해 세계에 종속(subjected)된다. 우리는 세계로, 우리가 선택하지 않은 시간과 장소로 '던져져'(flung down) 있는 동시에, 그 세계는 우리의 의식이 그것을 투사하는 한 우리의 세계이기도 하다. 우리는 의식의 대상과 얽혀질 수밖에 없는 것이다. 우리의 사고는 언제나 어떤 상황 안에서 일어나고, 그래서 언제나 역사적이지만, 이 역사는 물론 외적·사회적인 것이 아니라 내적·개인적인 것이다. 이러한 하이데거의 상황적 접근 방법을 한스 게오르그 가다머(Hans-Georg Gadamer)가 그의 문학 이론에 적용한다. 그는 『진리와 방법』(Truth and Method, 1975)에서, 문학 작품의 의미는 고정되어 깔끔하게 포장된 의미의 꾸러미로 있는 것이 아니고 해석자의 역사 상황에 따라 변화한다고 주장한다. 그리고 가다머의 이러한 이론은 독자중심 비평의 초석을 마련한 야우스와 잉가르덴(Roman Ingarden)의 수용론에 영향을 미친다.

잉가르덴의 이론은 예술 작품을 확정적, 자율적인 것이 아니라 수용 주체의 의식의 행위에 의존하는 것으로 본다는 점에서 현상학적 시각이라고 할 수 있고, 한편 형식주의 이론과 뚜렷하게 구별된다. 그는 작품이 이질적이나 상호 의존적인 네 개의 층과 두 개의 상이한 차원으로 구성되어 있다고 본다. 네 개의 층은 첫째, 단어의 발음과 음성 구조의 층. 둘째, 의미 단위의 층. 셋째, 다양한 도식적 국면과 지속적 국면. 넷째, 재현된 객관적 실재의 층이다. 이 네 개의 층이 첫째 차원을 이루고, 작품 속에 포함된 문장, 문단 및 장의 연속으로 구성된 시간적 차원이 둘째 차원이다.

그런데 작품 구조의 이러한 층과 차원에는 미확정 '지점', '점', '장소', 곧 미정성(未定性, indete minacy) 혹은 미확정 부분(unbestimmtheitsstelle)의 구조를 형성하고 있다. 미정성의 구조는 수용자의 능동적 역할이 요구되는 부분이다. 그리고 이러한 미정성의 공백이나 도식화된 국면을 제거하거나 채우는 일이 독자의 보충적 결정인데, 이러한 독자의 수용 행위를 잉가르덴은 구체화(concretization and concretion)라고 부른다. 다시 말하여 문학 작품의 미정성 혹은 미확정 부분은 작품의 구체화 과정 가운데 채워져 나감으로써 차츰 제거되며, 이 구체화 과정은 독자의 능동적 독서 과정에서 발생한다는 것이다.

잉가르덴의 수용론은, 작품에 대응하는 독자의 능동적 독서 행위에 의하여 작품의 존재가 결정되지만, 동시에 작품 속에 내재하는 도식화된 국면에 의해서도 결정된다. 곧, 작품은 구체화의 최종 결정권을 갖고 있다는 것으로 파악할 수 있다. 어떤 작품에 대한 구체화는 다양한 양상을 띤다고 볼 수 있지만 작품 자체는 고정 불변이라는 것이다. 여기서 잉가르덴은 안정된 구조를 가지고 있는 작품과 그 구조를 미적 대상으로 구체화하는 독자의 독서 행위를 분명하게 구분하고 있음을 본다. 그리하여 독자의 독서 행위는 전심미적(前審美的) 작품 인식과 심미적·반성적인 인식이라는 두 양상을 또한 구별하고 있다.

(3) 프라그 구조주의 비평 이론과의 관계

프라그 구조주의는 러시아 형식주의 기본 원리, 곧 문학 작품의 분석은 작품 자체의 한계선을 넘어서는 안 된다는 이론을 그대로 계승하여 오다가, 30년대 중반에 와서는 텍스트의 내적 분석만으로는 작품의 복잡성, 특히 문학의 사회성을 다루기에는 적절하지 못하다는 것을 간파하게 된다. 이에 무카로프스키(Jan Mukarovsky)는 러시아 형식주의를 비판하면서 쉬클로프스키가 제시한 독자의 수용면을 받아들여 문학 텍스트의 해석과 사회적 현실의 연결을 시도하게 된다.

무카로프스키는 예술이나 예술 작품을 동적인 의미화의 체계로 본다. 그는 다른 구조주의자들과 같이 문학 작품을 언어의 구조로 보고 있지만, 특히 문학 작품은 역사와 사회에서 독립된 것이 아니라 역사적·통시적 계열에 의하여 형성되고 결정된 관련 구조로 본다. 예술 작품의 구조는 복잡한 기호(sign) 체계이기는 하지만, 그것도 독립된 자족적인 체계가 아니라 예술가와 수신자 사이를 중개하는 기호적 사실이라는 것이다. 기호적 사실로서의 작품은 소통의 기호이며 동시에 자율적 구조이다. 전자는 무의미한 그릇이나 형식 속에 담긴 내용이 아니라 '메시지'로 보는 점에서 형식주의에 대한 비판을 암시하고 있다. 후자는 소쉬르의 기호 표현(significant)에 해당하는 감각적 기호, 사회적 의식 속에서의 의미 기능을 담당하는 미적 대상, 그리고 의미화된 사물과의 관계인 기호의 지시적 국면이라는 세 개의 성분을 가지고 있다. 예술 작품의 이러한 두 가지 기능은 동시에 수용자와 수용의 다양한 양상을 불가피하게 요구한다.

무카로프스키는 수용 주체를 시각자(viewer)나 지각자(perceiver)라고 칭한다. 그리고 그의 수용자는 사회적 관계의 산물이며 텍스트에 대한 수용 과정도 개인적인 차원을 넘어서 집단성을 지닌다고 본다. 예술 작품은 사회적 기호이며, 그 수용자인 독자도 집단의 구성원으로 본다는 점에서 무카로프스키의 수용론은 사회학적 차원으로 기운다. 그의 미학적이고 예술적 규범은 잉가르덴의 경직된 고전주의에 역사성을 덧붙이고, 또 형식주의에서 온 문학성(literariness)에 사회성을 부여한 것으로 해석할 수 있다.

무카로프스키의 이론을 종합해 보면, 우선 그는 문학 작품과 이것이 수용자의 의식 속에 나타나는 심미 대상(ästhetisches)과를 구분한다. 문학 작품은 작가에 의해서 일차적으로 주어진 구조물이며, 심미 대상은 수용자의 의식 속에서 일어나는 심미 작용을 통해 문학 작품과 상호 관계를 맺어 발생하는 추상적인 것이다. 때문에 문학 작품은 심미 대상만으로 이루어진 것이 아니라, 문학 작품과 심미 대상과의 긴장 관계에서 비로소 탄생한다고 주장한다. 이러한 무카로프스키의 논의는 수용자, 곧 독자의 역할을 중요하게 다루는 입장이라고 할 수 있다.

이와 같이 잉가르덴, 쉬클로프스키, 무카로프스키에 의해 전개된 텍스트와 독자의 관계를 살펴보면 몇 가지 경향을 파악할 수 있다. 첫째, 작품의 구조에 대한 분석을 제시함으로써 수용자와 텍스트와의 관계 양상들을 논의하고 있다는 점이다. 그리하여 작품의 구조 자체가 수용자의 수용 활동을 요구하고 있는 이유를 보여준다. 다시 말하여, 작품 자체가 독자의 독서 과정의 내적 필연성을 안고 있음을 알 수 있다. 둘째, 텍스트와 독자의 관계에서 텍스트는 텍스트대로, 독자는 독자대로 각자 확고 부동한 위치를 가지고 있음이 드러난다. 가령, 쉬클로프스키의 논의에서는 그 텍스트의 형식이 미적 지각에까지 영향을 끼친다는 수용적 측면을 보여주기는 하지만, 여전히 작품 중심주의에 초점이 맞추어져 있음을 볼 수 있다. 또한 잉가르덴에 와서는 고정 불변의 작품이라는 비심미적 체험 영역과 독자의 구체화를 통한 심미적 체험 영역으로 양분함으로써 '텍스트―독자'의 상호 의존성에 대한 적극적인 고찰이 부족한 것으로 드러난다. 그리고 무카로프스키에 와서는 텍스트와 독자를 대등하게 구별하면서도 사회적 집단성이라는 공통성의 지적에 더 무게를 두고 있음이 드러난다. 셋째, 세 비평가들의 시각이 아직은 텍스트의 입장에서 독자의 수용면을 보거나, 혹은 각 기능을 분리해서 보는 면모를 보이고 있다는 것이다. 따라서 세 비평가의 시각이 완전히 독자중심으로 이동하고 있지 않다는 공통점을 보인다.

3. 수용미학·독자반응 비평의 이론가와 이론

(1) 야우스 ― 기대 지평

야우스의 이론은 마르크스주의의 방법론과 형식주의 방법론, 그 양측에서 다 해결하지 못했던 바로 그 지점에서 출발한다. 그리하여 그가 목표로

하는 새로운 문학사는, 마르크스주의와 형식주의 장점을 결합하면서 전개되고, 이는 미적 지각의 진보라는 형식주의적 관념을 유지하면서 동시에 마르크스주의자들이 요구하는 역사적 매개 개념을 만족시킬 때 실천된다. 이는 역사를 무시하는 러시아 형식주의와 텍스트를 무시하는 사회 이론들을 화해시키려는 것과 다름 아니다.

작품의 역사적 의의는 작품의 질이나 작가의 천재성이 아니라 세대별로 지속되는 수용의 사슬에 의해 결정된다. 따라서 그의 문학사에서 사료, 곧 역사적 자료는 과거와 현재를 매개하는 의식적인 역할을 한다. 수용 문학사가는 정전(canon)으로 평가받는 작품들이 오늘의 조건들에 의해 영향을 받고 영향을 주는 방식에 대해 지속적으로 탐색해야 하고, 그런 점에서 과거의 의미들은 현재 경험의 전역사(prehistory)로 이해된다. 다시 말하여, 수용되어지는 것은 무엇이든지 수용자의 상태에 따라 받아들여진다는 해석의 원칙과 독자들의 기대가 창작 텍스트의 구성 요소가 되고 있다는 주장이다. 이러한 견해에서 야우스는 기대의 지평(horizon of expectations)을 중시한다.

기대의 지평(Erwartungshorizont)이란, 어떤 주어진 시기의 문학 텍스트를 평가하기 위해 독자들이 사용하는 기준이다. 독자가 하나의 새로운 문학 작품을 대할 때는 자기가 과거에 읽었던 다른 작품 또는 독자 자신의 체험이나 관점 등에 따라 새로운 작품이 대략 어떠하리라는 기대를 가지게 된다. '기대'란 칼만하임이 사회학적 분석에서 사용한 기대 지평이란 용어를 빌어 수용자가 지니고 있는 바람, 선입견, 이해 등 작품에 관계된 모든 전제를 총체적으로 이야기하고 있다. 또한 '지평'은 수용자가 지닌 기대의 범주 및 차원을 말한다. 지평선(Horizont)이란 용어는 시계(視界)라고도 하며 독일의 철학자 헤겔이 인식이나 이해, 사고 등의 범주를 의미하는 단어로 사용한 바 있다. 다시 말하여 기대 지평이란 수용자가 지닌 창작 작품에 대한 이해의 범주 및 한계를 가리킨다. 따라서 야우스는, 수용자의 입장에서 작품에 대한 이해의 범위와 그 한계를 지칭하는 뜻에서 지평선이란 개념을 도입한 것으로 파악된다. 그러므로 기대의 지평선은 수용자의 이해를 구성하는 요소들, 곧 선험적이거나 체험적인 지식, 거기서 발생하는 기대의 한계가 포함된다. 야우스는 과학 철학에서 패러다임(paradigm)이라는 용어를 빌어와 문학 텍스트의 평가 기준, 곧 패러다임을 기대 지평이란 말로 대신하기도 했다.

패러다임이란 본래 특정한 시기에 작용하는 개념 및 가정들의 과학적 체계를 말한다. 통상의 과학은 특정한 패러다임의 정신 세계 내에서는 실험적 작업을 하지만, 다시 새로운 패러다임이 낡은 패러다임을 대체하여 또다시 새로운 문제를 내놓고 새로운 가정을 세운다. 이와 마찬가지로 문학 텍스트도 이미 평가가 존재하고 있다 하더라도, 새로운 기대 지평에 의해 또다시 평가된다는 것이다. 이는 역사의 흐름에 따라 독자의 기대 지평이 전환되기 때문이다. 처음의 기대 지평은 그 작품이 등장하던 때 어떻게 평가·해석되었나를 알려줄 뿐이지, 작품의 의미를 결정적으로 수립하지는 못하는 것이다. 결국 야우스는 독자중심 비평에 역사적 차원을 부여함으로써 역사를 무시하는 러시아 형식주의와 텍스트의 자율성을 무시하는 사회학적 이론들을 접맥시켰다.

야우스에 따르면, 어떤 작품이 보편적이라고 말하는 것, 다시 말하여 그 의미가 영구히 정해져서 어느 시기의 어느 독자에게도 수용된다고 말하는 것도 마찬가지로 잘못이다. 가령, 우리나라의 춘원 이광수의 소설 작품들은 그 의미와 평가가 영구히 정해져 있는 기념비적인 것이 아니라, 현재에 이르기까지의 독자에게 지속적으로 새로운 기대 지평으로 수용되는 것이다. 기대 지평에는 작품을 수용할 때 수용자의 이해를 구성하는 모든 요소가 포함된다. 그리고 수용자의 기대 지평과 작품의 기대 지평이 일치할 때 수용자에게 작품은 받아들여진다. 이때 문제가 되는 것은, 우리 인간의 이해에는 얼마나 많은 요소들이 포함되어 있고, 이해 과정은 어떻게 이루어지는가를 해명해 보는 일이다. 그리고 이해 행위는 무엇보다도 이해하는 주체의 의식에 관여되어 있으며, 의식 속에는 의식과 무의식의 양면이 있고, 개인적 의식과 집단 의식도 이해에 작용한다는 것을 파악해야 할 것이다.

야우스의 기대 지평은 가다머(Gadamer)의 해석학에서 나오는 지평 개념을 적용한 것이다. 가다머의 경우, 지평은 해석에 있어서 기본이 되며 독자들의 전망적이고 제한적인 세계관을 말한다. 그러나 야우스의 경우, 지평은 텍스트에 대한 기대 구조 혹은 체계를 말한다. 작품들은 기대 지평에 저항하면서 읽히고, 예컨대 패러디는 의도적으로 이런 지평을 전경화한 경우이다. 따라서 문학 연구자의 책무는 지평을 객관화하는 일이고, 이에 따라 독자는 작품의 미적 특성을 평가하는 것이다. 작품이 자신의 지평을 주제로 하는 경우에는 이런 작업은 이미 성취된 것이나 다름없지만, 그 지평이 명료하지 않은 경우에는 이런 방법이 적용되어야 한다. 따라서 작품의 장르적, 문학적, 언어적 양상은 기대 지평 구성에 사용될 수 있다.

야우스는, 작가란 자기 시대의 지배적인 기대에 숙연하게 맞설 수도 있음을 인정한다. 그리하여 출간 당시 커다란 문제를 야기한 프랑스 시인 보들레르(C. Baudelaire)의 『악의 꽃』(Les Fleurs du mal)을 조사한다. 『악의 꽃』은 처음에는 부르주아 도덕성의 규범과 낭만주의 시의 교리를 위반했다는 평가를 받았다. 그러나, 그 시들은 또한 즉각적으로 새로운 미학적 기대의 비평을 열었고, 문학의 아방가르드(avant-garde)는 이 시집을 데카당스의 개척자적 작업으로 평가했다. 이후 19세기 후반에는, 그 시들은 허무주의에 대한 미학적 숭배의 표현으로 평가를 굳혔다. 야우스는 보들레르의 시에 대한 이후의 심리학적·언어학적·사회학적 해석을 평가하기는 하나, 대개는 무시하는 편이다. 스스로 역사적 한계를 지니고 있음을 인정하는 방법론이, 여전히 다른 해석들을 두고 잘못 설정되었거나 불합리한 문제를 제기한다고 할 수도 있다. 지평의 융합이라는 것도 지금까지 제기된 모든 관점을 전부 혼합하는 것이 아니라, 비평가의 해석학적 감각에 의해 차츰 드러날 의미들의 총체, 텍스트의 진정한 통합을 구성할 총체의 일부라고 보는 관점들만의 혼합이라고 할 수 있는 것이다.

(2) 이저 ― 독서 이론

야우스의 이러한 역사적 접근법은 독자와 텍스트의 상호 작용을 연구한 볼프강 이저(Wolfgang Iser)에 의해 보완된다. 이저의 독서 이론은, 문학 텍스트가 역사 속에서 변하는 것이라면, 시대와 상황에 따라 텍스트가 수용자에게 무엇을 해주느냐 하는 새로운 인식에서 출발한다. 이런 관점에서, 고정된 의미를 해석하는 일은 현재의 역사 속에서 지금 텍스트를 읽고 있는 독자에게는 아무런 의미가 없고, 오히려 각 시대의 각기 다른 문화적 코드(code)와 관련지으며 문학 텍스트가 수용자에게 어떤 의미를 부여하느냐 하는 것이 무엇보다도 중요하다는 것이다. 다시 말하여, 문학 텍스트의 잠재적 영향, 곧 어떤 시점의 특수한 상황에서 이루어지는 독서 과정이 중요하다는 것이다. 다만, 이러한 독서 이론은 어쩔 수 없이 주관성을 수반하게 되지만, 주관적인 과정을 객관적으로 논의한다는 점에서 객관성을 유지한다고 보는 것이다.

이저의 일관된 관심은 어떤 조건하에서 문학 텍스트가 독자에게 의미를 갖게 하는가 하는 것이다. 물론 텍스트의 일방적인 영향이 독자에게 의미를 부여하는 것은 아니다. 또한 독자가 문학 텍스트를 일방적으로 수용함으로써 의미가 생기는 것도 아니다. 오히려 영향과 수용이라는 두 요소의 교섭 과정에서 심미적으로 경험되는 의미가 새롭게 태어난다는 지론이다. 이러한 관점에서 이저는 문학 텍스트와 문학 작품을 구별한다. 곧, 작가가 창작해 놓은 지시적 제시물인 창작품을 문학 텍스트라고 하고, 이것을 독자가 읽고 이해하고 결국 새로운 경험으로 만들어 낸 것을 문학 작품이라고 했다. 이

저가 말하는 문학 작품이란, 말하자면 작가에 의해 만들어진 예술적인 면(the artistic)과 독자에 의해 실현된 심미적인 면을 함께 공유한 셈이다.

이와 같이, 예술적인 구조들이 독자의 의식 속에서 심미적으로 다시 태어난 것을 문학 작품이라고 볼 때, 한 편의 문학 텍스트는 여러 독자들에 의해서 상이한 문학 작품으로 태어날 수 있으며, 시간과 상황에 따라 같은 독자에 의해서도 다른 작품으로 나타날 수 있다는 말이 된다. 이러한 이론은, 한 텍스트에 대해 수많은 해석이 이루어지고 또 새로운 해석이 끊임없이 실제로 나타나는 실례를 뒷받침한다고 할 수 있다.

이러한 맥락에서 독서는 문학 텍스트의 구조에 대한 독자의 반응 작용이며, 때문에 텍스트 구조에 대한 구체화 작업은 그 중간적 위치에서 역동성을 얻는다. 독자는 또한 문학 텍스트가 제공하는 여러 관점과 부딪치면서 텍스트뿐만 아니라 자신을 함께 가동시킨다. 문학 텍스트와 독자 사이의 이러한 역동적 관계를 기술하기 위하여, 이저는 텍스트의 영향적 요소와 독자의 수용적 요소라는 두 개의 기본 개념을 설정한다. 이 두 요소는 서로 얽히는 다층적 작용을 하기 때문에 양면적 구성 요소를 나누어 관찰하기란 어려운 일이지만, 두 요소가 각기 다른 구조를 갖고 제한적 역할을 담당하고 있기 때문에 공동의 역작용을 규명하는 데 도움을 주는 것도 사실이다.

그런데 이저는 '작품-작가-독자' 세 요소의 소통 과정에서 핵심이 되고 있는 독자의 작품 체험의 현장, 즉 작품의 수용과 영향의 현장을 독서 과정으로 본다. 그리고 문학 작품의 이해 및 의미 구성이 어떻게 이루어지는가를 독서 행위에서 밝히고 있다. 이저는 독서 과정, 즉 독자와 작품의 대면을 '대상을 이해한다'는 의미에서 인식 이론으로 해석하고 있다. 그리고 문학 텍스트에 들어 있는 '불확정성'을 문학적인 효과의 조건으로 규정하는 '심미적 효과 이론'으로 독서 행위 이론을 전개한다. 이는, 그가 문학 작품의 관찰은 텍스트 자체에만 아니라 텍스트를 파악하는 행위에도 해당한다는 수용미학적 독서 이론을 주장한다고 파악할 수 있다.

텍스트와 독자의 상호 관계에서, 독자를 작품 생산의 공동 협력자라는 중간 위치에 두려는 주장은 그의 가상적 독자 혹은 내포독자(implied reader)의 논의에서 볼 수 있다. 이저의 독자는 독서 행위를 통해서 의미의 산출에 적극적으로 참여하는 공동 생산자로서의 의미를 지니고 있는 것이다. 이저는 종이에 인쇄된 것을 텍스트라고 하고, 그것이 독자의 독서 행위를 통해서 구체화되어 갈 때 작품이 실현된다고 본다. 독자는 텍스트를 읽는 행위를 통해서 상상 세계를 형성해 나가는데, 그러한 현상을 이저는 작품에로의 실현 또는 구체화하는 작업으로 본다. 이 점에서, 이저는 잉가르덴의 '구체화'(concretization) 개념을 도입한 것으로 파악할 수 있다. 다시 말하여 이저의 독자는 읽기의 행위를 완수할 수 있는 독자로서, 인격을 갖춘 현실적 독자가 아닌 텍스트에 내포된 독자, 곧 작가가 텍스트를 작품으로 구체화하기 위한 전략(strategies)으로서 텍스트의 구조 내부에 설정한 일종의 선험적 독자라고 할 수 있다.

따라서, 이저의 독자는 가상적 독자 혹은 내포 독자와 실제 독자 혹은 현실 독자(actual reader)로 나뉜다. 전자는 텍스트 구조 내에 설정된 독자이며, 그것이 실제 독자에게 독서 방법을 강요한다. 말하자면 텍스트가 자체적으로 창조하여 일정한 방식으로 읽도록 미리 정해주는 '반응 유도 구조의 망'(a network of response-inviting structures)에 따르게 되는 독자이다. 그러나 실제 독자는 독서 과정에서 어떤 의미나 이미지를 수용하지만, 그 의미나 이미지는 독자 자신의 기존의 축적된 경험 때문에 불가피하게 왜곡될 수도 있다. 가령, 같은 시인의 시를 읽더라도 만약 무신론자라면 유신론자들과는 다른 영향을 받게 되는 경우가 발생할 수 있는 것이다. 이저는 이러한 실제 독자와 구별하고 또 독자의 성격이 미리 확정되어 있는 다른 독자들, 곧 리퍼테르()Michael Riffaterre)의 '초독자'나 피쉬(Stanley Fish)의 '정통 독자' 등과는 다른 독자의 현존(presence)을 설명하려고 한 것이다.

　이저는 독서 행위를 성립시키는 텍스트의 구조를 정립하고 있다. 그는 오스틴(J.L. Austin)과 서얼(John Searle)의 발화 행위 이론을 원용하면서, 문학도 언표 내적(言表內的) 행위(illocutionary act)와 흡사한 소통 상황에 둘 수 있다는 것이다. 그리하여 텍스트의 레퍼토리(repertoire), 전략(strategies), 현실화(realization) 의 요소를 제시한다.[3] 이것은 텍스트의 구조인 동시에 독자의 독서 행위를 성립시키는 조건이라고도 할 수 있다.

　레퍼토리란 소재 혹은 내용이라고 한 것들을 포함한다. 내용의 종목은 작자와 독자가 공통적으로 가지고 있는 지식이나 문화의 경험적 축적, 그들이 공유하는 사회적·역사적 규범이 텍스트에 조직된 것이다. 따라서 레퍼토리는 그 자체의 제시 방법으로서 하나의 구조나 형식이 필요한데, 이저는 이것들의 기능을 전략이라고 한다. 다시 말하여 전략이란 종래에 우리가 통용해 온 기법, 문체, 플롯, 서술 등을 의미한다. 레퍼토리는 배열과 결합 그리고 질서를 부여하여 전달을 가능하게 해야만 한다. 이러한 필요를 충족시키기 위한 방법으로서 전략이라는 조건이 제시되는 것이다.

　텍스트의 레퍼토리와 그것을 조직하는 전략은 텍스트 구조의 골격이 되지만, 그것만으로 작품이 실현되는 것은 아니다. 텍스트가 작품으로 실현되기 위해서는 수용자로서의 독자 참여가 요구된다. 이저의 주장은 레퍼토리와 전략은 텍스트의 의미, 곧 심미적 대상을 구축하기 위한 구조일 따름이며, 독자의 독서 행위를 통한 수용 활동에 의하여 비로소 작품으로 실현된다는 것이다. 다시 말하여, 이저는 현상학적 예술 이론에 입각한 잉가르덴의 구체화 이론에 근거하여 '텍스트'와 '작품'을 구분한 것이다. 그는 작가가 창작해 놓은 인쇄물인 창작품을 텍스트라 부르고, 독자가 읽고 이해하며 재생산해 낸 문학 텍스트를 작품이라고 한다. 그리하여 문학 작품은 작가에

---

3) R. C. 홀럽(최상규 역), 『수용이론』, 삼지원, 1985, pp.84~85 참조.

의해 생산된 '예술적인 것'과 독자에 의해서 이루어지는 '심미적인 것'이라는 양극을 지닌다. 그리고 하나의 작품은 텍스트 이상의 것으로 그것의 구체화에 의해서 비로소 생명을 얻을 수 있다. 결국 독자는 하나의 텍스트를 작품으로 탄생시키는 심미적 경험자인 것이다.

(3) 피쉬 ― 학식 있는 독자

스탠리 피쉬(Stanley E. Fish)는 문학에 있어서 독자의 경험에 집중적인 관심을 보이면서 문학 작품을 독서 행위, 즉 수용의 과정을 통해 비평해야 한다고 주장한다. 그의 주장은 60년대 가장 대표적인 독자반응 비평서라고 할 수 있는 『죄로 인한 놀라움―실낙원의 독자』(Surprise by Sin―The Reader in Paradise Lost, 1967)를 출간한다. 이 저술에서 피쉬는, 문학은 결과가 아니라 과정이며 비평은 서서히 진행되는 일련의 결정―수정―예상―반전―회복의 과정 안에서 이루어지는 미세한 작용들을 필요로 한다고 말한다. 피쉬에게 있어서, 독서는 텍스트가 의미하는 것을 발견하는 문제가 아니라 텍스트가 독자에게 '행하는 것'을 경험하는 과정이다. 비평의 주목 대상도 작품 자체 속에서 발견되는 어떤 객관적인 구조가 아니라 독자의 경험 구조이다. 따라서, 비평이란 페이지 위에 연속되는 단어들을 따라 전개되는 독자의 반응을 설명한 것에 불과하다. 그는 예술 작품이 형식과 내용으로 조립된다는 종래의 이원적 개념을 부정하고, 독자의 경험이 곧 의미이자 형식이라는 일원론을 주장한 것이다.

피쉬에게 있어서 문학적 의미는 독서의 체험 그 자체이므로, 독서 체험이 텍스트와 동일한 의미를 갖는다. 즉 문학적 의미의 원천이 텍스트에 있는 것이 아니라 독자의 독서 체험에 있다. 그러므로 그의 독서 체험은 다른 비평가들의 그것과는 다른 의미를 지닌다. 발화(發話)의 의미는, 발화가 무엇을 말하고 있는가를 뜻하는 것이 아니라 발화 그 자체의 전부를 체험하는 것이다. 그리고 '발화 그 자체의 전부'라는 것은, 한 부분에서 다음 부분으로 진행하면서 연결 형성된 전체의 파악이 아니라, 다음에서 다음으로 계속되는 사건의 연속 자체를 의미한다. 즉 시간적 연속 과정에서 차례로 계속 일어나는 언어를 통과하면서 독자가 수용하고 체험하는 반응을 분석하는 것이다.

시간의 연속 과정에 따라 일어나는 사건들의 체험이 모두 의미라면, 이러한 독서를 할 수 있는 사람은 어떤 독자라야 하는가. 계속해서 피쉬는 『독자 안의 문학—감정적 문체론』(Literature in the Reader—Affective Stylistics, 1970)에서 '학식 있는 독자' 혹은 '정통 독자'(the informed reader)를 내세운다. 그에 따르면, 학식 있는 독자란 독자반응에 필요한 언어의 경험과 문학적 관습에 대한 지식을 모두 소유하고 있는 유능한 독자를 가리킨다. 그리고 언어학적 자질을 소유한 사람이며 독서에 필요한 문체론 및 의미론에 관한 지식을 내면화한 사람이다. 또한 학식 있는 독자는 문학 운용 능력을 가지고 있는 사람이기도 하다. 이러한 독자는 텍스트의 독서 행위를 통해 그 반응을 체험하면서 이미 그 자신이 지니고 있는 능력을 발휘하는 것이다. 그래서 피쉬는, 학식 있는 독자들의 반응은 합리적인 토론을 방해할 만큼 서로 크게 차이가 날 가능성이 없다고 생각한 것이다.

이러한 이론에 대해 폴 드 만(Paul de Man)은, 피쉬의 개념은 독자들로 하여금 영원히 작가를 따라가는 역할 안에 머물게 함으로써 사실 독자의 노력과 독창성을 축소시켰다고 비판한다. 또한 조나단 컬러(Janathan Culler) 역시 피쉬가 현상학적 논리 안에서 개인적 주제 해석으로 후퇴했다고 비판하고, 개개의 독자로부터 공공의 독자로 관점을 전화하라고 요구한다. 결국 피쉬는 '학식 있는 독자'의 관점을 '해석의 공동체'(interpretive communities)라는 생산적 개념으로 개조한다.[4] 그리고 피쉬는 해석의 공동체란, 서술된 텍스

---

4) Stanley E. Fish, 'Interpreting the Varioum', *Critical Inquiry*, 2(Spring 1976 ; rpt. in Is There a Text, p.171.

트에 대해 해석적 전략을 공유하는 사람들이 모여 나름의 특성과 의도를 구축하는 행위라고 규정한다. 이에 따르면, 해석자들의 각 공동체는 해석적 전략이 요구하는 방법대로 텍스트를 해독해 나간다. 따라서 의미는 독자가 텍스트를 순간순간 경험하는 동안 각자의 독특한 독서 활동과 해석적 전략들을 거쳐 창조되는 것이다.

피쉬는 '학식 있는 독자'로부터 '해석의 공동체'에로 논의를 이행하면서 그의 논의에 모순과 변화를 보이고 있다. 의미가 독자의 체험에 있다고 주장한 그는, 다시 의미가 텍스트에도 독자에게도 존재하지 않는다고 주장하고, 의미는 해석 공동체의 전략이라는 것이다. 텍스트의 문장, 음, 문자를 동일하게 반복할 수 있는 것은 음운론이나 정서법의 약속 때문에 가능한 것이며, 그것은 공동체의 소산이라고 볼 수 있다. 즉, 독서 체험의 차원에서 특정 공동체가 갖는 해석 전략의 결과라고 볼 수 있다. 그러므로 텍스트와 그 의미는 해석 공동체의 산물이다. 마찬가지로 독자도 해석 공동체의 전략이 산출한 것이며, 해석 공동체가 있으므로 가능한 사고 작전에 의하여 독자로 구성되는 것이다. 텍스트와 독자가 모두 특정 공동체의 해석 전략의 산물이라면, 텍스트와 그 의미, 그 해석, 그 해석을 실행하는 독자, 이 모든 것의 배후에는 해석 공동체가 있다는 말이다. 여기서 문학적 의미의 원천이 독자의 체험에 있다고 말한 피쉬의 주장은 해석 공동체 속으로 침몰하는 결과를 빚게 되는 것이다.

(4) 리파테르 — 독서의 두 단계와 초(超)독자

미셸 리파테르(Michael Riffaterre)는 시를 언어의 특수한 용법이라고 보는 점에서 러시아 형식주의자들과 같은 계열에 선다. 그는 문학적 의미는 텍스트의 언어 속에 존재한다고 논의하지만, 그렇다고 독자와 관계없이 독립하여 존재한다고 언급하지는 않는다. 이 점에서, 리파테르는 독자의 기능을 인정하지만 독자의 수용 기능보다 여전히 텍스트의 기능을 더 강조한다고 볼 수 있다. 그는 독자가 텍스트를 읽고 어떤 문학적 의미를 깨닫게 되는 것은, 그 의미가 이미 텍스트의 언어 속에 내재되어 있기 때문이며, 독자가 그 의미를 생산하는 것은 아니라고 주장하는 것이다.

리파테르는 『시의 기호론』(Semiotic of Poetry, 1978)을 통하여 독자 이론을 전개한다. 우선 그는 독서의 두 단계를 제시하는데, 첫째 단계에서는 의미(meaning)를 발견하고 그 다음 단계에서 의의(significance)의 해석으로 넘어간다고 말한다. '의미'라는 것은 미메시스의 레벨(mimetic level) 텍스트에 의해 전달되는 정보이다. 말하자면 기호의 지시 작용으로 얻어지는 것이다. 미메시스는 기본적으로 표현이 언어의 지시성, 곧 사물과 언어의 직접적인 관계에 의거하여 끊임없이 변화하는 의미의 연속을 만들어내는 것이다. 이러한 언어의 지시 작용은 다시 한 단계 더 높은 차원이라고 할 수 있는, 작품을 형식적이며 의미론적으로 통일하는 '의의'의 단계로 이행한다. 이처럼 '의의'란 작품의 형식적, 의미론적 통일성의 말하는 것이다. 따라서 능력 있는 독자 혹은 초월 독자는 표면적 의미를 넘어서 나아간다는 주장이다.

독자는 의미 발견의 단계에서 일상의 문법으로부터 일탈한 여러 가지 비문법적 장애에 직면하게 된다. 의미의 단계에서 직면되는 여러 가지 장애는 새로운 해석의 실마리가 되는데, 리파테르는 이것을 의의의 단계로 이동하는 과정에 필요한 해석소(interpretant)라고 말한다. 의미로부터 의의에로의 이행에는 해석소의 개념이 필요하며, 이것은 텍스트의 표층적 기호를 번역하고, 텍스트가 달리 시사하는 것이 무엇인가를 설명하는 기호[5]라는 것이다. 문학 작품의 의미를 이해하는 데는 일반적인 언어적 능력만 있으면 되지만, 독자들은 문학 작품을 읽을 때 종종 마주치는 비문법적인 부분들을 이해하기 위하여 문학적 능력이 요구되는 것이다. 독서 과정에서 비문법적

---

5) Michael Riffaterre, *Semiotics of Poetry*, Indiana Univ. Press, 1978, p.81.

인 장애에 부딪친 독자는 어쩔 수 없이 텍스트의 비문법적 자질들을 설명해 줄 의의 차원을 찾아 나서야 하는 것이다.

의미—해석소 과정의 단계를 거쳐 독자는 의의의 단계에 도달한다. 의의의 단계는 문학 작품 전체가 근원이 되는 어떤 말이나 혹은 문장의 변이체인데, 그것의 근원이 되는 것이 '주형'(matrix)이다. 주형은 관용적 진술, 상투어, 인용구, 관습적 연상 등에 의하여 간접적으로 그 현실적인 모습이 귀납될 수 있다. 주형의 이렇게 드러난 실재의 형태들을 '하이포그람'(hypogram)이라고 한다. 다시 말하여, 주형이 확대되거나 전환되어 시적 기호로 하이포그람과 관련되어 그 기능을 드러내는 것이다.

독자는 '의미—해석소'의 과정을 거쳐 드디어 '의의'의 단계에 직면하게 된다. 여기서 '의미—해석소—의의'라는 3항의 관계가 성립된다. 의의는 문학 작품을 읽는 독자가 그 의미를 해석하고 변형하면서 작품의 해석을 실천에 옮기는 단계이다. 이러한 리파테르의 독시 과정을 요약하면 다음과 같다. 첫째, 일반적인 '의미'를 찾으며 읽는다. 둘째, 일반적 해석을 방해하는 비문법적인 요소에 초점을 맞추고 해석소를 이용한다. 셋째, 텍스트에서 확대되어 있거나 익숙치 않은 표현을 수용하는 하이포그람을 발견한다. 넷째, 하이포그람들에서 주형을 추출한다. 곧, 하이포그람과 텍스트를 낳을 수 있는 하나의 진술이나 낱말을 찾는다.

문학적 의미는 텍스트의 언어 속에 존재하나 그것은 독자와 관계없이 홀로 존재하는 것은 아니다. 그리고 독자의 주관적인 자의성을 배제하기 위해서 '초독자'(super reader)의 개념이 등장한다. 초월 독자란 작품의 해석에 있어서 모든 독자들을 포괄하고, 가장 정확하고 객관적으로 해석할 수 있는 독자를 일컫는다. 다시 말하여, 텍스트의 의미에서 의의의 단계에 이르기까지 복잡한 독서 과정을 완벽하게 수행할 수 있는 가상의 독자인 것이다.

(5) 홀랜드와 블레이치 — 독자 심리

미국의 두 비평가 노먼 홀랜드(Norman Holland)와 데이비드 블레이치(David Bleich)는 심리학에서 독서 이론의 논의를 전개시키고 있다. 그들은, 독서란 독자의 심리적 필요를 충족시키거나 아니면 적어도 거기에 의존하는 과정이라고 본다. 특히 홀랜드는 그의 저서 『통일성·정체성·텍스트·자아』(Unity·Identity·Text·Self, 1975)에서 '자아 심리학'을 적용하여 독자와 텍스트 간의 거래에 초점을 두고 작품 수용의 본질을 논의한다.

홀랜드에 따르면, 통일성이란 부분적인 것의 결합이나 살아있는 유기체를 닮은 구조적 전체와 같은 전통적인 방법이다. 그리고 정체성은 생활에 종속되는 주제와 양식의 통일된 윤곽인데, 이는 전형적으로 성격 또는 개성이라 불리어지는 불변의 존재이다. 그러니까 우리가 문학 작품에서 발견하는 통일성이란 그 통일성을 발견하는 정체성에 의해 주입되는 것이다. 홀랜드는 독자가 텍스트를 읽을 때도 각자의 정체성 테마에 어울리게 읽어나가게 된다고 한다. 독자는 자기 자신을 상징화하고 결국에는 모사하기 위해 문학 작품을 이용한다는 것이다. 이 말은, 독자는 자신의 정신 생활을 형성하는 깊은 두려움이나 욕구와 맞서기 위해 자기 자신의 특징적인 전술을 찾아내려고 작품을 개작한다는 의미가 내포되어 있다. 즉, 독자는 작품을 통해 자신의 요구와 적응에 대한 자신의 개성적 양식을 성취하는 것이다. 이는, 독자의 정신적 조화가 텍스트를 창조하고 독자가 텍스트를 해석하듯이 문학 작품이 독자 자신을 창조한다는 것과 다름 아니다.

홀랜드는 이러한 독자―반응 거래의 작용을 방어(defenses)·기대(expectations)·환상(fantasies)·변형(transformations), 곧 'DEFT'라는 심리학적 단계의 과정으로 설명한다. 문학 행위자(literents)는 독자들의 반응을 예상하면서 텍스트에서 쾌감에 대한 욕구와 고통에 대한 두려움을 느끼게 된다. 독자는 욕구의 만족을 위해 특정 전술을 이용하고 두려움을 최소화하기 위해 방어기제를 발견해 낸다. 또한 반응자는 독자적 환상을 구상하는데, 그 독자적 환상은 텍스트를 재창조함으로써 깊은 만족을 경험하게 된다. 그리고 마지막으로, 개개 독자들은 그 안의 환상들을 자신들과 관계되는 의미로 변형시키는 것이다. 다시 말하면, 독자들은 그들의 내면적 생활을 형성하고 있는 심층적 공포나 소원을 극복하는 데 필요한 독자 자신의 독특한 방법을 발견하기 위해 그 작품을 다시 고쳐 읽는다는 주장이다. 홀랜드는 작품을 구체화시키고 결정하는 데 있어 독자에게 일차적 역할을 부여하고, 독자는 무의식적으로 작품의 유기적 통일성을 이끌어간다고 말한다. 독자는 작품을 해석하는 데 거의 자유가 없으며 정체성이 반응을 결정한다는 것이다. 그러나 홀랜드의 심리적 비평에 대해 많은 비판이 제기되기도 했다. 가령, 그는 통일성의 개념을 분별없이 텍스트로부터 자아로 전환시켰다 것, 프로이트의 변형 이론으로 비평을 모형화하여 독서를 하나의 신경증 과정으로 특징지웠다는 것, 개별심리학을 이용하여 지각없이 미학 기준의 모든 점을 니타냈다는 것, 그리고 독자를 고착되고 자아가 정지된 것으로 묘사했다는 것 등이다. 이 모든 지적은, 홀랜드의 논의가 텍스트적 통일이라는 전통적 가치를 철학적인 것과 유사한 자아의 통일성으로 전환한 것에서 발생한 것이다.

블레이치의 『주관적 비평』(*Subjective Criticism*, 1978)은 비평 이론의 패러다임이 객관적인 것에서 주관적인 것으로 바뀐 데 대한 이론적 옹호라고 할 수 있다. 그는 주관적 비평 이론을 강조하면서 독자의 측면에서 '텍스트—독자'의 갈등을 해소하려 노력한다. 블레이치의 논의에 따르면, 문학 작품의 지각과 구성은 전적으로 독자들의 개성에 의해 성립된다. 작품을 읽는 주체의 최초의 지각과 반응이 텍스트를 상징화하고, 이 반응에 대한 해석과 공적인 제시는 이 상징화를 다시 상징화하는 작업에 속한다. 이러한 반응과 해석의 연속은 주체의 반응을 작품 해석에서 분리하려는 객관주의적 태도를 극복한다. 재상징화는 집단과의 대화를 통해 이른바 집단적 반응에 기여한다는 것이다.

블레이치의 논의에 의하면, 어린이는 언어 습득을 통해 경험을 주관적으로 통제할 수 있게 된다. 따라서 우리는 다른 사람의 말을 '동기부여된 행위'(motivate act), 즉 그 화자가 사물을 파악하는 방식으로서만 이해할 수 있다. 발화마다 하나의 의도가 내포되어 있고, 발화를 해석하는 행위는 결국 의미를 부여하는 것(conferring)이다. 이로 미루어 그의 주관적 비평에 대한 논의는, 각자의 가장 중요한 동기는 자신을 이해하는 것이라는 가정에 바탕을 두고 있음을 알 수 있다. 블레이치는 학습에서의 실험을 통해 텍스트와 독자의 자발적 반응과 독자가 텍스트에 부여하는 의미를 구분한다. 후자는 대개 교육적 상황과 타협하면서 객관적 해석으로 제시되지만, 독자의 주관적 반응에서부터 발전될 수밖에 없다고 한다. 도덕적이건 마르크스적이건 어떤 사고 체계가 채택되더라도 특정 텍스트에 대한 해석은 개인적 반응의 주관적 개별성을 반영하는 것이 정상이라는 것이다. 따라서 비평가의 노력 여하에 따라 그만큼 비평가의 견해와 해석은 더 많은 의미를 얻을 수 있을 것이다.

이와 같이 블레이치의 논의는 주관적 패러다임에서 출발하며 물리학, 정신분석학 등 서구 사상의 객관적 원리가 부정하고 있는, 현상학 속에 나타나는 주관성의 양상들을 역사적으로 추구한다. 그의 주관적 관점은 자기 초월은 불가능하다는 주장을 유지하면서 서구 사상의 '주관—객관' 혹은 '주체—객체'라는 모순적인 이항 대립을 극복하고자 한다. 그러나 객관적 관점을 주관적 관점으로 대치하는 것 역시 이항 대립 체계를 지속한다는 점에서 비판이 야기되기도 한다.

4. 수용미학 · 독자반응 비평의 실제

문학에 있어서 독자가 어떤 반응을 보이느냐 하는 문제는, 문학이 독자에게 어떤 영향을 미치느냐 하는 문제와 매우 비슷하다. 독자의 반응과 문학의 영향은 동일한 현상에 대하여 관점을 달리할 때 생기는 두 개념이다. 하나는 독자의 받아들이는 능력, 다른 하나는 문학이 발휘하는 힘에 주안한다. 다음은 독자반응 비평의 이론을 적용하여 작가—독자—작품과의 관계를 연구한 논의이다.

· 허구적 독자론[6]

(…) 이 분석에 따르면 극적 발언자가 있는 것처럼 극적 청취자도 있다. 조금만 생각해 보아도 오늘밤 서재에 앉아서 시집 『님의 침묵』을 읽고 있는 나는 낮에 학생들에게 영어를 가르치던 나와는 매우 다르다. 영어 교사의 정신 상태를 그대로 유지하면서 『님의 침묵』을 읽을 수는 없다. 쉽게 말해서 시, 특히 『님의 침묵』을 받아들일(수용할) 마음가짐이 되어 있어야 한다. 역사책이나 영문법책을 읽으려는 마음도 아니요 소설을 읽으려는 마음도 아니다.

독자가 시를 읽을 태세를 갖추고 시의 원문을 대하는 순간부터, 독자는 시가 요청하는 극적 청취자가 되는 것이다. 그런데 이 극적 청취자가 독자의 전부는 아니다. 정확한 극적 청취자가 되도록 배후에서 조종하는 '암시된' 독자가 또 있다. 극적 청취자와 '암시된' 독자는 자연인인 나와는 다르다. 좀 까다롭다싶은 구별이지만, 실제로 문학 원문을 읽을 때의 현상을 주의 깊게 관찰하면 분명해지는 구별이다. 『님의 침묵』의 한 편인 「인과율」의 서두를 보자.

당신은 옛 맹서를 깨치고 가십니다.
당신의 맹서는 얼마나 참되었습니까 그 맹서를 깨치고 가는 이별은

---

[6] 이상섭, 「독자반응 이론의 이모저모」, 『자세히 읽기로서의 비평』, 문학과지성사, 1988, pp.133~135.

믿을 수가 없습니다.
참 맹서를 깨치고 가는 이별은 옛 맹서로 돌아올 줄을 압니다. 그것
은 엄숙한 인과율입니다.

여기서 여자로 추정되는 극적 발언자는 이별하는 남자 '당신'에게 말하고
있다. 독자는 그 옆에서 엿듣는 이의 입장에 있다. 매우 사적인 이별의 장면
을 목도하는 독자는 평상시의 개인은 물론 아니고 그냥 일반적으로 시를 읽
을 줄 아는 독자도 아니다. 그는 그 특별한 정황에 입회한 특별한 인물이
되어야 한다. 시의 원문 자체가 그를 그러한 인물로 규정한다. 그러니까 그
순간의 독자는 한 극적 정황의 인물이고, 바로 그 극적 인물은 원문이 내포
하고 있는 전체적 정황의 일부이다. 짧게 말해서 독자는 극적 독자이며 극
적 독자인 만큼 그 작품의 일부인 셈이다. 시인은 극적 발언자를 창조하는
동시에 그 발언자를 통하여 자기도 모르는 사이에 상당히 성격이 뚜렷한 극
적 독자(청취자)까지도 창조하는 것이다. 즉 독자는 허구의 일부이다.

'웅변은 듣고 시는 엿듣는 것'이라고 어느 철학자가 멋있게 말했지만, 독
자는 단지 엿듣지 않고 교묘한 방법으로 참여까지 하게 된다. 위의 인용 시
구는 '당신'만이 들으라고 하는 말이 아니라 또한 '엿듣는' 독자에게도 들으
라고 하는 말이라는 암시를 지니고 있다. 실제 생활에서는 이별하는 님에게
'난 어떡하라구 떠나요' 따위의 푸념을 하는 정도에 그칠 것이나, 이 시에서
는 '당신'이 '옛 맹서'를 깨치고 간다는 것을—그것은 극적 발언자인 '나'와
'당신'에 관한 매우 중요한 정보이다—거듭 강조한다. 독자가 알아들으라는
신호이다. 극적 발언자는 '당신'보다도 오히려 엿듣는 독자를 더 의식하고
있다. '참 맹서를 깨치고 가는 님은 믿을 수 없습니다'는 말은 '당신'에게 한
말 같지만, 독자에게 들으라는 말이라는 성격이 더 짙으며, 동시에 독자에게
동의를 구하는 말이며, 독자가 분명히 그 말에 동의할 것을 예상하고 하는
말이다. 독자는 물론 동의할 수밖에 없다. 독자는 자연인의 한 사람이 아니

라 원문이 만든 허구의 한 부분이기 때문이다. 더욱이 '참 맹서를 깨치고 가는 이별은 옛 맹서로 돌아올 줄을 압니다. 그것은 엄숙한 인과율입니다'라는 말은 일단 위에서 독자의 동의를 굳혀 놓고서, 극적 발언자가 거의 마음대로 이별에 대한 자기 중심적인 주장을 펴는 말이다. 독자는 강한 동의를 보낸다. 실제 생활에서 자연인으로서의 독자는 사랑의 맹서쯤은 어겨도 된다고 믿는 현대적인 인물일 수도 있고 맹서의 '인과율' 따위는 전혀 믿지 않는 사람일 수도 있으나, 그가 일단 자발적으로 독자 노릇을 하기로 한 이상은 그 극적 발언자가 필요로 하는 극적 청취자, 즉 '암시된 독자'가 되어야 한다. 문학적 허구는 독자의 '불신의 자발적 중단'에 의존한다고 했던 19세기 영국 비평가 코울리지의 뛰어난 통찰을 기억하게 된다.

'암시된 독자'의 성질을 더 알아보기 위하여 『님의 침묵』으로부터 다른 예를 끌어오기로 한다. 이 시집의 마지막 작품은 「독자에게」라는 제목이 붙어 있다. 즉 시자가 독자에게 직접 발언하는 형식으로 되어 있다. 그러한 현실의 역사성을 나타내 보이기 위하여 끝에다가 '乙丑八月 二十九日 밤 끝'이라 적어 놓고 있다.

> 독자여 나는 시인으로 여러분의 앞에 보이는 것을 부끄러합니다
> 여러분이 나의 시를 읽을 때에 나를 슬퍼하고 스스로 슬퍼할 줄을 압니다.
> 나는 나의 시를 독자의 자손에게까지 읽히고 싶은 마음은 없습니다
> 그 때에는 나의 시를 읽는 것이 늦은 봄의 꽃수풀에 앉아서 마른 국화를 비벼서 코에 대이는 것과 같을는지 모르겠습니다.

을축년이 1925년이었으니까 그 당시의 독자는 생존했다면 지금 80이상의 고령일 것이고 지금의 독자는 그들의 손자쯤 될 것이다. 그러나 1925년 당시의 독자에게 한 말은 그대로 지금의 독자에게도 한 말로 되어 있다. 일제 압박 당시와 현재는 전혀 다른 상황이지만 그 때나 지금이나 독자는 여전히

비슷한 독자 노릇을 한다. 최초의 독자의 후손들인 우리에게 『님의 침묵』은 마른 국화를 비벼서 코에 대는 것 같지가 않다. 일제로부터 해방이 되었다고 해서 『님의 침묵』은 확실한 역사적 미래에 대한 사실적 유언이나 예언이 아니다. 이 시집이 만들어 내는(규정하는) 독자는 역사적 변천에도 불구하고 독자로 남을 것이다. 독자는 작품의 일부인 까닭이다. 엄밀히 말하면 『님의 침묵』이 미래에 무효가 될 것을 '예언'하는 극적 발언자 뒤에는 그와는 정반대로 『님의 침묵』이 영원히 값진 슬픔의 기록으로 남을 것을 의식하는 '암시된' 저자와 독자가 동시에 느껴진다.

또 다른 예를 본다. 이번은 '당신'이나 '독자'를 직접 상대하지 않는 일인칭의 독백 형식을 취한 경우이다.

> 세상에 만족이 있느냐 인생에게 만족이 있느냐
> 있다면 나에게도 있으리라
> 세상에 만족이 있기는 있지마는 사람의 앞에만 있다
> 거리는 사람의 팔 길이와 같고 속력은 사람의 걸음과 비례가 된다
> 만족은 잡을래야 잡을 수도 없고 버릴래야 버릴 수도 없다
>
> ─「만족」 전문

극적 발언자가 '만족이 있느냐?'고 혼잣소리처럼 외치는 것은 만족이 있을 수 없다는 주장이다. 이 주장에 독자는 물론 수긍해야 한다. 세상에 만족이 없다는 주장을 뒷받침하는 사실은 단지 자기에게 만족이 없다는 사실뿐이다. 자기에게 만족이 없다는 것은 세상에 만족이란 있을 수 없다는 것을 입증한다고 주장할 만큼 자기 중심적인 주장에 독자는 동의한다. 그러자 '세상에 만족이 있기는 있지마는'이라는 구절에 이르러, 만족이 전혀 없다는 주장에 동의했던 독자는 그 동의에 유보를 하게 된다. 그러자 만족이 있지만 그것은 '사람의 앞에만 있다'는 주장에 이르러 다시 동의에 대한 유보를

조건부로 해제한다. 세상에 만족은 바로 눈앞에 보이면서도 손에 잡히지 않는다는 주장에 다시 수정된 동의를 하게 된다. 앞서 말했듯이 실제 상황에서 독자의 '만족'에 대한 철학이 극적 발언자의 그것과 다르다 해도 극적 청취자가 되어 있는 동안은 극적 발언자를 따라가야 한다.

5. 수용미학·독자반응 비평 검토

수용미학과 독자반응 비평은 이전의 마르크스주의와 형식주의 비평에 대한 반동으로 독일에서 시작되어 미국으로 확산된 이론이다. 이는 영향 미학적인 재래의 작가와 작품보다 수용미학적인 독자를 문학 연구의 중요 요소나 문학 연구의 중심에 놓고자 하는 독자 지향의 비평 방법이다. 이러한 이론 전개에 있어서 수용미학, 수용 이론, 독자반응 비평, 독자중심 비평 등의 용어들이 뒤섞여 사용되고 있다. 이러한 용어들의 개념을 구별한다면, 수용미학이나 수용 이론이라는 것은 독일을 중심으로 한 유럽권 문학 이론에서 사용되고 있으며, 독자반응 비평은 미국 비평계를 중심으로 사용되고 있다고 볼 수 있다. 따라서 수용미학이나 독자반응 비평은 이론가마다 서로 다른 논의를 전개하고 있지만, 다같이 독서 과정에 관심을 둔다는 점에서는 일치한다. 한마디로 말하자면, 이들 논의의 관심은 작품을 읽을 때 무엇이 발생하는가이다. 이것은 곧 텍스트와 독자의 상호 작용이다. 이런 상호 작용을 통하여 수용미학·독자반응 비평가들은 독자나 텍스트 혹은 이 둘의 결합이 텍스트 해석을 결정하는 양상을 탐구하고 이론화한다.

그런데 1970년대의 문학 이론에 수용미학이 차지하는 비중이 매우 컸던 만큼 못지 않게 비판의 소리도 높았다. 더구나 수용 이론이 마르크스주의 계열 및 형식주의 계열의 양측 이론을 모두 비판하였기 때문에, 한편에서는 변증법적 발전 이론을 근원에서부터 거부하는 자본주의적 반발로 간주하여 배척당하기도 하였고, 다른 한편에서는 반대로 그 이론 속에 혹시 유물사관이 잠재해 있는 것이 아닌가 의심을 하기도 했다. 수용미학의 이론은 넓은 의미에서 문학사회학에 해당하기 때문에, 순수 구조주의 학파로서는 의구심을 가질 만하기도 하다. 그리고 제3자적 입장에서는 오히려 수용미학이 미묘한 반공산의 색채가 있는 것이 아닌가 의심하기도 하였다.

이러한 수용미학・독자반응 비평의 이론을 실제 작품이나 문학사에 비추어 관찰할 때 몇 가지 문제점이나 한계점에 부딪치게 된다.

야우스의 이론대로 문학사를 새롭게 서술한다면, 지나간 날의 작품들은 독자가 시대에 따라 수용하는 정도와 방향이 모두 달라져서 우선 이해하는 데 혼선이 빚어질 우려가 있으며, 또한 그 분량을 감당하기 어려울 것이다. 나아가 개개의 작품과 거기에 대한 독자의 기대 비평을 토대로 그 '미적 간격'을 하나하나 검토하고 거기서 발생하는 작품 수용 과정을 어떻게 일률적으로 밝혀낼 수 있을 것인가 하는 문제점이 있다. 다음으로는, 자료면에서 볼 때 지나간 시대의 기대 지평을 재구성하는 데 있어서, 한 작품이 여러 세기를 경유하는 동안 객관적인 독자반응의 변화 과정을 보여줄 만한 무엇이 있을 것인가. 그리고 기대지평은 객관화가 가능한가. 독자의 수준도 각각 여러 가지로 구별되는 데 어디에 초점을 두고 어떻게 판단할 것인가 등의 의문이 계속될 수 있는 것이다.

수용미학・독자반응 비평의 이러한 문제점이나 한계점을 살펴보면 대략 다음과 같이 지적할 수 있다.[7] 첫째, 작품이 한 개인의 경험적 독서에 의하여 구체화될 때 과연 그 구체성에 타당성을 부여할 수 있을까 하는 점이다. 둘째, 독자의 의식이 개인적 또는 집단적인지, 또는 독립적인지 사회 구조에 의한 것인지 판단 근거가 애매하다는 점이다. 셋째, 텍스트를 작가와 독자가 공동으로 창작할 때 작자의 심미적 체험이 경시되고 있다는 점이다. 넷째,

---

[7] 이명재, 「수용미학과 독자반응비평」, 『문학비평의 이론과 실제』, 집문당, p.291 참조.

한 작가의 여러 작품을 여러 독자가 수용할 때, 독자의 기대 지평과 작자의 기대 지평은 큰 편차가 나기 쉽다는 점이다. 다섯째, 훌륭한 작품을 수용미학적 입장에서 어떻게 가려낼 수 있는지 문제점이 야기된다는 점이다. 여섯째, 자칫하면 해석의 홍수 속에 파묻힐 수 있다는 점이다. 일곱째, 독자반응 비평이 형식주의 등을 비난하지만, 방법론으로 볼 때 그 속성을 잇지 않았을까 하는 점 등이다.

■ 참고문헌

D. W. Fokkaema & E. Kunne-Ibsch, *The Theofies of Literature in The Twentieth Century : Structuralism, Marxism, Aesthetics of Reception, Semiotics*, C. Hurst, London, 1977.

David Bleidh, *Subjective Criticism*, John Hopkins Univ. Press, Baltimore & London, 1978.

Gerald Prince, "Introduction to the Study of the Narratee", in Tompkins, *Reader Response Criticism*.

Hans R. Jauss, *Toward an Aesthetic of Reception*, T. Babti(trans.), Harvester Press, Brighton, 1982.

Jane P. Tomtkins(ed.), *Reader-Response* Criticism : From Formalism to Post-Structuralism, Johns Hopkins Univ. Press, Baltimore, 1980.

Michael Riffaterre, *Semiotics of Poetry*, Indiana Univ. Press, Methuen, London, 1978.

Norman Holland, *5 Readers Reading*, Yale Univ. Press, New Haven and London, 1975.

Robert C. Holub, *Reception Theory : A Critical Introduction*, Methuen, London and New York, 1984.

Roman Ingarden, *The Literary Work of Art*, George G. Grabowicz(trans.), Northwestern Univ. Press, Evanston, Ⅲ., 1973.

Stanley Fish, *Is There a Text in This Class? The Authority of Interpretive Communities*, Harvard Univ. Press, Cambridge, Mass., 1980.

_____, Self-Consuming Artifacts : The Experience of Seventeenth-Century Literature, California Univ. Press, Berkelev, 1972.

Susan Suleiman, & Inge Crosman(eds.), *The Reader in The Text : Essays on Audience and Interpretation*, Princeton Univ. Press, Princeton, N. J., 1980.

Terry Eagleton, *Literary Theory : An Introduction*, Blackwell, Oxford, 1983.

Umberto Eco, *The Role of the Reader : Explorations in the Semiotics of Texts*, Indiana Univ. Press, Bloomington, 1979.

Wolfgang Iser, *The Act of Reading :The Theory of Aesthetic Response*, Johns Hopkins Univ. Press, Baltimore, 1978.
강남주, 『수용의 시론』, 현대문학사, 1986.
고위공, 『해석학과 문예학』, 서린문화사, 1983.
로버트 홀럽(최상규 역), 『수용이론』, 삼지원, 1985.
볼프강 이저(이유선 역), 『독서행위』, 신원문화사, 1993.
안 제퍼슨・데이비드 로비(차혜숙 역), 『현대문학이론—개론적 비교』, 탐구당, 1986.
윌리암 레이(임명진 역), 『문학의 의미』, 신아출판사, 1988.
페터 뷔르그(김경연 역), 『미학이론과 문예학 방법론』, 문학과지성사, 1987.
한스 로버트 야우스(장영태 역), 『도전으로서의 문학사』, 문학과지성사, 1983.

IX. 신역사주의 · 문화유물론 비평

1. 신역사주의 · 문화유물론 비평의 출발과 개념

문화 연구는 1950년대 영국의 노동 계급 출신 비평가인 레이먼드 윌리엄스(Raymond Williams)를 비롯한 영국 좌파 비평가들의 연구 활동에서 시작된다. 그러다가 1964년 버밍엄의 현대문화 연구센터가 창설된 이래 급속도로 성장 발전하게 된다. 현대문화 연구센터의 초기 문화 연구는 철학·사회학·문학 비평을 중점적으로 다루었지만, 그 뒤 하위 문화(subculture) 연구 방법 중심으로 바뀌었고, 이어 프랑크푸르트학파(Frankfurter Schule)·안토니오 그람씨(Antonio gramsci)·루이 알튀세(Louis Althusser) 등 대륙의 이론 연구를 받아들여 문화유물론과 긴밀하게 연결된다. 미국의 문화 연구는 더욱 넓은 의미로 사용되어 젠더·인종·계급·성적 우열 등의 문제를 다루어 다원문화주의 연구의 경향으로 나아간다.

이렇게 하여 최근 서구 인문사회과학 분야에서 신역사주의·문화유물론이 부상하고 있다. 70년대까지 영국에서조차 학계의 주변부에 머무르고 있던 문화 연구는 80년대 중반 미국에서 제도권 학계의 중심부로 진입했다. 그 이후 미국 특유의 다원주의적 풍토와 포스트모더니즘의 후원에 힘입어 문학·사회학·언론학·인류학 등 여러 분야에서 급속도로 성장 발전하게 된 것이다.

이러한 문화 연구의 출범 목적은 제도권의 관심에서 배제된 소외 집단의 억압된 목소리를 되살리려는 정치적 저항 의식에서 비롯한다. 그러므로 문화 연구는 출발부터 저항 담론의 입장을 지향한다. 문화 연구를 출발시킨 또 다른 목적은 실천적 의도에서 비롯된다. 즉 대학이 진리 탐구를 통한 만인의 행복 추구라는 원래의 목적 대신, 분과학문(discipline)의 높은 울타리 속에서 재생산에만 몰두하고 있다는 비판을 인식하였기 때문이다. 따라서 문화 연구는 대학의 학제간적 욕망을 부추기게 된 것이다.

신역사주의(New Historical)는 일반적으로 미국에서 출발한 것으로 본다. 이 용어를 처음 사용한 사람은 캘리포니아 대학의 르네상스 영문학자인 스티븐 J. 그린블라트(Stephen J. Greenblatt)이다. 그는 『장르』(Genre)지에 이 용어를 처음 사용하였다.[1] 이후 그들의 기관지인 『재현』(Representation)을 창간하였다. 여기서 살펴본 그린블라트 교수의 기본 방법론은, 역사와 문학의 텍스트성에 주의를 집중시키며 해체주의의 텍스트와 마르크스주의의 '역사성'을 조합하는 것이다. 한편 영국에서도 레이먼드 윌리엄스의 문화비평 전통에 따라 이와 유사한 경향의 이론이 전개되고 있었는데, 그들은 문화유물론(Cultural Materialism)이라 이름하였다. 곧, 영국에서는 영국 특유의 문화역사 전통의 맥락에서 신역사주의를 전개시킨 것이다. 따라서 호주에서의 네오역사주의 역시 같은 맥락에서 관심을 집중시키고 있기도 하다.

---

1) 실은 M. McCanles가 'The Authentic Discourse of the Renaissance,' Diacritics 10:1(Spring 1980)에서 처음 사용하였다고 한다. 이후 그린블라트가 ≪장르≫지에 그 용어를 사용하면서 본격적으로 통용되기 시작한다. Louis Montrose, 'Professing the Renaissance : The Poetics and Politics of Culture,' The New Historicism, ed. H. Aram Veeser, London : Routledge, 1989, p.32 참조.

1970년대 중반부터 1980년대 후반까지 후기구조주의 비평과 해체비평 이론이 비평계를 주도해 왔다. 그러나 80년대 후반에 들어서면서 폭넓게 전개되었던 후기구조주의와 해체비평은 교착 상태에 빠지게 되고 그 전망이 약화된다. 그러자 역사 혹은 역사주의를 다시 되돌아보기 시작하면서 비평과 이론 방면에서 가장 활발하게 논의된 것이 신역사주의·문화유물론이다. 소비자본주의 사회에서 후기구조주의, 특히 해체주의 등 현대 이론이 몰고 온 지나친 '언어'의 강조에 반대하여, 신역사주의는 '역사에로의 복귀'를 주장하면서 무엇보다도 문학을 다시 역사 속에 복원하고자 하였다. 신역사주의는 해체주의의 언어 지향에 반대하고 역사·정치·문화 그리고 사회와 문학의 연관성을 주장하며 정전(canon)의 우월성을 타파하고자 하였다. 그리하여 신역사주의·문화유물론은 본격적으로 등장한 지 얼마되지 않아서 영미문학의 전 영역에 그 적용 범위가 확대되었고, 나아가 소비자본주의 사회의 지배적인 비평적 담론으로 자리하게 된다.

그럼에도 불구하고 신역사주의·문화유물론은 이론이나 실제가 너무 다양하고 복잡한 양상을 띠고 전개되었기 때문에 하나의 독립적이고 체계적인 비평 이론으로 분류하기는 어려운 점이 많다. 신역사주의자들은 마르크스주의, 문화유물론, 심지어는 포스트구조주의, 해체주의, 역사주의, 문화인류학 등을 탈방법적으로 서로 섞어 그 영역을 확산시키고 있는 것이다. 이렇게 신역사주의·문화유물론의 비평 이론은 체계적으로 정립하기가 매우 난해하기도 하다. 그래서 돈 웨인(Don Wayne)은 신역사주의를 궁극적으로 해체주의와 마르크스주의를 혼합하여 그들 모두를 극복하고 대체하는 하나의 새로운 비평 이론으로 보고 있는 것이다. 아무튼 신역사주의는 신비평과 해체주의에 이르는 여러 비평 조류를 이용해 오래되고 녹슨 '역사'의 개념을 다시 꺼내 갈고 닦아 조합해 보려는 작업임에는 틀림없다.

따라서 신역사주의는 루이스 몬트로스(Louis Montrose)가 제시한 바처럼,

'교착배열법'(Chiasmus)적인 '텍스트의 역사성과 역사의 텍스트성'의 탐구를 목표로 삼고 있다고 할 수 있다. 그린블라트의 표현에 따르자면, 이 정의는 전통적으로 문학 텍스트에만 초점을 맞추던 데서 벗어나 과거가 남긴 모든 텍스트적 흔적까지 읽어내려는 강한 의도를 담고 있다. 그래서 신역사주의를 단순히 정의하자면, 일반적으로 같은 시대의 문학 텍스트와 비문학 텍스트를 나란히 놓고 읽어내는 비평 방법이라고 할 수 있다. 다시 말하여, 신역사주의는 문학 텍스트의 특권을 거절한다는 것이다. 이는 문학에 초점을 맞추고 역사를 단순히 참고 사항으로만 여기는 것이 아니라, 문학 텍스트와 비문학 텍스트에 똑같은 무게를 두는 연구 방법론이라고 할 수 있다. 곧, 전자와 후자가 끊임없이 서로 정보를 교환하고 서로를 향해 의문을 제기하는 접근 방법이다.

문학 이론에 있어서 역사주의·문화유물론에 대한 새로운 관심을 보이고 있는 저술들은 다음과 같다. 웨슬리 모리스(Wesseley Morris)의 『신역사주의를 향하여』(*Toward a New Historicism*, 1972), 미셸 푸코(Michel Foucault)의 『언어, 반—기억, 실천』(*Language, Counter—Memory, Practice*, 1977), 조나단 돌리모어(Jonathan Dollimore)와 알란 신필드(Alan Sinfield)의 『정치적 셰익스피어—문화적 측면에서의 새로운 연구』(*Political Shakespeare—New Essays in Culture Materialism*, 1985), 제롬 맥간(Jerome McGann)의 『역사 연구와 문학 비평』(*Historical Studies and Literary Criticism*, 1985), 『합성의 미학—역사주의 방법과 이론에 의한 문학 연구』(*The Beauty of Inflections—Literary Investigations in Historical Method and Theory*, 1985), 스테판 그린블라트(Stephen Greenblatt)의 『셰익스피어식 협상—영국 르네상스 시대 사회 에너지의 순환』(*Shakespearean Negotiations—The Circulations of Social Energy in Renaissance England*, 1988), 아람 비서(H. Aram Veeser)의 『신역사주의』(*The New Historicism*, 1989) 등이 있다.

2. 미국의 신역사주의 비평

(1) 전통적 역사주의와 신역사주의

전통적 역사주의는, 비문학 텍스트보다도 문학 텍스트를 더 가치 있는 대상으로 보았기 때문에 역사적 배경은 단순한 작품의 무대 정도로 여겼다. 그리고 전통적 역사주의는 문학 텍스트와 비문학 텍스트에 서열을 매기고 매우 엄격하게 분리하였다. 그러나 신역사주의는 문학 텍스트와 비문학 텍스트를 나란히 놓고 서로 밀접한 관계에서 연구한다. 신역사주의는 두 텍스트를 '나란히 놓는다'에 중점을 두고 있는 것이다. 따라서 전통적 역사주의와 신역사주의는, 먼저 역사적 자료를 다루는 방법에 서로 커다란 차이점을 보이고 있다고 할 수 있다. 다시 말하여, 신역사주의가 문학 텍스트와 비문학 텍스트를 똑같이 중시함으로써 이 두 역사주의 사이에는 중요한 차이가 생기게 되는 것이다.

70년대까지는 주로 이러한 전통적 역사주의의 독서 방법이 널리 통용되고 있었으며, 전통적 역사주의의 접근은 대부분 역사적 틀을 바탕으로 텍스트를 꼼꼼히 읽고 '이미저리의 패턴'을 분석하는 데 주력하였다. 가령, 틸리야드(E. M. W. Tillyard)의 『엘리자베스 시대의 세계상』(*The Elizabethan World Picture*, 1943), 『셰익스피어의 역사극』(*Shakespeare's History Plays*, 1944) 등은 전통적 역사주의의 대표적 저술로 꼽을 수 있다. 이 책에서 틸리야드는 사회와 신성 그리고 예술에 대한 일련의 보수적 사고 방식들을 묘사하면서, 바로 이러한 정신적 태도야말로 셰익스피어 희곡에 반영되어 있는 엘리자베스 시대의 전형이라고 강조하고 있는 것이다.

전통적 역사주의와 신역사주의의 또 하나의 중요한 차이점은 '과거 기록과의 연장선상'에서의 '과거 기록'에 집약되어 있다. 이 말에는 신역사주의가 사실상 역사적 운동이라기보다는 역사주의적 운동임을 암시한다. 즉, 신역사주의는 역사를 문서로 재현하고 기록한 것, 다시 말하여 하나의 텍스트로 간주한다는 것이다. 신역사주의자들은 역사적 실제 사건이란 오래 전 이미 소멸되어 다시 복원할 수 없다고 주장한다. 이 주장은, 당시 작가가 실제로 지녔던 생각과 느낌과 의도는 결코 복원하거나 재구할 수 없으며, 다만 한 개인으로서의 작가는 전해 내려오는 문학 텍스트로 완전히 대치된다는 믿음에 토대를 두고 있다. 결국 과거의 세계가 있던 자리에 과거의 언어가 놓이게 되는 것이다. 신역사주의자들의 입장에서는, 과거의 사건과 생각들이란 오직 기록으로만 존재할 뿐이다. 때문에 이전에 문학 텍스트에 대해서만 적용했던 꼼꼼한 분석을 그런 기록들을 검토할 때도 적용하자는 주장이다.

이렇듯 텍스트화된 과거의 기록을 강조하는 경향은 해체주의의 영향에 의거한 것이라 할 수 있다. 과거에 대한 모든 것은 오직 텍스트화된 형식으로만 얻을 수 있다는 의미에서, 신역사주의는 텍스트 바깥에는 아무것도 없다고 말하는 데리다의 견해를 받아들인다. 이때 텍스트화된 형식은 소위 '세 겹의 과정'을 거친다. 그 첫째, 그것이 속한 시대의 이데올로기나 사고방식 또는 담론적 실천을 거친다. 둘째, 현재 시대의 이데올로기나 사고 방식 또는 담론을 경유한다. 셋째, 언어 자체의 왜곡된 그물망을 통해 한 번 더 걸러진다. 따라서 텍스트 속에서 재현되는 것은 그것이 어떤 것이건 이미 개작을 거친 셈이다.

그러므로 신역사주의자들의 글은 언제나 과거에 대한 또 하나의 개작이며, 또 하나의 치환이다. 논의의 대상이 되는 희곡이나 시를 어떤 특정한 문서 기록과 나란히 겹쳐 놓으면서 또 하나의 새로운 무엇인가가 만들어지기 때문이다. 여기서 그 특정한 기록이 실제로는 그 희곡과 '관련된' 것이 아닐 것이라는 식의 반론은 설득력을 상실하게 된다. 그 이유는 신역사주의 비평의 목적은 과거를 그것이 정말 있었던 그대로 재현하려는 것이 아니라, 그것을 다시 자리매김함으로써 새로운 실재를 만들어내려는 데 있기 때문이다.

웨스리 모리스(Wesley Morris)는 『신역사주의를 향하여』(Towards a New Historicism, 1972)를 통하여, 신역사주의와의 대비를 근거로 전통적인 역사주의를 네 가지로 분류하고 있다. 곧 형이상학적 역사주의, 자연주의적 또는 실용주의적 역사주의, 민족주의적 역사주의, 미학적 역사주의가 그것이다. 대체적으로 이들 전통적 역사주의의 방법은, 문학을 포함하는 예술의 역사는 한 시대를 지배하는 정신 사조가 어떻게 생성, 붕괴, 재생, 발전하느냐에 관계되는 변증법적 역사에 관심을 집중한다. 따라서 전통적 역사주의에서 가장 중요한 관계는 해석자로서의 역사가, 비평가 그리고 독자와 해석의 대상으로서의 역사적 사건, 문학 작품, 예술 작품과의 관계라고 할 수 있다. 다시 말해서 전통적 역사주의는 한 시대 정신을 반영은 하지만 변형시키지는 못한다는 점, 어떤 규범에 대한 증거를 취급하는 데 있어서 불가피하게 선별적이고 해석적이라는 점, 문학사의 시대 구분에 있어서 획일적이라는 점, 그것이 발견해 내는 가치 자체가 시대에 따라 변화한다는 점 등을 특징으로 한다. 이에 반하여 신역사주의는 작가가 그 자신이 생존했던 시대로부터 어떻게 영향을 받았느냐, 혹은 그 시대에 의해 어떻게 해석될 수 있느냐보다는, 인류의 문화 유산을 보존하고 유지해 오고 있는 창의력과 가치를 심도 있게 추구한다. 그리하여 그 창의력과 가치를 이해하고 계승함으로써 현재의 문학 활동을 풍요롭게 하고 미래의 전망을 밝게 하는 데 그 가치를 둔다.

(2) 신역사주의 비평의 형성 과정

신역사주의는 미국의 문화적·사회적 배경의 소산이다. 미국에서는 제2차 대전 이후, 상류 계층의 반공산주의 공세의 한 형태로서 신비평이 학계의 지배적인 비평 경향으로 부상하여 문학의 자율성을 주장하기 시작하였다. 이것은 모든 신념과 의미가 사라져 버린 혼돈스런 세상에서 비평가로 하여금 불안한 사회 속에서 부재하는 질서의 열망, 이질적 경험들의 통일성을 문학 작품 속에서 찾으려는 태도와 부합한다. 신비평은 문학 작품을 하나의 독립된 예술품 내지는 문학 외적 요소와는 분리된 언어적 성상(verbal icon)으로 파악한다. 그러므로 이 비평은 작품이 나온 시대적·사회적 배경은 될 수 있는 대로 배제하면서 세심한 수사적 분석을 통해 작품이 지닌 유기적 구조와 절대적 아름다움을 파악하려 한다.

이러한 신비평은 대중 교육을 용이하게 하는 장점이 있는 반면 탈역사적인, 초정치적인 전망을 강화하는 기제로 작용하기도 하였다. 다시 말하여, 신비평은 다양한 문화적·민족적 세력들이 기존의 앵글로 색슨계 헤게모니에 위협을 제기한다는 인식을 받고, 그 위협을 상쇄하기 위해 의도적으로 전개된 것이다. 이처럼, 미국의 문화 풍토에는 자기 목적적인 활동으로서의 예술의 개념과 그런 활동의 평가로서의 신비평적 미학이 뿌리깊은 전통이 되어가고 있었다. 따라서 신비평 이후 미국에서 생성된 모든 비평 양식들은 기본적으로 다기한 민족적 문화들을 중화시키고, 이들을 하나의 민족적 동일성으로 엮어내는 사회적·정치적 의제를 내포하게 된 것이다.

70년대의 해체주의의 등장도 한편으로는, 미국의 제국주의적 힘의 쇠퇴와 다른 한편으로는, 외국어와 비교 문학부의 확대와 연결되는 국제주의의 성장과 관련을 맺는다. 해체주의는 원래 급진적 정치성을 띠었으나, 미국에 수용된 해체주의는 데리다 이론을 제거하였으며, 그것의 정치적 위협을 없애고 단지 형식주의 프로그램을 위해 분석적 방법만을 전유한 것이다. 다시 말하여, 미국적 해체주의는 정치성을 철저히 제거한 채 그 수사성만을 적용했다. 따라서 해체주의도 미국적 문화 풍토에서는 '새로운 신비평'으로 기능할 수밖에 없게 된 것이다.

80년대에 들어서면서 미국의 소장학자들은 정치적 진보성을 체계화하고 권력에 대한 권리를 주장하고자 하였다. 이런 생각들은 제도적인 권력의 공유로 나타나게 되었고, 이는 곧 '문화적 공언들의 해체'로 나아갔다. 이는 기존의 비평적인 정통주의의 폐지가 제도적 권력의 공유와 직결되었기 때문이다. 이러한 정치적·제도적 배경에서 신역사주의 비평 이론이 탄생하였고, 역사와 정치의 복원을 구호로 삼았던 것이다. 신역사주의는 먼저 초역사적이며 항구적인 가치를 지닌 정전을 타파하려고 하였다. 그리고 당시 정전의 정점에 셰익스피어가 자리하고 있었기 때문에, 자연스럽게 셰익스피어를 주된 공격의 대상으로 삼았다.

미국은 점차적으로 다민족 국가로 성장함에 따라, 이러한 다민족들의 문화적·역사적 특수성을 지우고 이들을 하나의 민족적 동질성으로 묶는 작업을 필요로 했다. 여기서, 인간 불멸의 가치 구현인 셰익스피어는 문화와 전통이 부재한 미국에서 이질적인 다민족들을 통일시키는 문화의 시금석이 되었던 것이다. 그리고 나아가 심층적인 차원에서는 앵글로색슨 중심의 사회적·문화적 헤게모니를 유지하는 이데올로기적 기능을 하였던 것이다. 다시 말하여, 셰익스피어 연구는 미국에서 다양한 문화적·민족적 세력들에 의한 앵글로색슨 헤게모니에 대한 위협을 제거하기 위한 정치적·사회적 의제를 은연중 내포하고 있었던 것이다.

(3) 신역사주의 비평 이론과 방법

① 가정과 특징

아람 비서(H. Aram Vesser)는 신역사주의의 기본 가정들을 다음과 같이 지적한다. 첫째, 모든 표현적 행위는 유물론적 실천의 그물망에 내재된다. 둘째, 가면벗기기·비판·반대의 모든 행위는 그 자체의 방법론을 적용하고 있는데, 그 방법론 자체에 희생자로 전락할 수 있는 위험이 도사리고 있다. 셋째, 문학과 비문학적인 텍스트들은 분리될 수 없다. 넷째, 어떤 담론도 영구 불면한 진리들에 접근할 수 없고 또한 변경할 수 없는 인간 본성을 표현하지 않는다. 다섯째, 자본주의 하에서 문화를 설명하는 데 적절한 비평적 방법이나 언어는 그것들이 설명하는 법칙에 참여한다.

이와 같은 시각에서 신역사주의 비평은 인간에 대한 기본적인 개념부터 과감하게 재조정하고자 노력한다. 곧, 보편적이고 추상적인 인간 개념의 사용을 피하고, 특수하고 우연한 상황 속에 놓여 있는 구체적인 인간에 관심을 가진다. 나아가 신역사주의 비평은 통합보다는 해결되지 않는 갈등과 모순에 보다 더 큰 관심을 기울이고 중심부뿐만 아니라 주변부에도 흥미를 가진다. 그리고 완성된 미학을 추구하기보다는 이러한 질서의 생산을 위한 이념적이고 본질적인 토대를 탐구한다. 종래의 견해는, 고급 문화를 특정한 경제적·정치적 결정인자들을 초월하는 미적 노동에 토대를 둔 화해와 조화의 영역으로 보았다. 그리고 이러한 고급문화는 심리적, 사회적, 본질적 저항, 동화될 수 없는 타자성, 거리와 차이에 대한 감각을 표시했다. 따라서 이들의 관심사는 정사(正史)나 정전(正典, canon)보다는 꿈, 축제, 마녀 재판, 성(性)지침서, 일기와 자서전, 복식사, 출생 및 사망 기록, 이론 지침서, 집회, 지도 제작, 방송 매체, 대중 음악, 광기의 역사 등 작고 사소하고 주변적인 서술 양식에 관심을 기울였다.

돈 웨인(Don E. Wayne)은 신역사주의 비평의 특징을 다음과 같이 말한다. 첫째, 문화사의 분석과 해석의 기본적인 단위가 사상 문제에서 권력 관계로 전이됨에 따라 후원 제도, 가부장적 제도와 그 합법화, 현대 국가 형성의 문화 역할, 현대 문화 내에서의 문화적 생산과 저작권을 위한 특별한 역할의 창출, 공적이며 사적인 공간의 분리된 영역의 서술 등에 대한 문제들에 관심의 초점을 모은다. 둘째, 서로 다른 텍스트들 사이에서의 위계 질서와 이분법, 곧 정전/비정전, 고급 문화/대중 문화, 기록/허구 등이 거부된다. 셋째, 어떤 하나의 담론이 주어지면 그 순간의 다른 형태의 담론들—법, 신학, 도덕, 철학, 문학, 예술, 건축, 무대 디자인, 여러 종류의 과학 등은 거의 자율적이 되지 못한다. 어떤 주어진 문화의 장을 구성하는데 침투되는 담론들을 연구함으로써, 그 문화 내에서 모든 담론을 질서화하는 폭넓은 이념적 부호들을 이해할 수 있다. 넷째, 수사적 장치와 전략에 주의를 기울임으로써 좀더 넓은 문화의 장에 대한 징후적 독서와 그에 따른 수사의 역사에 관심을 집중시킬 수 있다. 다섯째, 의식을 단순히 반영하거나 표현하는 대신 담론과 재현이 그것을 형성한다. 따라서 문화란 역사에서 능동적인 힘이라는 중심적인 가설이 된다.

② 이론과 방법

앞서 언급한 신역사주의 비평의 가설과 특징을 수용하여 그 이론을 정리하면 대력 다음과 같이 요약할 수 있다.

첫째, 신역사주의 비평은 인간이 통일되고 자율적인 자아를 가졌다는 인본주의적 인식을 거부한다. 즉, 역사를 초월하여 존재하는 인간의 필연적 특성은 없으며, 인간이 지닌 특징은 모두 특정한 역사적 시점의 사회적 세력들이 형성해 놓은 소산물이다. 그러므로 이들에게는 문학 연구에서 역사적 탐구는 절대 배제될 수 없다.

둘째, 전통적 역사주의자들이 갖고 있던 몇 개의 가정들을 거부하는데, 우선 신역사주의자들은 이전의 단일한 역사 개념을 거부한다. 과거의 문학 작품을 연구하기 위해 전통적 역사주의 비평가들은, 그 시대 배경을 조사하고 주로 그 시대의 사상적·철학적 배경에 우선적으로 초점을 맞추었다. 이에 대해 신역사주의자들은 문학 비평이 사상사 연구일 수만은 없다고 본다. 신역사주의자들은 언술 행위가 한 주체의 의도에서 나왔다기보다는 사회적·정치적·제도적 과정의 역동적 관계에 바탕을 두고 있기 때문에, 단순히 한 가지 사상이 문학 작품에 반드시 반영된다고 보는 것은 너무나 단순하고 축소적인 접근 방법이라고 주장한다. 또한 신역사주의자들은 한 시대가 공유했던 사상이 하나의 단일한 개념으로 축소될 수 없다고 생각한다.

셋째, 신역사주의자들은 과거의 역사를 우리가 알 수 있다는 생각, 또 역사가가 과거의 역사적 사실을 객관적으로 제시해 주고 있다는 생각, 아울러 문학이 역사적 사실을 간접적으로나마 반영하고 있다는 생각 등을 모두 거부한다. 동시에 이들은 문학과 역사 또는 텍스트와 콘텍스트의 관계에 대해 새로운 정의를 내린다. 문학과 역사의 관계가 이원적이라기보다는 상호 교류적이라고 주장한 것이다. 신역사주의자들은 문학이 순수한 의미에서 현실을 정확하게 묘사 내지 반영하는 것은 불가능하다고 본 것이다. 오히려 신역사주의자들은 한 문화가 스스로 지닌 어떤 모순을 폭로하고 또 어떤 요소는 무효화시키는 등의 과정을 통하여 어느 특정한 구성으로 자신의 현실을 다시 제시할 경우가 많다고 본다. 역사 또한 언술 행위에 의해 구성되기 때문에 과거의 역사란 정말 순수한 역사적 사실의 형태로 우리에게 전해 내려올 수 없는 것이다. 따라서 우리가 갖고 있는 과거의 역사는 기록된 텍스트라는 형태로만 접근 가능하다. 역사가들이 아무리 객관적이라 할지라도 현실을 역사책이라고 불리는 텍스트로 사용할 때, 그의 글은 언술 행위 자체가 지닌 사회적 차원에서의 선택과 배제의 논리를 피할 수 없을 것이다. 그러므로 신역사주의자들은 역사의 텍스트성을 강조한다.

다시 말하여, 신역사주의자들은 동기없는 창작은 있을 수 없으며 또 동기없는 해석도 있을 수 없다고 주장한다. 그리하여 이들은 작품을 이데올로기의 새김 흔적이 있는 정치적 텍스트로 보며 자신의 글도 정치적 관심을 갖고 쓴다는 점을 처음부터 표명한다. 따라서 신역사주의자들은 수동적으로 르네상스 시대를 반영하는 것이 아니라 능동적으로 르네상스 역사를 다시 쓴다는 점을 분명히 한다. 이처럼 신역사주의자들이 문학과 역사를 둘 다 구성된 텍스트라고 보는 점, 즉 문학과 역사간의 구분이나 대립 관계를 인정하지 않는다는 점은 현대 비평에서 흔히 이야기되는 상호 텍스트성으로도 설명된다. 상호 텍스트성에 대한 이론은 여러 갈래가 있지만, 하나의 텍스트를 그것이 속해 있는 문화와 연결시키는 상호 텍스트성 이론은 텍스트의 범위를 확장시켜 준다.

이와 같이 신역사주의 이론은 해체비평의 견해와 상당 부분 일치하고 있다. 그러나 신역사주의는 푸코의 역사주의, 후기 마르크스주의, 바흐친의 다성성 이론과 카니발 개념까지 넘나들면서 해체주의와의 변별성을 유지하고 있기도 하다.

이러한 신역사주의 비평 방법의 구체적 작업을 살펴보면 다음과 같다.

첫째, 일반적으로 같은 시대의 문학적 텍스트와 비문학적 텍스트를 나란히 놓고, 비문학적 관점으로 문학적 텍스트를 읽어나간다. 이때 기본적으로 적절한 역사적 자료를 찾는 것이 가장 중요하다.

둘째, 정전으로 확립된 문학 텍스트를 기존의 문학 연구의 인식과 평가로부터 따로 떼어놓고, 마치 새로운 것을 읽는 것처럼 대함으로써 텍스트를 '낯설게' 만든다.

셋째, 문학 텍스트가 국가 권력과 그것을 유지시키는 데 어떻게 처리되고 있는지, 어떤 방식을 취하고 있는지, 그리고 독자들이 어떻게 식민화되어 가는지의 과정과 문학 텍스트 내용에 담겨 있는 사고 방식에 대해 관심의 초점을 맞춘다.

넷째, 후기 구조주의적 시각, 특히 실재의 모든 양상은 텍스트화되어 있다는 데리다의 개념과 사회 구조는 그 사회를 지배하는 '담론적 실천'에 의해 결정된다는 푸코의 이론을 바탕으로 하여 텍스트를 분석한다.

3. 영국의 문화유물론 비평

(1) 문화유물론 비평 정의

그레이엄 홀더니스(Graham Holderness)는, 문화유물론이란 역사 기술에 정치를 접목시킨 것이라고 정의했다. 이 정의는 정치적 틀 속에서 문학 텍스트를 비롯한 역사적 문헌들을 연구하는 의미를 내포하고 있다. 문화유물론이라는 용어는 1985년 조나단 돌리모어(Jonathan Dollimore)와 알란 신필드(Alan Sinfield)가 언급으로써 널리 사용하게 된다. 이 두 비평가는 편저『정치적 셰익스피어』(Political Shakespeare)를 간행하면서 그 부제를 '문화유물론'이라고 달았던 것이다. 그리고 그들은 서문을 통하여 문화유물론이라는 용어가 네 가지의 특징을 지닌다고 설명한다. 그것은 각각, 역사적 맥락을 강조한다는 점, 이론적 방법에 토대를 둔다는 점, 강한 정치적 색채를 띤다는 점, 텍스트 분석을 중요시한다는 점 등이다.

역사적 맥락을 강조한다는 것은 문학 텍스트가 초월적 의미를 지닌다는 전통적 역사주의 태도에 정면으로 맞서는 것이다. 여기서 '초월적'이라는 단어는 한 마디로 '초시대적'이라는 뜻을 지닌다. 가령, 셰익스피어의 희곡들이 오늘날에도 끊임없이 연구되고 읽혀지는 것은 바로 그 문학 작품이 초시대적이라는 의미를 지닌다고 판단할 수 있다. 그러나 문화유물론자들은, 문학 텍스트는 잃어버린 자신의 역사를 되찾을 수 있어야 한다고 주장한다. 가령, 셰익스피어의 작품에서 가난한 농촌사람들에 대한 억압, 국가 권력과 그것에 대항하는 저항, 사육제의 도입과 탄압 등을 꼼꼼히 읽어내자는 것이다. 그리고 문화유물론이 이론에 토대를 둔 비평 방법이라는 것은, 자유 인본주의와 결별하고 구조주의와 후기구조주의를 비롯하여 1970년대 이후 등장한 여러 방법론의 성과를 받아들이자는 것이다.

또한 문화유물론이 강한 정치적 색채를 띤다는 것은 마르크스주의와 페미니즘의 시각을 받아들이고 있음을 말한다. 이는 지금까지 셰익스피어 비평이 군림해 왔던 보수 기독교적 사고 방식을 적용하지 않겠다는 의미이기도 하다. 마지막으로 문화유물론이 텍스트 분석을 중시한다는 것은 전통적 역사주의 비평 방법에 대해서도 적절한 배려를 하고 있음을 드러낸다. 즉, 어떤 추상적인 이론을 구축하는 것뿐만 아니라, 이론을 실제로 정전 텍스트에 적용하는 작업도 고려한다는 뜻이다.

문화유물론은 '문화'와 '유물론'이라는 단어를 동시에 내포하고 있으면서 매우 폭넓은 의미를 시사한다. 일반적으로 '문화'는 텔레비전과 대중 음악 그리고 대중 소설 같은 문화의 모든 형식을 포함한다. 이는 셰익스피어의 희곡과 같은 고급 문화뿐만 아니라 모든 대중 문학을 아우른다는 의미를 나타낸다는 것이다. 또한 '유물론'이란 '관념론'의 반대 입장을 표명한 것이다. 유물론자들은, 문화란 물질적 힘과 생산 관계를 초월하여 존재할 수 없다는 입장이다. 물론 문화가 경제적·정치적 체제를 단순히 반영한 것이라고는 할 수 없지만, 그것과 무관한 것은 더더욱 아니라는 입장이다. 이런 유물론의 주장은 마르크스의 비평의 기본 신념과 부합하는 것으로, 마르크스주의 비평과 문화유물론을 구분짓기에 어려움을 제공하기도 한다.

그러나 이들이 문제삼는 역사란 어떤 시간대가 정해져 있는 것이 아니라, 셰익스피어가 계속 공연되어온 모든 시대라는 점에서 바로 문화유물론이 제도의 기능을 강조한다고 할 수 있다. 오늘날 우리가 셰익스피어를 접할 수 있는 것도 왕립 셰익스피어 극단, 영화 산업, 각 학교의 교재 출판업자, 셰익스피어의 희곡들을 필수 과목으로 선정해 모든 학생들이 배우도록 하는 국가적 교육 과정 등과 같은 제도가 뒷받침하고 있기 때문이다.

영국의 문화유물론은 레이먼드 윌리엄스(Raymond Williams)에 의해서 그 이론적 핵심이 세워진다. 윌리엄스는 푸코의 '담론'이라는 개념 대신에 '느낌의 구조'라는 용어를 만들어낸다. 이 용어는 우리가 경험하고 느끼는 의미와 가치에 관한 것의 의미를 지닌다. 그런데 느낌의 구조는 일반적인 가치와 신념의 체계, 그리고 사회의 지배적 이데올로기와는 상반된다. 이 구조는 문학에서만 발견할 수 있는 것으로, 당대의 현실과는 정반대되는 것이기도 하다. 이를테면, 어떤 작품에서 그 시대의 상업적이고 물질적인 가치관과 모순되는 인간의 느낌 구조를 재현하는 것이다.

이와 같이 문화유물론은 현재를 읽기 위해 과거를 동원하고, 국가 권력 혹은 보수 세력이 어떤 과거를 강조하고 어떤 과거를 은폐하는가를 살펴보면서, 현재 우리 사회를 지배하는 정치 역학을 들추어내고자 힘쓴다. 대부분 영국의 문화유물론 비평가들은 셰익스피어에 대한 숭배가 영국 문화에서 보수의 지침으로 자리잡고 있다고 판단하고 있다. 그래서 이러한 보수의 우상인 셰익스피어 읽기를 파괴하는 데 그 초점을 맞추고 있는 것이 사실이다.

(2) 문화유물론 비평의 형성 과정

제2차 세계대전 이후 영국의 좌파 전통의 진보적 정치 비평을 대표하는 레이먼드 윌리엄스(Raymond Williams)는 『마르크스주의와 문학』(*Marxism and Literature*, 1977)에서 처음으로 문화유물론이라는 용어를 사용한다. 그리고 그는 문화유물론의 이론적 핵심을 마르크스주의에서 찾으면서 제2차 대전 이후 영국에서 진행되어 온 문화 분석의 여러 형태를 실천적으로 천착한다. 이 작업을 통하여 문화유물론은 역사학, 사회학, 문화 연구 분야의 영문학, 여성론, 대륙의 마르크스주의적 구조주의와 후기 구조주의 이론 등이 혼합되면서 수렴된다. 그 뒤 조나단 돌리모어(Jonathan Dollimore)와 알란 신필드(Alan Sinfield)는 '문화'라는 용어의 개념을 정리하고 널리 사용함으로써 문화유물론에 대한 관심을 고조시킨다.

영국에서 셰익스피어 교육과 비평은 세계대전 때에 인종주의, 군국주의,

제국주의에 기여하였다. 특히 제1차 세계대전의 막바지에 '독일공포증과 반볼세비키즘'에 셰익스피어가 그 중심에 위치한다. 셰익스피어는 민족적 동질성을 공고히 하는 민족 시인으로서 애국심과 민족성을 고취하는 이데올로기적 국가 장치의 핵심이었던 것이다. 80년대에 들어서면서 영국은 신보수주의 물결이 휩쓸었다. 이러한 강화된 보수 세력에 편승해서 우익 진영은 정책의 토대로 삼을 셰익스피어를 인간 조건의 절대적이고 보편적인 진실들의 원천으로 인용한다. 바로 이러한 영국의 신보수주의에 강력하게 대응하여 생겨난 좌파의 기획이 문화유물론이다. 이 이론은 먼저 학계와 전반적인 문화에서 오랫동안 군림하고 있는 셰익스피어에 대한, 겉으로는 그럴듯한 보수적인 해석을 분해하고자 하는 목적을 지닌다. 그 이유는 셰익스피어의 작품이 영국 문화의 상징이 되어, 국민 생활 구조의 일부로 만들어졌을 뿐만 아니라 보수적인 연속성의 상징 조작물로 계속 사용되어 우파의 정치를 강화시키고 있었기 때문이다.

　이러한 상황에서, 영국에서는 셰익스피어의 비평을 중심으로 좌우익 전쟁터가 마련된다. 그리고 문화유물론은 투쟁과 변화의 핵심인 셰익스피어에서 이용 가능한 과거, 곧 진보적인 셰익스피어의 가능성을 복원하려고 한다. 이러한 셰익스피어의 전유(轉有, appropriation)는 국민 문화에서 중심적이며 엘리트적이고 보수적인 기능을 공격하는 셈이 된다. 따라서, 영국의 문화유물론은 미국의 신역사주의와 달리 르네상스 문학을 현재로 읽고자 한다. 이러한 목적을 위해서, 그들은 본래 생산된 시대에서의 극에 대한 수정주의적인 역사적 분석과, 학계와 현재에서 극의 이데올로기적인 기능에 대한 급진적인 설명이라는 두 개의 개념을 사용한다.

　첫째는 분석적 사용으로, 셰익스피어의 극을 수정주의적으로 분석하는 것이다. 이를 위해 조나단 돌리모어(Jonathan Dolimore)는 『마르크스주의와 문학』(*Marxism and Literature*)에서 레이먼드 윌리엄스의 이론에 기댄다. 돌리모어의 문화적 유물론은, 무엇보다 토대가 상부 구조를 결정한다는 경제적 결정론의 기계적 반영론을 극복하고 문화의 힘을 강조하는 윌리엄스의 문화적 마르크스주의를 근간으로 하고 있는 것이다. 그리하여 『마르크스주의와 문학』에서 제시된 문화의 세 가지 측면들, 지배적·잔존적·신생적 문화들의 역동적인 관계들을 발전시킨다. 단일한 시대 정신 대신에 이러한 문화 이데올로기들로부터 돌리모어는 피지배적인 문화들이 지배적인 것과 상호 작용하며, 때로는 그것에 의해 파괴되기도 하지만, 더 중요하게 신생하는 문화가 지배적인 문화를 수정하거나 대체하는 가능성을 본다. 여기서 바흐친의 다성음화(heteroglossia)와 사육제(carnivalesque)[2] 이론이 접맥된다. 문화란 지배적인 담론에 대항하거나 전복하려는 비공식적인 목소리들로 가득 차 있다고 바흐친은 주장한 바 있다. 이는 르네상스 텍스트를 대화적 의미의 장소로 보게 하는 근거가 된다. 따라서 문화유물론은 르네상스 극들을 권위적인 폐쇄로 보는 신역사주의 비평과는 달리 극들을 공개적인 항쟁의 장소로 보고 있음을 알 수 있다.

둘째는 가치 판단적 사용으로, 현재에서 셰익스피어 극의 이데올로기적인 기능을 폭로하는 것이다. 현재 영국 사회에서 수행하는 셰익스피어 작품의 이데올로기적 기능에 대한 분석은 교육 제도에 대한 비판으로 나아간다. 여기서, 영국 교육 제도에서 셰익스피어의 역할은 이데올로기적 국가 장치의 일부가 되어 기존의 지배 구조를 재생산하도록 교육되어 왔고, 지배 세력의 입지를 강화하는 데 사용되어 왔음이 드러난다. 이러한 돌리모어의 비평 방식은, 이데올로기가 사회적 질서를 재생산하는 인식적 틀로 보는 루이스 알튀세(Louis Althusser)의 논지에 영향을 받은 것으로 드러난다. 알튀세에

---

[2] 사육제란 본래 가톨릭에서 그리스도의 희생을 기리기 위해 사순절 전의 일주일 동안 술과 고기를 먹지 않는 종교 의식에서 비롯된 것이다. 그런데 오히려 점차 반종교적이고 부정적인 향연으로 바뀌게 된다. 그러다가 종교 개혁 이후 유럽의 신교 국가들에서는 그 무절제하고 향락적인 성격을 들어 금지함에 따라 사육제 의식이 자취를 감추게 되었다.

의하면, 상부 구조의 상대적 자율성이 물질적 토대로부터 유지되고, 교육 제도와 문학 제도가 이데올로기적 국가 장치로서 인간 의식을 형성함에 중요한 역할을 한다. 따라서 돌리모어는 셰익스피어의 극이 당대의 권력에 의해 어떻게 이용되었고, 현대 영국 사회의 교육 제도와 문화에서 어떤 이데올로기적 기능을 수행하는 지 탐색한다. 그의 주된 목표는 문화적 상징으로서 셰익스피어의 작품을 탈정전화하고, 그 작품에 의존하는 제도적 봉쇄 전략을 폭로하는 것이다. 돌리모어는 문화적 텍스트들의 의미는 고정된 것이 아니라 부단히 변화하는 것이라고 보기 때문에, 자신의 것으로 만든다는 의미의 전유 개념을 중시하고 있는 것이다. 따라서 돌리모어는 종속적인 요소들이 지배적인 담론들을 전유하여 변화시킬 수 있는 가능성에 주목한다. 이처럼 돌리모어는, 문학은 인간들의 역사적 조건의 잘못된 재현으로써 다른 집단이나 계급을 통제하려는 권력 집단의 의식적이며 직접적인 산물이라고 보는 이데올로기적 개념을 사용하고 있는 것이다. 이 점에서 그의 문화유물론은 신역사주의자들의 이론과 차이를 보인다.

문화유물론의 궁극적 목적은 인종, 성별, 계급에 따라 사람들을 착취하는 사회 질서를 변형하고자 한다는 점에서 신역사주의론보다 더 급진적이고 마르크스주의적이다. 그리고 이러한 차이점이 영국의 문화유물론을 미국의 신역사주의와 구별짓게 하는 중요한 요소가 된다. 이러한 문화유물론은 주로 윌리엄스의 문화론, 알튀세의 이데올로기론, 바흐친의 대화 이론과 사육제론, 그람시의 헤게모니론을 기초한 것이다. 그런데 문화유물론의 이러한 특성도 궁극적으로 영국의 역사적·문화적 조건에서 생성된 것임을 간과해서는 안 된다. 즉, 이것은 문화를 정치적 행동과 참여의 정당하고 필수적인 수단으로 보는 영국 문화 전통과 비평의 정치적·사회적 임무를 강조하는 영국 비평사의 산물인 것이다.

(3) 문화유물론의 비평 이론과 방법

문화 유물론은 지금까지 문학 비평이 유지해 왔던 바와 달리 문학을 특권화하는 것을 거부한다. 그것은 예술이 비록 실천으로서 그 나름의 특수성을 지닌다고 하더라도 일반적인 사회적 과정으로부터 분리될 수는 없기 때문이다. 예술을 이렇듯 사회적 과정으로 보게 되면, 이른바 보편적 진리라든가 인간의 본질적 본성 등에 집착해 왔던 관념적 문학 비평을 넘어서는 것이 가능해진다. 따라서 리차드 존슨(Richard Johnson)에 따르면, 문화유물론의 구체적 분석을 위한 관점은 다음 세 가지를 들 수 있다.

첫째, 문화 생산의 관점에서 문학과 예술 또는 대중 문화 형식들의 생산과 그 사회적 구성에 관심을 가진다. 이 방법은 문화의 '진정성'에 대한 생산의 자본주의적 상황과 문화 상품들이 대중 시장에 끼친 영향에 관심을 가지면서 미학과 정치학의 논의의 경계를 넘어선다. 둘째, 생산적인 관점에서 벗어나 텍스트로서의 문화 생산 쪽을 바라보는 관점이다. 이 텍스트 중심 문화 분석에서는, 문화 생산품들은 '텍스트'로 파악되며 '읽기'에 주력하게 된다. 문화 텍스트의 형식주의적 읽기는 가능하면 개방적이거나 다양한 층위의 구성을 가진 것으로 만들어야 한다. 따라서 이 방법은, 주로 인문과학적 방법인 언어학 연구 그리고 문학 연구에 의존하는 문화 분석법이다. 구체적으로는 서술 형식의 문학적 분석, 다른 장르의 확인, 구문 형식의 분석, 언어학의 가능성과 변형들, 언술 행위와 교환의 형태적 분석, 문화 이론의 기본 형태 분석 등이다. 셋째, 체험된 문화에 대한 분석의 관점이다. 이것은 문화 순환의 좀더 구체적이며 개인적인 계기들을 포착하는 것이다. 즉, 개인적인 경험이나 사적인 기억에 의존하여 일상적 활동과 삶에 대한 구체적이며 체계적인 문화 분석의 방식인 것이다. 이 분석은 피지배 사회 집단의 삶의 양식을 드러내주고 숨겨진 교훈을 통해 지배적이고 공공적인 형식을 비판하는 재현의 정치학을 보여줄 수도 있다.

이러한 문화유물론의 구체적인 비평 작업은 다음과 같이 정리할 수 있다.

첫째, 문화유물론자들은 문학 텍스트, 주로 르네상스 시대의 희곡 작품을 읽을 때, 그 텍스트의 역사를 복원하는 데 관심을 집중시킨다. 그리하여 그 텍스트가 나오게 된 역사적 문맥을 탐구한다.

둘째, 문화유물론자들은 선정된 연구 자료를 통하여 작품이 지금까지 전해 내려오면서 현재의 맥락을 획득하게 되는 동안 사라지고 없어진 역사적 요소들에 초점을 맞춘다. 가령 셰익스피어를 야외극으로 쓴 역사, 국민 시인, 문화적 아이콘 등으로 포장하는 출판 산업 등이 이에 해당된다.

셋째, 문화유물론자들은 마르크스주의와 페미니즘의 접근 방법을 결합하여 텍스트를 분석한다. 이것은 특히 첫째 항목의 작업을 위한 것으로, 셰익스피어 비평을 전통적으로 지배해 왔던 보수적인 사회적·정치적·종교적 가정들을 무너뜨리기 위한 방법론이다.

넷째, 문화유물론자들은 텍스트를 꼼꼼히 읽지만, 특히 보수적인 문화적·사회적 전제의 작업틀에 갇혀 텍스트 분석에만 몰두하는 오랜 자유주의적 전통과 거리를 두기 위하여 가끔 구조주의와 후기구조주의의 기법들을 이용하기도 한다.

다섯째, 문화유물론자들은 정전(正典, canon)이라는 전통적 개념을 인정하면서 비평 작업을 한다. 왜냐하면 사람들에게 별로 알려지지 않은 텍스트를 가지고 이야기하는 것은 정치적 참여라는 면에서 별 의미가 없다고 판단하기 때문이다. 가령, 학교의 교과 과정이나 국가 정체성에 관해 논의할 때 더욱 그러하다.

4. 신역사주의와 문화유물론의 차이점

신역사주의와 문화유물론의 사이에는 공통점이 상당히 많다. 그만큼 이 둘은 기본적으로 같은 주장을 하고 있으면서도, 각 문학 연구자들이 서로 다른 해석을 하거나 또는 어떤 관점에 치우쳐서 논의하고 있다. 그것은 각자의 정치적 입장이 다르고, 후기 구조주의의 견해에 얼마나 많은 비중을 두느냐에 견해의 차이를 보이고 있기 때문이다. 따라서 신역사주의와 문화유물론 사이에는 자주 논쟁이 벌어지고 있기도 하다.

신역사주의자들의 논문을 수록한 모음집인 『정치적 셰익스피어』의 서문에서 돌리모어와 신필드는 이 두 흐름에 대한 몇 가지 차이를 설명하고 있다.

첫째, 신역사주의자들은 인간이 정치적·사회적 참여 행위 이면에 존재하는 이념적 환경과 그들을 억압하는 사회적·이데올로기적 구조의 힘을 강조하고 있는 반면, 문화유물론자들은 그러한 참여를 통해 그들 자신의 역사를 만들어가는 모습에 주목한다는 것이다. 그 결과 신역사주의는 정치적 비관론을, 문화유물론자들은 정치적 낙관론을 띠게 된다는 데 차이점이 발생한다고 말한다.

둘째, 문화유물론자들의 견해에 의하면, 신역사주의자들은 후기 구조주의, 곧 확실한 지식이란 얻을 수 없다는 근본적인 회의론의 특성을 받아들임으로써 효과적인 정치 노선을 스스로 포기한 사람들이라고 판단한다. 후기 구조주의는 지식, 언어, 진리 등에 대해 근본적인 이의를 제기했는데, 신역사주의는 이들의 사고 방식을 받아들여 자신들의 중요한 이론의 일부로 삼았다는 것이다. 말하자면, 신역사주의자들은 자신들의 논의 근거를 푸코의 이론에서 찾으면서도, 자신들의 텍스트 연구는 역사주의에 바탕을 두되 진리를 지향하는 것은 아니라는 것이다. 이러한 비판에 대한 신역사주의자들의 반론은, 모든 지식이 본질적으로 불확실하다는 견해를 제시했다고 해서, 자신들이 말하는 것이 진리임을 그들이 확신하지 않는다는 뜻이 아니며, 나아가 자신들이 진리 확립의 노력을 단념하고 있다는 의미는 아니라고 말한다. 그리고 단지 진리를 확립하는 과정에는 위험과 한계가 있다는 뜻이며, 진리를 확립한다는 것이 얼마나 조심스럽고 또 위험한 작업인지를 말하려는 것뿐이라는 것이다.

셋째, 신역사주의자들이 중시하는 공동 텍스트는 셰익스피어와 동시대 문서인 데 반해, 문화유물론자들은 왕립 셰익스피어 극단에서 만든 공연 안내서, 걸프 전 참전 비행사가 인용한 셰익스피어의 한 구절, 교육 정책과 관련한 장관의 발표 등에 주목한다. 즉, 신역사주의자들은 문학 텍스트를 그것이 성립된 시대의 정치적 상황 속에 놓고 살펴보는 반면, 문화유물론자들은 오늘날의 상황 속에 놓고 분석한다. 이러한 차이는 이 두 접근 방법이 정치적으로 강조하는 바가 서로 다르기 때문이다.

앞에서 언급한 바와 같이, 미국의 신역사주의와 영국의 문화유물론은 근본적으로는 거의 같은 개념을 공유하고 있다. 그러나 신역사주의는 푸코에게서 많은 영향을 받았는데, 그가 말한 '담론적 실천'은 지배적 이데올로기를 강화하는 도구로 이용되는 경우가 대부분이다. 따라서 신역사주의는 권력과 문화의 연관을 드러내기 위해 주로 문화적 텍스트의 치밀한 읽기, 곧 전통적인 의미의 꼼꼼한 읽기에 비중을 두고 있다. 그리고 생산 관계간의 모순이라든가 계급 투쟁 등의 명제들에 대해 거의 전면적인 거부 쪽으로 나아간다. 또한 문화유물론에 비해 후기 구조주의적 경향과의 접촉이 광범위하다고 할 수 있다.

한편, 문화유물론은 레이먼드 윌리엄스의 이론에 많이 기대고 있다. 그가 말하는 '느낌의 구조'에는 지배적 이데올로기에 대한 저항의 씨앗이 담겨있다. 때문에 기존의 고전 해석이 지닌 정치적 효과를 전복시킬 대항적 해석의 생산과, 문학과 관련된 태도의 이데올로기적 기능에 대한 분석에 치중한다. 그리고 핵심적인 명제들을 유지하되 문화에 대한 올바른 방향으로 재구성할 것을 주장한다. 이러한 문화유물론은 신역사주의에 비하여 훨씬 역사적이며 구체적이고 마르크스주의적이다.

그런데, 일련의 비평가들은 이 두 접근 방법 모두에 대해 다음과 같이 문제점을 지적하기도 한다. 신역사주의자들은 개인의 내면 의식에 긍정적인 국가 권력에 대한 신봉이 뿌리박혀 있기 때문에, 예를 들어 영국 청교도 혁명이 어떻게 일어날 수 있는지를 설명하기 어려울 것이라고 말한다. 또한 문화유물론자들이 말하는 '느낌의 구조'는 거듭해서 새로운 이념들을 쏟아 내고 있기 때문에, 그 청교도 혁명이 왜 막을 내리게 되었는지 설명하기 어려울 것이라고 말하기도 한다.

5. 신역사주의와 문화유물론의 이론가와 이론

(1) 미셀 푸코 — 주체와 권력

미셀 푸코(Michel Foucault)의 논의는 역사주의 유형의 비평에 상당히 생산적인 영향을 주었다. 푸코의 입장은 과거의 관심사와 그 관심사의 현대적 변형 사이에 믿을만한 연속성이 없다는 데 있다. 왜냐하면 연속성에 기초한 역사는 그것을 다루고 있는 시간을 통합시키는 주체에 의해 전적으로 타협, 변형되고 있기 때문이다. 따라서 신역사주의 비평은 철저하게 반체제적이라고 할 수 있다. 신역사주의는 자유주의적 이상을 가지고 개인의 자유를 옹호하는 입장에 선다. 그리고 모든 다양성과 일탈을 추구한다. 그러나 한편 신역사주의 비평은 억압적 국가 권력에 맞닥뜨릴 때 개인의 자유나 다양성 그리고 일탈이 유지될 수 있는가에 대해서는 부정적 입장이다. 왜냐하면 신역사주의 비평의 입장은, 국가 권력은 얼마든지 개인 생활의 사소한 사적인 영역에까지 침투하여 그것을 자기 편의 유리한 방향으로 오염시킬 수 있다고 믿기 때문이다.

이와 같이, 국가가 모든 것을 총체적으로 파악하고 행사할 수 있는 기구라고 보는 시각은 후기 구조주의 문화역사학자 미셀 푸코로부터 비롯된 것이다. 그는 가장 은밀한 곳까지 구석구석 침투해 있는 국가 권력의 이미지를 '모든 것을 한눈에 볼 수 있는' 감시 체계라는 말로 묘사한다. 18세기 공리주의자 제레미 벤담(Jeremy Bentham)은 '패놉티컨'(panopticon)이라는 원형 감옥을 고안했다. 이 감옥은 층계식 독방들이 원형으로 배치되어 있어서, 한 사람의 간수가 한가운데서 모든 것을 감시할 수 있도록 되어 있다. 그런데 이러한 국가는 물리력이나 협박이 아니라, 담론적 실천(discursive practice)의 힘에 의존하여 감시를 펼친다. 푸코의 담론은 보다 넓은 차원에서의 권력 분석을 가능하게 하며, 담론적 체제는 광범위한 권력과 억압의 개념을 분석하는 데 도움을 준다. 담론적 실천은 이렇듯 육체의 정치를 통해 자신의 이데올로기를 널리 퍼뜨리고 있는 것이다.

푸코의 이론은 이러한 힘을 유지시키는 기구, 곧 국가적 형벌, 감옥, 의료, 성적 성향에 대한 법률 같은 것들을 폭넓게 탐색하고 있다. 푸코의 담론적 실천의 개념은, 어떻게 권력이 사람들의 마음속에 스며들어 이들을 무력화하고 그대로 내면화함으로써 외부적으로 강제를 가하지 않더라도 저절로 계속 유지되는가에 관심을 두고 있는 것이다. 일반적으로 볼 때, 신역사주의는 이런 식의 '사상 통제'를 강조하는 경향이 있다. 이러한, 일탈적 사고는 말 그대로 생각할 수도 없는 또는 단지 생각만 할 수 있을 뿐인 것이 된다. 그 결과, 국가를 하나의 통일체로 자리매김함으로써 그 안에서 변화를 모색하기란 거의 불가능함을 암시하고 있다.

푸코의 연구 목표는, 우리 문화에서 인간이 주체적으로 만들어가는 여러 양상의 역사를 보여주려는 것이다. 그는 인간이 타인에 의해 조종되는 피지배자가 되든지 아니면 자신의 정체성에 의해 주체가 되든지 간에, 이 두 과정에서는 어떤 식으로든 권력의 작용이 개입된다고 생각한다. 그러므로 그의 경우, 주관성의 형성 문제에 관해 논의할 때 가장 중요한 개념은 권력이다. 푸코에 따르면, 권력이란 무조건 억압적 제도나 지배를 의미하는 것이 아니다. 또는, 한 집단의 사람들만이 권력을 갖고 그것을 갖지 못한 사람들이 반항하거나 그것을 획득하려는 그러한 이중적 구조도 아니다. 권력이란 오히려 사회 안에 광범위하게 존재하는 다양한 세력 관계인 가족, 성, 생산 등과 밀접하게 연관되어 있다. 어떤 종류의 세력 관계이든, 그것은 모든 사회 생활에 내재해 있으며 또 모두에게 직접적인 영향을 미친다. 즉, 우리는 권력이 어디에 존재한다고 정확하게 꼬집어 지적할 수 없다. 그것은 모든 곳에 존재하기 때문이다. 한편, 여러 권력 관계들은 전적으로 금지와 처벌이란 형태만을 취하지는 않는다. 오히려 푸코는 권력이 기쁨을 유발하고 지식을 형성하며 전 사회 안을 흐르는 생산적 네트워크라고 본다.

또한, 푸코 자신은 지식과 권력의 상호 작용을 논의함에 있어서 여성의 육체를 특별히 거론하지 않는다. 성을 초월해서 지식과 권력의 복합 작용에 의해 억압받고 있는 중성적 육체가 푸코의 주요 관심사이기 때문이다. 푸코는 권력이 여성들에 대해서만, 혹은 여성의 육체에 대해서만 특별히 가혹하거나 관대하지 않다고 본다. 남성과 여성의 육체 모두가 권력의 장(場)이라는 것이다. 따라서 푸코의 권력 개념은 구체적, 사회적 관계와 그들의 실질적 결과를 지칭하는 것이거나 사회 전체에 미치는 광범위한 균열을 낳는 것이다. 때문에 경제 과정이나 남녀 관계, 지식 등의 모든 사회적 관계 속에 내재하는 것이라고 할 수 있다.

이러한 푸코의 담론은 다만 말하기와 글쓰기 방식에만 국한되는 것이 아니라, 한 사회의 모든 구성원들의 생각을 규제하는 정신적 틀이며 이데올로기이다. 그것은 여러 다양한 영역에서 다양한 형태로 존재하며, 그것에 힘입어 권력 구조는 정부의 층위에서만이 아니라 가령, 가족 단위에서도 그 영향력을 발휘하게 된다. 더 나아가 담론 사이의 경쟁은 정당 정치뿐만 아니라 성(性)의 정치를 변혁하려는 투쟁까지도 포함시킨다. 특히, 인간의 육체를 권력 행사의 주요 거점으로 삼고 있는 푸코의 이론은 페미니스트들에게 여성의 육체에 대한 관심을 촉발시키기도 한다. 그래서 개인적 영역은 마치 페미니즘 비평이 이 문제에 관심을 갖는 것처럼 정치적 낙관주의의 근거를 찾을 수도 있다. 반면, 정치 권력이 매우 폭넓은 영역에서 힘을 발휘할 경우, 근본적인 변화와 전환의 가능성을 모색하기란 지극히 어려운 일로 생각하게 될 것이다.

푸코의 연구는 특히 권력과 지식간의 상호 관계에 그 초점이 맞추어진다. 그는 이들이 상호 의존적이라고 믿는다. 권력은 언어 안에서 언어를 통하여 지식의 형태로 행사되기 때문에 어떤 형태의 지식도 그 자체가 권력의 한 형태이다. 지식은 언술 행위를 통해 생산되고 재생산되는데, 이런 언술 행위에는 사회적 차원의 선택과 배제의 논리가 작용하며, 권력은 교묘하게 의도적으로 이 과정에 참여한다고 주장한다. 그는 담화가 주체의 의식적 반영물이라고 보지 않기 때문에, 언술 행위에 있어 주체의 존재는 푸코의 관심 대상이 아니다. 앞서, 권력이 의도적이라고 했는데 주체가 없다는 말이 이율배반적이 아닌가라는 질문에, 푸코는 권력 자체에 대한 분석보다는 그 담화적 실천에서 해답을 찾아야 한다고 말하면서 오히려 그의 비평의 초점을 담화적 실천에 맞춘다.

푸코는 권력 체계에 의해 유도된 사회의 조절, 제어 장치가 행사되는 여러 장소 중의 하나로 텍스트나 언술 행위를 지적한다. 그는 텍스트를 차별, 배제, 합병 같은 사회적 과정들의 필수 불가결한 일부라고 본다. 그런데 텍스트성 또는 텍스트의 의도는 그 안에 작용하는 권력의 네트워크를 보이지 않게 만드는 것이며 반면, 그러한 숨김을 드러내 보이게 하는 것이 비평의 상쇄 임무라고 푸코는 믿는다. 그는 우리에게 지식과 언술 행위가 있는 곳에는 반드시 비평도 있어야 함을 강조한다. 즉, 비평 작업은 존재하려는 어떤 실질적 역사 의지, 텍스트가 되려는, 그 안에 한 자리를 차지하려는 욕망이 의미화되는 과정을 살펴보아야 한다고 그는 주장하는 것이다.

푸코의 이론 대부분은 거의 맹목적이라고 할 만큼 신역사주의자들에 의해 수용된다. 특히 신역사주의자들의 주요 연구 주체들, 작가와 그가 사회적·정치적·인식적 이유에서 일부로 속해 있는 담화 사이의 갈등, 문학적 언술 행위가 인간의 주관성을 만들어내는 과정, 권력과 지식 또한 권력과 저항의 상호 관계 등이 거의 대부분 그의 이론에 영향을 받고 있다.

　신역사주의 비평이 역사주의를 강조하고 있기는 하지만, 사실은 문학 연구의 범위를 좀 더 넓게 해석한 것이라고 할 수 있다. 왜냐하면, 신역사주의는 비문학 텍스트를 문학 비평의 방법으로 꼼꼼히 읽어야 한다고 강조하고 있기 때문이다. 그리고 대부분 문서를 인용할 때 전문을 모두 인용하는 경우는 없다. 대신 세밀한 분석을 거쳐 요약된 형태로 내놓는다. 더군다나, 마치 신역사주의의 출현으로 과거의 학문을 말끔히 청산하기라도 할 듯이 분석하려는, 선행 텍스트에 대한 선행 연구들에도 거의 관심을 갖지 않는다. 때문에 신역사주의 비평은 맥락을 필요로 하지 않는, 진정으로 '그 페이지에 인쇄된 단어들' 만을 가지고 연구하는 문학 연구이다. 신역사주의자들이 연구하는 자료들은, 그 당시의 문맥을 전혀 고려하지 않은 채 새롭게 연구자에게 놓여진다. 이렇게 해서 때로는 단 하나의 역사적 텍스트를 증거로, 가령 어떤 성(性)적인 양상이 이렇게 하여 이렇게 변화했다는 주장을 정당화하는 현상이 빚어지기도 한다. 이처럼 신역사주의 비평은 단 한 편의 문서에 방대한 해석적 무게를 두는 경우가 많다. 때문에 역사학자들이 신역사주의 비평 방법의 가치를 인정하거나 추종하리라고는 기대할 수 없다. 오히려 그 반대로 그것은 '역사를 하는'(doing history) 한 방법이며, 이는 역사학자가 아닌 문학 비평가들이 신역사주의에 커다란 관심을 집중하게 되는 이유이기도 하다.

(2) 레이먼드 윌리엄스 — 문화의 개념과 문화주의

　일반적으로 문화 연구의 창시자로 레이먼드 윌리엄스(Raymond Williams),

리차드 호가트(Richard Hoggart), E. P. 톰슨(E. P. Thomson)을 든다. 윌리엄스의 문화 연구는 이미 1930년대 제도권 학계가 노동자 및 여성의 경험에 관심을 기울이고 있을 때 시작되었다. 그리고 그의 문화 연구의 핵심은 분과 학문에 대한 반발이라기보다는 저항 담론으로서의 정치적 실천성에 있었다.

1950년대 말 영국 학계에서 주변부의 목소리를 제도권 내로 끌어들인 일군의 연구자들이 있었는데, 이들을 흔히 문화주의자라고 명명했다. 이들의 대표자인 윌리엄스가 문화 연구 발전에 기여한 것은 대략 두 가지로 정리할 수 있다. 그 하나는 문화를 보는 시각인데, 속류 마르크스주의의 경제 환원론 및 부르주아 미학의 관념론을 극복했다는 것이다. 속류 마르크스주의 이론에서 문화는 상부 구조에 속하고 상부 구조는 경제적 토대에 의해 결정된다. 때문에 문화는 경제적 생산 양식으로 환원 가능한 부차적 생산물이 된다. 가령, 부르주아 문화를 자본주의 생산 양식이 설정하는 한계를 벗어날 수 없는 비자율적 객체로 보는 견해이다. 다른 하나는, 고급 문화에 대항하여 문화의 일상성과 민주성을 주장하였다는 점이다. 부르주아 미학에서 문화는 타락한 현실 너머 존재하는 초월적이고 자율적인 순수한 실재로 규정된다. 이때 문화의 개념은 위대한 문학, 고전 예술 등의 고급 문화로 한정되기 마련이고, 적극적 실천의 매개체라기보다 '감상의 대상'으로 존재한다. 윌리엄스는 이 두 견해에 대항해서, 문화란 결코 사회 전체와 분리할 수 없는 일차적, 능동적, 전체적 실천 행위라고 규정한다. 그럼으로써 문화와 사회라는 이분법 설정 자체를 거부함과 동시에 문화를 '일상적' 활동으로 정의함으로써 문화 활동의 민주화를 지향한다.

윌리엄스는 문화의 개념을 세 가지로 양상으로 구분하여 설명한다. 그는 한 문화의 복잡성은 그 문화의 다양한 과정들과 그 사회적인 정의, 곧 전통들, 기구들과 형성들뿐만 아니라 그 과정의 모든 시점에서 역사적으로 다양화된 그리고 다변화될 수 있는 요소들의 역동적인 상호 관계 속에서 발견될 수 있다고 한다. 따라서 윌리엄스는 『마르크스주의와 문학』에서 문화 상황의 세 가지 양상을 제시한다. 그것은 각각 '지배적인 것'(the dominant) '잔여적인 것'(the residual) '신생적인 것'(the emergent) 등으로 분류되며 문화유물론의 접근 방법에 매우 유용하게 적용될 수 있는 개념이다.

윌리엄스에 따르면, 이러한 세 가지 서로 상이한 요소들이 서로에게 다양하게 작용하고 관계를 맺음으로서 한 사회에서의 특정한 문화 형성을 하게 된다. 여기서 특히 '신생적인 것'에 관심이 집중된다. 왜냐면 '지배적인 것' '잔여적인 것'과 다른 대안적이든 대적적이든 예기치 않았던 새로운 특성을 지닌 문화의 요소가 될 수 있는가를 알아보기 위해서이다. 윌리엄스가 말하는 '신생적인 것'이란, 새로운 의미와 가치, 새로운 실행, 새로운 관계와 새로운 종류의 관계가 지속적으로 창출되는 것을 의미한다. 그러나 지배 문화와의 관계 속에서 단지 신기하고 새로운 것이 아닌 엄격한 의미에서의 신생적인 것을 구별해 내는 것은 쉬운 일은 아니다. 따라서 이러한 개념의 틀은, 전복적이며 주변부화된 요소들을 포함한 르네상스 사회의 복잡한 총체성을 탐구하는 데 유용한 도구가 될 수 있다.[3]

그런데 문화유물론의 창시자로서 윌리엄스의 문화 연구의 공적에 대해서는 인정하지만, 현재 문화 연구의 일반적인 흐름은 그의 이론을 추종하기보다는 극복의 대상으로 설정하고 있기도 한다. 크게 두 가지 문제에 대해서 문화 연구 전공자들은 윌리엄스의 논의에 회의를 표명하고 있다. 그 하나는, 윌리엄스가 '경험'을 통해 대상의 본 모습을 파악할 수 있다는 경험주의의 오류에 젖어들고 있다는 주장이다. 그리고 다른 하나는, 그의 문화 개념이 내포한 전체성이다. 윌리엄스가 '전체적 삶의 방식'(a whole way of life)이라는 개념을 제시한 의도는, 문화적 실천은 다른 사회적 실천과 결코 분리시킬 수 없으며 문화적 실천의 온전한 이해는 사회적 활동 전체와의 연관 속

---

[3] 정정호 편저, 『현대영미비평론』, 신아사, 2000, p.293 참조.

에서 고찰하여야 한다는 점을 부각하려는 데 있다. 그러나 현재 문화 연구의 흐름은 동일성보다 차이점을 절대적으로 강조하는 경향이다. 따라서 개인 자신이 소속된 집단적 범주, 곧 계급·성별·인종 등을 초월하여 다른 개인들과 합치할 수 있는 가능성을 잠재적으로나마 인정하지 않는다. 이런 입장에서 볼 때, 윌리엄스의 전체성 개념은 동일성의 오류를 범하고 있다는 비판을 면치 못할 것이다.

(3) 루이스 알튀세 — 구조주의 문화 연구

1960년대 이후, 문화주의 문화 연구는 퇴조하고 대신 알튀세(Louis Althusser)의 영향을 받은 구조주의 문화 연구가 부상한다. 스튜어트 홀(Stuart Hall)과 현대문화연구소(CCCS)를 중심으로 진행된 구조주의 문화 연구에 대한 일반적인 평가는, 알튀세의 논의의 틀은 윌리엄스식 문화주의의 한계를 극복했고, 다시 안토니오 그람시(Antonio Gramsci)의 헤게모니 개념을 도입해서 오늘날 문화 연구의 방향 설정에 결정적인 역할을 했다고 요약한다.

알튀세의 문화 연구의 핵심 논의는 대략 세 가지로 정리할 수 있다. 첫째 문화의 '상대적 자율성' 개념이다. 문화는 상부 구조에 속하지만, 상부 구조는 일정한 한도 내에서 토대와 관계없이 독자적으로 움직인다는 점을 강조한 것이다. 이 개념은, 문화를 경제적 토대와 궁극적으로는 연결하면서도 문화가 토대에 의해 일방적으로 결정된다는 경제 환원적 마르크스주의의 경직성을 해소하는 기능을 지닌다.

둘째, '지식의 담론적 구성'이다. 이것은 언어와 실재를 분리시킨 구조주의 특유의 사유 형식에 속하는 것으로, 우리가 가진 지식은 현실에 대한 직접적인 지식이 아니라, 언어 체계 속에서 만들어진 환영이라는 것이다. 이 이론에 따르면, 문학은 이제 더 이상 현실에 대한 진술이 아니다. 때문에 전통적 리얼리즘 이론의 핵심 요소인 '반영' 개념을 일순간에 낡은 개념으로 만들어버린다.

셋째, '이데올로기론과 반주체론'이다. 이 이론은 알튀세의 구조주의 문화 연구에 있어서 후학도들에게 가장 큰 영향을 준 논의이기도 하다. 흔히 인간은 오랜 내면적 응시 끝에 본래의 나를 찾았다고 주장하는데, 알튀세에 따르면, 우리가 찾은 '자신'은 결코 순수한 주체가 아니라 이미 이데올로기가 우리에게 마련해 준 자리에 불과하다. 가령, 성장기의 청소년이 어떤 문학 작품을 읽고 "나는 커서 법률가가 되고 싶다"고 희망했다고 하자. 그 청소년은 자기 스스로 미래를 선택했다고 생각할 것이다. 그렇지만 사실은 법률가가 사회에서 그 권위를 인정받고 존경을 받으며 안정성 있는 전문적 직업이라는 이유 때문에, 즉 기존 사회의 가치 체계를 무의식적으로 수용한 결과인 경우가 대부분일 것이다. 그렇다면 개인의 자율적 선택은 기존 사회의 지배적 이데올로기가 설정한 가치 체계 속으로 들어가는 것에 불과하다. 이런 의미에서, 주체는 원인이 아니라 결과 혹은 효과이다. 따라서, 청소년이 읽은 문학 작품은 초월적 진실을 담고 있는 위대한 것이 아니라 개인을 기존 사회의 이데올로기 체계 속으로 밀어놓는 매개물에 불과한 것이다.

이와 같이 윌리엄스가 문화적 활동을 인간 해방을 위한 적극적 실천 행위로 파악한 반면, 알튀세는 인간의 의식을 제약하고 기존의 생산 양식에 구속시키는 억압 장치로 파악한다. 주체가 결과 혹은 효과라는 알튀세의 주장은 문화 연구에 결정적인 영향을 미쳤다. 이것은 작가조차도 진리의 전달자 자리에서 밀려나서 이데올로기의 사주를 받는 꼭두각시의 위치로 전락시킨다. 그리하여 알튀세 이후 비평가들은 작가의 말 뒤에 은밀하게 설치된 이데올로기의 덫을 찾는 데 열중한다. 작가 자신은 개인적으로 성실하게 글쓰기를 하는 양 보이지만, 자신도 모르게 이데올로기의 노예에 불과한 작업을 하고 있을 따름인 것이다. 때문에 문화유물론 비평가는 겉으로 드러나지 않는 '텍스트의 무의식'을 찾아내고 이를 작가에게 충고하려는 욕망을 지니게 된다.

알튀세에게 이데올로기란 의식적인 신념이나 태도와 가치의 문제가 아니며, 자본과 노동 사이의 진정한 모순은 없다고 설득하는 잘못된 사고 방식인 이른바 '허위 의식'의 문제도 아니다. 그것은 사람들이 살고 있는 사회 관계들의 상상적 해석의 재현의 문제인 것이다. 따라서 이데올로기는 단순히 의식이나 육체에서 이탈된 사상을 통해서 뿐만 아니라, 제도나 구조를 통해 부과된다. 또한 개인들이 주체(subject)로서 구성되는 것도 이데올로기를 통해서이다. 따라서 새로운 이데올로기의 개념은 개인들의 실제적 존재 조건과 맺고 있는 상상적 재현, 또는 실재하는 삶의 상황과 개인의 가상적인 관계를 구축하는 표상이 된다. 이데올로기와 주체의 재생산의 주요 동인은 알튀세가 이데올로기 국가기구들(Ideological State Appratuses)이라고 부른 교회, 가족, 매체, 교육 제도 등의 문화적 국가기구들인 문학, 예술, 스포츠 등이다. 이러한 알튀세의 사상은 문화 연구 영역에 커다란 영향력을 끼쳤다. 그의 구조주의적인 마르크스주의도, 모든 사회 제도에 대해 본질적으로 다시 생각하면서 그 구조 속에 인간 주체를 논하였다. 이러한 그의 과학적인 논의는 이데올로기 개념과 문학의 생산과 기능에 대해 다시 논의를 불러왔고, 문학과 이데올로기와의 관계를 위한 새로운 틀을 마련했다고 할 수 있다.

(4) 안토니오 그람시 — 포스트모더니즘 문화 연구

스튜어트 홀의 후임으로 현대문화연구소 소장을 지낸 리처드 존슨(Richard Johnson)은, 재현을 중요시하는 알튀세의 구조주의 문화 연구는 재현 수단 자체가 사회적 생산 과정의 일부라는 기초적 사실을 망각하고 있다고 비판한다. 텍스트 자체가 독자의 입지를 만들어내는 '텍스트 생산성'은 중시하면서도 정작 텍스트 자체를 생산하는 정치 경제학을 무시했다는 것이다. 다시 말하여, 그들은 텍스트의 자율성을 지나치게 강조한 나머지 텍스트 자체가 사회적 '생산—분배—소비'라는 전과정의 상호 작용 속에 있다는 것, 그리고 텍스트의 자율성은 전적으로 분배 및 소비 과정에서 특히 부각되는 개념임을 망각하고 있다는 것이다.

리처드 존슨은, 작가나 독자는 진실로 텍스트에 의해 '결정'되는 노예적 주체인가, 그리고 근대 영문학이 대내적으로는 사회 통합의 이데올로기를, 대외적으로는 제국주의의 도구로 기능했었는가를 탐색한다. 그는, 서구 인문학의 '영원한 보편적 가치'가 특정한 사회적 계급의 지배에 '이용'된 역사를 너무나 잘 알고 있다고 말한다. 그러나 적용에 한계가 있는 것과 주장 자체가 틀리다는 것은 차원이 다른 문제라고 주장한다. 인간 존엄성 개념이 흑인 노예에게 적용되지 않는다고 해서 개념 자체를 이데올로기라고 폄하할 수는 없는 것이다. 더구나 이 주장에 따르면, 민중 주체는 미묘한 입장에 빠진다. 민중은 지배 담론의 이데올로기를 '보편적이고 영원한 가치'로 받아들임으로써 자신도 모르게 지배 집단의 이해 관계에 봉사하는 얼간이가 되는 셈이다. 그러나 다른 한편으로는 의식적이든 무의식적이든 지배 담론의 텍스트가 요구하는 것을 정확하게 읽어내는 감식력 있는 독자가 되어야함은 물론이다. 의미 생산은 인종 · 계급 · 성별과 같은 사회적 '차이'에 의해 결정된다는 것이 문화 연구적 통찰의 또다른 핵심이라면, 계급적 · 성별적 입지가 다른 근대 영국인들이 어떻게 영문학을 통해 동일성을 획득할 수 있는지 설명하기 어렵게 된다. 그런 의미에서 권력이나 이데올로기의 편재성(偏在性)에 대한 지나친 강조는 또다른 형태의 환원주의라는 비판을 면치 못하게 된다.

주체의 죽음에 대한 과도한 의미 부여나 사회 경제적 생산 측면으로부터의 이탈은, 개인의 약점이라기보다 구조주의 문화 연구의 일반적인 약점이라 할 수 있다. 이 약점은, 푸코나 라캉의 막강한 영향 아래 구조주의가 탈구조주의로 발전하면서도 정도와 양상의 차이는 있을망정 본질적으로는 변하지 않는다. 바로 이런 맥락에서 70년대 말 문화 연구에서 그람시(Antonio Gramsci)의 헤게모니 이론이 강조된다.

윌리엄스나 알튀세 등의 문화 연구를 출범시킨 원초적 충동 가운데 하나는, '토대—상부' 구조에 기초한 생산 이론의 한계를 극복하고 문화 현상 자체의 실체성을 인식하려는 요구였다. 그러나 생산의 계기와 멀어졌을 때, 문화 연구는 기존 체제로부터 소외된 주변부의 목소리를 재현하고 저항적 실천을 시도하려 한 원래의 의도에서 점차 멀어지기 시작했다. 스튜어트 홀을 비롯한 버밍엄 현대문화연구소 연구자들이 알튀세의 이론을 문화 이론의 정통으로 수용하면서도, 다시 그람시의 헤게모니 이론을 받아들이게 되는 저변의 사정도 문화적 실천을 단지 소비, 쾌락, 주체 등 생산 활동과 분리된 개념만으로는 사실상 정의하기 어렵다는 것을 시인했기 때문이다.

그람시 사상의 핵심은 헤게모니 이론이다. 헤게모니는 정치적·지성적·도덕적 지도력으로 정의할 수 있으며, 지배 계급 자신들의 이익과 다른 사회 집단들의 이익을 분명히 말하게 된다. 그러한 방식으로 집단 의지를 이끄는 힘이다. 그리고 집단 의식은 이념 투쟁을 통해 획득된다. 왜냐하면, 그것은 그람시가 '유기적 이념'이라고 부른 공통적인 세계관에 의해 널리 알려지기 때문이다. 그람시에 따르면, 소위 지식인들은 한 계급의 헤게모니를 수립하는 과정 속에서 그 헤게모니를 가진 계급에 의해 제공되는 구성 원리를 중심으로 유기적 이념들을 정교화하는 사람들이다. 따라서 그람시의 논지는, 이념의 본질을 '허위 의식'으로 보는 마르크스의 전통적인 해석과는 근본적으로 다르다. 그람시에게 이념이란 인간이 그들 자신들과 그들의 과업을 의식하는 영역, 곧 그들이 주체로 구성되는 영역이다.

사실상 헤게모니의 개념은 정치학의 좀 더 넓은 의미를 암시하며, 그것은 더 이상 국가 차원에서 수행되는 지배 행위만을 가리키는 것은 아니다. 오히려 그람시적 정치학은 도덕적이며 지성적인 방향의 적극적인 양상을 포함하며 보편성의 성격, 즉 가치를 창출하는 힘을 획득하는 것이다. 그의 철학—이념—정치학을 등식화하는 것은, 철학을 단순한 정치적 이념으로 환원시키는 것이 아니라 한 사회의 전체적인 이익이라는 철학적인 측면을 가진 정치학에로의 환원이다. 또한 그람시에 따르면, 한 사회적 대적은 단순히 경제적 요인으로서의 계급 간에 일어나는 것이 아니라 정치적이며 이념적인 여러 단계에서 나타나는 다원적인 적대를 통해 구성된 복잡한 민중적 힘들 사이에서 일어난다.

그러한 정치적 투쟁을 쉽사리 계급 투쟁으로 환원할 수 없다는 것이 그람시의 입장이다. 이러한 입장은, 정통 마르크스주의자와 강경 노선자들에게는 받아들여질 수 없는 것이다. 그들은, 그람시의 방법론에 대해 혁명을 부정기적으로 지연시킬 뿐인 타협을 하는 것이라 비난한다. 그러나 많은 마르크스주의자들은, 정통주의자들의 입장의 약점들과 그것들을 극복할 필요성을 인식하기 시작했다. 환원주의와 경제주의로부터 사유로운 마르크스주의 이론을 정교화하는데 그람시의 헤게모니 이론은 중요한 의미를 지닌다는 것이다. 그의 네오마르크스주의의 기본 사상은 신역사주의의 기본 입장과 쉽게 접목이 되기도 한다.

(5) 조나단 돌리모어 — 역사와 문화적 과정의 양상

조나단 돌리모어(Jonathan Dollimore)는 역사의 발전에서 인간의 능동적 참여를 중요시하는 문화적 유물론의 대표적인 비평가이다. 그는 문화유물론의 핵심적 개념이 되는 역사와 문화적 과정의 세 가지 양상을 논한다. 그 세 가지 양상은, 첫째는 전형적으로 지배적 질서가 그 자체를 영속화시키려는 이데올로기적 수단인 권위의 '강화'(consolidation)이다. 둘째는 그러한 지배 질서의 체제 '전복'(subversion)이다. 셋째는 전복적인 압력 자체가 지닌 '봉쇄'(containment)이다. 다시 말하여, 강화는 기존의 사회 질서를 자연스럽고 신에 의해 주어진 것으로 제시함으로써 특정한 계급과 성차별의 이해 관계들을 재 강화하려는 이데올로기라는 것이다. 가령, 사회 위계 질서를 신적인 법의 표명으로 설명하고, 우주와 자연과 사회의 다른 층위들에서의 위계 질서 사이의 유추들을 이끌어 냈던 엘리자베스 시대의 설교들이 이에 속한다. 그리고 벤 존슨(Ben Jonson)의 『세자누스』(Sejanus)에서의, 혈통이 아니라 지위가 귀족과 평민을 구분한다는 주장은 전복에 해당한다.

유물론적 비평 내에서는, 셰익스피어 극에서 '강화'와 '전복'에 대한 의견이 어느 것을 더 강조하느냐에 따라 서로 논의가 갈라지고 있다. 그러나 이러한 두 경향은 대부분 중복되며 상호 보완의 관계에 있다. 따라서 돌리모어는 같은 역사적 시기의 권위 재현을 고려하는 데 있어서, 곧 그것을 표면적으로 전복시키는 재현과 더불어 그들 사이에 직선적인 대립이 아니라 훨씬 복잡한 과정을 발견한다. 전복성은 단지 표면적인 것에 불과할 수 있고, 지배적인 질서는 전복성을 봉쇄할 뿐만 아니라, 역설적으로 그 자체의 목적을 위해서는 전복성을 생산할 수도 있다는 것이다. 여기에서 '전복'과 '권위'와의 모순적인 또는 상호 보완적인 관계를 설명하기 위해 '전유'(轉有, appropriation) 개념이 등장하게 된다.

전유의 개념은 생산이나 변형의 과정을 나타내는 데 그 중요성이 있다. 만약, 단지 권력이 전복의 담론만을 생산한다면 우리는 권력을 실체화할 뿐만 아니라 봉쇄의 과정이 전제하는 문화적 차이들과 문맥들을 지우게 된다. 그런 과정에 대한 저항이 처음부터 자리하거나 생산될 수 있는 것이다. 더구나 전복이 권위에 의해 그 자체의 목적을 전유할 수 있지만 그것이 한 번 설정되고 나면, 그것은 권위로 사용될 뿐만 아니라 권위를 위해 대항하는 데 사용될 수 있다. 따라서 엘리자베스 시대의 악마화된 사람들, 가령 주도권을 잃은 주변부 사람들은 혹독한 권력의 힘에 의해서 악마로 동일시될 수 있고, 한 번 동일시되고 나면 그들은 역시 자기 동일시의 힘으로 악마로 존재하게 되는 것이다. 그리고 국가 권력은 결코 악마화된 사람들에게 그들 자체의 권력을 만들 기회를 주지 않는다. 따라서 주도권을 잃은 주변부 사람들이 질서의 위협을 형성하기 위해서는 필연적으로 지배 계층내의 반대파에 가담하거나 이용될 수 있어야 한다.

돌리모어는 주변부적인 전도와 지배적인 권력 사이의 관계를 다음과 같이 지적한다. "주변부적 전도(轉倒)는 만일 성공적인 것이라면 반동을 일으킨다. 그 결과는 공평하지 않게 짝지어진 경쟁자들 사이의 문화적인 투쟁, 곧 위반적인 전도가 격렬하게 흔들어 놓은 지배적인 권력이 이제는 주변부적인 전도에 똑같이 대항하여 반동을 하는 투쟁이다."4) 이렇게 돌리모어는 탄압받고 배제되고 착취당하는 주변부화된 피지배 계급의 목소리들을 확대하고 활성화해야 한다고 주장한다. 따라서 이를 전략적으로 정립시키기 위해 문화를 다시 읽어야 한다면서, 프랭크 렌트리키아(Frank Lentricchia)의 대적적 비평(the oppositional)에 대해 언급힌다. 곧 렌트리키아는, 지배 문화는 억도적이기는 하지만 전체 문화를 규정하지는 않는다고 말한다. 따라서 그는 피지배자, 피착취자, 피억압자, 배제된 사람들의 주변화된 목소리를 확대하고 전략적 입장을 취하기 위해서 문화를 다시 읽는 것은 반대편 비평가들의 임무라고 말하고 있는 것이다.

돌리모어는 성적(性的) 일탈의 형식에서 타자의 구축을 고려한다. 이 시기에 일탈은 많은 비평가들에 의해 근본적인 전복으로 간주된다. 하지만 『이에는 이로』(Measure for Measure)에서는, 분명 위협받은 권위는 권위에 의해 재생산되는 것으로 드러난다. 다시 말하여, 국가의 위기는 일탈적인 사람들이 조장하는 것이며, 그런 위반자들은 권위를 훼손하기는커녕 국가 권위의 재정당화를 가능하게 할 뿐이라는 것이다. 동시에 피착취자들은 끊임없이 야기되고 변호되지만, 끝내 아무런 목소리를 내지 못하고 아무런 역할을 하지

---

4) Jonathan Dolimore, *Futures for English*. Manchester : Manchester UP, 1988, p.190.

못한다. 결국 『이에는 이로』에서, 하층민의 성생활의 예는 우리가 억압된 하층 문화에서 가장 유토피아적인 공상, 즉 그것에 전복적이며 동시에 자기 정당화하는 지배 문화에 대한 대안을 발견할 수 없음을 시사한다.

돌리모어는 아래로부터 역사를 복원할 수 있다고 한다. 그러나 그것의 부분들을 결합하는 것은, 궁극적으로 자기 정당화한 타자가 아니라 복종에 내재적인, 그럼에 따라 복종을 영속화하는 자기 분열을 드러낼 따름이다. 나아가 일탈적인 사람들이 결코 공식적으로 들어오지 못한 '역사' 속에서 과거의 목소리들이나 그들의 흔적에 대한 추적은 곧 헛된 작업이 될 것이다.

(6) 스티븐 그린블라트 — 전복과 봉쇄, 권력 탐구

미국의 신역사주의 주창자라고 할 수 있는 그린블라트(Stephen Greenblatt)는 『문화시학을 향하여』(*Towards a Poetics of Culture*, 1987), 『문화』(*Culture*, 1990)라는 논문들을 통하여 '신역사주의'라는 용어 대신 '문화 시학'(*Cultural Poetics, Poetics of Culture*)이라는 용어를 사용함으로써 좀 더 폭넓은 문화 개념을 포용하려는 경향을 보이고 있다. '문화'의 개념이 문학 연구에 어떤 기능과 역할을 수행할 수 있는가에 관심을 집중시키는 그린블라트는 문학 작품에 대한 끊임없는 문학적 질문을 제시하고 있다.

그린블라트의 이론 가운데 핵심적인 것은 전복(subversion)과 봉쇄(containtment)이다. 그에 의하면, 지배 권력은 자신의 통제력의 행사를 합리화하기 위해 자신을 전복하려는 세력을 어느 정도 부단히 재생산한다는 것, 따라서 체제 전복을 꾀하는 세력은 애초부터 체제에 의해 그 전복의 능력이 봉쇄되어 있다는 것이다. 이러한 그린블라트의 생각은 다분히 패배주의적 성격을 내포하고 있는데 당시 미국의 지식 사회 경향과 무관하지 않다. 그는 기존 역사주의의 형이상학적, 단일적 역사관을 지양하고 역사를 서로 대립하는 문화적 세력의 다양한 해석의 복합체로 파악하려는 작업을 한다.

그는 마르크스의 계급 투쟁 이론을 담론의 권력 개념으로 대체하여, 권력을 인간 경험의 기본 범주로 설정한다. 그리고 역사를 끝없는 권력 의지의 스펙타클로 보는 푸코의 견해를 토대로 르네상스 시대의 희곡들을 분석한다. 이러한 그의 분석 방법은 희곡 작품인 문학 텍스트를 비문학 텍스트의 틀 속에 놓고, 같은 시기에 유럽의 모든 강대국들이 다투어 추구했던 끔찍한 식민 정책과 병치시킴으로써 문학 연구 관점에 일대 혁신을 가져온다. 말하자면, 그의 방법론은 희곡의 주제와 동시대의 한 역사 기록을 겹쳐놓고 그것을 분석하는데, 이는 자연스럽게 독자들을 '억압된 타자의 주변화와 비인간화'에 대한 관심으로 유도하게 된다. 그린블라트는 이렇게 동원된 역사 기록을 '일화'(anecdote)라고 말한다. 또한 역사 기록들은 텍스트를 설명하기 위한 '맥락'(context)이라고 하기보다는 '공동 텍스트'(co-text)라고 할 수 있다. 따라서 문학 텍스트와 공동 텍스트는 같은 역사적 '순간'을 표현한 것이며, 그런 관점으로 해석해야 할 것이다.

그린블라트는 역사극 『헨리 4세』에서 왕세자 핼(Hal)과 폴스타프(Falstaff)의 관계에 집중한다. 그는 핼로 대변되는 권위가 폴스타프로 대표되는 전복을 어느 정도 허용해 주지만, 결국 핼이 폴스타프를 버리는 것은 전복을 봉쇄하는 국가 권력의 전략을 드러내준다고 주장한다. 이어서 그는, 이 극의 봉쇄의 완벽한 표상은 폴스타프의 부대라고 한다. 한량이나 건달들로 이루어진 폴스타프의 부대는 엘리자베스 시대 전복의 유형들이다. 그러나 그들은 기존 질서의 수호자로 복무하게 된다는 것이다. 나아가, 런던 지하 세계에서 핼의 선동자로서의 역할은 근대 국가가 더 잘 봉쇄하기 위해 전복을 야기하는 연극성을 전형적으로 드러내준다고 말한다. 이런 논리에 의하면 연극이 권력이 되고 권력이 연극이 된다. 여왕이 반대 세력들을 효과적으로 제압하기 위해서는, 권력을 스펙타클화하여 모든 국민들에게 그녀의 권력을 과시하여야 할 필요가 있는 것이다. 다시 말하여, 여왕은 법이나 이성과는 관계없이 공개적인 처형과 같은 극적인 의식으로 권력의 전지 전능을 과시한 것이다. 따라서 엘리자베스 시대의 권력 시학은 연극 시학과 불가분의 관계를 가지는 것이다.

그린블라트의 신역사주의는, 권력의 시학 개념으로 연극이 사회 현실을 단순히 반영한다는 기계적 반영론을 넘어서서 당대의 정치적·사회적·문화적 현실을 형성하는 데 개입했다는 사실을 주장한다. 또 그의 분석은, 무자비한 권력의 속성을 폭로하고 자아의 형성이 사회역사적으로 결정된다는 것을 보여줬다는 점에서 그 이론적인 성과를 드러낸다.

그린블라트가 전개하는 봉쇄 논리는 푸코의 물신화에 기대고 있다. 푸코가, 권력이 학교·회사·군대·가정 등 모든 곳에 깃들어 있다고 주장했듯이, 그도 이런 비관주의적인 권력론에서 빠져나오지 못한다. 그의 초기 저술인 『르네상스 자기 생성』(*Renaissance Self-Fashioning*, 1980)은, 처음에는 정체성의 형성에 있어서 인간 자율성의 역할을 탐구할 의도로 출발하였으나, 논의가 전개됨에 따라 점점 제도와 사회에 역점을 두게 된다. 그리고 결국 인간 주체가 부자유스럽다는 것은 명백하며, 곧 특정 사회의 권력 관계들의 이데올로기적인 산물로 간주된다고 말한다. 그린블라트의 이러한 관점은, 푸코의 주장처럼 인간이란 익명적으로 인간의 얼굴이 없이 지배하는 권력 관계들, 지배자들에 의해 구성되는 존재가 된다는 입장이다. 따라서 그는 전복을 흔히 내적인 필요의 표현으로 간주할 뿐이다. 이런 측면에서 신역사주의는 르네상스 극들을 권위적인 폐쇄로 읽는 셈이 된다. 이는, 그가 엘리자베스 시대의 지배 이데올로기를 인정하는 독서로 끝마치게 되는 경향과 연결된다.

미국식 신역사주의와 영국식 문화유물론의 가장 큰 차이는 '전복'과 '봉쇄'의 논쟁에 있다. 여기서 그린블라트의 '권력'과 '봉쇄' 전략에 나타나는 미국의 신역사주의는 비판적이며 패배주의적인 면모가 드러난다. 이러한 그린블라트의 논의에 대해, 영국의 문화유물론의 입장은 다분히 부정적인 시각을 보낸다. 다시 말해, 영국식 문화유물론은 '봉쇄' 전략이 내포하고 있는 운명주의를 극복하고자 역사의 비극적 상황에 대해 절망하고 매몰되지 않는다. 오히려 그들은 역사의 비극적 상황에 정면으로 대결하여 현 상태를 개혁하고자 하는 적극적인 낙관주의와 정치적인 급진주의를 보여주고 있는 것이다. 따라서 영국의 문화유물론 비평가들은 엘리자베스 자코벵 시대 문학 작품에 나타나는 위반(transgression), 저항과 전복의 힘을 극대화시키고자 노력하는 것으로 볼 수 있다.

그린블라트는 극에서의 내적 갈등에도 불구하고 극은 권력자를 위해 구성된 것으로 본다. 즉, 극은 언제나 궁정 이데올로기를 전파하는 매체밖에 되지 않는 것이다. 따라서 셰익스피어도 절대 왕권의 구조를 더욱 견고하게 하기 위해 군주의 권력을 찬미하는 예술가로 자리매김한 것이다. 이는 곧 그린블라트가 전통적 역사주의에서 반대한다고 선언한 단일한 전망을 스스로 행하고 있다는 모순을 드러내 준 것이라고 할 수 있다. 다시 말하여, 그가 사회의 총체적인 면을 그리지 못하고 모든 사회적 갈등을 사장시킨 채, 절대주의 군주에만 초점을 맞추면서 극과 군주 사이의 긴장을 모든 갈등으로 대체하고 있다는 비판이다.

그린블라트는 후에 신역사주의를 버리고 문화시학을 주장하게 된다. 문화시학은 텍스트의 역사성보다는 역사의 텍스트성을 강조하며, 문화를 인류학적으로 자율적인 기호 체계로 보게 된다. 이렇게 문화시학에 접근하면, 미국의 신역사주의는 역사로부터 물러나면서 언어학을 모방하여 통시성보다는 공시성을 강조하게 된다. 헤이든 화이트(Hayden White)가 지적하듯이, 신역사주의는 사회성을 문화적 기능의 위치로 환원하고, 더 나아가 문화를 텍스트의 위치로 전락시키는 것이다.[5] 이러한 그린블라트의 궤적은 개인의 지

---

5) Hayden White, 'New historicism : A Comment,' in *The New Historicism*, ed. H.A. Veeser, London : Routledge, 1989, p.294.

적 변모이기도 하지만 다른 한편 미국의 신역사주의가 걷고 있는 텍스트주의로 나아감을 보여주는 것이라 할 수 있다. 미국 신역사주의 비평가들에게는 예술이나 문학은 억압을 재가시키는 구실들밖에 되지 못하는 것이다. 따라서 미국의 신역사주의는 신비평의 방법론을 정전의 텍스트, 역사라는 텍스트, 역사가 각인된 문화적 구조에 적용시킨다는 점에서 또 다른 '신형식주의'(neo-formalism)의 형태임을 드러내 주고 있다.

6. 신역사주의 · 문화유물론 비평의 실제

신역사주의와 문화유물론의 핵심 논의 가운데 하나가 권력 관계이다. 그만큼 권력 구조가 생산되는 곳에는 항상 그 대립적 역할이 등장한다. 비저는 신역사주의자들은 사람들의 실제 생활에 깊은 영향을 주는 정치, 권력의 문제들을 중점적으로 분석하고 있다고 말하기도 한다. 다음은 문화적 맥락에서 권력을 이해하려는 셰익스피어의 『햄릿』을 접근해 보기로 한다.

· 『햄릿』의 두 인물 — 복수로 인한 주변화[6]

극중 바로 다음에, 클로디어스는 비텐베르그에서 온 햄릿의 친구 학생들, 로젠크랜츠, 길덴스턴과 비밀스러운 이야기를 하고 있다(Ⅲ.iii). 햄릿을 영국에 보내려는 클로디어스의 계획에 응하여, 로젠크랜츠는 문맥에서 떼어내 읽으면, (거의 소넷의 형식으로) 뛰어난 은유의 모음이며 왕의 역할과 권력에 관한 엘리자베스조식의 요약이기도 한 연설을 한다.

　　　　사사로운 개인도 온 힘과
　　　　꾀를 다 하여 일신을 보호하려

---

[6] 윌프레드 L. 게린 외, 최재석 옮김, 『문학비평의 이론과 실제』, 한신문화사, 2000, pp.304~311.

노력하는데, 만백성의 안위가 달린
　　옥체는 훨씬 더 하죠.
　　폐하의 불행은 폐하 한 몸에 그치지 않고
　　소용돌이처럼 주변의 것을 끌어들입니다.
　　폐하는 높은 산봉우리에 장치된
　　거대한 수레바퀴 같고, 그 큰 산에는
　　수많은 잔 것들이 끼어 있어서,
　　그 바퀴가 굴러 떨어질 땐
　　조그만 부가물과 하찮은 것은 모두
　　참담한 파멸을 당하게 됩니다.
　　국왕의 탄식은 만백성의 신음입니다. (Ⅲ.iii)

　따로 떼어서 생각한다면, 이 대목은 현명하고 성공한 정치인에게 어울리는 사려 깊고 이미지에 있어서 훌륭한 대목이다.
　그러니 이 극의 독자들과 평자들 가운데 몇 명이, 예를 들어서, 햄릿의 독백들이나 기도하려는 왕의 노력과 함께, 혹은 그의 아들 에어티스에게 말하는 폴로니어스의 경귀와 함께라도 이 극의 가장 잘 알려진 글귀 가운데 하나로 이 대목을 평가할 것인가? 우리는 그 자체로 보면 근본적으로 훌륭한 이 대목이 전혀 잘 알려지지 않은 것이라고 과감히 말한다.
　왜 그런가? 문맥에서 그리고 화자에게 주의를 기울이면 답을 얻는다. 길덴스턴은 그와 로젠크랜츠가 왕의 명을 수행하겠다고 조금 전에 동의했었다. 그 동의는 왕이 처음에 궁정에서 그들을 맞이했을 때 그들이 왕에게 말한 것의 재확인에 불과하다(Ⅱ.ii). 로젠크랜츠와 길덴스턴은 셰익스피어의 인물들 가운데 의지가 박약한 사람들에 속하기 때문에, 두 연설은 아주 특색이 있다. 두 사람 중에 누가 어느 시구를 말하는지 잊기 쉽다. 정말로 그들의 시구들 대부분을 모두 잊기 쉽다. 한때 친구였던 사람을 염탐하는 일인데도 불구하고, 개성 없이, 코멘 소리를 하면서 아첨하고, 권력의 환심을 사려고 애쓰면서, 두 사람은 분명히 음모에 몰두한다. 거절하는 재주가 별로 없어서, 그들은 그들이 '소환당했었다'는 것을 힘없는 목소리로 인정한다(Ⅱ. ii). 그들은 햄릿이 그들에게 보여주는 문자적 의미의 악기조차 다룰 수 없다는 것을 인정하게 될 때, 그가 '멈출 곳'을 알기 위해서 햄릿의 은유적 '피리'를 아주 어설프게라도 불려고 노력한다(Ⅲ.ii). 훨씬 더 효과적으로 피리를 불 수 있는 햄릿이 그를 죽이도록 의도된 사형 위임장에 그들의 이름을 바꿔 넣을 때, 한참 후에 이 보잘것없는 사람들은, 말하자면, 운명지어진 '부재 상태'를 맞는다.

그들의 이름이 지닌 의미는 그들의 성격의 핵심이라고 보이는 것과 잘 부합되지 않는다. 예를 들어서, 머리 J. 레비스는 "로젠크랜츠와 길덴스턴이 네델란드계 독일인이고 문자적으로 '장미의 화관'과 '금빛 별'"이라고 썼다. "종교에서 기원하지만, 두 이름은 모두 영국인의 귀에 단조로운 시가처럼 그리고 이상하게 들린다. 그 딸랑거리는 음은 그 이름들에게 경박성을 부여하고 그들이 표방하는 성격의 개성을 흐리게 한다"(50).

분명히 경박하다. 전에 할리 그랜빌 바커는 즉흥적이므로 이 두 역이 배우들에게 불러일으키는 반응에 대해서 썼다. 『베니스의 상인』의 솔라니오와 살라리오에 대해서 언급하면서, 그는 그들의 역은 "배우들에 의해서 셰익스피어의 전체 정전에서 가장 싫증나는 두 사람으로서, 하잘 것 없다는 면에서 다른 쌍둥이 형제, 로젠크랜츠와 길덴스턴조차 예외가 아니지만, 배우들에게 저주받는다"고 말했다(『셰익스피어 서문』에서).

이 두 사람은 사회적 수준에 맞지 않거나 해롤드 젠킨스가 이러한 이름을 가진 역사적 인물로 거론하는 수준에 달하는 영향력을 지니지 않았다는 사실이 또한 분명하다. "이 멋있게 반항하는 이름들은, 지역화되지 않은 고전적인 것들과 대조적으로, 특별히 덴막적인 것으로 선택된 것이 분명하다. 둘은 모두 가장 영향력 있는 덴막의 가문에 흔하며, 그들은 함께 발견되는 경우가 많다"(422). 그는 덴막 귀족들 가운데 그 이름들이 다양하게 나타나는 것을 인용하고, 1590년경에 그 이름들이 비텐베르그 학생들로 나타나는 것을 언급한다(422).

아니, 이 사항들은 셰익스피어의 두 무능력자의 개성과 일반적 공허성에 맞지 않는 것처럼 보인다. 그러므로 이 두 인물이 우리에게 무엇을 말해주는지 알기 위해서 다른 곳을 보자. 그들이 무엇을 하는지, 그리고 그들에게 어떤 일이 일어나는지 고찰해 보자. 간단히 말해서. 그들은 비텐베르그에서 학생들이었다. 그들은 분명히 클러디어스의 직접적 요청으로 덴막에 돌아온다(Ⅱ.ii). 그들은 햄릿으로부터 그의 내면의 생각, 특별히 왕관에 관한 야심과 죄절감을 알아내려고 한다(Ⅱ.ii). 햄릿은 그들을 죄절시킨다. 그들은 그 자신의 질문 앞에서 무너진다. 위에서 언급된 대로, 클로디어스는 후에 햄릿을 즉석에서 사형시키라는 영국 왕에게 보내는 편지를 주어서 그들을 햄릿과 함께 사절로 보낸다. 그들은 그 '큰 위임'의 내용을 알지 못하겠지만, 그들에 대한 햄릿의 의심으로 인해서 그는 그들의 미래를 수고하지 않을 수 없다. 그리고 '독이 있는 살무사를 믿는 것만큼이나 그들을 믿는다.'

> 그들이 길잡이가 되어
> 저를 함정으로 몰아넣을 것입니다. 해 보라죠,
> 기사가 자신의 지뢰에 산산조각이 나는 것은
> 구경거릴 테니까요. 어렵기는 할 테지만,
> 저는 그들의 지뢰 밑을 한 야드 파 들어가서
> 그들을 달까지 날려보낼 것입니다.
> 두 배가 정면으로 부딪치면 아주 재미있죠. (Ⅲ.iv)

그의 편에서 심한 속임수를 쓰는 순간에, 햄릿은 유쾌하게 "참회할 시간을 주지 말고/즉시 죽일" 사람들로 그의 이름 대신 그들의 이름이 적힌 위조된 서류를 바꾸어 넣는다(V.ii). 호레이쇼가 간략하게 "그럼, 길덴스턴과 로젠크랜츠는 이 세상을 하직하는군요" 라고 응대할 때, 햄릿은 동요하지 않는다.

그렇지, 그들이 이 일을 좋아했거든.
나는 그들로 인해 양심의 가책을 받지 않아.
그것은 아첨꾼의 말로지.
힘센 상대들이 칼을 맞대고 싸우는 판에
상놈이 끼어 드는 것은 위험해.

그렇게 해서 셰익스피어는, 햄릿도 역시, 이 두 인물을 끝냈다. " '햄릿'은 그들로 인해 양심의 가책을 받지 않는다."

다시, 왜 그런가? 햄릿이 자신을 살인자로 보지 않고 도덕적 질서를 바로 잡는 사람으로 보는 것은 당연하고 그 문제에 대해서 많이 논의되어 왔다. 그러나 다른 차원, 즉 권력에 대한 암시에 주목하자. 분명히 햄릿은 위에 인용된 시구에서 자신과 클로디어스에 의해 대표되는 '힘센 상대들'을 언급한다. 또한 분명히, '이 일을 좋아'한 '상스러운 성질'의 사람들은 강력한 적대자들 사이의 이 싸움에서 별로 중요하지 않다. 그들은 먼저 클로디어스를 위한 그리고 다음으로는 햄릿을 위한 종들이다. 햄릿은 바다 여행 전에 그들의 하잘것없는 신분에 대해서 그들에게 경고하려는 것처럼 보일 지경이다. 그는 로젠크랜츠를 해면이라고 부르면서 이 대화를 부추긴다.

햄 릿   …또한 해면 같은 자에게 힐문당하다니! 왕자가 무슨 대답
         을 하겠나?

로젠크랜츠 저를 해면 같은 인간이라고 하시는 겁니까, 왕자님?
햄 릿   그럼. 왕의 총애와 은상과 권세를 빨아들이는 해면이지. 그
         런 벼슬아치가 왕에게는 제일 요긴해. 그는, 원숭이처럼,
         입안에 넣어 두었다가 처음엔 우물거리고 마지막엔 삼켜
         버린다네. 자네들에게 있는 것이 필요할 때는 꾹 짜기만
         하면 되지. 그러면 자네 해면은 다시 말라 버릴걸.

이렇게 그들은 졸, 혹은 해면, 혹은 원숭이 밥이어서 권력에 관한 내용이 계속 나온다. 그래서 그들은 양심의 가책을 받을 가치가 없다. 그들이 처음에는 그들의 옛 친구를 위해서 좋은 것만을 의도했다고 믿을 만한 여지가 있다는 것은 사실이다(예를 들어서, 버트램 조셉, 『양심과 왕』 76을 보라). 그러나 그들의 좀더 변하지 않는 동기는 그들을 여기에 데려온 권력인 왕을 기쁘게 하는 일이다. 그러나 그들의 운명은 왕자를 심히 불쾌하게 하고, 왕자는 그들의 밑을 파서 " '그들' 자신의 지뢰에 '그들을' 산산조각이 나게 만든다."

왕과 왕자의 세계에서 권력은 그러한 것이다. 그것은 단순히 문학적 구조물이 아니다. 영국인들은 수세기에 걸쳐서 불규칙적이기는 하지만 그러한 권력의 결과를 알았다. 리처드 2세의 퇴위와 그 다음에 있었던 사형이든, 리처드 3세에 대해 주장된 범죄, 토마스 모어나 한두 부인의 참시, 엘리자베스 여왕의 궁정 안팎에서 있었던 훨씬 후대의 조치든, 이 모두 경우에 권력은 정책에 봉사한다. 특별히 반역을 시도했다가 1601년에 사형당한 에섹스 백작 2세의 운명, 그리고 좀더 특별히, 엘리자베스 여왕이 사형 명령서에 결재하기 전 수년간 그 여왕에 의해서 감옥에 갇혔던 엘리자베스의 친척, 스코트랜드 출신의 메어리 여왕의 사형을 보라. 한 세대들을 통해서, 우리는 셰익스피어의 작품에 왜 권력 투쟁이 포함되는지 이해할 수 있다. (엘리자베스 여왕 치세 동안에 있었던 '타자'에 대한 권력의 예와 에섹스와 스코트랜드 출신의 메어리 여왕에 대한 엘리자베스 여왕의 조치에 관한 논의를 위해서는 스티븐 멀래니의 논문 「형제들과 타자들, 혹은 소외의 기술」, 67~89를 보라).

햄릿이 분명히 미친 것을 보고 "힘있는 사람들의 광증을 간과해서는 안 된다"(Ⅲ.i)고 말할 때, 클로디어스는 명확히 권력을 인식하고 있었다. 마찬가지로, 로젠크랜츠와 길덴스턴이 힘있는 사람들의 광증을 간과해서는 안 된다고 말할 수 있었을 것이다.

그렇다면, 강력한 적대자들 사이의 대단한 투쟁이 이 극의 소재라고 말하는 것은 별로 독창적인 것이 아니다. 그러나 우리가 지금 이 독해에서 강조하는 것은 왕과 왕자들에 대해서가 아니라 엄청난 대립에 끼어 있는 열등한 사람들에 대해서 생각함으로써, 이 극에 대해서 그리고 실상 셰익스피어의 문화에 대해서 한 걸음 더 나아간 통찰을 얻을 수 있다는 점이다.

셰익스피어의 시대를 반영하는 권력의 실재가 다른 시대 그리고 다른 문화에서는 훨씬 다른 세계관을 반영할 수 있다는 것에 주목하면 도움이 된다. 20세기에 표명된 관련되는 문화적, 철학적 내용을 고찰함으로써 『햄릿』에 대한 우리의 반응을 풍부하게 하자. 20세기에 죽은 혹은 존재하지 않는 로젠크랜츠와 길덴스턴이 그들의 존재 혹은 존재의 부재를 매력적으로 재고하는 톰 스토파드에 의해서 되살아났다. 스토파드의 판에서, 그들은 훨씬 더 분명한 두 명의 무능한 졸인데, 그들이 누구인가, 그들이 왜 여기에 있는가, 그들이 어디로 가고 있는가를 계속 알려고 노력한다. 그들이 정말 '존재하는'가가 이 현대극의 궁극적인 질문일 것이다. 『로젠크랜츠와 길덴스턴은 죽었다』에서, 스토파드는 전혀 의미 없어 보이는 온 세계의 상황 안에서 실존적 질문을 고찰하는 극을 현대 독자 혹은 평자에게 제공한다. 그 극을 자세하게 고찰하는 것은 우리의 의도가 아니니까, 주변화의 핵심이 여기에 나타난다는 것을 언급하는 것으로 그치겠다. 이 견해에 따르면, 로젠크랜츠와 길덴스턴은 죽음 외에, 즉 이미 죽은 사람들을 위한 죽음 외에 어느 곳으로도 인도하지 못하는 배, 다시 말해서, 20세기나 21세기를 위한 지구 우주선에 붙들린 원형적 인간들이다. 이 두 인물이 『햄릿』에서 주변화되었다면, 그들은 스토파드의 손에서 훨씬 더 그렇다. 셰익스피어가 로젠크랜츠와 길덴스턴의 인물 설정에서 무력자들을 주변화했다면, 스토파드는 어떤 사람들 보기에, 우리가 통제할 수 없는 힘에 우리 모두가 붙들려 있는 시대에 우리를 모두 주변화했다. 달리 말해서, 셰익스피어의 문화적, 역사적 견해가 또 하나의 시대의, 즉 우리 자신의 시대의 문화적, 철학적 견해를 반영하기 위해서 완전히 재구성된다.

그리고 스토파드의 철학적 견해가 어떤 사람들 보기에 지나친 면이 있다면, 20세기 후반의 그리고 오리라고 우리가 기대하는 시대의 훨씬 더 세속적인 현상을 생각해 보라. 우리는 최근 수십 년 동안 법인체의 소형화와 합병에 휘말려온 로젠크랜츠와 길덴스턴 같은 힘없는 사람들, 그리고 다국적 기업들이 공장과 사무실을 장기판의 졸처럼 세계 여기저기 옮길 때 이 노동자들에게 미치는 영향에 대해서 언급한다. 루이 14세의 "국가, 그것은 짐이다"가 아니라, "권력, 그것은 자본이다" 이다.

그것은 셰익스피어의 판이든 스토파드의 것이든, 로젠크랜츠와 길덴스턴은 로젠크랜츠가 말한 대로 '조그만 부가물' '하찮은 것' 왕의 '거대한 바퀴'에 비해 보잘 것 없는 것에 불과하다.

7. 신역사주의 · 문화유물론 비평의 검토

신역사주의 연구 방법은 엘리자베스조의 문학에 대해서 뿐 아니라 낭만주의와 19세기 문학에 접근하여 많은 논문이 내놓고 있다. 이에 따라 그 이론에 대한 문제점도 많이 지적된다. 사실 신역사주의자들은 다른 비평 이론가들과는 달리 이론 자체에 관해 고찰하기보다는 실제 작품 비평에 더 주력하고, 또 여러 다양한 이론에서 필요한 부분을 따왔기 때문에 비평 이론 자체가 정립되지 않았다는 느낌을 준다. 이들에 대한 공격 중 가장 먼저 제기되는 문제는, 이들이 가진 역사와 문학에 대한 개념이 너무 모호하고 상대적이란 것이다. 전통적 역사주의자들은 사실주의와 경험주의에 입각하여 기록과 진실을 찾고자 과거의 역사적 진실을 확인하려 했다. 이러한 전통적 역사주의자들로부터 신역사주의자들의 포스트모더니즘적 역사관은 실로 상대주의란 공격을 받는다. 또한 여타의 비평가들은 신역사주의자들이 파악한 상호 텍스트성을 축소적, 환원적이라고 비판하기도 한다.

그러나 신역사주의는 여러 가지 점에서 분명 상당한 가치를 지닌다. 첫째, 비록 신역사주의가 후기구조주의적 사고에 기반을 두고 있기는 하지만, 후기 구조주의의 특징이라고 할 수 있는 난삽한 문체와 어휘를 쓰지 않기 때문에 훨씬 더 이해하기 쉽다. 신역사주의의 구체적 접근 방법은 자신의 자료를 제시하고 그에 따라 자신의 결론을 이끌어낸다. 그들의 자료 해석 방법에 도전하는 작업이 비교적 어렵지 않은 까닭은, 그 해석이 의존하는 경험적 토대가, 원한다면 누구든 자세히 검토할 수 있도록 공개되어 있기 때문이다. 둘째, 제시된 자료 자체가 대부분 매혹적이며 일반적인 문학 연구의 맥락과는 전혀 다르다는 점이다. 신역사주의자들의 평론은 다른 비평 방법에서 접할 수 없는 독특한 시각과 감성을 보여주는 까닭에, 이를 읽는 문학도들은 금방 새로운 영역에 발을 들여놓은 느낌을 받게 된다. 특히 선행 연구들을 줄줄이 인용하는 법이 없기 때문에 한결 정돈되고 간결한 인상을 주며, 이는 독자에게 단호하고 극적인 분위기를 느끼게 해준다. 셋째, 신역사주의자들은 글의 정치적 측면은 항상 날카롭지만, 정통 마르크스주의 비평에서 자주 직면하는 문제들에 대해서는 침묵을 지킨다. 신역사주의에서는 비평가 자신이 적극적으로 비평에 개입해 관련 작품을 둘러싼 기존의 비평 관행에 도전하고 작품 당시의 이데올로기를 비판하는 일이 거의 없으며, 오히려 역사적 증거가 자신의 육성으로 직접 말할 수 있도록 맡겨둔다.

한편, 문화유물론의 기본 가설과 개념의 바탕에는 기본적으로 마르크스주의가 깔려 있다. 문화유물론에 대한 마르크스주의의 이러한 영향 관계는 세 가지 관점에서 설명할 수 있다.

첫째, 문화유물론에 있어서 문화적 과정들은 계급 관계와 계급 구성, 성별 분리와 사회 관계의 인종적 구조화, 종속의 형태로서 연령 차이에서 오는 억압 등의 사회 관계와 밀접한 연관성을 맺고 있다는 점이다. 둘째, 문화는 권력과 관련이 있는데, 개인과 사회 집단은 그들이 필요한 것을 정의하고 인식하기 위해서 능력의 불균형을 만들어 낸다는 점이다. 셋째, 문화는 가족적이거나 외부적으로 결정된 장(場)이 아니며 사회적 차이와 투쟁의 장이라는 사실에 있다는 점이다.

신역사주의와 문화유물론 비평 이론은 상당히 겹치는 부분이 많다. 이 두 이론은 기본적으로 같은 주장을 두고 각기 학자들에 따라 좀 다르게 해석하고 있는 것뿐이다. 다시 말하여, 정치적 입장 그리고 후기 구조주의의 견해에 기대는 비중에 그 차이를 두고 있는 것이다. 그러나 신역사주의와 문화유물 비평은, 다같이 텍스트에 역사를 다시 접목시키려는 이론적 시도임에 틀림없다. 이는 서구에서 시작된 러시아 형식주의와 신비평에서 해체주의에 이르는 범형식주의의 조류를 벗어나기 위해 역사를 재조명하는 새로운 조류를 향한 이론의 태동이기도 하나. 곧, 문학 연구의 고유 영역을 커다란 역사와 문화 속에 위치시키려는 새로운 문화정치학의 출범인 것이다. 따라서 이 두 비평은 문학과 문화 연구를 통하여 의미의 해체와 불확정성을 넘어서 텍스트와 역사를 대화적으로 통합하는 새로운 문화정치학을 정립하는 방향으로 나아갈 것이다.

■ 참고문헌

Alan R. Velie, ed. *American Indian Literature: A Brief Introduction and Anthology*. New York: HarperCollins, 1995.
_____, *American Indian Literature: An Anthology*. Norman: University of Oklahoma Press, 1979.
Alan Sinfield, Cultural Politics: *Queer Reading*. Philadelphia: University of Pennsylvania Press, 1994.
Amy Tan, *Joy Luck Club*. New York: Putnam, 1989.
Andrew Wiget, "His Life in His Tale: The Native American Trickster and the Literature of Possibility." In *Redefining American Literary History*. New York: Modern Language Association, 1990.
Barbara Christian, *Black Feminist Criticism*. New York: Pergamon Press, 1985.
Barbara Frey Waxman, ed. *Multicultural Literatures Through Feminist- Postmodernist Lenses*. Knoxville: University of Tennessee Press, 1993.
Berlant Lauren, and Michael Warner, eds. Introduction to *PMLA* 110, 1955.
Bernard Bell, *The Afro-African Novel and Its Tradition*. Amherst: University of Massachusetts Press, 1987.
Catherine Gallagher, "Marxism and the New Historicism." In The New Historicism. Ed. H. Aram Veeser. New York: Routledge, 1989.
Cathy N. Davidsonn, ed. *Reading in America: Literature and Social History*. Baltimore: Johns Hopkins University Press, 1989.
Douglas Bruster, "Some New Light on the Old Historicism: Shakespeare and the Forms of Historicist Criticism." *Literature and History* 5, no. 1, 1966.
Edward Said, *Orientalism*. New York: Pantheon Books, 1978.
Elizabeth Ammons & Annette White Parks, eds. *Tricksterism in Turn-of-the-Century American*

Literature: A Multicultural Perspective. Hanover, MA: Tufts University Press, 1944.

Eve Kosofsky Sedgwick, *Epistemology of the Closet*, Berkeley: University of California Press. 1990.

Forrest G. Robinson, "The New Historicism and the Old West." *Western American Literature* 25, no. 2, 1990.

Geoffrey M. Sill & Miriam T. Chaplin, Jean Ritzke, and David Wilson, eds. *Opening the American Mind: Race, Ethnicity, and Gender in Higher Education*. Newark: University of Delaware Press, 1993.

Gerald Vizenor, "Introduction." *Native American Literature : A Brief Introduction and Anthology*. New York: Harper Collins, 1995.

Gloria Anzaldúa, *Borderlands, La Frontera: The Now Mestiza*. Sam Francisco, CA: Spinsters/Aunt Lute, 1987.

H. Aram Veeser, ed. *The New Historicism*. New York: Routledge, 1989.

Jade Snow Wong, *Fifth Chinese Daughter*. 1945. Reprint, Seattle: University of Washington Press, 1978.

John Roberts, "The African American Animal Trickster as Hero." In *Redefining American Literary History*. Ed. A. LaVonne Ruoff and Jerry W. Ward, New York: Modern Language Association, 1990.

_____, *From Trickster to Badman: The Black Folk Hero in Slavery and Freedom*. Philadelphia: University of Pennsylvania Press, 1989.

Jules Brody, "The Resurrection of the Body: A New Reading of Marvell's *To His Coy Mistress*." ELH 56, no. 1, 1986.

Leon Botstein, "The De-Europeanization of American Culture," In *Opening the American Mind: Race, Ethnicity, and Gender in Higher Education*. Newark: University of Delaware Press, 1993.

Louis Althusser, *For Marx*. New York: Pantheon Books, 1969.

Patrick Brantlinger, *Crusoe's Footprints: Cultural Studies in Britain and America*. New York: Routledge, 1990.

Pierre Bourdieu, *Outline of a Theory of Practice*, Trans. Richard Nice. Cambridge Studies in Social Anthropology, no. 16. Cambridge: Cambridge University Press, 1977.

Ralph Ellison, *Shadow and Act*. New York: Random House, 1964.

Raymond Williams, *Culture and Society*: 1780~1950. London: Chatto, 1958.
　　　　　　, *Keywords*. New York: Oxford University Press, 1979.
　　　　　　, *Marxism and Literature*. New Yokrl Oxfofd Unversity Ress, 1977.
　　　　　　, *Writing in Society*. London: Verso, 1984.
Shelley Fisher Fishkin, *Was Huck Black? Mark Twain and African-American Voices*. New York. Oxford University Press, 1993.
Simon During, ed. *The Cultural Studies Reader*. New York: Routledge, 1993.
Stephen H. Sumida, Afterword to *Growing Up Asian: An Anthology*. Ed. Maria Hong. New York: William Morrow and Co., 1993.
Susan Bruce, "The Flying Island and Female Anatomy: Gynaecology and Power in *Gulliver's Travels*" *Genders* 2, 1988.
Terry Eagleton, Foreword to *Social Figures: George Eliot, Social History, and Literary Representation*, by Daniel Cottom. Minneapolis: University of Minnesota Press, 1987.
Tom Cowan & Jack Macquire, *Timelines of African American History: 500 Years of Black Achievement*. New York: Berkley Books, 1994.
Edward Burnett Tylor, *Primitive Culture*. New York: Holt, 1877.

롤리 70

■ 찾아보기

■ 인명

ㄱ

가다머 186, 278, 293, 296, 302, 424
가스통 바슐라르 201, 203
곤자로프 89
골드만 93, 95, 111, 122
괴대 89
권환 105
궤린 252
그람시 480
그레이임 홀더니스 459
그렙스타인 27, 81
그린블라트 486
김광균 208, 210
김남천 105
김동명 39
김동인 39, 57
김동환 39
김소월 39
김수영 49, 84
김억 51
김유정 72

ㄴ

노드롭 프라이 238
노먼 홀랜드 173

ㄷ

데리다 161, 375
도로시 디너스타인 372
도로시 리처드슨 370
돈 웨인 455
돌리모어 467, 484
D. H 로렌스 397
딜타이 285, 288, 293, 315

ㄹ

라신느(J. Racine) 94, 131
라캉 159, 161, 162, 374, 375, 377, 379
레베카 웨스트 370
레이먼드 윌리엄스 83, 460, 468
로브 그리예 95
로즈메리 통 331

롱기누스 128
루스 이리가레이 383
루시앙 골드만 94
루이스 알튀세 476
루카치 83, 87, 89, 122
뤼시엥 골드만 83
리드 163, 164
리치드 존슨 130, 478
리카르도(Ricardo) 99
리쾨르(Paul Ricoeur) 289, 300

ㅁ

마광수 176
마르크스 81, 84, 98, 99
매기 험 328
메를로 퐁티 186, 194
메리 엘만 358
메리 카마이클 394
미셸 리파테르 431
미하일 바흐친 84, 379, 463

(ㅂ)

바우어스 30
백낙청 106
백순재(白淳在) 32
버지니아 울프 131, 262, 329, 392
베벨 389
보나파르트 165
보드킨 262, 264
보들레르 424
볼테르 19
볼프강 이저 425, 427
브왈로 19
블라디미르 즈다노프 86
블레이치 435
비코(G. Vico) 80
빅토르 쉬클로프스키 416
빈센트 라이치 331

(ㅅ)

사르트르(J. P. Sartre) 83
생트-뵈브 17, 21
샬로트 브론테 394
세르반테스(Cervantes) 89
쇼왈터 366, 369, 370
쇼펜하우어 129
수잔 술레이먼 414
수전 코플만 코닐런 359
슐라이어마허 277, 282, 283, 285, 288, 311
스탈린(I. V. Stalin) 103
스탠리 피쉬 429
스티븐 그린블라트 484
스필러(R. E. Spiller) 60
시몬느 드 보봐르 330, 396, 398
신동엽 84

(ㅇ)

아놀드 하우저 83
아드너(E. Ardner) 370
아람 비서(H. Aram Vesser) 454
아리스토텔레스 128, 132, 136
아우구스티누스 308
아우얼바하 24
아우토뤼코(Autolycus) 25
아이스킬로스(Aischylos) 53
안함광 105
알란 신필드(Alan Sinfield) 461
알튀세 480
앙드레브레통 397
야우스 421, 423, 425, 442
야콥슨(R. Jakobson) 415
에네스트 존즈 168
에드먼드 윌슨 83
에드워드 카펜터 387
엘렌 식수스 381
엘리엇(T. S. Eliot) 131

엘리자베스 개스켈 369
엘리자베스 로빈스 370
엥겔스 81, 84, 389, 392
염상섭 64
옌센(Wihelm Jensen) 134
오리기네스(Origines) 308
오세영 41
올리브 슈레이너 370
워즈워드(W. Wordsworth) 129
윌리엄 포크너 131
윌리엄스 480
웨스리 모리스 452
윌프레드 L. 궤린 170
윤동주 177
융 144, 150, 154, 155, 222, 257,
이기영 64
이상섭 54
이어령 39
이인보 113, 115
이태준 64
잉가르덴(Roman Ingarden) 187, 418

(ㅈ)

자크 데리다 351
제레미 벤담 470
J. V. 커닝엄 68
제임스 프레이저 220
제프리 하트만 206, 207
조나단 돌리모어 481

조르즈 풀레 204, 205
조셉 캠벨 260
조지 엘리엇 394
주디트 페터리 371

ⓒ

최정희 402
최치원 113

ⓚ

카시러(Ernst Cassirer) 222
캐더린 맨스필드 370
K. K. 루스벤 331
캐롤 머전트 338
케이트 밀레트 330, 360, 367
코울리지(S. T. Coleridge) 129, 132
크루즈(F. C. Creus) 180
크리스테바 378, 379
크리스토퍼 코드웰 83

ⓣ

타고르 48
테느(Taine) 17, 81
토마스 만(Thomas Mann) 90, 92
트릴링(Lionel Trilling) 52

ⓟ

파스칼(B. Pascal) 94
포크너(Faulkner) 39
푸코 458, 467, 469
프레데릭 크루즈 134
프레이저 233
프로이트 132, 148, 155, 221, 374, 378
프루동 99
플라톤(Platon) 80, 132
플레하노프(Plekhanov) 86
플로베르 89

ⓗ

하동호(河東鎬) 33
하버마스 302
하이데거 186, 192, 278, 289, 290, 418
하이포그람 433
한설야 64
한용운 48, 107, 110
한효 105
해리 레빈(Harry Levin) 70
허쉬(E. D. Hirsch) 297, 299
헤겔(Hegel) 98
헤르더(J. G. Herder) 81
헤밍웨이(Hemingway) 39
헨리 제임스(Henry James) 135
후설(E. Husserl) 417
휘트먼(Whitman) 388

휠라이트(P. Wheelwright) 246
흄(T. E. Hulme) 129

■ 작품

ㄱ

『가을』 74
『감정 교육』 89
『고가연구(古家硏究)』 33
「구지가」 69, 72
『극시론』 16
『금오신화』 111
『기탄잘리』 50, 51
『김유정의 어휘 사전』 36

ㄴ

『나 혼자만의 방』 395
『난장이가 쏘아 올린 작은 공』 63, 65
「눈오는 밤의 시」 208
「님의 침묵」 109
「님의 침묵」 49, 439

ㄷ

『다락방의 미친 여자』 366
「달무리」 264, 268
「당신이 가실 때」 110
『댈러웨이 부인』 131, 262
『돈키호테』 89
「東方의 닭」 261
「두꺼비」 74
『땡볕』 74

ㄹ

『르네상스 자기 생성』 486

ㅁ

『마르크스주의와 문학』 462, 475
『만무방』 74
「만복사저포기」 111
『만세전』 65
「메두사의 웃음」 382
「명문(明文)」 56
『무정』 54
『문학과 감성』 204
『문학과 예술에 관해서』 86
『미국의 꿈』 368
『미메시스』 24, 26

ㅂ

『베니스의 상인』 490
『베니스의 죽음』 90
『변태성욕자』 95
『봄봄』 74
『부텐브룩스가』 92
『비극론』 129
『비평의 원리』 129

『빌헬름 마이스터의 수업 시대』 89
『빌헬름 마이스터의 편력 시대』 89

ㅅ

『삼국유사』 37
『새로운 학문』 80
「생의 실현」 49
『성의 정치학』 330, 367
『세자누스』 482
『섹서스』 368
『셰익스피어의 역사극』 450
『소설사회학을 향하여』 95
『소설의 이론』 88
『소월시초』 32
『순례』 130
『숨은 신』 94, 123
『숭고론』 128
「시민문학론」 84, 106
「시의 기호론」 432
『시학』 128, 150
「신도도전설」 112
「신문학 초창기와 기독교」 54
『신역사주의』 449
『신역사주의를 향하여』

452

『신월』 50, 51
「신월요한담」 19
『실증 철학 체계』 18
「심(心)」 48
『심청전』 69, 74

ⓞ

『아내』 74
『악의 꽃』 424
『어우야담』 112
『에드가 알란 포우에 관한 연구』 166
『에피노미스』 275
『엘리자베스 시대의 세계상』 450
『여성 자신의 문학』 366
『여성과 생태학』 338
『여성과 자연』 338
『여성의 상상력』 365
『여성의 신비』 361
『여요전주(麗謠箋註)』 33
『역사 철학의 이념』 81
『역사와 계급 의식』 88
『영국 시인전』 16
『영혼과 현실』 91
『영혼과 형식』 88
「오디세이」 25
『오블로모프』 89
『오이디푸스 왕』 143
「용비어천가」 36
『원시적 문화』 219

『원정(園丁)』 50, 51
「월요한담」 19
『율리시스』 131
『음향의 분노』 131
「이생규장전」 111, 114
「이에는 이로」 483
「이온」 128
「이인보전설」 112

ⓩ

『자연의 죽음』 338
「자화상」 177, 178
『저항하는 독자』 371
『赤貧』 403
「젊은 굿맨 브라운」 170
『정신 과학 서설』 286
『靜寂記』 402
『정치경제학 비판 논고』 99
『제2의 성(性)』 330, 400
『존재와 시간』 278, 290
『주관적 비평』 435
『주홍글씨』 170
『지각의 현상학』 194
「진달내쏫」 32
『진리와 방법』 278, 293, 294

ⓧ

「창조적 작가와 백일몽」 173

『채만식의 어휘 사전』 36
「처용가」 69, 72
「최치원전설」 112
「취유부벽정기」 111, 114

ⓔ

『타자인 여성의 반사경』 384

ⓟ

『파멜라』 130
『팡세』 94
『페드로』 94
『프라우다』 104

ⓗ

『한국작가전기연구』 39
『해석의 정당성』 299
『햄릿과 오이디푸스』 168
『헨리 4세』 485
『형식주의를 넘어서』 207
『황금가지』 233
『황금의 가지』 220
「황무지」 263
「후회」 50
『흥부전』 69, 73

찾아보기 505

■ 용어

ㄱ

가난과 결핍 393
가부장적(patriarchial) 387
가부장적 자본주의 국가 387
가부장제 348, 387
가치 이론 172
감정적 오류 416
개성 165
개별화과정 153
개인무의식 151
개인심리학 156
거세 불안 141
결정론의 원리 137
계보학 261
고어(古語) 17
고착(fixation) 146
공동 창조적 187
공동 텍스트 485
공모하는 현장 174
과학적 지식 191
관념론 460
관음증(觀淫症) 150, 178
관음증적 쾌감 178
교착배열법 449
구강 공격적 140
구강 가학적 140
구강기 139
구성주의 이론가 323

구순기(口脣期) 41
구술상관물 221
구전하는 이야기 224
구조 사회학 122, 123
권력 관계 488
극적인 투사 171
급진적 에코 페미니즘 338
급진적 페미니즘 331, 334
급진주의 페미니즘 349, 363
긍정적 주인공 105
기관성 열등 158
기념비적 서사시 92
기대의 지평 422
기술적 양식 238
기호론과 페미니즘 378
기호론적 담론 380
기호학 페미니즘 331
꿈작업 148

ㄴ

나르시시즘 150, 177, 378
남근 선망 141, 351
남근기 141
남근논리중심주의 377
남근비평 351
남근이성중심주의 351

남근중심사상 351
남근중심적 351
남근중심주의 351, 381
남성 중심적 작품 363
남성 콤플렉스 153
내용사회학 123
내포 독자 136, 427
내향성(introversion) 42
네크로필리스트 167
노동해방 문학론 84
노쇠한 왕 죽이기 의식 235
노에마 290
노에시스(Noesis) 290
'눈' 이미지 210
노출증(exhibitionism) 179
느낌의 구조 460, 469

ㄷ

다성음화(heteroglossia) 463
달마(Dharma) 252
담론적 실천 458
당문학(黨文學) 103, 124
대모신(大母神) 155
대타자 377
대화와 융합 279
데카르트적 자아 197
도덕적 실험 82

도솔가(兜率歌) 37
독립노동당 389
독일공포증과 반볼세비키
  즘 462
독일적 예술지상주의 92
독자 심리 연구 135
독자반응 비평 413, 441
독자수용 페미니즘 331
독자의 정신분석학 174
동성성욕도착증 169
동음이의어 160
동일시(identification) 147

(ㄹ)

러시아 마르크스주의 문
  학론 103
러시아 형식주의 99
레스비어니즘(lesbianism)
  342
레스비언 페미니즘 341,
  342
레퍼토리 428
로만스 양식 241
리비도(libido) 139, 148
리비도(libido) 에너지 148
리얼리즘 개념 87, 89

(ㅁ)

마르크스주의 비평 123
마르크스주의 이론 481
마르크스주의 페미니즘
  331, 334, 386, 389
마르크스주의의 '역사성'
  447
마르크스주의적 문학 이
  론 86
마르크스주의적 에코 페
  미니즘 338
마르크시스트 문학 이론
  86
매조키즘(Masochism) 179
메타내러티브 336
명혼 설화(冥婚說話) 112,
  115
명혼 소설 112, 116
명혼 전설 116
모범적 독자 136
모성적 젠더공간 401
목가시(pastoral) 244
무비판적 58
무의식(unconsciousness)
  138
무항산자(無恒産者) 119
묵시적 이미지 239
문 공격적 인격 형성 140
문명 비판 84
문자적 양식 238
문체의 분리 27
문체의 혼합 27
문학 텍스트 425, 428
문학사 59
문학에 대한 문학 208
문학예술론 98
문학적 관습 68, 229
문학적 해석 308
문화 시학 76, 484
문화-역사주의 76
문화유물론 459, 461, 465,
  466, 468, 475, 486,
  496
문화유물론자 468
문화적 구성물 354
문화적 유물론 76
문화적 페미니즘 322
문화적 합병 346
물의 원형 250
민족 해방 문학론 84
민족적 성격 21

(ㅂ)

반동형성(反動形成) 43,
  146
반변증법적 사고 89
반응 유도 구조의 망 427
반주체론 477
반지성적 58
발생구조론 93, 98
발생적 오류 53
벼슬 운동 55
변증법적 유물론 83, 123
복음주의적 58, 151
본질주의적 에코 페미니즘
  338
분석심리학 151
불가해한 심층부 129

비신학적 58
비평적 전기 40

(ㅅ)

사계(四季)의 원형 242
사변철학(思辨哲學) 189
사상적·미학적 의도 106
사선운동(私線運動) 210
사실과 신화 396
사실주의의 우위성 83
사적 유물론 123
사체음란증환자 167
사회구성적 에코 페미니
  즘 338
사회적 기능 83
사회적 환경 21
사회주의 리얼리즘 103,
  105, 124
사회주의 페미니스트 334
사회주의 페미니즘 331,
  335, 385
사회주의적 에코 페미니
  즘 338
산문적 역사 상황 88
삶의 본능(eros) 148
상대적 자율성 476
상상력의 형이상학 203
상상적 단계 407
상위 모방 양식 242
상징적 아버지 377
새디즘(Sadism) 179
생(生)철학 285

생물학적 여성성 353
생애 부록 366
생의 의지 129
서사시적 시대 365
서사시적 전체성 88
성격─비사교적 43
성기기 142
성도착증 149
성역할(Gender) 342
섹슈얼리티(sexuality) 377
셰익스피어 131
소비에트 사회주의 103
소설 유형학 122
속죄양(贖罪洋) 의식 236
수공업적 단일성 92
수사학적 318
수용 이론 413
수용론 419
수용미학 412, 441
수용미학·독자반응 비평
  412
순수 의식 206
습득된 여성성 353
승화(sublimation) 145
시선과 응시의 변증법
  157
시애설화(屍愛設話) 112
시적 전체성 88
신경증적인 개성 165
신구 논쟁(新舊論爭) 19
신비적 양식 238
신생적인 것 475

신역사주의 448, 450, 452,
  458, 466, 469, 470,
  484, 486, 495
신역사주의 비평 455,
  469, 473
신역사주의자 76, 447
신프로이트학 151
신필드 467
신화 비평 84, 224, 226,
  228, 231
신화 체계(mythology) 224
신화·원형 비평 219, 237,
  269
신화비평 페미니즘 331
신화적 양식 238
신화적 원형 231
실존 해석 323
실존주의 페미니즘 331
실존주의 현상학 193
실존주의적 관점 83
실증주의 18
심리생물적 에코 페미니
  즘 338
심리적 방어기제 144
심리적 잔유물 222
심리주의 비평 84, 131,
  132, 176
심리학 페미니즘 331

(ㅇ)

아니마(anima) 152, 258
아니무스(animus) 152, 258

508 외재적 비평문학의 이론과 실제

악마적 이미지 240
알레고리(allegory) 261
암시된 독자 439
약호된 독자 136
양가감정(ambivalence) 147
언어적 규범들 299
언어적 성상 453
언어적 의미(meaning) 281
에고심리학 비평 137
에디프스 콤플렉스 41
에로스론 107
에코 페미니즘 338, 339
엘렉트라 콤플렉스 141, 143
여류 문인 사전 목록 365
여성 중심적 작품 363
여성 콤플렉스 153
여성 해방 356, 357
여성혐오증 169
역사성의 원 305
역사적 시대 21
역사주의 473
역사주의 비평 15
역사학 방법론 60
열등감 157
영감설 132, 163
영국의 달라스 129
영향사적 의식 294, 296
영향의 패턴 229
오이디푸스 콤플렉스 42, 141, 143, 158, 168, 378

오이디푸스 복합심리 168
원본 비평 30ㅊ
원소론 202
원형 무의식 221
원형 비평 226, 231, 232
원형론 202
원형적 심상 152, 244
월명사(月明師) 37
유기적 이념 480
유물론 84, 460
유물론적 에코 페미니즘 338
유물론적 페미니즘 332
유아신(幼兒神) 155
유추적 이미지 241
유형 이론 163
융(Jung)학파 84
음성학적 318
음핵기 141
의도적 오류 271, 403
의사 소통 이론 304
의사 실재(擬似實在) 187
의식(consciousness) 138
의식의 의식 206
이데올로기론 477
이드(Id) 138
이드심리학 비평 137
이미저리의 패턴 450
이미지의 현상학 202
이상적 독자 136
이상적인 언어 상황 304

이성중심주의 351
이열치열(以熱治熱) 논리 136
이해의 기술 284
이해의 역사성의 원 278
이해의 역사적 순환 과정 294
인간 의식의 역사 204
인류의 사제 319
인습(convention) 16
인식론적 성질 89

ⓧ

자기(self) 152, 153
자기비하적(自己卑下的) 43
자아(Ego) 138
자아심리학 156
자연 신화 243
자연의 아이 170
자유주의 페미니스트 333
자유주의 페미니즘 331, 332
자유주의적 에코 페미니즘 338
작가의 박물학 19
작품 심리 연구 133
잔여적인 것 475
장면적 이해 304
저항하는 독자 373
전국여성단체 362

전기주의(傳記主義) 23
전달 이론 172
전원시 244
전의식 138
전이소설 168
전지적 관점 317
전체적 삶의 방식 475
전통적 역사주의 450
정서적 기능 172
정신 에너지 148
정신분석학적 비평 176
정신분석학적 이론 133
정신분석학적 페미니즘 331
정신적인 의의 162
정전(正典, canon) 466
정통 독자 135
정화요법 136
제3세계 반식민지 페미니즘 331
제3세계적 에코 페미니즘 338
존재학 193
종자론 106
주관적 변수 285
주변성과 타자성 354
주제비평 204
주체—객체 415
주체문예이론 106
죽음의 본능 148
지배적인 것 475
지시적 기능 172

지식의 담론적 구성 476
지적 직관 90
지평혼융(地平混融) 296, 301
집단무의식 151

ㅊ

차연(differance) 375, 376
차폐물(遮蔽物) 177
창조의 순간 202
창조적 자기 157
천재설 163
철학적 지식 191
철학적 해석학 293
체험된 자아 196
체험한 자아 196
초독자(super reader) 135, 433
초자아(Super-ego) 139

ㅋ

카인 콤플렉스 153, 154
카타르시스 128, 132, 150
카타르시스 이론 136
코라(Chora) 380
콜리지(Coleridge)학파 84

ㅌ

타자로서의 여성 352
타자성(otherness) 355
탈선적 객담 25

탈식민주의 344, 345
탈식민주의 페미니즘 343, 347
탈식민주의와 문학 338, 343
탈심리화 301
태고유형(太古類型) 151
테오도르 쉬트름론 91
텍스트 생산성 4678
텍스트—독자 415
텍스트의 무의식 477
통과 제의 253
통문화적 혼성성 346
통사론적 318
통일성 175
퇴행(regression) 146
투사(projection) 145

ㅍ

패놉티컨(panopticon) 470
퍼소나(persona) 152, 259
페미니즘 327, 354
페미니즘 문학 비평 328, 329
페미니즘 비평 318, 352, 353, 396
페미니즘 비평 이론 374
포스트모던 페미니스트 377
포스트모던 페미니즘 331, 335
풍자(satire) 문학 244

프라그 구조주의 419
프랑스 구조주의 99
프랑크푸르트학파 87
프로이트 이론 137
프로이트 콤플렉스 41
프로이트(Freud)학파 84
프롤레타리아 시대 53
피의 원형 249

ⓗ

하위 모방의 양식 242
항문기(肛門期) 41, 140
해석 309
해석 철학 311
해석소(interpretant) 432
해석의 공동체 430
해석학 274, 276, 282, 290, 306, 321, 324
해석학의 보편성 중장 304
해석학적 상황 296
해석학적 순환 281, 285, 305, 322
해체론 375
해체주의 페미니즘 375
해체주의 텍스트 447
행동주의 문학론 84
허구적 독자론 437
현상학 186, 188, 189, 190, 417
현상학 이론 187
현상학적 비평 200
현상학적 서술 198
현상학적 해석 방법 199, 201
현실 독자 135
현실 비판 84
형식적 양식 238
형식주의 비평 84, 415
형이상학파적 기상(奇想) 110
형태심리학 172
혼의 울림 203
환타지(fantasy) 163
후기구조주의 페미니즘 3311
휴머니티(humanitas) 53
흑인 페미니즘 341, 342
흑인여성운동단체 362